发展中的化学科学

——基于真实情境的单元项目式学习

第二册

江合佩　王　春　编著

山东科学技术出版社
·济南·

图书在版编目（CIP）数据

发展中的化学科学：基于真实情境的单元项目式学习. 第二册 / 江合佩，王春编著. -- 济南：山东科学技术出版社，2023.3

ISBN 978-7-5723-1082-9

Ⅰ. ①发… Ⅱ. ①江… ②王… Ⅲ. ①中学化学课 - 高中 - 教学参考资料 Ⅳ. ① G634.83

中国国家版本馆 CIP 数据核字（2023）第 043280 号

发展中的化学科学

——基于真实情境的单元项目式学习　第二册

FAZHAN ZHONG DE HUAXUE KEXUE

—JIYU ZHENSHI QINGJING DE DANYUAN XIANGMU SHI XUEXI DI-ER CE

责任编辑：曲丕丞　孙　婷　禚其翠

装帧设计：侯　宇

主管单位：山东出版传媒股份有限公司

出 版 者：山东科学技术出版社

地址：济南市市中区舜耕路 517 号

邮编：250003　电话：（0531）82098088

网址：www.lkj.com.cn

电子邮件：sdkj@sdcbcm.com

发 行 者：山东科学技术出版社

地址：济南市市中区舜耕路 517 号

邮编：250003　电话：（0531）82098067

印 刷 者：潍坊云印网联文化科技有限公司

地址：青州市昭德北路 638 号

邮编：262500　电话：（0536）3539196

规格： 16 开（184 mm × 260 mm）

印张： 27　　**字数：** 490 千

版次： 2023 年 3 月第 1 版　**印次：** 2023 年 3 月第 1 次印刷

定价： 98.00 元

本书为全国教育科学“十三五规划”2018年度教育部规划课题“STEM视域下中学理化项目式学习课程实践研究”（课题编号：FHB180605）暨福建省教育科学“十三五”规划2019年度教育教学改革专项课题（课题编号：Fjjgzx19-059）研究成果

发展中的化学科学（高中版）

编 委 会

主　　编： 江合佩　王　春

副 主 编： 佘晓敏　杨伏勇　吴正帅

主要编写者： 张红娟　侯　静　彭玉群　韩　晓　王　延　李香艳
钱微达　刘茜茜　沈晓翠　孙海涛　刘炯明　庄唯誉
郑　敏　林艺玲　孙美琪　武衍杰　陈寒与　阮雪丹
王朝晖　刘　妍　裴范翔　杜爕萌　翟青玉　马明会
刘　昕　沈晓翠　康凌一　郭菁华　刘淑君　曾华淑
李欣欣　叶海洋　宫春艳　杨琳琳　黄宇晗　韩　冬
苏文堪　李　艳　宋兆爽　李明娟

致同学们

欢迎同学们进入基于真实情境的项目式学习课程的学习！

依据《普通高中化学课程标准（2017年版2020年修订）》，化学课程分为必修课程、选择性必修课程和选修课程三大类。其中，选修课程包括“实验化学”“化学与社会”“发展中的化学科学”三个系列，是面向对化学学科有不同兴趣和不同需要的同学，拓展化学视野，深化对化学科学及其价值的认识，供同学们自主选择修习的课程。

20世纪以来，化学科学的发展突飞猛进，“发展中的化学科学”系列课程的设置旨在让同学们了解化学前沿发展的面貌与趋势，激发同学们树立以化学作为专业和职业的兴趣和理想。依据《普通高中化学课程标准（2017年版2020年修订）》的理念和要求，我们编写了本套书，力求遴选极具化学学科核心素养发展价值的真实情境素材，按照情境的陌生度和复杂度、知识的关联度等进行科学、合理、有效的学习进阶，安排学习内容，设计学习活动，引导同学们利用结构化的知识拆解真实情境，实现从“解题”走向“解决问题”，从被动学习知识走向主动发现问题。在发现和解决问题的过程中，利用化学学科研究的独特视角，采用宏观辨识与微观探析相结合的方式进行科学探究，积极寻求创新突破，寻找有效证据，找出解决问题的关键要素并形成有效的关联，思维建模。在体验过程中，形成严谨求实的科学态度和主动担当的社会责任。该套书设计的学习过程并不需要同学们对化学前沿问题有系统的了解，而是结合化学的前沿领域和当代社会的热点问题，了解我国化学发展的机遇和挑战，鼓励同学们关注并投身于化学事业。

为了便于同学们学习，我们将本套书分成初中版和高中版两册进行编写。本册高中版的编写根据颇具价值的化学科学研究进展，围绕合成化学、催化化学、化学测量与成像、化学动态学等现代化学研究领域，选取化学科学研究成果的典型案例，引导同学们了解化学理论发展的方向和面临的挑战；围绕材料与结构化学、环境化学、能源化学等具有交叉特点的现代化学研究领域，选取反映学科发展前沿的研究案例，引导同学们体会这些案例的研究思路与方法，了解材料、资源、能源、信息技术等领域与化学都有很强的交叉融合；围绕催化剂工程、膜分离工程等现代化学工程中的物质转化过程及对产品组成、结构和性质的影响，发展安全高效和节能环保的物质转化工艺和系统，选取相关研究案例，引导同学们了解化学工程研究的问题与思路。在具体的学习过程中，需要建立化学理论前沿与基础化学概念之间的联系，从知识联系和思想方法两个方面形成结构化的认识；重视理论模型发展中的重要事实和科学家的推理论证过程，认识化学理论建立过程中蕴含的思想方法；重视实验、模型、模拟等各种学习手段，在分析和研讨过程中善于提出问题，扩展分析问题和解决问题的角度和思路。

本套书在呈现形式上具有一系列独具匠心的设计：每个项目开始设置“单元项目学习引导”栏目，呈现真实情境，提出问题，为同学们的探究学习做好铺垫；通过“交流研讨”“思考探究”“活动探究”等活动性栏目组织同学们进行自主探究和开展合作学习，并利用“方法导引”栏目对有关任务活动铺设合理的台阶；利用“科学史话”“知识链接”“背景介绍”等资料性栏目拓展同学们的认识；每个项目都有“单元项目梳理”栏目，旨在通过具体真实情境问题的解决抽提出解决一类问题的思维模型，帮助同学们形成远迁移能力；每个项目的“单元项目检测”按照“学习理解”“应用实践”“迁移创新”三个层次精选习题，帮助同学们应用模型解决问题；每个项目在“单元项目设计意图”“单元项目学习目标”中明确了学习的核心知识及其关联的重要思想方法，引导同学们明确学习任务，有效关联知识结构，发展创新思维，实现所学知识向关键能力和核心素养的合理转化。

本套书根据情境的陌生度和情境的类型依次设计开展项目，依据学习探索情境、生活实践情境、学术探索情境依次进阶；遇到相同类型情境的时候，再根据熟悉原型、简单变式、复杂陌生依次进阶。在情境的选择上，特别强调真实性、趣味性、挑战性、体验性、过程性原则；在情境拆解过程中，强调利用“价－类”二维“理想转化”、物质分离与提纯“实践转化”、热力学动力学“实际转化”、绿色化学循环经济“工程转化”等学科大概念帮助同学们建立解决问题的认识思路和认知角度，发展同学们的化学学科核心素养。

相信本套书能够成为同学们体验现代化学发展的面貌和方向、增进对化学科学的整体感知、提升研究化学潜能的好帮手；为同学们在学校的组织和老师的指导下建立问题解决的思路与方法，深化对化学基本原理、基本观念的理解与认识，促进对科学本质的理解，增进对化学的兴趣，树立学习和研究化学的志向提供有效途径。

愿基于真实情境的项目式学习之旅与您开启一段美好而高效的探索物质及其变化世界的新旅程！

CONTENTS

目录

项目1　绿色消毒剂过氧化氢的制备及含量测定

——运用变化观念与平衡思想实现物质转化

任务一　过氧化氢的制备

任务二　过氧化氢的含量测定

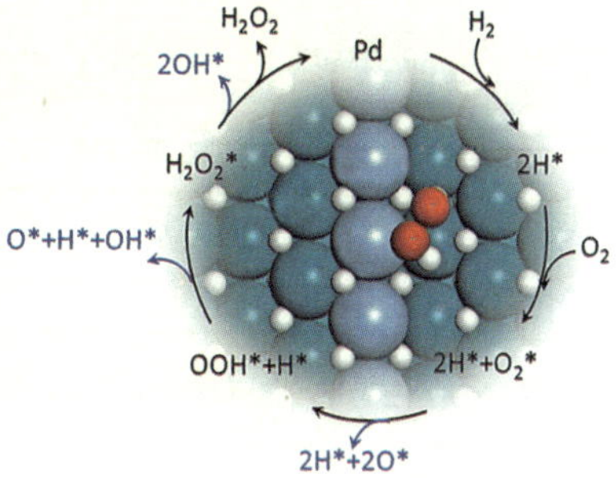

单元项目设计意图

结合过氧化氢工业合成方法的演变历史，从“价-类”二维、平衡思想、电化学、热力学、动力学等多个角度认识物质变化，培养“变化观念”“模型认知”等化学学科核心素养。利用氧化还原滴定，进行过氧化氢含量测定实验，培养“证据推理”“科学探究”等化学学科核心素养。

单元项目学习目标

1. 通过以重晶石为原料制备过氧化氢的学习，体会“价-类”二维、平衡思想对设计物质变化路线的指导作用。

2. 通过电解法制备过氧化氢的学习，体会催化剂有调控电极主、副反应的作用，加深对影响电解效率因素的认识。

3. 通过蒽醌法制备过氧化氢的学习，体会有机化合物在辅助无机物制备过程中的应用，加深对有机化合物还原反应、氧化反应的认识。

4. 通过氢氧直接合成过氧化氢的学习，体会热力学和动力学对物质制备的指导作用，加深对催化过程中物质变化、能量变化的认识。

5. 通过过氧化氢不同合成方法演变历史的学习，体会评价物质制备方案优劣的方法。

6. 通过过氧化氢含量测定的学习，体会定量实验方法在物质含量测定方面的应用，提高对实验原理进行探究的能力。

单元项目学习引导

双氧水是过氧化氢（H_2O_2）的溶液，是一种重要的绿色化工产品，被广泛用于造纸、废水处理、化学品合成等领域；而高纯度的双氧水被运用于医药合成、精密电子设备制造及化妆品制造等行业。

早在 19 世纪中叶，将酸作用于过氧化钡（BaO_2）制备过氧化氢的方法就已问世并实现了工业生产。其中 BaO_2 的制备是该方法的关键，其制备途径有多种，常用的是将硝酸钡或碳酸钡热解得到 BaO，BaO 再与 O_2 反应制得 BaO_2。后来发明了电解法制备过氧化氢：电解硫酸氢盐溶液（如硫酸氢铵、硫酸氢钾）得到过二硫酸盐，再水解得到过氧化氢。20 世纪 50 年代采用蒽醌法制备，即以烷基蒽醌（如 2-乙基蒽醌）为媒介物，循环氧化还原制得过氧化氢。现在世界各国基本上都采用这一方法制备过氧化氢。

任务一 过氧化氢的制备

活动 1 以重晶石为原料制备过氧化氢

重晶石矿物的化学成分见表 1-1。

表 1-1 重晶石矿物的化学成分

化学式	$BaSO_4$	SiO_2	Fe_2O_3	Al_2O_3	水溶性盐
含量 / %	92~97	>2	>0.04	>0.01	>0.2

工业上主要用碳热法还原重晶石制得硫化钡，进而生产各种钡的化合物。将重晶石和煤粉按一定比例混合，在回转窑中焙烧制得硫化钡熔体。回转窑中可能发生的反应如下：

① $C + O_2 \xlongequal{} CO_2$

② $C + CO_2 \xlongequal{} 2CO$

③ $BaSO_4 + C \xlongequal{} BaO + SO_2\uparrow + CO\uparrow$

④ $BaSO_4 + 2C \xlongequal{} BaO + COS\uparrow + CO_2\uparrow$

⑤ $BaSO_4 + 4C \xlongequal{} BaS + 4CO\uparrow$

⑥ $BaSO_4 + 2C \xlongequal{} BaS + 2CO_2\uparrow$

⑦ $BaSO_4 + 4CO \xlongequal{} BaS + 4CO_2$

⑧ $2BaS + 3O_2 \xlongequal{} 2BaO + 2SO_2$

⑨ $BaS + CO_2 + H_2O \xlongequal{} BaCO_3 + H_2S$

⑩ $BaS + 4CO_2 \xlongequal{} BaCO_3 + SO_2 + 3CO$

⑪ $BaS + 2O_2 \xlongequal{} BaSO_4$

交流研讨 一个反应能否自发进行的热力学判据为吉布斯自由能 $\Delta G<0$，ΔG 越小反应越有可能发生。碳热法制硫化钡过程中反应的吉布斯自由能 ΔG 与温度的关系如图 1-1 所示。

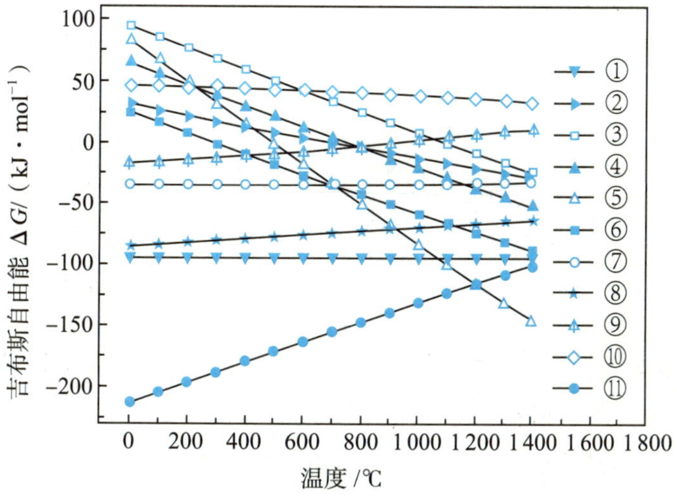

图 1-1 碳热法制硫化钡过程中反应的吉布斯自由能与温度的关系

请根据热力学数据判断：

（1）为提高 BaS 的产率，系统应控制的适宜温度范围是多少？

（2）O_2 的存在对 BaS 的产率有何影响？

（3）碳热法制 BaS 的主反应。

温度为 0～1 400 ℃时，反应 ①⑦⑧⑪ 均可自发进行；反应 ⑩ 不能自发进行。温度高于 700 ℃的反应 ②、高于 1 100 ℃的反应 ③、高于 750 ℃的反应 ④、高于 500 ℃的反应 ⑤、高于 300 ℃的反应 ⑥、低于 900 ℃的反应 ⑨ 都可进行，而反应 ③⑨ 中有 SO_2、H_2S 气体产生，均会降低 BaS 的产率，据此系统反应温度控制在 900～1 100 ℃为宜。

反应⑧和⑪中，因 O_2 的存在使得 BaS 产率降低，因此反应过程中应控制 O_2 的含量。

碳热法制硫化钡的主反应为 $BaSO_4 + 4C \xlongequal{900\sim1\,100℃} BaS + 4CO\uparrow$。

交流研讨 当投料比 $n(C):n(BaSO_4):n(O_2)=7:1:2.3$ 时，反应体系的平衡组成随温度的变化曲线如图 1-2 所示。请根据图像分析：为提高 BaS 的产率，应如何控制反应温度？

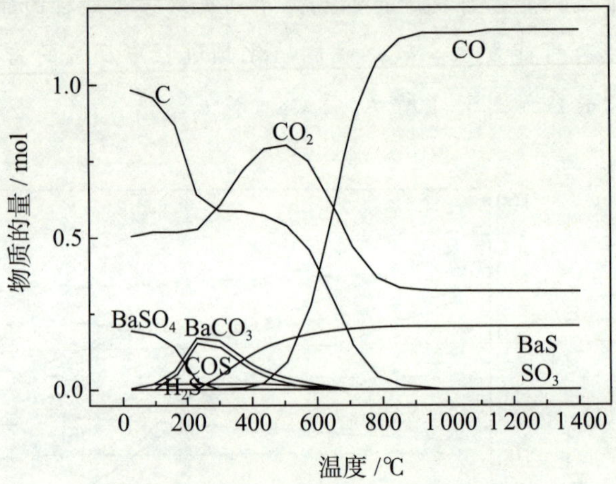

图 1-2 反应温度对平衡组成的影响

由图 1-2 可知，温度低于 600 ℃时，体系会发生反应④⑨，伴有 H_2S、COS 及 $BaCO_3$ 等副产物的生成，且在 230 ℃时，副产物的生成量最大。因此，为提高 BaS 的产率，应迅速升高体系温度，避免反应物在低温区停留时间过长，减少副产物的生成。

交流研讨 设计以重晶石为原料制备 $Ba(NO_3)_2$ 的物质转化路线，并进行优劣比较。已知 298 K 时，BaS 可溶，$K_{sp}(BaCO_3)=5.1\times10^{-9}$，$K_{sp}(BaSO_4)=1.1\times10^{-10}$（$K_{sp}$ 单位略）。

以重晶石为原料制备 $Ba(NO_3)_2$ 可能的物质转化路线如下：

途径 1：$BaSO_4 \xrightarrow{\text{焦炭}} BaS \xrightarrow{\text{硝酸}} Ba(NO_3)_2$

途径 2：$BaSO_4 \xrightarrow{\text{饱和 }Na_2CO_3\text{ 溶液}} BaCO_3 \xrightarrow{\text{硝酸}} Ba(NO_3)_2$

碳热法还原重晶石与利用沉淀转化处理重晶石相比，前者重晶石的转化效率更高，但能耗高；BaS 硝酸化与 $BaCO_3$ 硝酸化相比，前者不可避免发生氧化还原反应，造成耗酸量增加，同时需对氮氧化物尾气进行回收处理。

交流研讨 综合以上两种方法的优点，设计以重晶石为原料制备 $Ba(NO_3)_2$ 的物质转化路线。

已知：298 K 时，$K_{a1}(H_2S)=9.1\times10^{-8}$，$K_{a2}(H_2S)=1.1\times10^{-12}$；$K_{a1}(H_2CO_3)=4.3\times10^{-7}$，$K_{a2}(H_2CO_3)=5.6\times10^{-11}$（$K_a$ 单位略）。

计算反应 $BaS + H_2CO_3 \xlongequal{} BaCO_3 + H_2S$ 的

$$K=\frac{c_{平}(H_2S)}{c_{平}(Ba^{2+})\cdot c_{平}(S^{2-})\cdot c_{平}(H_2CO_3)}=\frac{c_{平}(H_2S)}{c^2_{平}(H^+)\cdot c_{平}(S^{2-})}\cdot\frac{c^2_{平}(H^+)\cdot c_{平}(CO_3^{2-})}{c_{平}(H_2CO_3)}\cdot\frac{1}{c_{平}(Ba^{2+})\cdot c_{平}(CO_3^{2-})}=\frac{K_{a1}(H_2CO_3)\cdot K_{a2}(H_2CO_3)}{K_{a1}(H_2S)\cdot K_{a2}(H_2S)\cdot K_{sp}(BaCO_3)}$$

$=4.7\times10^{12}$，反应正向进行的趋势很大。由此可设计新的物质转化路线，即途径3。

途径3：$BaSO_4 \xrightarrow{焦炭} BaS \xrightarrow{H_2O、CO_2} BaCO_3 \xrightarrow{硝酸} Ba(NO_3)_2$

交流研讨 硝酸钡和碳酸钡热解均可得到 BaO，热解温度分别为 600 ℃和 1 400 ℃。以硝酸钡为原料制备 H_2O_2 的物质转化路线如下：

$$Ba(NO_3)_2 \xrightarrow[\text{I}]{加热} BaO \xrightarrow[\text{II}]{O_2} BaO_2 \xrightarrow[\text{III}]{盐酸} \xrightarrow[\text{IV}]{提纯} \xrightarrow[\text{V}]{分离} H_2O_2$$

已知：298 K 时，$K_{sp}(BaO_2)=9.0\times10^{-9}$，$K_{a1}(H_2O_2)=2.4\times10^{-12}$，$K_{a2}(H_2O_2)=1.0\times10^{-25}$（$K_{sp}$、$K_a$ 单位略）；H_2O_2 的沸点为 150.2 ℃，纯 H_2O_2 比较稳定，若加热到 153 ℃便猛烈分解。

思考：

（1）步骤Ⅰ中观察到有红棕色气体产生，请写出相应的化学方程式。

（2）为提高步骤Ⅱ的反应转化率，可采取的措施有哪些？

（3）计算步骤Ⅲ中反应的平衡常数 K。

（4）判断步骤Ⅳ中提纯时需要去除的离子。

（5）步骤Ⅴ中应采取的分离操作是什么？

（6）从绿色化学角度考虑，简述该 H_2O_2 制备方案有何不足之处。

步骤Ⅰ中发生的反应：$2Ba(NO_3)_2 \xlongequal{\triangle} 2BaO + O_2\uparrow + 4NO_2\uparrow$。

步骤Ⅱ中发生的反应：$2BaO(s) + O_2(g) \rightleftharpoons 2BaO_2(s)$。该反应为气体分子数减小的反应，可通过增大压强或增大 O_2 浓度的措施促进平衡正向移动；该反应为化合反应，化合反应一般为放热反应，故可通过降低温度的措施促进平衡正向移动。工业上，将不含 CO_2 及水分的 O_2 不断通入 BaO 中，在 $2.02\times10^5\sim3.03\times10^5$ Pa 压强下氧化，物料冷却至 350~380 ℃后切断氧气，生成产物经粉碎、筛分，即得到过氧化钡成品。

步骤Ⅲ中发生的反应：$BaO_2 + 2H^+ = Ba^{2+} + H_2O_2$。$K = \frac{c_平(Ba^{2+})\cdot c_平(H_2O_2)}{c_平^2(H^+)} = \frac{c_平(Ba^{2+})\cdot c_平(O_2^{2-})\cdot c_平(H_2O_2)}{c_平^2(H^+)\cdot c_平(O_2^{2-})} = \frac{K_{sp}(BaO_2)}{K_{a1}(H_2O_2)\cdot K_{a2}(H_2O_2)} = 3.75\times10^{28}$，表明该复分解反应正向进行程度很大。

考虑到重晶石中含有铁元素，Fe^{3+} 会催化 H_2O_2 分解，因此应在进行分离提纯之前除去 Fe^{3+}。

因为 H_2O_2 的热稳定性差，步骤Ⅴ中应采用减压蒸馏的方法分离得到 H_2O_2。

该制备方案在硝酸钡的分解过程中会产生 NO_2 污染环境，因此应注意尾气回收处理；同时使用钡盐时要注意废水的处理，防止造成重金属污染。

活动 2 电解法制备过氧化氢

1853 年，科研人员在实验过程中发现电解 H_2SO_4 溶液时，铂电极上会产生一种具有氧化性的物质，这是电解法制备过氧化氢的最早发现。之后科研人员又对该方法进行了改进，通过电解生成过二硫酸盐后再水解的方法制备过氧化氢，并于 1908 年实现了该方法的工业化生产。

电解：$2NH_4HSO_4 \xlongequal{通电} (NH_4)_2S_2O_8 + H_2\uparrow$

水解：$(NH_4)_2S_2O_8 + 2H_2O = 2NH_4HSO_4 + H_2O_2$

理论上硫酸氢盐可以循环使用，总反应相当于直接电解水生成过氧化氢和氢气。

交流研讨 可通过理论电势与 pH 的关系对液相中可能发生的电化学反应进行推断和研究。电解法生成过二硫酸铵的过程中，化合价发生变化的元素为 S 和 O，S–H_2O 体系的理论电势与 pH 的关系如图 1–3 所示。

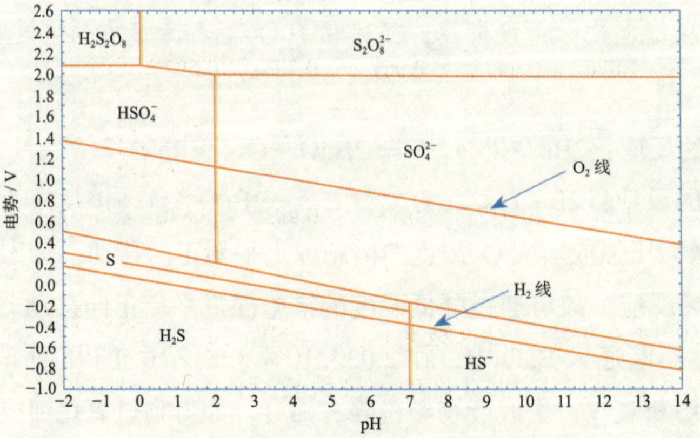

O_2 线以上为氧化剂在溶液中能够稳定存在的区域；H_2 线以下为还原剂在溶液中能够稳定存在的区域。

图 1–3 S–H_2O 体系的理论电势与 pH 的关系

思考：

（1）电解 H_2SO_4 溶液，写出阳极（铂电极）生成 O_2 及 $S_2O_8^{2-}$ 的电极反应式。

（2）据图判断有利于 $S_2O_8^{2-}$ 的生成，同时能抑制 O_2 产生的理论电势及 pH。

电解 H_2SO_4 溶液，阳极（铂电极）上主要发生的电极反应如下：

$2H_2O - 4e^- = O_2\uparrow + 4H^+$

pH < 2 时，$2HSO_4^- - 2e^- = S_2O_8^{2-} + 2H^+$

pH > 2 时，$2SO_4^{2-} - 2e^- = S_2O_8^{2-}$

当理论电势大于 2.0 V 时，各 pH 范围内 $S_2O_8^{2-}$ 均可以稳定生成。随着 pH 的增大，$S_2O_8^{2-}$ 的产生范围也逐渐增大，即理论上增大 pH 有利于 $S_2O_8^{2-}$ 的生成。但是，随着 pH 的增大，O_2 的析出曲线也下降，即 O_2 的析出反应也增强。为减少析氧副反应的发生，一般采用电解酸性的电解液。

拓展视野　电解法制备过硫酸铵电极材料的选择

为了抑制阳极上析氧副反应的发生，还可以选择具有高的析氧超电势且耐腐蚀性强的电极材料，比如 Pt 电极。

从表 1-2 中可以看出，H_2 在 Pb 电极上的析出超电势并不是最低的，要高于石墨、Ag、Fe 和 Zn，因此选择 Pb 电极不利于降低电解槽电压，但是 Pb 电极的耐腐蚀性和强度比其他电极好，故阴极一般为 Pb。

表 1-2　H_2 在不同材料上析出的超电势（单位：V）

电流密度 /（$A\cdot m^{-2}$）	Cd	铂黑	Pt	石墨	Ag	Fe	Zn	Pb
0	0.466	0.000	—	0.0022	—	0.2026	—	—
10	0.981	0.0154	0.024	0.5995	0.4751	0.4036	0.716	0.52
50	1.086	0.0272	0.051	0.725	0.6922	0.5024	0.726	1.06
100	1.134	0.0300	0.068	0.7788	0.7618	0.5571	0.746	1.09
500	1.21	0.037	0.18	0.903	0.830	0.700	0.92	1.16

交流研讨　以铂电极为阳极、铅电极为阴极，$(NH_4)_2SO_4$ 溶液、H_2SO_4 溶液为电解质溶液，设计电解法生成过硫酸铵的装置如图 1-4 所示。

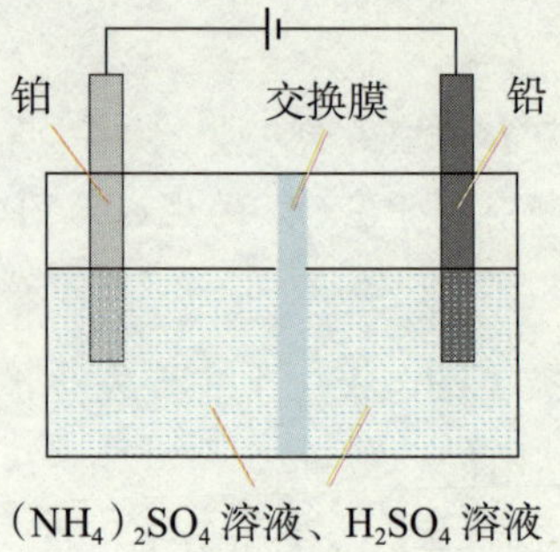

图 1-4　电解法生成过硫酸铵的装置

从理论角度分析，分别使用阳离子交换膜、阴离子交换膜、陶瓷交换膜（允许阴、阳离子自由通过）进行电解时，对电解结果分别有何影响？

分别使用阳离子交换膜、阴离子交换膜、陶瓷交换膜电解过程中，离子移动及变化情况如图 1-5 所示。

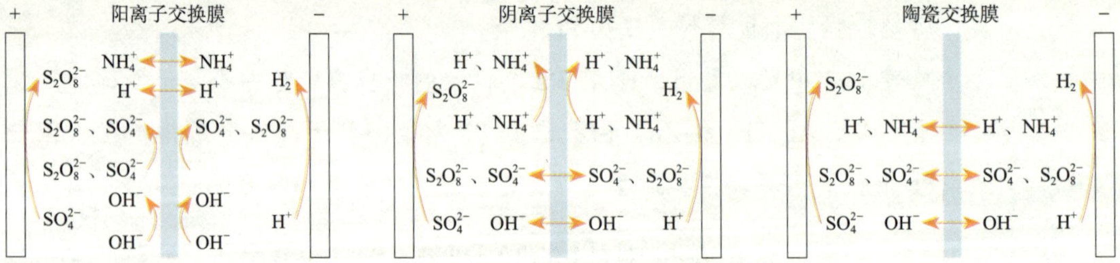

图 1-5　使用不同交换膜时离子移动及变化情况

使用阳离子交换膜时，NH_4^+ 和 H^+ 可以通过交换膜，而 SO_4^{2-}、$S_2O_8^{2-}$、OH^- 不能通过，从而阻碍了强氧化性离子 $S_2O_8^{2-}$ 通过阳离子交换膜到达阴极发生还原反应（$S_2O_8^{2-} + 2e^- = 2SO_4^{2-}$）。

使用阴离子交换膜时，SO_4^{2-}、$S_2O_8^{2-}$、OH^- 可以通过交换膜，而 NH_4^+ 和 H^+ 不能通过。受电场力作用，阴极区的 SO_4^{2-} 通过阴离子交换膜定向移动到阳极区，使得阳极区的 SO_4^{2-} 浓度维持在一个较高的水平，促进了阳极主反应（$2SO_4^{2-} - 2e^- = S_2O_8^{2-}$）的进行。

使用陶瓷交换膜时，阴、阳离子均可通过交换膜。阳极区的 $S_2O_8^{2-}$ 通过交换膜，进入阴极区发生还原反应，导致 $S_2O_8^{2-}$ 的浓度降低。同时，相比离子交换膜，陶瓷交换膜的电阻较高，导致电流效率的降低及电能消耗的升高。

活动 3 蒽醌法制备过氧化氢

交流研讨 蒽醌法是以烷基蒽醌为原料，在催化剂作用下经过氢化、氧化获得 H_2O_2，以 2–乙基蒽醌（eAQ）为加氢载体生产过氧化氧的物质转化如图 1–6 所示。

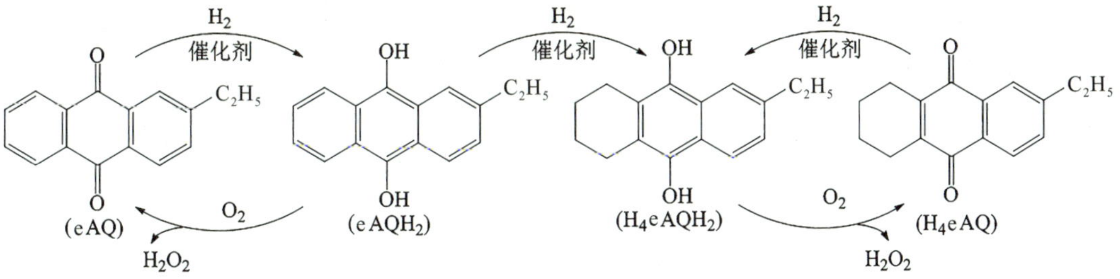

图 1–6 蒽醌法制备过氧化氢

（1）分析上述过程中的物质变化。

（2）蒽醌法理论上具有极高的原子经济性，但实际生产中蒽醌加氢的选择性并非 100%，分析可能的原因。

（3）评价蒽醌法工艺的优缺点。

氢化过程：

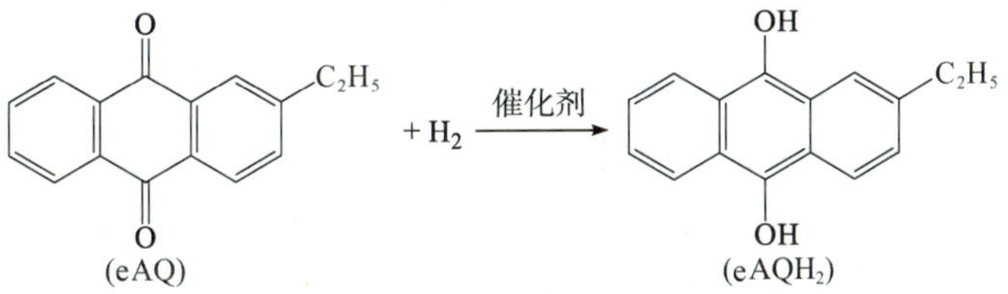

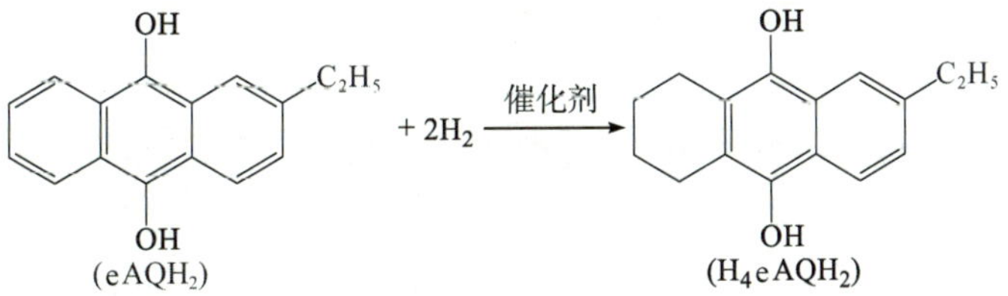

氧化过程：

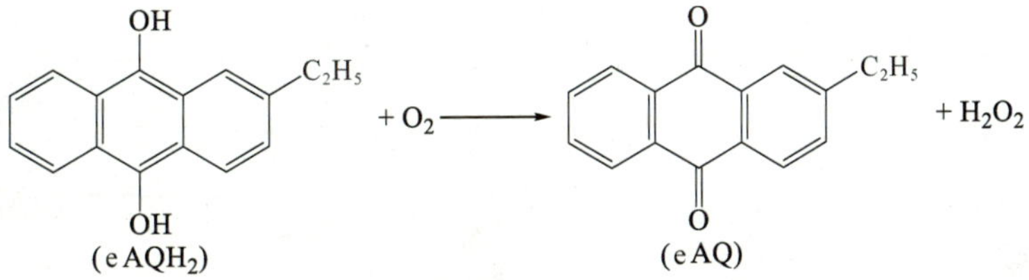

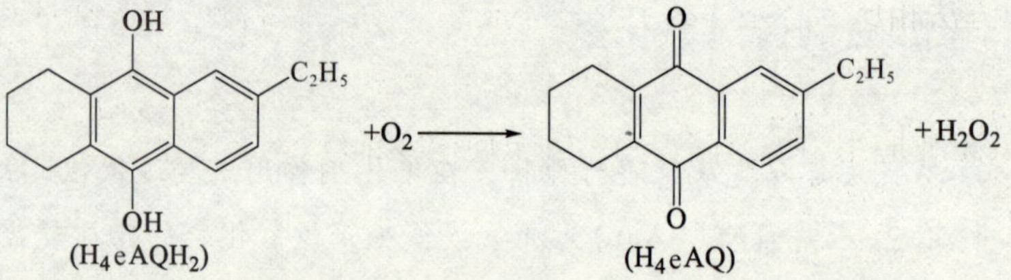

再生过程：

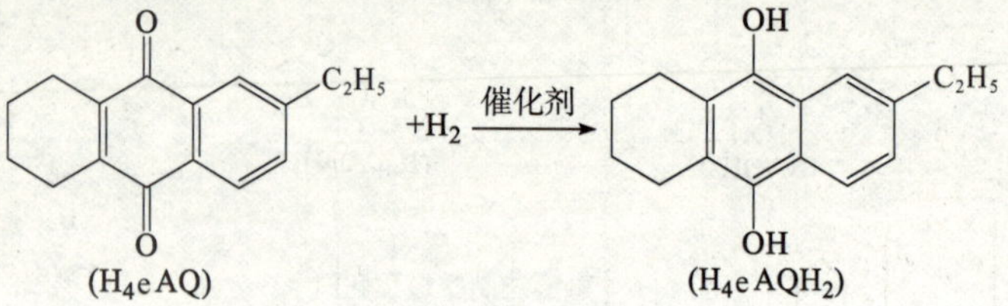

蒽醌法理论上具有极高的原子经济性，但实际生产中受多种因素尤其是加氢催化剂的影响，上述以2–乙基蒽醌为加氢载体生产过氧化氢的过程中，2–乙基蒽醌会发生深度加氢而生成多种产物（图1–7）。2–乙基蒽醌分子中的芳环加氢会生成四氢–2–乙基蒽醌（H_4eAQ）、六氢–2–乙基蒽醌（H_6eAQ）、八氢–2–乙基蒽醌（H_8eAQ）和十氢–2–乙基蒽醌（$H_{10}eAQ$）等，而分子中的羰基加氢则会生成2–乙基蒽酮（eAN）和2–乙基蒽（eANT）等。这些物质中，只有四氢–2–乙基蒽醌有正常循环生产H_2O_2的能力，故与2–乙基蒽醌一起被称为有效蒽醌；而其他物质没有或仅有微弱的生产能力，被统称为降解物。为得到较高的收率，特别是提高蒽醌的加氢选择性，必须尽可能地抑制加氢过程中的副反应。因此，研究和开发高活性特别是高选择性的蒽醌加氢催化剂，一直是蒽醌法工艺中需要重点突破的课题之一。

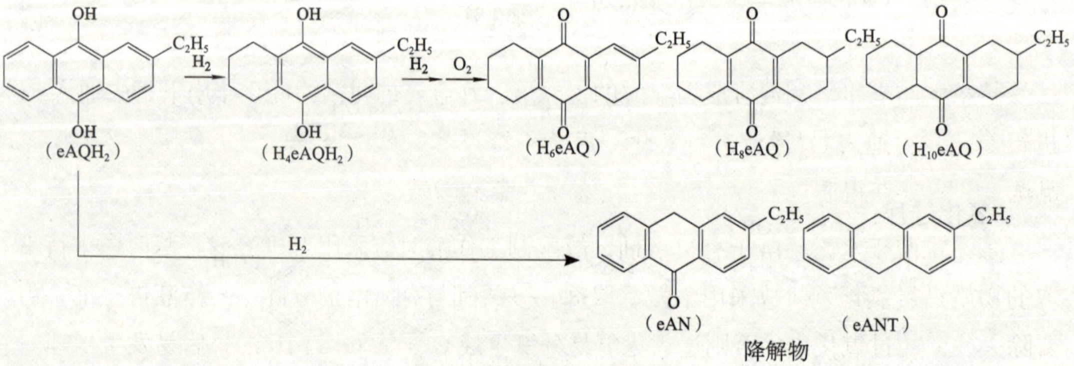

图1–7　蒽醌深度加氢产物

与其他方法相比，蒽醌法的工艺较为成熟，生产能力高、成本低且安全性高。但存在设备投入量大、工艺流程复杂、环境污染等问题。受工艺成本限制，H_2O_2生产厂常建于偏远地区，工业应用中需经储存和运输至使用点稀释，而高浓度H_2O_2不稳定，极易分解，储运成本高，且存在安全隐患。

交流研讨 蒽醌法生产过氧化氢的工艺流程如图1-8所示。

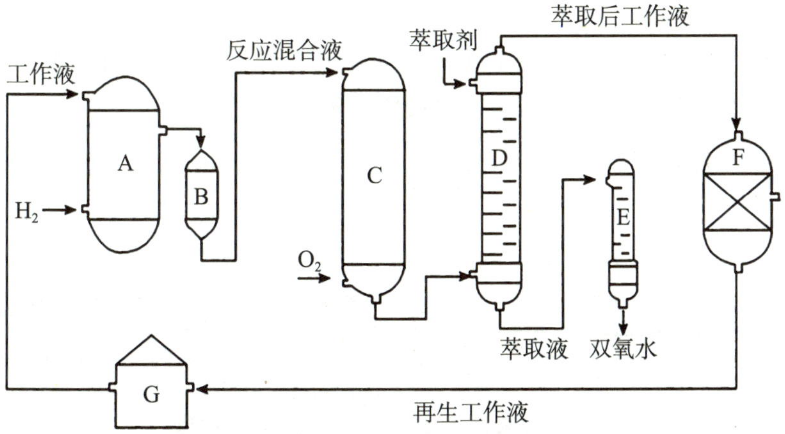

图1-8 蒽醌法生产过氧化氢的工艺流程

思考：

（1）分析配制工作液时采用有机溶剂而不采用水的原因。

（2）判断萃取塔中应使用的萃取剂。

（3）再生工作液循环使用之前应注意什么？

将蒽醌与有机溶剂混合成为反应的工作液，在金属催化剂的催化作用下，先通入H_2进行氢化，再通入O_2逆流进行氧化，后续再经过萃取分离、再生工艺、精制工艺及产品浓缩，最终获得质量分数为20%~30%的过氧化氢成品溶液。

蒽醌难溶于水，易溶于有机溶剂，故配制工作液时应采用有机溶剂。萃取塔中待萃取的物质是过氧化氢，故采用水做萃取剂，方便其与有机溶剂分离。工作液再生前，需要除去残留的过氧化氢，否则过氧化氢易分解生成O_2，而O_2与H_2混合后易发生爆炸。

活动 4　氢氧直接合成过氧化氢

由氢气和氧气直接催化合成过氧化氢的方法，是一种理想的原子经济性反应，但是这种方法在工业化应用中面临严峻的技术挑战：① 氢气和氧气混合爆炸范围较广（氢气体积分数为 4%~94%），危险系数较大；② 氢气和氧气在反应介质中的溶解度较小，造成过氧化氢的生产能力较低，不能满足工业生产要求；③ 氢气和氧气合成过氧化氢的选择性较低，高效催化剂的研制是当前的热点问题。

交流研讨　H_2 和 O_2 直接合成过氧化氢的热力学数据如图 1-9 所示。从热力学角度分析，H_2 和 O_2 合成过氧化氢的障碍是什么？

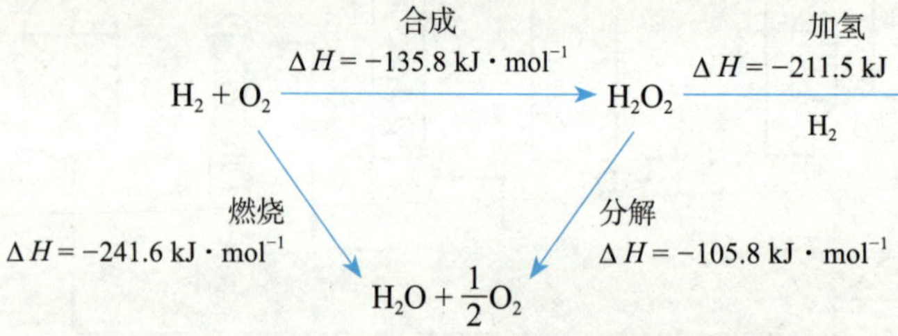

图 1-9　H_2 和 O_2 直接合成过氧化氢的热力学数据

从热力学角度看，相比于生成 H_2O_2 的主反应，H_2 和 O_2 化合生成 H_2O 的反应程度更大。此外，H_2O_2 分解与氢化反应进一步降低了产品 H_2O_2 的产率。因此，低选择性是限制 H_2 和 O_2 合成过氧化氢工业化应用的主要障碍。

交流研讨　催化剂 Pd/SiO_2 在盐酸溶剂条件下催化氢氧直接合成 H_2O_2，Pd 胶体表面的反应机理如图 1-10 所示。

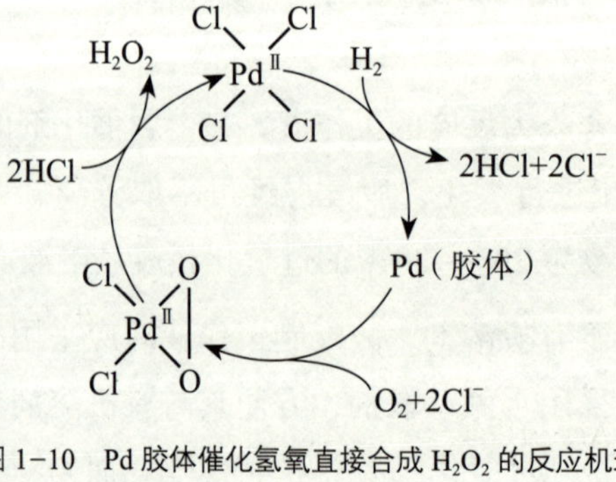

图 1-10　Pd 胶体催化氢氧直接合成 H_2O_2 的反应机理

（1）分析上述反应的机理。

（2）随着反应的进行，Pd 颗粒逐渐增大，最终失去活性，说明什么？

Pd 胶体催化氢氧直接合成 H_2O_2 的反应机理如下：

$[PdCl_4]^{2-} + H_2 = Pd(胶体) + 2H^+ + 4Cl^-$

$Pd(胶体) + O_2 + 2Cl^- = [PdCl_2O_2]^{2-}$

$[PdCl_2O_2]^{2-} + 2H^+ + 2Cl^- = [PdCl_4]^{2-} + H_2O_2$

含 Pd 胶体可能是催化活性中心，随着反应的进行，催化剂 Pd 被还原生成过程中不断聚集形成大颗粒，最终失去催化活性。

交流研讨 H_2 和 O_2 在 Ag_9 团簇上生成 H_2O_2 的吉布斯自由能（$kJ \cdot mol^{-1}$）变化曲线如图 1−11 所示。

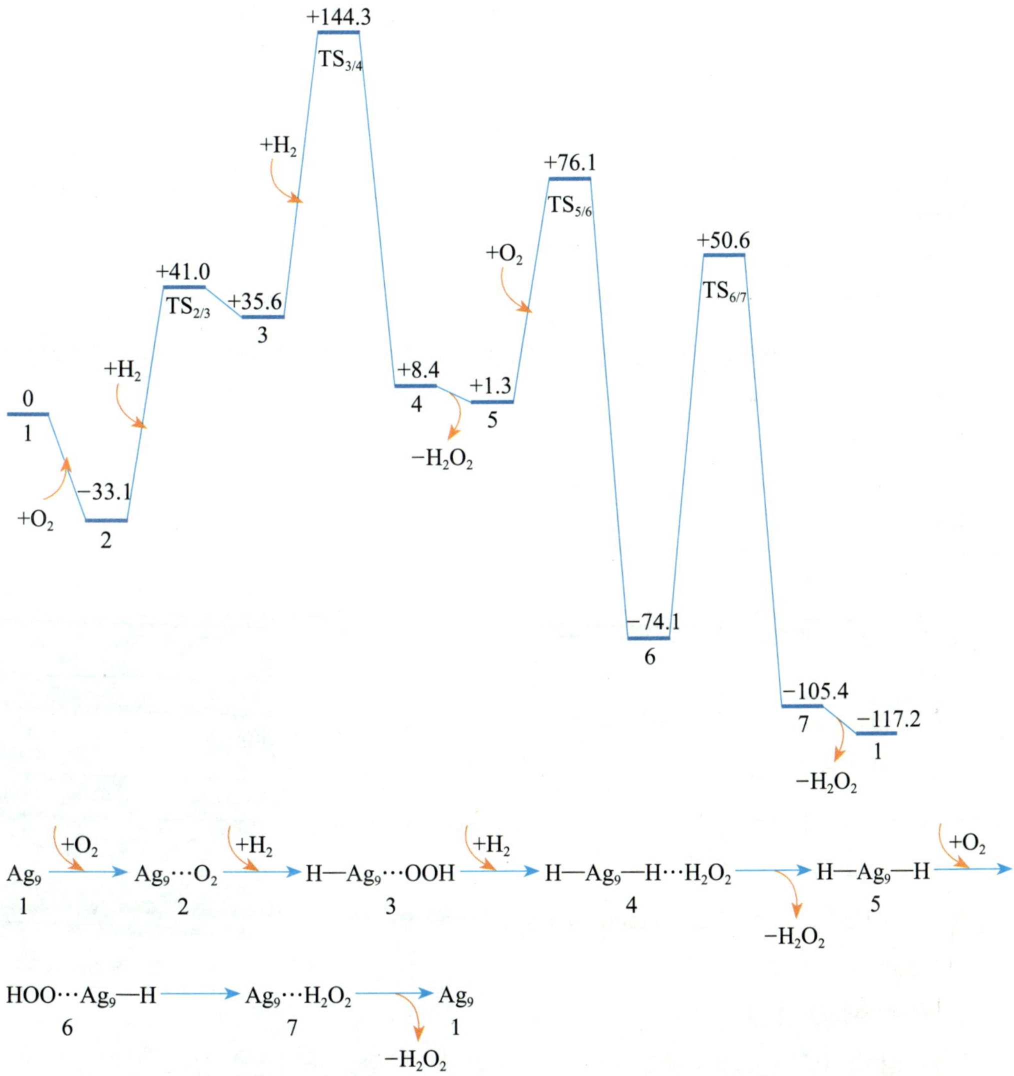

图 1−11 H_2 和 O_2 在 Ag_9 团簇上生成 H_2O_2 的吉布斯自由能变化曲线

在 Ag_9 团簇上由 H_2 和 O_2 直接合成 H_2O_2 的过程分为两个阶段，分别指出各阶段的决速步骤。

在 Ag_9 团簇上由 H_2 和 O_2 直接合成 H_2O_2 的过程分为两个阶段：第一阶段为活化的 O_2 分子先后与两个 H_2 分子反应生成第一个 H_2O_2 分子的过程，其中决速步骤为解离第二个 H_2 分子，活化能为 108.7 $kJ \cdot mol^{-1}$；第二个阶段为 Ag_9 团簇上剩余的两个 H 原子与再吸附的 O_2 分子反应生成第二个 H_2O_2 分子的过程，其中决速步骤为 OOH 自由基进攻 H 原子生成 H_2O_2 分子，活化能为 124.7 $kJ \cdot mol^{-1}$。

任务二 过氧化氢的含量测定

过氧化氢含量测定的实验原理：在酸性溶液中，过氧化氢能被高锰酸钾定量氧化成氧气。

高锰酸钾具有强氧化性，在酸性介质中会缓慢分解成二氧化锰、钾盐和氧气。光对这种分解有催化作用，故高锰酸钾在实验室里常存放于棕色试剂瓶中。碱性 $KMnO_4$ 溶液的氧化性弱于酸性 $KMnO_4$ 溶液的氧化性。高锰酸钾做氧化剂时其还原产物因介质的酸碱性不同而不同。

活动 1 获取 $KMnO_4$ 标准溶液

$KMnO_4$ 标准溶液不能直接配制且不够稳定、不能久置，需经常标定。

配制 0.02 $mol \cdot L^{-1}$ $KMnO_4$ 溶液：

称取 1.7 g 左右的 $KMnO_4$ 固体放入烧杯中，加入 500 mL 水，搅拌使 $KMnO_4$ 溶解后，将溶液转移至棕色试剂瓶中。放置 7~10 天后，用玻璃砂芯漏斗（图 1–12）过滤，过滤后的残渣和沉淀倒掉。把试剂瓶洗净后，将滤液倒回瓶中，待标定。

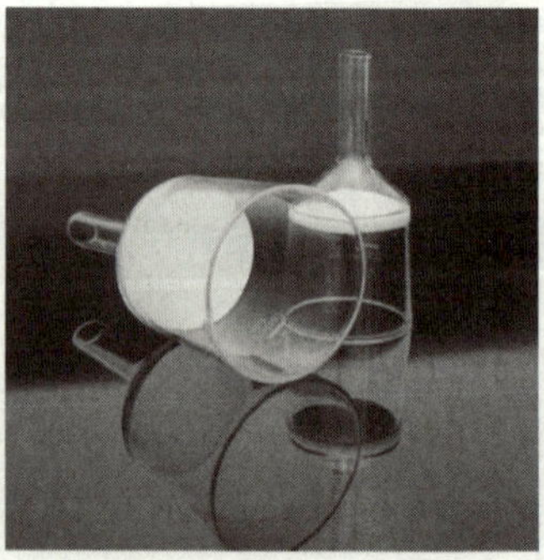

图 1–12　玻璃砂芯漏斗

标定 $KMnO_4$ 溶液：

精确称取 0.15~0.20 g 预先干燥过的 $Na_2C_2O_4$ 三份，分别置于 250 mL 锥形瓶中，各加入 40 mL 蒸馏水和 10 mL 3 mol·L^{-1} 硫酸，水浴加热至 75～85 ℃。趁热用待标定的 $KMnO_4$ 溶液进行滴定，开始时，滴定速度宜慢，在第一滴 $KMnO_4$ 溶液滴入后，不断摇动溶液，当紫红色褪去后再滴入第二滴。溶液中有 Mn^{2+} 产生后，滴定速度可适当加快，临近终点时，紫红色褪去很慢，应减慢滴定速度，同时充分摇动锥形瓶。整个滴定过程要保持温度不低于 60 ℃。当溶液呈现微红色且在半分钟内不褪色时，即为滴定终点。根据滴定消耗的 $KMnO_4$ 溶液体积计算 $KMnO_4$ 溶液的浓度。

交流研讨　分析配制过程中的相关问题：

（1）写出 $KMnO_4$ 见光分解的反应。

（2）能否使用普通漏斗过滤 $KMnO_4$ 溶液？

$KMnO_4$ 见光分解的反应为 $2KMnO_4 \xlongequal{见光} K_2MnO_4 + MnO_2 + O_2\uparrow$。

$KMnO_4$ 溶液具有强氧化性，会氧化滤纸；同时 MnO_2 粉末很细，易堵塞滤纸。砂芯漏斗是一种耐酸玻璃过滤仪器，其采用优良的硬质高硼玻璃制成。配制有氧化性的溶液时不能使用滤纸过滤，需要使用砂芯漏斗过滤。

交流研讨　分析标定实验中的相关问题：

（1）为什么滴定过程中要控制温度不低于 60 ℃？

（2）为什么滴定过程中要保持合适的酸度？

（3）为什么要控制滴定速度？

（4）滴定终点的现象是什么？终点现象不能持久的原因是什么？

温度过低，反应速率过慢；温度过高，部分 $H_2C_2O_4$ 发生分解反应（$H_2C_2O_4 \xlongequal{\triangle} CO_2\uparrow + CO\uparrow + H_2O$）。

酸度过低，$KMnO_4$ 易分解为 MnO_2；酸度过高，会促使 $H_2C_2O_4$ 分解。

该滴定反应为自催化反应，随着 Mn^{2+} 的产生，反应速率逐渐加快。开始滴入 $KMnO_4$ 溶液时，溶液褪色很慢，待红色褪去后再滴加溶液。当褪色速度加快时，可加快滴定速度。若滴定开始时，滴加速度过快，加入的 $KMnO_4$ 来不及与 $C_2O_4^{2-}$ 反应，就在热的酸性溶液中发生分解，导致标定结果偏低。可在滴定前加入少量的 $MnSO_4$ 催化剂，则滴定一开始，反应就能迅速进行。

滴定至溶液出现粉红色且半分钟内不褪色时，即可认为达到了滴定终点。$KMnO_4$ 见光缓慢分解，同时被空气中的还原性物质缓慢还原，溶液的粉红色会逐渐褪去。

活动 2 H_2O_2 含量的测定

滴定过程：

用移液管吸取 5.00 mL H_2O_2 溶液样品（H_2O_2 含量约 5%），置于 250 mL 容量瓶中，加水稀释至标线，混合均匀。

吸取 25 mL 上述稀释液三份，分别置于三个 250 mL 锥形瓶中，各加入 5 mL 3 $mol \cdot L^{-1}$ 硫酸，用 $KMnO_4$ 标准溶液进行滴定。计算样品中 H_2O_2 的含量。

交流研讨 分析滴定过程中的相关问题：

（1）能否将硫酸替换为醋酸、盐酸或硝酸？

（2）如何减少滴定过程中 H_2O_2 的分解？

在活动 1 的实验中，40 mL 蒸馏水和 10 mL 3 $mol \cdot L^{-1}$ 硫酸混合后，溶液中 $c(H^+) = 1.2\ mol \cdot L^{-1}$。在较强的酸性溶液中，$KMnO_4$ 才能定量氧化 H_2O_2。醋酸酸性较弱；盐酸会与 $KMnO_4$ 发生氧化还原反应；硝酸具有氧化性，会产生干扰。

滴定使用的 H_2O_2 溶液样品需要稀释后使用，且滴定速度不宜过快，否则反应过程中放出的热会加快 H_2O_2 的分解。

单元项目梳理

	真实情境		思维模型	具体化学知识
过氧化氢工业合成	钡盐合成法 电解法 蒽醌法 氢氧直接合成法	物质变化及调控	“价－类”二维、平衡思想 理论电势与 pH 图、电解装置 有机化合物的官能团与性质 反应机理图（物质、能量）	物质转化的设计与评价 电极主副反应的调控、交换膜的选择 原子利用率、有机还原（氧化）反应 催化机理（失活）、活化能（能垒）
↓				
过氧化氢含量测定			氧化还原滴定实验	基准物的配制及标定、过氧化氢的含量测定

单元项目检测

学习理解

1. H_2O_2 分解速率受多种因素影响，实验测得 70 ℃时不同条件下 H_2O_2 浓度随时间的变化如图所示。下列说法正确的是（　　）

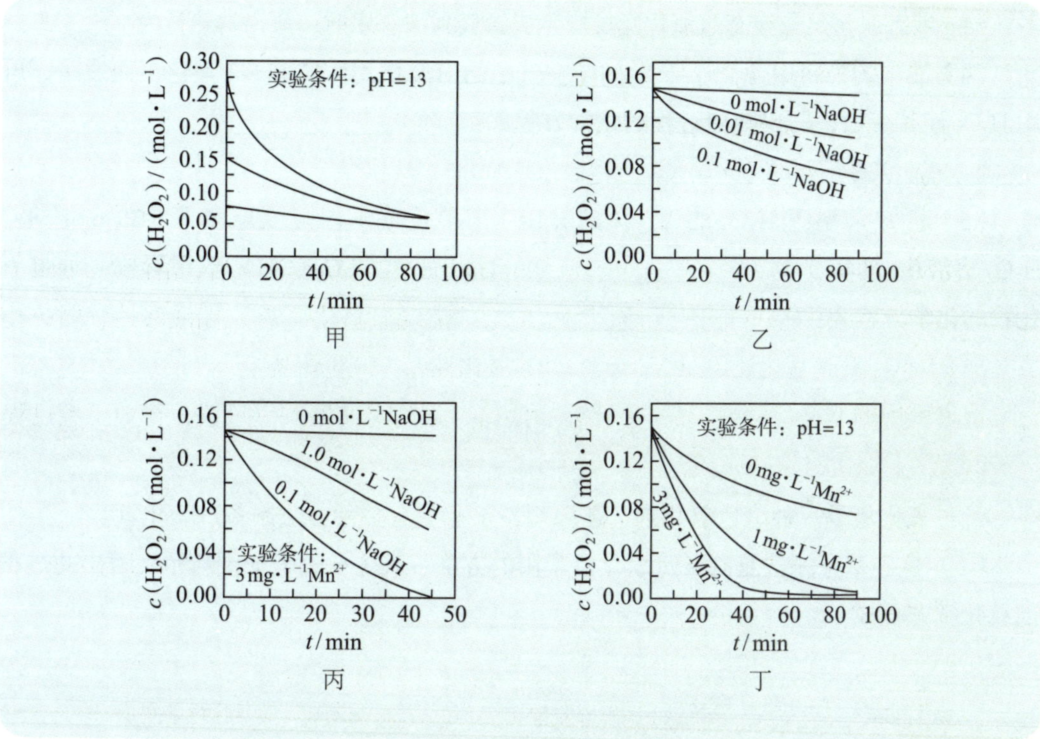

A. 图甲表明，其他条件相同时，H_2O_2 浓度越小，其分解速率越快

B. 图乙表明，其他条件相同时，溶液 pH 越小，H_2O_2 分解速率越快

C. 图丙表明，少量 Mn^{2+} 存在时，溶液碱性越强，H_2O_2 分解速率越快

D. 图丙和图丁表明，碱性溶液中，Mn^{2+} 对 H_2O_2 分解速率的影响大

2. 过氧化氢（H_2O_2）俗名双氧水，医疗上可用作外科消毒剂，是一种二元弱酸且具有氧化性。

（1）H_2O_2 的结构式为________________。

（2）① 在一定条件下异丙醇［$CH_3CH(OH)CH_3$］用 O_2 经多步氧化可制得 H_2O_2，同时生成 CH_3COCH_3，写出该反应的化学方程式：________________________。

② 过氧化铬（CrO_5，分子结构为 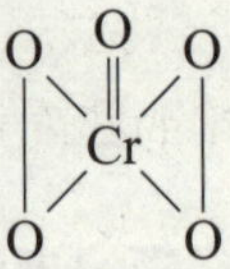 ）中 Cr 的化合价为________；过氧化铬可通过酸性 $K_2Cr_2O_7$ 溶液与过氧化氢反应制得，写出该反应的离子方程式：________________________________。

（3）$N_2H_4(l) + 2H_2O_2(l) \xlongequal{\quad} N_2(g) + 4H_2O(g) \quad \Delta H = -640\ kJ \cdot mol^{-1}$

$H_2O(l) \xlongequal{\quad} H_2O(g) \quad \Delta H = +44\ kJ \cdot mol^{-1}$

64 g 液态肼与足量液态过氧化氢反应生成氮气和液态水时，放出的热量为_____ kJ。

（4）油画的染料中含 Pb，长时间与空气中的 H_2S 作用生成 PbS（黑色）而发暗，可用 H_2O_2 使其变白，写出变白过程的化学方程式：____。

（5）已知常温下 H_2O_2 的 $K_1 \approx 1.67 \times 10^{-12}$（单位略），则该温度下 5.39 $mol \cdot L^{-1}$ H_2O_2 溶液中 $c(H^+)$ 约为______________，写出 H_2O_2 与 $Ca(OH)_2$ 作用形成一种过氧化物的化学方程式：______________________________。

应用实践

3. 过氧化氢是一种绿色氧化剂、还原剂，工业上有多种方法制备过氧化氢。

（1）① 乙基蒽醌法是制备过氧化氢常用的方法，其主要过程如图所示，写出此过程的总化学方程式：______________________________。

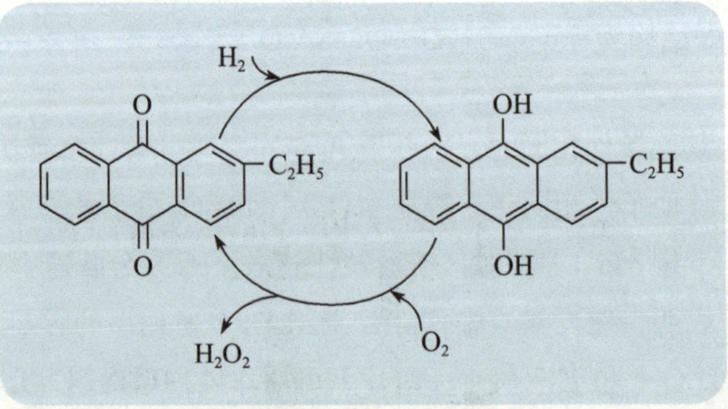

② 空气阴极法制备 H_2O_2 是一种环境友好型、节能型制备方法，电解总方程式为 $3H_2O + 3O_2 \xlongequal{催化剂} 3H_2O_2 + O_3$，则阳极的电极反应式为__________________________。

（2）研究表明，H_2O_2 相当于二元弱酸。在实验中，甲同学将 H_2O_2 加入含酚酞的 NaOH 溶液中，发现溶液红色褪去，甲的结论为：H_2O_2 与 NaOH 中和，从而使溶液褪色。乙同学不赞同甲同学的观点，乙认为是 H_2O_2 的漂白性，将酚酞氧化而褪色。请设计实验证明哪位同学的观点正确。

____

____

4. 过氧化氢（H_2O_2）是一种强氧化剂，其水溶液常用于消毒和漂白。工业上制取过氧化氢的方法有多种，回答下列问题：

（1）过氧化钠 - 磷酸中和法，其流程如下：

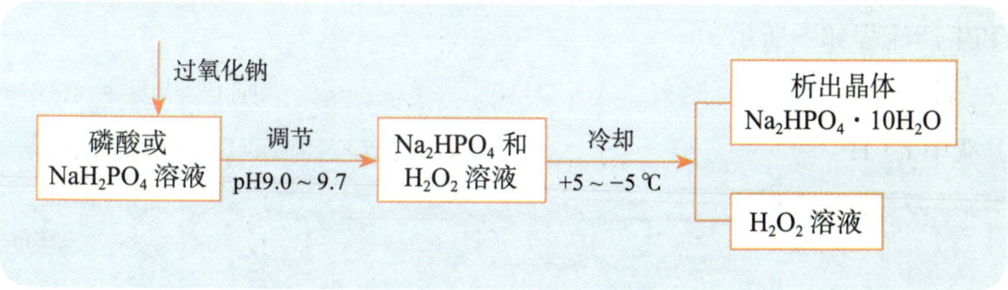

写出过氧化钠与磷酸二氢钠反应的化学方程式：____。

（2）过二硫酸铵法（如图所示）是目前常用的制备 H_2O_2 的方法。即电解含 50% H_2SO_4、$(NH_4)_2SO_4$ 的溶液制取 $(NH_4)_2S_2O_8$，再加热水解即可得 H_2O_2 和 $(NH_4)_2SO_4$。

已知：$S_2O_8^{2-}$ 的结构为 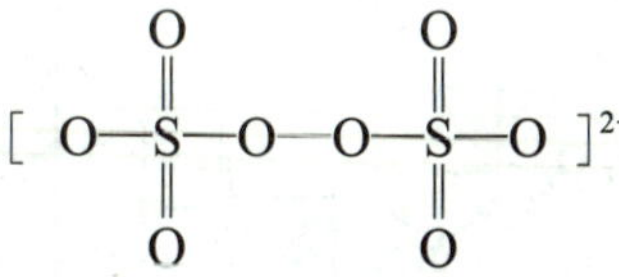。

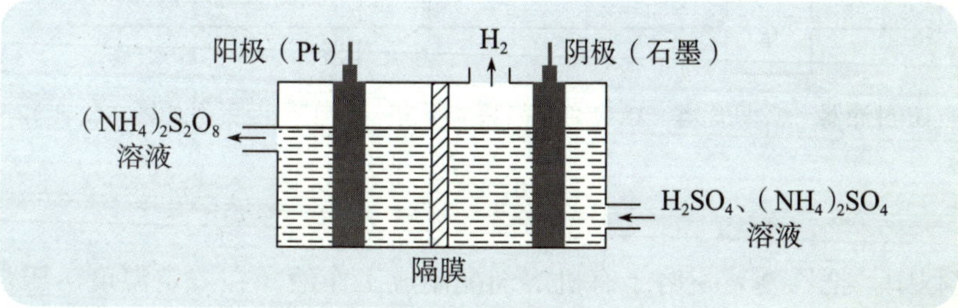

① 电解时，阳极 SO_4^{2-} 放电时的电极反应式为______________________________。

② 写出生成 H_2O_2 的化学方程式：______________________________。

（3）工业上在碱性条件下电解水，氧气在特制的阴极上反应可以得到 HO_2^-，从而制得 H_2O_2。将 H_2O_2 溶液与消石灰反应，经过滤、洗涤、干燥，可得过氧化钙晶体。

① 写出电解过程中有氧气参与的阴极的电极反应式：______________________________。

② H_2O_2 与 $Ca(OH)_2$ 反应时，若不加稳定剂，需控制温度在 0~5 ℃，原因是______________________________。

迁移创新

5. 双氧水是一种重要的氧化剂、漂白剂和消毒剂。生产双氧水常采用蒽醌法，其反应原理和生产流程如图所示。

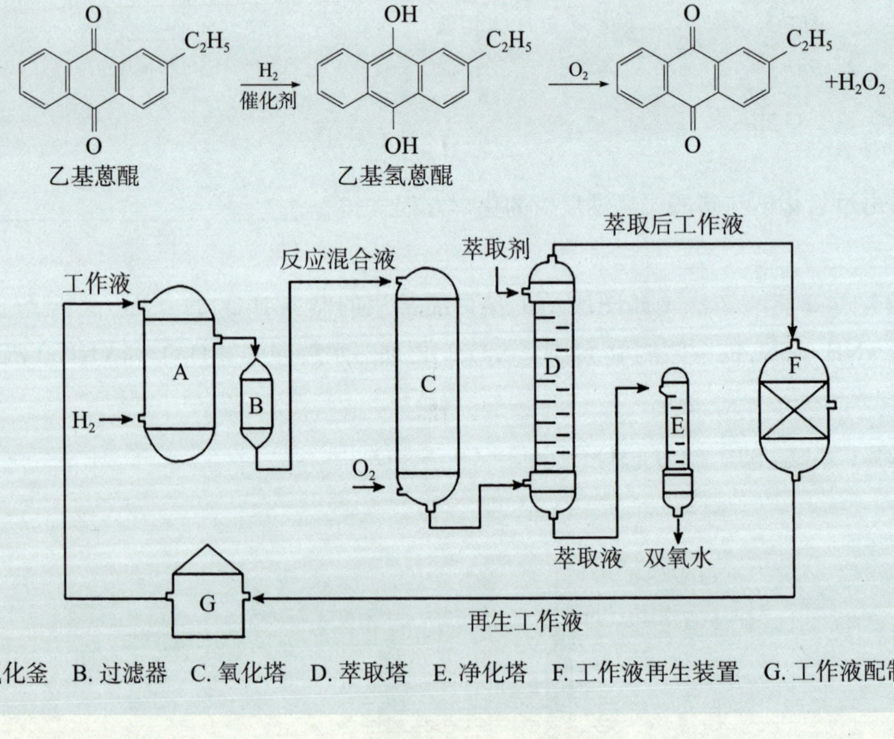

A. 氢化釜　B. 过滤器　C. 氧化塔　D. 萃取塔　E. 净化塔　F. 工作液再生装置　G. 工作液配制装置

生产过程中，把乙基蒽醌溶于有机溶剂配制成工作液，在一定温度、压强和催化剂作用下进行氢化，再经氧化、萃取、净化等工艺得到双氧水。

回答下列问题：

（1）蒽醌法制备 H_2O_2 理论上消耗的原料是________，循环使用的原料是________，配制工作液时采用有机试剂而不采用水的原因是____。

（2）氢化塔 A 中发生反应的化学方程式为____。进入氧化塔 C 的反应混合液中的主要溶质为____________________。

（3）萃取塔 D 中的萃取剂是________，选择其做萃取剂的原因是____。

（4）工作液再生装置 F 中要除净残留的 H_2O_2，原因是____。

（5）H_2O_2 浓度可在酸性条件下用 $KMnO_4$ 溶液测定，该反应的离子方程式为______________________________________。一种 H_2O_2 溶液的质量分数为 27.5%（密度为 $1.10\ g\cdot cm^{-3}$），其浓度为________ $mol\cdot L^{-1}$。

项目2　利用硫代硫酸钠浸取废旧手机中的金

——体验科学探究的一般程序与方法

任务一　硫代硫酸钠的实验室制备

任务二　硫代硫酸钠浸取回收金

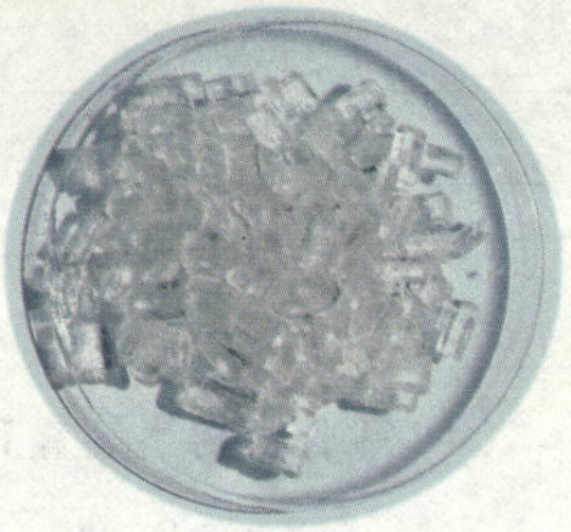

单元项目设计意图

从制备硫代硫酸钠的角度出发，设计硫代硫酸钠的实验室制备方案，并基于硫代硫酸钠浸取回收金的任务，建立热力学、动力学分析并优化反应条件的思维模型，认识到化学在物质制备和回收利用方面的重要价值，构建化学物质从制备到实际生产应用的思维模型。

单元项目学习目标

1. 基于“价-类”二维、物质的制备、分离提纯及纯度测定，发展“模型认知”“科学探究”等化学学科核心素养。

2. 基于热力学和动力学视角分析并优化浸取回收金的工艺流程，发展“证据推理”“变化观念与平衡思想”化学学科核心素养，体会化学学科在解决资源回收利用中的重要价值。

单元项目学习引导

据丹麦技术大学的研究结果显示：1 000 kg 随意收集的电子板卡中约含有 0.45 kg 金、129.8 kg 铜、40.9 kg 铁、29.5 kg 铅、20 kg 镍、10 kg 锑，如果能得到回收利用，仅 0.45 kg 金就价值十几万元。从回收的废旧手机和家电中提炼出金、银、铜，可作为制造运动会奖牌的原材料。无论从经济效益还是环境保护方面看，电子废弃物中有价金属的回收利用都显得尤为重要，尤其是金的回收。而相比于传统的氰化法，硫代硫酸钠浸取回收金具有无毒、浸金速度快、对杂质不敏感以及浸出指标高等优点，被认为是取代氰化法浸金的首选技术。硫代硫酸钠（$Na_2S_2O_3 \cdot 5H_2O$）俗称“海波”，又名“大苏打”，无色透明的晶体，易溶于水，不溶于乙醇，具有较强的还原性和配位能力（外界S作为配原子），常用作冲洗照相底片的定影剂、棉织物漂白后的脱氯剂以及定量分析中的还原剂。

任务一　硫代硫酸钠的实验室制备

活动 1　探究 $Na_2S_2O_3$ 制备原理

交流研讨　常见的含硫物质有哪些？在图 2-1 中构建硫元素的“价-类”二维图，标出这些含硫物质的位置，并利用“价-类”二维图讨论 $Na_2S_2O_3$ 的制备方案，尝试写出相应的化学方程式。

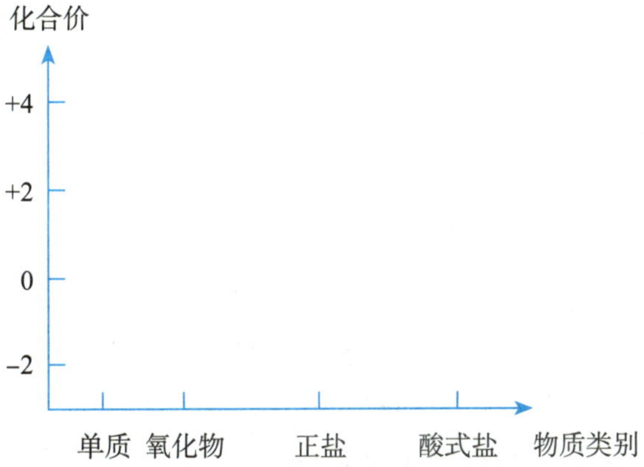

图 2-1　构建硫元素的“价－类”二维图

常见的含硫物质有单质 S，氧化物 SO_2，正盐 Na_2SO_3、Na_2S、$Na_2S_2O_3$，酸式盐 $NaHS$、$NaHSO_3$，依据物质类别及硫元素的化合价填入相应位置（图 2-2）。

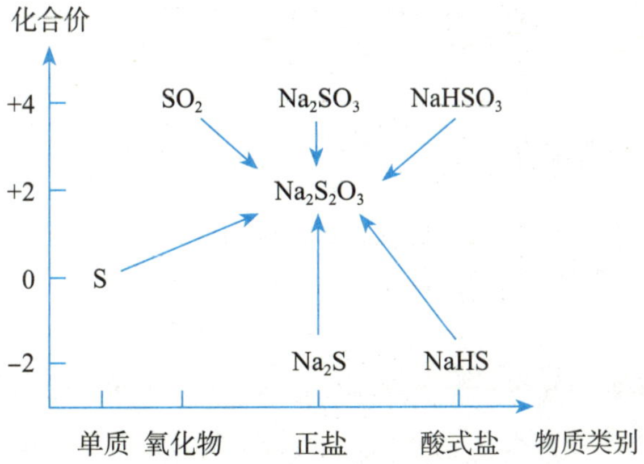

图 2-2　含硫物质的“价－类”二维图

将硫粉溶于沸腾的 Na_2SO_3 溶液中或将 Na_2S 和 Na_2CO_3 按一定配比配成溶液再通入 SO_2 等制备方法都能得到硫代硫酸钠，制备 $Na_2S_2O_3$ 的化学方程式如下：

$$S(s)+Na_2SO_3(aq)\overset{\triangle}{=\!=\!=}Na_2S_2O_3(aq)$$

$$2Na_2S(aq)+Na_2CO_3(aq)+4SO_2(g)=\!=\!=3Na_2S_2O_3(aq)+CO_2(g)$$

$$2NaHS(aq)+4NaHSO_3(aq)\overset{\triangle}{=\!=\!=}3Na_2S_2O_3(aq)+3H_2O(l)$$

$$2Na_2S(aq)+3SO_2(g)=\!=\!=2Na_2S_2O_3(aq)+S(s)$$

$$2Na_2S(aq)+2S(s)+3O_2(g)=\!=\!=2Na_2S_2O_3(aq)$$

思考探究 （1）求出下列反应在 298 K 下的 ΔG，并填入表 2-1 中。

表 2-1　求算反应的 ΔG

方案	反应	ΔH（298 K）/（$kJ\cdot mol^{-1}$）	ΔS（298 K）/（$J\cdot K^{-1}\cdot mol^{-1}$）	ΔG/（$kJ\cdot mol^{-1}$）
①	$S(s)+Na_2SO_3(aq)\overset{\triangle}{=\!=\!=}Na_2S_2O_3(aq)$	−16.8	64.2	
②	$2Na_2S(aq)+Na_2CO_3(aq)+4SO_2(g)=\!=\!=3Na_2S_2O_3(aq)+CO_2(g)$	−562.3	−419.3	
③	$2NaHS(aq)+4NaHSO_3(aq)\overset{\triangle}{=\!=\!=}3Na_2S_2O_3(aq)+3H_2O(l)$	−274.3	−273.7	
④	$2Na_2S(aq)+3SO_2(g)=\!=\!=2Na_2S_2O_3(aq)+S(s)$	−480.4	−549.0	
⑤	$2Na_2S(aq)+2S(s)+3O_2(g)=\!=\!=2Na_2S_2O_3(aq)$	−1 370.8	−515.5	

（2）判断上述各反应能否自发进行。

由计算可知上述反应在 298 K 时的 ΔG 分别为 $-35.9\ kJ\cdot mol^{-1}$、$-437.3\ kJ\cdot mol^{-1}$、$-192.7\ kJ\cdot mol^{-1}$、$-316.8\ kJ\cdot mol^{-1}$、$-1\ 217.2\ kJ\cdot mol^{-1}$，五个反应的 ΔG 均小于 0，则五个反应在 298 K 时都能自发进行，都可实现 $Na_2S_2O_3$ 的制备。

活动 2　实验室制备 $Na_2S_2O_3$

思考探究 探究 $Na_2S_2O_3$ 的实验室制备方法，根据活动 1 中讨论的制备 $Na_2S_2O_3$ 的五种方案选择药品，并设计相应的实验装置，画出实验装置图。药品：$Na_2SO_3(s)$、$S(s)$、$Na_2CO_3(s)$、$Na_2S\cdot 9H_2O(s)$、$NaOH(s)$、$NaHSO_3(s)$、$NaHS(s)$、$KMnO_4(s)$、$MnO_2(s)$、$H_2O_2(aq)$、铜丝、浓盐酸、浓硫酸。

以方案①③为原理制备 $Na_2S_2O_3$，实验装置是简单的回流装置，如图 2–3 所示（部分夹持装置略）。以方案②④⑤为原理制备 $Na_2S_2O_3$，实验装置主要由气体发生装置、反应装置和尾气吸收装置组成。要制备的气体是 SO_2 或 O_2。实验室制 SO_2 的方法主要有三种：a. 铜和浓硫酸共热：$Cu + 2H_2SO_4(浓) \xlongequal{\triangle} CuSO_4 + SO_2\uparrow + 2H_2O$；b. 浓盐酸和亚硫酸钠固体：$Na_2SO_3 + 2HCl(浓) \xlongequal{} 2NaCl + SO_2\uparrow + H_2O$；c. 浓硫酸和亚硫酸钠固体：$Na_2SO_3 + H_2SO_4(浓) \xlongequal{} Na_2SO_4 + SO_2\uparrow + H_2O$。方法 a 反应需要加热且反应不好控制；方法 b 用的浓盐酸易挥发，后续需要除去 HCl 气体；因此本实验中选择方法 c 制备 SO_2，所需的装置为固液不加热型的发生装置。实验室制 O_2 的方法有加热 $KMnO_4$ 固体、MnO_2 催化 H_2O_2 分解等，由于 $KMnO_4$ 固体分解不易实现随制随停控制，所以选择 MnO_2 催化 H_2O_2 分解的方法制备 O_2，所需的装置也是固液不加热型装置。因此，方案②④⑤制备 $Na_2S_2O_3$ 的实验装置图如图 2–4 所示。

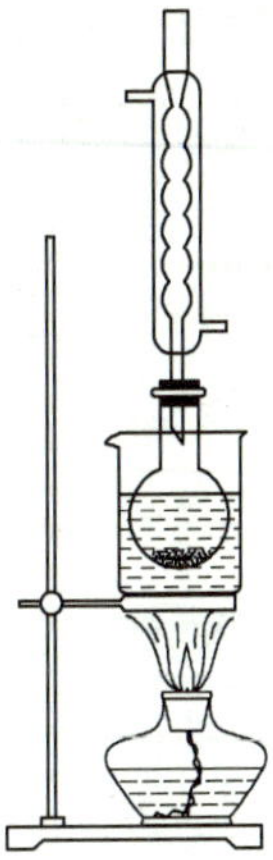

图 2–3　方案①③制备 $Na_2S_2O_3$ 的回流装置图

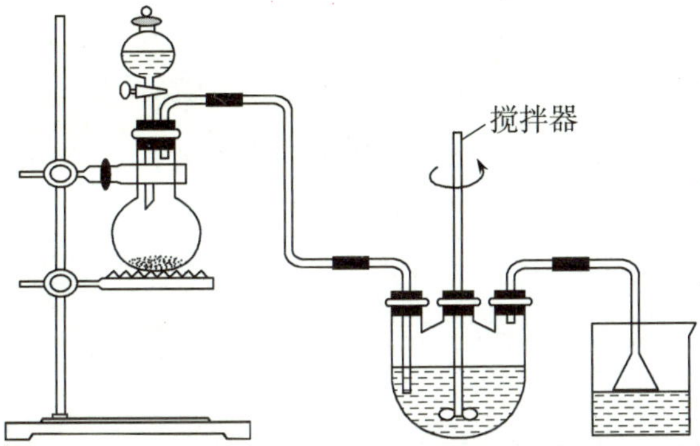

图 2–4　方案②④⑤制备 $Na_2S_2O_3$ 的实验装置图

交流研讨　以 Na_2S 法制备 $Na_2S_2O_3$ 为例，讨论下列问题：

（1）如何检查装置的气密性？

（2）有同学认为方案②中的 Na_2CO_3 无用，因为方案④中 Na_2S 与 SO_2 同样可以制备 $Na_2S_2O_3$，哪种方案更好？

（3）如何配制 Na_2S 和 Na_2CO_3 的混合溶液：15 g $Na_2S\cdot 9H_2O$ + ? g Na_2CO_3 + 150 mL H_2O 溶解。

（4）装入药品，进行反应，记录实验现象并分析。

（5）如何判断反应终点？若 SO_2 通入过量会有什么影响？

图 2-4 所示的实验装置的气密性检查可用微热法或滴液法。微热法为关闭分液漏斗的活塞，将烧杯中的漏斗取下，将导管插入水中，微热圆底烧瓶或三颈烧瓶，烧杯中的导管有气泡冒出，停止加热后导管中有一段水柱残留，说明装置的气密性良好。滴液法为将烧杯中的漏斗插入水中，分液漏斗中加水，打开分液漏斗活塞，水滴入一段时间后不能顺利往下滴，说明装置的气密性良好。

方案④ Na_2S 与 SO_2 反应生成的 S 是过量的，得不到充分反应，方案②加入的 Na_2CO_3 会与 SO_2 反应生成 Na_2SO_3，使过量的 S 也能转化为 $Na_2S_2O_3$ 产品。因此，实验室和工业上常选择方案②来制备 $Na_2S_2O_3$。

用 SO_2 气体与含有 Na_2S 和 Na_2CO_3 的溶液制备 $Na_2S_2O_3$ 的反应中，Na_2CO_3 的用量不宜过少，否则导致中间产物 Na_2SO_3 的产量少，使析出的 S 不能全部生成 $Na_2S_2O_3$。$n(Na_2S):n(Na_2CO_3)=2:1$ 时，取量较为适宜。实验中取 15 g $Na_2S\cdot 9H_2O$，因此需称取 3.3 g Na_2CO_3。若室温下将 $Na_2S\cdot 9H_2O$ 和 Na_2CO_3 同时溶解则需较长时间，又因 Na_2S 被空气氧化会出现浑浊现象，而加热会使 Na_2S 水解且有臭味溢出。改进方法：先将 Na_2CO_3 微热溶于水，待其完全溶解后再将 Na_2S 溶于 Na_2CO_3 的溶液中，得到透明溶液，溶解时间大大缩短，且 Na_2CO_3 溶液显碱性，抑制了 Na_2S 的水解。

装入药品：分液漏斗中装入浓硫酸，圆底烧瓶中装入 Na_2SO_3 固体，三颈烧瓶中装入 Na_2S 和 Na_2CO_3 的混合溶液，烧杯中装入 NaOH 溶液。在 Na_2S 和 Na_2CO_3 的混合溶液中不断通入 SO_2 气体的过程中，三颈烧瓶中的现象为：Ⅰ. 浅黄色沉淀先逐渐增多，$3SO_2 + 2Na_2S = 3S\downarrow + 2Na_2SO_3$；Ⅱ. 浅黄色沉淀保持一段时间不变，有无色无味的气体产生，$SO_2 + Na_2CO_3 = Na_2SO_3 + CO_2$；Ⅲ. 浅黄色沉淀逐渐减少，$Na_2SO_3 + S = Na_2S_2O_3$；Ⅳ. 继续通入 SO_2，浅黄色沉淀又会逐渐增多，$Na_2S_2O_3 + SO_2 + H_2O = S\downarrow + 2NaHSO_3$。

已知第Ⅲ步反应相对较慢，因此可以用三颈烧瓶中溶液的 pH 约为 7 或溶液变澄清（或浑浊消失）来判断反应终点，停止通入 SO_2 气体。若 SO_2 通入过量，会导致三颈烧瓶中反应液的 pH 过低。三颈烧瓶中反应液的 pH 过高或过低将导致产率降低：pH 过高，Na_2CO_3、Na_2S 反应不充分；pH 过低，导致 $Na_2S_2O_3$ 转化为 S 和 SO_2。

交流研讨 实验过程中发现：若通入 SO_2 气体的速度过快，会有块状的单质 S 形成，SO_2 的利用率很低，也不利于环保；若降低通入 SO_2 气体的速度，单质 S 很快被反应掉，而且产生倒吸，很不安全。另外，由于要每隔一段时间测定溶液的 pH，只能拔下三颈烧瓶上的导气管塞，致使 SO_2 气体一次次溢出，污染环境。请据此交流讨论下列问题：

（1）实验中要控制 SO_2 的生成速率，可采取的措施有哪些？

（2）如何改进装置以便于观察 SO_2 的生成速率？

（3）如何改进装置以防止 SO_2 倒吸？

（4）如何改进装置以便于测定反应液的 pH？

（5）实验结束，拆除装置时应如何防止装置内残留的 SO_2 溢出污染环境？

实验中要控制 SO_2 的生成速率，可采取的措施为调节浓硫酸的滴加速度（或调节酸的浓度等）。为了更好地观察 SO_2 的生成速率，可以在气体发生装置和反应装置之间加一个带有长颈漏斗的锥形瓶，锥形瓶中装入浓硫酸或饱和 $NaHSO_3$ 溶液，不仅可以观察 SO_2 的生成速率，还可以平衡装置内外的压强，如图 2-5 所示。

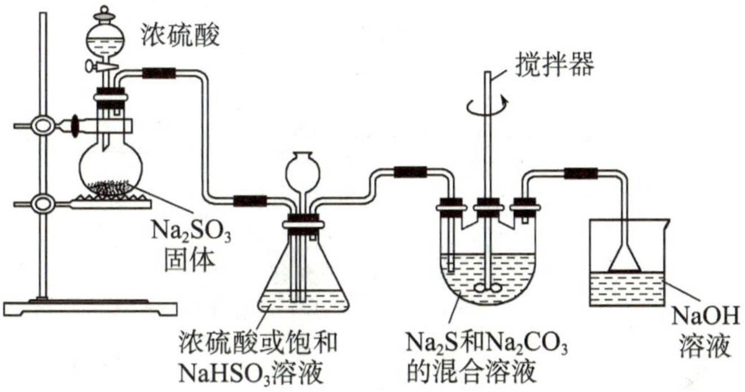

图 2-5 改进装置①

在锥形瓶和三颈烧瓶之间可加防倒吸的装置，可以用空瓶防倒吸，如图 2-6 所示；也可以用单向阀来防倒吸，如图 2-7 所示。单向阀是将一个带磨口剖面的玻璃塞加工组装到与之相吻合的带磨口剖面的玻璃管中制成的，单向阀的结构示意图如图 2-8 所示。如发生倒吸时，反向回流的液体将推动玻璃塞与磨口剖面密合，阻止液体通过。当二氧化硫气体压强增大时，又可将玻璃塞顶开，以保证气体顺利通过。单向阀的安装不仅可以保障实验顺利进行，避免出现倒吸现象，还可以节约实验药品，降低实验成本。

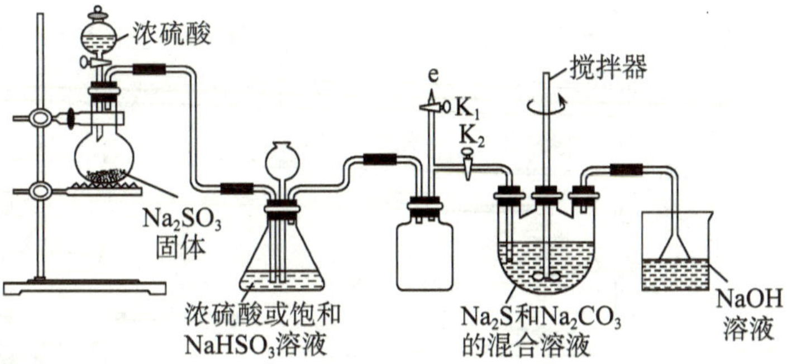

图 2-6 改进装置②

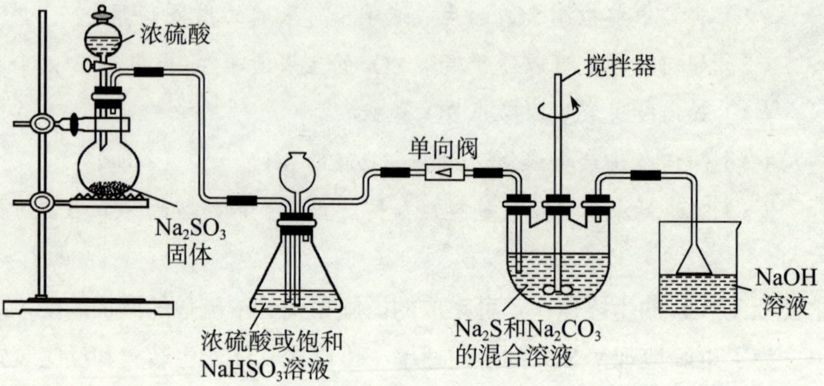

图 2-7　改进装置③

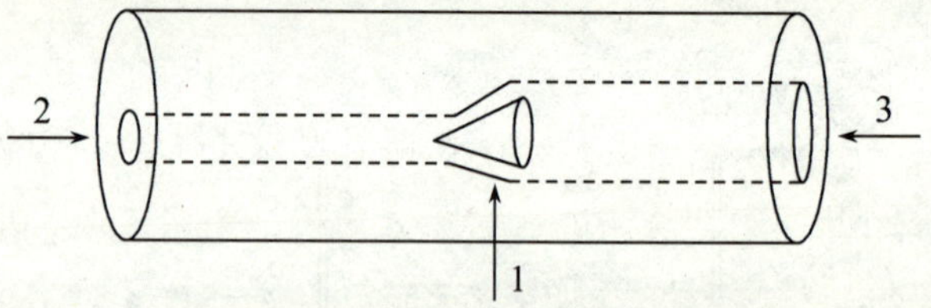

1. 磨口剖面；2. 气流方向；3. 液流方向

图 2-8　单向阀示意图

测定 pH 时为有效地避免 SO_2 气体的外逸，可在三颈烧瓶中连一个 pH 计实时监测溶液的 pH（图 2-9）；或者改加取样装置，即将原装置的三颈烧瓶上加装微量取样器或医用注射器（图 2-10），用以取样测定 pH。由于用取样器或注射器取样不需要拔下三颈烧瓶上的导气管塞，因此即使反复取样测定 pH 也不会造成 SO_2 气体外逸。

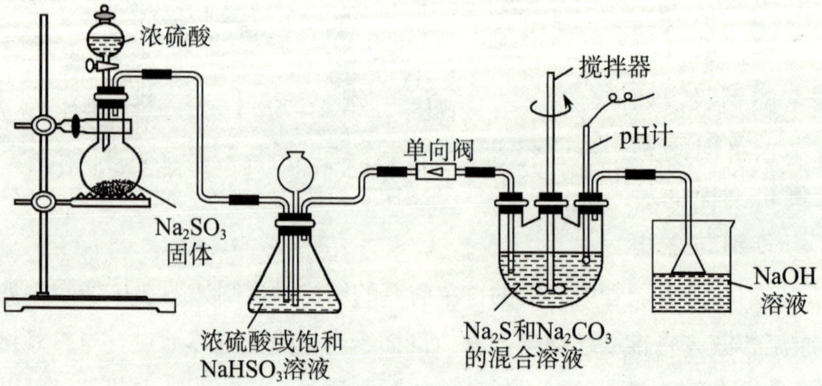

图 2-9　改进装置④

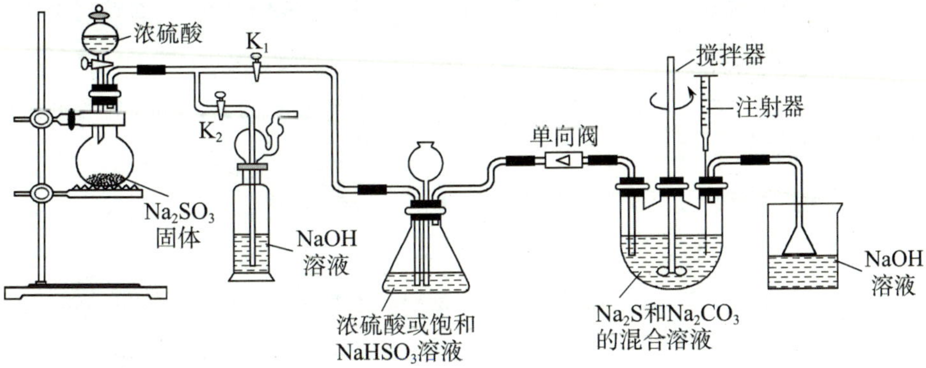

图 2-10　改进装置⑤

实验结束后，拆除装置前应将装置内的 SO_2 充分吸收，避免 SO_2 逸出污染环境。图 2-10 中将原装置改为三通，并增设碱吸收瓶，一方面可以控制 SO_2 气体的通入量，从而控制反应进程；另一方面反应结束时装置内剩余的 SO_2 气体被碱液吸收，避免了在拆除装置时 SO_2 气体逸出对环境造成污染。图 2-6 实验结束后，在 e 处最好连接盛 NaOH 溶液的注射器，再关闭 K_2 打开 K_1，以防拆除装置过程中 SO_2 气体污染空气。

思考探究　已知：常温下，溶液中析出的晶体为 $Na_2S_2O_3\cdot 5H_2O$。$Na_2S_2O_3\cdot 5H_2O$ 于 40～45 ℃熔化，48 ℃分解；$Na_2S_2O_3$ 易溶于水，不溶于乙醇，在水中有关物质的溶解度曲线如图 2-11 所示。如何从热的反应混合液中获得 $Na_2S_2O_3\cdot 5H_2O$ 粗晶体？写出具体的实验步骤。

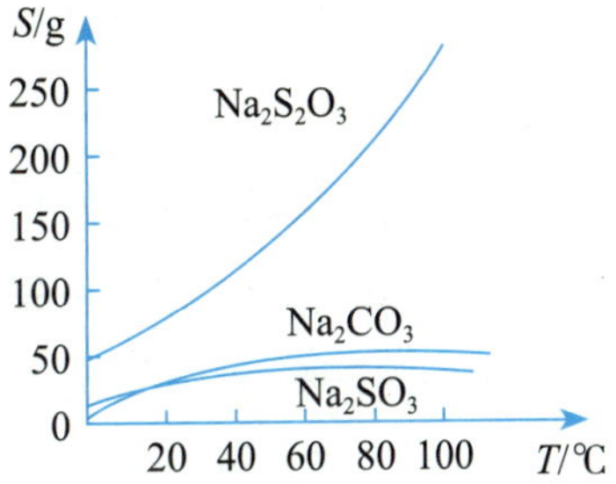

图 2-11　$Na_2S_2O_3$、Na_2CO_3 和 Na_2SO_3 在水中的溶解度曲线

从热的反应混合液中获得 $Na_2S_2O_3\cdot 5H_2O$ 粗晶体，需经过下列的实验步骤：热的反应混合液→活性炭脱色并保温→趁热过滤→ 45 ℃蒸发浓缩滤液至溶液呈微黄色浑浊→用冰水浴冷却结晶，抽滤→洗涤、干燥→获得 $Na_2S_2O_3\cdot 5H_2O$ 粗晶体。

交流研讨

热的反应混合液 —活性炭脱色并保温→ 滤液（操作 Ⅰ） —蒸发浓缩→ 冷却结晶 —操作 Ⅱ→ 粗晶体

（1）操作 Ⅰ 为趁热过滤，其目的是什么？

（2）蒸发浓缩，加入乙醇，再冷却析出晶体，可以提高产率。乙醇的作用是什么？

（3）操作Ⅱ是过滤、洗涤、干燥，其中洗涤操作时用什么试剂做洗涤剂？作用是什么？

（4）蒸发浓缩滤液直至溶液中有少量晶体析出为止，蒸发时控制温度不宜过高的原因是什么？

（5）所得粗晶体通过什么方法提纯？

趁热过滤的目的是防止硫代硫酸钠晶体析出。乙醇可降低 $Na_2S_2O_3$ 晶体的溶解度，促使晶体析出。用乙醇做洗涤剂，作用是除去可溶性杂质，减少产品的溶解损耗，有利于产品的干燥。蒸发时控制温度不宜过高，是为了避免析出的晶体 $Na_2S_2O_3\cdot5H_2O$ 因温度过高而分解。所得粗晶体可通过重结晶提纯。

活动 3 测定 $Na_2S_2O_3$ 的纯度

方法导引 醋酸铅可用于检测微量的硫离子。称取 1 g $Na_2S_2O_3\cdot5H_2O$ 试样，溶于 10 mL 蒸馏水中。另取少量 10% $Pb(Ac)_2$ 溶液，逐滴滴入 10% NaOH 溶液至白色沉淀恰好溶解。然后取 0.5 mL 此碱性 $Pb(Ac)_2$ 溶液注入上述 10 mL 硫代硫酸钠的溶液中，观察是否变色，若溶液不变色或不变暗，即符合标准。

思考探究 若按此方法检验实验制得的硫代硫酸钠是合格的，思考此粗产品中可能含有什么杂质，并设计实验定性检验这些杂质是否存在。已知：$K_{sp}(BaS_2O_3)=4.1\times10^{-5}mol^2\cdot L^{-2}$，$K_{sp}(BaSO_4)=1.1\times10^{-10}mol^2\cdot L^{-2}$，$K_{sp}(BaSO_3)=1\times10^{-9.7}mol^2\cdot L^{-2}$。

按此方法检验实验制得的硫代硫酸钠是合格的，说明粗产品中不含 Na_2S。因此粗产品中可能存在的杂质有未反应的 Na_2CO_3、中间产物 Na_2SO_3 及氧化得到的 Na_2SO_4 等。

Na_2CO_3 的定性检验：$Na_2S_2O_3$ 与稀硫酸反应生成 SO_2；Na_2CO_3 与稀硫酸反应生成 CO_2，要验证 CO_2 生成需先用 $KMnO_4$ 溶液除去 SO_2、用品红溶液验证 SO_2 是否除尽，再用澄清石灰水检验 CO_2。若品红溶液不褪色、石灰水变浑浊，则说明产品中含有 Na_2CO_3。

Na_2SO_3 的定性检验：取少量样品，加水配成稀溶液（$c\approx1\times10^{-3}$ $mol\cdot L^{-1}$），加入足量的 0.01 $mol\cdot L^{-1}$ $BaCl_2$ 溶液，过滤，往沉淀中加入足量盐酸，生成的气体通入品红溶液中。若品红溶液褪色，则说明产品中含有 Na_2SO_3；若品红溶液不褪色，则说明产品中不含 Na_2SO_3。

Na_2SO_4 的定性检验：取少量产品于试管中，加适量水溶解，加入足量稀盐酸，振荡、静置，取上层清液（或过滤后取滤液），滴入几滴 $BaCl_2$ 溶液。若产生白色沉淀，则说明产品中含有 Na_2SO_4；若没有产生白色沉淀，则说明产品中不含 Na_2SO_4。

思考探究　经定性检验可知此实验制备的 $Na_2S_2O_3$ 粗产品的主要杂质是 Na_2SO_4，设计定量测定 $Na_2S_2O_3$ 纯度的方案。

方法一（沉淀质量法）：将 $S_2O_3^{2-}$ 转化为 S。取一定量的样品，溶解后加入足量的稀硫酸，过滤、洗涤、干燥，通过测定生成的单质 S 的质量计算 $Na_2S_2O_3$ 的含量。

方法二（气体质量法）：将 $S_2O_3^{2-}$ 转化为 SO_2。取一定量的样品，溶解后加入足量的稀硫酸，所得气体通过浓硫酸干燥后，用过量的碱石灰吸收，通过测定碱石灰反应前后的质量差测得 SO_2 气体的质量，进而计算 $Na_2S_2O_3$ 的含量。

方法三（气体体积法）：将 $S_2O_3^{2-}$ 转化为 SO_2。取一定量的样品，溶解后加入足量的稀硫酸，用排饱和 $NaHSO_3$ 溶液法测定 SO_2 气体的体积，进而计算 $Na_2S_2O_3$ 的含量。

方法四（滴定法）：利用 $Na_2S_2O_3$ 的还原性，用已知浓度的标准液直接（或间接）滴定，找到标准液与 $Na_2S_2O_3$ 的比例关系，通过测量标准液消耗量计算 $Na_2S_2O_3$ 的含量。

思考探究　设计气体质量法测定 $Na_2S_2O_3$ 含量的实验。

气体质量法测定 $Na_2S_2O_3$ 含量的实验装置如图 2-12 所示。

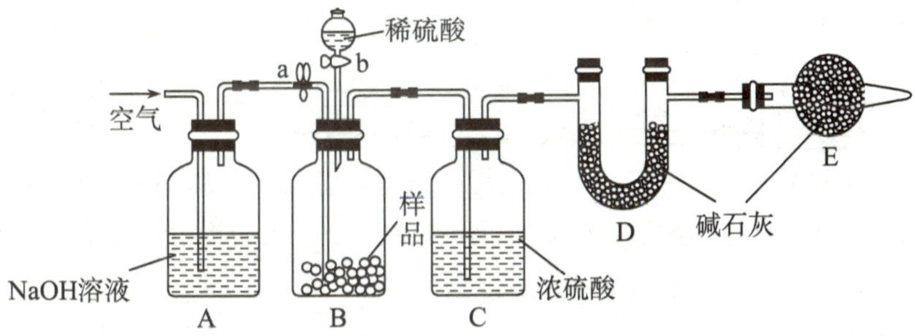

图 2-12　气体质量法测定 $Na_2S_2O_3$ 含量的实验装置

称取 m_1 g 硫代硫酸钠样品进行实验，若实验前后装置 C 的质量分别为 m_2 g、m_3 g，装置 D 的质量分别为 m_4 g、m_5 g。若 $Na_2S_2O_3$ 样品中不含 Na_2SO_3 杂质，则样品中 $Na_2S_2O_3$ 的质量分数为 $\frac{158(m_5-m_4)}{64m_1}\times100\%$。若 $Na_2S_2O_3$ 样品中只含 Na_2SO_3 杂质，则样品中 $Na_2S_2O_3$ 的质量分数（设为 a）的计算方式为 $\frac{m_5-m_4}{64}=\frac{am_1}{158}+\frac{(1-a)m_1}{126}$。

思考探究 利用 $K_2Cr_2O_7$ 标准溶液定量测定硫代硫酸钠的纯度时，如何配制 $Na_2S_2O_3$ 溶液？请设计滴定实验测定硫代硫酸钠的纯度。已知：$Cr_2O_7^{2-} + 6I^- + 14H^+ \xlongequal{\quad} 3I_2 + 2Cr^{3+} + 7H_2O$，$I_2 + 2S_2O_3^{2-} \xlongequal{\quad} S_4O_6^{2-} + 2I^-$。

溶液配制：称取 m_1 g 某硫代硫酸钠晶体（$Na_2S_2O_3 \cdot 5H_2O$）样品，用新煮沸并冷却的蒸馏水在烧杯中溶解，完全溶解后，全部转移至 100 mL 的容量瓶中，加蒸馏水至凹液面最低处与刻度线相切。用新煮沸并冷却的蒸馏水溶解样品的目的是杀菌、除水中溶解的氧气及二氧化碳，防止硫代硫酸钠变质。

滴定：取 c_1 mol · L^{-1} $K_2Cr_2O_7$ 标准溶液 20.00 mL，硫酸酸化后加入过量 KI，然后用硫代硫酸钠样品溶液滴定至淡黄绿色。加入淀粉溶液作为指示剂，继续滴定，当溶液由蓝色变为淡绿色即为终点。平行滴定 3 次，样品溶液的平均用量为 V_1 mL，计算样品的纯度。

思考探究 某份硫代硫酸钠样品中含有 Na_2SO_3 杂质，该如何用滴定法测定 $Na_2S_2O_3$ 含量？已知可用甲醛掩蔽 Na_2SO_3，反应的化学方程式为 $HCHO + Na_2SO_3 + H_2O \rightleftharpoons HOCH_2SO_3Na$（次甲基磺酸钠）$+ NaOH$。

称取自制产品约 10 g，溶于水中，加入 5 mL 甲醛（中和过的），转移至 250 mL 容量瓶中，用水稀释至刻度，摇匀。准确称取两份 0.2~0.3 g 已烘干的 $K_2Cr_2O_7$ 固体于 250 mL 碘量瓶中，加入 20 mL 蒸馏水溶解，再加入 20 mL 10 % KI 溶液和 5 mL 6 mol · L^{-1} 盐酸，盖上塞子，水封后置于暗处 5 min。用 50 mL 水稀释，用待测的 $Na_2S_2O_3$ 溶液滴定至溶液呈淡黄绿色，加入 1 mL 1 % 淀粉，继续滴定至溶液由蓝色突变为绿色即为终点。根据 $K_2Cr_2O_7$ 的质量及消耗的 $Na_2S_2O_3$ 溶液的体积，计算 $Na_2S_2O_3$ 的质量分数。

任务梳理

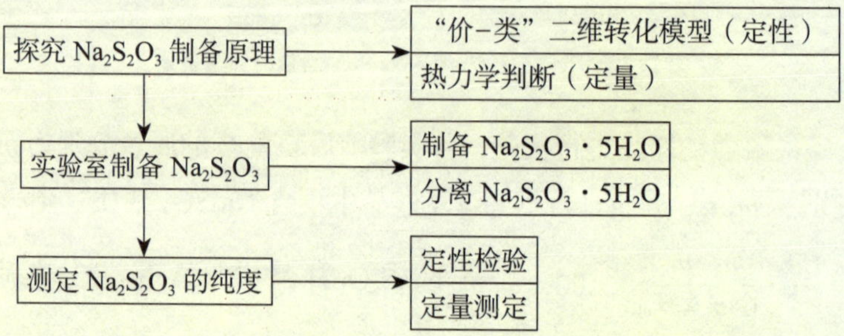

任务二　硫代硫酸钠浸取回收金

活动 1　回收方案的可行性分析

交流研讨　回收金的核心反应是金的浸取过程。经预处理的芯片中含有游离态的 Au，通常需要向 $Na_2S_2O_3$ 浸取液中通入空气使 Au 转化为稳定性高的 $[Au(S_2O_3)_2]^{3-}$，充分浸取后再利用 Cu（或 Zn）通过置换反应回收 Au。写出浸取过程涉及的离子方程式，并定性说明空气及 $Na_2S_2O_3$ 的作用。

浸取过程的离子方程式为 $4Au + 8S_2O_3^{2-} + O_2 + 2H_2O \xlongequal{\quad} 4[Au(S_2O_3)_2]^{3-} + 4OH^-$。

从氧化还原的角度看，空气中的 O_2 做氧化剂，将 Au 氧化为 Au^+；从物质结构的角度看，Au^+ 有空的 5d 和 6s 轨道，$S_2O_3^{2-}$ 中外界 S 作为电子供体，能与 Au^+ 形成配位键，形成稳定的 $[Au(S_2O_3)_2]^{3-}$；两个过程相互促进，促使 Au 被浸取。

类比迁移　在某温度下，处于标准状态的各种元素的指定单质生成 1 mol 某纯物质的吉布斯自由能改变量就是这种温度下该物质的标准摩尔生成吉布斯自由能，用符号 $\Delta_f G_m^\theta$ 表示，利用 $\Delta_f G_m^\theta$ 可以计算任意化学反应的标准摩尔吉布斯自由能改变量 $\Delta_r G_m^\theta$。$\Delta_r G_m^\theta<0$ 说明反应可以自发进行；$\Delta_r G_m^\theta>0$ 说明反应不能自发进行。浸金过程涉及物质的 $\Delta_f G_m^\theta$ 数据见表 2-2。根据标准摩尔生成吉布斯自由能的定义并结合盖斯定律，定量分析浸取反应能否自发进行。

表 2-2　浸金过程中各物质的标准摩尔生成吉布斯自由能（$T=298.15$ K）

物质	$\Delta_f G_m^\theta/(kJ \cdot mol^{-1})$	物质	$\Delta_f G_m^\theta/(kJ \cdot mol^{-1})$
Au（s）	0	O_2（g）	0
$[Au(S_2O_3)_2]^{3-}$（aq）	−1 050.2	OH^-（aq）	−157.29
H_2O（l）	−237.18	$S_2O_3^{2-}$（aq）	−532.2

依据标准摩尔生成吉布斯自由能的定义和盖斯定律可以设计如下反应路径：

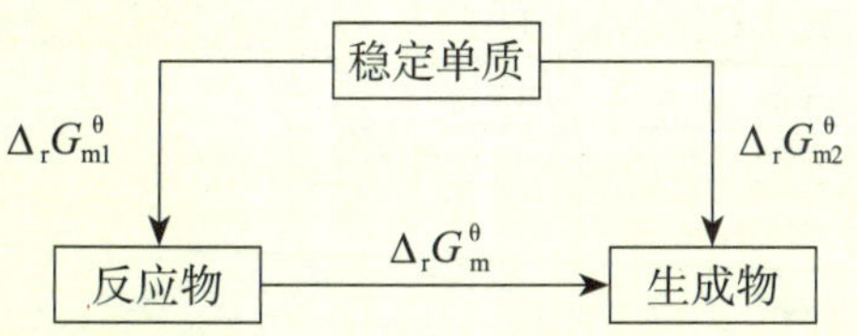

其中：$\Delta_r G^{\theta}_{m1} = \sum(\Delta_f G^{\theta}_m)_{反应物}$，$\Delta_r G^{\theta}_{m2} = \sum(\Delta_f G^{\theta}_m)_{生成物}$，根据盖斯定律：$\Delta_r G^{\theta}_m = \Delta_r G^{\theta}_{m2} - \Delta_r G^{\theta}_{m1} = \sum(\Delta_f G^{\theta}_m)_{生成物} - \sum(\Delta_f G^{\theta}_m)_{反应物} = -98\ kJ \cdot mol^{-1}$，说明反应可以自发进行。

交流研讨 常温条件下，金几乎不能被 O_2 氧化，该氧化过程可表示为：

Ⅰ. $4Au + 2H_2O + O_2 \rightleftharpoons 4Au^+ + 4OH^-$ $\quad K_1 = 10^{-79.2}$

Au^+ 在水溶液中不稳定，但其配离子如 $[Au(S_2O_3)_2]^{3-}$ 稳定性较高，存在配位平衡：

Ⅱ. $Au^+ + 2S_2O_3^{2-} \rightleftharpoons [Au(S_2O_3)_2]^{3-}$ $\quad K_2 = 10^{24}$

从化学平衡的角度，通过定量计算分析讨论浸取反应的程度如何。

浸取反应可由反应Ⅰ和反应Ⅱ得到，故浸取反应的平衡常数 $K = K_1 \cdot K_2^4 = 10^{16.8}$，因此反应进行的程度非常大。

活动 2 方案条件优化

交流研讨 研究发现，在单一的 $Na_2S_2O_3$ 溶液中，金的浸出速率极低（溶浸 4 h 仅有 50 μg），在加入一定量的 $CuSO_4$ 后可加快金的溶解，一种浸金机理如图 2-13 所示。写出上述条件下浸金过程的电化学半反应，并分析 $CuSO_4$ 的作用。

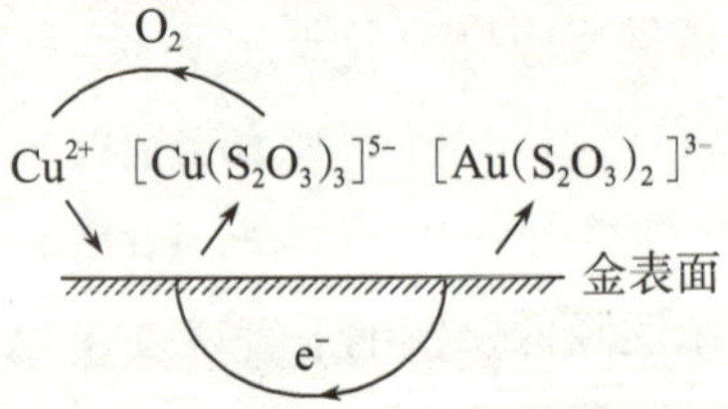

图 2-13 加入 $CuSO_4$ 后的浸金机理

负极区反应为 $Au - e^- + 2S_2O_3^{2-} = [Au(S_2O_3)_2]^{3-}$；正极区反应为 $Cu^{2+} + e^- + 3S_2O_3^{2-} = [Cu(S_2O_3)_3]^{5-}$，$4[Cu(S_2O_3)_3]^{5-} + O_2 + 2H_2O = 2Cu^{2+} + 2Cu(OH)_2\downarrow + 12S_2O_3^{2-}$。分析正极区的反应可以看出，$Cu^{2+}$ 起到传递电子的作用，但随着反应的进行，Cu^{2+} 逐渐转化为 $Cu(OH)_2$ 沉淀，反应接触面减小，阻碍了电子的转移，导致浸金速率逐渐降低。

思考探究 在纯水环境中，Cu^{2+} 被 $Na_2S_2O_3$ 还原的速率非常快，主要还原产物有 Cu_2S、CuS 及 $[Cu(S_2O_3)_3]^{5-}$。体系中金属离子在水溶液中的常见反应及平衡常数的对数见表 2-3。

表 2-3 配位反应及稳定常数

化学反应	平衡常数的对数（$\lg K$）
$Cu^{2+} + 2OH^- = Cu(OH)_2\downarrow$	10.8
$Cu^{2+} + 4NH_3 = [Cu(NH_3)_4]^{2+}$	13.3
$Cu^+ + 3S_2O_3^{2-} = [Cu(S_2O_3)_3]^{5-}$	13.8
$Cu^+ + 2NH_3 = [Cu(NH_3)_2]^+$	10.9
$Au^+ + 2NH_3 = [Au(NH_3)_2]^+$	27.5
$Au^+ + 2S_2O_3^{2-} = [Au(S_2O_3)_2]^{3-}$	30.7

（1）从动力学角度分析纯水条件下浸金量低的原因。

（2）结合上述机理及表 2-3 中数据，设计改进方案。

从动力学角度来看，Cu^{2+} 被 $S_2O_3^{2-}$ 还原的过程中，$S_2O_3^{2-}$ 浓度迅速减小，且还原产物中的 Cu_2S、CuS 会附着在金表面，降低反应接触面，阻碍电子转移，导致浸金反应的速率降低。

要提升浸金速率，需要控制 Cu^{2+} 浓度并使其还原产物以非沉淀的形式存在。同时，依据反应机理可知，Cu^{2+} 起传递电子作用，反应过程中 Cu^{2+} 浓度降低导致浸金速率降低，因此可将 Cu^{2+} 转化为稳定配离子。一方面，降低了游离 Cu^{2+} 浓度，进而极大减慢 Cu^{2+} 被 $S_2O_3^{2-}$ 还原的反应；另一方面，Cu^{2+} 转化为稳定配离子可避免因生成 $Cu(OH)_2$ 而导致 Cu^{2+} 浓度降低，使电子传递过程不受阻碍。

结合表 2-3 中数据可知，$[Cu(NH_3)_4]^{2+}$ 的稳定性较好，能很大程度上减少游离 Cu^{2+} 浓度，故可采取向浸金体系中加入适量氨水的方法提升浸金速率，同时加入氨水可适当增大溶液的 pH，避免低 pH 时 $S_2O_3^{2-}$ 发生水解导致浸金速率降低。

活动 3 最适条件确定

交流研讨 根据浸金体系中各物质的性质，分析影响浸金速率的因素有哪些，这些因素对 $Na_2S_2O_3$ 的消耗率又有怎样的影响。

浸金过程中涉及的添加物质主要包括 Cu^{2+}、$NH_3\cdot H_2O$、$S_2O_3^{2-}$ 和 O_2，其中前三者对浸金速率是相互影响的：Cu^{2+} 浓度过小不利于生成具有催化作用的 $[Cu(NH_3)_4]^{2+}$，Cu^{2+} 浓度过大增加了 $Na_2S_2O_3$ 的消耗率；氨水浓度过大则会导致 Au^+ 主要以 $[Au(NH_3)_2]^+$ 形式存在，难以转化为 $[Au(S_2O_3)_2]^{3-}$，增加了 $Na_2S_2O_3$ 的消耗率。从反应机理的角度看，

O_2 主要影响 $[Cu(NH_3)_4]^{2+}$ 的再生，O_2 含量过低浸金速率较小，含量过高则会同时氧化体系中的 $S_2O_3^{2-}$。从反应条件的角度看，Cu^{2+} 和 $S_2O_3^{2-}$ 受溶液 pH 的影响较大，随着 pH 的增大，$S_2O_3^{2-}$ 的消耗率逐渐降低；O_2 在溶液中的溶解度受温度的影响较大，温度过低浸金速率较小，温度过高 $Na_2S_2O_3$ 的消耗率则增大。

综上所述，要确定反应的最适条件，需要通过控制变量法进行实验，确定 Cu^{2+}、$NH_3 \cdot H_2O$、$S_2O_3^{2-}$ 的浓度，是否鼓入 O_2，以及 pH、反应温度等。

交流研讨 $S_2O_3^{2-}$、Cu^{2+}、$NH_3 \cdot H_2O$ 的浓度对 4 h 内的浸金量及硫代硫酸钠消耗率的影响如图 2-14 所示。请根据图中信息选择最适宜的浸金条件。

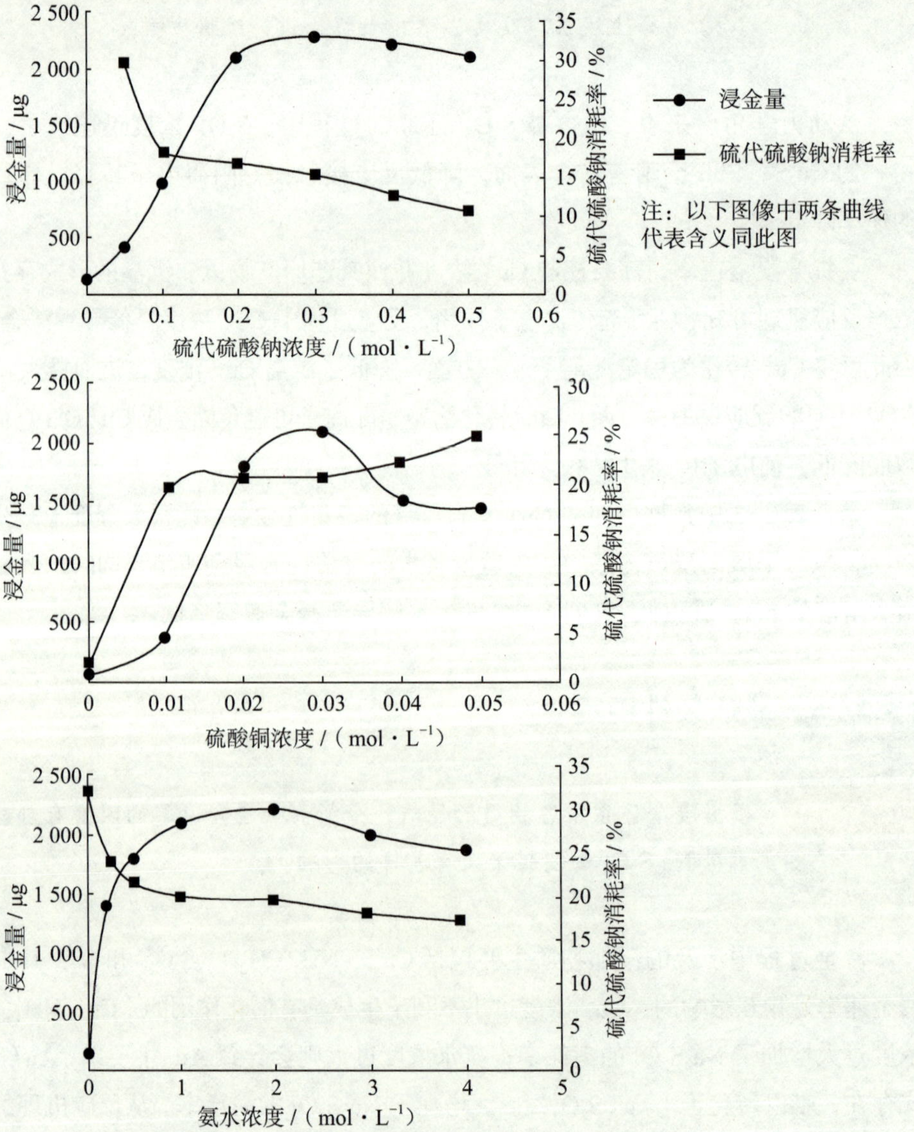

图 2-14　硫代硫酸钠、硫酸铜和氨水浓度对浸金量及硫代硫酸钠消耗率的影响

从图 2-14 中可以看出，各物质浓度对浸金速率及硫代硫酸钠消耗率的影响与上述分析一致，应选择的最适条件即浸金量相对较高且硫代硫酸钠消耗率相对较低时的条件。根据图 2-14 中相关信息选择的最适条件是：$Na_2S_2O_3$ 浓度为 0.3 mol · L^{-1}，$CuSO_4$ 浓度为 0.03 mol · L^{-1}，氨水浓度为 2 mol · L^{-1}。考虑到氨水浓度过大，导致后续废液对环境的影响也较大，故实际生产选择的最适氨水浓度为 1 mol · L^{-1}。

任务梳理

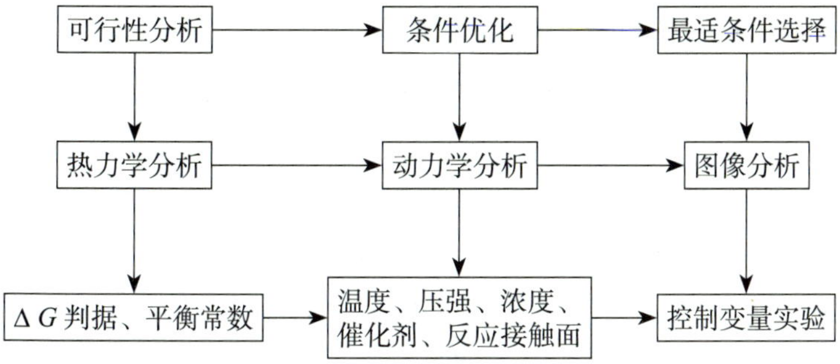

单元项目梳理

单元项目检测

学习理解

1. 硫代硫酸钠在药剂中可用作解毒剂，主要用于解氰化物（如 NaCN）中毒。在硫氰酸酶的参与下，硫代硫酸钠能与体内游离的或与高铁血红蛋白结合的氰离子相结合，形成无毒的硫氰酸盐（如 NaSCN）由尿排出而解氰化物中毒。请写出硫代硫酸钠与氰化钠反应的化学方程式。

应用实践

2. $Na_2S_2O_3$ 是重要的化工原料，易溶于水，在中性或碱性环境中性质稳定。

Ⅰ. 制备 $Na_2S_2O_3 \cdot 5H_2O$

反应原理：$Na_2SO_3(aq) + S(s) \xlongequal{\triangle} Na_2S_2O_3(aq)$

实验步骤：

① 称取 15 g Na_2SO_3 加入圆底烧瓶中，再加入 80 mL 蒸馏水。另取 5 g 研细的硫粉，用 3 mL 乙醇润湿，加入上述溶液中。

② 安装实验装置（如图所示，部分夹持装置略去），水浴加热，微沸 60 min。

③ 趁热过滤，将滤液水浴加热浓缩，冷却析出 $Na_2S_2O_3 \cdot 5H_2O$，经过滤、洗涤、干燥，得到产品。

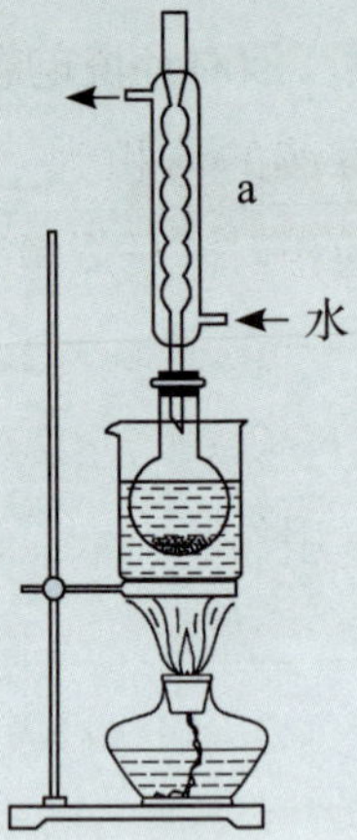

回答问题：

（1）硫粉在反应前用乙醇润湿的目的是________________。

（2）仪器 a 的名称是________，其作用是________________。

（3）产品中除了有未反应的 Na_2SO_3 外，最可能存在的无机杂质是________。检验是否存在该杂质的方法是________________。

（4）该实验一般控制在碱性环境下进行，否则产品发黄，用离子方程式表示其原因：

________________。

Ⅱ. 探究最佳实验条件

为探究制取硫代硫酸钠最佳条件（溶液 pH、亚硫酸钠浓度、反应温度、硫粉质量），设计如下对比实验（每次实验时亚硫酸钠的质量均为 63 g，反应时间为 30 min）：

实验序号	溶液 pH	亚硫酸钠与水的质量比	反应温度 / ℃	硫粉质量 / g	亚硫酸钠转化率 / %
1	10	1.5 : 1	100	18	80.7
2	*b*	1.1 : 1	100	18	94.6

（5）实验 1、2 的目的是探究亚硫酸钠浓度对亚硫酸钠转化率的影响，则 *b*= ______。

（6）若还要探究溶液 pH、反应温度、硫粉质量对亚硫酸钠转化率的影响，除实验 1、2 外，至少还需进行______次对比实验。

（7）实验表明亚硫酸钠转化率不受硫粉质量多少的影响，原因是________________

________________。

Ⅲ. 测定产品纯度

准确称取 W g 产品，用适量蒸馏水溶解，以淀粉做指示剂，用 0.100 0 $mol \cdot L^{-1}$ 碘标准溶液滴定（反应原理为 $2S_2O_3^{2-} + I_2 \longequal S_4O_6^{2-} + 2I^-$）。

（8）滴定至终点时，溶液颜色的变化：________________。

（9）滴定起始和终点的液面位置如图所示，则消耗碘标准溶液的体积为________ mL。产品的纯度为（设 $Na_2S_2O_3 \cdot 5H_2O$ 的相对分子质量为 M）________。

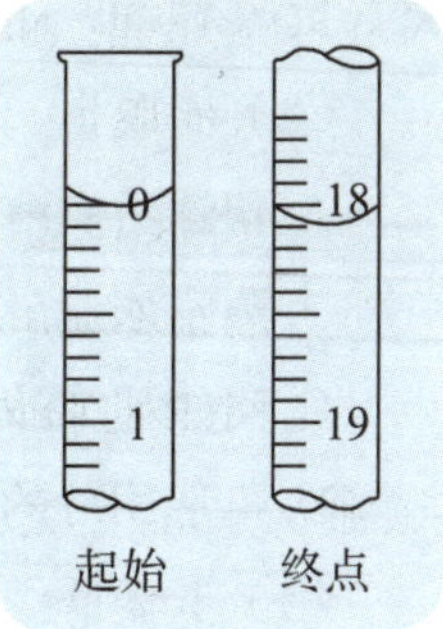

Ⅳ. $Na_2S_2O_3$ 的应用

（10）$Na_2S_2O_3$ 还原性较强，在溶液中易被 Cl_2 氧化成 SO_4^{2-}，常用作脱氯剂，该反应的离子方程式为________________________________。

3. 硫代硫酸钠在纺织业等领域有广泛应用。某兴趣小组用下图装置制备 $Na_2S_2O_3 \cdot 5H_2O$。

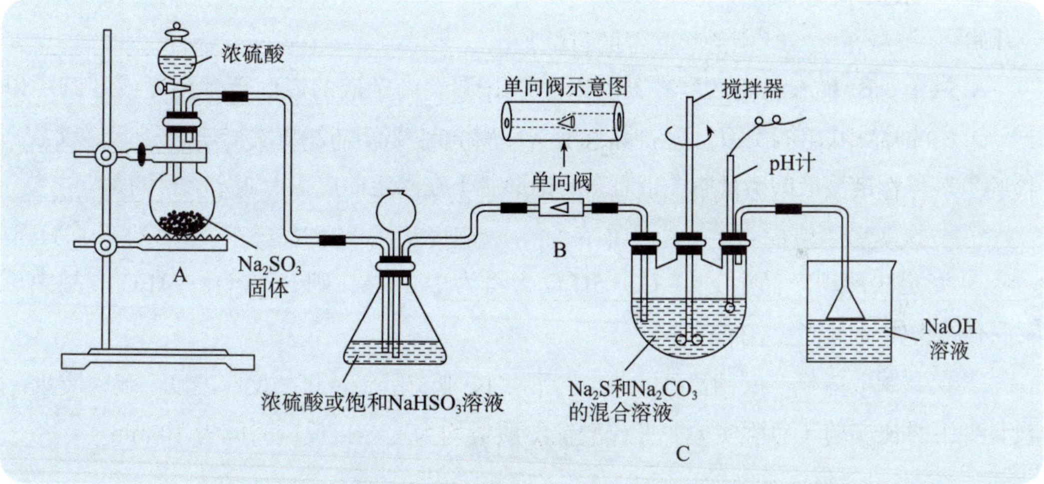

合成反应：$SO_2 + Na_2CO_3 \longequal Na_2SO_3 + CO_2$

$2Na_2S + 3SO_2 \longequal 2Na_2SO_3 + 3S\downarrow$　　$Na_2SO_3 + S \xlongequal{\triangle} Na_2S_2O_3$

滴定反应：$I_2 + 2Na_2S_2O_3 \longequal Na_2S_4O_6 + 2NaI$

已知：$Na_2S_2O_3 \cdot 5H_2O$ 易溶于水，难溶于乙醇，50 ℃时开始失结晶水。

实验步骤：

Ⅰ. $Na_2S_2O_3$ 的制备：装置 A 中制备的 SO_2 经过单向阀通入装置 C 的混合溶液中，加热、搅拌，至溶液 pH 约为 7 时，停止通入 SO_2 气体，得含有产品的混合溶液。

Ⅱ. 产品的分离提纯：含有产品的混合溶液经蒸发浓缩、冷却结晶、过滤洗涤、干燥后，得到 $Na_2S_2O_3 \cdot 5H_2O$ 产品。

Ⅲ. 产品纯度的测定：以淀粉做指示剂，用得到的 $Na_2S_2O_3 \cdot 5H_2O$ 产品配制溶液滴定碘标准溶液至滴定终点，计算 $Na_2S_2O_3 \cdot 5H_2O$ 含量。

请完成下列各题：

（1）步骤Ⅰ：单向阀的作用是________；装置 C 中的反应混合溶液 pH 过高或过低将导致产率降低，原因是____。

（2）步骤Ⅱ：下列说法正确的是________（填字母序号）。

A. 快速蒸发溶液中的水分，可得较大晶体颗粒

B. 蒸发浓缩至溶液表面出现晶膜时，停止加热

C. 向冷却结晶后的固液混合物中加入乙醇可提高产率

D. 可选用冷的 Na_2CO_3 溶液做洗涤剂

（3）步骤Ⅲ：

① 滴定前，有关滴定管的正确操作为（填字母序号）：

检漏→蒸馏水洗涤→（　　）→（　　）→（　　）→（　　）→（　　）→开始滴定

A. 烘干　B. 装入滴定液至零刻度以上　C. 调整滴定液的液面至零刻度或零刻度以下　D. 用洗耳球吹出润洗液　E. 排除气泡　F. 用滴定液润洗 2~3 次　G. 记录起始读数

② 装碘标准溶液的碘量瓶（带瓶塞的锥形瓶）在滴定前应盖上瓶塞，目的是________________________________。

③ 滴定法测得产品中 $Na_2S_2O_3 \cdot 5H_2O$ 含量为 100.5%，则 $Na_2S_2O_3 \cdot 5H_2O$ 产品中可能混有的物质是________。

迁移创新

4. $Na_2S_2O_3$ 应用广泛，水处理中常用作还原剂，冶金中常用作络合剂。

（1）$Na_2S_2O_3$ 的实验室制法（装置如图所示，加热和夹持仪器略）：

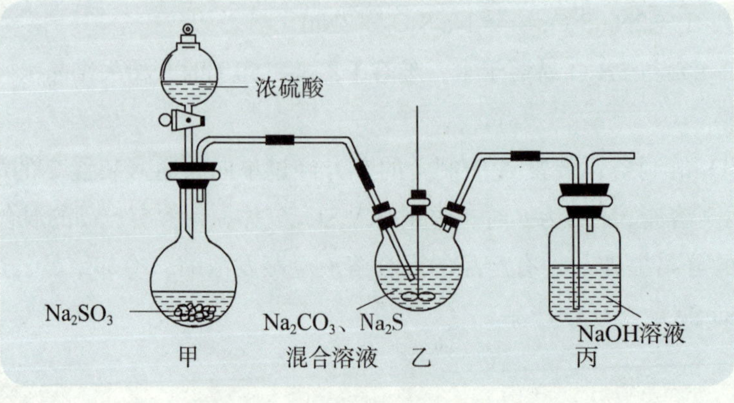

已知：$2Na_2S+3SO_2 \xlongequal{} 2Na_2SO_3+3S\downarrow$；$Na_2SO_3+S \xlongequal{\triangle} Na_2S_2O_3$。

① 甲中反应的化学方程式为______________________________。

② 实验过程中，乙中的溶液先变浑浊后变澄清时生成大量的 $Na_2S_2O_3$。一段时间后，乙中再次出现少量浑浊，此时必须立刻停止通入 SO_2。结合离子方程式解释此时必须立刻停止通入 SO_2 的原因：____。

③ 丙中 NaOH 溶液吸收的气体可能有____________。

（2）实际工业生产中制得的 $Na_2S_2O_3$ 溶液中常混有少量 Na_2SO_3，结合下图溶解度曲线，分析获得 $Na_2S_2O_3\cdot 5H_2O$ 的方法是____。

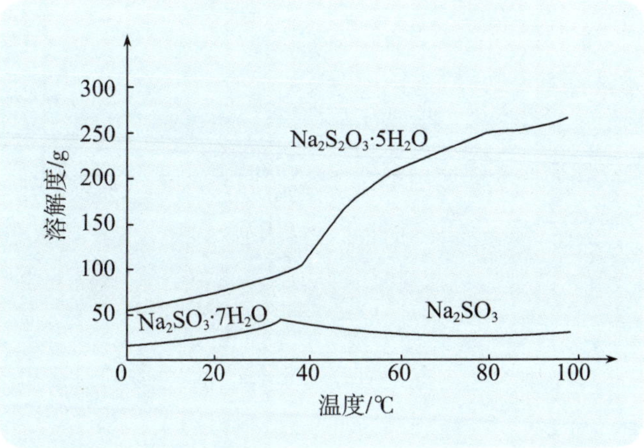

（3）$Na_2S_2O_3$ 的用途：氨性硫代硫酸盐加热浸金是一种环境友好的黄金（Au）浸取工艺。

已知：a. $[Cu(NH_3)_4]^{2+} \rightleftharpoons Cu^{2+}+4NH_3$；

b. Cu^{2+} 在碱性较强时受热会生成 CuO 沉淀。

① 将金矿石浸泡在 $Na_2S_2O_3$、$[Cu(NH_3)_4]^{2+}$ 的混合溶液中，并通入 O_2。浸金反应的原理为：

ⅰ. $[Cu(NH_3)_4]^{2+}+Au+2S_2O_3^{2-} \rightleftharpoons [Cu(NH_3)_2]^{+}+[Au(S_2O_3)_2]^{3-}+2NH_3$

ⅱ. $4[Cu(NH_3)_2]^{+}+8NH_3+O_2+2H_2O \xlongequal{} 4[Cu(NH_3)_4]^{2+}+4OH^-$

浸金过程中 $[Cu(NH_3)_4]^{2+}$ 起到催化剂的作用，浸金总反应的离子方程式为____。

② 一定温度下，相同时间内金的浸出率随体系 pH 变化的曲线如图所示，解释 pH>10.5 时金的浸出率降低的可能原因：________________________________

____

____

（写出两点即可）。

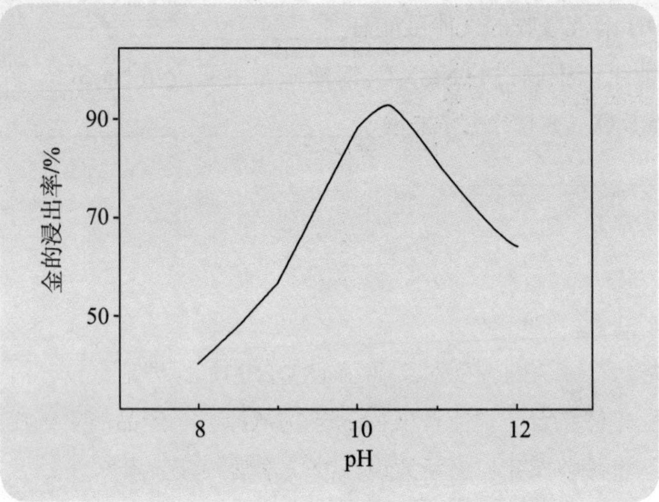

项目 3　探秘火箭燃料的配方产品肼

——体会“价－类”二维及工程思想的实用价值

任务一　利用“价－类”二维实现肼的转化

任务二　实验室制备水合肼

任务三　工业制备水合肼

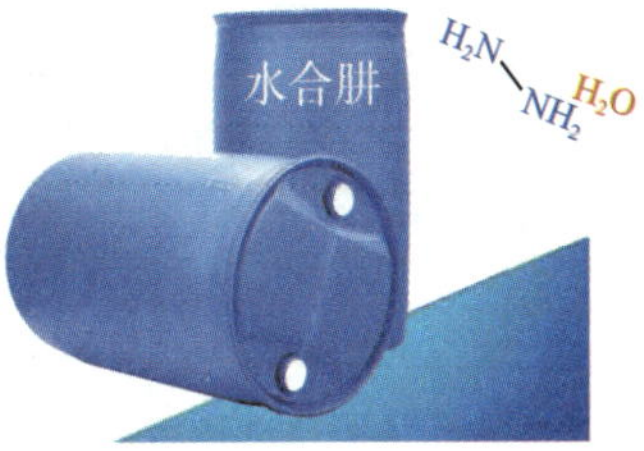

单元项目设计意图

利用“价－类”二维认知模型对工业制备水合肼进行理论分析，体验实验室进行物质制备的探究历程，并结合工业生产实际，建构从原料到产品的思维模型，培养“证据推理与模型认知”“科学探究与创新意识”的化学学科核心素养。

单元项目学习目标

1. 基于科学研究史实，构建和应用“价－类”二维认知模型，感悟化学学科魅力，培养“科学探究与创新意识”化学学科核心素养。

2. 通过水合肼的实验室制备分析，发展分析与推测、归纳与论证的学科关键能力，培养“证据推理与模型认知”化学学科核心素养。

3. 通过水合肼的工业制备分析，发展工艺工程思维，构建从原料到产品的思维模型，培养基于真实情境的复杂问题解决能力。

单元项目学习引导

水合肼（$N_2H_4 \cdot H_2O$）又称水合联氨，沸点为 118.5 ℃，熔点为 −40 ℃，是一种重要的精细化工中间体，纯品为无色透明的油状液体，有淡氨味，在湿空气中冒烟，具有强碱性和吸湿性。常压下，肼可以和水形成共沸物（共沸物中肼的含量约为 69%），工业上一般应用含量为 40% ~ 80% 的水合肼水溶液或肼的盐。水合肼液体以二聚物的形式存在，与水和乙醇混溶，不溶于乙醚和氯仿；能侵蚀玻璃、橡胶、皮革、软木等；在高温条件下分解为 N_2、NH_3 和 H_2；还原性极强，与卤素、HNO_3、$KMnO_4$ 等剧烈反应；在空气中可吸收 CO_2，产生烟雾。水合肼及其衍生物产品的应用十分广泛，如图 3-1 所示。

图 3-1　水合肼及其衍生物的用途

任务一　利用“价－类”二维实现肼的转化

活动 1　从化学史中学习氮的“价－类”二维

科学史话　氮及其化合物的制备与应用对于人类生产、生活有着至关重要的作用，其中尿素、氨气、水合肼工业化生产发展史如图 3-2 所示。请从“价－类”二维的角度思考研究物质转化的基本思路。

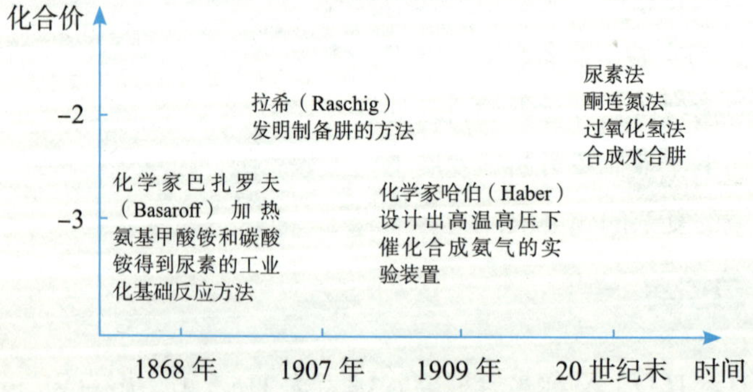

图 3-2　尿素、氨气、水合肼的工业发展史

方法导引　电极电势数值的大小表明了电对氧化还原能力的强弱。电极电势大者，其氧化态易被还原；电极电势小者，其还原态易被氧化。

已知：$E^{\theta}(N_2/N_2H_4) = -1.15\ V$

$E^{\theta}(N_2H_4/NH_3) = -7.9\ V$

制备水合肼时需要找到合适的“氮源”作为反应原料，可以通过比较电极电势大小找到合适的“氮源”，并运用氧化还原反应基本原理进行反应。由标准电极电势数据可得：$N_2 \rightarrow N_2H_4$ 电极电势较小，则肼易被氧化成氮气，而氮气不易被还原成肼；$N_2H_4 \rightarrow NH_3$ 电极电势更小，说明氨气极易被氧化成肼。此外，氮氧化物、硝酸等中氮元素的价态更高，所以比氮气更难还原成肼。综上所述，选择氨气作为合成肼的“氮源”。

方法导引 利用“价-类”二维图可预测并分析出目标产物的化学性质，实现目标产物的理论转化，其思路如图 3-3 所示。

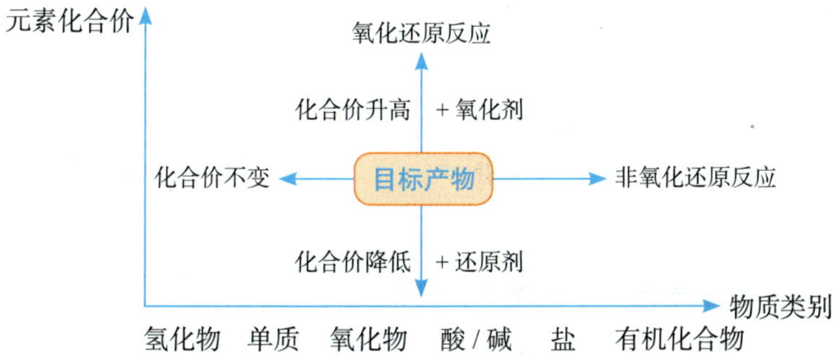

图 3-3 “价-类”二维图的分析模型

活动 2 利用“价-类”二维实现肼的理想转化

思考探究 构建氮及其化合物的“价-类”二维图（图 3-4），并思考如何实现肼的理想转化。

图 3-4 构建氮及其化合物的“价-类”二维图

氮及其化合物的“价-类”二维图如图 3-5 所示。由图 3-5 可知，肼（N_2H_4）中氮的化合价为 -2，NH_3 和尿素中氮的化合价为 -3，因此需加入氧化剂来实现其转化。

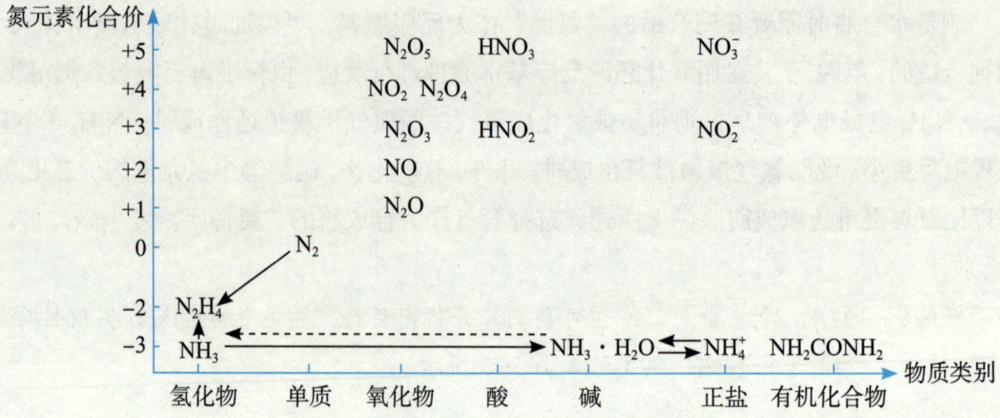

图 3-5 氮及其化合物的“价-类”二维图

交流研讨

已知 N_2H_4 在水溶液中发生以下反应：$N_2H_4 + H_2O \rightleftharpoons N_2H_5^+ + OH^-$，$N_2H_4 + 2H_2O \rightleftharpoons N_2H_6^{2+} + 2OH^-$。

请从下列常见的强氧化剂中选择合适的氧化剂实现由 NH_3 和尿素到肼的转化：高锰酸钾（$KMnO_4$）、重铬酸钾（$K_2Cr_2O_7$）、三氯化铁（$FeCl_3$）、过氧化氢（H_2O_2）、浓硫酸（H_2SO_4）、硝酸（HNO_3）、氯气（Cl_2）、次氯酸钠（NaClO）、氧气（O_2）、过硫酸钠（$Na_2S_2O_8$）（使用时需远离火源和热源，分解产物含有 H_2SO_4、O_3、SO_2 等）。

通过化学方程式可知，肼的水溶液显碱性，因此要选择碱性或中性环境的氧化剂：NaClO、O_2、H_2O_2、$Na_2S_2O_8$。$Na_2S_2O_8$ 使用时需远离火源和热源，分解产物含有 H_2SO_4、O_3、SO_2 等，危险性较大且污染环境，因此选择的氧化剂有 NaClO、O_2、H_2O_2。

交流研讨

水合肼的合成方法主要有拉希法（Raschig 法）、尿素法、酮连氮法和过氧化氢法。

拉希法是最先实现水合肼工业生产的方法：

$$NH_3 + NaClO = NH_2Cl + NaOH$$

$$NH_2Cl + NH_3 + NaOH = N_2H_4 \cdot H_2O + NaCl$$

我国主要使用尿素法：

$$NH_2CONH_2 + NaClO + 2NaOH = N_2H_4 \cdot H_2O + NaCl + Na_2CO_3$$

讨论：

（1）氨和水合肼中的氮元素化合价较低，一般做还原剂，从物构角度比较氨和水合肼的还原性大小；拉希法和尿素法收率较低，请从方程式角度分析原因。

（2）拉希法容易造成氨气过量消耗，请分析其原因。

水合肼的结构中存在氮氮单键，氮上的孤电子对之间产生强烈排斥，使氮氮键稳定性很差，也就是化学活泼性高，因此水合肼的还原性比氨强。产物水合肼容易被原料氧化剂 NaClO 氧化，拉希法的中间产物氧化剂 NH_2Cl 也可以氧化水合肼，发生副反应，降低收率。

为了提高收率，可以加大氨的投料比。但是氨的大量过剩，会导致产品水合肼始终处于低浓度，而实现水合肼的浓缩就要分离掉大量氨水，增加能耗。

水合肼主要生产方法对比如图 3–6 所示。

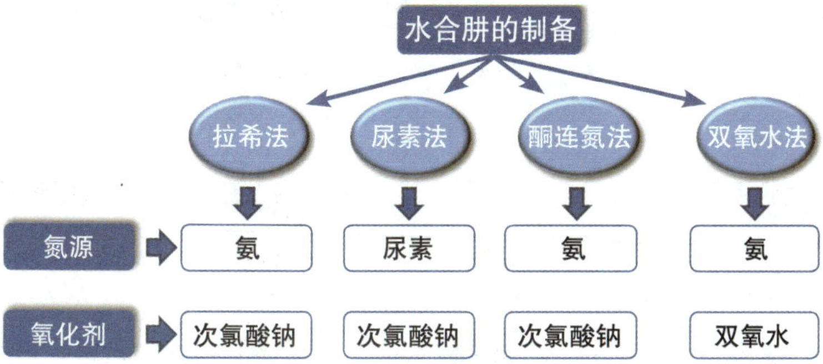

图 3–6 水合肼主要生产方法对比

任务二 实验室制备水合肼

活动 1 设计制备水合肼的实验装置

已知 $2NH_3 + NaClO \xlongequal{} N_2H_4 \cdot H_2O + NaCl$，当温度超过 40 ℃时，$Cl_2$ 与 NaOH 溶液反应生成 NaCl、$NaClO_3$，NaClO 也会分解为 NaCl、$NaClO_3$。

方法导引 液相物质制备实验的思维模型如图 3–7 所示。

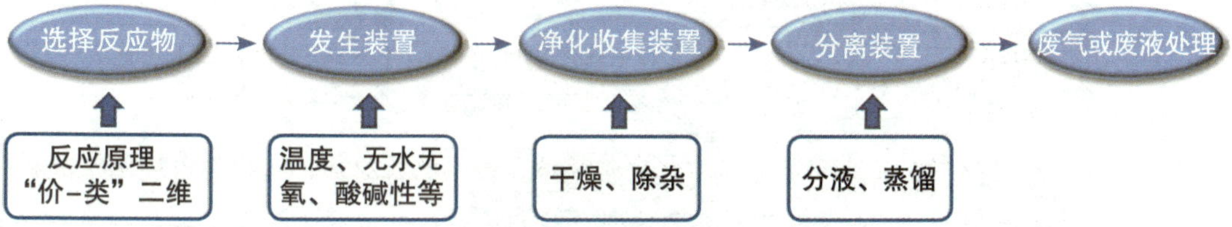

图 3–7 液相物质制备实验的思维模型

活动探究 实验药品：浓盐酸、NaOH 溶液、饱和食盐水、蒸馏水、$Ca(OH)_2$ 固体、NH_4Cl 固体、MnO_2 粉末。

实验仪器：圆底烧瓶、分液漏斗、长颈漏斗、集气瓶、试管、酒精灯、铁架台（带铁夹）、带导管的橡胶塞、止水夹、水槽、药匙、火柴、烧杯、玻璃管、三颈烧瓶、锥形瓶。

根据水合肼的性质与制备反应条件，选择合适的实验仪器与药品，填写表 3-1，并设计制备水合肼的实验装置。

表 3-1　实验设计记录表

实验药品	实验仪器	反应原理

实验装置设计：

水合肼的制备装置分为两部分，如图 3-8 所示，图甲为 NaClO 溶液的制备装置，图乙为水合肼的制备装置。因为 NaClO 受热易分解，所以装置Ⅱ应采用冰水浴控制温度。

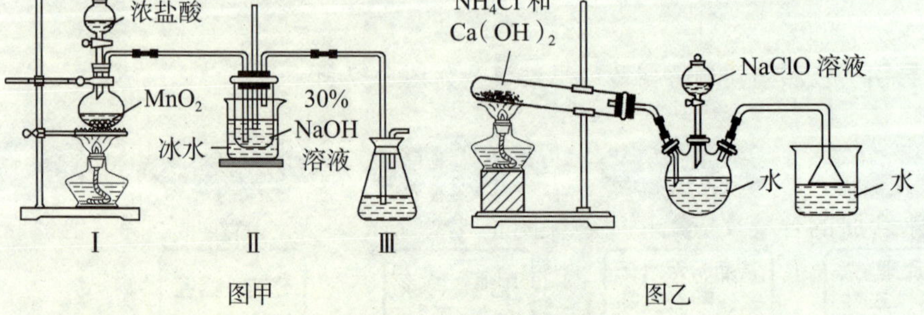

图 3-8　实验室制备水合肼的装置

交流研讨 上述水合肼的制备装置分为两部分，较为烦琐，而且 NaClO 溶液在转移过程中易造成损耗，请从图 3-9 所示装置中选择合适的反应装置进行一体化制备装置的设计。

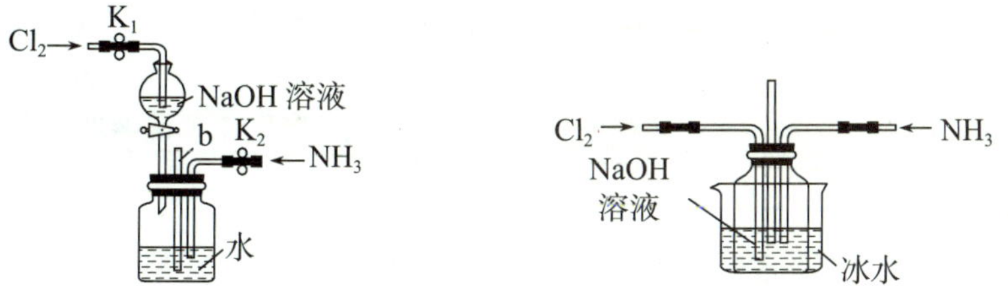

图 3-9 水合肼制备反应装置

NaClO 具有强氧化性，水合肼具有强还原性，为避免过量 NaClO 与 $N_2H_4 \cdot H_2O$ 剧烈反应生成 N_2， NaClO 溶液应装在分液漏斗中，以便控制滴加速度，所以应选择图甲作为反应装置。玻璃管 b 的作用为平衡体系内外气压，防止倒吸。因氯气与 NaOH 溶液的反应为放热反应，所以反应过程中应控制氯气的产生速率以达到控温的效果。

交流研讨 水合肼制备一体化实验装置如图 3-10 所示。当合成反应结束时关闭止水夹 K_1，装置 B 可以观察到什么现象？装置 D 的作用是什么？

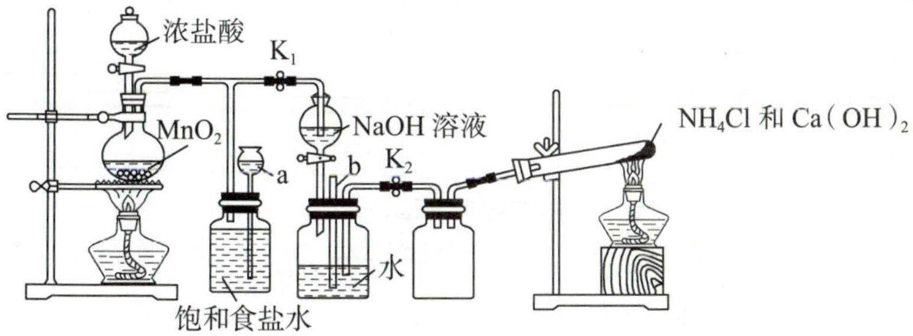

图 3-10 水合肼制备一体化实验装置

当水合肼的合成反应结束时，关闭止水夹 K_1，装置 B 中液面下降，上部充满黄绿色气体，长颈漏斗中的液面上升。因为 NH_3 极易溶于水，装置 C 中液体易倒吸入 E 装置的试管中，引起试管炸裂，所以增设装置 D 作为安全瓶。

活动 2　水合肼的分离提纯

知识链接　“液 + 液”混合物的分离

液 + 液 —— 互溶 —— 蒸馏法：如酒精和水，从石油中获取汽油、煤油
液 + 液 —— 不互溶 —— 分液法：如油和水，乙酸乙酯和 Na_2CO_3 溶液

交流研讨　水合肼的合成过程中会有哪些副产品产生？结合表 3-2 分析，如何将副产品与水合肼进行分离？已知水合肼具有弱碱性，可与酸反应形成肼盐（$N_2H_5^+$、$N_2H_6^{2+}$），为提高产品的产率与纯度，可采取什么措施？

表 3-2　相关物质的物理性质

物质	熔点 / ℃	沸点 / ℃	溶解度 / g
水合肼	−51.7	118	任意比
NaCl	804	1 413	35.9
NaOH	318.4	1 390	109
NaClO	851	1 600	20

水合肼的合成过程中会有 NaCl、NaOH 等副产品产生，由于水合肼与其他副产品的沸点相差较大，因此可将反应混合物转移到如图 3-11 所示的装置中进行蒸馏分离，得到水合肼产品。

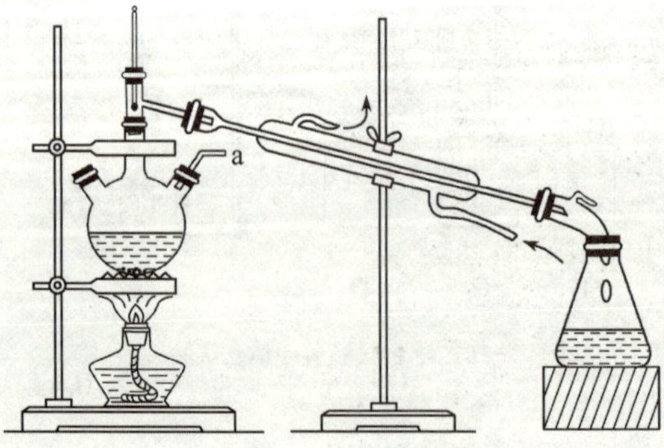

图 3-11　蒸馏装置

为提高产品的产率与纯度，在向三颈烧瓶中加入溶液之前，从 a 口通入氮气，排出装置内的空气，避免后期蒸馏的过程中水合肼与空气中的 CO_2 反应生成肼盐。

活动 3 测定水合肼溶液的纯度

物质的纯度可以用于判断产品的质量优劣，中学常见的定量分析方法有气体法、质量法、滴定法和仪器分析法。

方法一：氧化还原滴定法——碘量法

交流研讨 称取水合肼试样 0.20 g，加水配成 20.00 mL 溶液，在一定条件下，以淀粉溶液做指示剂，用 0.1500 mol · L^{-1} I_2 标准溶液进行滴定。

反应原理：$N_2H_4 \cdot H_2O + 2I_2 \xlongequal{\quad} N_2\uparrow + 4HI + H_2O$。

讨论：

（1）该测定方法的滴定终点有何现象？

（2）实验测得消耗 I_2 标准溶液的平均值为 20.00 mL，计算试样中 $N_2H_4 \cdot H_2O$ 的质量分数。

当加入最后一滴 I_2 标准溶液时，溶液由无色变为蓝色，且半分钟内无变化，记录消耗 I_2 标准溶液的体积，进行三组平行实验取均值。

$$N_2H_4 \cdot H_2O \text{ 的质量分数为 } \frac{0.02\ \text{L} \times 0.150\,0\ \text{mol} \cdot \text{L}^{-1} \times \frac{1}{2} \times 50\ \text{g} \cdot \text{mol}^{-1}}{0.20\ \text{g}} \times 100\% = 37.5\%$$

方法二：分光光度法测定水合肼的含量

拓展视野 如需更精确地测定水合肼的含量，可利用对二甲氨基苯甲醛分光光度法测定。在酸性条件下，水样中的水合肼与对二甲氨基苯甲醛作用，生成黄色的对二甲氨基苄连氮，再采用分光光度计测量吸光度，绘制校准曲线，从校准曲线查出水合肼的含量。

步骤 1：绘制校准曲线。分别加入表 3-3 中所示的一定体积 0.20 mg · L^{-1} 水合肼标准溶液于 10 mL 比色管中，再各加入 0.6 mol · L^{-1} 盐酸 0.50 mL、对二甲氨基苯甲醛溶液 1.50 mL，加水至 10 mL 刻度，摇匀。20 min 后于波长 458 nm 处，以水作为参比，用 3 cm 光程的比色皿，使用紫外可见分光光度计（图 3-12）测定吸光度，以对应的实际水合肼浓度为横坐标，测定的吸光度为纵坐标，绘制校准曲线如图 3-13 所示。

表 3-3　对比试验数据表

组别	A组	B组	C组	D组	E组	F组	G组	H组
0.20 mg · L^{-1} 水合肼标准溶液 / mL	0	0.25	0.50	1.00	2.00	4.00	6.00	7.00
0.6 mol · L^{-1} 盐酸 / mL	0.5	0.5	0.5	0.5	0.5	0.5	0.5	0.5
对二甲氨基苯甲醛溶液 / mL	1.50	1.50	1.50	1.50	1.50	1.50	1.50	1.50
水 / mL	8	7.75	7.5	7	6	3	2	1

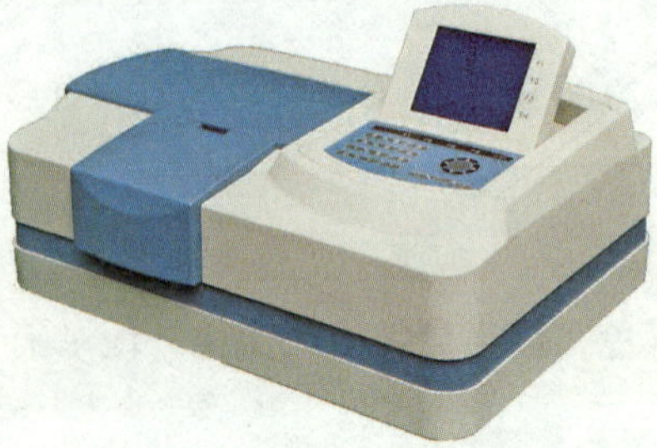

图 3-12　紫外可见分光光度计

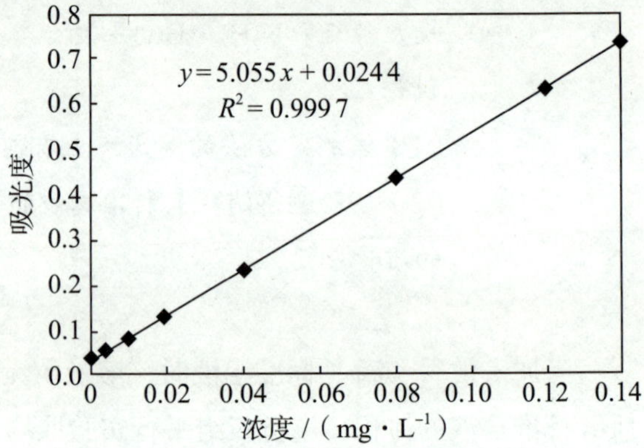

图 3-13　水合肼校准曲线

步骤 2：样品测定。吸取 5.00 mL 待测水样于 10 mL 具塞比色管中，检查水样的 pH，将水样的 pH 调为 7 左右，加入 0.50 mL 0.6 mol · L^{-1} 盐酸，加入 1.50 mL 对二甲氨基苯甲醛溶液，加水稀释至 10 mL 标线，混匀，20 min 后用 3 cm 光程的比色皿于 458 nm 波长处测定吸光度，根据所测得的吸光度从校准曲线中查出水合肼的含量。若所测水样的吸光度为 0.5，则水样中水合肼的浓度为 0.09 mg · L^{-1}。

任务三　工业制备水合肼

活动 1　制备水合肼的主体工艺流程设计

工业化生产主要是利用氧化剂如液氯、次氯酸盐或双氧水等，将氨或者尿素部分氧化，以此来合成水合肼。工业化生产通常采用图 3-14 所示工艺流程。

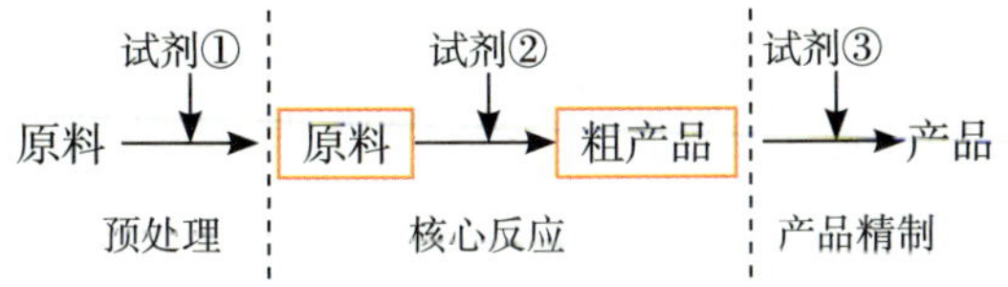

图 3-14　工业化生产工艺流程图

交流研讨　工业上，最初采用拉希法进行水合肼的制备。以 NH_3 作为氮源，NaClO 溶液作为氧化剂，设计拉希法生产工艺流程图，并分析此方法的不足之处。

根据拉希法生产原理设计的工艺流程如图 3-15 所示。水合肼的还原性比氨强，水合肼更容易被 NaClO 氧化，产生副反应。为抑制副反应的发生，氨应过量，但是氨的大量过剩，需要增设氨回收装置，设备投资大。

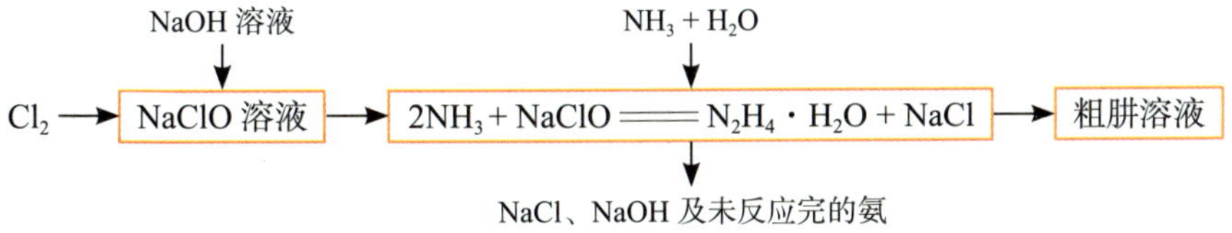

图 3-15　拉希法生产水合肼的工艺流程图

交流研讨　以尿素 [$CO(NH_2)_2$] 为氮源，用次氯酸钠氧化尿素生成水合肼，此方法称为尿素法。反应原理为 $NaClO + NH_2CONH_2 + 2NaOH = N_2H_4 \cdot H_2O + Na_2CO_3 + NaCl$。

此制备工艺分为两个阶段：

第一阶段为氯化阶段，主要副反应为 $3NaClO = 2NaCl + NaClO_3 \quad \Delta H > 0$。

第二阶段为水解阶段，主要副反应为 $N_2H_4 + 2NaClO = N_2\uparrow + 2H_2O + 2NaCl \quad \Delta H < 0$。

根据工业化生产工艺流程图，参考拉希法的工艺流程图，将尿素法的工艺流程图（图 3-16）补充完整，并讨论氯化阶段和水解阶段的反应温度控制。

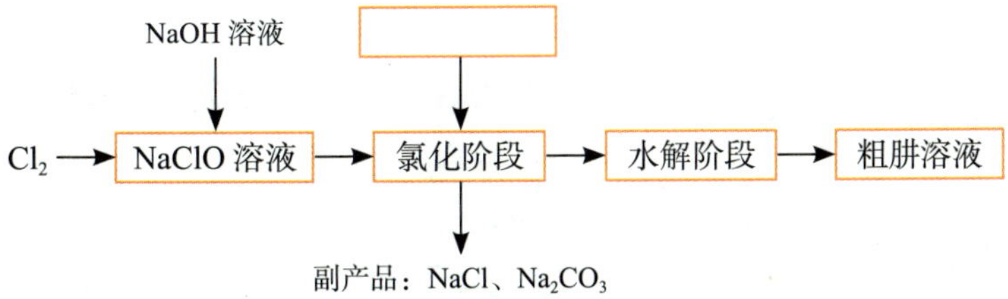

图 3-16　尿素法生产水合肼的工艺流程图

根据箭头流向，空白方框中的物质应填氮源尿素。

因为次氯酸钠的分解反应为吸热反应，所以氯化阶段应在低温条件下进行。

因为生成的水合肼与次氯酸钠发生的副反应为放热反应，为了提高水合肼的产率，水解阶段应在高温条件下进行。同时，为防止尿素高温分解，应在短时间内将温度升至回流温度，以减少副反应，提高肼的收率。

活动 2　水合肼制备工艺的优化

我国目前普遍采用尿素法生产水合肼。反应机理为：作为氧化剂的次氯酸钠与氮源尿素按一定比例混合均匀后进行冷反应，经泵输送到下一个反应器，在一定温度及催化剂 $MgSO_4$ 的作用下，经霍夫曼酰胺降级反应，生成水合肼。该反应分为两个阶段，第一阶段为尿素氯化氧化反应，是放热反应；第二阶段为水解反应，是吸热反应。总反应为：

$$NH_2CONH_2 + NaClO + 2NaOH = N_2H_4 \cdot H_2O + NaCl + Na_2CO_3$$

过程中可能发生的主要副反应为：

尿素分解：$NH_2CONH_2 + 2NaOH = 2NH_3\uparrow + Na_2CO_3$

尿素过氧化：$NH_2CONH_2 + 3NaClO + 2NaOH = N_2\uparrow + 3NaCl + Na_2CO_3 + 3H_2O$

水合肼被氧化：$N_2H_4 \cdot H_2O + 2NaClO = N_2\uparrow + 2NaCl + 3H_2O$

为提高水合肼的产率，我们对水合肼的生产条件进行优化。

交流研讨　不同投料比条件下水合肼的收率见表 3-4，请选择合适的投料比，并解释原因。

表 3-4　配料比对水合肼收率的影响

实验次数	尿素：次氯酸钠：氢氧化钠（物质的量之比）	水合肼收率 / %
1	1.05 : 1 : 2.10	73.2
2	1.08 : 1 : 2.22	73.7
3	1.10 : 1 : 2.30	74.8
4	1.11 : 1 : 2.38	75.1
5	1.12 : 1 : 2.42	74.7
6	1.13 : 1 : 2.46	74.1
7	1.14 : 1 : 2.50	73.6

理论上尿素、次氯酸钠和氢氧化钠的物质的量之比为 1∶1∶2，根据实验数据，最优投料比应为 1.11∶1∶2.38。不合理地增加尿素与次氯酸钠的量会导致副反应的发生，使尿素水解、分解，肼被氧化，收率降低。次氯酸钠与氢氧化钠的配料比对水合肼的产率也有较大影响，但因制备次氯酸钠过程中碱是过量的，故在实验中着重分析尿素和次氯酸钠的最佳配比。

思考探究 依据尿素法制备水合肼的反应原理，推测粗肼溶液中的主要杂质是什么，如何进行分离提纯？结合以下反应设计粗肼溶液的分离提纯流程图。

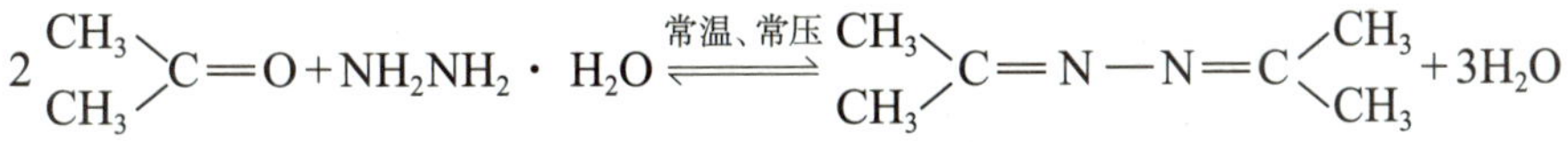

N, N－二亚异丙基连氮（丙酮连氮）

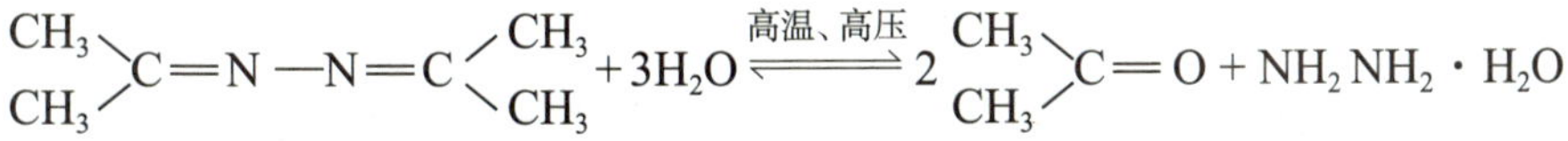

依据尿素法制备水合肼的反应原理，推测粗肼溶液中含有的主要杂质为 NaCl、Na_2CO_3 和 NaOH。欲得到精肼溶液，可选择试剂与水合肼发生反应，将其从粗肼溶液中提取出来，然后再在一定条件下，将提取物通过反应重新生成水合肼，从而达到分离提纯的目的。根据提供的反应信息，可以选用丙酮作为分离提纯的试剂，主体工艺流程设计如图 3-17 所示。

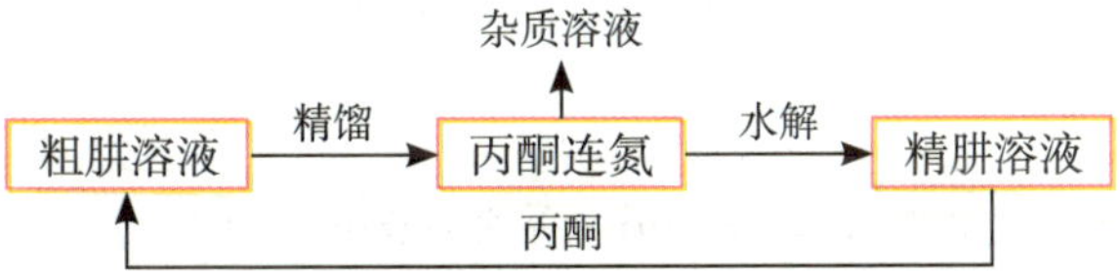

图 3-17 尿素法制备水合肼的分离提纯流程图

丙酮连氮的合成和水解反应互为可逆反应，但在不同条件下反应倾向不同。因此，工业生产中，常采用丙酮做试剂，与水合肼溶液在沸腾温度下发生反应，经精馏将反应物从其盐溶液中分离出来，送至常压水解塔进行水解反应，制得精肼溶液，水解产生的丙酮返回系统循环使用。

交流研讨 为了实现水合肼的高效生产与副产物的循环利用，实际工业生产中，常采用氯碱工业联合酮连氮法，生产工艺主要包括次氯酸钠制备、丙酮连氮合成、氨回收、丙酮连氮精馏、水解和浓缩等过程。主体工程流程如图 3-18 所示。

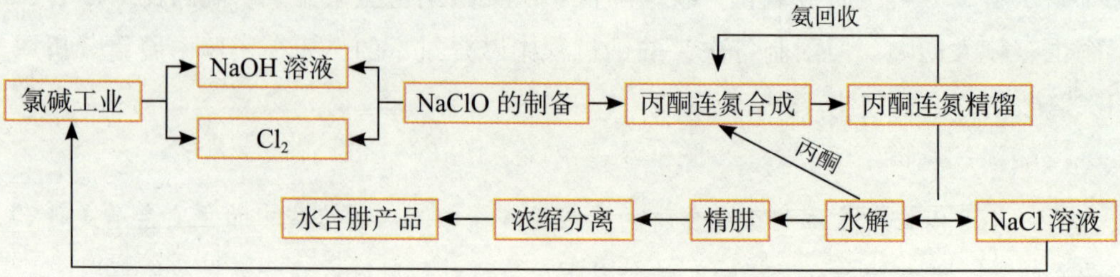

图 3-18　氯碱工业联合酮连氮法生产水合肼流程图

讨论：

（1）酮连氮法相对于尿素法，水合肼的收率明显较高，请分析原因是什么。

（2）酮连氮法相对于尿素法，还有哪些优点？

采用酮连氮法生产时避免了肼分解，所以水合肼的合成收率接近理论值。酮连氮法可联合氯碱工业，实现对副产物的再利用。

单元项目梳理

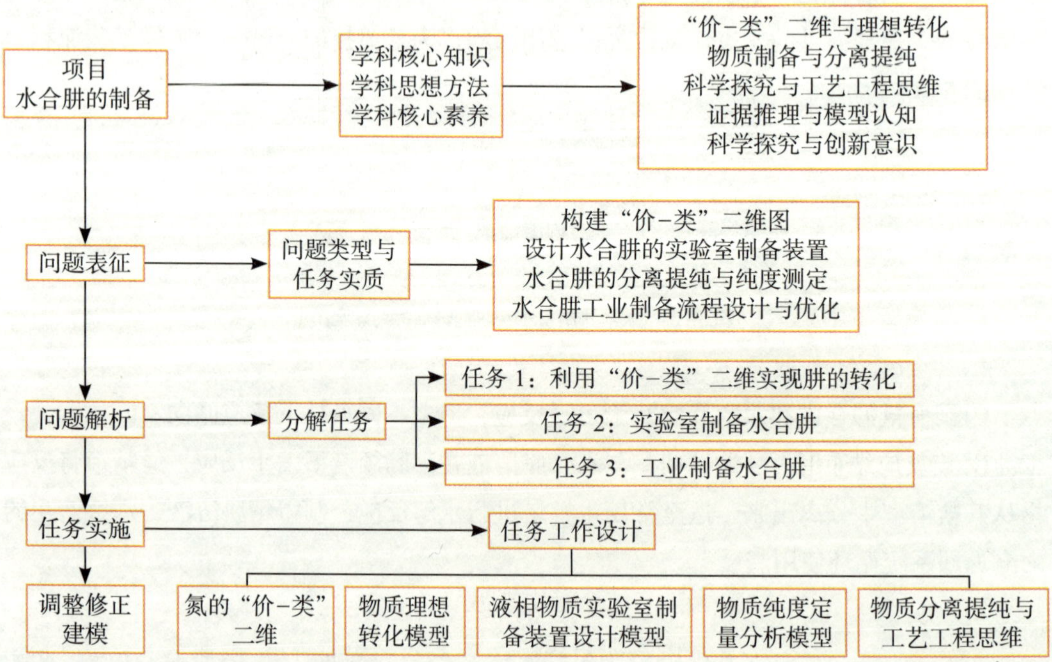

单元项目检测

学习理解

1. 部分含氮物质的分类与相应氮元素的化合价关系如图所示。下列说法错误的是（　　）

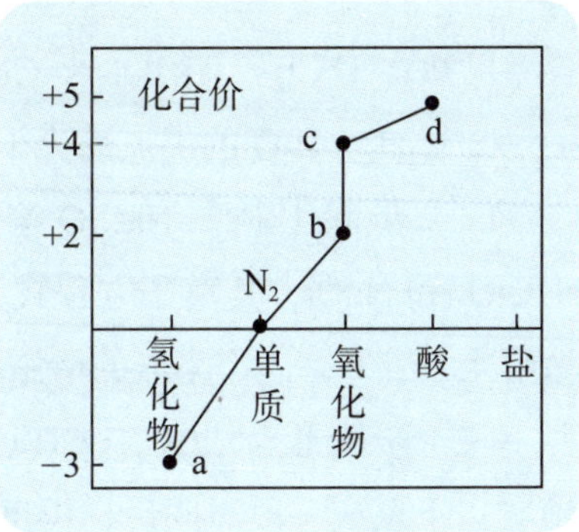

A. a 可经催化氧化生成 b

B. b 为红棕色，可转化为 c

C. 密闭体系中，c 存在 $2NO_2 \rightleftharpoons N_2O_4$

D. d 的溶液与 Cu 反应可生成 b 或 c

2. 实验室用如下装置（略去部分夹持装置）模拟利用氨气和次氯酸钠合成水合肼（$N_2H_4 \cdot H_2O$）的过程。下列说法正确的是（　　）

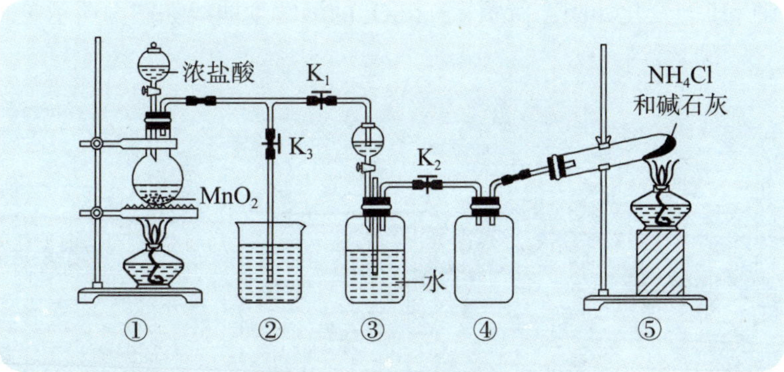

A. 将装置①中浓盐酸换成 H_2O_2，也可用于制备氧气

B. ②中盛装 NaOH 溶液，用于吸收多余的 Cl_2

C. ③分液漏斗中盛装饱和食盐水

D. 当反应结束时，④中可收集一瓶纯净的 NH_3

应用实践

3. 以 Cl_2、NaOH、$(NH_2)_2CO$（尿素）和 SO_2 为原料可制备 $N_2H_4 \cdot H_2O$（水合肼）和无水 Na_2SO_3，其主要实验流程如图所示。

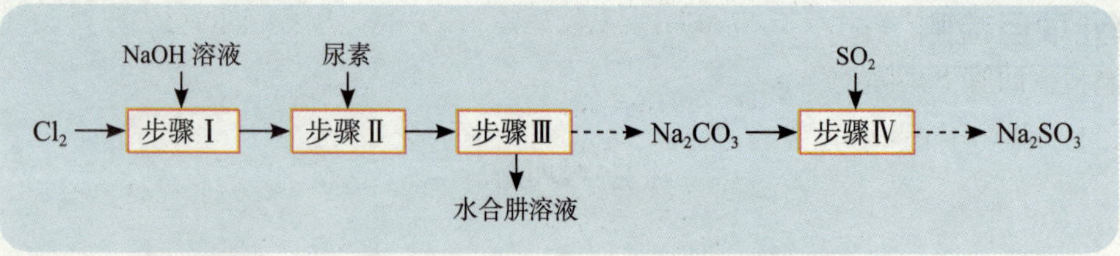

已知：① $Cl_2 + 2OH^- = ClO^- + Cl^- + H_2O$ 是放热反应。

② $N_2H_4 \cdot H_2O$ 的沸点约为 118 ℃，具有强还原性，能与 NaClO 剧烈反应生成 N_2。

（1）步骤Ⅰ制备 NaClO 溶液时，若温度超过 40 ℃，Cl_2 与 NaOH 溶液反应生成 $NaClO_3$ 和 NaCl，其离子方程式为____________________；实验中控制温度除用冰水浴外，还需采取的措施是____________________。

（2）步骤Ⅱ合成 $N_2H_4 \cdot H_2O$ 的装置如图甲所示。NaClO 碱性溶液与尿素水溶液在 40 ℃以下反应一段时间后，再迅速升温至 110 ℃继续反应。实验中通过滴液漏斗滴加的溶液是__________；使用冷凝管的目的是____________________。

（3）步骤Ⅳ用步骤Ⅲ得到的副产品 Na_2CO_3 制备无水 Na_2SO_3（水溶液中 H_2SO_3、HSO_3^-、SO_3^{2-} 随 pH 的变化如图乙所示，Na_2SO_3 的溶解度曲线如图丙所示）。

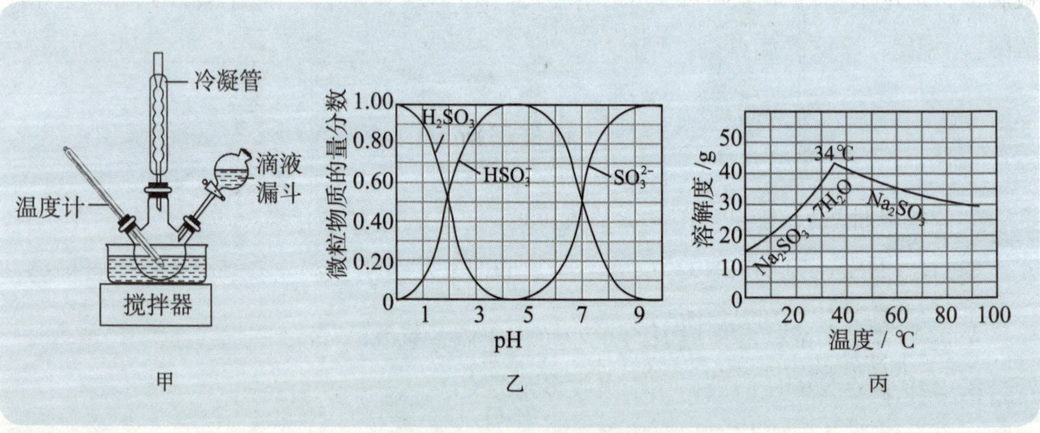

①边搅拌边向 Na_2CO_3 溶液中通入 SO_2 制备 $NaHSO_3$ 溶液。实验中确定何时停止通 SO_2 的实验操作为____________________________。

②请补充完整由 $NaHSO_3$ 溶液制备无水 Na_2SO_3 的实验方案：____________________________，用少量无水乙醇洗涤，干燥，密封包装。

4. 联氨（又称肼，化学式为 N_2H_4，无色液体）是一种应用广泛的化工原料，可用作火箭燃料。回答下列问题：

（1）联氨分子的电子式为 ________，其中氮的化合价为 ________。

（2）实验室中可用次氯酸钠溶液与氨反应制备联氨，反应的化学方程式为 ____。

（3）① $2O_2(g)+N_2(g)=N_2O_4(l)$　ΔH_1

② $N_2(g)+2H_2(g)=N_2H_4(l)$　ΔH_2

③ $O_2(g)+2H_2(g)=2H_2O(g)$　ΔH_3

④ $2N_2H_4(l)+N_2O_4(l)=3N_2(g)+4H_2O(g)$　$\Delta H_4=-1\,048.9\ kJ\cdot mol^{-1}$

上述反应热效应之间的关系式为 $\Delta H_4=$ ________。联氨和 N_2O_4 可作为火箭推进剂的主要原因为 ________________________。

（4）联氨为二元弱碱，在水中的电离方式与氨相似。联氨第一步电离反应的平衡常数值为 ____________（已知：$N_2H_4+H^+ \rightleftharpoons N_2H_5^+$ 的 $K=8.7\times10^7\ mol^{-1}\cdot L$；$K_w=1.0\times10^{-14}\ mol^2\cdot L^{-2}$）。联氨与硫酸形成的酸式盐的化学式为 ________。

（5）联氨是一种常用的还原剂。向装有少量 AgBr 的试管中加入联氨溶液，观察到的现象是 ________________。联氨可用于处理高压锅炉水中的氧，防止锅炉被腐蚀，理论上 1 kg 联氨可除去水中溶解的 O_2 ________ kg；与使用 Na_2SO_3 处理水中溶解的 O_2 相比，联氨的优点是 ________________________________。

迁移创新

5. 偏二甲肼与 N_2O_4 是常用的火箭推进剂，二者发生如下化学反应：

$(CH_3)_2NNH_2(l)+2N_2O_4(l)=2CO_2(g)+3N_2(g)+4H_2O(g)$　（Ⅰ）

（1）反应（Ⅰ）中的氧化剂是 ________________。

（2）火箭残骸中常现红棕色气体，原因为：

$$N_2O_4 \rightleftharpoons 2NO_2 \quad (Ⅱ)$$

当温度升高时，气体颜色变深，则反应（Ⅱ）为 ________（填“吸热”或“放热”）反应。

（3）一定温度下，反应（Ⅱ）的焓变为 ΔH。现将 1 mol N_2O_4 充入一恒压密闭容器中，下列示意图正确且能说明反应达到平衡状态的是 ________。

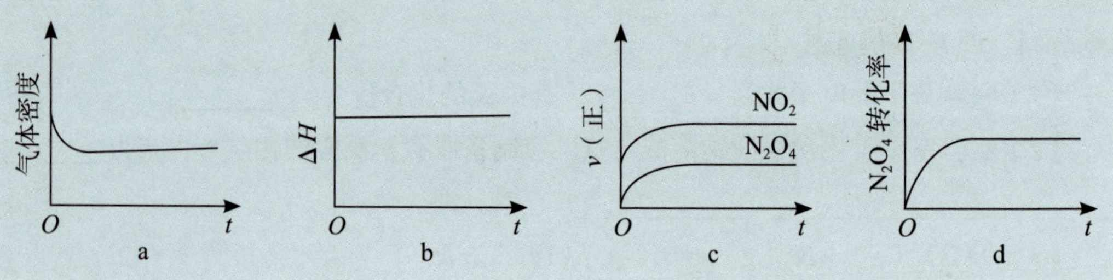

若在相同温度下，上述反应改在体积为 1 L 的恒容密闭容器中进行，平衡常数________（填“增大”“不变”或“减小”）。反应 3 s 后 NO_2 的物质的量为 0.6 mol，则 0~3 s 内的平均反应速率 $v(N_2O_4)$ = ______________ $mol \cdot L^{-1} \cdot s^{-1}$。

（4）NO_2 可用氨水吸收生成 NH_4NO_3。25℃时，将 a mol NH_4NO_3 溶于水，溶液显酸性，原因是__________________________（用离子方程式表示）。向该溶液中滴加 b L 氨水后溶液呈中性，则滴加氨水的过程中水的电离平衡将________（填“正向”“不”或“逆向”）移动，所滴加氨水的浓度为________ $mol \cdot L^{-1}$。（$NH_3 \cdot H_2O$ 的电离平衡常数取 $K_b = 2 \times 10^{-5} mol \cdot L^{-1}$）

项目4　自制消毒液

——利用 STEM 理念创造性解决生活实践问题

任务一　氯气的性质探究及含氯消毒剂的实验室制备

任务二　工业制备氯气的热力学和动力学分析

单元项目设计意图

以含氯消毒剂发展历史为线索，培养科学探究精神；在氯气的实验室制备过程中，从“价-类”二维图出发，结合氧化还原反应原理与仪器选择，构建一般气体制备的方法模型。在自制含氯消毒剂活动中，从抽离出电解制备次氯酸钠模型，到实际应用改进，培养实验探究意识和动手能力。在工业制备氯气的方法及条件选择中，通过建立工程思维模型、化学平衡移动模型， 培养证据推理与模型认知能力，并提高科学态度及社会责任感。

单元项目学习目标

1. 通过化学史学习氯及其化合物的相关性质，增强科学探究精神。

2. 通过实验室制备氯气实验，强化“价-类”二维图，建立氧化还原反应基本模型，形成一般气体制备的方法模型。

3. 通过认识、自制家用消毒水，构建利用化学知识解决实际问题的思路和方法。

4. 通过氯气工业制法的选择，建构工程思维模型，提高分析工业流程问题的能力。

5. 通过工业制备氯气的条件优化，强化从限度和速率两个方面进行条件选择的思路和方法，建立化学平衡移动的思维模型。

单元项目学习引导

由病毒引发的大规模疫情不仅严重危害世界各国人民的生命安全，而且对世界经济也造成了重大影响。为做好疫情防控工作，最大程度地减少病毒造成的危害，消毒工作成为重中之重的任务。消毒剂的选择、利用以及相关问题的探讨和研究成为热门话题，高效、广谱的含氯消毒剂应运而生。

任务一 氯气的性质探究及含氯消毒剂的实验室制备

活动 1 从含氯消毒剂发展史中学习氯气的性质

科学史话 含氯消毒剂发展史的开端，最早可追溯到1774年瑞典化学家舍勒发现的一股黄绿色气体，图4-1为含氯消毒剂的简要发展历史。

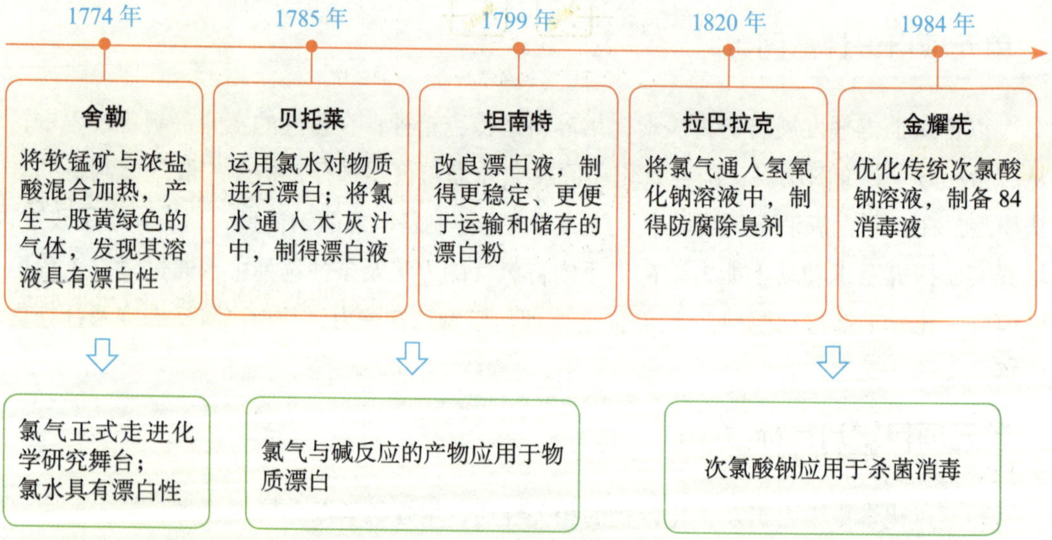

图 4-1 含氯消毒剂的简要发展历史

资料在线 化学科学的发展能够推动人类社会文明的进程。在18世纪，欧洲地区的纺织品漂白工艺复杂、烦琐，漂白时间长，成本高，漂白过程如图4-2所示。

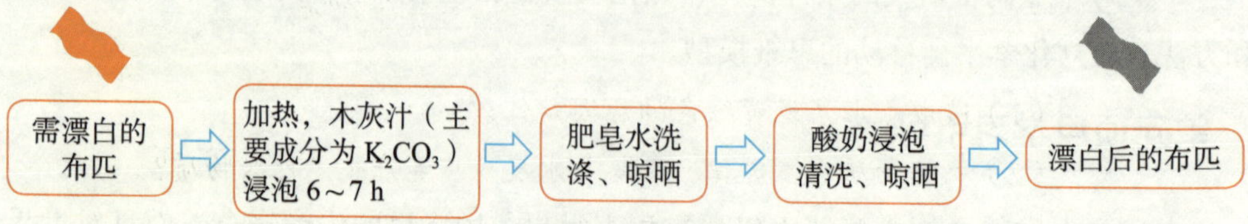

图 4-2 18世纪欧洲纺织业漂白工艺

由图 4-2 可以看出当时的纺织业急需加快漂白过程，而舍勒发现的氯气，促进了漂白剂的发明与使用。

思考探究　舍勒发现，氯气溶于水形成的水溶液具有漂白性，能够漂白纸张、蔬菜、花朵……那干燥的氯气是否具有漂白性呢？请设计实验验证起漂白作用的是氯气还是氯水。注意观察实验现象，并解释原因。

实验设计如图 4-3 所示，控制变量“水”，将干燥的红色布条和湿润的红色布条分别放入装有干燥氯气的集气瓶中。观察到干燥的红色布条不褪色，氯气不具有漂白性；湿润的红色布条褪色，氯水具有漂白性。

图 4-3　验证干燥的氯气是否具有漂白性

活动探究　1785 年，法国化学家贝托莱投身于纺织品的漂白研究。他尝试将氯水的漂白性应用于纺织品的漂白。氯气（Cl_2）、水（H_2O）单独都不具有漂白性，但形成的氯水却具有漂白性，对此你有什么猜想？请从元素组成的角度出发进行预测：如果氯气与水反应，会生成什么物质或微粒？设计实验进行检验。

实验目的：探究氯气与水反应的产物

实验药品：新制氯水、紫色石蕊溶液、稀硝酸、$AgNO_3$ 溶液。

方案设计：填写表 4-1。

表 4-1　实验方案设计

氯气与水反应可能产生的微粒	检验方法

思考：

（1）造成氯水呈现黄绿色的原因是什么？

（2）根据物质守恒定律，氯气与水反应可能产生了什么物质？

（3）由氯水制成的漂白剂有什么明显缺陷？可以如何改进？

氯气与水反应的化学方程式为：

$$Cl_2 + H_2O \rightleftharpoons HCl + HClO$$

氯水呈黄绿色，说明其中含有氯气；能够使紫色石蕊溶液先变红后褪色，说明其中含有 H^+、HClO；加入硝酸酸化的 $AgNO_3$ 溶液产生白色沉淀，说明其中含有 Cl^-。根据元素组成，氯水中还含有 H_2O、OH^-（少量）、ClO^-。当温度较高时，氯气在水中的溶解度减小，氯气会逸出，这是产生气泡的原因之一。次氯酸不稳定，见光会分解产生氯气和氯化氢，促进氯气与水的反应向生成次氯酸的方向进行。新制氯水放置一段时间后发生的变化如图 4-4 所示，久置的氯水最终变成稀盐酸，酸性增强。

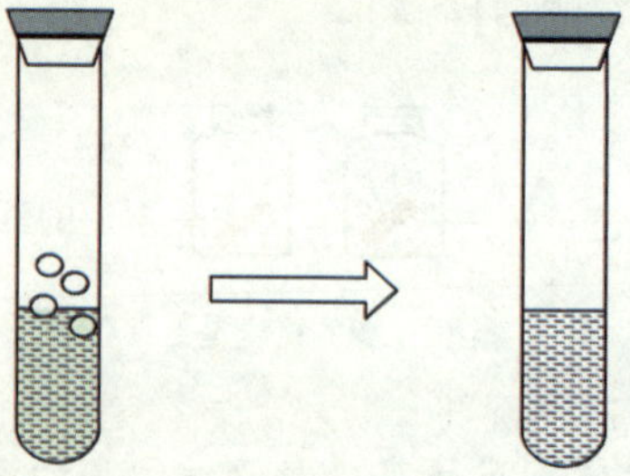

图 4-4　新制氯水放置一段时间后发生变化

交流研讨　氯水中起漂白作用的主要成分是 HClO。HClO 是弱酸，不稳定，极易分解。如果你是一名科研人员，请结合氯水的性质，设计方案保留漂白剂的有效成分，并且使其能够稳定存在，便于使用、储存、运输。

1785 年，受传统漂白工艺影响，贝托莱将氯气通入木灰汁（主要成分为 K_2CO_3）中，得到了漂白性更强、更稳定的漂白剂——次氯酸盐。考虑到固体的储存、运输均比液体方便，经过进一步改良，将氯气通入石灰乳中，制得了固体漂白粉，主要成分为次氯酸钙、氯化钙，有效成分为次氯酸钙（反应见表 4-2）。

表 4-2　氯气与石灰乳的反应

化学方程式	用途
$2Cl_2 + 2Ca(OH)_2 = Ca(ClO)_2 + CaCl_2 + 2H_2O$	漂白粉的主要成分：$Ca(ClO)_2$、$CaCl_2$

我国于 1984 年研发的 84 消毒液的主要成分为次氯酸钠、氯化钠，有效成分为次氯酸钠（反应见表 4-3）。

表 4-3 氯气与氢氧化钠的反应

化学方程式	用途
$Cl_2+2NaOH=NaClO+NaCl+H_2O$	84 消毒液的主要成分：NaClO、NaCl

活动 2 实验室制备氯气

方法导引 氧化还原反应是高中阶段最常见的化学反应类型之一，其宏观特征是有元素化合价的升降，微观本质是有电子的得失或者偏移，其基本模型如图 4-5 所示。

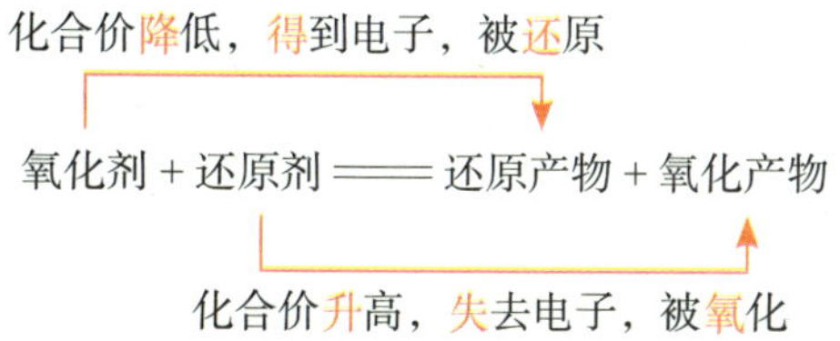

图 4-5 氧化还原反应的基本模型

交流研讨 1774 年舍勒在实验室里制备出黄绿色气体——氯气，请写出该反应的化学方程式，并运用氧化还原反应的基本模型分析该反应。

舍勒制备氯气的化学方程式如下：

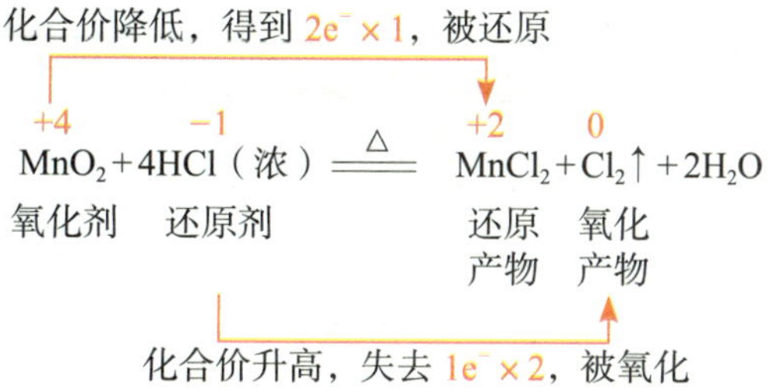

在该反应中，二氧化锰做氧化剂，其中锰元素的化合价降低，得到电子；浓盐酸做还原剂，氯元素的化合价升高，失去电子得到氧化产物氯气。

交流研讨 氯化氢的物质类别属于氢化物，其中氯元素的化合价为 −1；Cl_2 的物质类别为单质，其中氯元素的化合价为 0。要实现由 HCl 到 Cl_2 的转化，还可以选择一些含氯的氧化剂，如 $KClO_3$、NaClO 等。图 4−6 已标出 $KClO_3$、NaClO、HCl、Cl_2 的位置，思考如何实现 HCl 到 Cl_2 的转化。

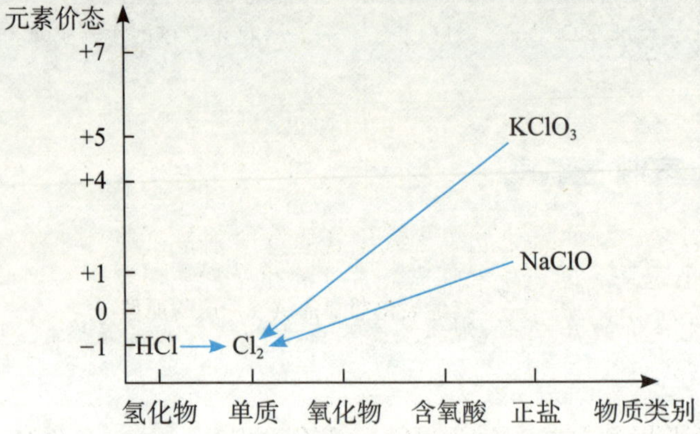

图 4−6 部分含氯元素物质的“价−类”二维图

方法导引 在实际化工生产过程中，要遵循绿色化学的原则。绿色化学又称环境无害化学、环境友好化学、清洁化学，倡导用化学技术和方法减少或停止对人类健康、社区安全、生态环境有毒的原料、催化剂、溶剂和试剂以及生产过程中的产物、副产品等的使用和产生。核心内容是原子经济性（充分利用反应物中的各个原子，既充分利用资源又防止污染）和“5R”原则（图 4−7）。

图 4−7 绿色化学的“5R”原则

思考探究 舍勒利用二氧化锰与浓盐酸加热制备氯气，该反应是一个氧化还原反应。氯化氢中氯元素的化合价为 −1，可以做还原剂。遵循绿色化学的原则，参考表 4−4 中的相关数据，请选择合适的方法在实验室中制备氯气。

表 4-4　氯气制备原料相关数据参考

原料	价格 /（元 /500 g）	1 mol 物质参加反应转移电子的物质的量 /mol	原料危险指数
MnO_2	90	2	☆☆
$KMnO_4$	67	5	☆☆☆☆☆
$KClO_3$	77	6	☆☆☆☆☆
NaClO	35	2	☆☆☆☆

实验室还可以采用其他氧化剂氧化氯化氢的方法制备氯气，见表 4-5。

表 4-5　其他氧化剂制备氯气反应的原理

制备原理	其他副产物
$2KMnO_4+16HCl$（浓）$=2MnCl_2+5Cl_2\uparrow+2KCl+8H_2O$	产生 Mn_2O_7 杂质，易爆炸
$6HCl$（浓）$+KClO_3=KCl+3Cl_2\uparrow+3H_2O$	产生 ClO_2 杂质，易爆炸
$NaClO+2HCl=NaCl+Cl_2\uparrow+H_2O$	—

从原理上分析，实验室制备氯气的方法有以上四种。从实验室安全性、绿色化学等角度考虑，目前实验室里仍然采用的是二氧化锰与浓盐酸在加热条件下制备氯气的方法。

方法导引　实验室气体制备装置的选择如图 4-8 所示。

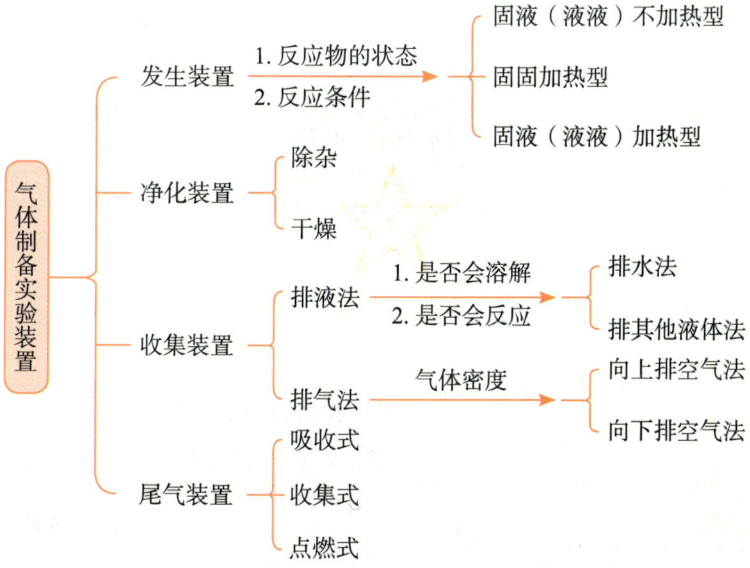

图 4-8　气体制备实验装置的选择

实验室制备氯气时，应采用固液加热型发生装置；制备纯净、干燥的氯气，首先要除去挥发出来的氯化氢气体和水蒸气；氯气的密度比空气大，应采用向上排空气的方法收集；氯气能够与碱发生反应，可以用 NaOH 溶液吸收尾气，防止空气污染。

交流研讨 根据实验室制备氯气的反应原理设计实验装置方案。

选择合适的气体制备实验装置，结合氯气的性质，设计如图 4-9 所示实验室制备氯气装置图。

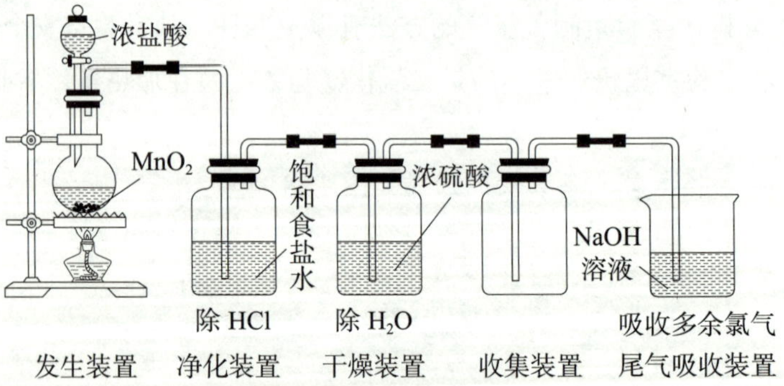

图 4-9 实验室制备氯气装置图

活动 3 家庭自制含氯消毒剂

含氯消毒剂是指溶于水产生具有杀灭微生物活性的次氯酸的消毒剂，次氯酸的相对分子质量小，易扩散到细菌表面并穿透细胞膜进入菌体内，使菌体蛋白氧化导致细菌死亡。这类消毒剂包括无机氯化物（如液氯、次氯酸盐、二氧化氯）、有机氯化合物（如二氯异氰尿酸钠、三氯异氰尿酸、氯胺 T）等。

联想质疑　以次氯酸钠为主要成分的消毒液由于投加方便、运行安全、消毒效果好且持久、消毒副产物少等优点，广泛用于宾馆、医院、家庭的卫生消毒，也在水厂的消毒应用中崭露头角。结合图 4–10 分析，如何利用身边的材料自制有效的消毒液？使用消毒液的过程中又需要注意哪些问题呢？

图 4–10　84 消毒液及其产品参数

氯气能够与碱发生反应生成次氯酸盐，在“实验室制取氯气”的尾气吸收装置中可获得少量 NaClO 溶液。如果能有化学反应同时生成氯气和 NaOH 溶液，就可以制备消毒水。

$$2NaOH + Cl_2 = NaClO + NaCl + H_2O$$

联想质疑　1810 年，戴维通过电解饱和食盐水制得氯气，其反应原理如下，电解装置示意图如图 4–11 所示。

反应原理：$2NaCl + 2H_2O \xlongequal{\text{通电}} 2NaOH + Cl_2\uparrow + H_2\uparrow$

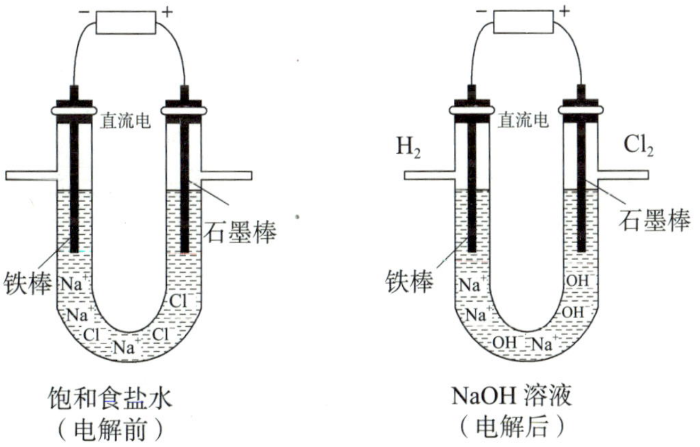

图 4–11　电解饱和食盐水的装置示意图

根据反应原理和装置图思考：

（1）如何利用电解装置获取次氯酸钠？

（2）装置中各组成成分的作用是什么？如何利用生活中的材料模拟自制消毒水溶液？

通电后，左侧铁棒电极（外接电源负极）产生 H_2，同时生成 NaOH 溶液，OH^- 在电极作用下，定向向石墨电极移动；右侧石墨电极（外接电源正极）产生 Cl_2，与电解质溶液（电解后溶液为 NaOH 溶液）反应，可获得次氯酸钠消毒液。

制作简易的 84 消毒液制备装置，需要几个条件：① 盛装溶液的仪器；② 电源：直流电；③ 导电的材料（金属棒、石墨棒）；④ 食盐水。

活动探究 自制消毒液

材料：铅笔芯（石墨棒）、铁丝、铜丝、导线、干电池（直流电电源）、矿泉水瓶（或 U 形管）、食盐、自来水等。

方案设计及实施：请填写表 4-6。

表 4-6　实验方案设计及实施记录

实验内容	实验现象	结论与反思

结合图 4-12 思考：

（1）如果在实验过程中没有看到"电极附近产生大量气泡"的现象，原因是什么？

（2）如何对装置进行改进，以便得到浓度较大的消毒液？

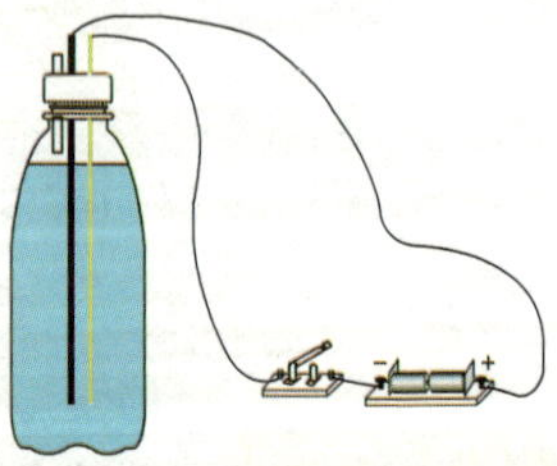

图 4-12　自制消毒液的装置图

首先，电解所需的电源为直流电，可以通过干电池（组）或者家电充电器获得。电流的大小决定了电解速率。电流太小，电解产生气体的速率太慢，无法产生大量气体。我们可以在安全电压 36 V 的范围内，通过串联干电池或使用较高电压的充电器来获得较大的电流。其次，我们要控制食盐水的浓度。食盐水浓度太小，电解速率慢，也是无法看到大量气体的可能原因；食盐水浓度太大，饱和食盐水中氯气的溶解度较低，导致生成的消毒水浓度小。因此，合适的电流大小和食盐水浓度，既保证反应速率，也能溶解更多的氯气，可以在较短时间内得到较大浓度的消毒液。

方法导引 化学工艺——逆流原理

在化工生产中，相互作用的物料，往往采用逆流操作。例如：在制备浓硫酸时 SO_3 的吸收，液体和气体的流向相反（逆流），98.3% 的浓硫酸由上淋下，气体由下往上，这样使相互作用更加充分。在热交换中，冷的和热的气体（或液体），都是采用逆流的方法进行热量的交换。

保证氯气和氢氧化钠充分接触是提高次氯酸钠产量的基础。解决方案如下：

（1）增大氯气与 NaOH 溶液的接触面——逆向投料，OH^- 向阳极（外接电源正极）移动，氯气向上溢出。

（2）增加氯气与氢氧化钠的接触时间——让阳极板（外接电源正极）完全浸没于溶液中。

（3）增大电极板接触的面积，加快反应速率，提高氯气生成速率。

优化方案如图 4-13 所示。

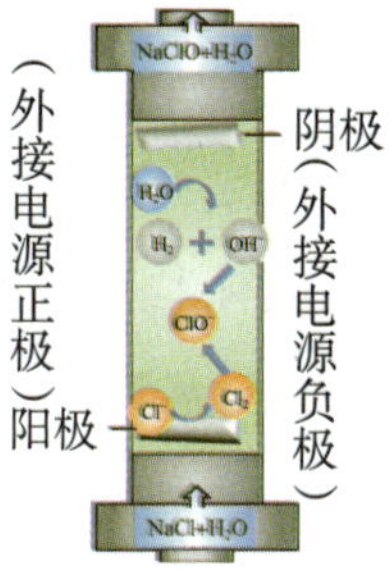

（a）优化方案 Ⅰ

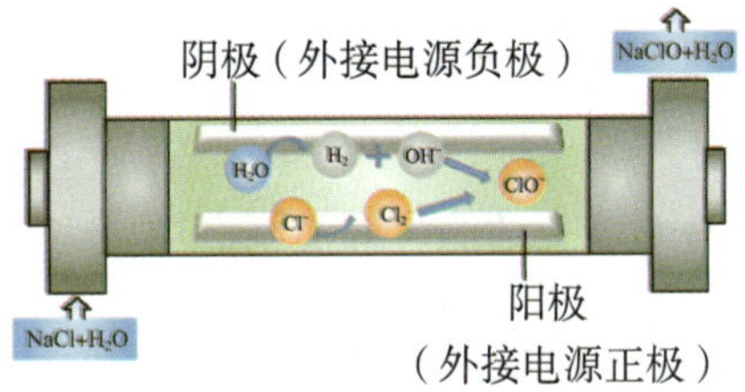

（b）优化方案 Ⅱ

图 4-13 实验装置的优化案

身边的化学 家用 84 消毒液生成器

当今社会，人们在生产、生活中的健康安全意识越来越强。看不见的细菌、病毒随处滋生，外出更需要做好消毒，便携型消毒液生成器（图 4-14）应运而生。

图 4-14 消毒液生成器

信息链接 市售的 84 消毒液主要成分除次氯酸钠外，还含有稳定剂、表面活性剂。选用的表面活性剂有显著的润湿、分散、增溶等功效，能加快渗透到被消毒物品中的速度，促进高效灭菌；此外，该表面活性剂配加后必须能与 NaClO 溶液充分互溶，无浑浊、分层和沉淀情况的发生。

方法导引 基于 STEM 视域下化学项目式学习模式

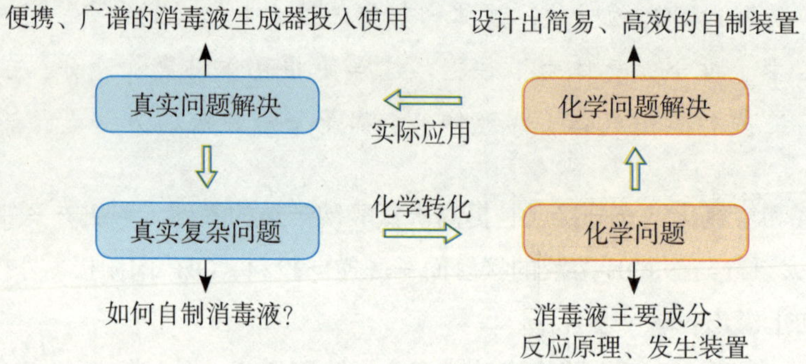

交流研讨 （1）84 消毒液在使用过程中不能与洁厕灵、酒精等混用，原因是什么？

（2）根据含氯化合物的相关性质，为制作的消毒液设计一份产品说明书。

洁厕灵中含有盐酸，次氯酸根离子与氯离子在酸性条件下会反应产生氯气：

$$NaClO + 2HCl \xlongequal{} NaCl + Cl_2\uparrow + H_2O$$

次氯酸具有强氧化性，会与乙醇发生氧化还原反应，产生有毒的光气（$COCl_2$）。因此，84 消毒液不能与洁厕灵和酒精混用。

任务二 工业制备氯气的热力学和动力学分析

活动 1 氯气工业制法的优劣比较

氯气是一种重要的基础化工原料，氯气主要应用于生产聚氯乙烯、聚氨酯环氧树脂、硅材料、TiO_2 涂料以及一些农用化学品、建筑材料和医药制剂等。目前在氯气参与的工业生产中，大量消耗氯气的同时通常会产生等物质的量的副产物氯化氢，即在氯化反应过程中氯原子的原子利用率最大为 50%，中国氯碱工业副产物氯化氢每年总量已超过 500 万吨。因此，有效地利用副产物氯化氢，通过氯化氢的综合利用提供下游有机氯化学品赖以发展的原料氯具有十分重要的意义。利用副产物氯化氢制取氯气的方法主要有以下两种：电解法和催化氧化法。

1. 电解法

反应原理：如图 4-15 所示。

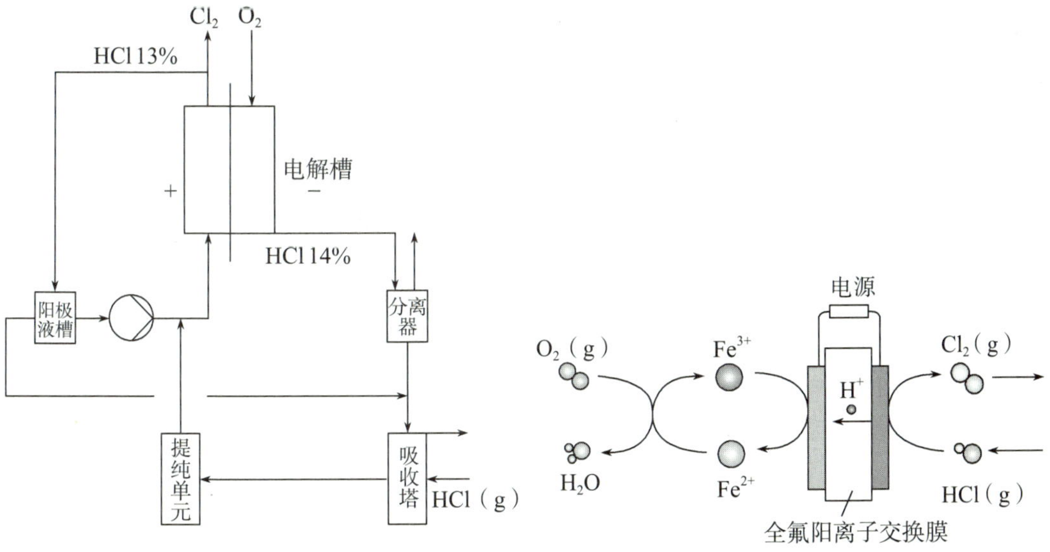

图 4-15 电解工艺示意图

交流研讨 根据电解工艺示意图，请试着写出阴极区和阳极区发生的反应。

阴极区：$Fe^{3+} + e^- = Fe^{2+}$　$4Fe^{2+} + O_2 + 4H^+ = 4Fe^{3+} + 2H_2O$

阳极区：$2Cl^- - 2e^- = Cl_2\uparrow$

电解无水氯化氢以前，一般需先将气体进行预处理，脱除杂质，然后将氯化氢注入阳极槽一侧，在阳极一侧转化为氯气。H^+ 通过全氟阳离子交换膜转移到阴极。将空气输入阴极一侧，空气中的氧气经反应后生成水。这种方法相较于直接电解氯化氢生成氯气和氢气的方法，优点在于可以减少用电量，节省了为控制电解槽温度和膜性能所使用的循环水。

2. 催化氧化法

反应原理：利用空气中的氧气以及催化剂进行催化，将氯化氢转化为氯气。

交流研讨 根据表 4-7 中生成焓的数据写出该反应的热化学方程式。根据 $\Delta G = \Delta H - T\Delta S$，分析该反应在常温下能否自发进行。

表 4-7　生成焓及熵数据

物质	$\Delta H/(kJ\cdot mol^{-1})$	$\Delta S/(J\cdot mol^{-1}\cdot K^{-1})$
HCl(g)	−92.307	186.908
O_2(g)	0	205.138
Cl_2(g)	0	188.825
H_2O(g)	−241.818	223.066

反应的热化学方程式为 $4HCl(g)+O_2(g) = 2Cl_2(g)+2H_2O(g)$　$\Delta H=-114.408\ kJ\cdot mol^{-1}$。该反应是放热熵减的反应，根据 $\Delta G=\Delta H-T\Delta S$，可知常温下该反应的吉布斯自由能小于零，该反应可以自发进行。

交流研讨　综合经济效益，评价两种利用副产物氯化氢制备氯气的优劣。

可利用工程思维模型从成本、耗能、绿色环保、原子利用率等几个角度来分析比较。催化氧化相较于电解法具有能耗低、操作简单等优点，但实际应用中由于该反应是放热的可逆过程，受平衡的限制，HCl 的转化率较低，且遇水会生成盐酸造成设备腐蚀问题。

交流研讨　历史上曾利用“地康法”制取氯气，其原理是以氯化铜做催化剂，利用氧气氧化氯化氢。图 4-16 为“地康法”制取氯气的模拟装置。

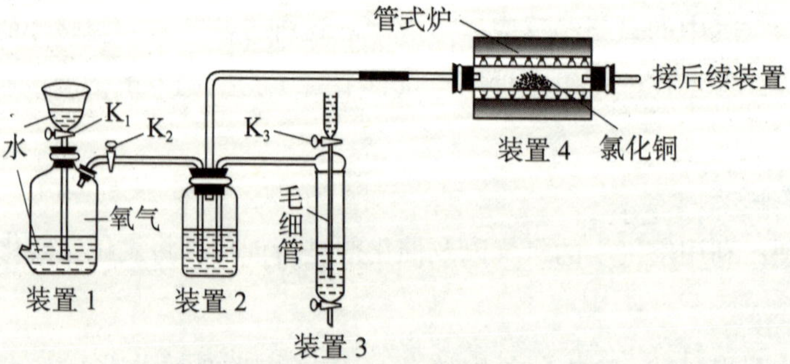

图 4-16　“地康法”制取氯气的模拟装置

请分析装置图，讨论以下问题：

（1）如何检查该装置的气密性？

（2）装置 2 和装置 3 的作用分别是什么？如何净化利用该装置制备出的 Cl_2？

关闭 K_2 打开 K_1，漏斗中的液体进入装置 1 中使其气压变大，若漏斗中的液面不持续下降，则装置 1 的气密性良好。装置 3 是用来制备 HCl 的装置，可以利用浓盐酸易挥发、浓硫酸吸水的特点进行原料气制备；装置 2 可用于观察气体流速；最终气体到达装置 4 进行催化氧化反应。以氯化铜做催化剂，利用氧气氧化氯化氢，生成的氯气中含有水蒸气和剩余的氯化氢，后续需要净化氯气的装置中，除杂试剂依次为饱和食盐水、浓硫酸或无水氯化钙，氯气可被碱石灰吸收。

知识模型建构 装置气密性的检查（压强差法）

装置气密性检查采用的一般方法是：通过气体发生器与附设的液体构成封闭体系，依据改变体系内压强时产生的现象（如气泡的生成、水柱的形成、液面的升降等）来判断装置气密性的好坏。

活动 2 催化氧化制备氯气的热力学分析

交流研讨 催化氧化制备氯气的反应为 $4HCl(g)+O_2(g) \rightleftharpoons 2Cl_2(g)+2H_2O(g)$ $\Delta H<0$。从热力学角度分析，提高 HCl 转化率的方法有哪些？

知识模型建构

- 热力学
  - 温度
    - 升高温度，朝吸热方向移动
    - 降低温度，朝放热方向移动
  - 压强
    - 增大压强，朝气体系数总和小的方向移动
    - 减小压强，朝气体系数总和大的方向移动
  - 浓度
    - 增大浓度，朝浓度减小方向移动
    - 减小浓度，朝浓度增大方向移动

催化氧化制备氯气的反应为反应前后气体总物质的量减少的放热反应，可以通过降低温度、增大压强、增加氧气浓度、抽走生成物等方法提高 HCl 的转化率。

交流研讨 图 4-17 为刚性容器中，进料浓度比 $c(HCl):c(O_2)$ 分别等于 1∶1、4∶1、7∶1 时，HCl 的平衡转化率随温度变化的关系。

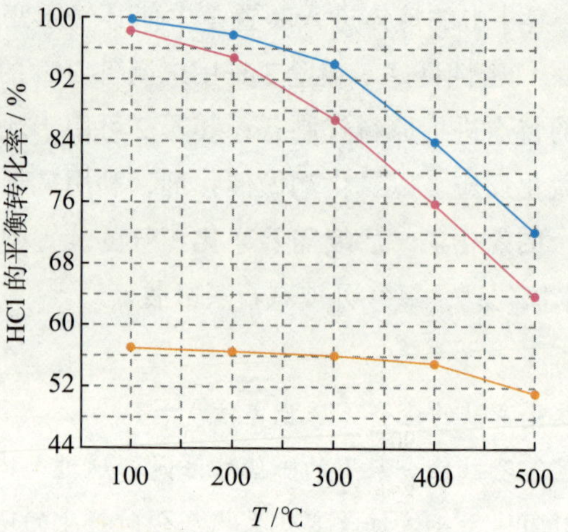

图 4-17 不同投料比下 HCl 的平衡转化率与温度的关系

讨论：

（1）温度和投料比对平衡转化率有何影响？过高或过低有什么不利影响？

（2）试判断图 4-17 中三条曲线分别是在哪个投料比下进行的反应。

（3）选择合适的投料比时需要考虑哪些因素？

该反应为放热反应，温度升高平衡朝逆反应方向移动，因此反应温度不能过高，否则转化率会下降。相同条件下，氯化氢浓度越大转化率越低，因此投料比从上至下分别为 1 : 1、4 : 1、7 : 1。按化学计量比进料可以保持反应物的高转化率，同时降低 O_2 和 Cl_2 分离的能耗。在选择投料比时还需要考虑反应速率、反应限度以及生产成本等问题。

交流研讨 结合图 4-17 数据，在 300 ℃和 400 ℃时平衡常数 K 的大小关系是怎样的？设 HCl 初始浓度为 c_0，当投料比为 1 : 1 时计算 400 ℃时 K 的值。

方法导引 由图像知，随着温度的升高，HCl 的转化率下降，因此该反应为放热反应，在 300 ℃时该反应的平衡常数小于 400 ℃时的平衡常数。400 ℃时，HCl 的平衡转化率为 84%，用三段式法对数据进行处理得：

$$4HCl(g) + O_2(g) \rightleftharpoons 2Cl_2(g) + 2H_2O(g)$$

	$4HCl(g)$	$O_2(g)$	$2Cl_2(g)$	$2H_2O(g)$
起始	c_0	c_0	0	0
转化	$0.84c_0$	$0.21c_0$	$0.42c_0$	$0.42c_0$
平衡	$(1-0.84)c_0$	$(1-0.21)c_0$	$0.42c_0$	$0.42c_0$

则 $K=\dfrac{(0.42)^2\times(0.42)^2}{(1-0.84)^4\times(1-0.21)c_0}$

知识模型建构 图表的分析思路：有两个变量时，将其中一个变量固定再进行比较，如图 4-17 中比较投料比则固定温度相同。

化学平衡计算：列出三段式，找题目中的已知量（初始量），设未知量（转化量，成比例），找关系求解，然后算出平衡常数或者转化率。

交流研讨 图 4-18 为温度分别为 500 ℃、450 ℃、400 ℃时 HCl 的转化率和压强之间的关系曲线。

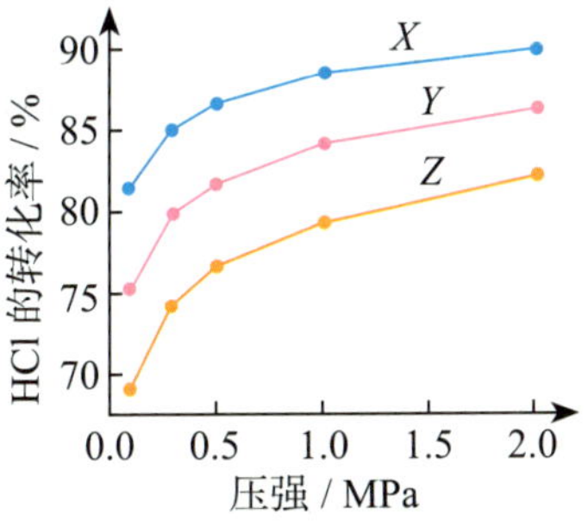

图 4-18　HCl 的转化率随压强变化曲线

思考：

（1）压强如何影响 HCl 的转化率？

（2）X、Y、Z 分别是哪个温度下反应的曲线？

（3）在压强为 1.0 MPa、温度为 400 ℃时，K_p 为多少？

方法导引 研究一个反应的最佳条件除了从热力学方面进行考虑选择，还要从动力学方面进行考量，因此我们可以建立如下思维模型：

反应的可能性要强 ⇨ 化学反应的方向性 ⇨ 熵判据、焓判据

原料的利用率要高 ⇨ 增大化学反应限度 { 温度、浓度、压强

单位时间内产率高 ⇨ 加快化学反应速率 { 升高温度、增大浓度、增大压强、加入催化剂

由图 4-18 可知，压强越大 HCl 的转化率也越大。这是由于该反应是一个压强减小的反应，增大压强平衡应向正反应方向移动。由于该反应是放热反应，相同压强下，温

度越高转化率越小，因此三条曲线温度大小关系应为 $X<Y<Z$。压强为 2.0 MPa、温度为 400 ℃时，由图 4-18 可知 HCl 的转化率约为 90%，由于投料比为 1∶1，可设 HCl 与 O_2 起始均为 1 mol，利用三段式方法计算出平衡时各物质的物质的量及物质的量分数，然后算出分压代入 K_p 中进行计算。

活动 3　催化氧化制备氯气的动力学分析

交流研讨　科研人员以氯化铜和氧化铜做催化剂，利用两段式的工艺将反应气体与催化剂在 150～220 ℃条件下进行氯化反应，图 4-19 为两段式流化床反应器中的反应过程，请写出催化剂催化 HCl 和 O_2 反应过程的化学方程式。

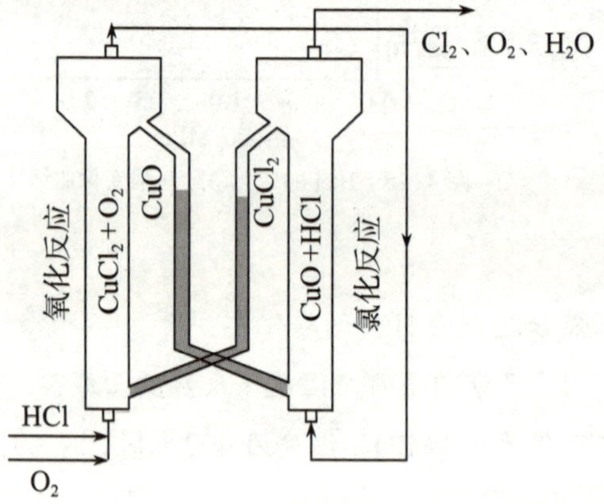

图 4-19　两段式流化床反应器中的催化氧化过程

催化剂催化 HCl 和 O_2 反应的化学方程式为：

$2CuCl_2(s) = 2CuCl(s) + Cl_2(g)$　　$\Delta H_1 = +83\ kJ \cdot mol^{-1}$

$2CuCl(s) + O_2(g) = 2CuO(s) + Cl_2(g)$　　$\Delta H_2 = -20\ kJ \cdot mol^{-1}$

$CuO(s) + 2HCl(g) = CuCl_2(s) + H_2O(g)$　　$\Delta H_3 = -121\ kJ \cdot mol^{-1}$

交流研讨　（1）请在图 4-20 中标出反应的焓变、活化能。

（2）Ⅰ和Ⅱ哪一步为反应的决速步？为什么？

（3）催化剂的催化效果受到哪些因素的影响？

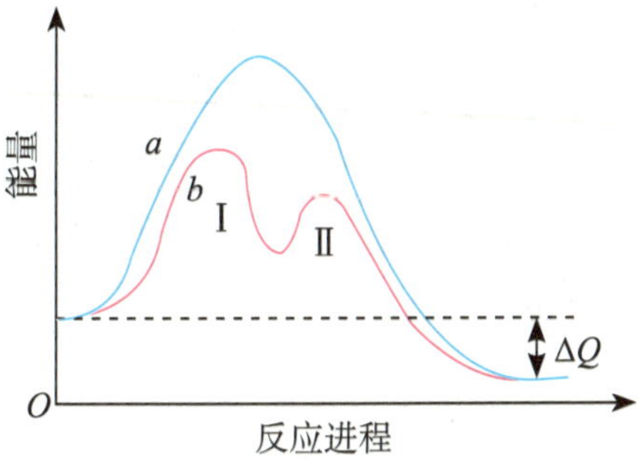

图 4-20 反应的能量变化图

过程Ⅰ为决速步骤，因为活化能比较大。影响催化剂的因素有很多种，比如温度、助催化剂、载体等。

催化氧化法制备氯气的催化剂可以用 Au 和 Cu 为主要活性成分，活性助剂、碱金属盐、稀土金属盐等组分用量相同，且负载于已制备好的 300 g 不同比表面积的 Al_2O_3 载体上，反应 72 h 后测定 HCl 的转化率，结果如图 4-21 所示。

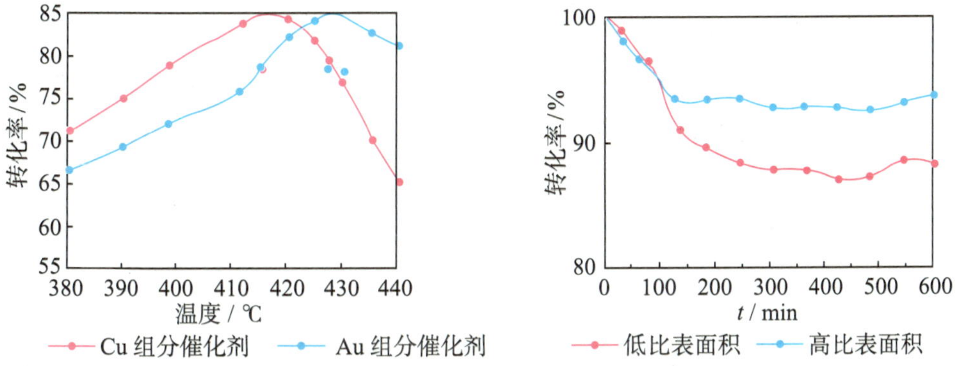

图 4-21 不同条件下催化剂的催化过程与转化率的关系

交流研讨 （1）温度对催化剂有何影响？为什么转化率随温度先增大后减小？

（2）不同的比表面积的载体对催化剂的催化有何影响？为什么会造成这种影响？随着反应时间的推移，转化率下降的原因是什么？

（3）综合图 4-21 分析，应如何选择合适的催化剂及反应条件？

温度会影响催化剂的活性，同时还影响反应的限度，当温度过高时催化剂会失活而使反应速率降低。载体的比表面积大，有利于催化剂吸附并结合活性位点。除了这些因素，同时还要综合考虑生产设备、能耗问题，因此选择 Cu 作为催化剂，在 410～420 ℃以及载体比表面积为较大的条件下反应效果最好。

单元项目梳理

任务	活动	模型与方法
实验室制备氯气	化学史学习氯气性质 实验室制法选择	科学发展探究模型 氧化还原反应模型 气体制备模型
含氯消毒剂的制备	自制电解装置制备 84 消毒液 电解装置的改进	电解池模型 STEM 视域下化学学习模式
氯气的工业制备	工业制法选择 最佳反应条件探究	工程思维 动力学、热力学模型

单元项目检测

学习理解

1. 如图所示，A 处通入干燥的 Cl_2，关闭 B 处开关时，C 处的红色布条不褪色；打开 B 处开关时，C 处红色布条逐渐褪色。D 瓶中所装的试剂可能是（　　）

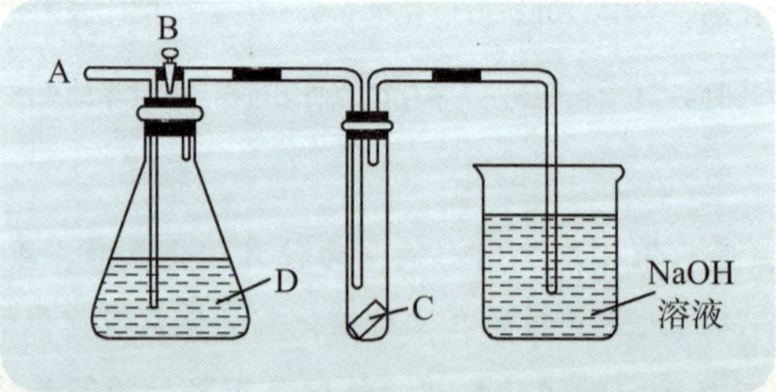

A. NaOH 溶液　　B. 浓盐酸

C. 浓硫酸　　D. 饱和 NaCl 溶液

2. 部分含氯物质的分类与相应氯元素化合价的关系如图所示。下列说法错误的是（　　）

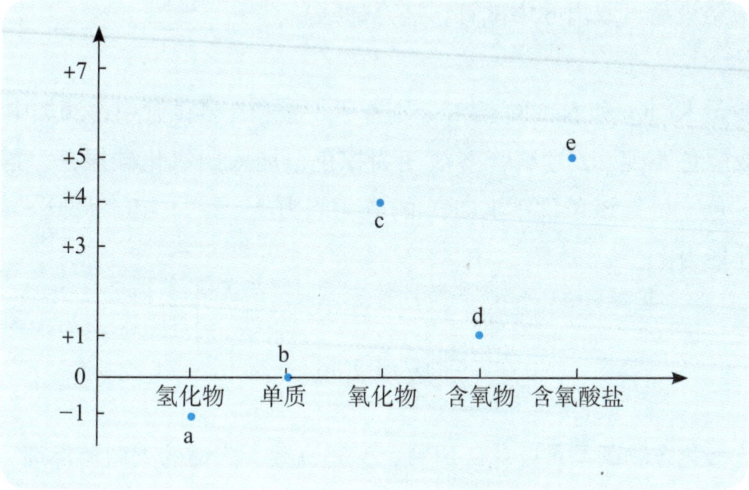

A. a 与 d，a 与 e 在酸性情况下反应，均可以得到 b

B. c 为一种新型自来水消毒剂，代替 b 的原因是 c 的毒性更小

C. b 的水溶液里加入 $CaCO_3$，可以增加 d 的产量

D. 消毒液可用于环境消毒，主要是因为含有 d、e 的固体可用于制 O_2

3. 氯可形成多种含氧酸盐，广泛应用于杀菌、消毒及化工领域。实验室中利用如图所示装置（部分装置省略）制备 $KClO_3$ 和 NaClO，探究其氧化还原性。

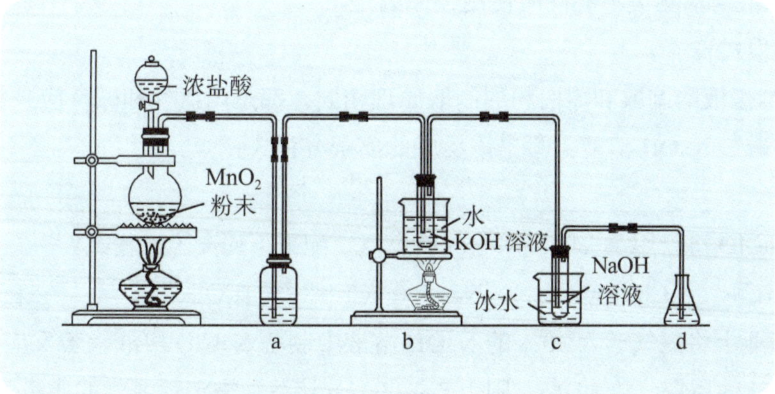

（1）盛放 MnO_2 粉末的仪器名称是 __________，a 中的试剂为 ________。

（2）b 中采用的加热方式是 ____________________；c 中化学反应的离子方程式是 ____，采用冰水浴冷却的目的是 ____。

（3）d 的作用是 ________，可选用试剂 _____（填字母序号）。

A. Na_2S　　B. NaCl　　C. $Ca(OH)_2$　　D. H_2SO_4

（4）反应结束后，取出 b 中试管，经冷却结晶、__________、__________、干燥，得到 $KClO_3$ 晶体。

（5）取少量 $KClO_3$ 和 NaClO 溶液分别置于 1 号和 2 号试管中，滴加中性 KI 溶液。1 号试管溶液颜色不变。2 号试管溶液变为棕色，加入四氯化碳振荡，静置后四氯化碳层显_____色。可知该条件下 $KClO_3$ 的氧化能力______（填“大于”或“小于”）NaClO 的氧化能力。

应用实践

4. 氯的许多化合物既是重要化工原料，又是高效、广谱的灭菌消毒剂。

（1）家庭中常用 84 消毒液（主要成分为 NaClO）或洁厕灵（主要成分为盐酸）清洁卫生。某品牌 84 消毒液包装上有如下说明：

> **注意事项：**
> 1. 本品对棉织品有漂白脱色作用，对金属制品有腐蚀作用。
> 2. 密封保存，请勿与洁厕灵同时使用。

① 消毒液与洁厕灵不能同时使用，原因是________________________________（用离子方程式表示）。

② 84 消毒液的制取和漂白粉的制取原理相同，都是用氯气和碱反应来制取，84 消毒液所用的碱是 NaOH 溶液，写出该反应的离子方程式：____。

（2）NaClO 可以用于去除废水中的铵态氮，配平下列离子方程式：

____NH_4^+ + ____ClO^- ══ ____N_2 + ____Cl^- + ____H_2O + __________

（3）工业上将氯气通入 30% 的 NaOH 溶液中制备 NaClO 溶液，若反应后的 NaClO 溶液中 NaOH 的质量分数为 1%，则生产 1 000 kg 该溶液需消耗氯气的质量为________kg（保留整数）。

（4）Cl_2 和 ClO_2 都是强氧化剂，能杀死水中的病菌。等质量 ClO_2 的氧化能力是 Cl_2 的_______倍。

5. 某兴趣小组设计并进行了以下实验来探究 Cl_2 的制备与性质。

（1）写出工业上用氯气和石灰乳制取漂白粉的化学反应方程式：____；实验室用 MnO_2 和浓盐酸制备干燥纯净的氯气，

写出反应的化学方程式：________________________________。

（2）广口瓶Ⅱ中的试剂为 ________。按产生的气体从左向右流动的方向，将仪器进行连接：______ → ______ → ______ → ______ → E。

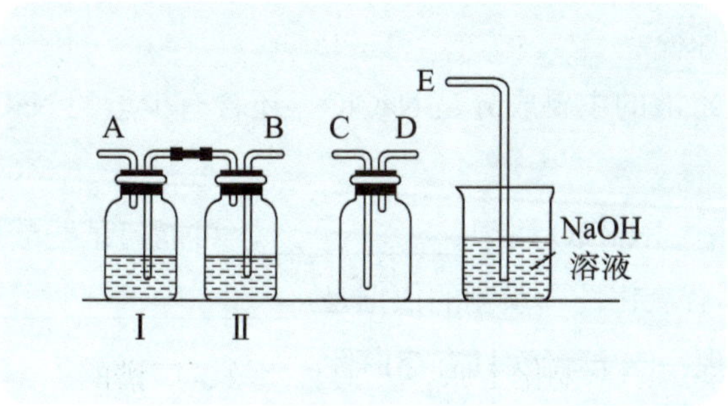

（3）U 形管的实验目的是为了验证氯气是否具有漂白性，Ⅰ、Ⅱ、Ⅲ处选择的试剂和用品为：Ⅰ. ______ Ⅱ. ______ Ⅲ. ______。（填字母序号）

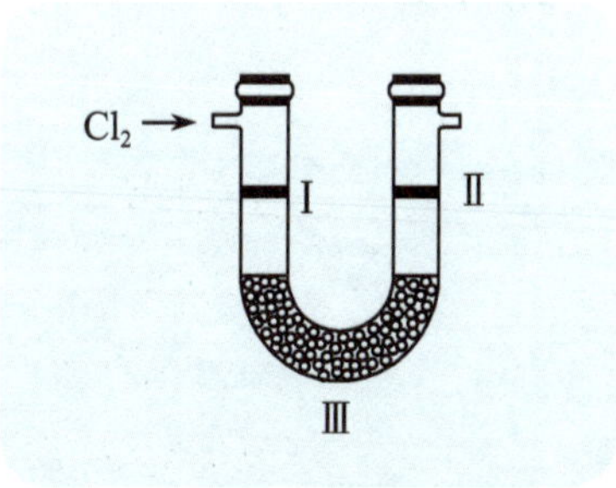

A. 干燥的有色布条 B. 湿润的有色布条 C. 碱石灰 D. 浓硫酸 E. 无水氯化钙

（4）下图所示是某学生制作的家用环保型消毒液发生器，大玻璃管内是滴有酚酞的饱和食盐水，通电数分钟后，氯气在 ______ 极生成，与电源 a 极相连的电极附近溶液的颜色变化为：无色→ ______ → ______。

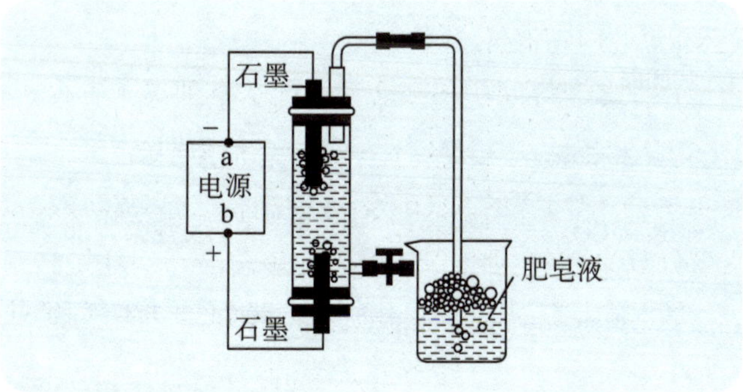

（5）根据以上家用环保型消毒液发生器原理，你觉得工业通过电解饱和食盐水制取氯气的注意事项为 ________________________________。

迁移创新

6. 84 消毒液是一种常见的含氯消毒剂，广泛用于家庭、医院的消毒。某研究小组对 84 消毒液的性质进行探究。

查阅资料：84 消毒液的主要成分是 NaClO，还含有少量的 NaCl。

预测性质：

(1) 从物质类别看，NaClO 属于 ＿＿＿＿＿，可能与某些酸反应。

(2) 84 消毒液具有氧化性，预测的依据是 ＿＿＿＿＿＿＿＿＿＿＿＿＿＿。

另外查阅资料发现：84 消毒液具有漂白性。

实验验证：利用点滴板进行实验，先在每一个孔穴中加入稀释后的 84 消毒液，再进行如下操作。

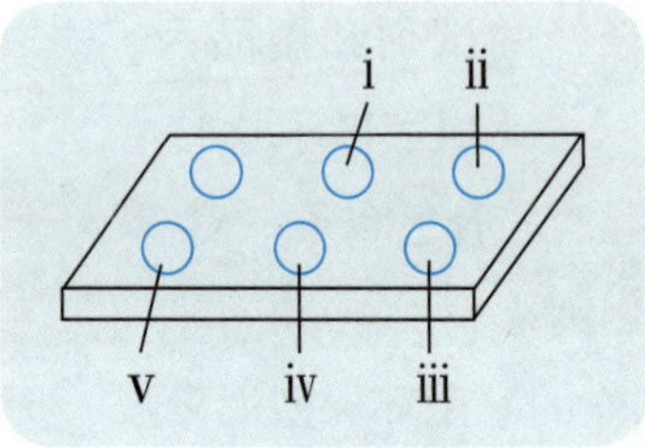

实验序号	操作	现象	结论
i	滴入稍过量 $FeSO_4$ 溶液和几滴 KSCN 溶液		84 消毒液具有氧化性
ii	滴入稍过量 KI 溶液和几滴淀粉溶液	变蓝	
iii	滴入稀盐酸	溶液变黄绿色	
iv	通入 CO_2	无明显现象	
v	滴入稀硫酸	溶液变为黄绿色，并有气泡产生	

(3) i 中的现象是 ＿＿＿＿＿＿＿＿。

(4) ii 中得到的结论是 ＿＿＿＿＿＿＿＿＿。

(5) iii 中溶液变为黄绿色，是因为产生了 ＿＿＿（用化学式表示），此现象 ＿＿（填“能”或“不能”）说明 84 消毒液被还原，理由是 ＿＿。

（6）小组同学对实验 iv 进行了如下改进：

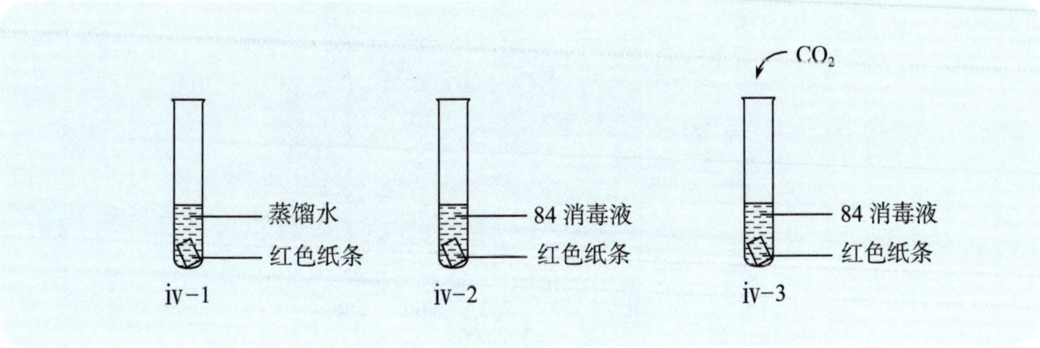

观察到ⅳ-1 试管中无明显现象，ⅳ-2、ⅳ-3 两试管中红色纸条均褪色，且ⅳ-3 试管中红色纸条褪色更明显。

① 对比ⅳ-1、ⅳ-2 的现象，可得到的结论是 ________________。

② 对比ⅳ-2、ⅳ-3 的现象，产生该现象差异的原因是 ____。

（7）v 中溶液变为黄绿色，说明发生了反应，该反应中的还原剂是 ____________；产生的气泡经确认为 O_2，用化学方程式表示 O_2 产生的过程：____________________、________________。

7. 氯气是一种重要的化工原料，其应用十分广泛。一种制取氯气的方法中发生的反应为 $4HCl(g)+O_2(g) \rightleftharpoons 2Cl_2(g)+2H_2O(g)$　$\Delta H=-120\ kJ\cdot mol^{-1}$。该反应分两步进行，其基本原理如图所示。

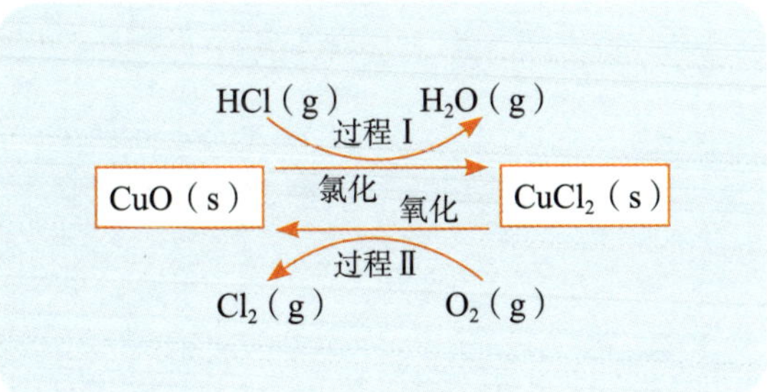

过程 Ⅰ 的反应为 $2HCl(g)+CuO(s) \rightleftharpoons CuCl_2(s)+H_2O(g)$　$\Delta H=-132\ kJ\cdot mol^{-1}$。

（1）该原理中起到催化剂作用物质的化学式为 ________。

（2）过程 Ⅱ 反应的热化学方程式为 ________________________________。

（3）压强为 p_1 时，HCl 的平衡转化率（α_{HCl}）随温度变化的曲线如图所示。

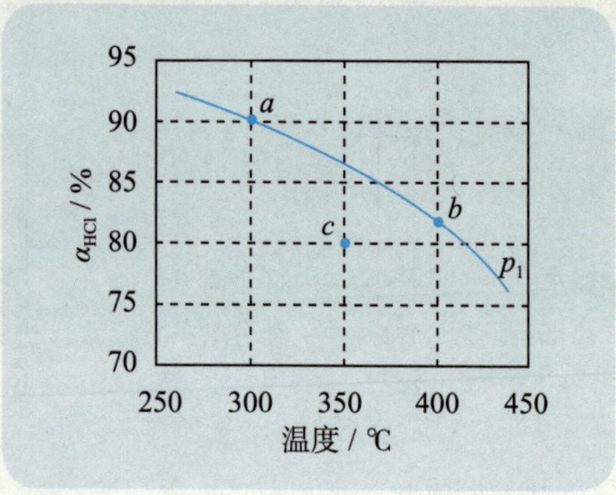

①比较 a、b 两点的平衡常数大小 $K(a)$ =______$K(b)$（填“>”“<”或“=”），解释原因为 ____。

②c 点表示投料不变，350 ℃、压强为 p_2 时 HCl 的平衡转化率，则 p_2 ________ p_1（填“>”“<”或“=”）。

项目 5　设计消除雾霾实现资源再生的方案

——运用变化观念与平衡思想解决社会性科学议题

任务一　揭开雾霾的形成机理

任务二　利用“价－类”二维实现 SO_2 的转化

任务三　还原法脱除烟气中的 SO_2

单元项目设计意图

以“价－类”二维认知模型构建含硫污染物间的转化关系，通过对雾霾形成机理的微观分析以及含硫污染物转化过程的热力学和动力学宏观探究，了解含硫化合物的重要性质，认识这些物质在生产中的应用和对生态环境的影响，认识物质及其转化在自然资源综合利用和环境保护中的重要价值，培养“宏观辨识与微观探析”“变化观念与平衡思想”化学学科核心素养。

单元项目学习目标

1. 以“雾霾”为研究对象，引导大家关注环境问题，探究雾霾形成背后的微观机理，发展“宏观辨识与微观探析”“科学态度与社会责任”化学学科核心素养。

2. 通过构建、应用“价－类”二维模型，发展“模型认知”化学学科核心素养。

3. 通过实际工业还原法脱除烟气中 SO_2 的探究，感受实际工业生产的复杂性，促进从“科学思维”到“工程思维”的转变。

单元项目学习引导

雾霾是特殊气候条件与人类生产活动互相反应产生的现象，是雾和霾的混合物。雾是浓度较高的悬浮于近地面空气中的微小水滴或者冰晶所组成的气溶胶系统，乳白色，水平能见度小于 1 km 是雾的显著特点。霾是空气中的硫酸、灰尘、硝酸、有机碳氢化合物等细小颗粒物组成的造成视觉障碍的气溶胶系统，能见度大于 1 km、小于 10 km。人们的工业生产活动产生的 SO_2 等气体是空气中硫酸形成的源头，对 SO_2 产生雾霾机理进行分析，利用“价-类”二维构建 SO_2 实际转化，利用热力学和动力学探究工业脱硫的问题，减少污染，可以变废为宝，实现 SO_2 的有效转化，如图 5-1 所示。

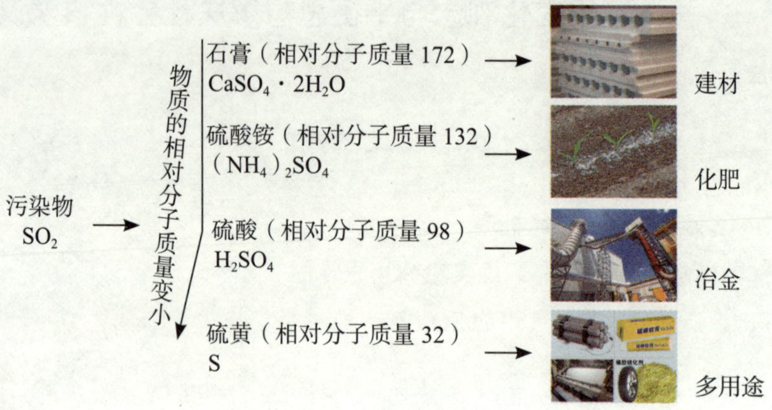

图 5-1　SO_2 的再利用

任务一　揭开雾霾的形成机理

雾霾成为人们关注的焦点，原因主要是雾霾带来的危害，雾霾妨害生产、生活，如造成高速路封闭、交通事故频发、飞机起降受到威胁、部分户外生产陷入停滞；雾霾对人们身体健康危害严重，会损伤人的呼吸系统、心脑血管系统，影响儿童发育，加重慢性疾病等。

雾霾的形成与很多因素有关。其中，氮氧化物、二氧化硫以及 $PM_{2.5}$ 微小颗粒是雾霾的主要组成。雾霾中颗粒物的组分十分复杂，主要由铁、铝、钠、镁等元素组成的硝酸盐、硫酸盐等化合物构成；在一些工业污染比较严重的地方，也会含有铅、砷等元素。

了解雾霾形成的原因和含硫物质的相互转化，研究含硫化合物的排放以及对环境的影响，了解雾霾主要颗粒物成分，探究雾霾的形成机理，厘清 SO_2 和 SO_3 形成硫酸和硫酸盐的机制，可以更好地治理和防控雾霾，也为解析大气雾霾形成的科学问题提供了理论支撑。

活动 1　雾霾的形成原因和主要成分探究

思考探究　雾和霾的区别是什么？雾的形成和空气的湿度的关系是什么？空气中为什么会产生雾和霾？

从现象上来讲，雾和霾都是视程障碍物，是分散系，分散剂均是空气，但分散质不同。雾的分散质是悬浮在近地面层的空气层中的大量冰晶或微小水颗粒的综合体，霾的分散质是悬浮在空气层中的大量微小烟粒或粉尘等的综合体。雾的产生主要与空气中水汽的饱和程度有关，空气湿度越高，越容易形成雾。

雾霾的成因主要有自然地理因素和人文地理因素，如图 5-2 所示。

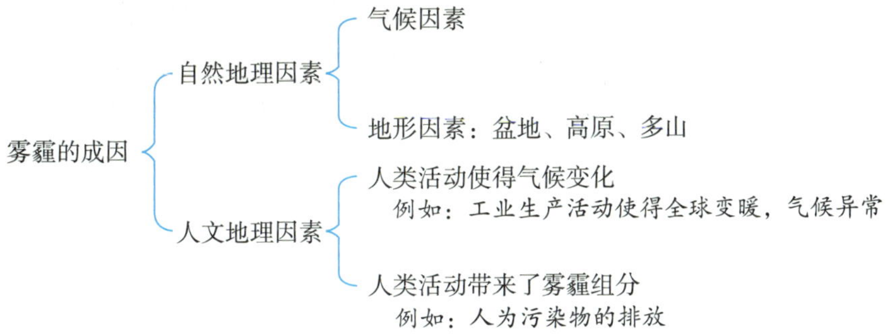

图 5-2　雾霾的成因

交流研讨　图 5-3 为某地不同时间段的颗粒物来源，试分析：该地清洁天和雾霾天的主要颗粒物是什么？雾霾天哪些颗粒物增多？这次污染过程主要由什么造成？属于雾霾成因的什么因素？

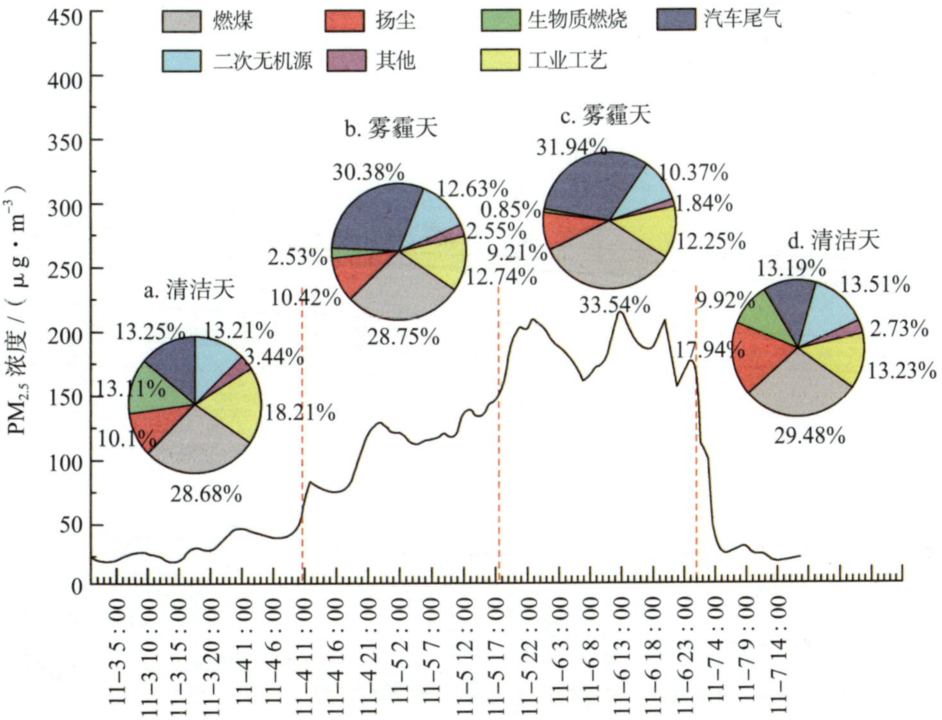

图 5-3　某地不同时间段的颗粒物来源

清洁天和雾霾天的主要颗粒物为燃煤和汽车尾气；从时间段 a 到时间段 c，雾霾天的燃煤源和汽车尾气源浓度占比有逐步上升的趋势；由于燃煤源在清洁天时的背景值较高，本次污染过程主要由机动车汽车尾气占比上升所致，属于雾霾成因的人文地理因素中的人为污染物。

交流研讨 大气颗粒物污染包括由生产、生活产生的一次颗粒物所造成的污染，以及各类气态污染物在一定温度和湿度下经过光化学反应产生的二次气溶胶污染物。表 5-1 为该地清洁天和雾霾天两种天气条件下颗粒物的特征成分，请分析：清洁天和雾霾天哪些离子占比大？属于什么污染物？形成的原因是什么？

表 5-1　清洁天与雾霾天两种天气条件下颗粒物特征成分占比（%）

特征成分（离子或元素）	清洁天	雾霾天
Na^{+}	40.9	39.2
Mg^{2+}	3.2	2.1
NH_4^{+}	30.2	68.2
Ca^{2+}	2.5	2.2
Fe	4.4	10.1
Pb	2.0	2.4
Mn	7.2	3.6
Li^{+}	3.6	3.5
Al	2.0	0.9
PO_4^{3-}	3.2	2.9
NO_3^{-}	93.6	97.7
Cl^{-}	30.9	8.2
SO_4^{2-}	83.1	72.0
SiO_3^{2-}	1.5	2.5
EC（元素碳）	16.3	24.8
OC（有机碳）	39.2	39.6

注：表中的百分比指含有该特征成分的颗粒物占所有颗粒物的百分比，加和并不是 100%。

清洁天时，Na^+、Cl^- 的浓度占比较多，这主要是由于在清洁天气中一次颗粒物排放较多；雾霾天时，NH_4^+、NO_3^- 的浓度占比较多，NH_4^+ 的浓度占比大幅度增加，NH_4^+、NO_3^- 和 SO_4^{2-} 来自一次大气污染物 NH_3、SO_2、NO_x 的二次转化。

交流研讨 SO_2、NO_x 是二次气溶胶污染物的重要前体物。这两种气态污染物极易通过大气化学反应与 NH_3 形成硫酸盐、硝酸盐，并与其他物质一起形成二次气溶胶。请回忆大气污染物 SO_2、NO_x 的来源主要是什么。

大气中 SO_2 的主要来源包括自然地理因素和人文地理因素。自然地理因素主要是火山爆发等自然现象发生时产生的硫化物，人为地理因素主要是含硫矿物燃料的燃烧过程。NO_x 主要来自化石燃料的燃烧，特别是机动车尾气的排放。

活动2 SO_2 在矿质颗粒物表面非均相反应

矿质颗粒物是大气气溶胶的重要组成部分，它的活性表面参与了大气污染物 SO_2 的迁移和转化，对硫酸盐气溶胶的形成起到了关键作用。硫酸盐气溶胶的形成主要涉及大气矿质颗粒物表面的非均相反应，该反应能够驱动大气中的 SO_2 在颗粒物表面发生吸附、迁移和转化等物理化学反应。据估算，全球每年约有10亿到30亿吨的矿物颗粒随强风进入大气中。进入大气中的矿质颗粒物，可以根据光学活性大致分为具有光催化活性的纳米半导体颗粒物（如 TiO_2 和 Fe_2O_3）和弱（无）光学活性的常规细颗粒物（如 Al_2O_3、MgO 和 CaO）。

交流研讨 具有光催化活性的 TiO_2 颗粒物能够利用太阳光催化氧化大气中的 SO_2，反应机理如图5-4所示。

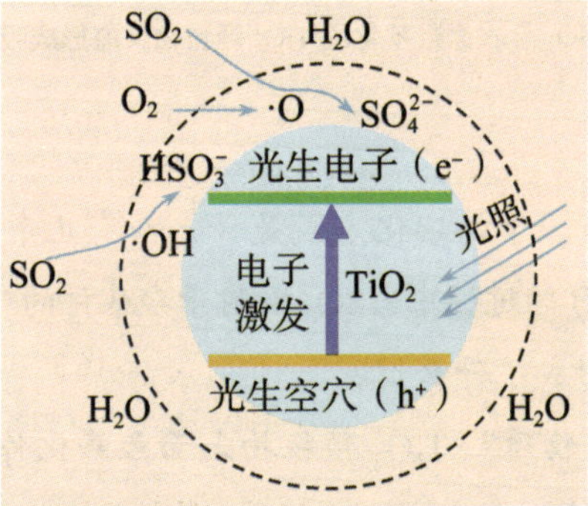

图5-4 SO_2 在 TiO_2 表面非均相光化学反应机制示意图

请分析：

（1）在太阳光的照射下，TiO_2 受到光激发产生光生空穴（h^+）和光生电子（e^-），具有强氧化性的是光生空穴还是光生电子？

（2）水蒸气在光生空穴（h^+）还是光生电子（e^-）的作用下产生羟基自由基（·OH）？写出水蒸气产生羟基自由基（·OH）的反应式。

（3）SO_2 在 TiO_2 颗粒物表面最终形成的物质是什么？形成该物质的具体途径有哪几种？

从图 5-4 可以看出，光生空穴（h^+）带正电，缺电子，具有强氧化性。水蒸气在光生空穴作用下产生羟基自由基（·OH），反应式为 $h^+ + H_2O \longrightarrow \cdot OH + H^+$。

SO_2 在 TiO_2 颗粒物表面最终形成 SO_4^{2-}，有两种途径：一种为光生电子（e^-）被大气中的氧气分子捕获产生氧自由基（·O），·O 与大气中的 SO_2 反应生成 SO_4^{2-}；另一种为光生空穴氧化水蒸气产生的羟基自由基（·OH）与 SO_2 结合生成 HSO_3^-，HSO_3^- 与·O 反应再转化为 SO_4^{2-}。

交流研讨 科研人员利用红外光谱和同位素标记法，发现在暗反应条件下（无太阳光照时），SO_2 与表面羟基化的 TiO_2 颗粒物反应的机理如图 5-5 所示。

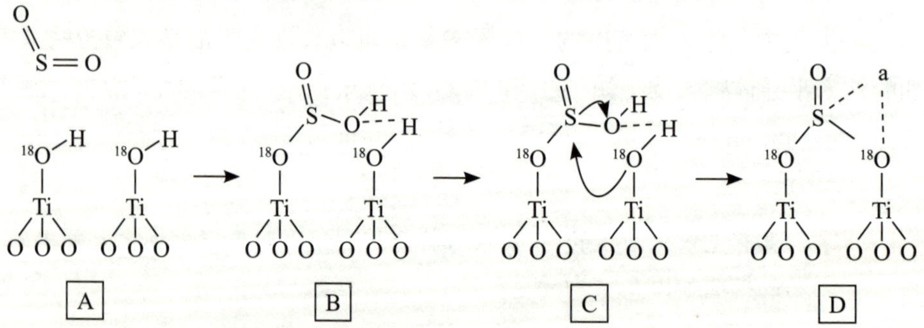

图 5-5　SO_2 与表面羟基化的 TiO_2 颗粒物反应形成吸附亚硫酸盐的机理

请分析：

（1）SO_2 中心原子的杂化方式是什么？有几个 σ 键，几个 π 键？

（2）由 A 到 B 的过程中，SO_2 吸附于羟基化的 TiO_2 颗粒物表面，断开了 SO_2 的什么键？形成了什么键？

（3）a 是什么物质？TiO_2 颗粒物表面羟基化作用可用 $Ti-^{18}OH$ 表示，写出 A 到 D 过程的总反应。

SO_2 中心原子硫采用 sp^2 杂化，有 2 个 σ 键，1 个大 π 键。由 A 到 B 的过程中，SO_2 吸附于羟基化的 TiO_2 颗粒物表面，断开了 SO_2 的 π 键，形成了氢氧键。物质 a 为 H_2O；A 到 D 过程的总反应为 $2Ti\text{-}^{18}OH + SO_2 = Ti_2SO^{18}O_2 + H_2O$。

交流研讨　Fe_2O_3 是大气中常见的颗粒物，其在大气矿质颗粒物中的占比约为 6.28‰，既有光化学活性，又有比较强的氧化性。Fe_2O_3 颗粒与 SO_2 反应前（A、B）及反应后（C、D）的透射电子显微镜（TEM）图如图 5-6 所示，观察反应前后颗粒物表面颜色和形状发生了什么变化，试分析产生该变化的原因（已知硫酸盐对颗粒物表面有修饰的作用）。

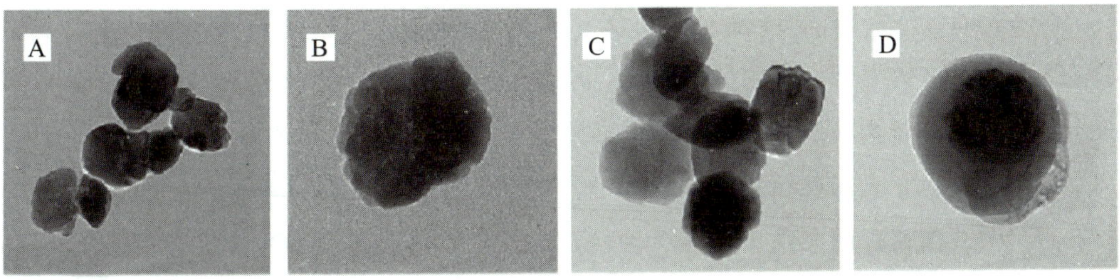

图 5-6　Fe_2O_3 颗粒与 SO_2 反应前（A、B）及反应后（C、D）的 TEM 图

从图 5-6 可以看出，反应后 Fe_2O_3 颗粒物表面颜色变浅，由不规则的椭球形变得更加接近球形、更加光滑。这是由于 Fe_2O_3 颗粒物将 SO_2 氧化成 SO_4^{2-}，进而转变为硫酸盐，产生的硫酸盐吸附于 Fe_2O_3 颗粒物表面，对其表面进行了修饰。

交流研讨　SO_2 与有机小分子污染物 HCOOH 在 Fe_2O_3 表面的迁移和转化机理如图 5-7 所示，Fe_2O_3 颗粒物表面具有碱性活性位点。

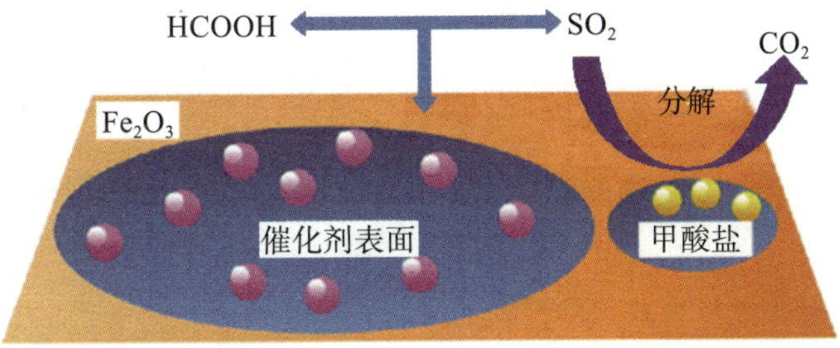

图 5-7　Fe_2O_3 颗粒表面 SO_2 与 HCOOH 共吸附机理

已知 SO_2 的 pK_a=1.9，HCOOH 的 pK_a=3.74，请分析：

（1）HCOOH 和 SO_2 谁更容易占据 Fe_2O_3 颗粒物的活性位点？

（2）HCOOH 和 SO_2 吸附于 Fe_2O_3 表面的过程中，二者是促进关系还是竞争关系？

（3）SO_2 过量时，可以催化分解 HCOOH，写出该反应的化学方程式。

由于 SO_2 的酸性强于 HCOOH，SO_2 更容易占据碱性活性位点，转化为硫酸盐。HCOOH 和 SO_2 都呈酸性，温度一定时，活性位点的个数是固定的，因此二者为竞争关系。当 SO_2 过量时，催化分解 HCOOH 的化学方程式为 $HCOOH \xrightarrow{SO_2} CO_2\uparrow + H_2\uparrow$。

交流研讨 不同于 TiO_2 半导体颗粒物及 Fe_2O_3 这种具有光化学活性和氧化性的颗粒物在昼夜均会影响大气环境中 SO_2 的化学变化，$A1_2O_3$、CaO 和 MgO 等矿质颗粒物对 SO_2 的表面非均相反应受到光照影响较小，主要是暗反应条件下表面配位不饱和的原子、晶格氧和表面羟基氧等活性位点吸附 SO_2。研究表明大气中的 NO_2 会促进矿质氧化物表面对 SO_2 的非均相反应，NO_2 和 SO_2 在 MgO 颗粒表面协同反应的两种机理如图 5-8 和图 5-9 所示。

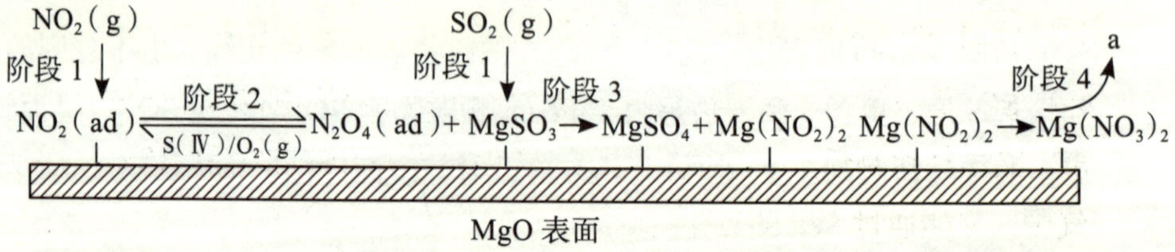

图 5-8　NO_2 与 SO_2 在 MgO 表面协同反应机理

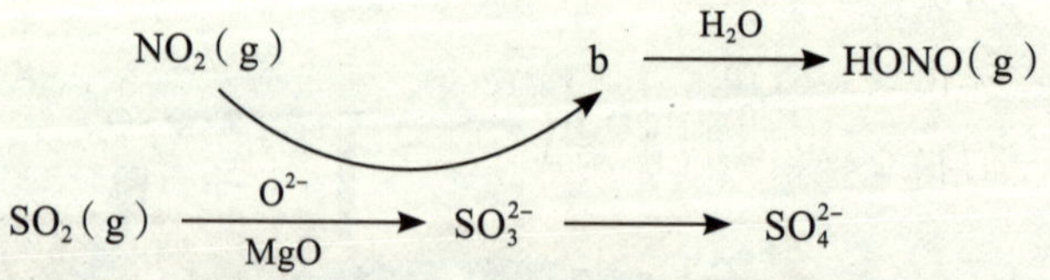

图 5-9　NO_2 与 SO_2 共存体系在 MgO 表面的非均相反应机理

请分析：

（1）a为一种双原子气体分子，写出阶段3和阶段4的反应方程式。

（2）若物质b为一种离子，则b为什么物质？图5-9中，NO_2的吸附反应位点是什么物质？

（3）两种机理中采用高浓度体系或低浓度体系，高浓度体系中SO_2和NO_2的浓度分别为572.0 mg·m^{-3}和410.7 mg·m^{-3}，低浓度体系中SO_2和NO_2的浓度分别为2.90 mg·m^{-3}和0.41 mg·m^{-3}。图5-8和图5-9所示的机理中为高浓度体系还是低浓度体系，原因是什么？

a为NO。阶段3和阶段4反应的化学方程式分别为：

阶段3：$N_2O_4 + 2MgSO_3 = MgSO_4 + Mg(NO_2)_2 + SO_2$

阶段4：$Mg(NO_2)_2 + 2NO_2 = Mg(NO_3)_2 + 2NO$

物质b为NO_2^-，图5-9中NO_2的吸附反应位点是SO_3^{2-}。

图5-8采用的是高浓度体系，图5-9采用的是低浓度体系。因为NO_2气体容易双聚成N_2O_4，浓度越高，聚合的程度越大，图5-8的机理中NO_2首先经过阶段1和阶段2双聚成N_2O_4，再与SO_2反应；而图5-9的机理中NO_2直接与SO_2反应。

活动3 SO_3对雾霾形成的影响

SO_3是一种大气污染物，它能与水结合形成硫酸，是酸雨和大气气溶胶的重要前体物，SO_3能与其他物质反应生成硫酸盐，转化成雾霾。SO_3既能通过人类活动直接释放到大气中，又能通过SO_2的氧化得到。

交流研讨 大气中的含硫化合物除了二氧化硫（SO_2）和三氧化硫（SO_3）以外，还包括硫化氢（H_2S）、二甲基硫醚（CH_3SCH_3，DMS）、二硫化碳（CS_2）、硫化羰（COS）、亚硫酸盐、硫酸及硫酸盐、甲磺酸（CH_3SO_3H）等，它们相互转化和沉降构成了大气硫循环，其过程如图5-10所示。试分析：图中哪些途径描述了含硫化合物的释放？途径6发生于大气的哪一层，描述的过程是什么？有哪些途径形成了SO_4^{2-}？SO_3^{2-}为途径10中的S（+4）的一种形式，写出其转化的离子方程式。

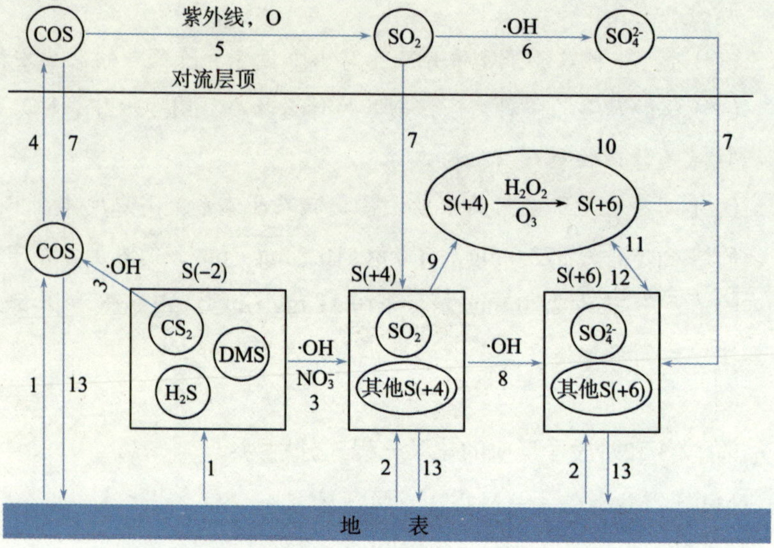

图 5-10　大气中含硫化合物相互转化的主要途径

图 5-10 中，途径 1 和途径 2 描述了含硫化合物的释放，释放到大气中的含硫化合物主要通过人类活动和非人类活动产生。路径 6 的下线是对流层顶，因此该层为大气中的平流层，描述了大气中的 SO_2 在平流层中被氧化为硫酸盐的过程。途径 2、6、8、10、12 形成了 SO_4^{2-}。途径 10 的离子方程式为 $SO_3^{2-} + H_2O_2 \xlongequal{} SO_4^{2-} + H_2O$，$SO_3^{2-} + O_3 \xlongequal{} SO_4^{2-} + O_2$。

交流研讨　研究表明，SO_3 和 1 个 H_2O 反应生成硫酸的过程中会形成 $SO_3\cdots H_2O$ 复合物，该复合物生成 H_2SO_4 的过渡态需要克服的能垒大约为 23 kcal · mol^{-1}；SO_3 结合 2 个 H_2O，可以形成 $SO_3\cdots H_2O\cdots H_2O$ 复合物。SO_3 结合 H_2O 反应的概述图如图 5-11 所示，SO_3 结合 2 个 H_2O 反应的势能图如图 5-12 所示。

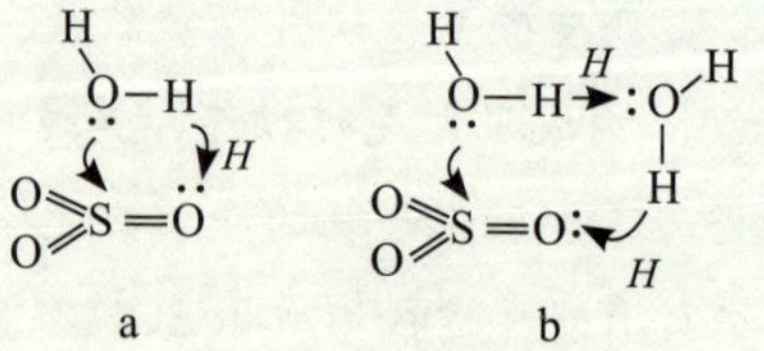

图 5-11　SO_3 和 H_2O 反应概述图

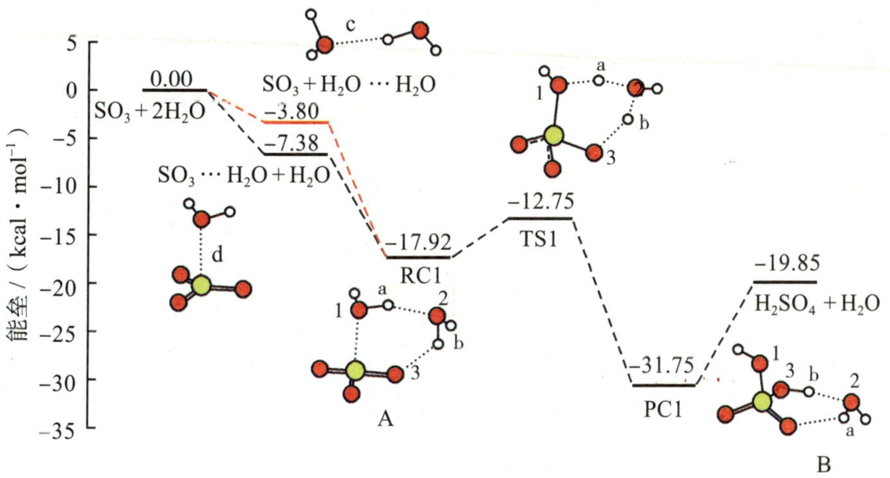

图 5-12 SO_3+2H_2O 反应势能图

请分析：

（1）图 5-11 中，b 为 $SO_3\cdots H_2O$ 复合物，还是 $SO_3\cdots H_2O\cdots H_2O$ 复合物？

（2）分子间的静电作用力用“…”表示，图 5-12 中 c 的分子间作用力称为什么？请从元素电负性的角度解释形成分子间作用力 d 的原因。

（3）写出图 5-12 所示过程的总反应，结合图 5-11 和图 5-12 进行分析，$SO_3\cdots H_2O\cdots H_2O$ 复合物中，两个水分子的作用是否相同？它们的作用分别是什么？

（4）图 5-12 中，$SO_3\cdots H_2O\cdots H_2O$ 复合物生成 $H_2SO_4\cdots H_2O$ 过渡态需要克服的能垒大约为多少？A 到 B 转化的实质为质子转移，试分析 SO_3 结合 2 个 H_2O 生成 H_2SO_4 的过渡态使得能垒降低的原因。

图 5-11 中，b 结合了两个水分子，是 $SO_3\cdots H_2O\cdots H_2O$ 复合物。

图 5-12 中，c 的分子间作用力为水分子间的氢键；H、O、S 的电负性从大到小的顺序为 O>S>H，因此 H_2O 中 O 带负电荷，SO_3 中 S 带较多正电荷，SO_3 先结合一个 H_2O 形成 $SO_3\cdots H_2O$ 时，S 和 O 之间形成强烈的分子间静电作用。

图 5-12 所示过程的总反应为 $SO_3+2H_2O = H_2SO_4+H_2O$。$SO_3\cdots H_2O\cdots H_2O$ 复合物中，两个水分子的作用不相同，一个水分子为反应物，另一个水分子为催化剂。

$SO_3\cdots H_2O\cdots H_2O$ 复合物生成 $H_2SO_4\cdots H_2O$ 过渡态需要克服的能垒约为 5.17 $kcal\cdot mol^{-1}$。因为参与水合反应的第二个水分子担当催化剂的作用，更有利于硫酸形成过程中的质子转移，使得能垒降低。

由植物、生物燃烧和工业排放释放的甲醇在某些地区的对流层中含量很高，因为甲醇分子与新粒子形成的重要前驱体硫酸之间存在弱的分子间作用力，因此研究大气污染物 SO_3 与甲醇或水之间的反应，有利于揭示新粒子的形成机理，理解雾霾的形成原因。

交流研讨 已知：

反应 i　$SO_3(g) + H_2O(g) \xlongequal{\quad} H_2SO_4(l)$　$\Delta H_1 = -227.8\ kJ \cdot mol^{-1}$

反应 ii　$CH_3OH(g) + SO_3(g) \xlongequal{\quad} CH_3OSO_3H(g)$（硫酸氢甲酯）

$\Delta H_2 = -63.4\ kJ \cdot mol^{-1}$

请分析：

（1）CH_3OSO_3H 水解的反应为 $CH_3OSO_3H(g) + H_2O(g) \xlongequal{\quad} CH_3OH(g) + H_2SO_4(l)$，该反应的焓变是多少？

（2）某温度下，反应 ii 中 $CH_3OH(g)$、$SO_3(g)$ 的初始浓度分别为 $1\times10^{-8}\ mol \cdot L^{-1}$、$2\times10^{-9}\ mol \cdot L^{-1}$，平衡时 SO_3 的转化率为 0.04%，则该温度下反应的平衡常数是多少？

根据盖斯定律，$\Delta H = \Delta H_1 - \Delta H_2 = -227.8\ kJ \cdot mol^{-1} + 63.4\ kJ \cdot mol^{-1} = -164.4\ kJ \cdot mol^{-1}$。

	$CH_3OH(g)$	+ $SO_3(g)$	$\xlongequal{\quad}$ $CH_3OSO_3H(g)$
$c_{始}$	$1\times10^{-8}\ mol \cdot L^{-1}$	$2\times10^{-9}\ mol \cdot L^{-1}$	0
Δc	$-8\times10^{-13}\ mol \cdot L^{-1}$	$-8\times10^{-13}\ mol \cdot L^{-1}$	$+8\times10^{-13}\ mol \cdot L^{-1}$
$c_{平}$	$\approx 1\times10^{-8}\ mol \cdot L^{-1}$	$\approx 2\times10^{-9}\ mol \cdot L^{-1}$	$= 8\times10^{-13}\ mol \cdot L^{-1}$

$$K = \frac{8\times10^{-13}\ mol \cdot L^{-1}}{1\times10^{-8}\ mol \cdot L^{-1} \times 2\times10^{-9}\ mol \cdot L^{-1}} = 4\times10^{4}\ mol^{-1} \cdot L$$

交流研讨 我国科学家利用计算机模拟计算，分别研究了反应 ii 在无水和有水条件下的反应历程，如图 5-13 所示，其中分子间作用力用“…”表示。

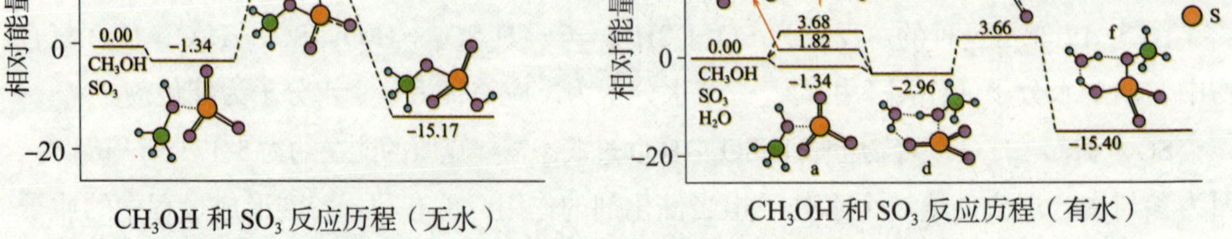

图 5-13　CH_3OH 和 SO_3 在无水和有水条件下的反应历程

请分析：

（1）分子间静电作用力最强的是 a、b 还是 c？为什么？

（2）水将反应 ii 的最高能垒降低了多少？

（3）d 到 f 转化的实质为质子转移，该过程中断裂了哪些化学键？

有水存在时的反应历程中，甲醇、H_2O、SO_3 三者间通过静电作用，使得相对能量改变。SO_3 中的 S 带正电荷，甲醇中的 O 带负电荷，静电作用力强，使得能量降低最多，因此静电作用力最强。

无水存在时，甲醇和 SO_3 反应生成硫酸氢甲酯的最高能垒为 20.93 eV（19.59 eV + 1.34 eV）；有水存在时，从 d 到 f 转化中，最高能垒为 6.62 eV（3.66 eV +2.96 eV），证明了水的催化作用降低了反应的能垒。

有水存在时的反应历程中，从 d 到 f 的转化，断开 SO_3 中的硫氧键，H_2O 中的质子转移到 SO_3 中的 O 上形成 O—H 键，甲醇中的 O—H 键断裂，将质子转移给 H_2O。H_2O 作为催化剂参与了反应，降低了反应能垒，该过程中断裂了甲醇中的氢氧键、H_2O 中的氢氧键和 SO_3 中的硫氧键。

交流研讨　分别研究大气中 H_2O、CH_3OH 的浓度对反应 i、反应 ii 产物浓度的影响，如图 5-14 所示。

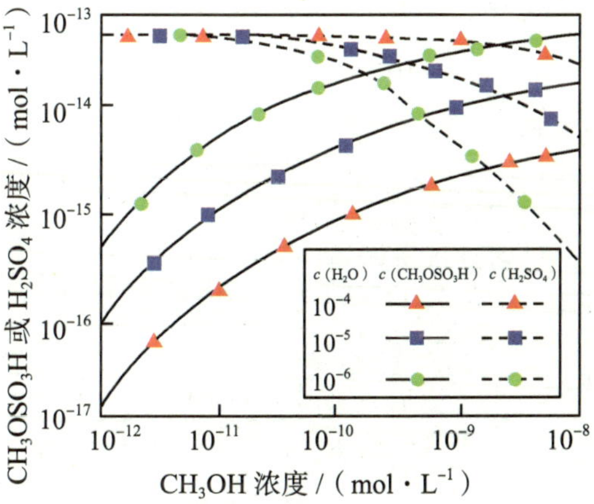

图 5-14　产物浓度变化曲线

请分析：

（1）当 $c(CH_3OH)$ 大于 10^{-11} mol · L^{-1} 时，随着 CH_3OH 浓度的增大，

H_2SO_4 的浓度如何变化？变化的原因是什么？

（2）根据图 5-13 和图 5-14 分析，当 c（CH_3OH）大于 10^{-11} mol · L^{-1} 时，随着 H_2O 浓度的增大，CH_3OSO_3H 的浓度如何变化？可能的原因是什么？

反应 i 与反应 ii 为竞争反应，两个反应都消耗 SO_3，随着 CH_3OH 浓度的增大，CH_3OH 与 SO_3 反应，生成硫酸氢甲酯，抑制了 SO_3 和水反应，使得 H_2SO_4 浓度减少。

根据图 5-13 和图 5-14 分析，当 c（CH_3OH）大于 10^{-11} mol · L^{-1} 时，随着 H_2O 浓度的增大，CH_3OSO_3H 的浓度逐渐减小。从图 5-13 有水存在时的反应历程可知，CH_3OH、H_2O、SO_3 三者间通过静电作用，使得相对能量改变，三者相对能量相差不大。H_2O 的浓度较大时，形成 c 和 b 的机会增大，使得 CH_3OH 与 SO_3 形成 a 的机会减小，不易生成硫酸氢甲酯，硫酸氢甲酯的浓度降低。当 H_2O 的浓度较小时，SO_3 与 CH_3OH 有机会形成静电作用力较强的 a，从而使得硫酸氢甲酯的浓度增大。因此 H_2O 的浓度越大，使得 CH_3OH 与 SO_3 发生有效碰撞而反应的概率减小，硫酸氢甲酯的浓度降低。

含硫化合物 SO_2 和 SO_3 等物质排放到大气中会转化成硫酸盐，为雾霾的形成提供了微粒，对气候和人类健康产生影响。SO_2 在矿物质表面的非均相反应和 SO_3 形成雾霾的机理研究是近年来探究的重点。从微观研究落地于宏观观测中，再反向推演出合理的大气污染物模型，为揭示雾霾形成原因提供了理论支撑，也为制订有效的雾霾控制策略提供了理论依据。

任务梳理

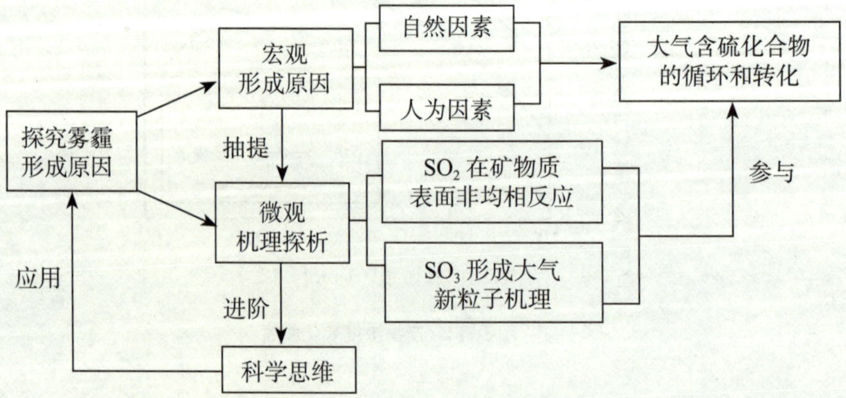

任务二 利用“价－类”二维实现 SO_2 的转化

活动 1 利用“价－类”二维实现 SO_2 的理想转化

活动探究 请根据雾霾中的含硫物质，在图 5-15 中构建硫元素的“价－类”二维图。

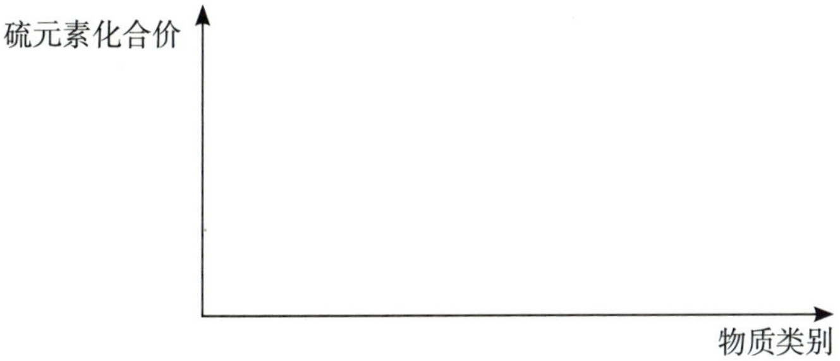

图 5-15 构建硫元素的“价－类”二维图

硫元素的“价－类”二维图如图 5-16 所示。

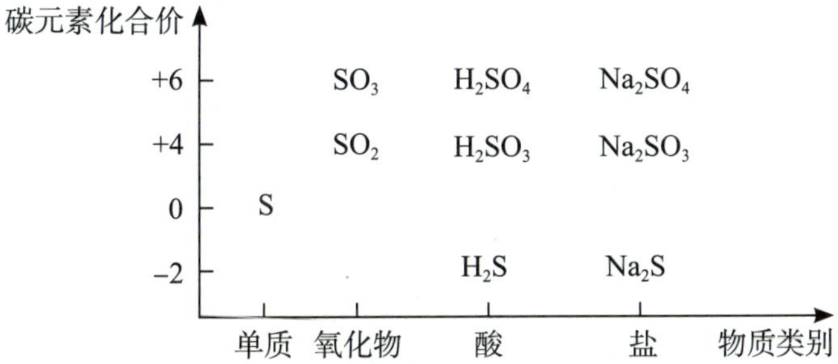

图 5-16 硫元素的“价－类”二维图

思考探究 通过任务一的学习，我们知道 SO_2 是造成雾霾的主要原因之一，请你预测 SO_2 可能具有的化学性质。

对于 SO_2 性质的预测：

物质类别维度：SO_2 属于酸性氧化物，具有酸性氧化物的通性。

化合价升降维度：SO_2 中 S 的化合价为 +4，处于中间价态，既可升价到 +6，也可降价到 0 或 −2，即 SO_2 既有还原性又有氧化性。

活动探究 请设计实验验证你的猜想并填写表 5−2，注意实验过程中证据的获取。

可选择的实验药品：SO_2、紫色石蕊试剂、水、NaOH 溶液、$Ca(OH)_2$ 溶液、氨水、CaO、酸性 $KMnO_4$ 溶液、氯水、双氧水、H_2S、Na_2S 溶液、品红溶液等。

表 5−2　实验设计记录表

SO_2 的性质	选取试剂	实验现象	结论及化学方程式

通过实验探究我们获得结论：SO_2 属于酸性氧化物，具有酸性氧化物的通性（表 5−3）。

表 5−3　SO_2 的化学性质——酸性氧化物的通性

维度		反应的化学方程式
物质类别	与水反应	$SO_2 + H_2O \rightleftharpoons H_2SO_3$
	与碱性氧化物反应	$SO_2 + CaO = CaSO_3$
	与碱反应	$SO_2 + 2OH^- = SO_3^{2-} + H_2O$ $SO_2 + Ca(OH)_2 = CaSO_3 + H_2O$

SO_2 既有还原性又有氧化性，可与多种物质发生氧化还原反应（表 5−4）。

表 5−4　SO_2 的化学性质——还原性和氧化性

维度		反应的化学方程式
化合价	升价	$2SO_2 + O_2 \underset{\triangle}{\overset{催化剂}{\rightleftharpoons}} 2SO_3$
		$SO_2 + Cl_2 + 2H_2O = H_2SO_4 + 2HCl$
		$SO_2 + H_2O_2 = H_2SO_4$
	降价	$SO_2 + 2H_2S = 3S\downarrow + 2H_2O$

交流研讨 请设计 SO_2 的转化方案。

［方案 1］类维转化：

$$SO_2 \xrightarrow[\text{如 NaOH、}NH_3\cdot H_2O\text{、}Na_2CO_3\text{ 等}]{\text{与碱性物质反应}} SO_3^{2-}$$

［方案 2］价维转化：

$$SO_2 \xrightarrow[\text{如 }KMnO_4\text{、}H_2O_2\text{、氯水等}]{\text{与氧化剂反应}} SO_4^{2-} \qquad SO_2 \xrightarrow[\text{如 }Na_2S\text{、}H_2S\text{ 等}]{\text{与还原剂反应}} S$$

活动 2 基于工程思维设计 SO_2 的实际转化方案

交流研讨 要解决雾霾问题，就要从源头上解决 SO_2 的排放问题。有研究表明，燃煤发电厂的废气中含有大量的 SO_2，因此在排放前应先进行烟气脱硫处理。假如你是该厂的工程师，请你设计该厂的烟气脱硫方案，并思考：理论上能实现的转化，是否都能应用于工业实际？工业设计和实验室设计有哪些区别？

资料支持 常见吸收剂及其价格见表 5-5。

表 5-5 常见吸收剂及其价格

吸收剂	价格 / (元 · 吨$^{-1}$)
烧碱（NaOH）	1 000~1 500
浓氨水（$NH_3 \cdot H_2O$）	800~1 100
生石灰（CaO）	230~500
熟石灰［$Ca(OH)_2$］	250~800
高锰酸钾（$KMnO_4$）	14 000~19 000
双氧水（H_2O_2）	1 050~2 000
硫化钠（Na_2S）	3 084~3 500

实验室通常用吸收效率高的烧碱溶液来吸收 SO_2，但在工业生产中需考虑的因素较多，如从经济性考虑，往往选择较为廉价的物质，如熟石灰、生石灰、氨水等作为 SO_2 的吸收剂。

方法导引 实际工业设计需考虑的因素如图 5-17 所示。

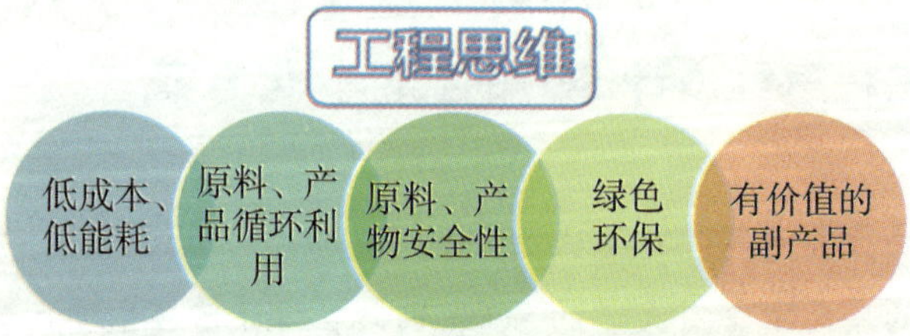

图 5-17 实际工业设计需考虑的因素

活动 3 工业烟气脱硫综合分析

思考探究 请设计用生石灰吸收工业烟气中 SO_2 的基本流程，并思考如何做到更经济、更高效、更环保。

可选择将 CaO 转化为 $Ca(OH)_2$，用石灰浆对 SO_2 进行吸收处理，以提高吸收效率；在吸收塔内进行吸收处理时，可选择气体从塔底进入，碱液从塔顶喷洒的方式，以增大气体与碱液的接触时间，从而提高吸收效率；可通入空气将脱硫产品 $CaSO_3$ 氧化成 $CaSO_4$，从而制得有价值的副产品——石膏。该法是目前国内外烟气脱硫应用广泛的石灰－石膏法。

活动探究 请试着画出石灰－石膏法的工业流程图，写出相关反应的化学方程式，并分析该法的优缺点。

石灰－石膏法的工业流程图参考图 5－18。

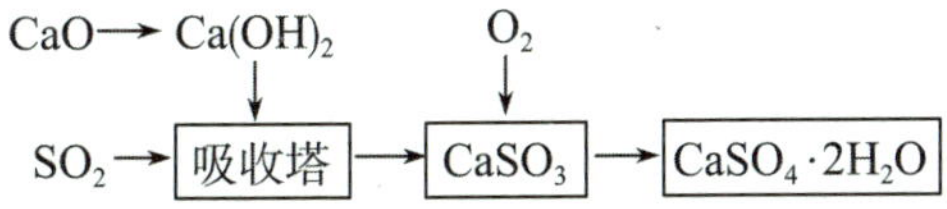

图 5－18 石灰－石膏法工业流程图

相关反应的化学方程式见表 5－6。

表 5－6 相关反应的化学方程式

维度	化学方程式
物质类别	$SO_2 + Ca(OH)_2 = CaSO_3 + H_2O$
化合价	$2CaSO_3 + O_2 = 2CaSO_4$

该法的优点是原料廉价易得，如可选择大理石废料来降低成本；同时有副产物石膏的生成。但其脱硫产物亚硫酸钙的溶解度较小，一旦出现过饱和容易结垢而导致吸收塔管道堵塞，从而造成安全隐患。

交流研讨 如何在石灰－石膏法的基础上进行改进，以降低管道堵塞的风险？

将可能造成堵塞的 $CaSO_3$ 的生产场所转移到吸收塔之外，即吸收塔内吸收 SO_2 的碱液用 NaOH 溶液代替石灰浆。

NaOH 溶液的使用虽然能解决吸收塔管道堵塞的问题，但却大大增加了成本，有研究者提出，向吸收液中加入 CaO 可实现 NaOH 再生。

交流研讨 请从平衡移动的角度分析加入 CaO 后 NaOH 再生的原理，并试着画出改进后的工业流程图。

加入 CaO，存在 $CaO(s)+H_2O(l)=Ca(OH)_2(s)\rightleftharpoons Ca^{2+}(aq)+2OH^-(aq)$，因 SO_3^{2-} 与 Ca^{2+} 反应生成 $CaSO_3$ 沉淀，平衡正向移动，有 NaOH 生成，流程图如图 5-19 所示。

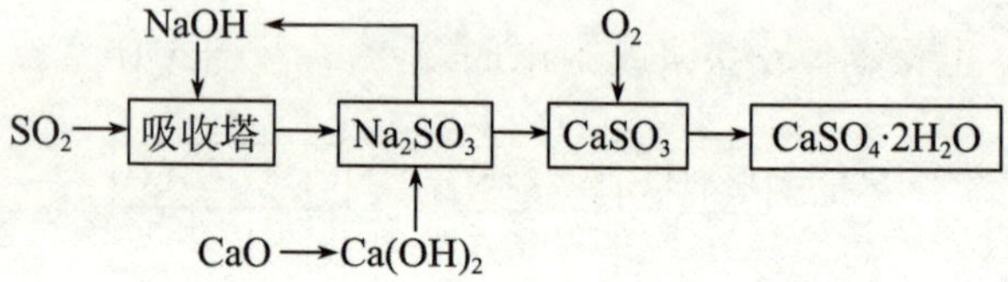

图 5-19 改进后的工业流程图

该法在工业上称为双碱法。巧妙地利用廉价的 CaO 使 NaOH 再生，同时因为亚硫酸钙的沉淀在吸收塔外，因而减少了塔内结垢堵塞的风险。

交流研讨 实际生产中发现 NaOH 溶液腐蚀性太强，设备因碱液腐蚀造成资源浪费严重，应如何改进？

为了降低腐蚀性，可选择用 Na_2SO_3 溶液、Na_2CO_3 溶液等代替 NaOH 溶液。

交流研讨 请写出用 Na_2SO_3 溶液吸收 SO_2 时发生反应的化学方程式，并分析溶液成分的变化及溶液酸碱性的变化。

Na_2SO_3 溶液与 SO_2 反应的化学方程式为：

$$SO_2+Na_2SO_3+H_2O=2NaHSO_3$$

随着吸收的进行，吸收液由 Na_2SO_3 溶液逐渐转化为 $NaHSO_3$ 溶液。$NaHSO_3$ 不

能与 SO_2 反应，因此随着吸收的进行，溶液吸收 SO_2 的能力越来越弱，当溶液全部为 $NaHSO_3$ 时不再具有吸收 SO_2 的能力。

交流研讨　如何判断吸收液是否还具有吸收能力？如何让吸收液再生？已知溶液中 H_2SO_3、HSO_3^-、SO_3^{2-} 的物质的量分数随 pH 的分布如图 5-20 所示。

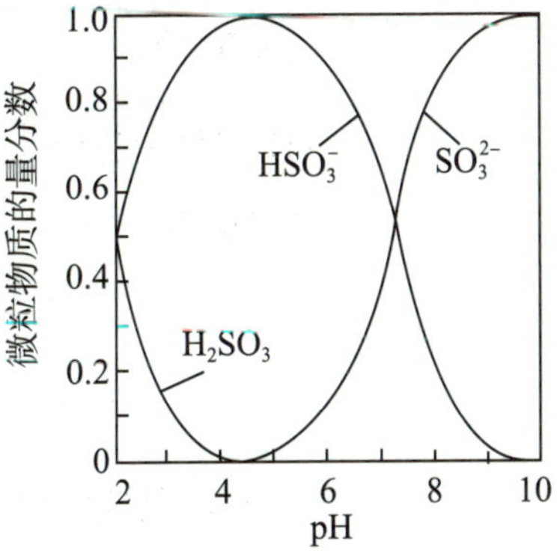

图 5-20　H_2SO_3、HSO_3^-、SO_3^{2-} 的物质的量分数随 pH 的分布

由图 5-20 可知，Na_2SO_3 溶液呈碱性，pH 约为 10，而 $NaHSO_3$ 溶液呈酸性，pH 约为 5，因此可通过溶液的 pH 来判断是否还有吸收能力。一般而言，溶液的 pH 约为 6 时就需要进行再生处理了。

再生方案设计：加入碱液（NaOH 溶液），反应的化学方程式为：

$$NaHSO_3 + NaOH = Na_2SO_3 + H_2O$$

为了降低成本，也可选择石灰浆或 Na_2CO_3 溶液代替 NaOH 溶液。

交流研讨　能否用电解法进行吸收液的再生？你能设计出电解装置图吗？$NaHSO_3$ 溶液能否直接电解？若直接电解，阴、阳极分别发生什么反应？能否实现吸收液的再生？

设计的电解装置及阴、阳极反应如图 5-21 所示。

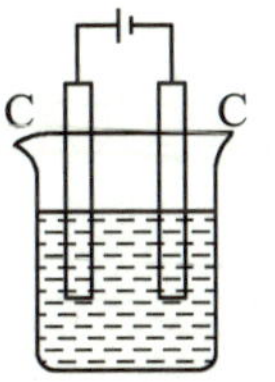

$NaHSO_3$ 溶液

电极反应式

阴极：$2H^+ + 2e^- = H_2\uparrow$

阳极：$HSO_3^- + H_2O - 2e^- = SO_4^{2-} + 3H^+$

图 5-21　电解装置及阴、阳极反应

由图 5-21 可以看出，无法通过直接电解 $NaHSO_3$ 溶液获得 Na_2SO_3，因此直接电解无法实现吸收液的再生，应如何改进？

将电解装置升级为二室电解池（图 5-22），选择用阳离子交换膜，阴极区装入吸收液，H^+ 放电产生 H_2，随着 H^+ 浓度的降低，溶液的 pH 逐渐增大，可促使 HSO_3^- 电离生成 SO_3^{2-}，且 Na^+ 通过阳离子交换膜进入阴极室，吸收液得以再生。阳极区可选择食盐水，电解过程中 Cl^- 放电产生有价值的产品氯气。

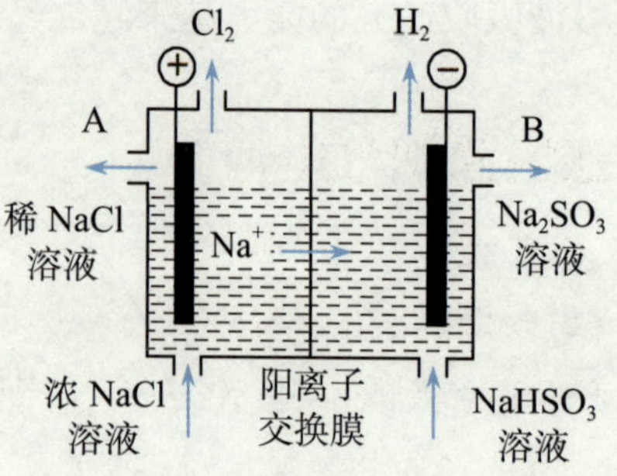

电极反应式

阴极：$2H^+ + 2e^- = H_2\uparrow$

阳极：$Cl^- - 2e^- = Cl_2\uparrow$

图 5-22　二室电解池及阴、阳极反应

交流研讨　阳极电解液还可以如何选择？离子交换膜能否选择阴离子交换膜？对于该电解装置，你还能如何改进？

将二室电解池升级为三室电解池（图 5-23），可分别选择用阳离子交换膜及阴离子交换膜，吸收液在阴极区再生。同时，HSO_3^- 通过阴离子交换膜进入阳极区，发生氧化反应，生成 SO_4^{2-}，因此阳极区有副产品浓硫酸的生成。该法在硫酸工业烟气脱硫液再生中有较广泛的用途。

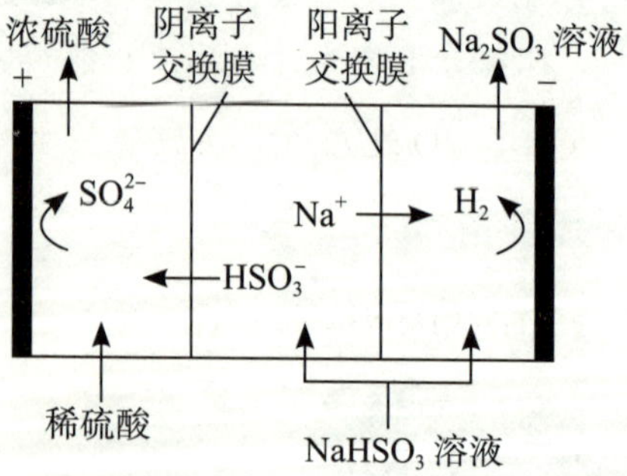

电极反应式

阴极：$2H^+ + 2e^- = H_2\uparrow$

阳极：$HSO_3^- + H_2O - 2e^- = SO_4^{2-} + 3H^+$

图 5-23　三室电解池及阴、阳极反应

任务梳理

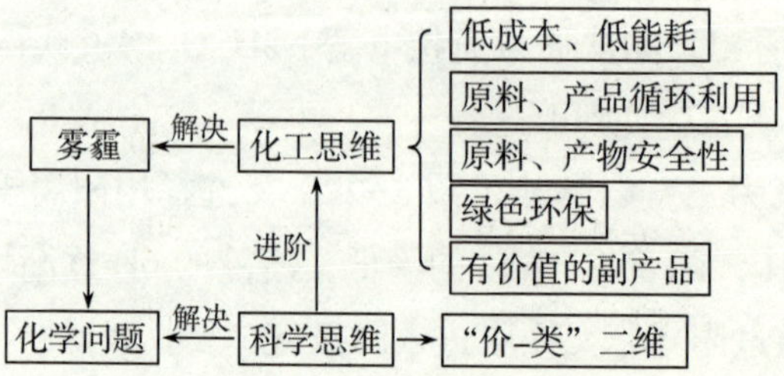

任务三 还原法脱除烟气中的 SO_2

单质硫在国民经济生产中占据举足轻重的地位，在染料、橡胶、造纸、军工等行业已成为主要的生产原料，而我国硫黄矿匮乏，每年要花费巨额资金进口硫黄用于工业生产。因此，探讨还原法脱除烟气中的 SO_2，转为单质硫的工艺具有重要的意义。

活动1 探究还原脱硫法中还原剂的选择

交流研讨 要实现 SO_2 到 S 的转化，可选择哪些还原剂？

$$SO_2 \xrightarrow[Na_2S、CaS、H_2S]{C、H_2、CO} S$$

烟气脱硫技术可分为干法、半干法、湿法三大类。干法脱硫由于其工艺简单、设备投资小、运行成本低、无二次污染、无腐蚀和结垢问题，是目前新型工业脱硫技术的研究方向。

交流研讨 请结合表5-7的信息，对C、H_2、CH_4、CO这几种干法脱硫技术中常见的还原剂进行评价。

表5-7 还原剂催化还原 SO_2 为单质硫的反应结果

还原剂	催化剂	温度/℃	硫收率/%
C	焦炭	800	82
	油田硫化焦炭	700	90
H_2	$Co-Mo/Al_2O_3$	300	80
	Rh/TiO_2	240	90
CH_4	MoS_2/Al_2O_3	725	77
	Co/Al_2O_3	840	87
CO	$Co-Mo/Al_2O_3$	300	86
	Cr_2O_3/CeO_2	400	92

焦炭来源广泛且价格便宜，我国西部地区CH_4的储量较高，但以C和CH_4为还原剂时，要想得到理想的硫收率需要很高的反应温度，需因地制宜地选用。以H_2和CO为还原剂时，可在较低的温度下获得很高的硫收率，但H_2价格昂贵，运输储存不便；CO与H_2相比要便宜得多，同时CO是烟气中的成分之一，来源方便，可一步达到干法脱硫过程，不产生废渣、废液，是一条以废治废、综合治理的有效途径，具有广阔的工业应用前景。那么CO还原脱除烟气中的SO_2是否可行呢？

活动2 热力学分析CO还原SO_2的可行性

交流研讨 已知CO和S的燃烧热分别为283 $kJ\cdot mol^{-1}$、296 $kJ\cdot mol^{-1}$，写出CO还原SO_2的热化学方程式。已知298 K时该反应的$\Delta S=-184\ J\cdot mol^{-1}\cdot K^{-1}$，分析298 K下该还原反应能不能自发进行。

CO还原SO_2的热化学方程式为：

$$2CO(g)+SO_2(g)\xlongequal{\quad}2CO_2(g)+S(s)\quad \Delta H=-270\ kJ\cdot mol^{-1}$$

根据计算得知，CO还原SO_2的反应是在298 K时能自发进行的放热反应。当温度达到450 ℃时，硫以气态存在，此时反应的ΔS变化很小，且该反应的$\Delta H<0$，反应仍可自发。

思考探究 在一定条件下，实验室测得不同CO/SO_2进料比（R）下反应的热力学平衡产物分布如图5-24所示。在这个过程中，发生如下反应：

①$2CO+SO_2\xlongequal{\quad}2CO_2+S\quad \Delta H<0$

②$CO+S\xlongequal{\quad}COS\quad \Delta H<0$

③$2COS+SO_2\xlongequal{\quad}2CO_2+3S\quad \Delta H<0$

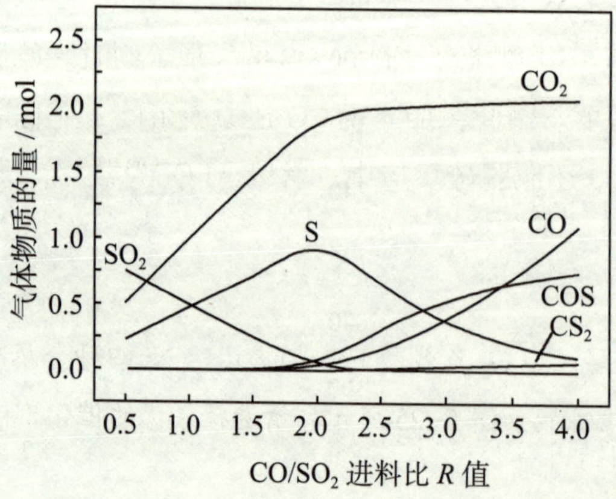

图5-24 CO/SO_2进料比R值对反应平衡产物分布的影响

700 ℃下，CO还原SO_2反应的平衡常数K值为2×10^6；200 ℃下，该反应的平衡常数K值约为10^{20}。

思考：

（1）在该条件下，反应①正向进行的限度如何？

（2）通入 2.5 mol CO 和 1 mol SO_2，达到平衡时，n（CO）= 0.2 mol，计算应反②的平衡常数 K_2。

（3）COS 是一种比 SO_2 毒性还大的气体，综合考虑提高 SO_2 脱除率和产物硫的选择性，应如何选择温度？

R=2 时，达到平衡时，产物基本为 CO_2 和 S，说明反应①正向进行程度很大，可以认为该反应完全进行。

由图 5-24 可知，R=2.5 时，n（CO）=0.2 mol，n（S）=0.7 mol，n（COS）=0.3 mol，可计算 K_2=2.1。相同温度下，$K_1 >> K_2$、K_3。

三个反应的平衡常数随着温度的升高都在减小，皆为放热反应，故低温下可提高 SO_2 脱除率。而在脱硫过程中要抑制 COS 的生成，提高产物 S 的选择性，又需要选择高温条件。根据数据分析得知，高温下反应①正向进行程度已然很大，又抑制了 COS 的生成，同时也提高了 CO 脱硫的反应速率，因此选择高温条件。

活动 3 探究 CO 还原烟气脱硫的催化剂选择

在实际工业排放中，烟气排放的温度一般在 200~400 ℃，且排放量相当巨大，每秒约有几百万立方米，但其中 SO_2 的浓度却很低，在这种高空速、低浓度的条件下，SO_2 需要快速反应以达到排放的浓度要求。

交流研讨 根据 CO 脱硫反应的特点和工业生产实际，提出合理的工业化应用条件。

在烟气进口温度范围附近完成 CO 还原脱硫，抑制 COS 的生成，同时脱硫反应速率需显著提升，以完成工业化生产的需要。因此，要实现 CO 还原脱硫的工业化应用，研究合适的催化剂是最有效的途径。CO 还原脱硫反应中，常以 Al_2O_3 为载体，选择 Fe、Cu、Co、Ni 等金属硫化物作为催化剂。

交流研讨 实验室在一定条件下测得，Al_2O_3 负载的 Fe、Cu、Co、Ni 四种金属硫化物对 SO_2 还原脱硫反应的催化性能如图 5-25 所示，请选择最优的催化剂。

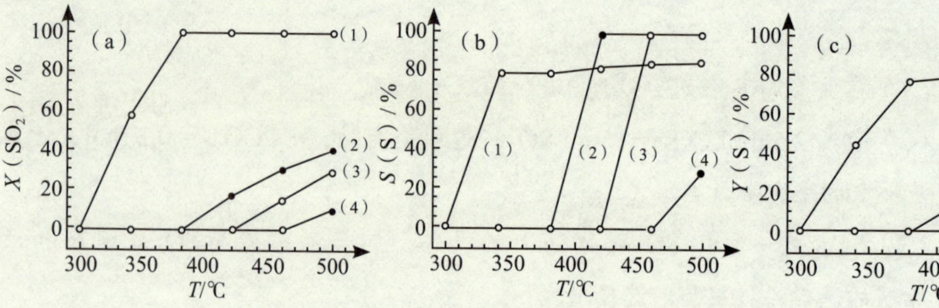

(1) FeS，(2) CoS，(3) CuS，(4) NiS

图 5-25　四种金属硫化物的催化性能比较

由图 5-25（a）可知，FeS 从 300 ℃开始起催化作用，温度升高后活性迅速升高，380 ℃左右时 SO_2 可全部被还原；由图 5-25（b）可知，350 ℃左右时 FeS 的选择性可达到 80 %；由图 5-25（c）可知，FeS 催化剂的硫收率远高于其他几种硫化物。综合评价，FeS 的催化性能远优于其他催化剂。

反应物在催化剂表面的吸附和脱附是催化过程的第一步和最后一步。科学研究中通常会分析反应过程中催化剂的质量变化，以推测反应物在催化剂表面的吸附和脱附过程，并从催化剂的吸附和脱附方面对催化性能进行评价。

思考探究　Fe、Cu、Co、Ni 的硫化物催化 CO 还原 SO_2 过程的热重曲线如图 5-26 所示。比较 SO_2 在四种催化剂表面吸附和脱附的过程，对催化剂的吸附和脱附性能进行评价。

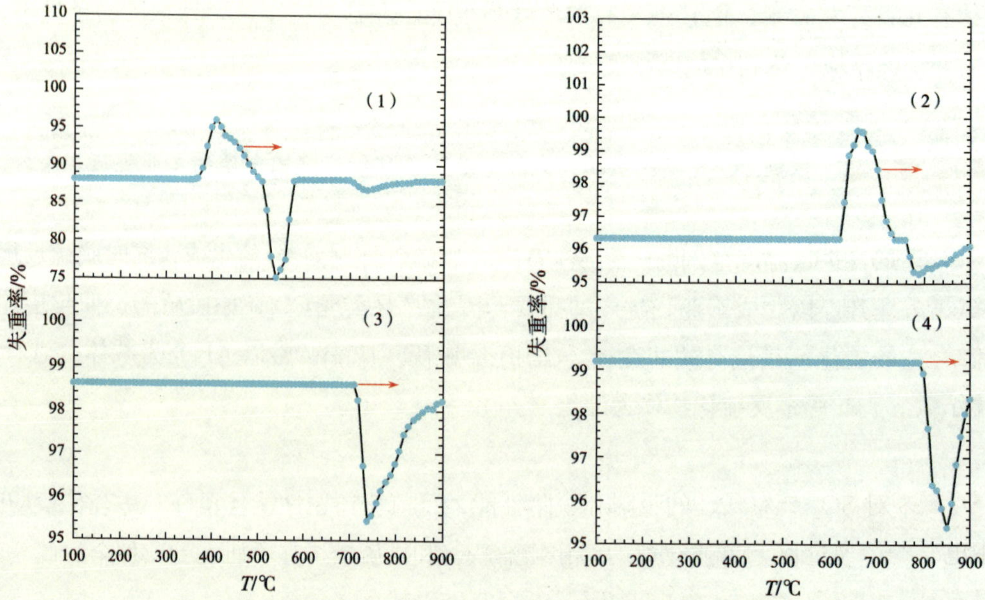

(1) FeS，(2) CoS，(3) CuS，(4) NiS

图 5-26　过渡金属硫化物催化 CO 还原 SO_2 过程的热重曲线

FeS从370 ℃开始对SO_2表现出较强的吸附能力，随着温度的升高，吸附量不断增加，到510 ℃时SO_2吸附量达到最大值。吸附饱和后，随着温度的继续升高，SO_2吸附量开始减少，580 ℃时全部脱附，此后催化剂质量基本恒定在初始值。而CoS到脱附基本结束时，仍有大量的SO_2吸附在催化剂上。CuS和NiS的曲线也类似，没有明显的吸附增量现象。

对比可知，CoS上所吸附的SO_2由于与催化剂的作用力太强而无法继续与CO进行反应，CuS和NiS上吸附的SO_2太少，活性很低。而FeS对SO_2具有较好的吸附和脱附性能，使FeS在反应过程中表现出极高的活性。接下来，我们需要进一步分析催化机理，探究FeS具有优异催化性能的其他原因。

思考探究 金属硫化物催化CO还原SO_2的机理如图5-27所示。

（1）根据图5-27解释金属硫化物催化CO还原SO_2的机理。

（2）结合表5-8分析FeS具有优异催化性能的原因。

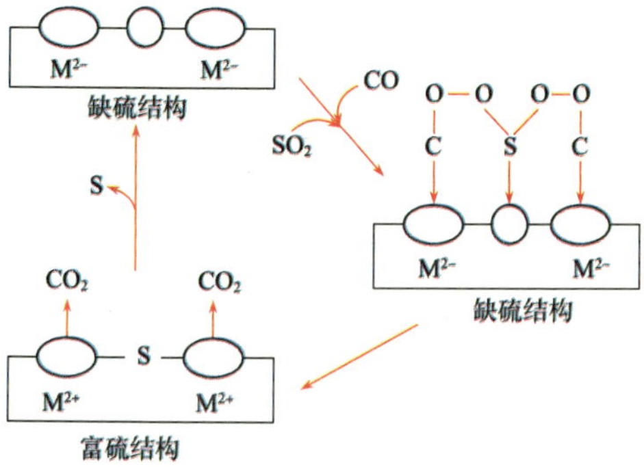

图5-27 过渡金属硫化物上CO还原SO_2的反应机理

表5-8 SO_2还原脱硫反应前后催化剂的物相

催化剂	反应前	反应后
FeS	Fe_7S_8	Fe_7S_8、FeS_2
CoS	Co_9S_8、Co_6S_5	Co_9S_8、Co_6S_5
CuS	Cu_2S、$Cu_{1.96}S$	Cu_2S、$Cu_{1.96}S$
NiS	NiS、Ni_7S_6	NiS
MnS	MnS	MnS

当SO_2和CO同时吸附于催化剂表面时，反应物之间通过电子传递，从而使CO与SO_2中的氧结合生成CO_2而放出，同时将S留于空位之中，使硫化物由缺硫结构变为富硫结构。随着反应的不断进行，富硫结构过于饱和则S被释放出去，催化剂再次变为缺硫结构。而缺硫结构的硫化物可再与CO及SO_2作用，促进反应的进行。通过多种硫化物结构的动态变换而实现CO还原SO_2的过程。

FeS对SO_2具有最佳的吸附和脱附性能，且氧化还原性能也很好，适合于反应过程中电子的传递过程。同时，Fe的硫化物的缺硫和富硫结构在所研究的几种金属硫化物中具有最大的硫含率差异（由Fe_7S_8到FeS_2），使催化剂存储和释放硫的能力大大提高。因此，FeS具有优异的催化性能。

一种催化剂从实验室研制到工业化生产通常需要数年时间，是一项十分艰巨的工作。绝大多数的烟气中含有 3%~5% 的氧气，氧气的存在使得催化剂易中毒、使用寿命不长。对于 CO 还原烟气脱硫法的高效、高选择性、高稳定性的催化剂研发还在不断进行中。

任务梳理

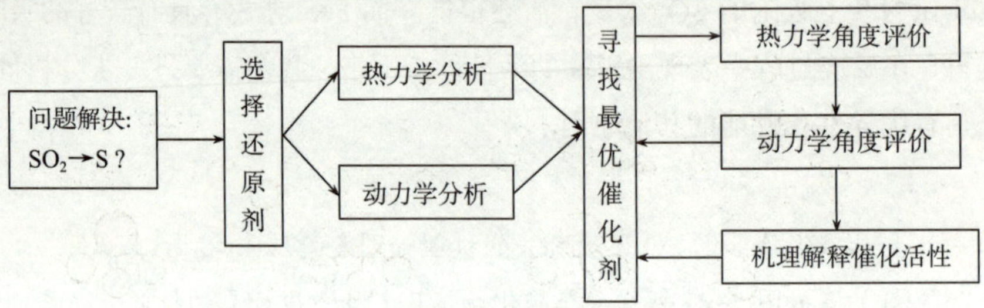

单元项目梳理

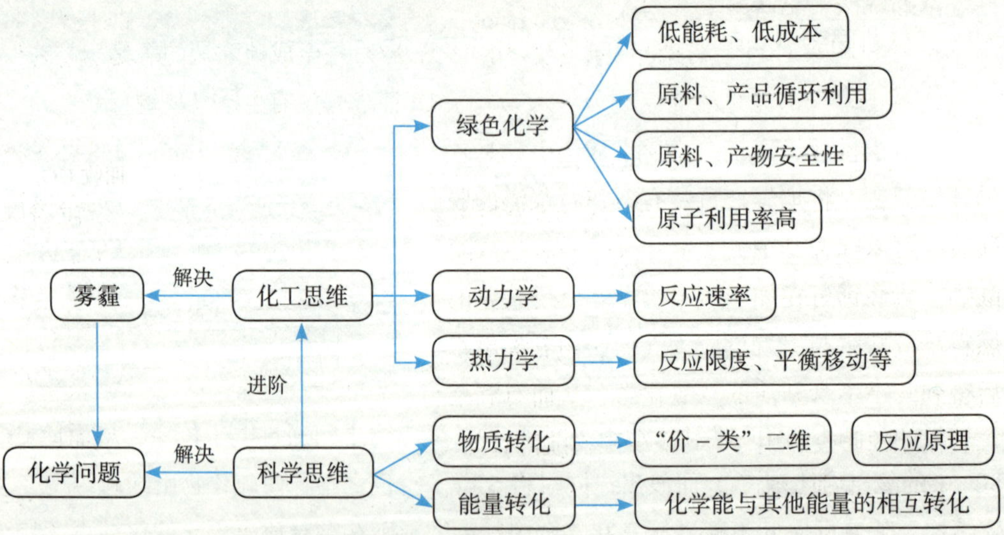

单元项目检测

学习理解

1. 硫酸盐（含 SO_4^{2-}、HSO_4^-）气溶胶是 $PM_{2.5}$ 的成分之一。近期科研人员提出了雾霾微颗粒中硫酸盐生成的转化机理，其主要过程如图所示。

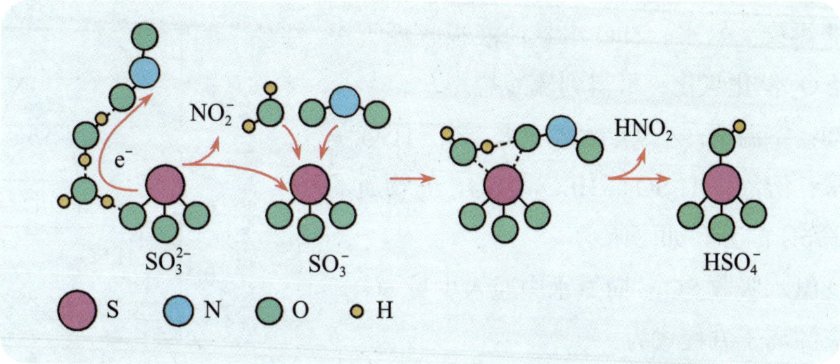

下列说法不正确的是（　　）

A. 该过程有 H_2O 参与　　　　B. NO_2 是生成硫酸盐的氧化剂

C. 硫酸盐气溶胶呈酸性　　　　D. 该过程没有生成硫氧键

2. 直接排放煤燃烧产生的烟气会引起严重的环境问题，将烟气通过装有石灰石浆液的脱硫装置可以除去其中的二氧化硫，最终生成硫酸钙。硫酸钙可在如图所示的循环燃烧装置的燃料反应器中与甲烷反应，气体产物分离出水后得到几乎不含杂质的二氧化碳，从而有利于二氧化碳的回收利用，达到减少碳排放的目的。

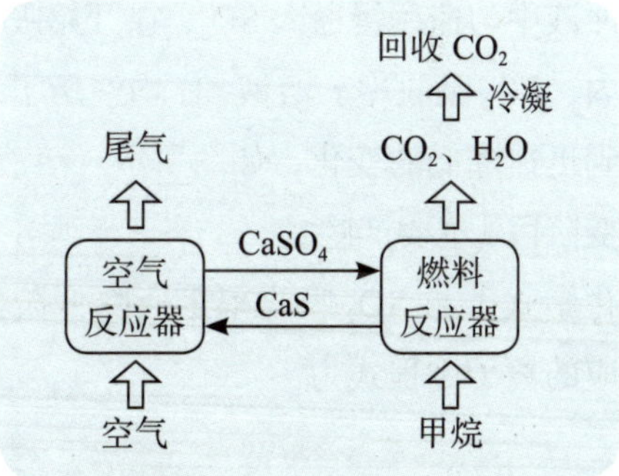

请回答下列问题：

（1）煤燃烧产生的烟气直接排放到空气中，引发的主要环境问题有________（填字母序号）。

A. 温室效应　　B. 酸雨　　C. 粉尘污染　　D. 水体富营养化

（2）在烟气脱硫的过程中，所用的石灰石浆液在进入脱硫装置前，需通一段时间的二氧化碳，以增加其脱硫效率；脱硫时控制浆液的 pH，此时浆液含有的亚硫酸氢钙可以被氧气快速氧化生成硫酸钙。

①二氧化碳与石灰石浆液反应得到的产物为________________。

②亚硫酸氢钙被足量氧气氧化生成硫酸钙的化学方程式为____。

（3）已知 1 mol CH_4 在燃料反应器中完全反应生成气态水时吸热 160.1 kJ，1 mol CH_4 在氧气中完全燃烧生成气态水时放热 802.3 kJ。写出空气反应器中发生反应的热化学方程式：____________________________________。

3. 吸收工厂烟气中的 SO_2，能有效减少 SO_2 对空气的污染。氨水、ZnO 水悬浊液吸收烟气中 SO_2 后经 O_2 催化氧化，可得到硫酸盐。

已知：室温下，$ZnSO_3$ 微溶于水，$Zn(HSO_3)_2$ 易溶于水；溶液中 H_2SO_3、HSO_3^-、SO_3^{2-} 的物质的量分数随 pH 的分布如图所示。

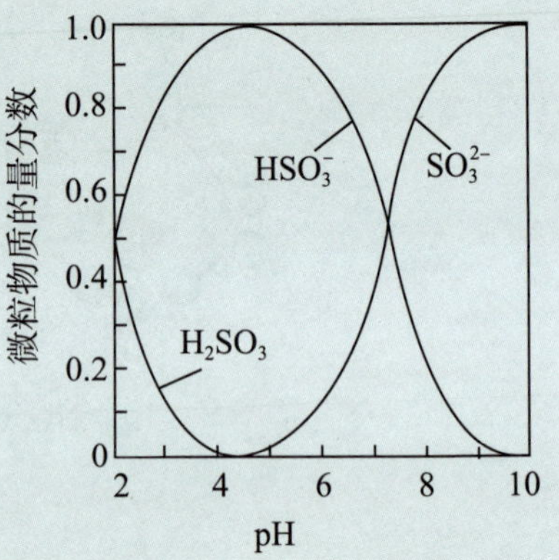

（1）氨水吸收 SO_2。向氨水中通入少量 SO_2，主要反应的离子方程式为____________________________；当通入 SO_2 至溶液 pH=6 时，溶液中浓度最大的阴离子是______________（填化学式）。

（2）ZnO 水悬浊液吸收 SO_2。向 ZnO 水悬浊液中匀速缓慢通入 SO_2，在开始吸收的 40 min 内，SO_2 吸收率、溶液 pH 均经历了从几乎不变到迅速降低的变化，如图所示。溶液 pH 几乎不变阶段，主要产物是______________（填化学式）；SO_2 吸收率迅速降低阶段，主要反应的离子方程式为______________________________。

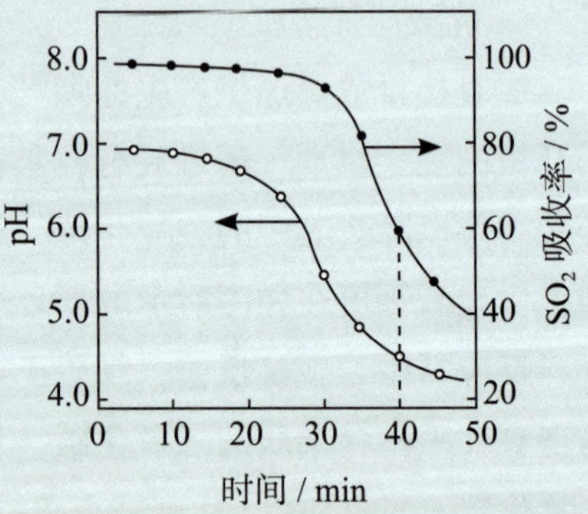

（3）O_2 催化氧化。其他条件相同时，调节吸收 SO_2 得到溶液的 pH 在 4.5~6.5 范围内。pH 越低，SO_4^{2-} 的生成速率越大，其主要原因是________________________；随着氧化的进行，溶液的 pH 将________（填“增大”“减小”或“不变”）。

应用实践

4. 煤燃烧排放的烟含有 SO_2 和 NO_x，会形成酸雨、污染大气，采用 $NaClO_2$ 溶液作为吸收剂可同时对烟气进行脱硫、脱硝。回答下列问题：

（1）$NaClO_2$ 的化学名称为 ______________。

（2）在鼓泡反应器中通入含 SO_2、NO_x 的烟气，反应温度 323 K，$NaClO_2$ 溶液浓度为 $5\times10^{-3}\ mol\cdot L^{-1}$。反应一段时间后溶液中离子浓度的分析结果见下表。

离子	SO_4^{2-}	SO_3^{2-}	NO_3^-	NO_2^-	Cl^-
$c/(mol\cdot L^{-1})$	8.35×10^{-4}	6.87×10^{-6}	1.5×10^{-4}	1.2×10^{-5}	3.4×10^{-3}

①写出 $NaClO_2$ 溶液脱硝过程中主要反应的离子方程式：____________________。增加压强，NO 的转化率 ________（填“提高”“不变”或“降低”）。

②随着吸收反应的进行，吸收剂溶液的 pH 逐渐 ___________（填“增大”“不变”或“减小”）。

③由实验结果可知，脱硫反应速率 ________ 脱硝反应速率（填“大于”或“小于”），原因除了 SO_2 和 NO 在烟气中初始浓度不同外，还可能是 ________________________。

（3）在不同温度下，$NaClO_2$ 溶液脱硫、脱硝的反应中 SO_2 和 NO 的平衡分压 p_e 如图所示。

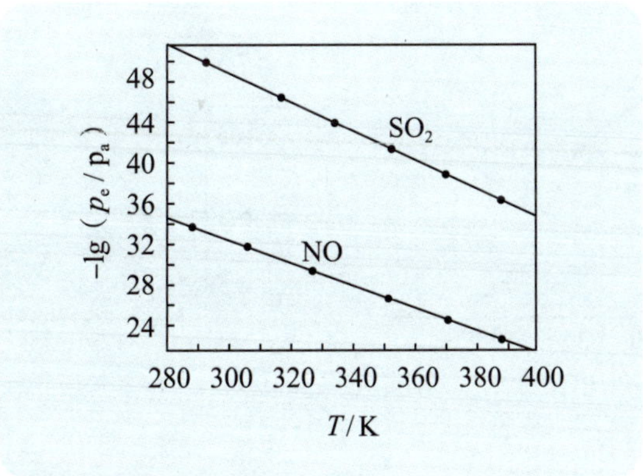

①由图分析可知，反应温度升高，脱硫、脱硝反应的平衡常数均 ________（填“增大”“不变”或“减小”）。

②反应 $ClO_2^- + 2SO_3^{2-} \xlongequal{} 2SO_4^{2-} + Cl^-$ 的平衡常数 K 表达式为 ______________。

（4）如果采用 NaClO、Ca（ClO）$_2$ 替代 $NaClO_2$，也能得到较好的烟气脱硫效果。

①从化学平衡原理分析，Ca（ClO）$_2$ 相比 NaClO 具有的优点是 ________。

② 已知下列反应：

$SO_2(g) + 2OH^-(aq) \xlongequal{} SO_3^{2-}(aq) + H_2O(l)$　ΔH_1

$ClO^-(aq) + SO_3^{2-}(aq) \xlongequal{} SO_4^{2-}(aq) + Cl^-(aq)$　ΔH_2

$CaSO_4(s) \xlongequal{} Ca^{2+}(aq) + SO_4^{2-}(aq)$　ΔH_3

反应 $SO_2(g) + Ca^{2+}(aq) + ClO^-(aq) + 2OH^-(aq) \xlongequal{} CaSO_4(s) + H_2O(l) + Cl^-(aq)$ 的 ΔH= ________。

5. H_2S 和 SO_2 会对环境和人体健康带来极大的危害，工业上采取多种方法减少这些有害气体的排放。回答下列问题：

Ⅰ. H_2S 的除去

［方法 1］生物脱 H_2S 的原理为：

$H_2S + Fe_2(SO_4)_3 \xlongequal{} S\downarrow + 2FeSO_4 + H_2SO_4$

$4FeSO_4 + O_2 + 2H_2SO_4 \xlongequal{硫杆菌} 2Fe_2(SO_4)_3 + 2H_2O$

（1）硫杆菌存在时，$FeSO_4$ 被氧化的速率是无菌时的 5×10^5 倍，该菌的作用是 ________。

（2）由图（a）和图（b）判断使用硫杆菌的最佳条件为 ________。若反应温度过高，反应速率下降，其原因是 ________。

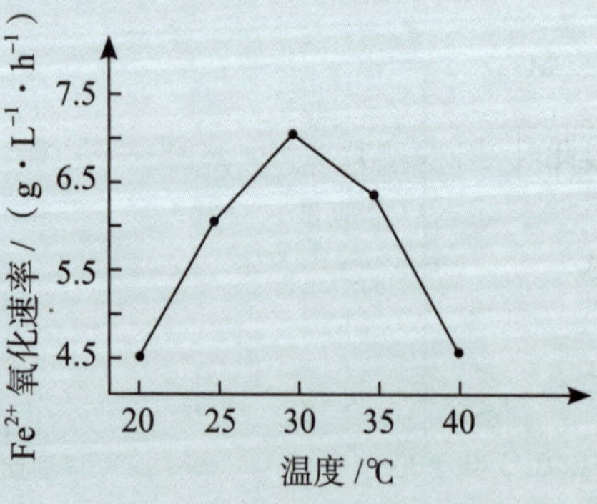

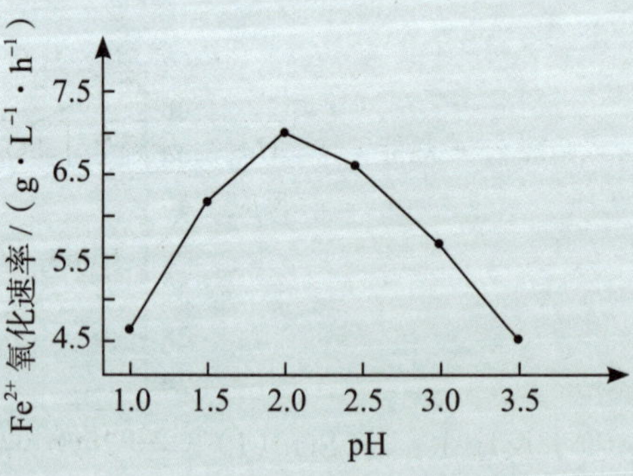

（a）　　（b）

［方法 2］在一定条件下，用 H_2O_2 氧化 H_2S。

（3）随着参加反应的 $n(H_2O_2)/n(H_2S)$ 变化，氧化产物不同。当 $n(H_2O_2)/n(H_2S)$ =4 时，氧化产物的分子式为 ________。

Ⅱ. SO_2 的除去

［方法1（双碱法）］用 NaOH 吸收 SO_2，并用 CaO 使 NaOH 再生。

$$NaOH\ 溶液 \underset{②\ CaO}{\overset{①\ SO_2}{\rightleftharpoons}} Na_2SO_3\ 溶液$$

（4）写出过程①的离子方程式：________________。

CaO 在水中存在如下转化：

$CaO(s) + H_2O(l) = Ca(OH)_2(s) \rightleftharpoons Ca^{2+}(aq) + 2OH^-(aq)$

从平衡移动的角度，简述过程② NaOH 再生的原理：________________。

［方法2］用氨水除去 SO_2。

（5）已知25℃时 $NH_3 \cdot H_2O$ 的 $K_b = 1.8 \times 10^{-5}\ mol \cdot L^{-1}$；$H_2SO_3$ 的 $K_{a1} = 1.3 \times 10^{-2}\ mol \cdot L^{-1}$，$K_{a2} = 6.2 \times 10^{-8}\ mol \cdot L^{-1}$。若氨水的浓度为 2.0 mol·L⁻¹，溶液中的 $c(OH^-)$ =______mol·L^{-1}。将 SO_2 通入该氨水中，当 $c(OH^-)$ 降至 $1.0 \times 10^{-7}\ mol \cdot L^{-1}$ 时，溶液中的 $c(SO_3^{2-}) / c(HSO_3^-)$ =________。

迁移创新

6. 近年来，研究人员提出利用含硫物质热化学循环实现太阳能的转化与存储，过程如下：

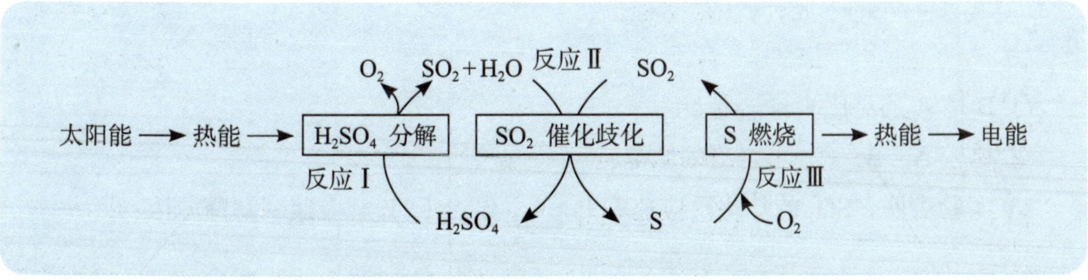

（1）反应Ⅰ：$2H_2SO_4(l) = 2SO_2(g) + 2H_2O(g) + O_2(g)$ $\Delta H_1 = +551\ kJ \cdot mol^{-1}$

反应Ⅲ：$S(s) + O_2(g) = SO_2(g)$ $\Delta H_3 = -297\ kJ \cdot mol^{-1}$

反应Ⅱ的热化学方程式为________________。

（2）对于反应Ⅱ，在某一投料比时，两种压强下，H_2SO_4 在平衡体系中物质的量分数随温度的变化关系如图所示，则 p_2______p_1（填“>”或“<”），得出该结论的理由是________________。

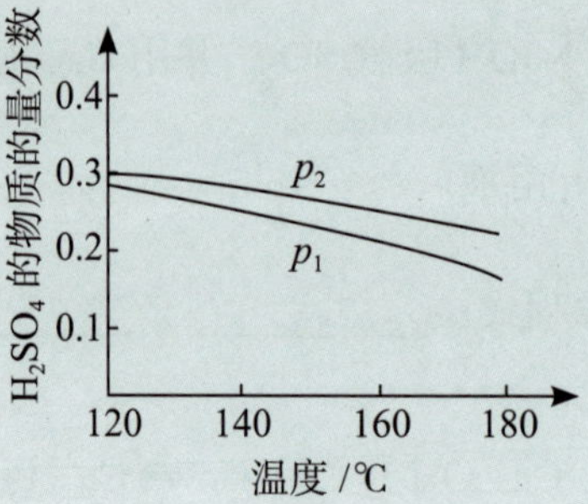

（3）I^- 可以作为水溶液中 SO_2 歧化反应的催化剂，可能的催化过程如下，将 ii 补充完整。

i. $SO_2 + 4I^- + 4H^+ = S\downarrow + 2I_2 + 2H_2O$

ii. $I_2 + 2H_2O +$ ____ $=$ ____ $+$ ____ $+ 2I^-$

（4）探究 i、ii 反应速率与 SO_2 歧化反应速率的关系，实验如下：分别将 18 mL SO_2 饱和溶液加入 2 mL 下列试剂中，密闭放置观察现象。（已知：I_2 易溶解在 KI 溶液中）

序号	A	B	C	D
试剂组成	0.4 $mol \cdot L^{-1}$ KI 溶液	a $mol \cdot L^{-1}$ KI 溶液 0.2 $mol \cdot L^{-1}$ H_2SO_4 溶液	0.2 $mol \cdot L^{-1}$ H_2SO_4 溶液	0.2 $mol \cdot L^{-1}$ KI 溶液 0.000 2 mol I_2
实验现象	溶液变黄，一段时间后出现浑浊	溶液变黄，出现浑浊较 A 快	无明显现象	溶液由棕褐色很快褪色，变成黄色，出现浑浊较 A 快

① B 是 A 的对比实验，则 a=________。

② 比较 A、B、C，可得出的结论是 ____。

③ 实验表明，SO_2 的歧化反应速率 D＞A。结合 i、ii 反应速率解释原因：________
____。

项目 6　设计废水净化的系统化解决方案

——利用物质转化思想实现绿水青山

任务一　废水的传统净化与处理

任务二　应用电化学方法处理废水

任务三　水中溶解氧含量（DO）的测定

单元项目设计意图

基于废水净化处理的情境，整合物质转化、反应条件控制、电化学原理、定量测定等高中化学核心内容，以具体的驱动性任务助力学生核心素养的落地，增强社会责任感。

单元项目学习目标

1. 归纳废水的传统净化处理方法，亲近中华传统文化，梳理已学知识；结合关于含硝酸盐废水净化的讨论，对氧化还原反应原理进行实践应用，体会控制单一变量的实验分析方法。

2. 围绕关于含硝酸盐废水电化学处理方法的讨论和探究，重构、应用和迁移电解池工作原理模型；巩固模型认知的同时，增强“宏观辨识与微观探析”的能力，培养“科学探究与创新意识”化学学科核心素养。

3. 通过对水中溶解氧含量（DO）测定的研讨，感受定量分析在真实情境下的应用，强化证据推理意识，提升核心素养。

单元项目学习引导

随着人类社会和工业现代化的不断发展，水环境问题日益突出，制约着社会经济的发展。“绿水青山就是金山银山”，废水的净化处理成为保护环境的重要措施。

在我国，古人是怎样净化废水的？根据高中已学化学知识，我们可以解决废水处理的实际问题吗？衡量水体污染程度的重要指标是什么？怎样进行测定？进入该项目的学习，以科学态度与社会责任，一起关注生命之源。

任务一 废水的传统净化与处理

活动 1 废水处理的"前世今生"

科学史话 人类对污水净化的历史可追溯到 2 000 多年前。《左传》中记载："土厚水深，居之不疾。"《遵生八笺》中记载"用栗炭三四寸许，烧红投淬水中，不生跳虫。"《调疾饮食辨》中记载："山居别无他水可汲者，宜捣蒜或白矾少许，投入水缸中，以使水沉淀净化。"以上描述中有哪些我们沿用至今的净水原理？

土壤净水是利用土层过滤的方法。栗炭具有多孔的结构可吸附水中的灰尘和色素。白矾的主要成分是 $KAl(SO_4)_2 \cdot 12H_2O$，在水中电离出的 Al^{3+} 发生水解，生成 $Al(OH)_3$ 胶体可以吸附水中的悬浮物，加速悬浮物的沉降。

Al^{3+} 的水解反应为 $Al^{3+} + 3H_2O \rightleftharpoons Al(OH)_3 + 3H^+$。

交流研讨 18 世纪的工业革命不仅带动了经济的发展，也促进了人口数量的增长，机械制造、化工和电子等工业生产过程中产生的重金属废水（含有铜、汞、铅等重金属离子）严重污染水体。常用难溶的 FeS 做沉淀剂，使水中的重金属离子生成沉淀而被除去。请用平衡思想分析这一做法的原理。

虽然 FeS 难溶于水，但当水体中的其他重金属离子达到一定浓度时，能结合微量的 S^{2-} 生成更难溶的硫化物沉淀，破坏原有 FeS 的沉淀溶解平衡，发生沉淀转化。以 Cu^{2+}、Hg^{2+} 为例，沉淀转化反应为：

$$Cu^{2+}(aq) + FeS(s) = CuS(s) + Fe^{2+}(aq)$$

$$Hg^{2+}(aq) + FeS(s) = HgS(s) + Fe^{2+}(aq)$$

> 18～25 ℃测定的溶度积
> （单位略）
> FeS：$K_{sp}=6.3\times10^{-18}$
> CuS：$K_{sp}=1.3\times10^{-36}$
> HgS：$K_{sp}=6.4\times10^{-53}$

水是生命之源，从土层过滤、栗炭吸附、明矾净水到沉淀转化，从简单的物理方法到较为复杂的化学转化，人们利用物理和化学方法不断发展出更科学、更有效的净水方法和技术。

活动2 废水中硝酸盐处理的试剂选择

氮是水体中重要的营养元素之一，是浮游植物生长所需的重要营养成分，同时也是淡水生态系统中主要的水体质量评价标准。硝酸盐是无机氮的稳定存在形式，也是有机氮经过分解作用后的最终产物。污水中的硝酸盐含量随着污染源种类和数量的不断增加呈现上升趋势，不仅会造成水体富营养化，暴发水华和赤潮，还会威胁人体的健康，人体中超标摄入的硝酸盐会在硝化细菌的作用下转变为有毒的亚硝酸盐，进而破坏人体的DNA。因此，降低水体中NO_3^-的浓度是废水净化中的一项重要任务。

交流研讨 欲将硝酸盐转化为无害的物质，应如何选择合适的试剂？谈谈你的选择依据。

方法导引 离子反应发生的条件如图6-1所示，常见的还原剂及反应条件见表6-1。

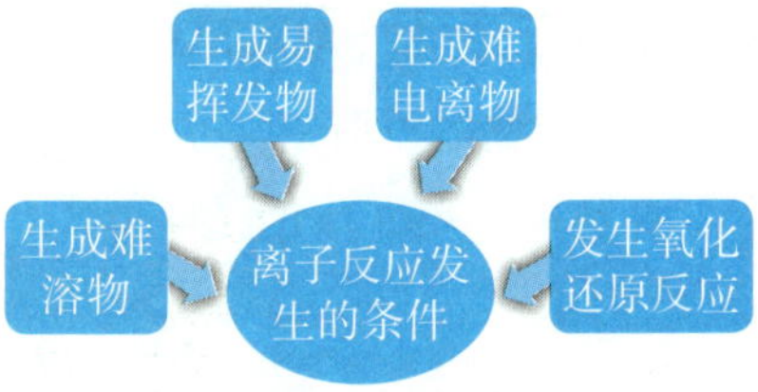

图6-1 离子反应发生的条件

表6-1 常见的还原剂及反应条件

还原剂类别	非金属单质	金属单质	低价非金属化合物	低价态离子
常见物质	C、H_2、S	Fe、Cu、Zn	NH_3、CO	S^{2-}、SO_3^{2-}、I^-
反应条件	高温	室温	高温	室温
氧化产物	CO、H_2O、SO_2	Fe^{2+}、Cu^{2+}、Zn^{2+}	N_2、CO_2	S、SO_4^{2-}、I_2

从“价－类”二维的角度分析，硝酸盐中的N是+5价，是氮元素的最高价，可以加入还原性的物质，通过氧化还原的方法将硝酸盐转化为低价态的物质（如NH_4^+或N_2）除去。

试剂选择需要从反应条件、反应物毒性、经济成本和反应速率等多方面因素综合考虑。非金属单质（如C）和低价非金属化合物（如CO）都需要在高温条件下才能表现还原性；而使用S^{2-}等非金属离子做还原剂时，由于用量无法控制，往往会引入新的杂质离子，且不易除去。金属单质中，铁具有无毒、环保、来源广泛、价格低廉、易于生产和还原性强的特点，因此零价铁可以作为此反应的还原剂。

活动 3　探究影响零价铁与硝酸盐反应速率的因素

交流研讨　含氮废水中的硝酸盐浓度一般为 50~100 mg · L^{-1}。零价铁与硝酸盐反应的原理如图 6-2 所示，思考影响该反应速率的因素和对应的条件控制，完成表 6-2。

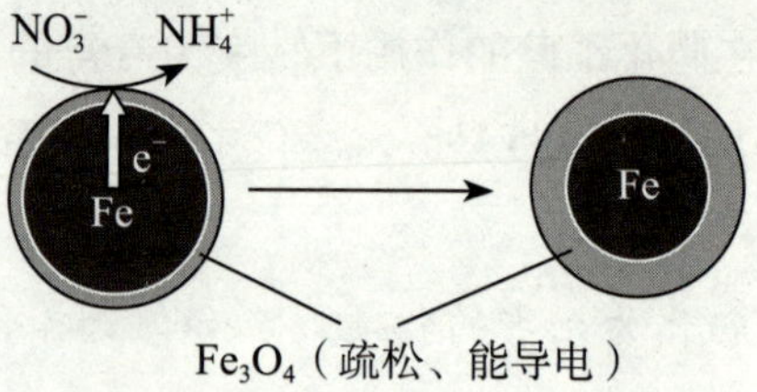

图 6-2　零价铁与硝酸盐反应的原理图

表 6-2　零价铁与硝酸盐反应速率的调控

序号	影响零价铁脱硝速率的因素	反应条件的控制
1		
2		
3		
4		
……		

反应温度、反应物的浓度、催化剂的使用、反应物间的接触面积以及（氧化还原反应）是否形成原电池等，均可以影响反应速率。

工业流程通常包括原料的预处理和核心反应条件的调控两部分（图 6-3）。

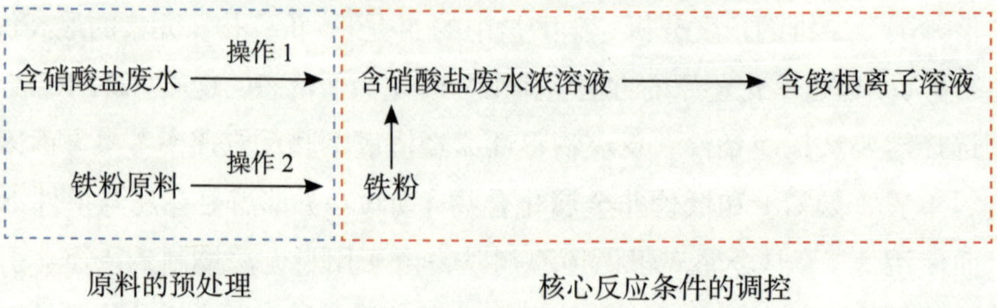

图 6-3　实验室模拟工业处理含硝酸盐废水的流程

第一部分：原料的预处理

废水中硝酸盐的浓度、铁粉与废水的接触面积均会影响反应速率。

对浓度为 50～100 mg·L^{-1} 的硝酸盐废水进行蒸发浓缩，可富集废水中的 NO_3^-，提高单位体积溶液内的活化分子数，加快反应速率。为了防止生锈，工业用的铁粉表面常常涂抹有油脂，用热碱液清洗可使表面油脂水解，增大铁粉与废水的接触面积。

第二部分：核心反应条件的调控

通过以下活动来探究核心反应条件的调控。

思考探究 在原料充分进行预处理的基础上，要进一步提高零价铁与硝酸盐反应的速率，还可以采用哪些方法？

1. 写出零价铁还原硝酸盐（还原产物为铵盐）的离子方程式，并思考：

（1）反应过程中 pH 是如何变化的？

（2）已知铁会被硝酸盐氧化成 Fe^{2+} 和少量 Fe_3O_4。结合工业生产实际，比较分析 pH=3、5、7、8 时 pH 对铁与硝酸盐反应速率的影响，在图 6–4 中绘制在其他条件相同，pH=3、5、8 时的“时间–硝酸盐去除率”预测图像，并选择合适的 pH。

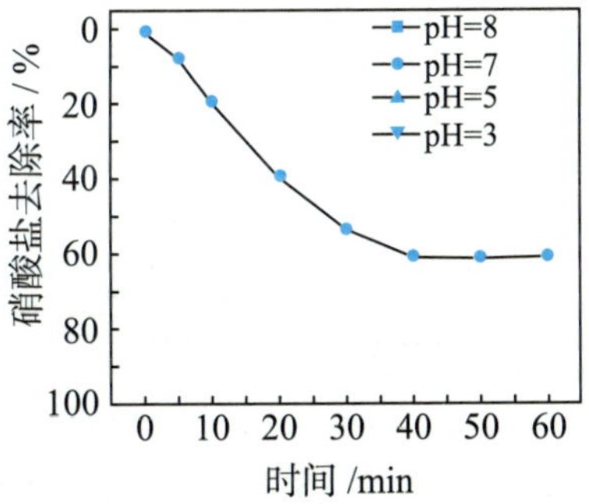

图 6–4 pH 对脱硝反应速率的影响预测图

2. 零价铁与硝酸盐的反应是一个自发进行的氧化还原反应，在铁粉中加入活性炭粉末与硝酸盐废水形成原电池可加快反应速率。填写表 6–3，设计实验探究加入活性炭粉末对脱硝反应速率的影响，预测并绘制相同时间内活性炭粉末加入比例对硝酸盐去除率的影响曲线图（图 6–5），进行交流评价。

表 6-3　探究活性炭粉末对反应速率的影响

实验序号	铁粉质量 /g	硝酸盐初始浓度 /（mg · L^{-1}）	活性炭粉末质量 /g	2h 内硝酸盐的去除率
实验一	m_0	c_0	0	a
实验二				b
实验三				c

实验结果预测：

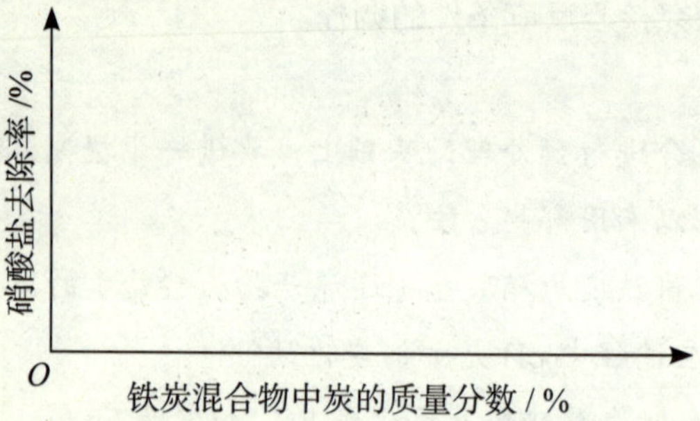

图 6-5　铁炭质量比对硝酸盐去除速率的影响预测图

3. 根据图 6-6 的实验结果和数据统计，思考以下问题：

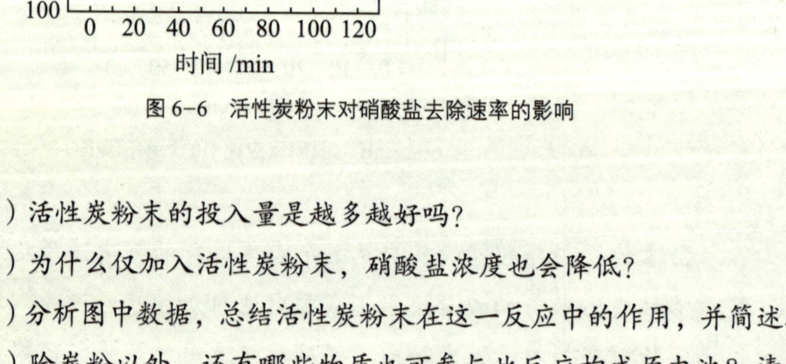

图 6-6　活性炭粉末对硝酸盐去除速率的影响

（1）活性炭粉末的投入量是越多越好吗？

（2）为什么仅加入活性炭粉末，硝酸盐浓度也会降低？

（3）分析图中数据，总结活性炭粉末在这一反应中的作用，并简述理由。

（4）除炭粉以外，还有哪些物质也可参与此反应构成原电池？请写出电极反应式。

【pH 对反应速率的影响】

在零价铁的作用下，硝态氮被还原为氨态氮，铁被氧化为 Fe^{2+}，脱硝反应的离子方程式为 $4Fe + NO_3^- + 10H^+ = 4Fe^{2+} + NH_4^+ + 3H_2O$。溶液的 pH 随着反应的进行不断增大。

在强酸性条件下，NO_3^- 的氧化性更强，并能够不断溶解铁粉表面生成的 Fe_3O_4，增大铁粉与含硝酸盐废水的接触面积，因此 pH 越小脱硝反应速率越快，如图 6-7 所示。同时，考虑到工业生产实际，若起始溶液的酸性过强，对反应设备要求较高且在后续处理时需要使用大量的碱液中和，增加成本，因此选择合适的 pH 为 5。

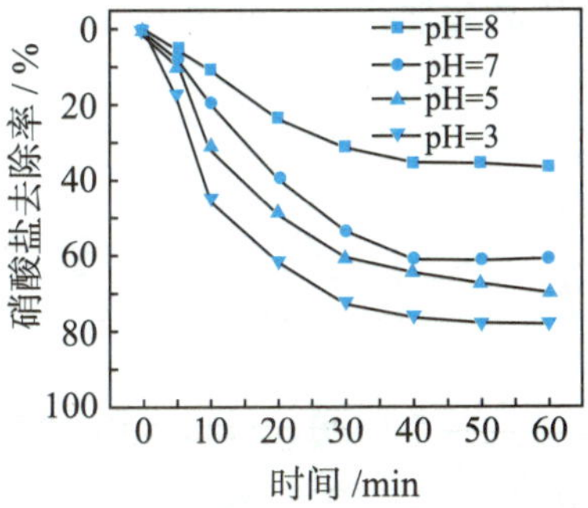

图 6-7　pH 对脱硝反应速率的影响

【形成原电池对反应速率的影响】

形成 Fe-C 原电池可加快脱硝速率，在其他条件相同时，活性炭粉末的加入量也会影响反应速率。活性炭粉末加入过少，形成的原电池数目不足，反应速率较慢；而活性炭粉末加入过多，吸附在铁粉表面则会减小铁粉与溶液的接触面积。因此，在实际生产中当铁的质量分数在 50% 左右时，硝酸盐的去除效率最高，如图 6-8 所示。

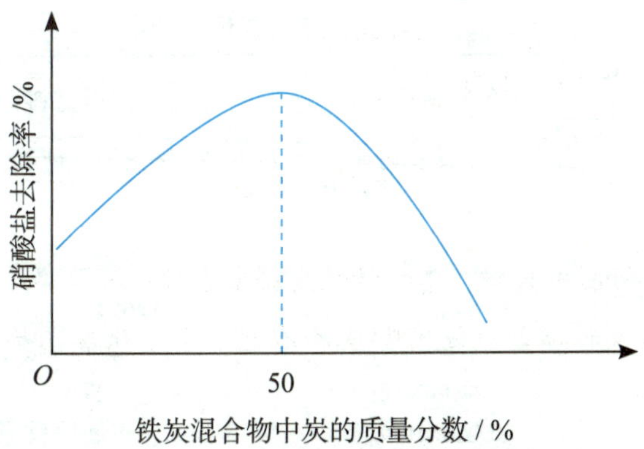

图 6-8　铁炭质量比对硝酸盐去除速率的影响

在本实验中，铁粉的加入量、硝酸盐的浓度和活性炭粉末的加入量等条件均会影响反应速率，因此可通过设计空白对照实验，达到控制单一变量的目的。

分析图 6-6 可知，使用 Fe–C 复合材料时的硝酸盐去除率超过单独使用铁粉和活性炭粉末的能力之和，表明活性炭粉末不仅具有吸附能力，并且还与零价铁形成了 Fe–C 微电池进一步加快反应速率。

也可用铜等较不活泼的金属代替活性炭粉末作为正极，形成 Fe–Cu 原电池。

负极反应：$Fe - 2e^- = Fe^{2+}$

正极反应：$NO_3^- + 10H^+ + 8e^- = NH_4^+ + 3H_2O$

此外，适当提高温度、使用高效催化剂、使用电解法等也可以有效地提高零价铁的脱硝速率。

任务二 应用电化学方法处理废水

在任务一中，利用零价铁进行废水脱硝，可将水体中的高浓度硝酸盐（NO_3^-）还原为 NO_2^-、NH_4^+ 或是 N_2 等，其中生成 NH_4^+ 的比例最大。

活动 1 利用原电池原理处理含硝酸盐废水的设计

交流研讨 为了加快脱硝速率，加入适量炭粉形成 Fe–C 微电池。请分析电池总反应与原电池装置之间的关联，画出利用 Fe–C 微电池处理含硝酸盐废水的工作原理图。

方法导引 设计原电池的思维模型如图 6-9 所示。

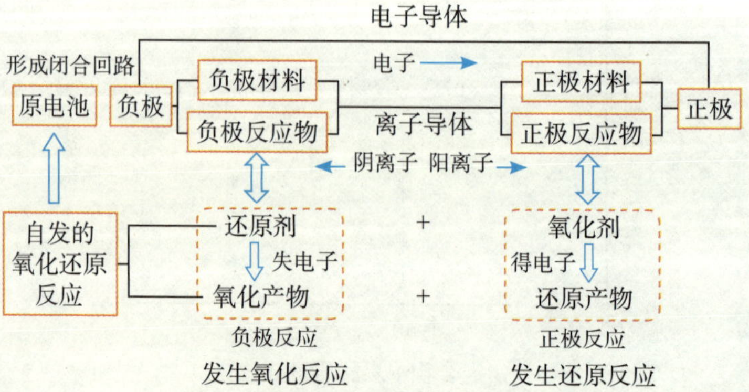

图 6-9 设计原电池的思维模型

结合已知的反应物和产物，根据氧化还原反应原理进行推写，可得到零价铁脱硝的离子方程式：$4Fe + NO_3^- + 10H^+ \xlongequal{} 4Fe^{2+} + NH_4^+ + 3H_2O$；拆分半反应，可得电极反应式。

负极反应：$Fe - 2e^- \xlongequal{} Fe^{2+}$

正极反应：$NO_3^- + 8e^- + 10H^+ \xlongequal{} NH_4^+ + 3H_2O$

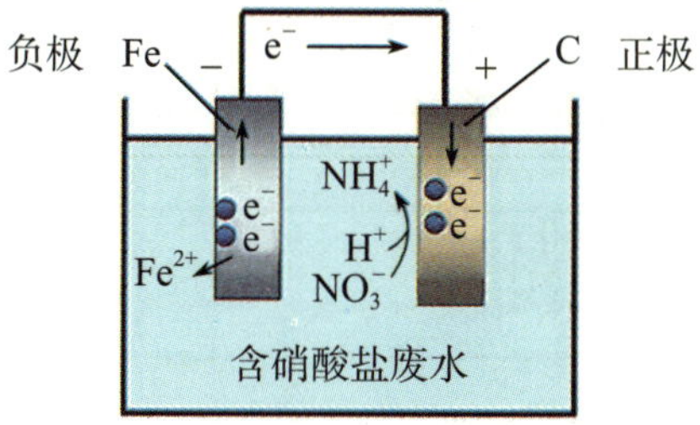

图 6-10　利用 Fe-C 微电池处理含硝酸盐废水的工作原理示意图

实际上硝酸盐的还原是一个复杂的过程，NO_3^- 会被还原生成多种含氮物质。Fe-C 电池主要将 NO_3^- 还原为 NH_4^+，避免了较大量的 NO_3^- 进入人体后在硝化细菌的作用下转变为有毒的亚硝酸盐影响健康的情况，但处理后的废水中氮元素主要转化为 NH_4^+ 的形式存在，仍然会使水体富营养化，需要进一步进行处理。

活动 2　电解法处理含硝酸盐废水的设计

电解池装置可通过电极的选择、电极间距的调整、电流密度的控制、电解液的浓度和流量的调节、电解时间的把控等，来调控废水电解的处理效果。最理想的转化是把废水中的 NO_3^- 还原为 N_2。具体可通过一系列对比实验，分析得出最佳的电解条件加以过程控制。

交流研讨　（1）请写出利用电解原理实现“将废水中的 NO_3^- 还原为 N_2”的电极反应式。

（2）请画出处理含硝酸盐废水的电解装置图，并写出另一个电极反应式。

方法导引 设计电解池的思维模型如图 6-11 所示。

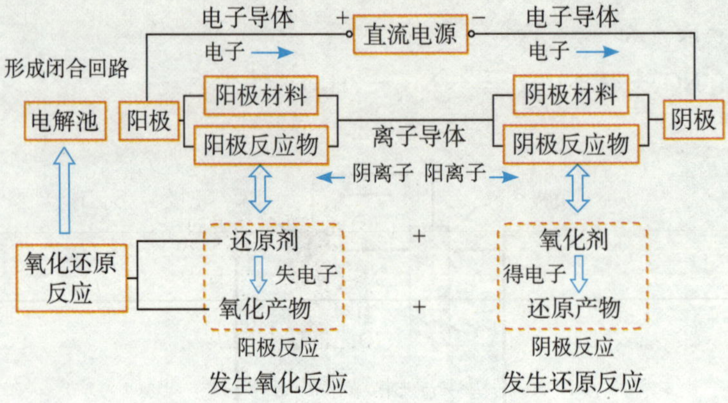

图 6-11 设计电解池的思维模型

从氮元素价态变化情况分析，把废水中的 NO_3^- 还原为 N_2，应以 NO_3^- 作为阴极反应物，则以惰性电极为阳极，选择合适的阴极材料电解一定浓度的含硝酸盐废水。非强酸性条件下阴极反应式为 $2NO_3^- + 6H_2O + 10e^- \xlongequal{} N_2\uparrow + 12OH^-$，阳极反应式为 $2H_2O - 4e^- \xlongequal{} O_2\uparrow + 4H^+$。

处理含硝酸盐废水的电解装置如图 6-12 所示。

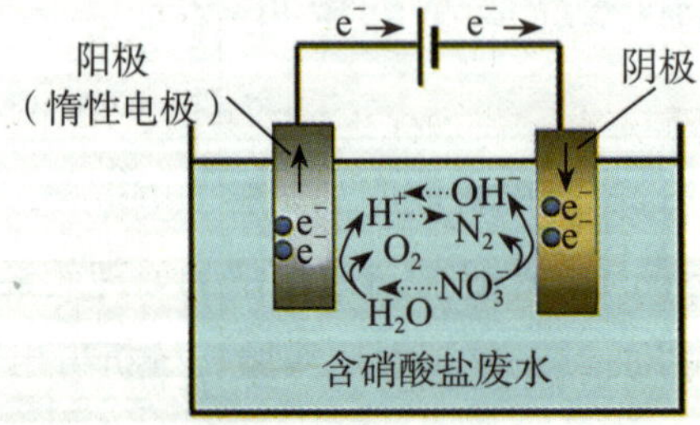

图 6-12 电解法处理含硝酸盐废水的工作原理示意图

使用图 6-12 所示电解装置降解处理含硝酸盐废水，NO_3^- 需在阴极放电转化为 N_2，但 NO_3^- 又会在外加电场的作用下向阳极移动，使得阴极周围的 NO_3^- 浓度减小，降低了废水的脱硝效率。若使用离子交换膜将电解槽划分若干极室，在不同极室中注入废水或适当的电解质溶液，便可选择性地控制离子在各极室间的迁移，提高脱硝效率。另外，选择不同的离子交换膜，还可进一步设计出电渗析、双极膜电渗析等多种电化学法废水处理方案，对废水成分进行选择性分离、浓缩富集和转化利用等，实现废水的资源化治理和“零排放”。

活动3 电解法和电迁移联用处理含硝酸盐废水的设计

信息链接 常见的离子交换膜及其对应作用见表6-4。

表6-4 常见的离子交换膜及其对应作用

离子交换膜	对应作用
阳离子交换膜	只允许阳离子通过
阴离子交换膜	只允许阴离子通过
质子交换膜	只允许 H^+ 通过
双极膜	由一张阳膜和一张阴膜复合制成的阴、阳复合膜，膜内为水层。在直流电场的作用下，阴、阳膜复合层间的 H_2O 解离成 H^+ 和 OH^- 并分别通过阳膜和阴膜，作为 H^+ 和 OH^- 的离子源

活动探究 电解槽中加装离子交换膜，可以将其划分形成极室，控制离子在各极室间的迁移。选择一种或多种、一张或多张离子交换膜，尝试对“活动2”设计的装置进行改造，并分析改造后的废水处理效果。

如图6-13所示，使用了质子交换膜将电解池分隔为两极室，阻止了应在阴极放电的 NO_3^- 电迁移向阳极。阳极惰性电极上产生的 H^+ 通过质子交换膜进入阴极室，与 NO_3^- 在水溶液中放电后生成的 OH^- 中和。阳极室的 NO_3^- 浓度增大，阴极室的 NO_3^- 浓度减小、OH^- 浓度增大。一段时间后可反转电极继续进行通电，对原阳极室浓度增大的 NO_3^- 进行放电转化且仅有 H^+ 通过质子交换膜迁移至原阴极室，中和了其中原有的部分 OH^-，使两极室的 pH 变化不至于太大，原阳极室溶液保持为非强酸性，避免了在电极再次反转之后氢气的产生，确保了 NO_3^- 的放电。

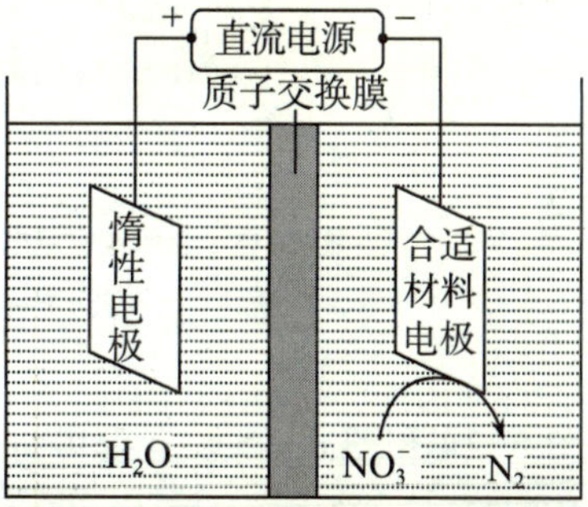

图6-13 使用质子交换膜电解装置处理含硝酸盐废水的工作原理示意图

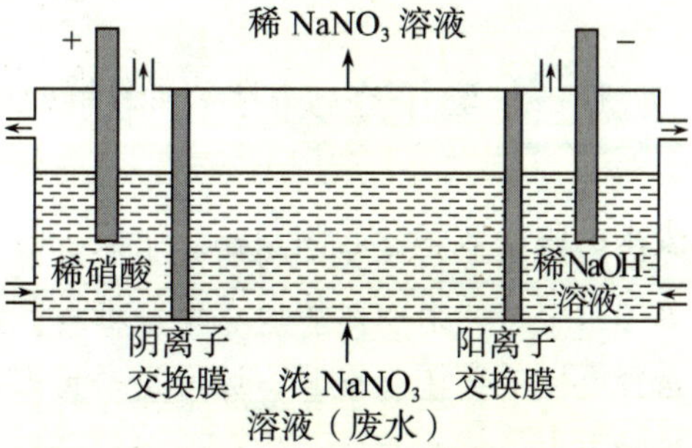

图6-14 使用三室电渗析装置处理含硝酸盐废水的工作原理示意图

图6-14为三室电渗析装置，采用惰性电极，在直流电场作用下，阳极生成 O_2 的同时产生 H^+，阴极生成 H_2 的同时产生 OH^-；

两膜中间的 NO_3^- 和 Na^+ 在外加电场作用下分别向两端隔室迁移，在阳极室得到浓硝酸，在阴极室得到浓 NaOH 溶液。

图 6-15 所示装置使用了双极膜。在外加电场作用下，盐室中的 NO_3^- 通过阴离子交换膜进入交换室 1；靠近阳极的双极膜中的水层解离出的 OH^- 进入阳极室、解离出的 H^+ 进入交换室 1，在交换室 1 中得到浓硝酸。盐室中的 Na^+ 通过阳离子交换膜进入交换室 2；靠近阴极的双极膜中的水层解离出的 H^+ 进入阴极室、解离出的 OH^- 进入交换室 2，在交换室 2 中得到浓 NaOH 溶液。阴、阳两极室中均注入 Na_2SO_4 溶液，阳极生成 O_2 的同时产生 H^+，阴极生成 H_2 的同时产生 OH^-，分别与双极膜解离出并迁移进入极室的 OH^- 和 H^+ 中和，流出液仍为 Na_2SO_4 溶液。

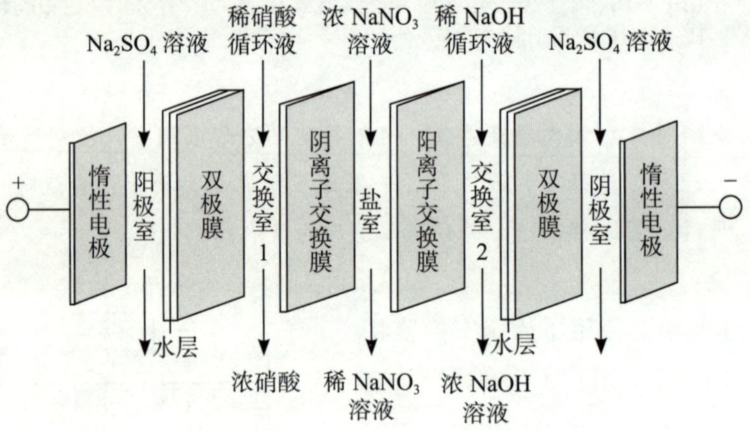

图 6-15　使用双极膜电渗析装置处理含硝酸盐废水的工作原理示意图

图 6-14 和图 6-15 装置都可将废水中的盐转化分制出酸、碱，且都不消耗任何酸、碱、盐原料。与图 6-14 相比，图 6-15 装置中双极膜的使用避免了电极直接接触酸碱试剂，降低了电极材料的损耗和电极能耗，进一步节能减排，发展了循环经济。

活动 4　离子交换树脂、电解法及电迁移联用处理含硝酸盐废水的设计

信息链接　离子交换树脂是带有官能团（有交换离子的活性基团）、具有网状结构、不溶性的高分子化合物，通常是球形颗粒物。利用离子交换树脂中的可交换离子与溶液中各种离子间的交换能力的不同，可分离离子。离子交换树脂工作原理如图 6-16 所示。

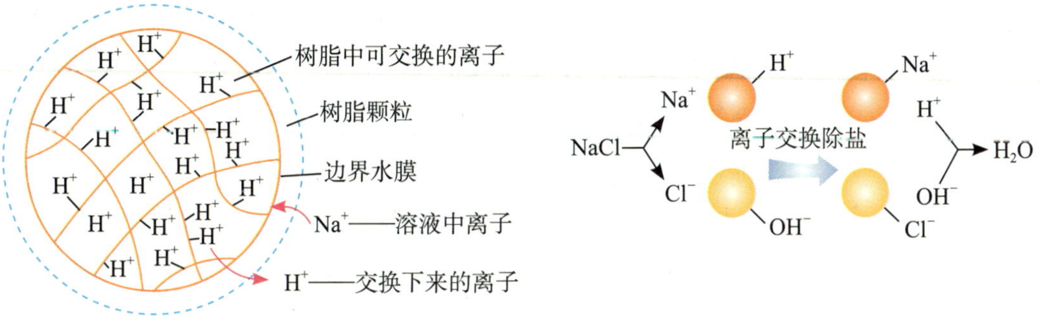

图 6-16 离子交换树脂工作原理示意图

离子交换树脂使用一段时间后，吸附的杂质接近饱和状态，需进行再生处理，用化学药剂将树脂所吸附的离子和其他杂质洗脱除去，使之恢复原来的组成和性能。再生过程中洗脱下来的杂质及过量再生液会对环境造成二次污染。

交流研讨 阴、阳离子交换树脂可以单独填充，也可以混合填充。如图 6-17 所示，利用阴、阳离子交换树脂对水体进行净化，请分析其工作原理。

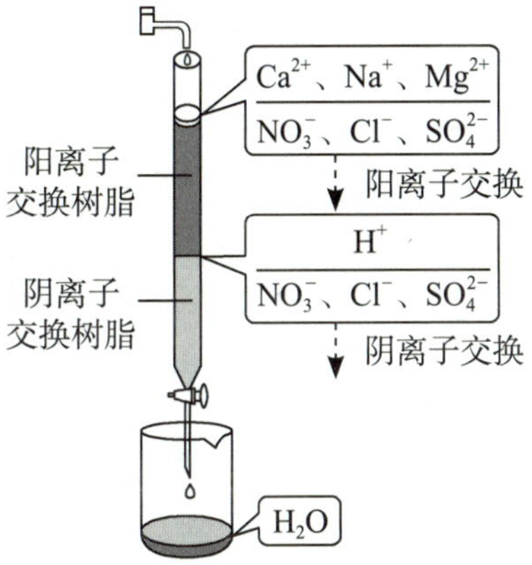

图 6-17 利用离子交换树脂净水装置示意图

经过阳离子交换树脂后，水中原有的金属阳离子替代树脂中的氢离子被吸附，而氢离子进入溶液中。水体继续经过阴离子交换树脂，水中原有的酸根离子替代氢氧根离子被吸附在树脂中，氢氧根离子溶出，与氢离子中和，最终流出离子交换柱的为纯水。原来水中的杂质离子都被吸附在离子交换树脂上，并未转化除去，只是进行了杂质（污染物）的转移并富集。当树脂中可被交换的 H^+ 和 OH^- 都被杂质离子替代后，离子交换树脂失效。可利用酸、碱液对失效的离子交换树脂进行再生，但操作较为烦琐并会产生二次污染。

未被转化处理的硝酸盐富集起来，可重新作为化工原料，提高经济效益。电解轻金属硝酸盐溶液时，在两极会分别产生 H^+ 和 OH^-，可考虑配合离子交换膜的使用，在直流电场作用下利用离子交换树脂、离子交换膜，通过离子迁移在对废水净化的同时，对离子交换树脂进行再生。

交流研讨 现有电解槽、惰性电极、阴离子交换树脂、阳离子交换树脂、阴离子交换膜两张、阳离子交换膜两张、含 $NaNO_3$ 的废水、Na_2SO_4 溶液、去离子水。尝试调整电解槽中离子交换膜的顺序，在某两张离子交换膜间填充适当的离子交换树脂，设计废水、去离子水及 Na_2SO_4 溶液的流动路线；分析在直流电场作用下自己的设计是如何工作的，可否实现在对废水净化、富集硝酸盐得到纯水的同时，对离子交换树脂实现再生。

如图 6-18 所示，含 $NaNO_3$ 的废水首先进入装置的阴树脂室上部，依次流经阴树脂床层和阳树脂床层后流出装置。

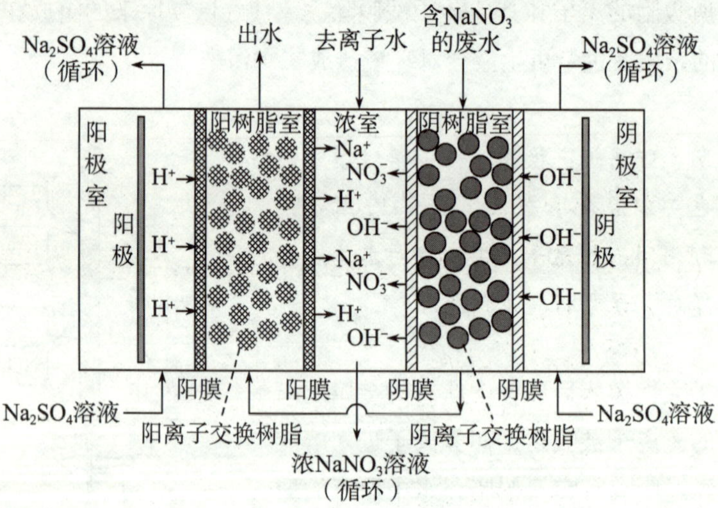

图 6-18　离子交换树脂、电解法及电迁移联用处理含硝酸盐废水的工作原理示意图

水体利用离子交换和阴膜的离子选择性迁移，从阴树脂室下部流出并进入阳树脂室的为 NaOH 溶液。在阳树脂床层中，通过离子交换和阳膜的离子选择性迁移，最终出水可为纯水。

硝酸盐本是有用的植物肥料，高浓度的硝酸盐废水经处理后硝酸根被转化为氮气，水体转化为低浓度的硝酸盐溶液，不易被常规废水处理方法继续净化。该装置适合处理低浓度的硝酸盐废水，在水体净化的同时可对硝酸盐进行回收，不仅减少了环境污染、减轻了水体富营养化压力，还提高了资源利用率，具有较高的经济效益。

任务三 水中溶解氧含量（DO）的测定

知识背景 水中溶解氧含量（DO），是水中生物在水中生存的重要指标之一，也是衡量水体净化能力的一个指标。溶解氧通常有两个来源：一是水中溶解氧未饱和时，大气中溶入水体的氧气；二是水中植物通过光合作用释放出的氧气。因此水中的溶解氧会由于大气中氧气的溶入及绿色水生植物的光合作用而得到不断补充。但当水体受到有机物污染，耗氧严重，溶解氧得不到及时补充，水体中的厌氧菌就会很快繁殖，有机物因腐败而使水体变黑、发臭。我国《地表水环境质量标准》规定，生活饮用水源的 DO 不能低于 $5\ mg\cdot L^{-1}$。

活动 1 水中溶解氧含量测定方法的讨论

交流研讨 （1）思考可能测定出水中溶解氧含量的方法，讨论并简要记录。

（2）在 20℃、101 kPa 下，纯水中大约溶解氧 $9\ mg\cdot L^{-1}$，请计算出水中溶解氧的物质的量浓度。

（3）交流评价（1）中讨论得出的方法用于溶解氧含量测定的可行性。

方法导引 定量测定方法如图 6–19 所示。

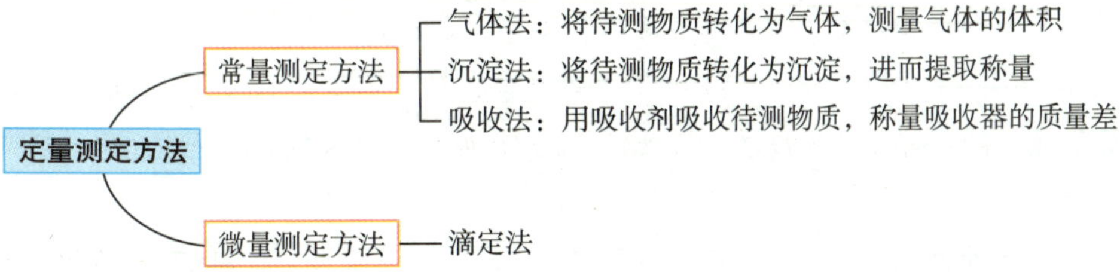

图 6–19 定量测定方法

由于氧气难溶于水，故水中的溶氧量属于微量范围（水中溶解氧的物质的量浓度为 $2.8\times10^{-4}\ mol\cdot L^{-1}$）。若采用常量气体的定量方法进行测定，水样中的溶氧量小于仪器能准确测量的范围，导致测定结果误差较大。若采用大体积的水样，也不符合实际操作。因此，常量测定方法不适用于微量的溶氧量的测定，宜采用滴定法对水中的溶氧量进行测定。

活动 2 适用于低浓度物质的定量测定方法——滴定法

方法导引 常见的滴定分析方法见表 6-5。

表 6-5 常见的滴定分析方法

分类依据	方法名称
按照反应类型分类	酸碱滴定法
	氧化还原滴定法
	配位滴定法
	沉淀滴定法
按照滴定方式分类	直接滴定法
	间接滴定法
	返滴定法

以上常见的滴定分析方法，既可适用于常量物质的测定，也可适用于微量物质的测定，故滴定分析法符合水中溶氧量测定的实际需求。水中的溶解氧具有较强的氧化性，可选择合适的还原剂，采用氧化还原滴定法进行测定。

思考探究 可以选用哪些还原性标准溶液对水中的溶解氧进行滴定分析测定？选择合适的指示剂，设计水中溶解氧含量的滴定实验方案。

知识链接 硫代硫酸钠可被碘单质氧化：$2S_2O_3^{2-} + I_2 = S_4O_6^{2-} + 2I^-$。

常见的还原性离子有 S^{2-}、SO_3^{2-}、I^-、Fe^{2+}，理论上这 4 种还原性离子均可与水中的溶解氧发生反应。用还原性标准溶液直接滴定水中的溶解氧，其滴定终点是溶解氧恰好被耗尽。如有合适的指示剂能在还原性标准溶液稍过量滴入时显色，则可判断滴定终点。而无论选用上述 4 种还原性离子中的哪一种，均无合适的指示剂来指示直接滴定的终点。即使选用含 I^- 或 Fe^{2+} 的标准溶液进行滴定，淀粉溶液或 KSCN 溶液作为指示剂，皆为滴定的氧化产物（I_2 或 Fe^{3+}）使指示剂变色，即一开始滴定，指示剂便立刻发生颜色变化，无法指示滴定终点。

既然有指示剂可以与滴定生成的氧化产物显色，若将该氧化产物还原耗尽，显色便会褪去，指示出第二步反应的终点。所以，改变直接滴定水中溶解氧的思路，先加入过量的还原性标准溶液，待水样中的溶解氧被反应完全后，加入能与第一步反应生成的氧化产物显色的指示剂使水样显色；再用另一还原性标准溶液对第一步反应生成的氧化产物进行滴定，至该氧化产物被完全消耗，溶液颜色恰好褪去且半分钟内不恢复，记录滴定终点。这样的滴定方法为间接滴定法。选用 KI 标准溶液和 $Na_2S_2O_3$ 标准溶液进行该滴定实验，反应原理如下：

① $4I^- + O_2 + 4H^+ = 2I_2 + 2H_2O$

② $2S_2O_3^{2-} + I_2 = S_4O_6^{2-} + 2I^-$

这种以碘作为氧化剂或以碘化物（如碘化钾）作为还原剂进行滴定的方法称为碘量法，它是氧化还原滴定中常使用的方法。

交流研讨　在实际测定溶解氧含量的实验中，先在水样中加入 $MnSO_4$ 和碱性 KI 溶液，水中的溶解氧将 Mn^{2+} 氧化生成 $MnO(OH)_2$ 棕色沉淀；加酸后，$MnO(OH)_2$ 溶解并氧化 I^- 得到 I_2；最后以淀粉溶液作为指示剂，用 $Na_2S_2O_3$ 标准溶液滴定生成的 I_2，可计算溶解氧的含量。反应流程如下：

$$O_2 \xrightarrow[OH^-]{Mn^{2+}} MnO(OH)_2 \xrightarrow[H^+]{I^-} I_2 \xrightarrow[\text{淀粉溶液作为指示剂指示终点}]{S_2O_3^{2-}} S_4O_6^{2-}$$

写出相关反应的离子方程式，并比较溶解氧含量的实际测定流程与讨论设计的实验方案之间的差异，思考先在水样中加入 $MnSO_4$ 并调节为碱性的作用。

知识链接　影响溶解氧含量的因素见表 6-6。

表 6-6　影响溶解氧含量的因素

因素	对溶解氧含量的影响
温度	温度越高，气体在水中的溶解度越小
压强	压强越大，气体在水中的溶解度越大（水体中的压强与水体的深度有关）
无机盐	无机盐的加入，导致水生浮游植物疯狂生长，在夜晚和水生动物争抢 O_2，导致水中的溶解氧含量降低
有机化合物	有机化合物在水中消耗 O_2，导致溶解氧含量降低

在户外采取的水体试样，需要带回实验室进行滴定分析，而溶氧量易受外界因素（如温度、压强、无机盐、有机化合物等）的影响而变化。因此，先在盛有水样的溶解氧瓶（图 6-20）中加入 $MnSO_4$ 溶液并调节为碱性，起到固定溶解氧的作用，可减小测定实验的误差。

溶解氧含量测定过程中的相关反应如下：

① 溶解氧的固定：碱性条件下，水中溶解的 O_2 将 Mn^{2+} 氧化为 $MnO(OH)_2$。

$$2Mn^{2+} + O_2 + 4OH^- = 2MnO(OH)_2\downarrow$$

② 析出碘单质：酸性条件下，$MnO(OH)_2$ 将 I^- 氧化为 I_2。

$$MnO(OH)_2 + 2I^- + 4H^+ = Mn^{2+} + I_2 + 3H_2O$$

③ 滴定：用 $Na_2S_2O_3$ 标准溶液滴定②中生成的 I_2。

$$2S_2O_3^{2-} + I_2 = S_4O_6^{2-} + 2I^-$$

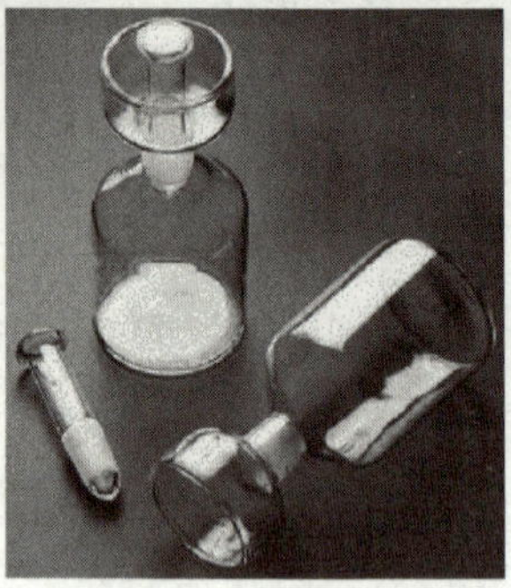

图 6-20　溶解氧瓶

活动 3　用碘量法测定水样中的溶解氧含量（DO）

信息链接　移液管（图 6-21）是一种量出式仪器，只用来测量它所放出溶液的体积。它是一根中间有一膨大部分的细长玻璃管，其下端为尖嘴状，上端管颈处刻有一条标线，是所移取溶液的准确体积的标记。常用的移液管有 5 mL、10 mL、25 mL 和 50 mL 等规格。通常又把具有刻度的直形玻璃管称为吸量管。常用的吸量管有 1 mL、2 mL、5 mL 和 10 mL 等规格。移液管和吸量管所移取的溶液体积通常可精确到 0.01 mL。

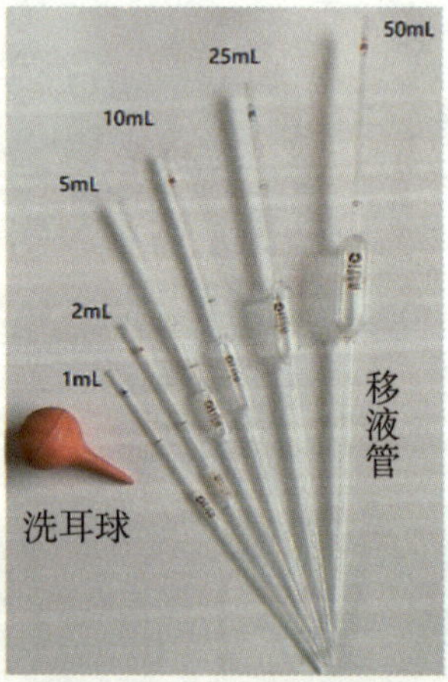

图 6-21　移液管和洗耳球

实验操作　用碘量法测定水样中溶解氧含量的实验过程如图 6-22 所示。

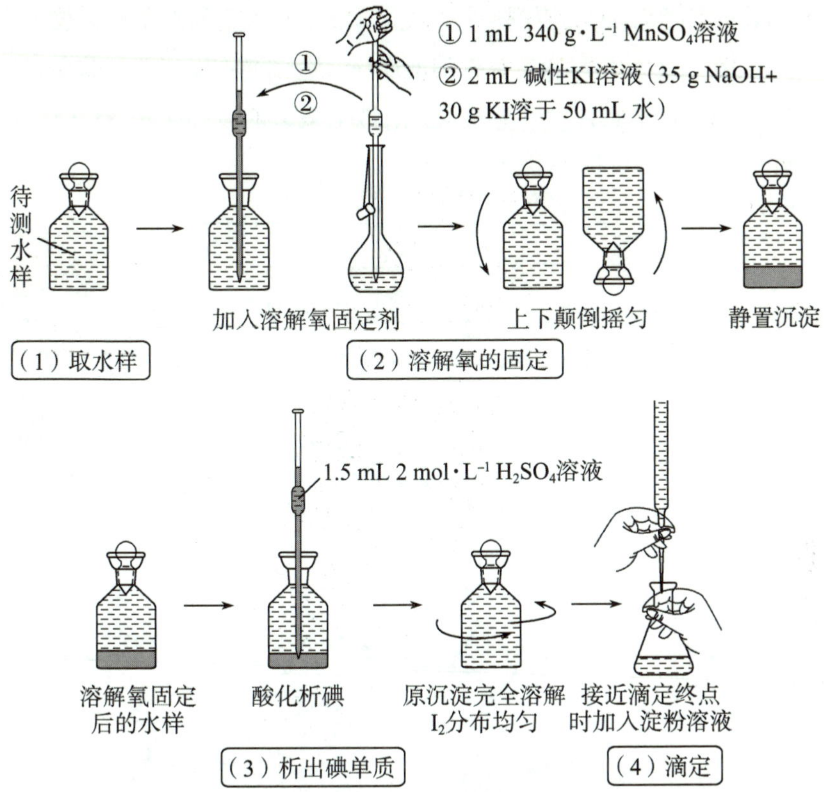

图 6-22 溶解氧含量测定过程示意图

交流研讨

（1）为了减小溶解氧含量测定的实验误差，在取水样、固定溶解氧、析出碘单质及滴定这四个环节的操作过程中，分别应注意哪些事项？请按实验的过程逐步进行思考分析。

（2）滴定时，如果一开始就在待测液中加入指示剂淀粉溶液会导致什么结果？如何判断已接近滴定终点？终点现象是什么？

（3）溶解氧瓶容积为 V_0，滴定时取用的待测液为 V_1，$Na_2S_2O_3$ 标准溶液浓度为 $c_{标}$、平行实验体积消耗平均为 V_2。请写出溶解氧含量（$mg\cdot L^{-1}$）的计算公式。

为了减小实验误差，最后要进行平行滴定，需要用相同容积的溶解氧瓶取多瓶平行水样进行相同处理。取水样时注意不应使水样曝气或有气泡残存在溶解氧瓶中；后续操作在启闭瓶塞时，也要注意轻稳操作、盖紧瓶塞、不留气泡。采取水样后，应立即进行溶解氧的固定。水样加入固定剂后要上下颠倒、振摇充分，静置至少 5 min，确保水中溶解氧完全转化为 $MnO(OH)_2$ 沉淀。酸化析碘的步骤也一样要振摇充分，静置至少 5 min，确保 $MnO(OH)_2$ 沉淀完全溶解且生成的 I_2 分布均匀。

滴定时，若一开始就加入淀粉指示剂，待测液中较大量的碘单质会被淀粉吸附形成包合物（图 6–23），不易与滴入的标准溶液反应，造成终点滞后，实验误差大。因此，应在接近滴定终点、碘单质含量逐渐减少、溶液呈微黄色时再加入淀粉指示剂，继续滴定至蓝色恰好褪去且半分钟内不变化为止。

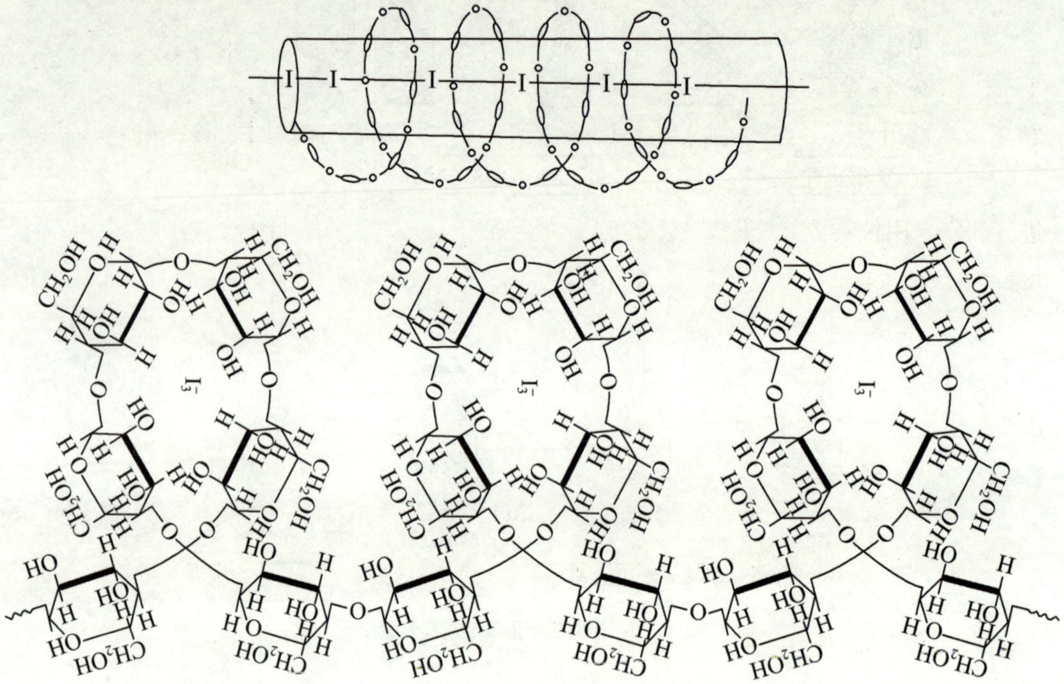

图 6–23　碘单质与淀粉形成的包合物结构示意图

溶解氧瓶容积为 V_0，滴定时取用的待测液体积为 V_1，$Na_2S_2O_3$ 标准溶液浓度为 $c_{标}$，平行实验 $Na_2S_2O_3$ 标准溶液体积消耗平均为 V_2，原水样中的溶解氧物质的量浓度为 c_0，待测液中当量的溶解氧物质的量浓度为 c，氧气的摩尔质量为 M。在容积为 V_0 的溶解氧瓶里进行水样中溶解氧固定，向水样底部加入 1 mL 340 g · L^{-1} $MnSO_4$ 溶液和 2 mL 碱性 KI 溶液，则溢出的上层水样约为 3 mL。

根据反应原理得关系式：$O_2\sim 2MnO(OH)_2\sim 2I_2\sim 4Na_2S_2O_3$，可进一步推算出水中溶氧量 DO 的计算式。

$$\begin{array}{lcccr} O_2 & \sim 2MnO(OH)_2 & \sim 2I_2 & \sim & 4Na_2S_2O_3 \\ 1 & & & & 4 \\ c\cdot V_1 & & & & c_{标}\cdot V_2 \end{array}$$

$$c=\frac{c_{标}\cdot V_2}{4V_1}=\frac{(V_0-3\ \text{mL})\cdot c_0}{V_0}$$

$$c_0=\frac{c_{标}\cdot V_2\cdot V_0}{4V_1\cdot(V_0-3\ \text{mL})}$$

$$\text{DO}=c_0\cdot M=\frac{c_{标}\cdot V_2\cdot V_0\cdot M}{4V_1\cdot(V_0-3\ \text{mL})}$$

用碘量法测定水中溶解氧含量的操作复杂，干扰因素较多。整个实验过程，空气中氧气会溶入、碘单质可能升华，因此操作要尽可能快以避免外界因素对测定产生影响。使用溶解氧仪（图 6–24）进行测定，用仪器测量法替代传统的化学滴定法，可以大大简化测定程序，提高测定的精确度。

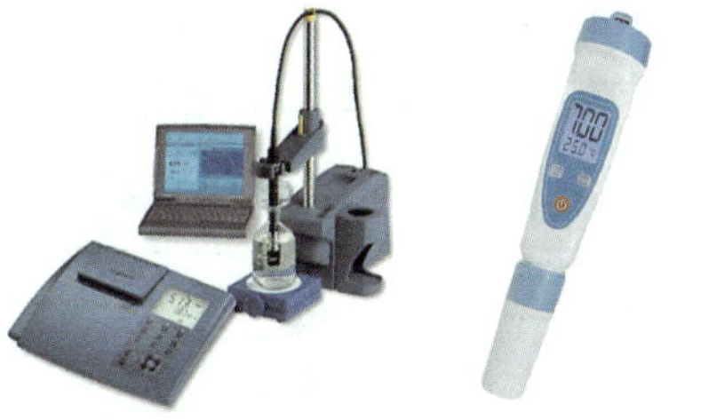

台式溶解氧仪　　便携式溶解氧仪

图 6–24　溶解氧仪

单元项目梳理

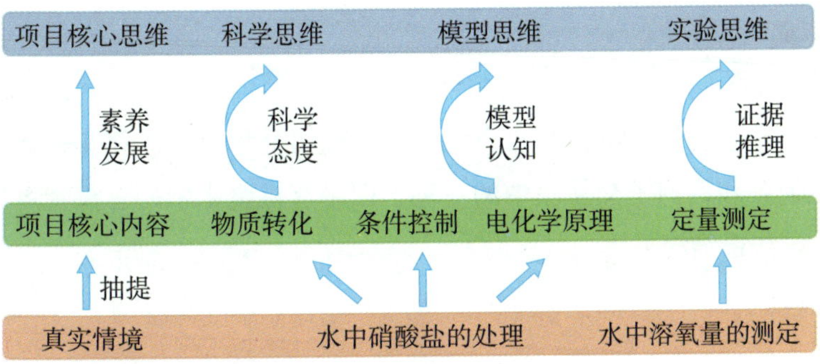

单元项目检测

学习理解

1. 工业废水需处理达标后才能排放，下列废水处理的方法合理的是（　　）

A. 用中和法除去废水中的酸

B. 用混凝剂除去废水中的重金属离子

C. 用氯气除去废水中的悬浮物

D. 用臭氧除去废水中的异味

2. 科技工作者提出用铝粉处理含亚硝酸盐废水的思路：调节亚硝酸盐废水的酸碱性，使其 pH>12，然后加入适量的铝粉、搅拌，从而实现预期目的。下列判断错误的是（　　）

A. 废水处理时铝单质转化为 Al^{3+}

B. 废水处理过程中，亚硝酸盐被还原

C. 废水处理过程中，OH^- 参与了反应

D. 铝粉颗粒大小影响废水处理的速率

3. 某废水中含有一定量的 Na^+、SO_3^{2-}，可能含有 CO_3^{2-}，某研究小组欲测定其中 SO_3^{2-} 的浓度，设计如图所示的实验方案，则试剂 X 可以是（　　）

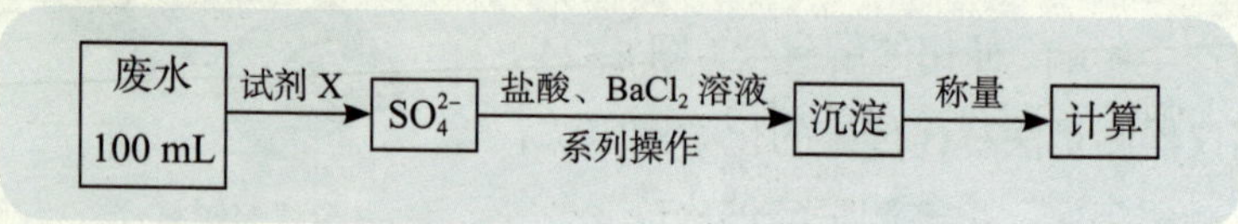

A. 0.1 mol · L^{-1} $KMnO_4$（H_2SO_4 酸化）溶液

B. 0.5 mol · L^{-1} NaOH 溶液

C. 新制氯水

D. KI 溶液

4. 一种三室微生物燃料电池污水净化系统原理如图所示，其中离子交换膜Ⅰ、Ⅱ分别是氯离子交换膜和钠离子交换膜中的一种，图中有机废水中的有机物可用 $C_6H_{10}O_5$ 表示。下列有关说法正确的是（　　）

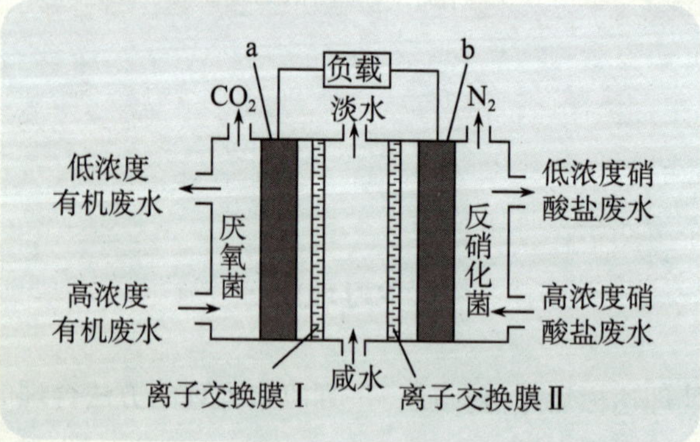

A. a 电极为该电池的负极，离子交换膜Ⅰ是钠离子交换膜

B. a 电极附近溶液的氯离子浓度增大，b 电极附近溶液的 pH 减小

C. a 电极的电极反应式为 $C_6H_{10}O_5-24e^-+7H_2O = 6CO_2\uparrow+24H^+$

D. 中间室中的 Na^+ 移向左室，Cl^- 移向右室

应用实践

5. 利用如图所示装置测定空气中 SO_2 的含量，A 溶液最好选用（　　）

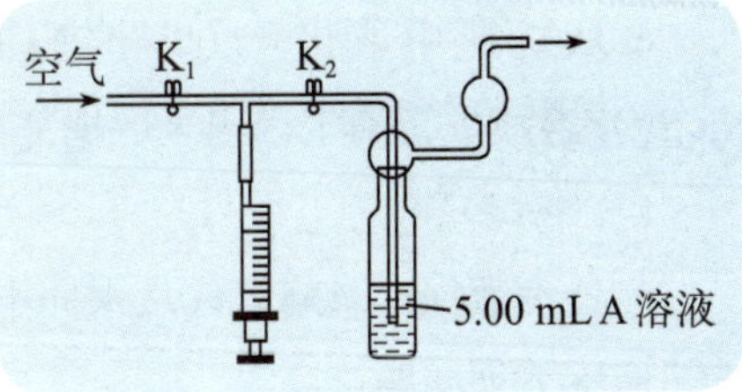

A. NaOH 溶液（滴有 2～3 滴酚酞溶液）

B. $KMnO_4$ 溶液（滴有一定量 H_2SO_4 溶液）

C. HNO_3 溶液[滴有 2～3 滴 $Ba(NO_3)_2$ 溶液]

D. I_2 溶液（滴有 2～3 滴淀粉溶液）

6. 我国科学家设计的一种光电催化高效脱硫并同步制备 H_2O_2 的装置如图所示。其中双极膜是由阴离子交换膜和阳离子交换膜组成的，两膜之间的催化剂可将水分子离解成 H^+ 和 OH^-。下列说法错误的是（　　）

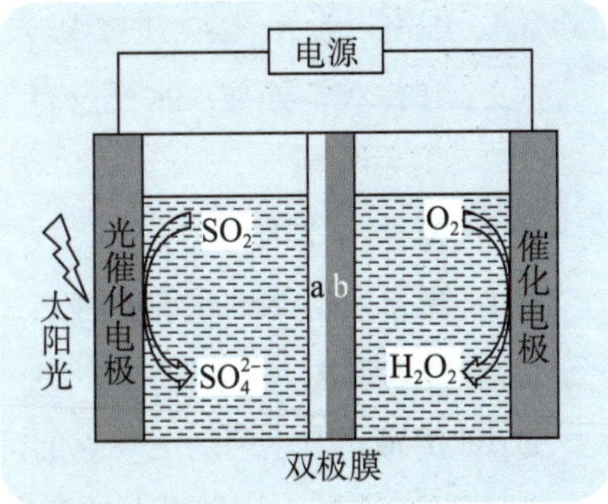

A. 该装置将电能和太阳能转化为化学能

B. 双极膜中的 a 膜是阳离子交换膜

C. 阴极区发生的电极反应为 $O_2 + 2e^- + 2H^+ \xlongequal{} H_2O_2$

D. 0.5 mol SO_2 参与反应，生成 H_2O_2 的数目为 $0.5N_A$

7. 水中溶氧量（DO）是衡量水体自净能力的一个指标，通常用每升水中溶解氧分子的质量表示，单位为 $mg \cdot L^{-1}$，我国《地表水环境质量标准》规定，生活饮用水源的 DO 不能低于 5 $mg \cdot L^{-1}$。某化学小组同学设计了如图所示装置（夹持装置略），测定某河水的 DO。

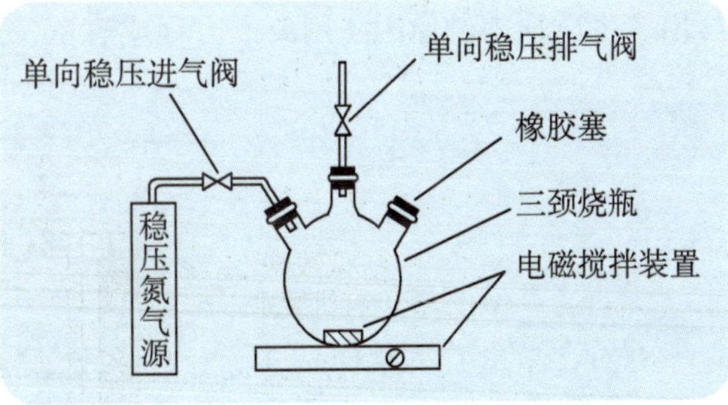

Ⅰ. 测定原理

碱性条件下，O_2 将 Mn^{2+} 氧化为 $MnO(OH)_2$：① $2Mn^{2+} + O_2 + 4OH^- \xlongequal{} 2MnO(OH)_2\downarrow$。

酸性条件下，$MnO(OH)_2$ 将 I^- 氧化为 I_2：② $MnO(OH)_2 + I^- + H^+ \longrightarrow Mn^{2+} + I_2 + H_2O$（未配平）；用 $Na_2S_2O_3$ 标准溶液滴定生成的 I_2：③ $2S_2O_3^{2-} + I_2 \xlongequal{} S_4O_6^{2-} + 2I^-$。

Ⅱ. 测定步骤

a. 安装装置，检查气密性，充 N_2 排尽空气后，停止充 N_2。

b. 向烧瓶中加入 200 mL 水样。

c. 向烧瓶中依次迅速加入 1 mL $MnSO_4$ 无氧溶液（过量）、2 mL 碱性 KI 无氧溶液（过量），开启搅拌器，至反应①完全。

d. 搅拌并向烧瓶中加入 2 mL H_2SO_4 无氧溶液至反应②完全，溶液为中性或弱酸性。

e. 从烧瓶中取出 40.00 mL 溶液，以淀粉溶液作为指示剂，用 0.010 0 $mol \cdot L^{-1}$ $Na_2S_2O_3$ 溶液进行滴定，记录数据。

f. ……

g. 处理数据（忽略氧气从水样中的逸出量和加入试剂后水样体积的变化）。

回答下列问题：

（1）配制以上无氧溶液时，除去所用溶剂水中氧的简单操作为____________。

（2）在橡胶塞处加入水样及有关试剂应选择的仪器为________。

① 滴定管　　② 注射器　　③ 量筒

（3）搅拌的作用是________________。

（4）配平反应②的化学方程式，其化学计量数依次为________________。

（5）步骤 f 为____________________。

（6）步骤 e 中达到滴定终点的标志为______________。若某次滴定消耗 $Na_2S_2O_3$ 溶液 4.50 mL，水样的 DO=________ $mg \cdot L^{-1}$（保留一位小数）。作为饮用水源，此次测得 DO 是否达标？________（填“是”或“否”）。

（7）步骤 d 中加入 H_2SO_4 溶液反应后，若溶液的 pH 过低，滴定时会产生明显的误差，写出产生此误差的原因（用离子方程式表示，至少写出 2 个）：____________，____________。

迁移创新

8. 对含微量 I^- 的某样品进行 I^- 化学定量测定，有以下两种途径，最后均是以淀粉溶液作为指示剂，用 $Na_2S_2O_3$ 标准溶液滴定以求得 I^- 的浓度。

已知：$5I^- + IO_3^- + 6H^+ \xlongequal{} 3H_2O + 3I_2$

$I^- + 3Br_2$（过量）$+ 3H_2O \xlongequal{} 6H^+ + 6Br^- + IO_3^-$

方法一：I^-（样品）$\xrightarrow{过量\ Br_2} IO_3^- \xrightarrow{煮沸除\ Br_2} \xrightarrow[②调节\ pH=7]{①盐酸酸化的\ KI\ 溶液} I_2 \xrightarrow{Na_2S_2O_3\ 标准溶液} I^-$

方法二：I^-（样品）$\xrightarrow{适量\ Br_2} I_2 \xrightarrow{Na_2S_2O_3\ 标准溶液} I^-$

下列分析正确的是（　　）

A. 方法二对样品所做处理操作简便，用作微量的测定更准确

B. 当待测液由无色变为蓝色时即达到滴定终点

C. 方法一与方法二测量出的样品浓度比为 6 ∶ 1

D. 假设各步骤操作均得当，方法一所消耗 $Na_2S_2O_3$ 标准溶液的体积是方法二的 6 倍

9. “硫化物沉淀法”中镍的回收率不高，处理后废水中的镍含量难以达标。“铁脱络－化学沉淀法”可达到预期效果，该法将镍转化为 $Ni(OH)_2$ 固体进而回收镍，工艺流程如图所示。

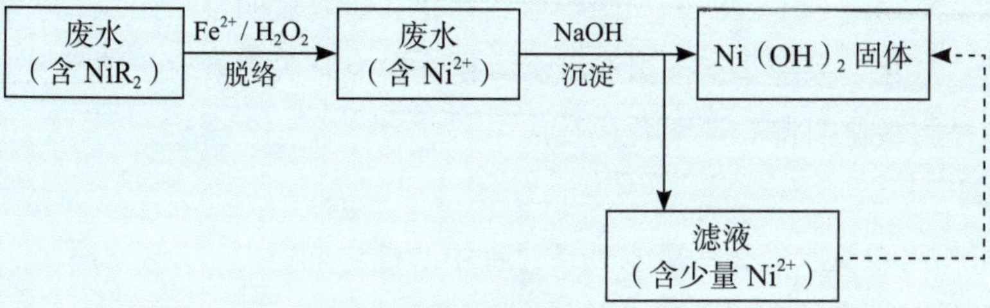

“脱络”(指镍元素由络合物 NiR_2 转化成游离的 Ni^{2+})过程中，R^- 与中间产物 ·OH(羟基自由基)反应生成难以与 Ni^{2+} 络合的 ·R(有机物自由基)，但 ·OH 也能与 H_2O_2 发生反应。反应的方程式如下：

$Fe^{2+} + H_2O_2 \xlongequal{\quad} Fe^{3+} + OH^- + \cdot OH$　　i

$R^- + \cdot OH \xlongequal{\quad} OH^- + \cdot R$　　ii

$H_2O_2 + 2\cdot OH \xlongequal{\quad} O_2\uparrow + 2H_2O$　　iii

实验测得“脱络”过程中 H_2O_2 的加入量对溶液中镍去除率的影响如图所示。

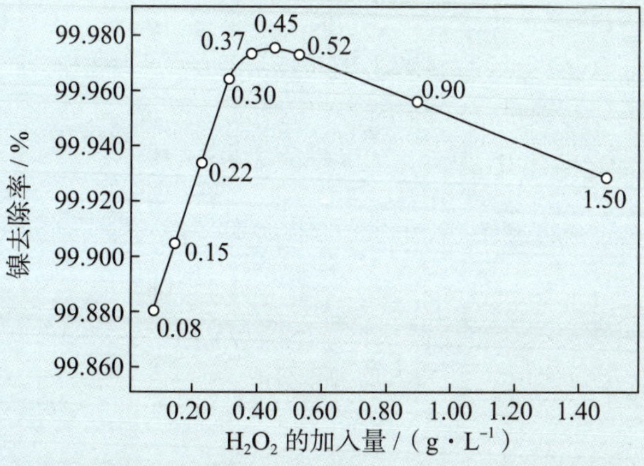

（注：图中“○”旁边数字是该点对应的横坐标的数值）

（1）从平衡移动的角度解释加入 Fe^{2+} 和 H_2O_2 能够实现“脱络”的原因是____。

（2）分析图中曲线，可推断 H_2O_2 的最佳加入量为________$g\cdot L^{-1}$；低于或高于这个值，废水处理效果都下降，原因是____。

10. 氰化物有剧毒，氰化电镀会产生大量含氰化物的废水，该电镀含氰废水中的氰化物主要是以 CN^- 和 $[Fe(CN)_6]^{3-}$ 两种形式存在。研究表明可采用双氧水氧化法处理电镀含氰废水。某化学兴趣小组模拟双氧水氧化法探究有关因素对该破氰反应速率的影响（破氰反应是指氧化剂将 CN^- 氧化的反应）。

[查阅资料]

① Cu^{2+} 可作为双氧水氧化法废水处理过程中的催化剂；

② Cu^{2+} 在偏碱性条件下对双氧水分解的影响较弱，可以忽略不计；

③ $[Fe(CN)_6]^{3-}$ 较 CN^- 难被双氧水氧化，pH 越大，$[Fe(CN)_6]^{3-}$ 越稳定，越难被氧化。

[实验设计]

在常温下，控制含氰废水样品中总氰的初始浓度和催化剂 Cu^{2+} 的浓度相同，调节含氰废水样品不同的初始 pH 和一定浓度双氧水溶液的用量，设计如下对比实验。

（1）请完成以下实验设计表。

实验编号	实验目的	初始 pH	废水样品的体积 / mL	$CuSO_4$ 溶液的体积 / mL	双氧水溶液的体积 / mL	蒸馏水的体积 / mL
①	为以下实验作参考	7	60	10	10	20
②	废水的初始 pH 对破氰反应速率的影响	12	60	10	10	20
③						10

[数据处理]

实验测得含氰废水中的总氰浓度（以 CN^- 表示）随时间的变化关系如图所示。

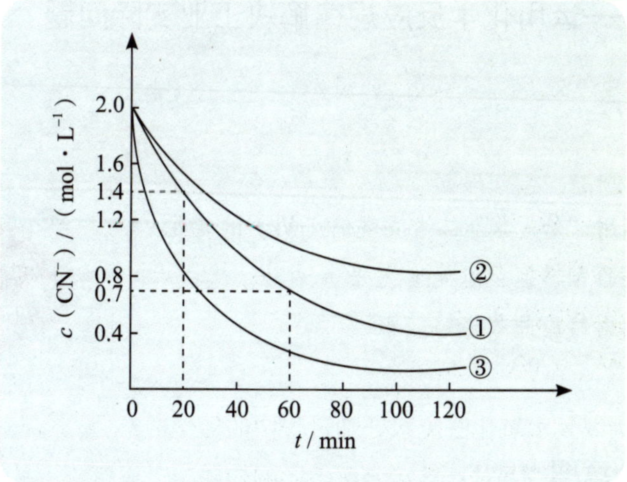

（2）实验①中 20～60 min 时间段反应速率 $v(CN^-)$ = ________ $mol \cdot L^{-1} \cdot min^{-1}$。

[解释和结论]

（3）实验①和实验②结果表明，含氰废水的初始 pH 增大，破氰反应速率减小，其原因可能是________________________________（填一点即可）。

在偏碱性条件下，含氰废水中的 CN^- 最终被双氧水氧化为 HCO_3^-，同时生成 NH_3，试写出该反应的离子方程式：________________。

（4）该兴趣小组同学要探究 Cu^{2+} 是否对双氧水氧化法破氰反应起催化作用，请你帮助他设计实验并验证上述结论，完成下表内容。（已知：废水中的 CN^- 浓度可用离子色谱仪测定）

实验步骤（不要求写出具体操作过程）	预期实验现象和结论

项目 7　从工业废水的铬（Ⅵ）到重铬酸钾

——运用化学反应规律解决工业实际问题

任务一　利用“价-类”二维实现铬（Ⅵ）的转化

任务二　实验室模拟废水处理过程

任务三　利用铬渣回收重铬酸钾

单元项目设计意图

以“价－类”二维认知模型设计去除废水中 Cr（Ⅵ）的方法，运用反应速率和反应平衡的相关知识对反应进行调控，丰富分析实际问题的角度，形成基于实际的评价思路，培养批判性思维；通过实验，增强感性认识，体会化学研究的一般过程，提升“科学探究与创新意识”化学学科核心素养。最后，通过对铬渣回收重铬酸钾的工艺流程的讨论和分析，体会化学反应原理在实际生产、生活中的应用价值，形成基于真实问题解决的一般思路。

单元项目学习目标

1. 能够应用氧化还原反应原理、化学平衡移动原理、电化学等知识，分析物质之间的复杂反应，并从反应速率和化学平衡角度对反应进行优化，形成解决实际问题的一般方法。

2. 通过污水处理过程中方法和条件的选择，借助实验手段研究化学反应，形成设计和评价实验的方法和思路，在实验探究中培养学习化学的兴趣、实事求是的质疑精神和科学论证的意识。

3. 经历实际问题的解决过程，初步具备从工业视角看问题的能力，认识化学在环境保护中的重要作用，明确科学、技术、社会和谐发展的理念及“绿色化学”的思想。

单元项目学习引导

工业废水种类繁多，成分复杂。随着电镀行业的迅速发展，含铬等废水排放量越来越大，严重污染了环境。电镀废水中含有大量的铬（图 7-1），含量一般为 80~100 $mg \cdot L^{-1}$，铬（Ⅵ）的毒性很强，因此对废水进行处理成为环境保护的重要课题。

图 7-1　含铬废水

我国是铬资源进口大国，若将工业废水中的铬进行适当处理，既能避免对环境造成污染，又能避免大量铬资源的浪费，所以探求回收铬的新工艺具有重要的意义。重铬酸钾是强氧化剂，在实验室和工业中都有很广泛的应用，用于制铬矾、火柴、铬颜料，并可供鞣革、电镀、有机合成等，如图 7-2 所示。在实际工业中常将含铬废水进行处理后得到浓度较大的铬（Ⅵ）回收液，制备重铬酸钾。

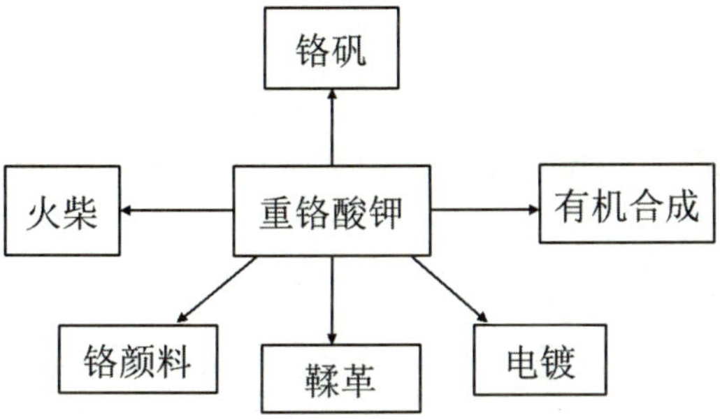

图 7-2　重铬酸钾的用途

任务一　利用"价-类"二维实现铬（Ⅵ）的转化

活动 1　设计去除废水中 Cr（Ⅵ）的方案

资料支持

1. 不同价态铬的毒性不同，六价铬毒性大，三价铬毒性小。
2. Cr（Ⅵ）在水溶液中有下列平衡关系：

$Cr_2O_7^{2-}$（橙色）$+ H_2O \rightleftharpoons 2CrO_4^{2-}$（黄色）$+ 2H^+$

3. $Cr_2O_7^{2-}$ 氧化性强于 CrO_4^{2-}。

4. 常温下，部分阳离子以氢氧化物形式沉淀时溶液的 pH 见表 7-1。

表 7-1　Fe^{3+}、Fe^{2+}、Cr^{3+} 以氢氧化物形式沉淀时的溶液 pH

阳离子	Fe^{3+}	Fe^{2+}	Cr^{3+}
开始沉淀的 pH	1.9	7.0	4.3
沉淀完全的 pH	3.2	9.0	5.6

5. $CaCr_2O_7$、$BaCr_2O_7$ 易溶于水，其他几种盐在常温下的溶度积见表 7-2。

表 7-2　常温下几种盐的溶度积

物质	$CaSO_4$	$CaCrO_4$	$BaCrO_4$	$BaSO_4$
K_{sp}（单位略）	9.1×10^{-6}	2.3×10^{-2}	1.17×10^{-10}	1.08×10^{-10}

思考探究　根据上述资料并结合工业实际，设计去除 pH≈7～8 的废水中 Cr(Ⅵ) 的方案，并说明理由。

要实现铬的去除，可以考虑将铬元素转化为沉淀的形式，依据资料可知 $Cr(OH)_3$ 和 $BaCrO_4$ 为沉淀，由于 pH≈7～8 的废水中 Cr(Ⅵ) 的存在形式为 $Cr_2O_7^{2-}$ 和 CrO_4^{2-}，$Cr_2O_7^{2-}$ 氧化性更强，因此可以采取以下方案：

方案一为先调 pH 至酸性，加入还原剂（如 Fe^{2+}、SO_3^{2-}、Fe 等），再调 pH ≥ 5.6，形成 $Cr(OH)_3$ 沉淀，图 7-3 展示了还原法处理含铬废水的工艺流程。其中包括两个反应过程：一个是 Cr(Ⅵ) 的还原反应，另一个是 Cr(Ⅲ) 的沉淀反应。在实际操作中，应先将废水用硫酸调 pH 至 2～3，再加入还原剂，使氧化还原电位（ORP）达到 400 mV 以上，发生氧化还原反应（对氧化还原反应来说，一般认为电位差在 200 mV 以上反应即可向右进行；电位差在 400 mV 以上反应可进行得比较完全）。在下一个反应池中用 NaOH 或 $Ca(OH)_2$ 调 pH 生成 $Cr(OH)_3$ 沉淀，再加入混凝剂，除去 $Cr(OH)_3$ 沉淀。

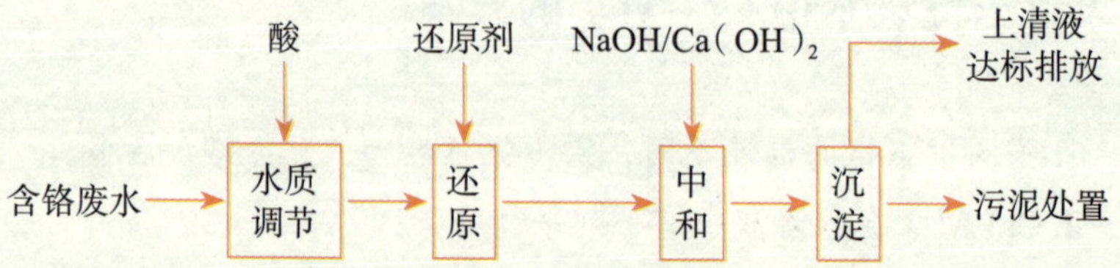

图 7-3　还原法处理含铬废水的工艺流程

方案二是先调 pH 至碱性，加入钡离子形成 $BaCrO_4$ 沉淀。

两种废水处理方案中相关反应的离子方程式为：

$Cr_2O_7^{2-} + 3SO_3^{2-} + 8H^+ = 2Cr^{3+} + 3SO_4^{2-} + 4H_2O$（还原剂以 SO_3^{2-} 为例）

$Cr^{3+} + 3OH^- = Cr(OH)_3\downarrow$

$CrO_4^{2-} + Ba^{2+} = BaCrO_4\downarrow$

方案一中使用的核心反应是氧化还原反应，因此还可以运用电化学方法使 Cr（Ⅵ）在正极或者阴极得电子转化为 Cr（Ⅲ）。例如，电解法就是利用阳极铁在电流的作用下产生大量的亚铁离子，同时阴极板上生成氢气，在酸性条件下，亚铁离子能够将 Cr（Ⅵ）还原成 Cr（Ⅲ）。由于废水中的氢离子不断地减少，废水的 pH 会不断上升，Cr（Ⅲ）在一定的 pH 区间会与废水中的 OH^- 结合形成比较稳定的氢氧化铬沉淀，从而能够稳定废水的 pH 并且能够将铬元素从废水中分离出来。

电解法处理废水反应的离子方程式为：

（阳极）$Fe - 2e^- = Fe^{2+}$

（阴极）$Cr_2O_7^{2-} + 6e^- + 14H^+ = 2Cr^{3+} + 7H_2O$

$6Fe^{2+} + Cr_2O_7^{2-} + 14H^+ = 2Cr^{3+} + 6Fe^{3+} + 7H_2O$

交流研讨　这样设计的理由是什么？结合化学知识和工业实际，说说都要考虑哪些问题。

实际转化过程中既要考虑转化率，又要考虑反应速率，因此可以选择还原性相对较强的物质与 Cr（Ⅵ）发生反应，可以同时提高反应速率和转化率；还可以通过改变外界条件，如 pH、温度、浓度、催化剂、表面积等来优化反应。除此之外，在实际工业中还要考虑所选的试剂本身无毒、易获得、成本低，产物无污染。

国内外含铬废水的处理技术主要有化学还原 / 沉淀法、离子交换法、膜分离法、吸附法和生物法等。沉淀法：工艺简单，效果好；缺点是过滤用的微孔塑料管容易阻塞，清洗不便。电解法：无须添加化学辅佐试剂，避免二次污染，去除彻底；缺点是耗电量较大，消耗钢板，运行费用较高，沉渣综合利用等问题有待进一步解决。还原 / 沉淀法：工艺简单、成本低廉、处理量大、去除效果好，还原剂以 Fe 粉、$FeSO_4$、Na_2SO_3、$NaHSO_3$ 居多；该方法会产生大量的沉淀废渣，必须综合利用，以免产生二次污染。

任务梳理 初步建立解决实际问题的思路：

实际问题
↓
任务（目的）
↓
物质性质 ⟶ 角度 {化合价、类别}
↓
物质转化
↓
优化反应 ⟶ 角度 {绿色、速率、转化率}

活动 2 结合图表信息完善具体实验方案

思考探究 实验室欲用还原法模拟中性含铬废水的处理过程，请你结合图 7-4、图 7-5 所给的数据，进一步完善具体实验方案。

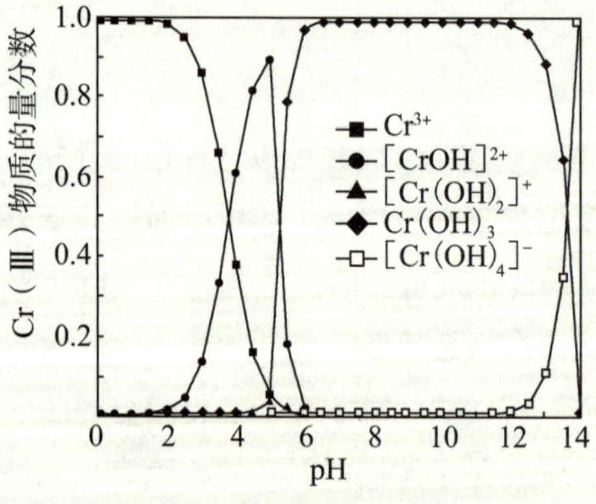

图 7-4 不同 pH 下 Cr（Ⅲ）的存在形态

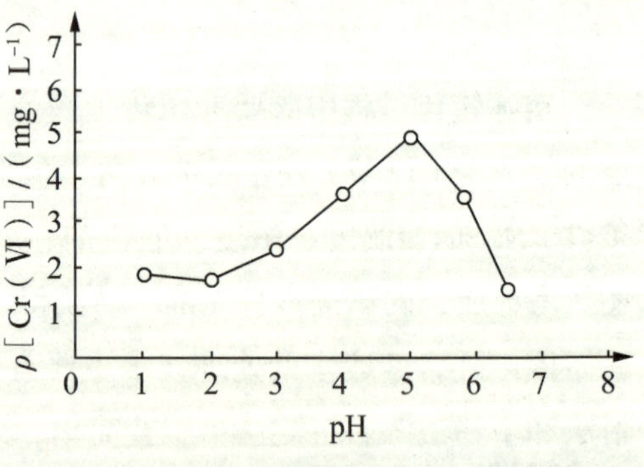

图 7-5 向不同 pH 的废水中加入 Na_2SO_3 静置 24 h 后取上层清液测量的 ρ[Cr（Ⅵ）]

可选试剂：pH 调至 7 的 0.1 mol · L^{-1} $K_2Cr_2O_7$(aq)、1 : 4 的硫酸、6 mol · L^{-1} NaOH(aq)、pH 计、饱和 Na_2SO_3(aq)、乙醇、$FeSO_4$(aq)、Fe(s)、S(s)。

Cr（Ⅵ）和还原剂在不同 pH 条件下发生氧化还原反应，生成物 Cr（Ⅲ）在水溶液中也会有不同的存在形态。由图 7-4 可知，Cr（Ⅲ）的形态变化为：当 pH<2.0 时，主要以

Cr^{3+} 的形态存在；当 pH>2.0 时，主要以 $[CrOH]^{2+}$ 和 $[Cr(OH)_2]^{+}$ 的形态存在；当 pH>5.0 时，主要以 $Cr(OH)_3$ 沉淀的形态存在，但 pH>12.0（强碱性）时，沉淀溶解，转化为 $[Cr(OH)_4]^{-}$。Cr(Ⅲ) 在不同 pH 下的存在形态不同，要实现将铬元素沉淀的目的，需要选择能形成 $Cr(OH)_3$ 的 pH 范围，即沉淀步骤中的 pH 需要控制在 6~12。

从图 7-5 可以看出不同 pH 下 Cr(Ⅵ) 的转化率，再结合图 7-4 中 Cr(Ⅲ) 的存在形态，可以设计如下方案：酸性环境下将 Cr(Ⅵ) 还原后再调节 pH 使得 Cr(Ⅲ) 沉淀，或者在 pH 约为 6.5 的条件下进行实验，一步完成 Cr(Ⅲ) 的沉淀，达到处理 Cr(Ⅵ) 的目的。具体方案为：① 向 $0.1\ mol \cdot L^{-1}$ $K_2Cr_2O_7$（aq）中加入 1 ∶ 4 的硫酸调节 pH=2，再加入 Na_2SO_3(aq)，最后调节 pH 至 6~12。② 向 $0.1\ mol \cdot L^{-1}$ $K_2Cr_2O_7$(aq) 中加入 1 ∶ 4 的硫酸调节 pH=6.5，再加入 Na_2SO_3（aq），振荡后静置。

任务二　实验室模拟废水处理过程

活动 1　学生实验

活动探究　小组合作进行实验，记录现象，并结合反应的化学方程式加以解释。

废水处理实验示意图如图 7-6 所示。

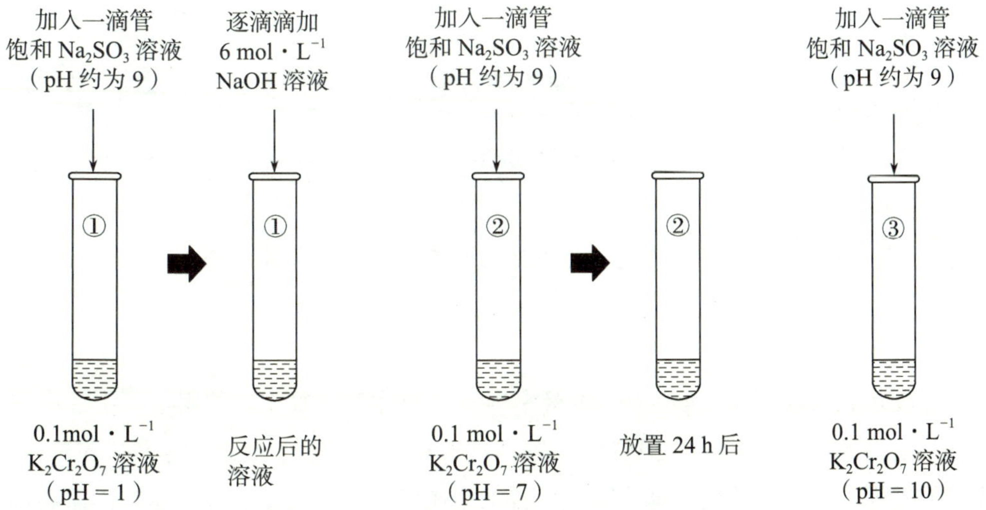

图 7-6　废水处理实验示意图

实验现象如图 7-7 所示。

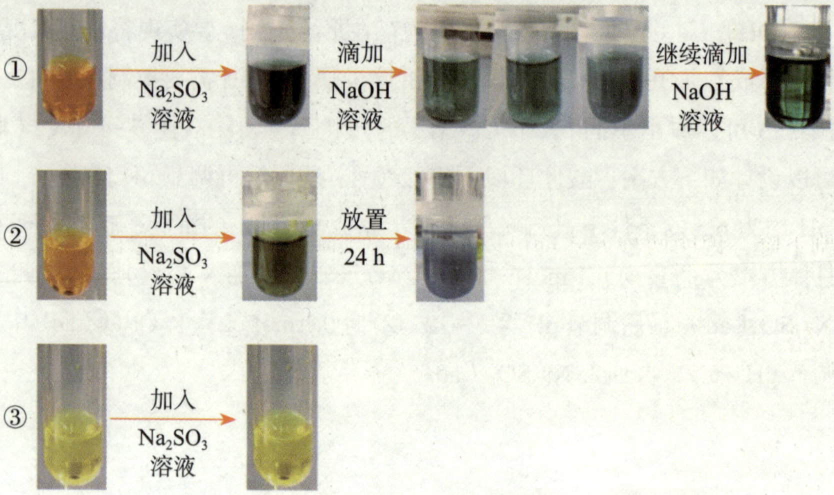

图 7-7　废水处理实验现象

查阅资料，知 $Cr(OH)_3$ 与 $Al(OH)_3$ 类似，既能与酸反应，又能与碱反应。存在如下平衡：$Cr(OH)_3 \rightleftharpoons Cr^{3+} + 3OH^-$；$Cr(OH)_3 + H_2O \rightleftharpoons [Cr(OH)_4]^- + H^+$（$[Cr(OH)_4]^-$ 为亮绿色）。实验过程中涉及反应的离子方程式见表 7-3。

表 7-3　实验过程中涉及反应的离子方程式

试管序号	离子方程式
①	$Cr_2O_7^{2-} + 3SO_3^{2-} + 8H^+ = 2Cr^{3+} + 3SO_4^{2-} + 4H_2O$ $Cr^{3+} + 3OH^- = Cr(OH)_3\downarrow$ $Cr(OH)_3 + OH^- = [Cr(OH)_4]^-$
②	$Cr_2O_7^{2-} + 3SO_3^{2-} + 4H_2O = 2Cr(OH)_3\downarrow + 3SO_4^{2-} + 2OH^-$

交流研讨　你对工业处理含铬废水的条件控制有何建议？通过实验你对化学反应有何新的认识？

酸性废水在最终调 pH 沉淀 Cr^{3+} 的环节时，需要注意氢氧化钠的用量。中性废水中直接加入还原剂，速率较慢，但转化率较高、节约成本。试剂用量、条件（pH）会影响反应的进程、速率、转化率等。因此，若采用还原法对碱性废水进行处理，需要调节 pH，图 7-8 是试管③中溶液调节 pH 过程的补充实验及现象。

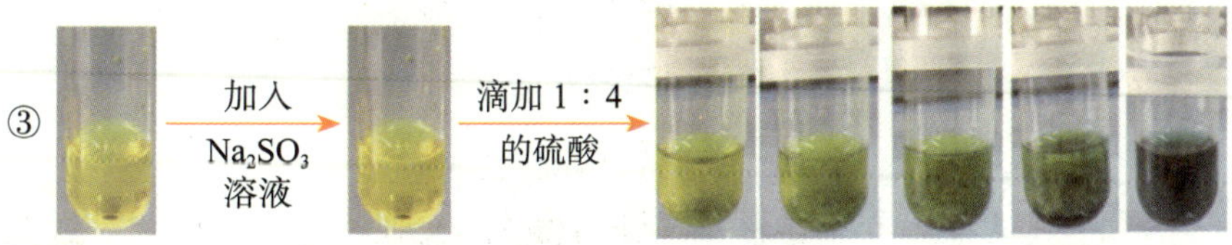

图 7-8　试管③的补充实验及现象

从表 7-4 可以看出，采用加酸和不加酸方式进行废水处理后，废水中的 Cr(Ⅵ) 含量均急剧下降，说明两种方式都可以很好地起到降低 Cr(Ⅵ) 含量的作用。两者相比，采用不加酸方式的处理效率更高。

表 7-4　含铬废水处理的实验结果

水样编号	原水 Cr(Ⅵ)/($mg \cdot L^{-1}$)	不加酸处理		加酸处理	
		Cr(Ⅵ)/($mg \cdot L^{-1}$)	去除率/%	Cr(Ⅵ)/($mg \cdot L^{-1}$)	去除率/%
1	0.658	0.031	95	0.035	95
2	0.808	0.034	96	0.073	91
3	0.655	0.024	96	0.032	95
4	0.632	0.032	95	0.041	94

图 7-9 是现有实际工业中处理含铬废水的工艺流程，图 7-10 是改进后的工业流程。改进后可节省 pH 计 2 台，ORP 氧化还原电位在线分析仪 1 台，加药泵 4 台，以及相应管架阀门、控制系统，累计可节省投资 15 万元左右。彩色显像管总装车间每年排放含铬废水约 29 万吨，每年可节省酸碱费用约 6 万元。从图 7-9 中可以看出工艺过程相当复杂，改进后大大节约了系统的建造成本、日常维护费用以及环保成本。

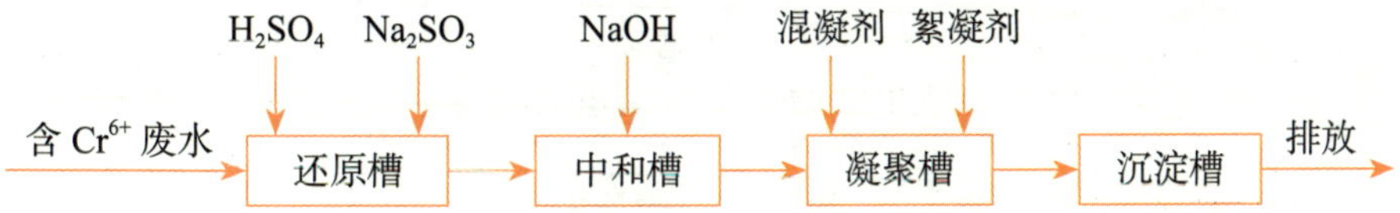

图 7-9　现有的含铬废水处理工艺流程

图 7-10　改进后的含铬废水处理工艺流程

活动 2 探究 pH 对物质性质的影响

交流研讨 资料显示 pH 本身会影响物质的性质。请分析：为什么 pH 越小，反应速率越快？

理由 1：pH 越小，c（H^+）增大，反应 $Cr_2O_7^{2-}$（橙色）$+ H_2O \rightleftharpoons 2CrO_4^{2-}$（黄色）$+ 2H^+$ 向逆反应方向移动，c（$Cr_2O_7^{2-}$）增大，且 $Cr_2O_7^{2-}$ 的氧化性比 CrO_4^{2-} 强。

理由 2：可能是 pH 越小，铬（Ⅵ）盐氧化性增强，或 SO_3^{2-} 还原性增强。

活动探究 为探究溶液酸性增强对 Na_2SO_3 溶液还原性或铬(Ⅵ) 盐溶液氧化性的影响，请依据以下资料设计实验方案并进行实验探究。

资料支持 已知电压大小反映了物质氧化还原性强弱的差异；物质氧化性与还原性强弱差异越大，电压越大。

实验装置设计如图 7-11 所示。

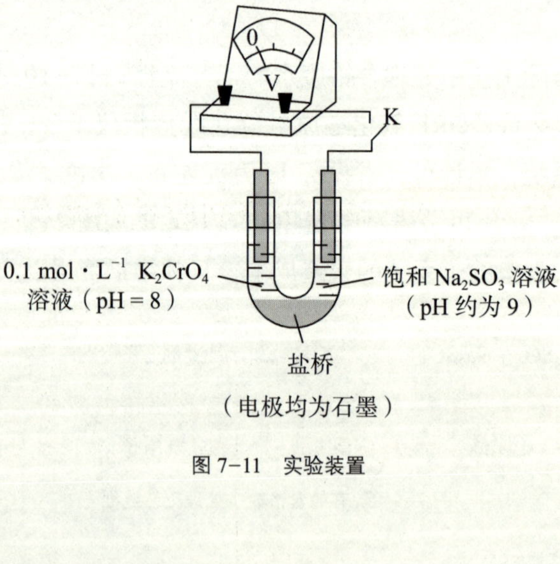

图 7-11 实验装置

具体操作为：

a. 闭合开关 K 时，测得电压为 U_1。

b. 向 U 形管右侧溶液中滴加几滴硫酸，无气泡产生，记录电压 U_2。

c. 向 U 形管左侧溶液中滴加几滴硫酸，记录电压 U_3。

实验结果：$U_1 \approx U_2$；$U_3 > U_1$（图 7-12）。

图 7-12　实验结果

实验结论：溶液酸性增强，铬（Ⅵ）盐溶液的氧化性增强，Na_2SO_3 溶液的还原性几乎没有变化。

任务梳理　完整构建解决实际问题的思路：

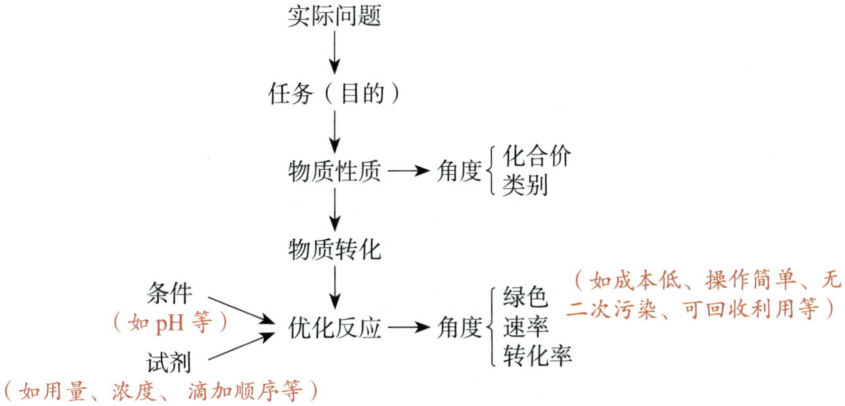

任务三　利用铬渣回收重铬酸钾

交流研讨　电镀含铬废水的治理工艺已趋成熟，但形成的大量铬盐没有得到很好的利用或恰当的处置，不但会对环境造成严重的二次污染，而且浪费了大量的铬资源。图 7-13 是利用铬渣回收重铬酸钾的工艺流程，请你结合反应的化学方程式解释生产原理。若要获得较多的 $K_2Cr_2O_7$ 固体，结合不同物质的溶解度曲线（图 7-14）说明步骤④所采用的方法。

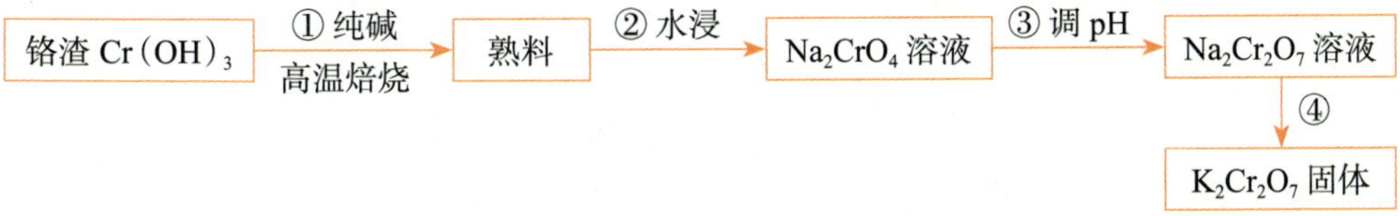

图 7-13　利用铬渣回收重铬酸钾的工艺流程

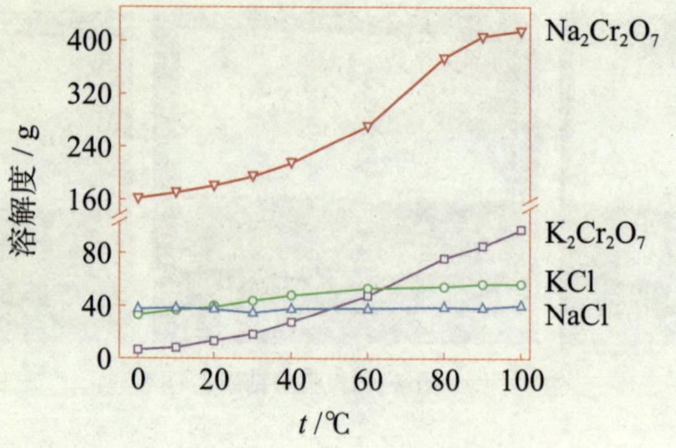

图 7-14　不同物质的溶解度曲线

氢氧化铬和纯碱高温焙烧，将三价铬氧化为六价铬，生成铬酸钠。焙烧生成的熟料用水浸泡得碱性 Na_2CrO_4 溶液，再用酸中和 Na_2CrO_4 溶液得到 $Na_2Cr_2O_7$ 溶液，作为生产重铬酸钾的原料。最后一步要制得重铬酸钾，则需要引入钾离子，可以加入可溶性钾盐（如 KCl），利用复分解反应原理控制条件使得重铬酸钾溶解度最小则可以使之从反应体系中析出，最终制得重铬酸钾。各步骤涉及反应的化学方程式见表 7-5。

表 7-5　各步骤涉及反应的化学方程式

步骤	化学方程式
①	$4Cr(OH)_3 + 4Na_2CO_3 + 3O_2 \xlongequal{} 4Na_2CrO_4 + 4CO_2 + 6H_2O$
③	$2Na_2CrO_4 + H_2SO_4 \xlongequal{} Na_2Cr_2O_7 + Na_2SO_4 + H_2O$
④	$Na_2Cr_2O_7 + 2KCl \xlongequal{} K_2Cr_2O_7 + 2NaCl$

若需要获得较多的固体，首先应加热浓缩，由于 $Na_2Cr_2O_7$ 的溶解度较大，因此 $K_2Cr_2O_7$、KCl、NaCl 在浓缩的过程中先达到饱和析出。结合溶解度曲线，$K_2Cr_2O_7$ 的溶解度随温度变化较大，因此在冷却结晶的过程中会析出，而 KCl、NaCl 在这个过程中几乎不析出。冷却至 0 ℃时，$K_2Cr_2O_7$ 的溶解度比其他两种物质均小，因此重铬酸钾将大量析出。

单元项目梳理

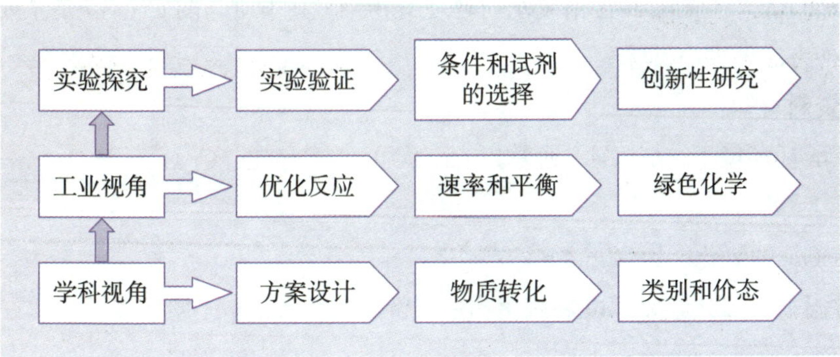

单元项目检测

学习理解

1. 某工厂采用电解法处理含铬废水，耐酸电解槽用铁板做阴、阳极，槽中盛放含铬废水，工业设备如图所示。下列说法正确的是（　　）

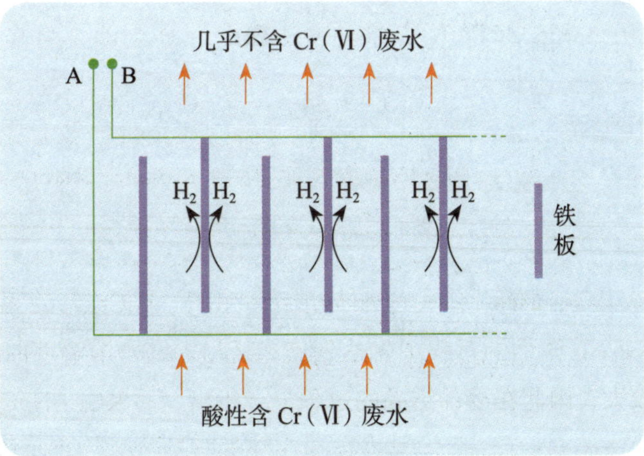

A. A 接电源负极

B. 阳极区溶液中发生的氧化还原反应：$Cr_2O_7^{2-}+6Fe^{2+}+14H^+ = 2Cr^{3+}+6Fe^{3+}+7H_2O$

C. 阴极区附近溶液的 pH 减小

D. 若不考虑气体的溶解，当收集到 H_2 13.44 L 时（标准状况下），有 0.2 mol $Cr_2O_7^{2-}$ 被还原

2. 电镀行业产生的酸性含铬废水对环境有污染，其中所含的 Cr(Ⅵ) 是主要污染物，可采用多种方法处理将其除去。

查阅资料可知：

① 在酸性环境下，Cr(Ⅵ) 通常以 $Cr_2O_7^{2-}$ 的形式存在：$Cr_2O_7^{2-} + H_2O \rightleftharpoons 2CrO_4^{2-} + 2H^+$；

② $Cr_2O_7^{2-}$ 的氧化能力强于 CrO_4^{2-}；

③ 常温下，部分阳离子以氢氧化物形式沉淀时溶液的 pH 见下表。

阳离子	Fe^{3+}	Fe^{2+}	Cr^{3+}
开始沉淀的 pH	1.9	7.0	4.3
沉淀完全的 pH	3.2	9.0	5.6

电解过程中，溶液的 pH 不同时，通电时间（t）与溶液中 Cr 元素去除率的关系如图所示。

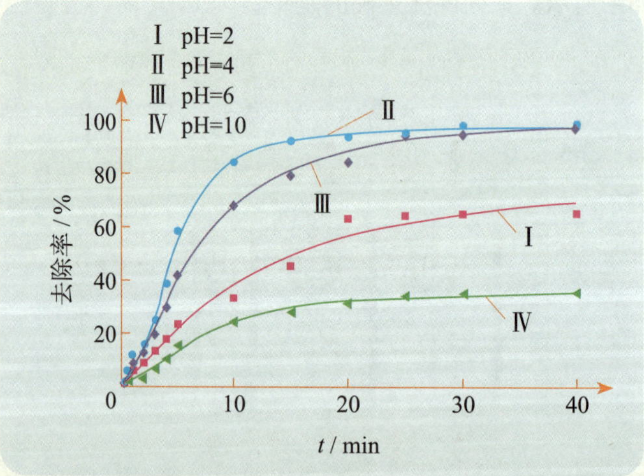

（1）由图知，电解还原法应采取的最佳 pH 范围为________。

a. 2 ~ 4　　b. 4 ~ 6　　c. 6 ~ 10

（2）解释曲线Ⅰ和曲线Ⅳ去除率低的原因：____。

应用实践

3. 含有 $K_2Cr_2O_7$ 的废水具有较强的毒性，工业上常用钡盐沉淀法处理含有 $K_2Cr_2O_7$ 的废水并回收重铬酸，具体的流程如下：

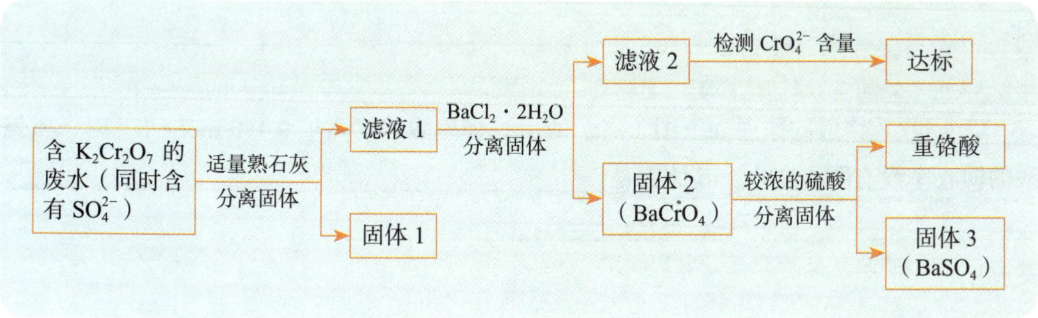

已知：a. Cr（Ⅵ）在水溶液中有下列平衡关系。

$$Cr_2O_7^{2-}\text{（橙色）} + H_2O \rightleftharpoons 2CrO_4^{2-}\text{（黄色）} + 2H^+$$

b. $CaCr_2O_7$ 易溶于水，其他几种盐在常温下的溶度积见下表。

物质	$CaSO_4$	$CaCrO_4$	$BaCrO_4$	$BaSO_4$
溶度积（单位略）	9.1×10^{-6}	2.30×10^{-2}	1.17×10^{-10}	1.08×10^{-10}

（1）研究温度对 CrO_4^{2-} 沉淀率的影响。实验结果如下：在相同的时间间隔内，不同温度下 CrO_4^{2-} 的沉淀率（沉淀率 $= \dfrac{\text{固体 2 中 } CrO_4^{2-} \text{ 的量}}{\text{滤液 1 中 } CrO_4^{2-} \text{ 的量}} \times 100\%$）如图所示。

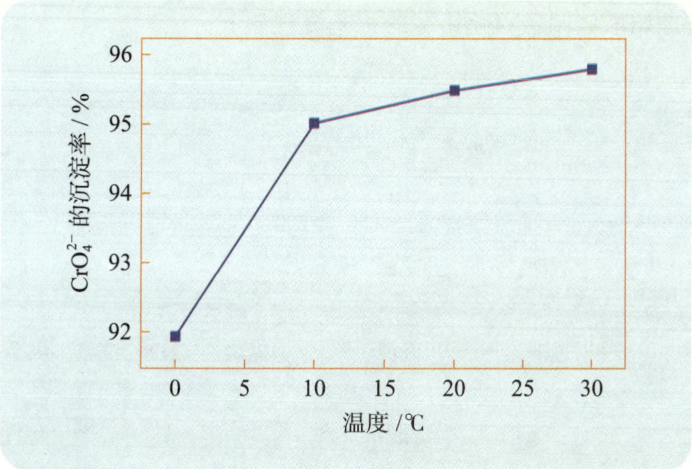

已知：$BaCrO_4(s) \rightleftharpoons Ba^{2+}(aq) + CrO_4^{2-}(aq) \quad \Delta H > 0$

CrO_4^{2-} 的沉淀率随温度变化的原因是________________________。

（2）向固体 2 中加入硫酸，回收重铬酸。

① 硫酸浓度对重铬酸回收率的影响如下图（左）所示。结合化学平衡移动原理，解释使用 0.450 mol · L^{-1} 硫酸时，重铬酸的回收率明显高于使用 0.225 mol · L^{-1} 硫酸的原因：____。

② 回收重铬酸的原理如下图（右）所示。当硫酸浓度高于 0.450 mol · L^{-1} 时，重铬酸的回收率没有明显变化，其原因是____。

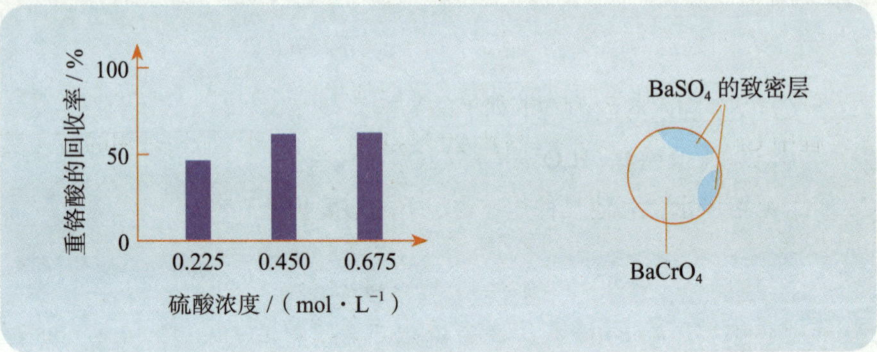

迁移创新

4. 氧化铬绿（Cr_2O_3）的性质独特，在冶金、颜料等领域有着不可替代的地位。一种利用淀粉水热还原铬酸钠制备氧化铬绿的工艺流程如下：

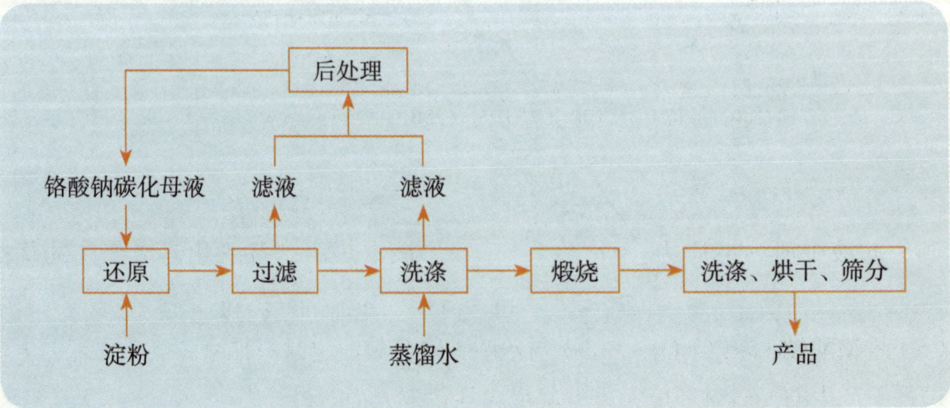

已知：

① 向含少量 Na_2CO_3 的铬酸钠碱性溶液中通入 CO_2 可制得不同碳化率的铬酸钠碳化母液；

②“还原”反应剧烈放热，可制得 $Cr(OH)_3$ 浆料。

（1）该工艺中“还原”反应最初使用的是蔗糖或甲醛，后来改用价格低廉的淀粉。请写出甲醛（HCHO）与铬酸钠（Na_2CrO_4）溶液反应的离子方程式：______________。

（2）将混合均匀的料液加入反应釜，密闭搅拌，恒温发生“还原”反应，下列有关说法错误的是______（填字母序号）。

A. 该反应一定无须加热即可进行

B. 必要时可使用冷却水进行温度控制

C. 铬酸钠可适当过量，使淀粉充分反应

D. 应建造废水回收池，回收含铬废水

（3）测得反应完成后在不同恒温温度、不同碳化率下 Cr（Ⅵ）的还原率如图所示。实际生产过程中 Cr（Ⅵ）的还原率可高达 99.5% 以上，“还原”阶段采用的最佳反应条件为________________________。

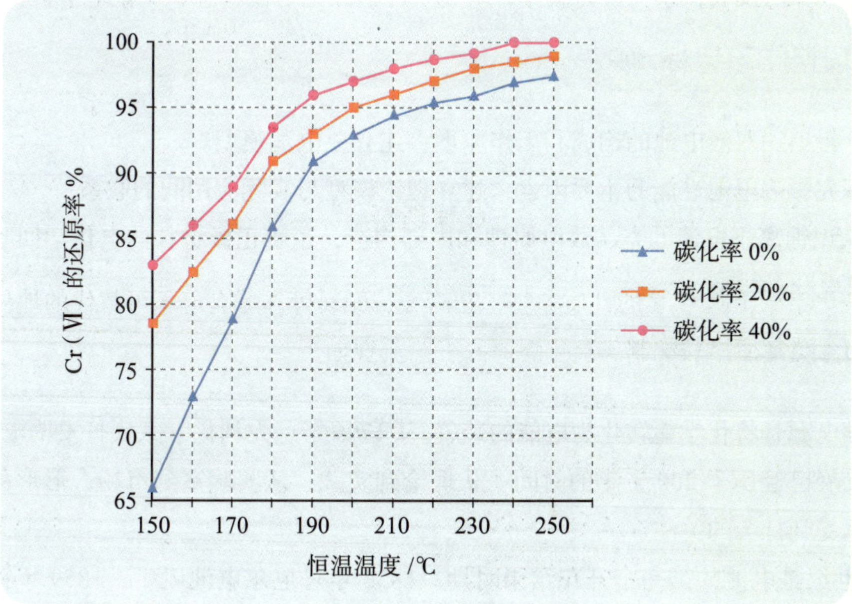

（4）滤液中所含溶质为________________。该水热法制备氧化铬绿工艺的优点有________________________、________________________（请写出两条）。

（5）重铬酸钠（$Na_2Cr_2O_7 \cdot H_2O$）与硫酸铵热分解法也是一种生产氧化铬绿的方法，生产过程中产生的气体对环境无害，其反应的化学方程式为________________________。

项目8　电池的前世今生

——探究化学电源的工作原理及实际应用

任务一　分析单双液电池的工作原理和构成要素

任务二　探究影响电池性能的主要因素

任务三　探秘锂离子电池

单元项目设计意图

在由理论模型上升到实际应用的过程中实现对原电池模型和电解池模型的工作原理和装置要素的深入理解，完成对电化学模型的构建，落实“证据推理与模型认知”化学学科核心素养的发展；以实验为载体，培养“科学探究与创新意识”化学学科核心素养。

单元项目学习目标

1. 分析单、双液电池的构成和工作原理，建立原电池模型。

2. 探究影响电池性能的主要因素，建立理论模型与实际应用间的联系。

3. 认识锂离子电池的充、放电原理和内部构造，了解正极材料的电化学回收方法，建立完善电化学模型。

单元项目学习引导

化学电源是将化学能转化为电能的装置。从1799年意大利化学家伏打发明电池以来，电池的发展已经历了200多年的时间。从理论到实践、从实验室到市场，形形色色的电池越来越受到社会的关注。

19世纪是电池的第一个开花结果时期，1836年丹尼尔电池诞生，1859年铅酸电池发明，1883年发明了氧化银电池，1899年发明了镍镉电池……20世纪中期后，电池技术研究的重点由一次电池转向二次电池。随着环保意识的增强，人们开始寻找可代替传统铅酸电池和镍镉电池的二次电池，锂离子电池应运而生。1990年前后，锂离子电池诞生，1999年开始商品化。2019年诺贝尔化学奖授予了在锂离子电池研发领域作出卓越贡献的三名科学家。

任务一 分析单双液电池的工作原理和构成要素

活动 1 对比学习单液电池和双液电池

Cu-Zn 单液电池和双液电池如图 8-1 所示。

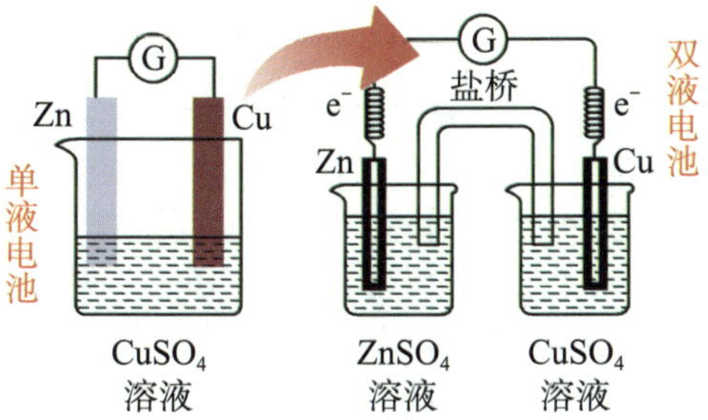

图 8-1 单液电池和双液电池

知识回顾 借助 Cu-Zn 单液电池回顾所学的原电池的工作原理和构成要素，初步构建原电池模型。

可通过思考以下问题回顾所学的原电池相关知识。

【问题 1】单液电池装置的构成要素有哪些？各部分起什么作用？

【问题 2】正、负极反应和总反应各是什么？

【问题 3】外电路中的电子和内电路中的阴、阳离子是如何移动的？

交流研讨 从工作原理和构成要素角度分析比较，单液电池和双液电池装置有哪些相同点和不同点？

原电池装置的本质是将一个自发的氧化还原反应分开在两个场所进行。单液电池和双液电池的工作原理和构成要素有许多相似之处。

在 Cu-Zn 原电池中，Zn 失电子变为 Zn^{2+}，所以负极锌片既提供了失电子的场所，又作为反应物参与了电极反应；而溶液中的 Cu^{2+} 在正极上得电子变为 Cu，正极铜片不参与电极反应，但为 Cu^{2+} 提供了得电子的场所。外电路中电子通过导线由负极流向正极，所以导线是电子导体，内电路中为了保持电荷的平衡，电解质溶液中的阴离子会向负极移动，阳离子会向正极移动，从而构成闭合回路，所以电解质溶液充当了离子导体。在具备这几个基本的构成要素后，Cu-Zn 原电池装置实现了化学能向电能的转化。

所以无论是 Cu-Zn 单液电池还是双液电池，都对应一个相同的自发氧化还原反应：$Zn+Cu^{2+}$ ══ $Zn^{2+}+Cu$；正、负极反应相同：负极 $Zn-2e^{-}$ ══ Zn^{2+}，正极 $Cu^{2+}+2e^{-}$ ══ Cu；都有电极反应物、电子得失场所、电子导体和离子导体这四大构成要素。不同之处在于：双液电池采用了两种不同的电解质溶液，将两种电解质溶液分开，中间用盐桥连接，所谓“藕断丝连”。

原电池构成要素如图 8-2 所示。

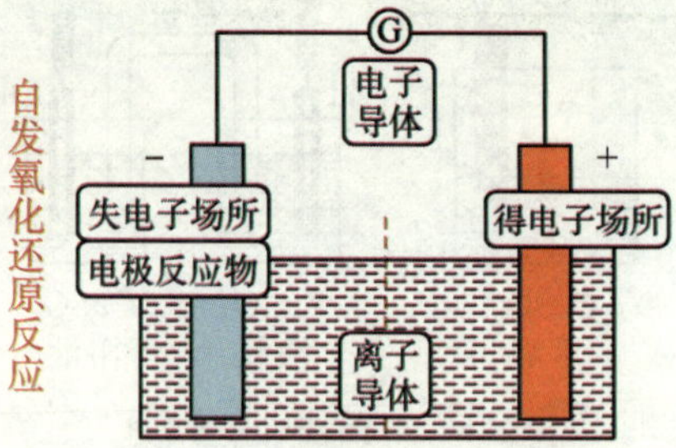

图 8-2　原电池构成要素

活动 2　认识双液电池，体会盐桥的作用

交流研讨　为什么要将单液电池改为双液电池？与前者相比，双液电池具有哪些优点？

【演示实验】利用电流传感器对比单、双液电池电流的稳定性，并观察一段时间后负极表面的变化。

【主要仪器和药品】数据采集器及配套计算机软件，电流传感器，锌片，铜片，饱和 KCl 盐桥，1 mol · L^{-1} $CuSO_4$ 溶液，1 mol · L^{-1} $ZnSO_4$ 溶液。

实验图像如图 8-3、图 8-4 所示。

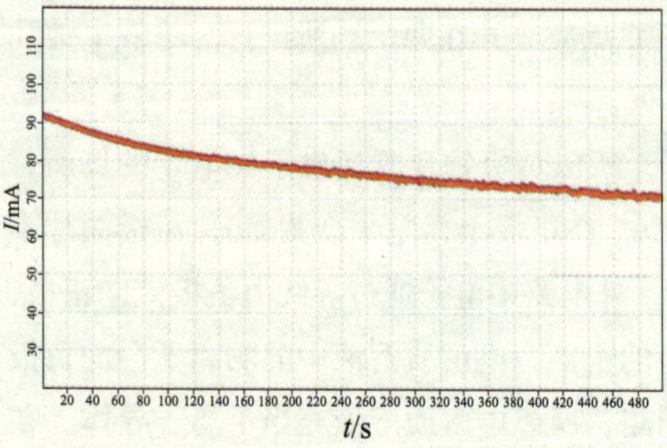

图 8-3　单液电池电流变化曲线（8min）

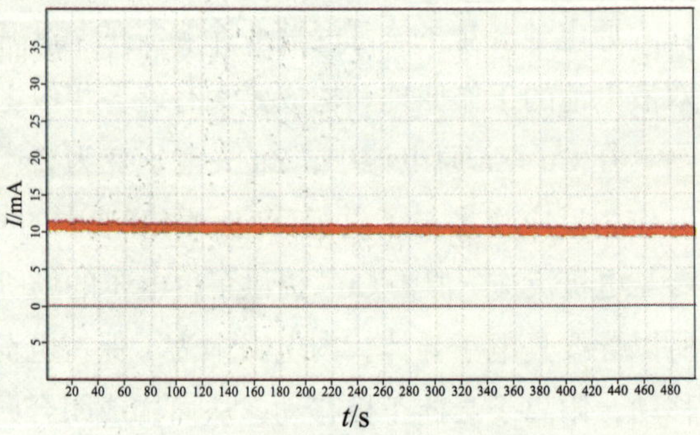

图 8-4　双液电池电流变化曲线（8min）

实验现象如图 8-5、图 8-6 所示。

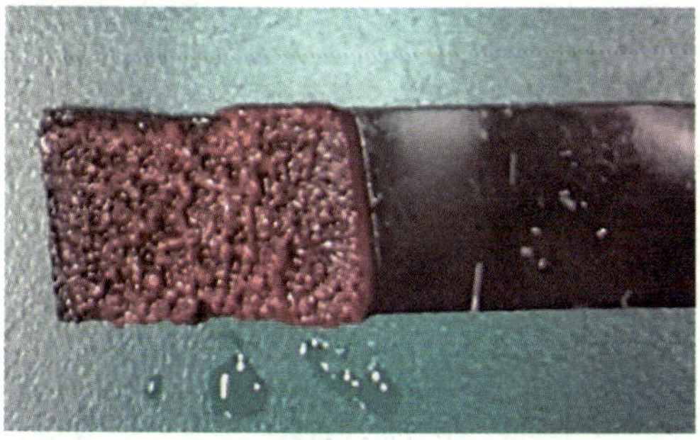

图 8-5　反应后单液电池的锌片表面

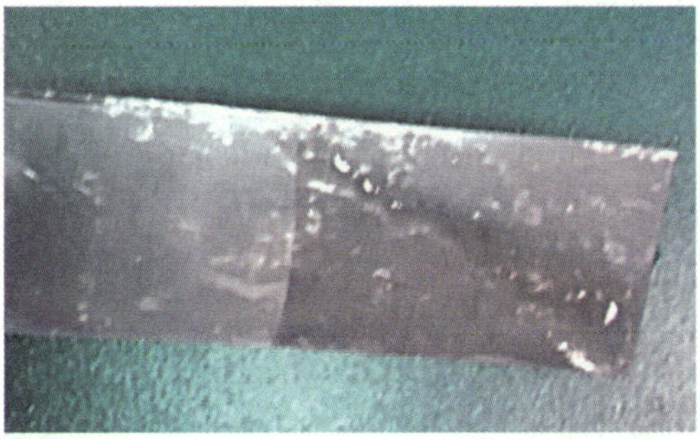

图 8-6　反应后双液电池的锌片表面

由实验图像和现象可知，单液电池中 Zn 和 $CuSO_4$ 溶液直接接触反应，一段时间后锌片表面有红色的 Cu 析出，阻碍 Zn 与 $CuSO_4$ 溶液的后续反应，导致电流会在短时间内衰减；而双液电池电流更加稳定，且一段时间后负极锌片表面光亮如新。

小结　双液电池可以真正实现氧化反应与还原反应在不同的区域内进行，避免了氧化剂与还原剂直接接触造成物质损失与能量损失，为原电池持续、稳定地产生电流创造了必要的条件。

交流研讨　双液电池中盐桥的作用是什么？加入盐桥后，整个闭合回路中的电子和阴、阳离子如何定向移动？

作为盐桥的 U 形管中通常装有含琼脂的 KCl 饱和溶液，其他强电解质如 NaCl、KNO_3 的饱和溶液也可以。盐桥中电解质选择的一般原则是高浓度，正、负离子的迁移速率接近，且不与电池装置中的溶液发生反应。琼脂起固定作用，使溶液不会流出，但离子仍可以在其中自由移动。当有盐桥存在时，电子由负极移向正极，且随着反应的进行，盐桥中的 Cl^- 移向 $ZnSO_4$ 溶液，K^+ 移向 $CuSO_4$ 溶液，使 $ZnSO_4$ 溶液和 $CuSO_4$ 溶液均保持电中性，氧化还原反应得以继续进行，从而使原电池不断产生电流。

迁移应用　实际生产、生活中我们用的电池是单液电池还是双液电池？如果是双液电池，盐桥在哪里呢？

教学中用的双液原电池装置虽然电流稳定性非常好，但电流往往很小，这是由于U形管盐桥内的琼脂内阻非常大，难以在实际中应用。将一块手机锂离子电池拆开，发现内部有非常薄的多孔隔膜（图 8-7、图 8-8），这是真实电池中的盐桥。在锂离子电池的结构中，隔膜是关键的内层组件之一。锂离子电池的隔膜一般采用高强度薄膜化的聚烯烃多孔膜。一方面使电池的正、负极分隔开，防止两极接触而短路；另一方面还具有离子导体的功能，使电解质离子通过，构成闭合回路。

图 8-7　拆开的锂离子电池内的隔膜

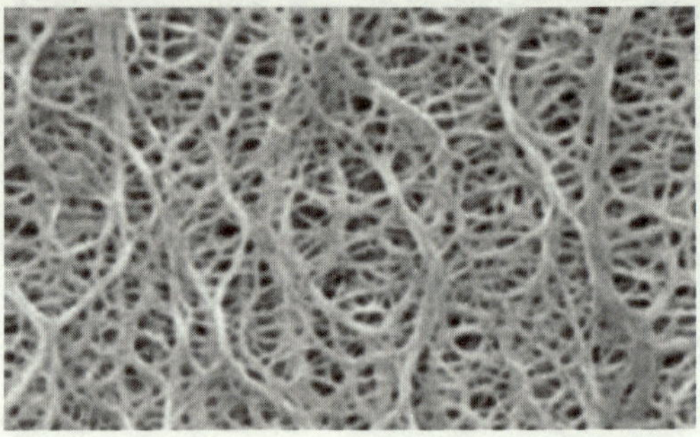

图 8-8　扫描电子显微镜下的隔膜图像（×20 000 倍）

活动 3　设计一款双液原电池，展示设计图纸

思考探究　根据反应 $2FeCl_3 + 2KI \xlongequal{} 2FeCl_2 + I_2 + 2KCl$ 设计一款能产生持续稳定电流的原电池装置。

方法导引　设计原电池的基本步骤方法：

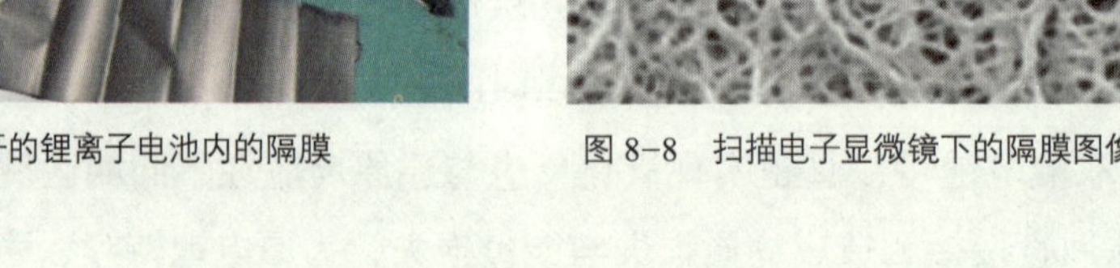

设计原电池的过程即是寻找原电池几个基本构成要素的过程。结合设计原电池的步骤加深对原电池模型的认识。

图 8-9 为学生设计的原电池装置。

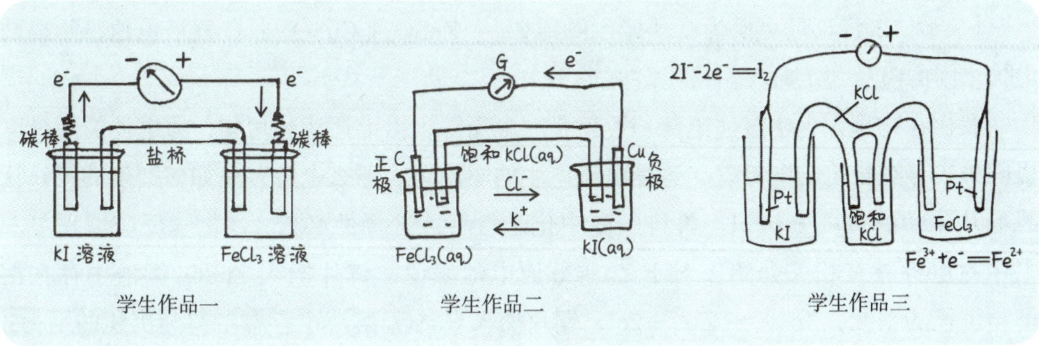

图 8-9 学生设计的原电池装置

原电池中的正、负极可作为反应物，但最重要的是提供反应的场所。若电极材料不参与氧化还原反应，则可以选择惰性电极。比如图 8-9 学生作品一中选择石墨做正、负极，不参与电极反应，只是提供电子得失的场所；不少同学在设计这款原电池时正极选用石墨电极，避免与 $FeCl_3$ 溶液反应，负极则选用 Fe 或 Cu 做电极材料，如图 8-9 学生作品二所示。表面上看，上述活泼金属并不与 KI 溶液反应，但这样一来负极材料和溶液中的 I^- 均有失电子的能力，如果金属失电子的能力更强，则电池的总反应会发生改变。盐桥使用一段时间后由于离子浓度降低，需要重新放在 KCl 饱和溶液中浸泡，所以图 8-9 学生作品三中对盐桥装置进行了改进，希望盐桥可以持续使用。虽然装置设计得过于复杂，离子迁移的难度较大，但设计思路仍然值得肯定。

任务二 探究影响电池性能的主要因素

活动 1 认识原电池中电流产生的驱动力

活动探究 在 Zn | $ZnSO_4$ ‖ $CuSO_4$ | Cu 双液电池装置中，氧化剂和还原剂是分隔开的，为什么能发生电子的得失而产生电流？原电池反应的驱动力在哪里呢？

【演示实验】利用电压传感器观察对比不同电极材料构成的原电池的电势差。

【主要仪器和药品】数据采集器及配套计算机软件，电压传感器，锌片，铜片，镁片，石墨棒，1 mol · L^{-1} $CuSO_4$ 溶液，1 mol · L^{-1} $ZnSO_4$ 溶液，1 mol · L^{-1} $MgSO_4$ 溶液。

【实验 1】组装 Zn | $ZnSO_4$ ‖ $CuSO_4$ | Cu 双液电池，在正、负极之间连接电压传感器，测得两电极之间的电压为 1.01 V。

【实验 2】将负极区更换为 Mg 和 $MgSO_4$ 溶液，得到 Mg ｜ $MgSO_4$ ‖ $CuSO_4$ ｜ Cu 双液电池，测得两电极之间的电压为 1.63 V。

【实验 3】将正极更换为石墨棒，得到 Zn ｜ $ZnSO_4$ ‖ $CuSO_4$ ｜ C 双液电池，测得两电极之间的电压为 1.51 V。

我们在物理课上学过“电势差”就是“电压”，由上述实验可知，原电池的两个电极间确实存在稳定的电势差，这是电流产生的驱动力。那么电势差是如何产生的呢？让我们从化学的角度去认识。鲁科版高中化学教材《选择性必修 1　化学反应原理》一书中对电势差有相关介绍。对于 Zn−Cu 原电池来说，锌片插入 $ZnSO_4$ 溶液中存在溶解与沉积的平衡：$Zn \rightleftharpoons Zn^{2+} + 2e^-$，铜片插入 $CuSO_4$ 溶液中存在溶解与沉积的平衡：$Cu \rightleftharpoons Cu^{2+} + 2e^-$，由于锌比铜更容易失去电子，在锌片表面积累的电子比铜片表面积累的电子多，其电极电势比铜低，所以两电极之间产生了电势差。将两极接通构成回路时，电子由锌片流向铜片。同样，Mg−Cu 原电池的两电极间也会产生电势差，且由于镁比锌更容易失去电子，所以其他条件相同时，Mg−Cu 原电池的电势差大于 Zn−Cu 原电池的电势差，这与电压传感器测得的结果是一致的。

可见不同电极间产生的电势差是不同的，这与电极材料得失电子的能力有关。伏特电堆是世界上最早的电池。事实上意大利物理学家伏特在发明伏特电堆时，就是用不同的金属材料在不同的电解质溶液中进行试验，看哪种组合能够产生较大的电压。

实验 3 中虽然将正极更换为惰性电极，但碳棒与 $CuSO_4$ 溶液接触的界面上仍然存在 $Cu \rightleftharpoons Cu^{2+} + 2e^-$，故两电极间仍有电势差。燃料电池的原理与此是相似的。虽然燃料电池用的是惰性的铂电极或石墨电极，但吸附在电极上的 H_2 和 O_2 得失电子的能力是不相同的，同样能够产生电势差。

科学史话　1799 年，伏特把许多锌片与银片之间垫上浸透盐水的绒布平叠。用手触摸两端时，会感到强烈的电流刺激。伏特用这种方法成功地制成了世界上第一个电池——“伏特电堆”（图 8−10）。

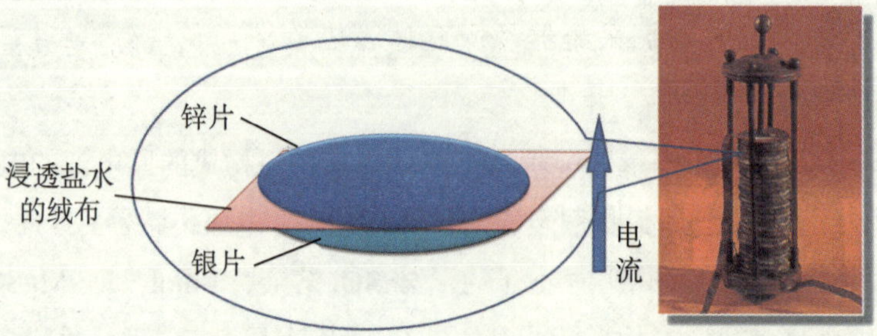

图 8−10　世界上第一个电池——“伏特电堆”

1839年，英国物理学家葛洛夫创造了第一个氢氧燃料电池，并用它点亮了伦敦讲演厅的照明灯。进入20世纪以后，燃料电池由于其特有的零污染、高效率的优势而得以迅速发展。燃料电池（图8–11）的负极和正极反应物分别为燃料和氧化剂，工作时将反应物分别不断地输入电池的两极，实现一个相当于燃烧反应的电池反应。

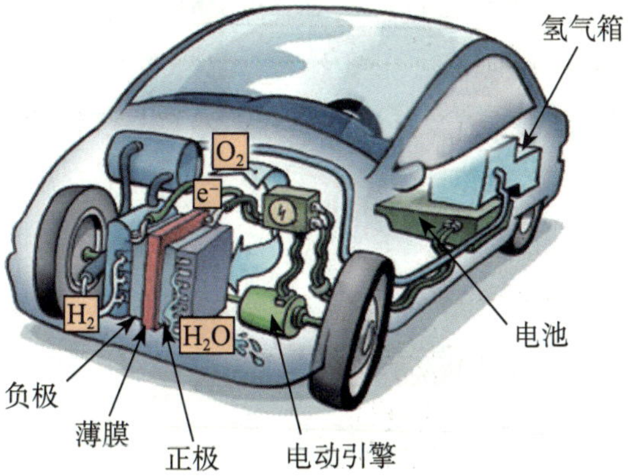

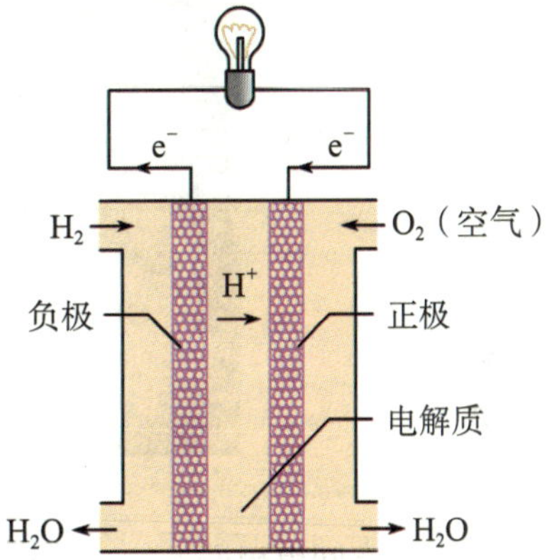

图8–11　电池发展史中的新旗帜——燃料电池

活动2　探究原电池电流强度的影响因素

活动探究　某同学在做Zn｜H_2SO_4｜Cu单液电池实验时发现虽然各组所用的电极材料和电解质溶液等均相同，但电流数据各不相同，那么影响电流强度的因素有哪些呢？

【学生实验】向电池槽中加入适量1 mol · L^{-1}稀硫酸，将铜片和锌片置于稀硫酸内，连接电流传感器进行实验。

【主要仪器和药品】数据采集器及配套计算机软件，电流传感器，锌片，铜片，H_2SO_4溶液（浓度分别为1 mol · L^{-1}、2 mol · L^{-1}、3 mol · L^{-1}）。

【实验1】改变正、负电极间的距离

其他条件不变，慢慢将两电极向中间靠拢，再慢慢拉远，观察对应曲线的变化。

通过实验图像（图 8-12）可以看出，铜片和锌片两个电极距离越近，电池产生的电流强度越大；距离越远，产生的电流强度越小。由此说明，电流强度的大小与电池正、负极材料的间距有关。

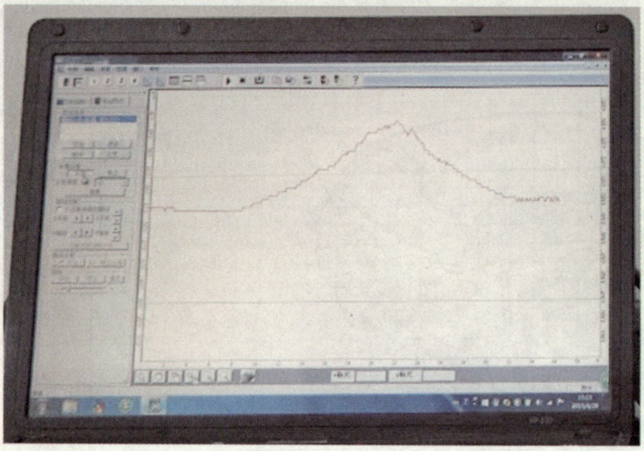

图 8-12　电极间距与电流强度的关系曲线

【实验 2】改变两电极正对面积

其他条件不变，将锌片固定，慢慢将铜片向电解液的液面上方提起，再缓慢放下，观察对应曲线的变化。

通过实验图像（图 8-13）可以看出，铜片和锌片两个电极正对面积越大，电池产生的电流强度越大；正对面积越小，产生的电流强度越小。由此说明，电流强度的大小与电池正、负极材料间的正对面积大小有关。

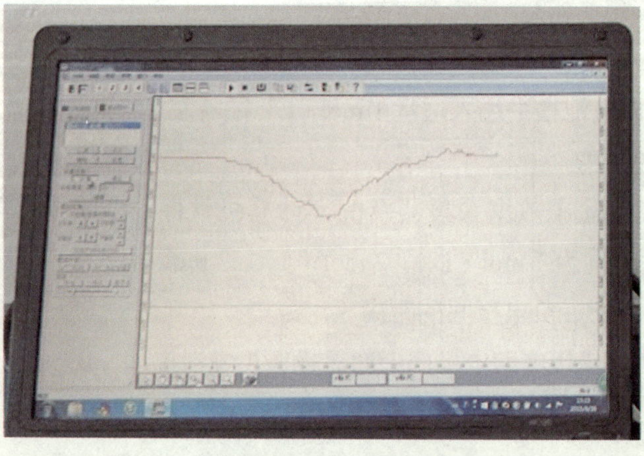

图 8-13　电极正对面积与电流强度的关系曲线

【实验 3】改变电解质溶液的浓度

向另外两个电池槽中分别加入等量的 2 mol · L^{-1}、3 mol · L^{-1} 的稀硫酸，其他条件保持不变，观察对比三个原电池的电流大小。

由实验结果可知，电解液选用 1 mol · L^{-1}、2 mol · L^{-1}、3 mol · L^{-1} 的稀硫酸时电流数值依次增大。由此说明，电流强度的大小与电解质溶液浓度的大小有关。一般来说，电解质溶液的浓度越大，产生的电流强度越大。

活动 3 自制水果电池并探究电流强度的影响因素

活动探究 网络上一段用数百个橙子制作水果电池为手机充电的视频引起了大家的兴趣。生活中的各种水果都能用来制作电池吗？如何增大电流强度呢？

【学生实验】自主设计实验，用不同的水果组装简易水果电池，并用电压和电流传感器测定电势差和电流强度（图 8–14）。

图 8–14 自制水果电池

水果中含有大量的有机酸，可以用作原电池的电解质。在水果中插入两个金属活动性相差较大的铜片和锌片，就能产生电压，这就是所谓的水果电池。可仿照前两个活动的设计分别探究使用不同水果（电解质溶液）、不同电极、改变电极间距离和电极正对面积等因素对电压和电流强度的影响。

活动 3 中学生可以自主选择水果种类，更换电极材料，比如将铜片更换为铜丝，将锌片更换为镁片等；或采用多种方式，比如将水果切开果肉捣烂，将多个水果串联等。无论做何种设计，在实验过程中需要体现变量控制的实验思想。

任务三 探秘锂离子电池

活动 1 认识钴酸锂电池的工作原理和内部构造

背景介绍 锂电池最初以金属锂片作为负极，易燃，存在极大的安全隐患。2019 年诺贝尔化学奖获得者之一古德纳夫在 20 世纪 80 年代初用钴酸锂取代金属锂作为锂离子的提供者，解决了锂电池易燃的问题，提出锂离子电池的概念，为未来几十年锂离子电池研究提供了方向。

钴酸锂电池总反应：$Li_{1-x}CoO_2+Li_xC_6 \underset{充电}{\overset{放电}{\rightleftharpoons}} 6C+LiCoO_2$

（C 代表石墨，Li_xC_6 表示锂离子嵌入石墨形成的复合材料）

钴酸锂电池是由正极、负极、电解液、隔膜等部分组成的。其中正极由约 90% 的正极活性物质钴酸锂、7%~8% 的乙炔黑导电剂和 2%~3% 的有机黏合剂均匀混合后，涂布于铝箔上构成，也就是常说的铝钴膜；电池负极由约 90% 的负极活性物质石墨材料、3%~5% 的乙炔黑导电剂和 6%~7% 的有机黏合剂均匀混合后，涂布于铜箔上构成。正、负极之间用聚乙烯或聚丙烯膜隔开，并充以含锂盐的有机电解液。正极材料钴酸锂和负极材料石墨均为层状结构，在充电和放电过程中，锂的化合价不发生变化，Li^+ 在正、负极之间来回摆动，嵌入和脱出，因此有人将锂离子电池称为“摇椅电池”。

交流研讨 我们日常使用的手机和笔记本电池均为锂离子电池，外观上与实验室的原电池装置模型差异很大，那么它的内部构造和工作原理是否是一致的呢？手机锂离子电池内部构造如图 8-15 所示。

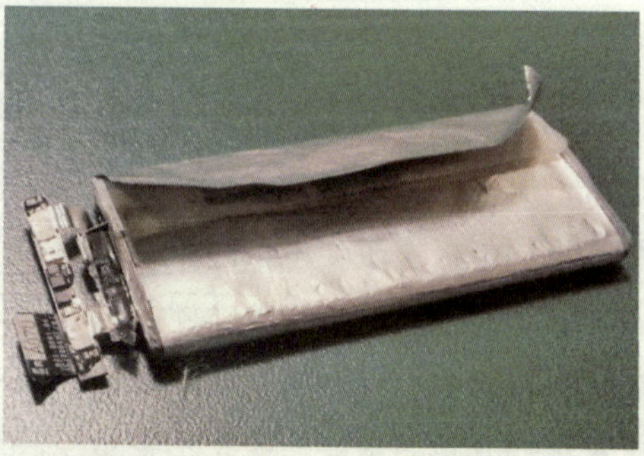

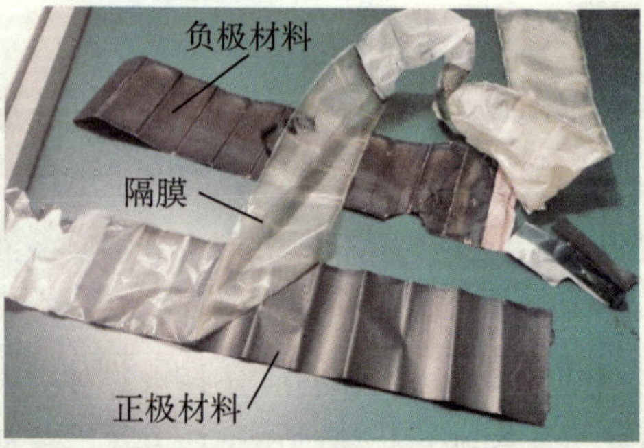

图 8-15 拆开的手机锂离子电池

请根据钴酸锂电池充放电的总反应方程式，画出充放电装置图，分析电池的工作原理。（电极直接用活性材料表示即可）

锂离子电池的工作原理示意图如图 8-16 所示。

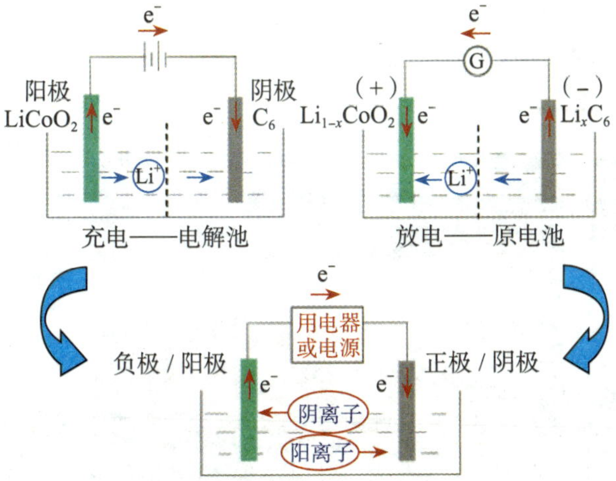

图 8-16 锂离子电池的工作原理示意图

充电时，在外加电场的作用下，正极材料 $LiCoO_2$ 中的 Li^+ 脱离出来，从电池正极（电解池阳极）移动到负极（电解池阴极），与负极的碳原子发生化学反应，生成 Li_xC_6，从而稳定地嵌入层状石墨负极中。放电时，Li^+ 从负极脱出，移动到正极，重新成为 $LiCoO_2$。参与嵌入和脱出的 Li^+ 越多，电池可存储的能量就越大。

正极：$Li_{1-x}CoO_2 + xLi^+ + xe^- \underset{充电}{\overset{放电}{\rightleftharpoons}} LiCoO_2$

负极：$Li_xC_6 \underset{充电}{\overset{放电}{\rightleftharpoons}} 6C + xLi^+ + xe^-$

通过分析从真实的钴酸锂电池中抽象概括出的充放电模型就会发现，无论是多么复杂的电化学体系，都是由电极反应物、电极反应场所、电子导体和离子导体这四大要素构成的。对于二次电池来说，放电过程对应原电池模型，充电过程对应电解池模型。原电池、电解池的本质差别仅在于动力不同，前者动力为自发的氧化还原反应，而后者是通过外加电源这个更加强有力的手段，使原本不能自发进行的氧化还原反应得以发生，两者既对立又统一。

活动 2　钴酸锂纽扣电池的组装

拓展实验　【学生实验或观看视频】钴酸锂纽扣电池的组装和充放电测试。

分别以钴酸锂和石墨为正极和负极的活性材料，分别涂布在不同的极片上，经过烘干、压片后组装成纽扣式电池；电解液为锂盐溶解在有机溶剂中制得，可允许 Li^+ 通过（图 8-17、图 8-18、图 8-19）。

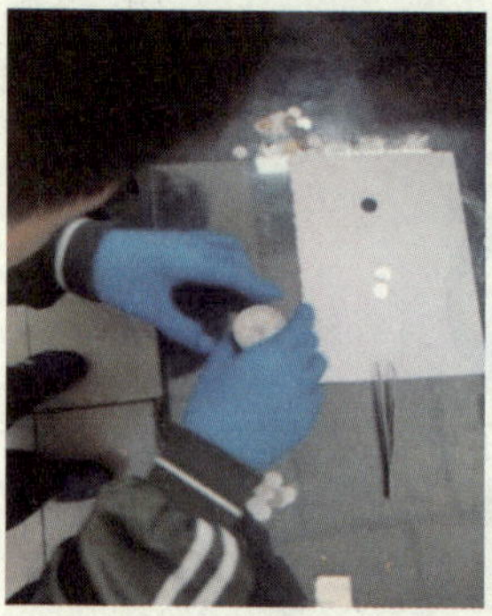

图 8-17　制作正极片

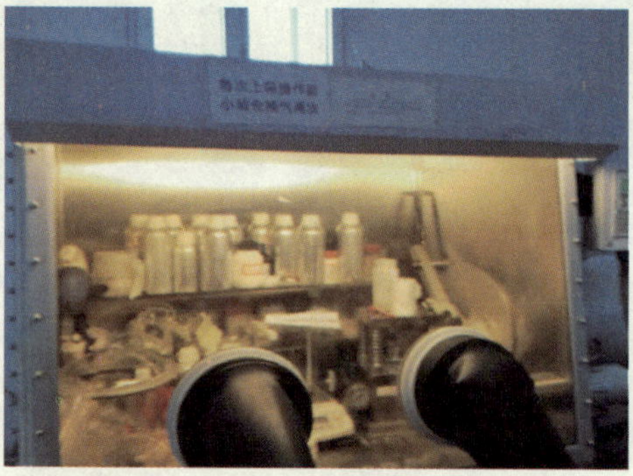

图 8-18　在真空手套箱中组装电池

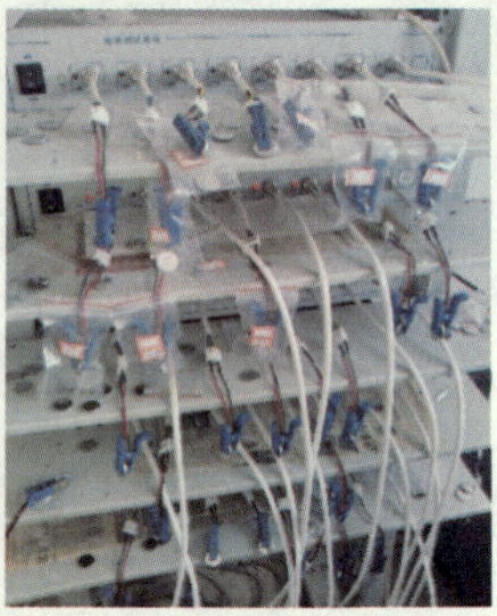

图 8-19　电池充放电测试

交流研讨　（1）锂离子电池的组装为何要在充满惰性气体的真空手套箱中完成？

（2）锂离子电池的电解液不能含水的原因是什么？

（3）锂离子电池组装完成，使用时为什么要先充电？

（4）为什么不能过度充电？如何避免过度充电？

绝大多数锂离子电池的电压较高，充电时水也会发生电解，因此要使用有机电解液。但有机电解液易挥发、易燃、易爆，组装过程中必须在隔绝空气的真空手套箱中进行，否则可能会发生化学反应，造成安全隐患。目前全固态锂离子电池的研究已有所进展，结构中不含液体，使用固体聚合物电解质，可从根源上解决安全问题。

组装电池时是以钴酸锂和石墨为原料，两者是充电反应的反应物，所以应先充电才能作为电源使用。所谓过度充电是指充电电压超过上限。钴酸锂电池的充电截止电压一般为 4.2 V。充电时 $LiCoO_2$ 中的 Li^+ 脱出，为了防止层状结构坍塌，不能让所有 Li^+ 都脱出，因此不能过度充电。我们日常使用的手机大多为钴酸锂电池，通常会在手机极板上设置充电电压上限，达到一定电压后自动断电，防止过度充电。

活动 3　利用电化学方法回收 $LiCoO_2$ 中的金属资源

背景介绍　锂离子电池获得了日益广泛的应用，但其废弃量也在逐步增加。如果不对其进行有效的处理回收，不仅会给环境保护带来巨大的压力，而且会造成金属资源的极大浪费。

钴酸锂电池中，负极材料和电解液的回收价值不大，因此研究以钴酸锂为正极材料的铝钴膜的回收是目前废旧锂离子电池回收的重点和热点。铝钴膜的回收工艺的总体思想是：先采用机械剥离方式分解废旧锂离子电池，分离钢质外壳并取出含有钴、铝、锂金属的正极材料铝钴膜，再通过浸出方式使铝钴膜中的钴及其他金属进入溶液，实现金属与乙炔黑的分离，净化浸出液后提取金属并制备化工产品。

交流研讨　某研究小组采用电解法将正极粉末与铝箔分离，并实现钴的浸出，其实验装置如图 8-20 所示。

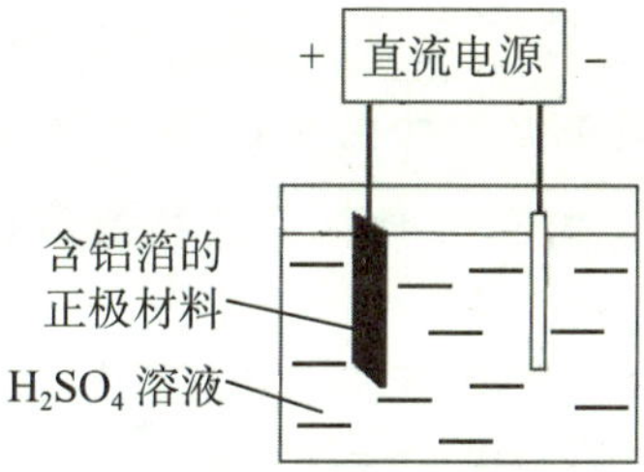

图 8-20　电解装置示意图

（1）25 ℃时，在一定条件下进行电解，两极均有气泡产生。120 min 后正极粉末从铝箔上剥离下来，有一定量的钴以 Co^{2+} 的形式从正极粉末中浸出。已知 $LiCoO_2$ 难溶于水，$CoSO_4$、Li_2SO_4 可溶于水。请尝试根据上述信息写出阴、阳极的电极反应。

（2）该研究小组发现硫酸浓度对钴的浸出率有较大影响，一定条件下，测得其变化曲线如图 8-21 所示。请尝试解释图 8-21 曲线变化趋势。

（3）电解完成后，大部分的钴溶于溶液中，但仍有少量正极粉末沉积在电解槽底部，再用图 8-22 所示步骤继续回收钴。请尝试写出“酸浸”过程中正极粉末发生反应的化学方程式。

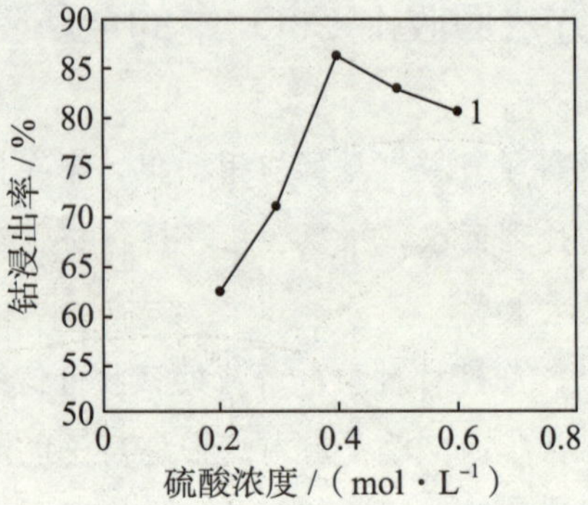

图 8-21　硫酸浓度对钴浸出率的影响

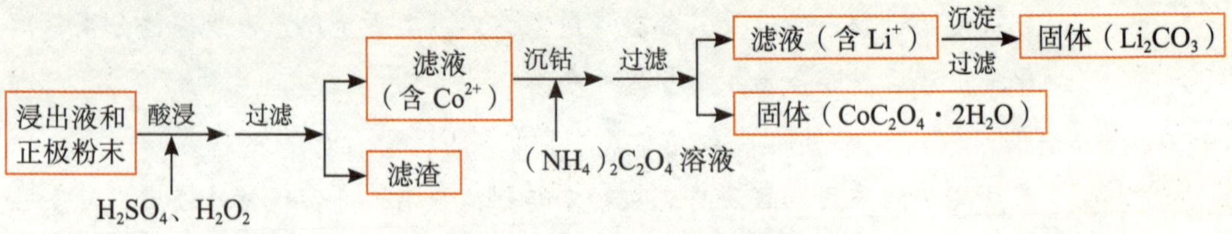

图 8-22　钴的回收流程示意图

（4）通过上述工艺可获得 $CoSO_4$ 和 Li_2SO_4。$CoSO_4$ 经沉淀可转化为 CoC_2O_4，Li_2SO_4 经沉淀可转化为 Li_2CO_3，CoC_2O_4 和 Li_2CO_3 又可作为原料循环合成 $LiCoO_2$，那么为什么不直接使用 $CoSO_4$、Li_2SO_4 作为原料合成 $LiCoO_2$ 呢?

由电解池的反应规律和所给信息可知，阳极区 OH^- 失电子生成 O_2，阴极区 $LiCoO_2$ 得电子降为 Co^{2+}，由于阴极也有气泡产生，故还应该有生成 H_2 的电极副反应。

阴极：$LiCoO_2 + 4H^+ + e^- = Li^+ + Co^{2+} + 2H_2O$、$2H^+ + 2e^- = H_2\uparrow$；

阳极：$4OH^- - 4e^- = O_2\uparrow + 2H_2O$。

由图 8-21 曲线可知，当 $c(H_2SO_4) < 0.4\ mol \cdot L^{-1}$ 时，钴的浸出率随着硫酸浓度的增大而提高，可理解为 H^+ 浓度增大，加快电极反应速率，提高了 $LiCoO_2$ 的氧化能力；当 $c(H_2SO_4) > 0.4\ mol \cdot L^{-1}$ 时，钴的浸出率反而下降，其原因可能是 H^+ 与 $LiCoO_2$ 在阴极的还原反应相互竞争，当 $c(H^+)$ 增大时，参与放电的 H^+ 增多，所以钴的浸出率下降。

从化合价角度分析，$LiCoO_2$ 与 H_2O_2 在酸性条件下发生氧化还原反应，$LiCoO_2$ 得电子生成 Co^{2+}，H_2O_2 失电子生成 O_2。发生反应的化学方程式为 $2LiCoO_2 + H_2O_2 + 3H_2SO_4 = Li_2SO_4 + 2CoSO_4 + O_2\uparrow + 4H_2O$。

高温过程中碳酸盐、草酸盐所含碳元素可以 CO_2 的形式脱离体系，而硫酸盐难分解，所以选用 CoC_2O_4 和 Li_2CO_3 作为合成 $LiCoO_2$ 的原料。

单元项目梳理

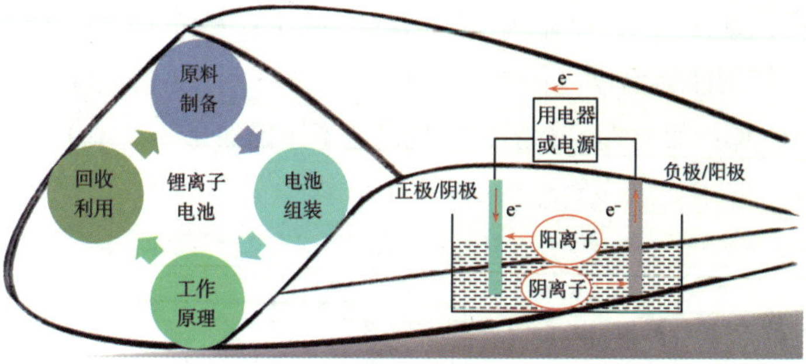

单元项目检测

学习理解

1. 铅蓄电池是常见的二次电池，电池总反应为 $Pb + PbO_2 + 2H_2SO_4 \underset{充电}{\overset{放电}{\rightleftharpoons}} 2PbSO_4 + 2H_2O$。下列说法正确的是（　　）

A. 放电时 PbO_2 发生氧化反应

B. 充电时电解质溶液的质量减少

C. 放电时的负极反应式为 $Pb + SO_4^{2-} - 2e^- \!=\!=\!= PbSO_4$

D. 充电时的阴极反应式为 $PbSO_4 + 2H_2O - 2e^- \!=\!=\!= PbO_2 + SO_4^{2-} + 4H^+$

2. 科学家研制出了一种新型的锂－空气电池，其工作原理如图所示。下列关于该电池的说法不正确的是（　　）

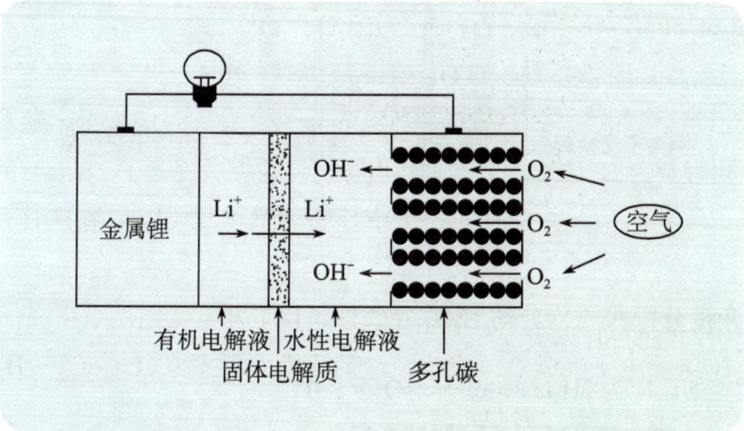

A. 回收水性电解液可制取锂

B. 可将有机电解液改为水溶液

C. 正极的电极反应式为 $O_2 + 4e^- + 2H_2O = 4OH^-$

D. 电池总反应方程式为 $4Li + O_2 + 2H_2O = 4LiOH$

3. 人工光合作用能够借助太阳能，用 CO_2 和 H_2O 制备化学原料。下图是通过人工光合作用制备 HCOOH 的原理示意图，下列说法不正确的是（　　）

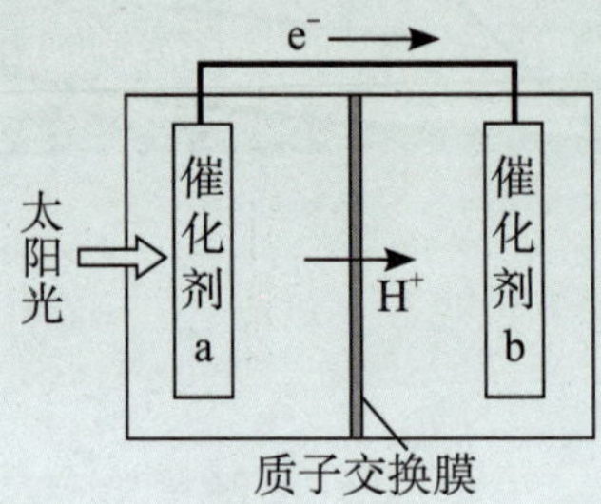

A. 该过程是将太阳能转化为化学能的过程

B. 催化剂 a 表面发生氧化反应，有 O_2 产生

C. 催化剂 a 附近的酸性减弱，催化剂 b 附近的酸性增强

D. 催化剂 b 表面的反应是 $CO_2 + 2H^+ + 2e^- = HCOOH$

4. 氢氧化锂是制取锂和锂的化合物的原料，用电解法制备氢氧化锂的工作原理如图所示。下列叙述不正确的是（　　）

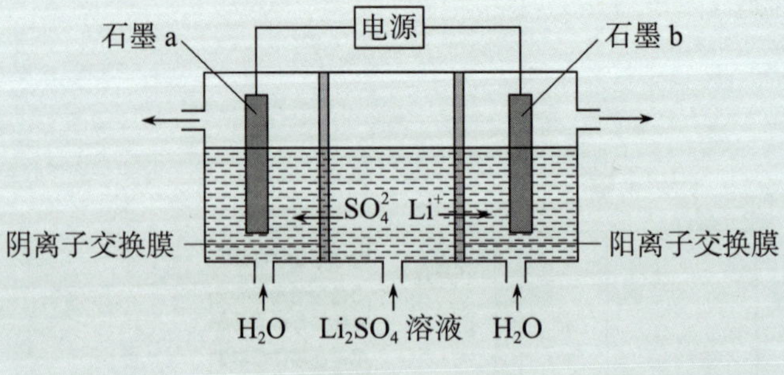

A. b 极附近溶液的 pH 增大

B. a 极发生的反应为 $2H_2O - 4e^- = O_2\uparrow + 4H^+$

C. 该法制备 LiOH 还可得到硫酸和氢气等产品

D. 当电路中通过 1 mol 电子时，可得到 2 mol LiOH

应用实践

5. 氢能源是最具应用前景的能源之一，高纯氢的制备是目前的研究热点。可利用太阳能光伏电池电解水制高纯氢，其工作示意图如图所示。通过控制开关连接 K_1 或 K_2，可交替得到 H_2 和 O_2。

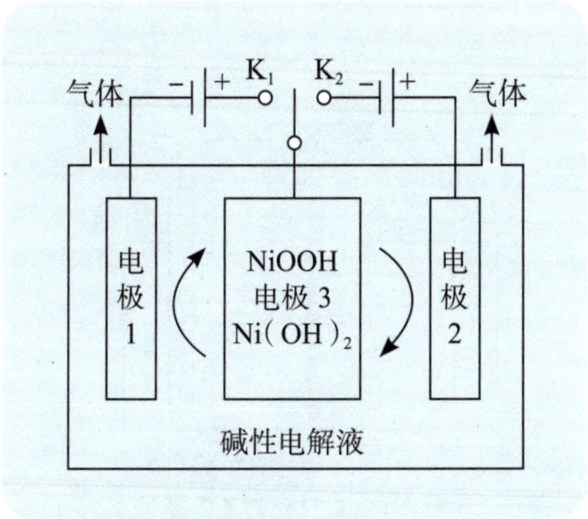

（1）制 H_2 时，连接 ______。产生 H_2 的电极反应式是 ______________________________。

（2）改变开关连接方式，可得 O_2。

（3）结合（1）和（2）中电极 3 的电极反应式，说明电极 3 的作用：______________________________。

迁移创新

6. Li-CuO 二次电池的比能量高、工作温度宽，性能优异，广泛应用于军事和空间领域。

（1）Li-CuO 电池中，金属锂做 ______ 极 。

（2）比能量是指消耗单位质量的电极所释放的电量，用来衡量电池的优劣。比较 Li、Na、Al 分别作为电极时比能量的大小：______________。

（3）通过如下过程制备 CuO。

$$Cu \xrightarrow[\text{过程 I}]{H_2SO_4、H_2O_2} CuSO_4\text{ 溶液} \xrightarrow[\text{控制一定条件　过程 II}]{Na_2CO_3\text{ 溶液}} Cu_2(OH)_2CO_3\text{ 沉淀} \xrightarrow[\text{过程 III}]{\text{加热}} CuO$$

① 过程Ⅰ中 H_2O_2 的作用是 ________。

② 过程Ⅱ中产生 $Cu_2(OH)_2CO_3$ 的离子方程式为 ____。

③ 过程Ⅲ中反应的化学方程式为 ________________________________。

（4）Li-CuO 二次电池以含 Li^+ 的有机溶液为电解质溶液，其工作原理如图所示。放电时，正极的电极反应式为 ________________________________。

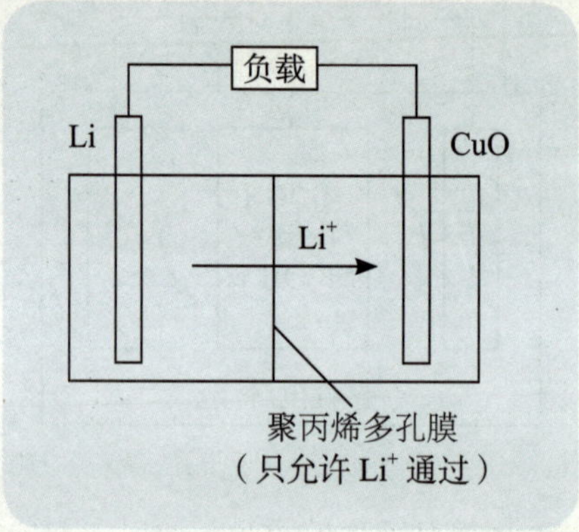

项目 9　探寻锂电池的商用之路

——运用科学思维实现锂电池商用化的设计、制备及优化

任务一　设计商用锂离子电池并组装应用

任务二　设计磷酸铁锂的工业制备方案

任务三　探寻商用锂离子电池的发展方向

单元项目设计意图

2019 年诺贝尔化学奖授予了从事锂电池研究的三位杰出的科学家，表明锂电池的发展对推动人类社会科学技术进步具有突出的贡献，得到了科学界的一致认可。

由于担心石油枯竭带来能源危机，科学家全力研发电池，从 1970 年第一块锂电池到 1992 年首个商用锂离子电池，再到如今主流的磷酸铁锂锂离子电池，锂电池的研发经历了漫长且艰辛的过程，并且在未来仍然有很迫切的改进需求。

本项目旨在将锂电池的发展浓缩，带领学生用科学的视角去体验从简单的铜锌原电池到锂电池，为了商用又改进到锂离子电池的过程，感受电化学模型在设计电池过程中的重要作用。并在课堂之外，依托高校实验室，现场参与学习锂离子电池的组装。再利用工程思维做指导，从逆向思考的角度，确定当下主流的磷酸铁锂电池的正极材料——磷酸铁锂的制备路线。最后利用物质结构的相关知识去分析磷酸铁锂电极的优缺点，并尝试从结构出发寻找电极材料优化的方法，同时从负极材料、隔膜、电解质等电池的必备成分进一步探寻锂离子电池未来的发展方向。整个项目希望能让学生体验真实的问题解决过程，形成化繁为简的问题解决思路，发展“变化观念”的核心素养；通过比较不同的材料特点、制备工艺及产品性能，学会选择较优的方案，培养科学探究与创新意识；利用定性、定量、宏微结合等多角度去寻求解决问题的方法，体验科学研究过程，培养科学态度与社会责任感；通过动手实践，将理论学习与劳动教育相结合，培养奋斗、创新、合作的劳动精神。

单元项目学习目标

1. 体验科学家的研究过程，通过简单铜锌原电池模型的改造，从定性和定量的角度，结合正负极材料、实际性能等方面构建锂电池的电化学模型。

2. 对锂电池进行优化和改进，构建磷酸铁锂电池的电化学模型，分析磷酸铁锂电池的工作原理和结构特点。

3. 根据所选择的材料，依托高校实验室，观摩并参与组装简单的锂离子电池。

4. 基于“价-类”二维思维模型确定磷酸铁锂的理论制备方法，并由所选择的制备原理确定可选用的原料及合成方法。

5. 通过比较不同的合成方法，确定最优方法及原理，结合各原料的成本选定工业用料，初步实现工业化的理论设计。

6. 从所选原料出发，结合核心成分的性质，进行工业流程设计。对比实际流程，从定性和定量角度对不同方案进行评价。

7. 从物质结构的角度研究磷酸铁锂的优缺点，同时根据商用锂离子电池所需具备的性质，从结构出发思考如何对电极材料进行改进，建立结构决定性质的观念及电池优化思路。

8. 利用电池优化思路，进一步扩展到对电池的其他必备组分的改进，体会方法模型的应用。

单元项目学习引导

2019 年诺贝尔化学奖授予三位对锂电池发展有重要贡献的化学家。目前在新能源市场中，锂离子电池拥有非常广阔的市场前景，比如在全面替代电瓶车中使用的铅酸电池、在 5G 基站中的广泛应用等。

锂离子电池一般根据其正极材料来命名，在电动车领域中，主流电池有三元锂电池和磷酸铁锂电池。其中磷酸铁锂电池虽在低温下续航能力较弱，单片电池的能量密度较低，但因其具有价格低廉、安全性能好、环保等优点，在电动车领域的市场份额逐渐扩大。尤其在车企研发出磷酸铁锂刀片电池、在电动车中采用磷酸铁锂电池后，磷酸铁锂电池的市场份额预计将会进一步提升。

由于对锂离子电池的性能要求越来越高，目前使用的磷酸铁锂电池仍不是最佳选择，因此市场对寻找更优的正负极材料、隔膜、电解质来组装更先进的电池的诉求也越来越迫切。

任务一 设计商用锂离子电池并组装应用

活动 1 根据商用电池的要求初步构造锂电池模型

交流研讨 已知商用电池需要具备以下条件：安全性能好，具备便携性（质量轻），使用寿命高，成本低，易储存，负极材料能够提供更多能量等。请根据表 9–1 中的信息选择合适的金属用作商用电池的负极材料。

表 9–1 常见电极的相关信息

电极	标准电极电势 /V	摩尔质量 /（$g \cdot mol^{-1}$）	电极价格 /（元·$吨^{-1}$）
$E(Li^{+}/Li)$	−3.045 V	6.94	585 000
$E(Al^{3+}/Al)$	−2.069 V	27	17 600
$E(Mn^{2+}/Mn)$	−1.18 V	55	16 900
$E(Zn^{2+}/Zn)$	−0.763 V	65	21 820

方法导引 电极的理论容量大小可以根据下列公式进行计算：

比能量 $= \dfrac{-n \times E \times 96.485}{3.6 \times m}\ W \cdot h \cdot g^{-1}$（$n$ 为 1 mol 金属发生电极反应时所转移的电子的物质的量，m 为 1 mol 金属的质量）

根据公式计算可知 Li 的理论容量最大，Al 次之，虽然 Li 的价格很高，但影响不是特别大，因为在电池成本中正极约占 40%，负极约占 15%。Al 虽然价格便宜，但充放电速率缓慢、电压滞后，不是电动车领域的首选。所以综合考虑，我们还是选择 Li 作为较理想的负极材料。铝电池在商用领域可作为备用选项，目前国外有公司生产的长续航电动车使用铝电池作为备用电池，使用时间可长达一年。

交流研讨 依据所选负极材料性质及原电池模型确定正极材料、电解质。

由于 Li 的化学性质十分活泼，导致其在空气和水溶液中极其不稳定，易发生化学反应（$4Li + O_2 = 2Li_2O$、$2Li + 2H_2O = 2LiOH + H_2\uparrow$），所以应采用“非水电解质”体系，且电解液中也需要存在 Li^+ 来增加导电性，在体系中仅发生 Li^+ 传导迁移。正极材料不参与电池反应，在放电过程中 Li^+ 迁移至正极，形成 Li 单质附着在正极表面，所以合适的正极材料应是稳定、可导电的惰性电极，比如石墨、Pt 电极等。

归纳总结 初步建立的锂电池模型见表 9-2。

表 9-2 初步建立的锂电池模型

电池类型	正极	负极	离子导体
锂电池	石墨、Pt 电极等， 电极反应为： $Li^+ + e^- = Li$	金属锂， 电极反应为： $Li - e^- = Li^+$	“非水电解质”体系， 含 Li^+

活动 2 锂电池的改进

资料支持 试验表明，在电池的使用过程中，由于负极金属锂电极表面凹凸不平，电沉积速率的差异造成不均匀沉积，导致树枝状锂晶体在负极生成。当枝晶生长到一定程度就会折断，产生“死锂”，造成锂的循环终止，使电池实际充放电容量降低。锂枝晶也有可能刺穿隔膜，将正极与负极连接起来，造成电池内部短路，并放出大量热使电池着火甚至发生爆炸。

思考探究 请参考以上信息，结合原电池的构造思考，如果我们仍然需要使用锂元素来作为电池的主要成分，又需避免在正、负电极上产生金属 Li，该采取何种思路对锂电池进行改进？

对锂电池进行改进，首先应考虑将负极材料——Li 进行替换，选择能够导电、便宜的材料，同时要保证 Li^+ 仅是起到传导电荷的作用，不会在正极上得电子，所以正极材料要选择含可以得电子的微粒。此外毕竟体系中存在 Li^+，因此仍需选择非水体系。

资料支持 1980 年，英国科学家古德纳夫提出用一种含锂的金属氧化物作为锂电池的正极，不需要负极产生 Li^+，而是由正极产生 Li^+，同时具有更高的电压和化学稳定性。同年，法国科学家阿曼德教授延续嵌入式储存锂的概念，首次提出能否同时使用具有嵌入式储存锂机制的正极和负极构建一种新型的二次锂电池体系，即正极提供 Li^+，负极作为 Li^+ 可嵌入的宿主，这种体系可以看成是 Li^+ 在充放电过程中在正、负极间可逆地来回穿梭摇摆，故而被形象地命名为“摇椅式电池”。发生电化学嵌入有两个互动的要素，一是宿主，如层状化合物，它能够提供空间让微粒进入；二是外来的微粒，它们必须能够符合一定要求，使得在嵌入与脱嵌的过程中，Li^+ 在正、负极间定向移动，宿主的晶格结构保持不变。

思考探究 请根据上述资料，归纳总结出改进后的锂电池正、负极及离子导体应该具有何种特征，构建出改进后的锂电池模型。

改进后的锂电池模型见表 9-3。

表 9-3 改进后的锂电池模型

电池类型	正极	负极	离子导体
锂离子电池	含锂元素的化合物，在电池工作时，由化合物中其他微粒得电子，同时还可提供 Li^+	用可吸附电子同时也能让 Li^+ 嵌入的层状物质，如石墨	“非水电解质”体系，含 Li^+

改进后的电池在充放电循环过程中，Li^+ 在正、负电极间来回嵌入与脱嵌，很好地解决了锂电池循环寿命低、安全性能差的缺陷，同时又保持了较高的电压和比能量。

活动 3 锂离子电池正极材料的选择及原理分析

交流研讨 请根据表 9-4 信息，选择你认为合适的商用锂离子电池的正极材料，并说明理由。

表 9-4 正极材料的相关信息

正极材料	单体比能量 / ($W \cdot h \cdot kg^{-1}$)	价格 / (万元·吨$^{-1}$)	安全环保	循环寿命	特点
磷酸铁锂	120～180	4.8	无毒	高	高温性能好，低温性能差
钴酸锂	120～160	33.7	有毒	较低	稳定性低

续表

正极材料	单体比能量/（W·h·kg⁻¹）	价格/（万元·吨⁻¹）	安全环保	循环寿命	特点
锰酸锂	120 左右	4.35	无毒	低	循环性能差
三元材料（镍钴锰或镍钴铝）	160～200	16.2	有毒	较高	循环性能好

钴酸锂由于成本高、安全性低，不适合大规模商用；锰酸锂比能量低、循环性能差，也不是正极的理想材料。而磷酸铁锂具有成本低、安全性高、循环寿命长、高温性能好等优点，比较适合大规模使用。三元材料具有跟磷酸铁锂一样的优良性质，故磷酸铁锂或者三元材料都是不错的锂离子电池的正极材料。但进一步从成本角度考虑，磷酸铁锂具有非常明显的优势，如果改进其在低温下性能不足的缺点，将拥有非常广阔的市场前景。

交流研讨 请根据图 9-1 分析磷酸铁锂锂离子电池的工作原理，写出正、负极反应式。

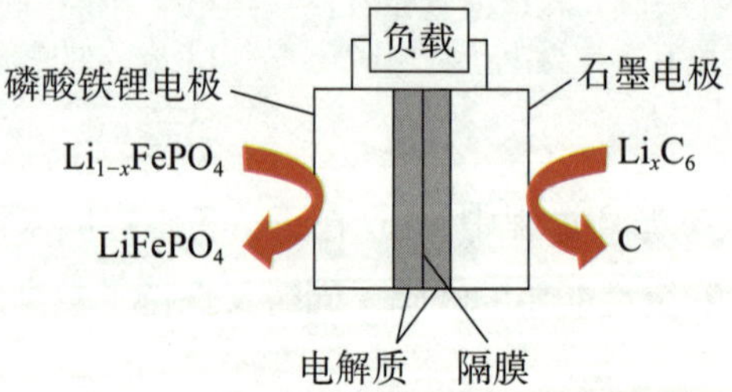

图 9-1　磷酸铁锂锂离子电池结构示意图

石墨为负极，反应式为 $Li_xC_6 - xe^- = xLi^+ + 6C$；磷酸铁锂为正极，反应式为 $Li_{1-x}FePO_4 + xLi^+ + xe^- = LiFePO_4$。放电时，$Li^+$ 从石墨电极迁移到磷酸铁锂电极，电子经外电路从石墨电极迁移至磷酸铁锂电极。

活动 4　组装简易锂离子电池

实践活动 通过与大学的合作，根据组装电池的步骤，进实验室动手尝试组装简单的锂离子电池，并将组装好的电池装在小型装置上（如 LED 灯泡、小风扇等）实现供电。

锂离子模拟电池组装步骤见表9-5。

表9-5 锂离子模拟电池组装步骤（于手套箱内操作）

序号	步骤描述	步骤说明
1	负极壳开口面向上，平放于培养皿上	—
2	将弹簧片置入负极壳，弹簧片位于正中	用镊子操作。如不慎放偏，进行微调
3	将垫片置于弹簧片上	用镊子小心夹取。注意将光滑面朝上，粗糙面朝下
4	夹取锂片放置于垫片上	需检查金属锂片是否为1片。锂片质地较软，夹取时需要控制力度。放置时需注意光滑面朝上
5	使用胶头滴管吸取电解液，浸润锂片表面	一般3滴较为适宜
6	夹取隔膜，覆盖锂片	检查隔膜厚度，是否为1片。不要使隔膜提前接触到电解液，应该先将隔膜对准电池壳边缘，再缓缓退出镊子，使隔膜均匀覆盖在锂片上
7	再次使用胶头滴管吸取电解液，润湿隔膜表面	由于隔膜是惰性且洁净的物质，这时可以使用滴管前端轻轻碰触隔膜，使之更加平整、均匀，边缘与电池壳接触更为严密。尽量避免隔膜褶皱。一般3~4滴较为适宜，视隔膜浸润程度而定
8	用镊子小心夹取正极片，将涂布层向下，与负极锂片对正	这一步骤应该反复练习，确保镊子夹取的力度合适，不会损伤正极片，严防弯折或者扭曲正极片，保持平整地放在负极壳中。所有圆片尽量保证对齐
9	用镊子夹取正极壳覆盖	用手把正极壳压到负极壳里，使劲捏一下，让多余的电解液流出

任务二 设计磷酸铁锂的工业制备方案

磷酸铁锂电池因其成本低、安全性能好、绿色环保等优点而被认为是具有广阔市场前景的锂离子电池，任务二将从工业合成设计角度研究磷酸铁锂的制备，体验从实验室研发走向工业生产的过程。

活动1 基于“价－类”二维思维模型确定$LiFePO_4$的理论制备方法

思考探究 $LiFePO_4$是由哪些微粒构成的？已知其难溶于水、可溶于浓盐酸，可以采取何种制备原理？根据铁元素的价态及性质，还可采取何种制备原理？

$LiFePO_4$ 是由 Li^+、Fe^{2+}、PO_4^{3-} 构成的，因其难溶于水，所以可以选择可溶于水的含有 Li^+、Fe^{2+}、PO_4^{3-} 的物质直接用水溶液沉淀法制备，此种方法元素价态未变，即为复分解反应原理。

由于 Fe^{2+} 具有较强的还原性，易被氧化，因此直接采用 Fe^{2+} 沉淀的方法可能会引入较多杂质，故还可以利用 Fe^{3+} 还原法来制备，即采取氧化还原反应原理来制备物质。

活动 2 $LiFePO_4$ 制备方案的理论设计

交流研讨 根据所选择的制备原理，从表 9-6 中选择合适的原料（如有必要，可自行添加所需的辅助原料）。

表 9-6 可能用到的主要原料及其性质

物质	K_{sp} 值或溶解性	其他可能用到的性质
CH_3COOLi	可溶于水	无
Li_2CO_3	2.37×10^{-2}	无
Li_3PO_4	2.37×10^{-11}	无
$FeC_2O_4\cdot2H_2O$	3.2×10^{-7}	无
$Fe_3(PO_4)_2\cdot8H_2O$	1.3×10^{-22}	无
$Fe(CH_3COO)_2$	可溶于水	无
赤铁矿	难溶于水	主要成分为 Fe_2O_3，还含少量 SiO_2、MnO、CuO 等杂质
钛铁矿	难溶于水	主要成分为 $FeTiO_3$，还含少量 Fe_2O_3、SiO_2、MgO、CaO 等杂质
$C_{12}H_{22}O_{11}$	可溶于水	高温分解产生 CO、C 等
$H_2C_2O_4\cdot2H_2O$	可溶于水	高温分解产生 CO、C 等
H_3PO_4	可溶于水	熔点为 42 ℃
$FePO_4$	9.91×10^{-29}	无

若采用复分解反应原理，可以有两种合成途径来实现：①水溶液直接沉淀法，②高温固相反应法。若采用①法，可以选择如 $CH_3COOLi + Fe(CH_3COO)_2 + H_3PO_4$，

用水做溶剂即可得到产品 $LiFePO_4$。若选用 Li_2CO_3 + Fe(CH_3COO)$_2$ + H_3PO_4（锂源、亚铁源、磷源可根据原理进行替换），则需事先用酸溶解，由于 $LiFePO_4$ 可溶于浓盐酸，故还需对酸的浓度进行控制，过大不利于产品沉淀，过小则原料无法溶解充分。所以，如果选择难溶于水的原料，更合适的合成途径应该是②法，若选择此途径只需注意原料中不需要的成分应具备在高温下易分解为气体或易挥发的性质。

若采用氧化还原反应原理，同样有两种合成途径，其中一种途径可以选择可溶性的 +3 价铁盐在水溶液中先还原成 +2 价，再沉淀，这种方法本质上同①法是一样的，所以不考虑。第二种途径则类似于高炉炼铁的原理——③高温固相热还原法，可用原料有 $FePO_4$/ 赤铁矿 + $C_{12}H_{22}O_{11}$/ $H_2C_2O_4 \cdot 2H_2O$ + Li_2CO_3/CH_3COOLi。

思考探究　如何确定制备正极材料 $LiFePO_4$ 的理论方案？

在根据目标产物进行制备原理的选择时，一般可根据“价-类”二维来进行分析：（1）复分解反应原理，此原理需要获知目标产物的相关物理性质；（2）氧化还原反应原理，若是通过此原理来设计合成路线，则需分析目标产物的价态和氧化性、还原性。

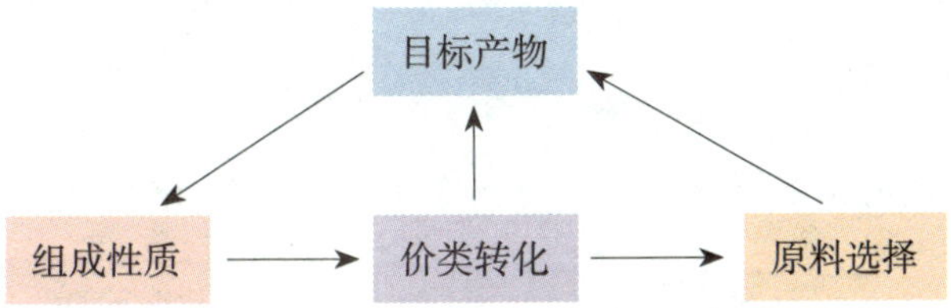

综上分析，制备 $LiFePO_4$ 的理论方案有以下三种：

① 水溶液直接沉淀法：CH_3COOLi + Fe(CH_3COO)$_2$ + H_3PO_4

② 二价铁高温固相反应法：Li_2CO_3 + Fe(CH_3COO)$_2$ + H_3PO_4

③ 三价铁高温固相热还原法：$FePO_4$/ 赤铁矿 + $C_{12}H_{22}O_{11}$/ $H_2C_2O_4 \cdot 2H_2O$ + Li_2CO_3/CH_3COOLi

活动 3　初步设计 $LiFePO_4$ 的工业合成方案

思考探究　表 9-7 中是三种工业合成 $LiFePO_4$ 方法的比较，请选择最佳方法，并说明理由。

表 9-7　三种合成方法比较

合成方法	二价铁共沉淀法	二价铁高温固相反应法	三价铁高温固相热还原法
主要步骤	沉淀→惰性气体保护下煅烧	原料混合研磨→惰性气体保护下 300 ℃预处理→再次研磨→惰性气体保护下煅烧	原料研磨→煅烧
主要特点	优点：原料来源丰富，生产周期短，前期能耗少，设备简单，得到的最终产品粒径小。 缺点：沉淀剂选择范围小；各组分离子沉淀速率不同对锂、铁、磷比例控制造成难度，均匀性缺失	优点：工艺开发时间长，较成熟；产品纯度高；分段加热为引入不同的添加剂提供了可能。 缺点：工艺能耗大；原料中不需要的成分应能煅烧后逸出，增加成本并影响核心物料混合反应，不利于粒径控制	优点：原料来源丰富；解决了原料易被氧化的缺点；残留的 C 掺入 $LiFePO_4$ 中，起到了优化电极性能的作用；产品分散性好。 缺点：需要更高的温度；煅烧物料越多，越难混合充分
产品性能	初始能量密度 146 mA · h · g^{-1}	初始能量密度 136 mA · h · g^{-1}	初始能量密度 159.3 mA · h · g^{-1}

二价铁高温固相反应法步骤复杂，产品性能差，故不适合。二价铁共沉淀法与三价铁固相热还原法步骤均简单，也各有优缺点，但从电极性能角度考虑，选择三价铁高温固相热还原法。

交流研讨　根据所选的工业合成方法，参考表 9-6、表 9-8 中的信息，选择合适的原料。

表 9-8　主要原料及负极材料价格

物质	价格 /（万元 · 吨$^{-1}$）
CH_3COOLi	8.5
Li_2CO_3	4.4
Li_3PO_4	8.5
$FeC_2O_4 \cdot 2H_2O$	2.8
$Fe_3(PO_4)_2 \cdot 8H_2O$	1.8
$Fe(CH_3COO)_2$	60
赤铁矿	0.12
钛铁矿	0.16
$C_{12}H_{22}O_{11}$	0.9

续表

物质	价格 /（万元 · 吨$^{-1}$）
$H_2C_2O_4 \cdot 2H_2O$	0.37
H_3PO_4	0.5
$FePO_4$	1.3
$Li_4Ti_5O_{12}$（一种磷酸铁锂电池的负极材料）	12.5

根据原料价格，从成本角度考虑：锂源选择 Li_2CO_3；价格低的铁源有赤铁矿和钛铁矿，由于电池的生产是同时生产正、负极材料的，而钛铁矿中的钛元素正可以作为负极材料的来源，再加上负极材料价格昂贵，所以应选择钛铁矿；还原剂选择 $H_2C_2O_4 \cdot 2H_2O$；磷源选择 H_3PO_4。

归纳总结　在设计工业合成路线时，需要综合考虑合成方法的可实施性、经济成本、产品性能、绿色化学等多种因素，从而选择合适的路线。

$$\text{钛铁矿} \xrightarrow{\text{钛铁分离、除杂}} \text{含}+3\text{价铁的固体} \xrightarrow{Li_2CO_3 + H_2C_2O_4 \cdot 2H_2O + H_3PO_4} LiFePO_4$$

活动 4　设计以钛铁矿为铁源的工业合成路线

由于钛铁矿中同时含有钛、铁元素，故在原料预处理阶段不仅要除杂，还需实现钛、铁分离，同时因为钛铁矿中铁元素为正二价，而我们选择的合成原理是三价铁高温固相热还原法，因此需将二价铁转化为三价铁。

思考探究　根据以下信息并结合表 9-9，设计钛铁矿的预处理流程，如需其他辅助原料，可自行添加。

已知：$FeTiO_3$ 溶于浓盐酸后会生成 $TiOCl_4^{2-}$，室温下在 pH > 4.5 时可水解生成 TiO_2。

表 9-9　Fe^{2+}、Fe^{3+}、Mg^{2+} **沉淀的** pH

离子	Fe^{2+}	Fe^{3+}	Mg^{2+}
开始沉淀的 pH	7.5	2.2	9.6
沉淀完全的 pH	9.5	3.5	11.6

根据已知条件，可得出若干种流程方案，例如：

方案 1

钛铁矿 $\xrightarrow[\text{② 过滤}]{\text{① 浓盐酸}}$ $\begin{cases} TiOCl_4^{2-}、Fe^{2+}（Fe^{3+}、Mg^{2+}、Ca^{2+}） \\ SiO_2 \end{cases}$ $\xrightarrow{\text{调 pH（4.5 ~ 7.5）}}$ $\begin{cases} TiO_2、Fe(OH)_3 \\ Fe^{2+}（Mg^{2+}、Ca^{2+}） \end{cases}$ $\xrightarrow[\text{② 调 pH 略大于 3.5}]{\text{① } H_2O_2}$ $\begin{cases} Fe(OH)_3 \\ Mg^{2+}、Ca^{2+} \end{cases}$

方案 2

钛铁矿 $\xrightarrow[\text{② 过滤}]{\text{① 浓盐酸}}$ $\begin{cases} TiOCl_4^{2-}、Fe^{2+}（Fe^{3+}、Mg^{2+}、Ca^{2+}） \\ SiO_2 \end{cases}$ $\xrightarrow[\text{② 调 pH（4.5 ~ 7.5）}]{\text{① Fe}}$ $\begin{cases} TiO_2 \\ Fe^{2+}（Mg^{2+}、Ca^{2+}） \end{cases}$ $\xrightarrow[\text{② 调 pH 略大于 3.5}]{\text{① } H_2O_2}$ $\begin{cases} Fe(OH)_3 \\ Mg^{2+}、Ca^{2+} \end{cases}$

方案 3

钛铁矿 $\xrightarrow[\text{② 过滤}]{\text{① 浓盐酸}}$ $\begin{cases} TiOCl_4^{2-}、Fe^{2+}（Fe^{3+}、Mg^{2+}、Ca^{2+}） \\ SiO_2 \end{cases}$ $\xrightarrow[\text{② 调 pH 略大于 3.5}]{\text{① } H_2O_2}$ $\begin{cases} \text{含钛元素的溶液} \\ Fe(OH)_3 \end{cases}$

交流研讨 请对所设计的方案及实际工业生产方案进行评价。

实际工业生产方案如下：

钛铁矿 $\xrightarrow[\text{② 过滤}]{\text{① 浓盐酸}}$ $\begin{cases} TiOCl_4^{2-}、Fe^{2+}（Fe^{3+}、Mg^{2+}、Ca^{2+}） \\ SiO_2 \end{cases}$ $\xrightarrow{\text{加热过滤}}$ $\begin{cases} TiO_2 \\ Fe^{2+}（Fe^{3+}、Mg^{2+}、Ca^{2+}） \end{cases}$ $\xrightarrow{\text{① } H_2O_2 \text{ ② } H_3PO_4 \text{ ③ 过滤}}$ $\begin{cases} FePO_4 \\ Mg^{2+}、Ca^{2+} \end{cases}$

以上设计的 3 种方案的共同点是最终得到了含 +3 价铁的物质 $Fe(OH)_3$，其中方案 3 最简洁；方案 1 会造成 Fe^{3+} 的损失，TiO_2 纯度降低；先调高 pH 后又降低 pH 也会带来原料的浪费和成本的增加，方案 2 存在类似缺点。

实际工业生产方案中采取加热的方法得到 TiO_2，减少了原料的损耗，但由于升温促进水解，同样会造成铁元素的损失。该方案最大的不同点是得到了 $FePO_4$ 沉淀，这是因为考虑到 $Fe(OH)_3$ 是絮状沉淀，会裹入较多杂质，造成后续高温热还原中产物不纯，电极性能变差；其次得到 $FePO_4$，同时获取了铁源和磷源，后续煅烧中反应物减少，更有利于反应物混合充分。因此综合考虑，实际工业生产方案更加优化。

交流研讨 已知 $Mg_3(PO_4)_2$ 和 $Ca_3(PO_4)_2$ 也是难溶物，请结合表9-10计算判断实际工业生产方案中得到 $FePO_4$ 的过程中是否会引入其他杂质。[TiO_2 沉淀过滤后的溶液中 $c(Fe^{2+}) = 0.25\ mol\cdot L^{-1}$，$c(Ca^{2+}) = 0.005\ 6\ mol\cdot L^{-1}$，$c(Mg^{2+}) = 0.068\ mol\cdot L^{-1}$，$c(PO_4^{3-}) = 4.75\times10^{-17}\ mol\cdot L^{-1}$]

表9-10 几种物质的 K_{sp}

物质	$Fe_3(PO_4)_2\cdot 8H_2O$	$FePO_4$	$Mg_3(PO_4)_2$	$Ca_3(PO_4)_2$
K_{sp}(单位略)	1.3×10^{-22}	9.9×10^{-29}	1.04×10^{-24}	2.0×10^{-29}

根据 $Q = c^3(Mg^{2+})\cdot c^2(PO_4^{3-}) = 0.068^3\times(4.75\times10^{-17})^2 < K_{sp}[Mg_3(PO_4)_2]$，$Q = c^3(Ca^{2+})\cdot c^2(PO_4^{3-}) = 0.005\ 6^3\times(4.75\times10^{-17})^2 < K_{sp}[Ca_3(PO_4)_2]$，可知此条件下并不会产生 $Mg_3(PO_4)_2$ 和 $Ca_3(PO_4)_2$ 沉淀。

归纳总结 磷酸铁锂的工业合成设计采用了逆向思维，从“价-类”二维的角度，选择理论合成原理、反应条件、反应物；再根据不同的工业生产条件的优缺点来选择最佳工业合成路径，同时依据成本选择适当的原料，并进行工业流程设计；最后对比实际工业生产流程，从定性和定量两个角度来评价方案，体会从理论走向实际、从实验室研发走向工业生产的真实过程。

任务三 探寻商用锂离子电池的发展方向

虽然磷酸铁锂电池有诸多优点，但若想大规模地应用于未来新能源市场，就必须解决其在低温下的不良表现以及电池容量不够大这两个关键问题。任务三将从结构角度研究磷酸铁锂的性能，并以问题为导向、从结构中寻求解决问题的方法。

活动 1 从结构角度研究 $LiFePO_4$ 的性能

交流研讨 观察 $LiFePO_4$ 的晶胞结构（图 9-2），分析磷酸根的空间结构，以及铁原子和锂原子所占据的空间位置。参考图 9-3 分析，$LiFePO_4$ 是如何实现 Li^+ 的嵌入和脱出的？

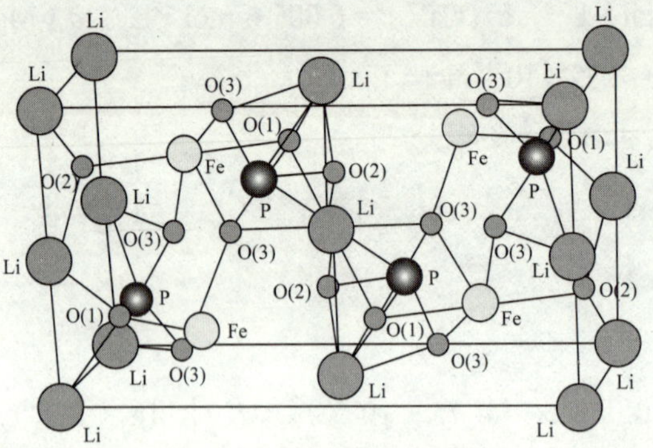

图 9-2 $LiFePO_4$ 晶胞结构

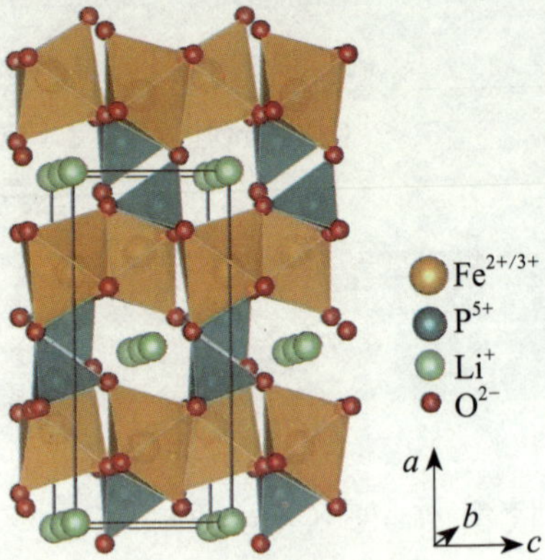

图 9-3 $LiFePO_4$ 晶体结构

在 $LiFePO_4$ 中，P 占据了由氧原子构成的四面体的中心位置，形成了 PO_4 四面体。Fe 与 Li 分别位于由氧原子构成的八面体的中心位置，形成了 FeO_6 和 LiO_6 八面体。在 FeO_6 层之间，相邻的 LiO_6 八面体通过两个氧原子连接，形成了 Li^+ 的连续直线链，这使得 Li^+ 可形成一维扩散运动通道。因此，$LiFePO_4$ 能可逆地嵌入和脱嵌 Li^+，脱嵌过程中结构稳定，有良好的循环稳定性。

交流研讨 结合图 9-3、图 9-4 分析，$LiFePO_4$ 是如何通过脱嵌 Li^+ 实现充放电的？铁元素的化合价是否发生了变化？

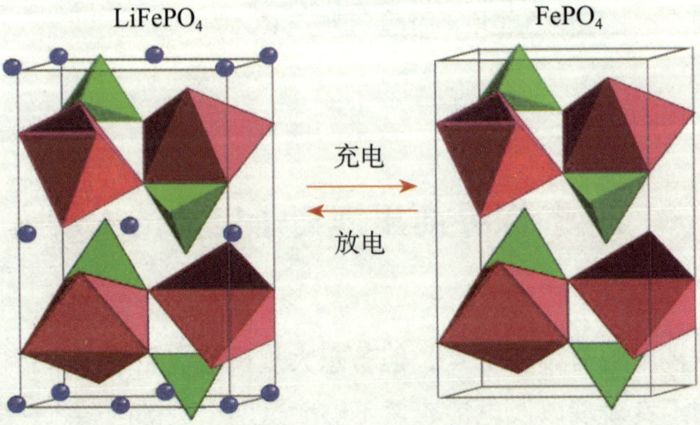

图 9-4 $LiFePO_4$ 充放电结构示意图

充电时，正极材料 $LiFePO_4$ 中的 Li^+ 从 LiO_6 八面体中迁移出来，经过电解液进入负极，发生 $Fe^{2+} \rightarrow Fe^{3+}$ 的氧化反应，为保持电荷平衡，电子从外电路由正极到达负极。放电时，$LiFePO_4$ 则发生还原反应，Li^+ 经过电解液重新嵌入 $LiFePO_4$ 的 LiO_6 八面体中，电子从外电路由负极到达正极。

交流研讨　根据表 9-11 可知 $LiFePO_4$ 的理论电池容量为 170 mA·h·g^{-1}，比 $LiCoO_2$ 的 275 mA·h·g^{-1} 要低很多，观察 $LiCoO_2$ 的晶胞结构和晶体结构（图 9-5 和图 9-6），对比 $LiCoO_2$ 的 Li^+ 脱嵌通道，分析 $LiFePO_4$ 理论电池容量低的原因。

表 9-11　正极材料 $LiFePO_4$ 和 $LiCoO_2$ 的性能比较

正极材料	理论电池容量 /（mA·h·g^{-1}）	实际电池容量 /（mA·h·g^{-1}）	热稳定性
钴酸锂（$LiCoO_2$）	275	140	差
磷酸铁锂（$LiFePO_4$）	170	150	好

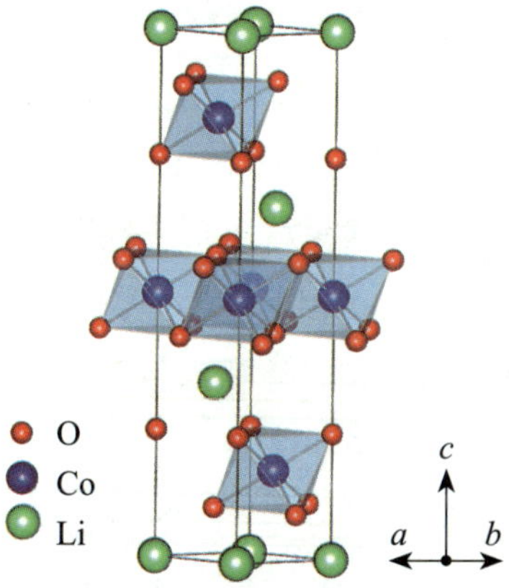

图 9-5　$LiCoO_2$ 晶胞结构

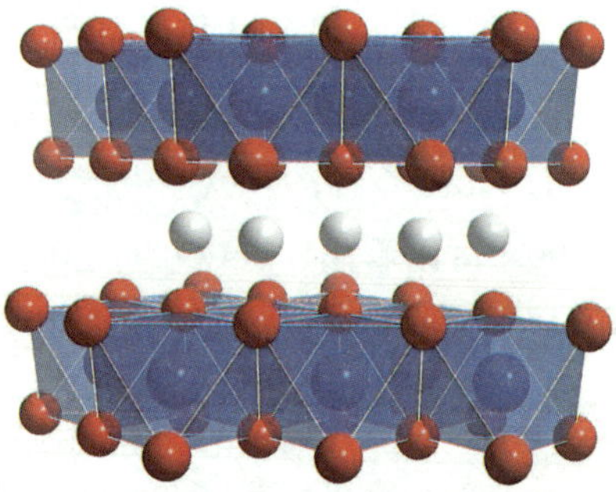
图 9-6　$LiCoO_2$ 晶体结构

$LiCoO_2$ 是典型的层状结构正极材料，Li^+ 和 Co^{3+} 交替占据层间的八面体位置。层状的框架结构为 Li^+ 可逆脱嵌反应提供了二维通道，比 $LiFePO_4$ 的 Li^+ 脱嵌通道更通畅，更加有助于提高 Li^+ 的迁移速率，因此其理论电池容量更高。而在 $LiFePO_4$ 晶体中，八面体之间的 PO_4 四面体限制了晶格体积变化，Li^+ 只能通过晶体的特定轴边实现一维迁移，影响 Li^+ 的嵌入和脱出，使 Li^+ 的扩散速率很低，低扩散速率使 $LiFePO_4$ 在大电流充放电时的比容量迅速下降。

思考探究 $LiCoO_2$ 的实际电池容量为 140 mA · h · g^{-1}，比理论值要低，这是什么原因导致的呢？试从结构角度进行分析。图 9–7 为随着 Li^+ 的脱出，$LiCoO_2$ 晶体结构的演化过程。根据图 9–4，你能否看出 $LiFePO_4$ 充放电过程中电池容量不会大幅衰减的原因是什么？这体现了它的哪点优越性能？

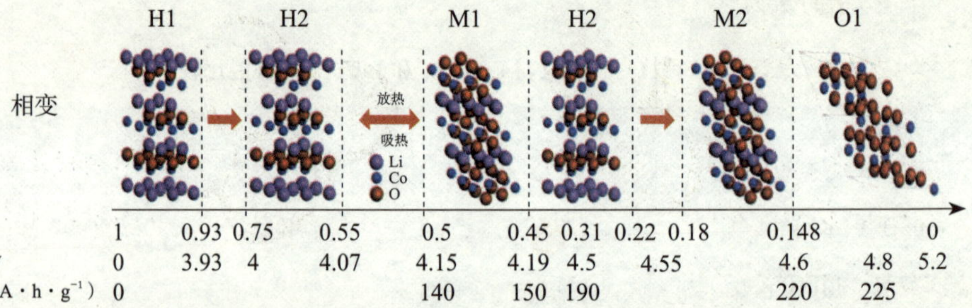

图 9–7 Li_xCoO_2 随 x 变化的晶体结构演化（$0 < x < 1$）

Li^+ 脱嵌量在 50 % 左右时，发生在 $x = 0.5$ 附近的六方相和单斜相之间的转变为可逆相变过程。此时钴酸锂的理论电压为 4.15~4.2 V，电池容量为 140~150 mA · h · g^{-1}。当超过 50% 的 Li^+ 从钴酸锂脱出时，钴酸锂将会发生由六方相逐渐过渡到单斜相的转变，单斜相的产生使其结构变得极不稳定。当 $x < 0.18$ 时，相变过程是不可逆的，材料过充循环后，容量损失严重。

从图 9–4 可以看出，$FePO_4$ 与 $LiFePO_4$ 的结构极为相似，体积也较接近。由于充放电过程中结构与体积变化很小，因此 $LiFePO_4$ 具有良好的循环性能。

归纳总结 在 $LiFePO_4$ 晶体中，八面体之间的 PO_4 四面体限制了晶格体积变化，使 $LiFePO_4$ 在 Li^+ 的嵌入和脱出过程中仍能保证结构的稳定，具备良好的循环性能和热稳定性；但同时也正是因为这种结构，限制了 Li^+ 的迁移速率及电导率，不适合大电流充放电。因此，我们在思考对其结构进行改进来提升其性能时，要兼顾这两点。

活动 2　从结构角度研究 $LiFePO_4$ 的优化

交流研讨　提高 $LiFePO_4$ 的电导率和 Li^+ 扩散速率一直以来都是科研人员研究的重点。要提高导电性，可以从晶体表面和晶体内部两个方面进行改性。如何提高晶体表面的导电性呢？请参考图 9-8 思考。

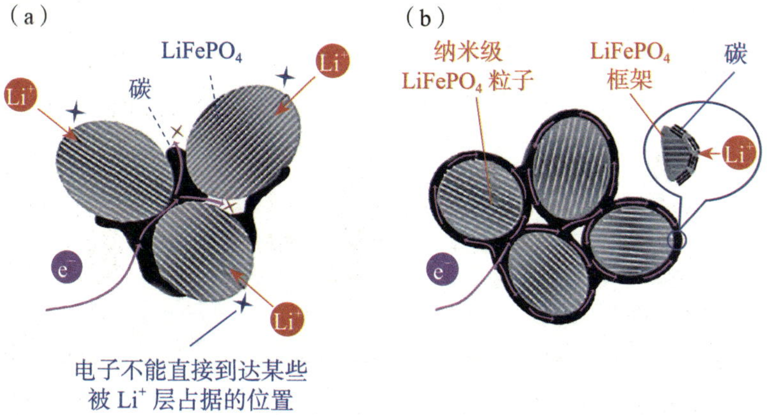

图 9-8　壳－核结构碳包覆 $LiFePO_4$ 示意图

可以将碳纳米管、石墨烯等高导电性材料包覆在 $LiFePO_4$ 表面，形成三维导电联结网络，提高其导电性。

资料支持　在实际晶体中，或多或少总会存在空位、错位、含杂质原子等缺陷，这些因素导致实际晶体偏离理想的周期性重复排列，人们将其称为晶体缺陷。晶体缺陷会影响晶体的性质。很多晶体材料需要人们有计划、有目的地利用或制造晶体缺陷，从而得到性能优异的晶体材料来满足人们的需要。

交流研讨　以上资料给了你什么启示？若想通过制造 $LiFePO_4$ 晶体缺陷来改善其导电性，则需要在制备 $LiFePO_4$ 的过程中掺杂一些金属离子，你认为这些离子应该具备什么特征，才能满足整个晶体体积不发生变化的同时增大 Li^+ 的移动通道，从晶体内部去提高其导电性？

可以通过金属离子掺杂到 $LiFePO_4$ 晶体内部，破坏晶格结构产生缺陷来提供 Li^+ 的移动通道，提高离子的扩散速率；同时，金属离子的导电性能够改善电导率，以此改良 $LiFePO_4$ 的性能。掺杂的金属阳离子能够替换晶体中铁的位置，并且对整个晶体的体积影响不大，这就要求金属阳离子半径比 Fe^{2+}、Fe^{3+} 半径小，从而导致 Li^+ 扩散通道变宽，提高 $LiFePO_4$ 的离子电导率。

活动探究 科学家以掺杂 Ti、Mn、Mg 多离子的磷酸铁为原料制备的磷酸铁锂作为正极材料，制备成扣式电池，检测扣式电池的放电容量，数据见表 9-12。请分析哪种比例的掺杂对提高其导电性有帮助，离子的掺杂量是否越多越好？

表 9-12　以掺钛磷酸铁为原料制备的磷酸铁锂扣式电池 0.2 C 下循环 150 次后的容量保持率

样品编号	初始容量 / ($mA \cdot h \cdot g^{-1}$)	150 次循环后容量 / ($mA \cdot h \cdot g^{-1}$)	容量保持率 /%
a1（掺钛量为 0）	153.7	149.6	97.33
b1（掺钛量为 0.05%）	159.1	155.0	97.42
c1（掺钛量为 0.5%）	159.9	156.5	97.87
d1（掺钛量为 1%）	155.3	148.0	95.30

以掺杂 Ti、Mn、Mg 多离子磷酸铁为原料制备的磷酸铁锂扣式电池，0.2 C 下循环 150次后的容量保持率均在95%以上。当掺钛量为0.5%时，扣式电池的容量保持率最高，达到 97.87%，说明此材料的循环性能优异。当掺钛量继续增加时，容量保持率迅速下降至 95.30%。这说明掺杂的金属离子的量并不是越多越好，其有一个最佳点，使得磷酸铁锂的导电性能达到最佳。

交流研讨 如何提高 Li^+ 的扩散速率？回想你的生活经历，想要前方车辆快速驶出隧道，后方车辆快速进入隧道，你希望隧道变成什么样？能否让 $LiFePO_4$ 也按照你对“隧道”的设想来增大 Li^+ 嵌入和脱出的速率？

车辆可以从各个方向进入隧道，隧道内的车道增多，可在三维空间内形成立体车道，同时可使隧道长度变短，通过这两种途径，提高隧道内车辆的进出速率。根据以上提示，可对 $LiFePO_4$ 进行尺寸及形貌调控以提升 Li^+ 的脱嵌速率（图 9-9）。

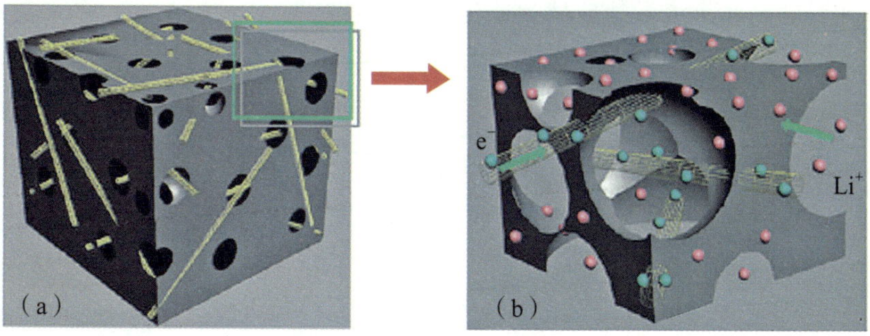

图 9-9　多孔 $LiFePO_4$ 尺寸减小前后结构示意图

资料在线　麻省理工学院的 Ceder 研究小组曾在《自然》杂志上称已经找到一种方法，可以提升现有电池材料的效能，未来可望制造出仅需数秒钟即可完成充电的超级电池，而且体积更小、质量更轻。他们开发了一种新的表面结构，可让 Li^+ 更快速地从材料中移动出去。就好像是大城市中的环外道路一样，可引导离子顺利找到材料通道，以加速其电荷的传递。

思考探究　根据图 9-9 和图 9-10 思考，纳米级多孔或中空的 $LiFePO_4$ 是如何提升 Li^+ 扩散速率进而提升其导电性能的？

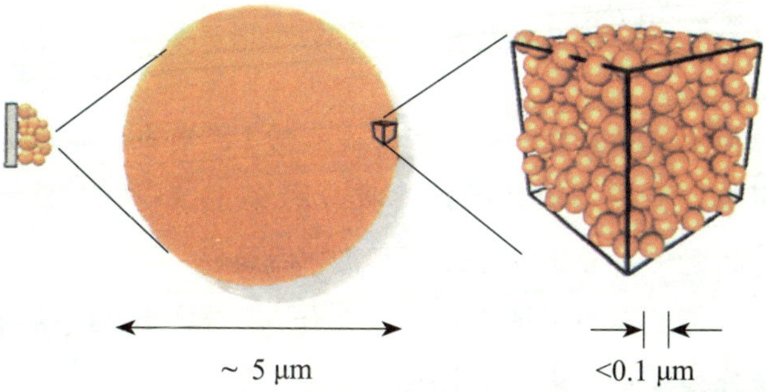

图 9-10　一般 $LiFePO_4$ 正极材料颗粒和纳米级 $LiFePO_4$ 正极材料颗粒比较

纳米级孔洞或者中空等形貌增大了与电解液接触的比表面积，可以缩短 Li^+ 在充放电过程中的扩散路径，降低扩散阻力，提高 Li^+ 的扩散速率，提升磷酸铁锂的导电性能。

归纳总结 从结构角度对磷酸铁锂进行改性的研究思路如下：

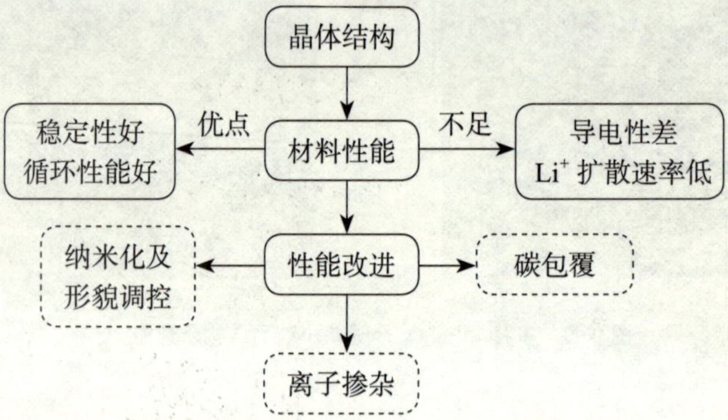

活动 3 锂离子电池负极材料的探索

交流研讨 根据锂离子电池商业化生产需求及其工作原理，尝试说出锂离子电池负极材料应该具备哪些特点？

锂离子电池负极材料应具备以下特点：能实现大量 Li^+ 快速可逆地嵌入和脱出；嵌入和脱出造成的主体结构体积变化小，也就是循环可逆性好；结构稳定；导电性好；安全性能高、成本低、绿色无污染。

交流研讨 对于锂离子电池负极材料而言，嵌入的 Li^+ 越多，充电容量越高。表 9-13 是几种常用负极材料的性能比较，图 9-11 和图 9-12 是石墨在工作过程中的结构变化，请分析讨论以下几个问题：

（1）石墨层内碳原子的杂化类型是什么？层状结构的石墨层与层之间的作用力是什么？石墨具有导电性的原因是什么？（$r_{Li^+}=0.07$ nm）

（2）石墨多孔的结构有哪些好处？

（3）根据表 9-13 信息可知，石墨作为负极，电极容量较低，Li^+ 扩散速率较慢，从结构分析其原因。

表 9-13 负极材料性能比较

负极材料	成分	理论容量/($mA\cdot h\cdot g^{-1}$)	体积变化/%	Li^+ 扩散速率	导电能力
石墨类碳材料	Li_xC_6	372	12	慢	好
硅类合金	$Li_{13}Si_4$、$Li_{22}Si_5$ 等	4 200	420	慢	差
钛酸锂	$Li_4Ti_5O_{12}$	175	1	快	差

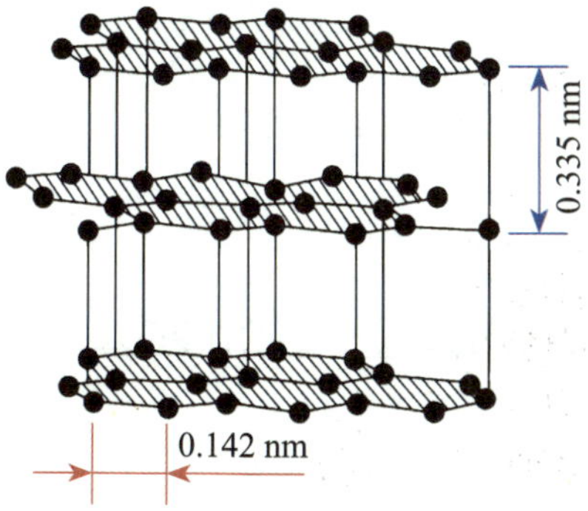

图 9-11 石墨结构

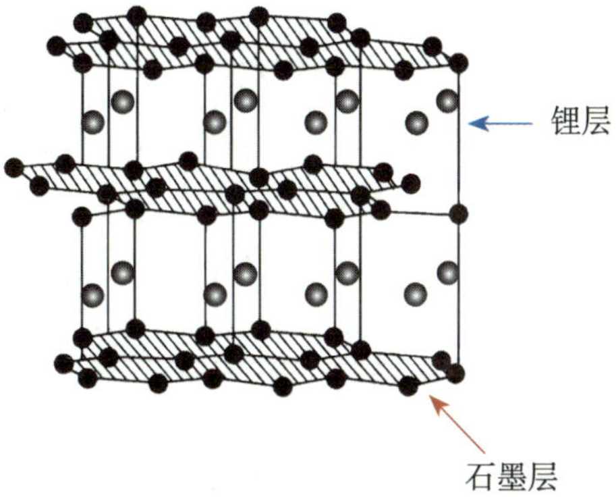

图 9-12 锂离子嵌入石墨后形成嵌锂化合物 Li_xC_6

石墨晶体具有层状结构。同一层中的每一个碳原子用 sp^2 杂化轨道与邻近三个碳原子以共价键相结合，形成无限的六边形平面网状结构。每个碳原子还有一个与碳环平面垂直的未参与杂化的 2p 轨道，并还有一个未成对电子，因此形成了遍及整个平面的大 π 键。因为电子可以在整个六边形网状平面上运动，所以石墨的大 π 键具有金属键的性质，使其沿层方向导电性强。石墨的平面结构之间以范德华力结合形成层状结构，层与层之间的距离为 0.335 nm，而 Li^+ 半径为 0.07 nm，因此石墨的片层之间可有效吸附 Li^+，嵌锂容量高，嵌锂前后体积变化小，结构较稳定，又因为廉价易得、安全环保等优点，使得石墨成为锂离子电池负极材料不错的选择。

多孔结构可有效缓解充放电时的巨大体积变化，丰富的孔结构方便电解液的渗透，增大电极与电解液界面的反应面积，从而使电极材料在循环中保持结构完整和循环稳定。

信息链接 石墨的层与层以较弱的范德华力结合，在含有有机溶剂的电解质中，部分溶剂化的锂离子嵌入时会同时带入溶剂分子，造成溶剂共嵌入，使石墨化层结构逐渐被剥离，造成电池容量和寿命的衰减。因此石墨负极材料还有待在容量等性能上进行提升。

思考探究 硅类合金和钛酸锂分别因其容量高、充放电体积变化小，成为锂离子电池负极发展新方向，但它们均有目前无法商业化生产的缺陷。你认为可以从哪些方面提升硅类合金和钛酸锂负极材料的性能？

根据磷酸铁锂的改性思路：

① 大电流充放电 ⟶ 提高 Li^+ 容量和扩散速率 ⟶ 增加储锂空间和增多 Li^+ 传输通道 ⟶ 减小粒径尺寸（纳米化）和掺杂

② 提高导电能力 ⟶ 表面包覆导电物质或掺杂金属元素

③ 提高循环使用寿命 ⟶ 降低负极材料在脱 / 嵌锂过程中引起的体积膨胀

活动 4 锂离子电池电解质材料和隔膜的选择

针刺试验是验证动力电池安全性较为严苛的手段。某三元锂电池针刺测试结果剧烈燃烧，表面温度超过 500 ℃。该类电池使用的电解质是液体电解质。电动汽车的安全性再次成为人们关注和热议的焦点，而锂离子电池电解质的选择也成为至关重要的一环。

交流研讨 锂离子电池电解质所起的作用是什么？你认为锂离子电池电解质材料应该具备什么特点？

电解质承担着正、负极之间传输运载 Li^+ 的作用，用于锂离子电池的电解质应该尽可能满足以下条件：Li^+ 电导率高；电化学性能稳定，在极限条件下不易分解；环境友好。

锂离子电解质分为液态有机电解质和固态电解质两种。液态电解质离子电导率高且制备费用低，广泛应用于传统电池中。表 9-14 中是对几种常见电解质材料的性能介绍。

表 9-14 电解质材料性能比较

电解质材料分类	成分	优缺点
非水有机液态电解质	锂盐（$LiPF_6$、$LiBF_4$等）溶解在有机溶剂中（碳酸酯类、羧酸酯类、醚类）	优点：电化学稳定性好，可在较宽温度范围内使用 缺点：漏液、易燃、易挥发、电导率不高、不稳定、成本高
聚合物电解质	聚环氧乙烷、聚丙烯腈等	优点：高分子材料的柔顺性、黏弹性和稳定性好，质轻 缺点：电导率低、机械强度低
无机固态电解质	硫化物、氧化物等	优点：安全性极高、循环寿命长、能量密度高、高温适应性好 缺点：成本高、电导率低、机械强度低

资料支持 隔膜本身是疏水性并且对 Li^+ 的沉积不会有任何的调控作用，液态电解质本身含有 Li^+，在长时间循环传导 Li^+ 的过程中锂枝晶仍然会生长，刺穿隔膜导致安全性问题。为进一步优化，研究者提出了无机电解质、聚合物电解质以及复合固态电解质可有效地抑制锂枝晶的生长，大大提高了锂离子电池的安全性能。

交流研讨 请观察图 9-13 和图 9-14，思考锂离子电池隔膜所起的作用是什么？你认为锂离子电池隔膜应该具备哪些性能？

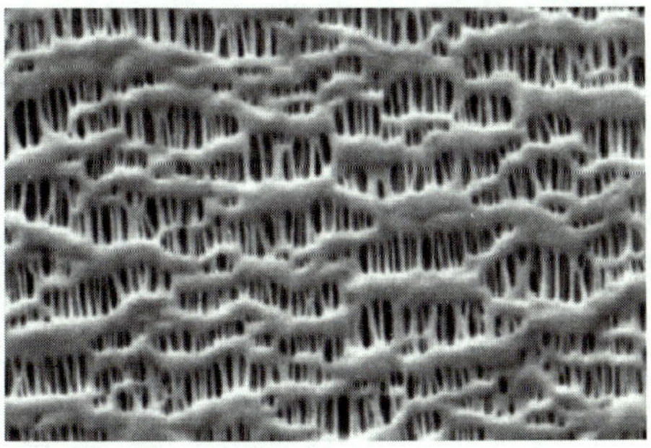

图 9-13 聚丙烯材料隔膜电镜图

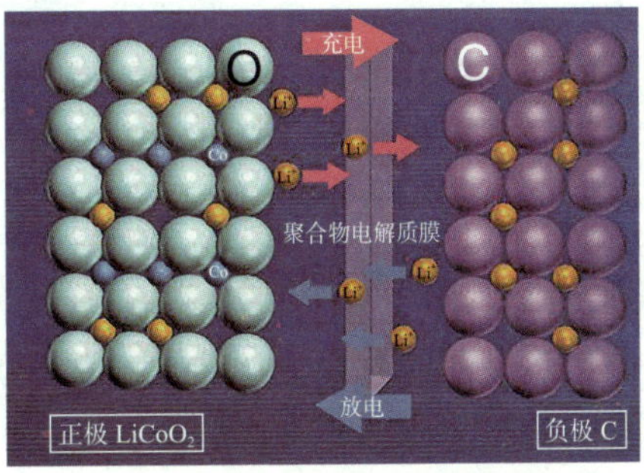

图 9-14 锂离子电池隔膜作用示意图

隔膜所起的作用是隔离正、负极，并使电池内部的电子不能自由穿过，而能够让电解质中的离子在正、负极间自由通过。隔膜性能的优劣直接影响着电池内阻、放电容量、循环使用寿命及安全性能。隔膜越薄，孔隙率越高，电池内阻越小，性能越好。

归纳总结 针对商用锂离子电池的需求，我们可从以下几个方面对其进行探索改进。

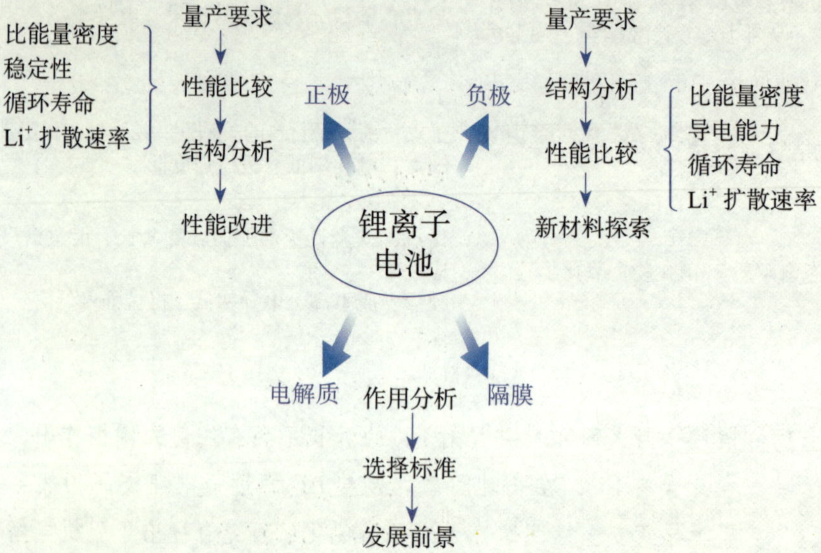

单元项目梳理

本项目涵盖三个任务，分别从化学反应原理、工业流程设计、物质结构三个角度对锂电池的发现、发展、制备、改进、前景做了全面的学习理解，三个任务均是以问题为导向来进行推进的。任务一是从如何构建商用电池这个问题出发，引导学生以原电池的基本模型为起点，结合商业需求选择合适的正负极材料、电解质，并在构建过程中逐步发现新的问题并进行改进，最终得到发展前景比较好的以磷酸铁锂为正极的锂离子电池。任务二则是抛出如何实现磷酸铁锂的工业制备这个问题，引导学生以“价-类”二维模型为抓手，结合工程思维，进行工业流程的设计，并从定性和定量两个角度对不同的流程路线进行评价，体验从实验室研发走向工业生产的过程。任务三则是针对磷酸铁锂电池仍然存在的缺点，从结构角度认识其性能，体会结构决定性质这一大概念，并认识到事物的两面性，在进行性能优化的同时兼顾成本、安全、环保等，进而得出对电池材料优化的一般思考方法；同时运用所得到的优化方法对电池的其他组分进行改进思考，展望未来商用电池的发展方向。

单元项目检测

学习理解

1. 2019 年诺贝尔化学奖授予英国科学家古德纳夫及另外两位科学家，以表彰他们在锂离子电池研究中的杰出贡献。 $LiFePO_4$ 是用于制备大功率锂离子电池的正极材料，其一种制备流程如图所示。下列有关说法不正确的是（　　）

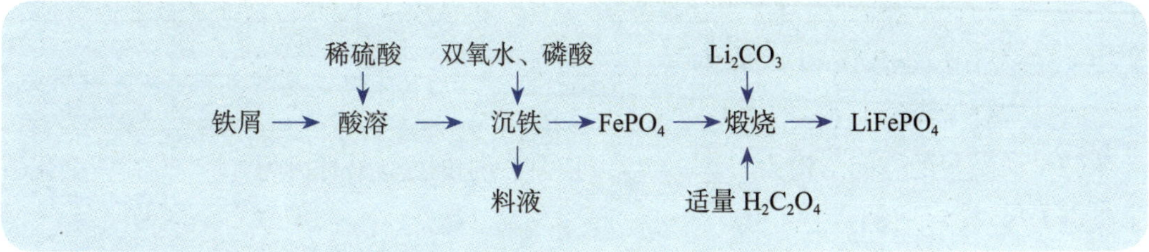

A. $LiFePO_4$ 中 Fe 的化合价为 +2

B. “沉铁”过程中双氧水做氧化剂

C. 料液可循环利用

D. “煅烧”中有大量的 CO_2、CO 生成

2. 磷酸铁锂是制作电池的材料，其制备过程可以简化为下图。下列说法正确的是（　　）

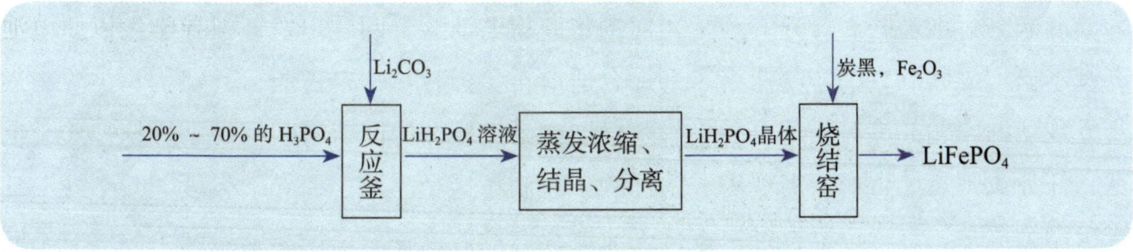

A. 蒸发需要的硅酸盐材料仪器有烧杯、酒精灯、玻璃棒、铁架台

B. 反应釜中反应的化学方程式为 $2H_3PO_4 + Li_2CO_3 = LiH_2PO_4 + H_2O + CO_2\uparrow$

C. 分离的操作是分液

D. 烧结窑中氧化铁被炭黑还原了

3. 古德纳夫等人因在锂离子电池及钴酸锂、磷酸铁锂等正极材料研究方面的卓越贡献而获得 2019 年诺贝尔化学奖。

回答下列问题：

（1）基态 Fe^{2+} 与 Fe^{3+} 离子中未成对的电子数之比为________。

（2）Li 及其在元素周期表中相邻元素的第一电离能（I_1）见下表。

元素	Li	Be	B	Na	Mg	Al
I_1/（kJ · mol^{-1}）	520	900	801	496	738	578

I_1（Li）> I_1（Na），原因是____
____。

I_1（Be）> I_1（B）> I_1（Li），原因是____
____。

（3）磷酸根的空间结构为________，其中 P 的价层电子对数为________，杂化轨道类型为________。

（4）$LiFePO_4$ 的晶胞结构示意图如（a）所示。其中 O 围绕 Fe 和 P 分别形成正八面体和正四面体。它们通过共顶点、共棱形成空间链结构。每个晶胞中含有 $LiFePO_4$ 的单元数有________个。

电池充电时，$LiFePO_4$ 脱出部分 Li^+，形成 $Li_{1-x}FePO_4$，结构示意图如（b）所示，则 x = ________，n（Fe^{2+}）：n（Fe^{3+}）= ________。

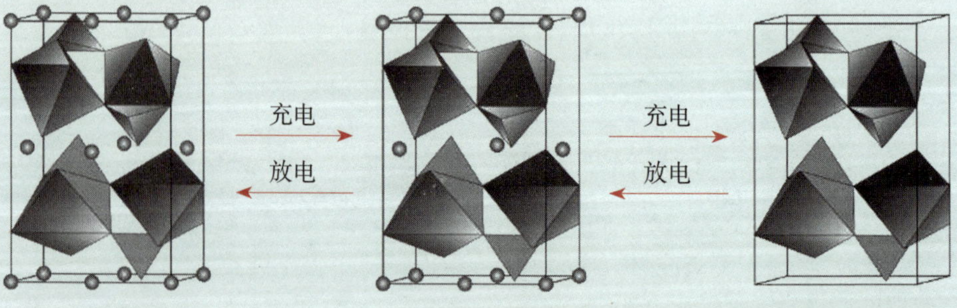

（a）$LiFePO_4$　（b）$Li_{1-x}FePO_4$　（c）$FePO_4$

应用实践

4. 锂离子电池是将层状石墨加导电剂及黏合剂涂在铜箔基带上，将钴酸锂（$LiCoO_2$）涂在铝箔上制作而成，利用 Li^+ 在两极上的嵌入和脱嵌进行充放电，反应的化学方程式为 $LiCoO_2 + 6C \xlongequal{} Li_{1-x}CoO_2 + Li_xC_6$，其原理如图所示。

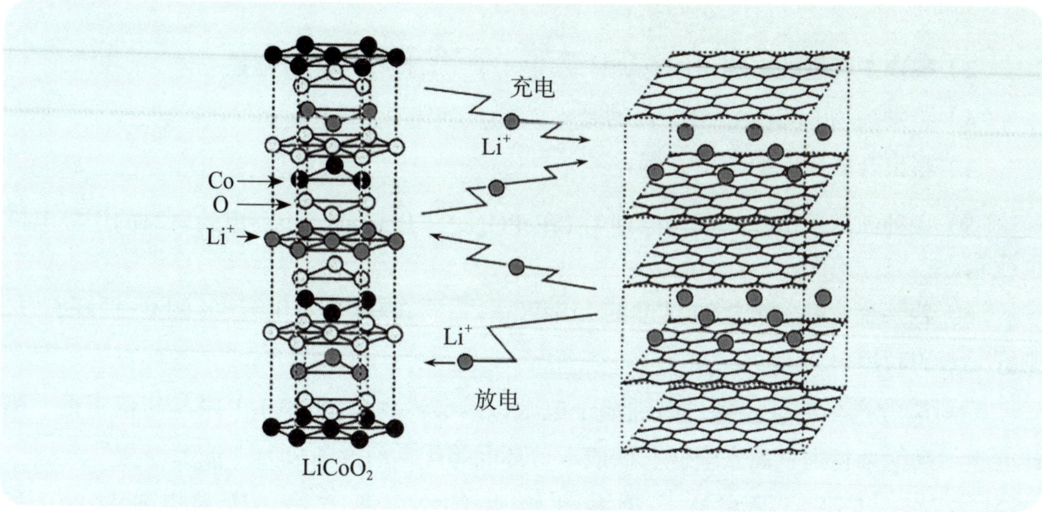

下列说法错误的是（　　）

A. 石墨加导电剂及黏合剂涂在铜箔基带上做锂离子电池的负极

B. 充电时 Li^+ 从石墨层状结构中脱嵌，进入电解质

C. 放电时的正极反应为 $Li_{1-x}CoO_2 + xLi^+ + xe^- = LiCoO_2$

D. 锂离子电池常用非水液态有机电解质做电解液

5. 锂被誉为“高能金属”，是锂离子电池的电极材料。工业上常用 β−锂辉矿（主要成分为 $Li_2O \cdot Al_2O_3 \cdot 4SiO_2$ 以及含少量钙、镁杂质）和氟磷灰石（$Ca_5P_3FO_{12}$）为原料制取锂离子电池正极材料 $LiFePO_4$，工艺流程如图所示。

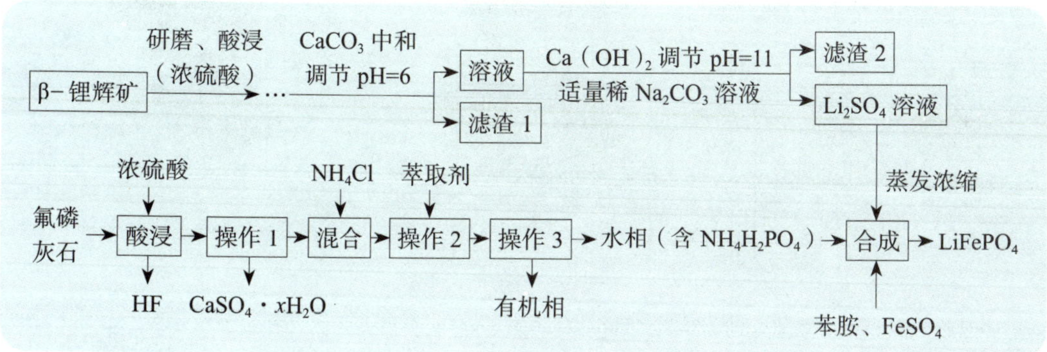

已知：① 残留在溶液中的离子浓度小于 10^{-5} mol · L^{-1} 说明该离子沉淀完全；② 常温下，$K_{sp}[Al(OH)_3] = 2.7 \times 10^{-34}$、$K_{sp}[Mg(OH)_2] = 1.2 \times 10^{-11}$（$K_{sp}$ 单位略）；③ $LiFePO_4$ 难溶于水。

（1）氟磷灰石（$Ca_5P_3FO_{12}$）中磷元素的化合价为________，滤渣 2 的主要成分是

________________（写化学式）。

（2）操作 1 所需的玻璃仪器有烧杯、________，操作 3 的名称是________。

（3）蒸发浓缩 Li_2SO_4 溶液的目的是____________________________。

（4）写出合成反应的离子方程式：____________________________。

（5）一种锂离子电池的反应原理为 $LiFePO_4 \underset{放电}{\overset{充电}{\rightleftharpoons}} Li+FePO_4$。写出放电时的正极电极反应式：____________________________。

（6）若某企业制备 110.6 t 纯净的 $LiFePO_4$，需要 300 t 含氧化锂 5% 的 β-锂辉矿石，则锂元素的利用率为________________。

6. 新能源汽车的核心部件是锂离子电池，磷酸铁锂（$LiFePO_4$）以其高倍率性、高比能量、高循环特征、高安全性、低成本、环保等优点而逐渐成为“能源新宠”。

[方法一] 高温固相法是磷酸铁锂生产的主要方法。通常以亚铁盐（如 $FeC_2O_4 \cdot 2H_2O$）、磷酸盐和锂盐为原料，充分混匀后，在惰性气氛的保护气中先经过较低温预分解，再经过高温焙烧、研磨粉碎制成。其反应原理如下：

$$Li_2CO_3 + 2FeC_2O_4 \cdot 2H_2O + 2NH_4H_2PO_4 \xlongequal{\quad} 2NH_3\uparrow + 3CO_2\uparrow + \_\_\_\_\_\_ + \_\_\_\_\_\_ + \_\_\_\_\_\_$$

（1）完成上述化学方程式。

（2）理论上，反应中每转移 0.15 mol 电子，会生成________ g $LiFePO_4$。

[方法二] 以铁红、锂辉石 $LiAl(SiO_3)_2$（含少量 Ca^{2+}、Mg^{2+} 的盐）、炭粉等为原料来生产磷酸铁锂，其主要工艺流程如图所示。

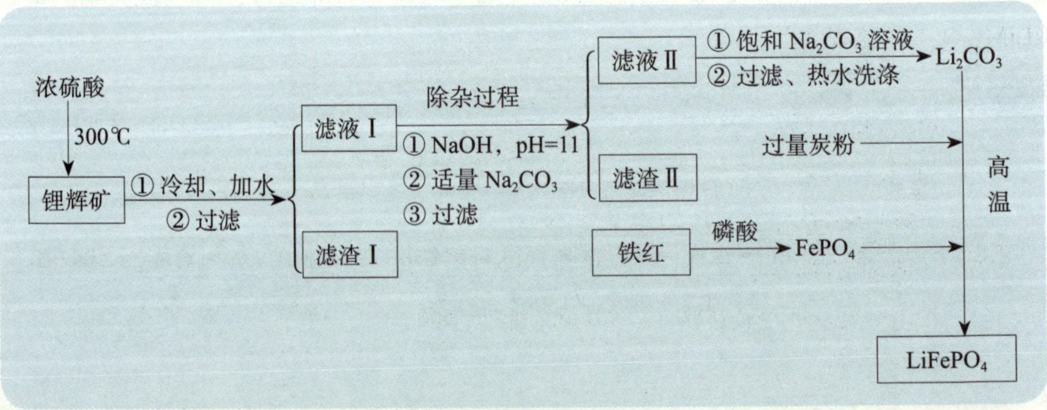

已知：$2LiAl(SiO_3)_2 + H_2SO_4(浓) \xlongequal{300℃} Li_2SO_4 + Al_2O_3 \cdot 4SiO_2 \cdot H_2O\downarrow$

温度/℃	20	40	60	80
Li_2CO_3 溶解度/g	1.33	1.17	1.01	0.85
Li_2SO_4 溶解度/g	34.2	32.8	31.9	30.5

（3）向滤液Ⅱ中加入饱和 Na_2CO_3 溶液，过滤后，用“热水洗涤”的原因是____________________。

（4）滤渣Ⅱ的主要成分是____________（填化学式）。

（5）写出在高温下生成磷酸铁锂的化学方程式：______________________________。

（6）工业上，将 Li_2CO_3 粗品制备成高纯 Li_2CO_3 的部分工艺如下：

① 将粗产品 Li_2CO_3 溶于盐酸做电解槽的阳极液，LiOH 溶液做阴极液，两者用离子选择半透膜隔开，用惰性电极电解，阳极的电极反应式是____________________。

②电解后向产品 LiOH 溶液中加入过量 NH_4HCO_3 并加热，过滤、烘干得高纯 Li_2CO_3。请写出生成 Li_2CO_3 的化学方程式：______________________________。

迁移创新

7. 以废旧磷酸铁锂电池正极片（$LiFePO_4$、炭黑和铝箔等）为原料制备锰酸锂（$LiMn_2O_4$）的流程如图所示。

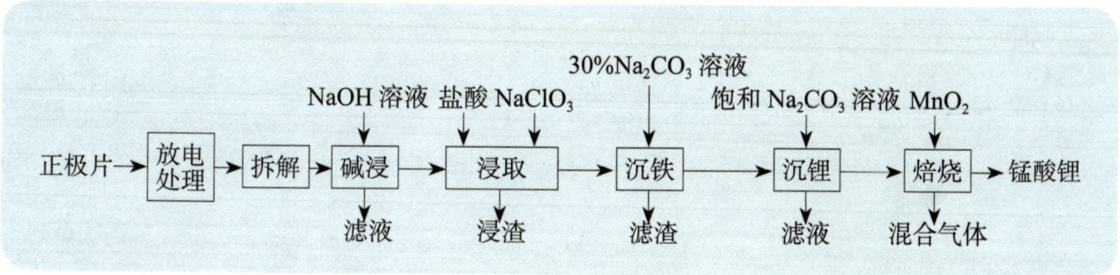

回答下列问题：

（1）$LiFePO_4$ 中 Fe 元素的化合价为______；“放电处理”有利于锂在正极的回收，其原因是____________________。

（2）“碱浸”中发生反应的离子方程式为______________________________。

（3）“浸取”中加入 $NaClO_3$ 的作用为 ________；“沉铁”过程所得滤渣为白色固体，其主要成分是 ________。

（4）已知碳酸锂的分解温度为 723 ℃。当“焙烧”温度达到 515 ℃时，开始有 CO_2 产生，可能的原因是 ________；MnO_2 可以利用 $MnSO_4$ 溶液与 $K_2S_2O_8$ 溶液反应制备，该反应中氧化剂与还原剂的物质的量之比为 ________。

8. 锂–空气电池，能量密度是锂离子电池的 10 倍，理论上有潜力成为能量密度最高的化学电池。下列说法错误的是（　　）

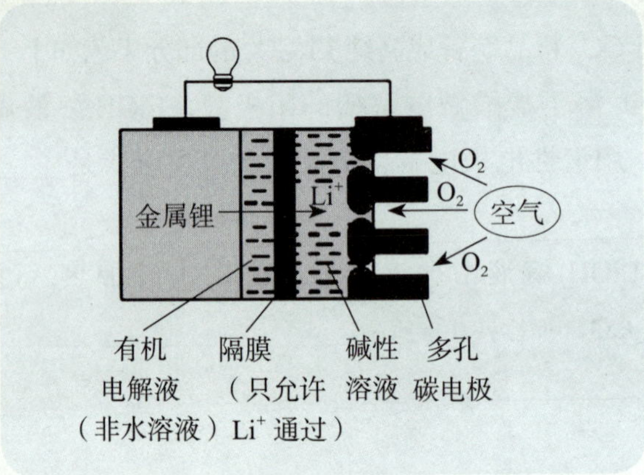

A. 多孔电极可以提高电极与电解质溶液的接触面积，有利于氧气扩散至电极表面

B. 正极的电极反应为 $O_2 + 4e^- + 2H_2O = 4OH^-$

C. 电池工作时，外电路中流过 0.01 mol 电子，负极材料减重 0.07 g

D. 若去掉隔膜和有机电解液，电池反应不会改变

项目 10　全钒液流电池的设计与优化

——化学反应中能量及物质的转化和利用

任务一　V_2O_5 的制备

任务二　V_2O_5 催化氧化 SO_2

任务三　全钒液流电池的提出与优化

单元项目设计意图

运用“价-类”二维认知模型对工业制备 V_2O_5 进行理论分析，以石煤矿为原料构建从原料到产品的工程思维模型。

利用 V_2O_5 结构探究及催化氧化 SO_2 的过程分析，培养“微观探析”“证据推理”等化学学科核心素养。

基于氧化还原基本原理认识全钒电池；从装置的角度初步搭建全钒电池，并运用工程思维结合实际需求优化全钒电池，解决实际问题。

单元项目学习目标

1. 通过制备 V_2O_5 的学习，构建和应用“价-类”二维模型、物质分离与提纯模型、工程设计模型。

2. 通过 V_2O_5 结构分析及催化氧化 SO_2 机理的研究，培养信息获取和加工处理的能力。

3. 通过全钒液流电池的初步设计与优化，建立电化学三维认知模型，培养问题解决能力、模型认知与应用能力。

单元项目学习引导

钒是一种重要的战略资源，在钢材、冶金、化工、医学和新能源等行业有着广泛的应用。我国不仅是世界第一大钒资源国，也是第一大钒生产国和消费国，在国际钒市场中占有重要地位，我国的钒资源主要赋存于钒钛磁铁矿和石煤矿之中。

任务一 V_2O_5 的制备

钒作为一种资源丰富、分布广泛的战略金属，已经在钢铁冶金、有色合金制备、石油化工、航空航天等领域得到广泛的应用。近几年全球与中国钒产量如图 10-1 所示。高纯的 V_2O_5 产品在电学、光学领域有着重要作用，因此从中国特有的石煤矿中制备高纯 V_2O_5 是非常值得研究的。

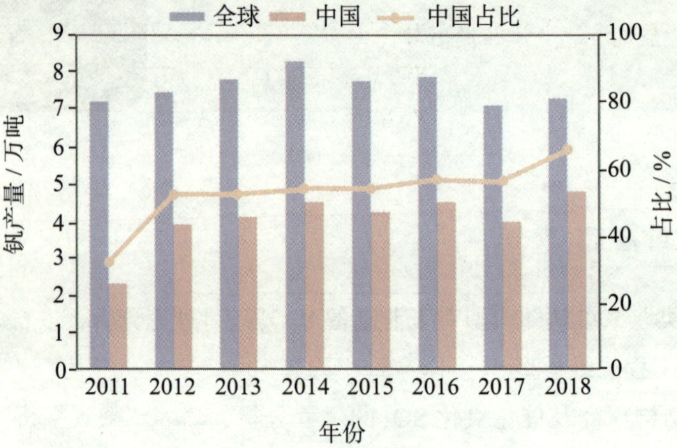

图 10-1 近几年全球与中国钒产量对比图

活动 1 运用“价 – 类”二维模型制备 V_2O_5

交流研讨 金属钒是一种新兴的金属材料，钒元素位于元素周期表第 4 周期第 VB 族，在氧化物中大多呈现 +2、+3、+4、+5 价 。在溶液中 +2 价钒以 V^{2+} 存在，+3 价钒以 VO^{+} 存在，+4 和 +5 价钒在溶液中的存在形态根据溶液酸碱性不同而不同。请根据以上资料画出钒元素的“价–类”二维图，并尝试设计制备 V_2O_5 的转化路径。

根据钒元素在元素周期表中的位置推断其可能形成的物质类别和价态，并结合资料信息可画出钒元素的“价-类”二维图。

从价态维度考虑，可将含钒矿物（以 V_2O_3 和 VO_2 计）进行焙烧氧化；从物质类别角度考虑，可先将含钒矿物（以 V_2O_3 和 VO_2 计）溶浸成相应价态离子，再在溶液中氧化。利用“价-类”二维图（图 10-2），可帮助我们从物质类别和氧化还原两个维度初步建立钒及其化合物间相互转化的认知模型。

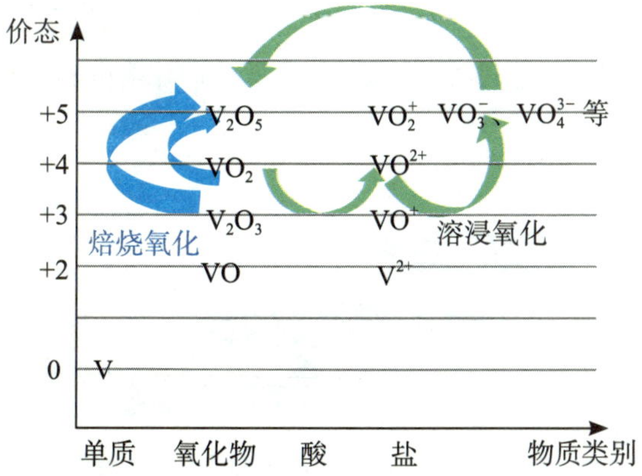

图 10-2 钒及其化合物的“价-类”二维图（转化图）

思考探究 焙烧后虽可得到较多 V（+4）和 V（+5），但固体杂质分离困难且固相反应耗能大，还需溶浸再经过一系列反应制得 V_2O_5。尝试设计制备 V_2O_5 的路径并写出核心反应方程式。

小贴士

V（+4）在强酸性条件下存在形式为 VO^{2+}。V（+5）在弱碱性条件下存在形式为偏钒酸盐（VO_3^-），偏钒酸盐中大部分易溶于水，但偏钒酸铵微溶于冷水且受热易分解，偏钒酸钙不溶于水且受热难分解；V（+5）在强酸性条件下存在形式为氧基钒离子（VO_2^+），氧基钒盐均溶于水。

根据信息可推，应先加氧化剂氧化 VO^{2+}，再调 pH 至弱碱性使 V（+5）以 VO_3^- 形式存在，然后加入 NH_4Cl 利用复分解反应析出偏钒酸铵晶体，最后经灼烧即可得 V_2O_5。涉及的反应有：

$$6VO^{2+} + ClO_3^- + 3H_2O = 6VO_2^+ + Cl^- + 6H^+$$

$$NaVO_3 + NH_4Cl = NH_4VO_3\downarrow + NaCl$$

$$2NH_4VO_3 \xlongequal{灼烧} H_2O + 2NH_3\uparrow + V_2O_5$$

溶浸氧化后不能立即沉钒，因为此时浸出液中含钒离子浓度低、杂质离子含量高，若直接加入 NH_4Cl 得到的产品产率低、纯度低，故应先除杂。

活动 2　运用物质分离与提纯思维实际制备 V_2O_5

方法导引　物质分离与提纯思维模型如图 10-3 所示。

图 10-3　物质分离与提纯思维模型

交流研讨　结合以下资料，请分析酸浸后钒元素的存在形式和杂质离子的种类。

①V_2O_5 易溶于碱生成偏钒酸盐（VO_3^-），易溶于强酸生成氧基钒离子（VO_2^+）。

②石煤矿中的主要化学成分及其含量见表 10-1。

表 10-1　石煤矿中的主要化学成分及其含量（以氧化物计）

成分	V_2O_5	SiO_2	Fe_2O_3	Al_2O_3	CaO	MgO	K_2O	Na_2O	P_2O_5
含量 / %	1.24	78.66	4.25	4.34	0.89	1.12	1.50	0.8	0.93

根据物质性质可得酸浸后离子主要有 VO_2^+、VO^{2+}，杂质离子有 SiO_3^{2-}、Fe^{3+}、Al^{3+}、Ca^{2+}、Mg^{2+}、K^+、Na^+、PO_4^{3-}、H^+、SO_4^{2-}（酸浸引入）。

思考探究　请针对上述不同杂质离子选择适当的除杂方式。

方法导引　混合物不同组分的分离，一般是经过化学方法进行转化实现组分物理状态的不同从而实现分离。常见的将离子进行转化最终实现物理状态不同从而分离的化学方法有气体法、沉淀法（调 pH、加沉淀剂）、溶剂萃取法、离子交换法、电解法。

可采取沉淀法除去 SiO_3^{2-}、PO_4^{3-}、Fe^{3+}、Al^{3+}、Ca^{2+}、Mg^{2+}，采用溶剂萃取法富集 VO_2^+。

交流研讨 请结合 K_{sp}（单位略）及表 10-2 确定上述杂质离子的除杂顺序。

$K_{sp}(MgSiO_3) = 2.4\times10^{-5}$

$K_{sp}[Mg_3(PO_4)_2] = 2.7\times10^{-27}$

$K_{sp}(CaF_2) = 2.7\times10^{-11}$

表 10-2 常见离子的沉淀 pH

金属离子	Fe^{3+}	Fe^{2+}	Al^{3+}	Mg^{2+}
开始沉淀 pH	1.9	7.0	3.0	8.4
完全沉淀 pH	3.2	9.0	4.7	10.8

加入 NaF 可除去 Ca^{2+}；加入 $MgSO_4$ 可除去 SiO_3^{2-}、PO_4^{3-}，根据 K_{sp} 数据求算可得，能依次沉淀除去 PO_4^{3-} 和 SiO_3^{2-}。通过调 pH 可除去 Fe^{3+}、Al^{3+}、Mg^{2+}。由于加入的除杂试剂都是过量的，因此要考虑到引入新的杂质离子的问题。

交流研讨 除去上述杂质离子后，VO_2^+ 浓度较低，也依然存在少部分可溶性杂质离子，需经进一步除杂与富集。溶剂萃取法是借助萃取剂的作用，使一种或几种组分进入有机相，而其他组分仍保留在水中，从而达到彼此分离的目的。该法的优点是：选择性好、钒回收率高、生产过程生产成本低、萃取剂可循环利用，减少了对环境的污染。萃取与反萃取过程将发生如下反应：

$$5R_3N + HV_{10}O_{28}^{5-} + 5H_2O \rightleftharpoons (R_3NH)_5HV_{10}O_{28} + 5OH^-$$

反萃取时应加入什么试剂？萃取与反萃取操作每进行一次，$HV_{10}O_{28}^-$ 的萃取率为 90%，若原浸出液中 $HV_{10}O_{28}^-$ 的浓度为 a mol · L^{-1}，则四次操作后萃余液中残留的 $HV_{10}O_{28}^-$ 的浓度是多少？

根据平衡移动原理，若要使萃取剂与钒离子脱离，使平衡逆向移动，应增大 OH^- 的浓度，加 NaOH。萃取四次后残留的 $HV_{10}O_{28}^-$ 的浓度为 $a\times10\%\times10\%\times10\%\times10\%=10^{-4}a$。

拓展视野 离子交换法利用离子交换剂与离子结合力的差异，使溶液中的目的组分离子由液相转入固体离子交换剂中（吸附）；再选用适当的试剂淋洗，将目的组分离子转入液相（淋洗），使目的组分离子与原溶液杂质离子分离。该法的优点是：工艺简单、选择性高、作业成本低、无污染、安全性高等；缺点是：杂质在离子交换过程中容易黏附在树脂表面，导致树脂交换容量下降，甚至会使树脂“中毒”，而且由于离子交换容量有限，再生处理困难。

吸附反应：

$$HV_{10}O_{28}^{5-} + 5RCl \longrightarrow R_5HV_{10}O_{28} + 5Cl^-$$

$$H_2V_{10}O_{28}^{4-} + 4RCl \longrightarrow R_4H_2V_{10}O_{28} + 4Cl^-$$

洗脱反应：

$$R_5HV_{10}O_{28} + 5OH^- \longrightarrow HV_{10}O_{28}^{5-} + 5ROH$$

$$R_4H_2V_{10}O_{28} + 4OH^- \longrightarrow H_2V_{10}O_{28}^{4-} + 4ROH$$

树脂再生反应：

$$ROH + Cl^- \longrightarrow RCl + OH^-$$

活动 3 运用工程设计思维工业制备 V_2O_5

实际工业生产中从石煤矿到 V_2O_5 除了核心反应和分离除杂，还需要在各个环节中考虑到原子利用率、成本、耗能、绿色环保等。

为了得到较高的钒浸出率，石煤矿还需经过矿石研碎、矿粉成球、高温焙烧等预处理工艺制得熟球。

拓展视野 制球是利用熟球疏松的、微孔密布的结构特点，使溶剂渗透其中，让可溶性钒盐在溶剂中扩散迁移，从而达到提高钒浸出率的目的。圆盘造球机整机结构如图 10-4 所示。

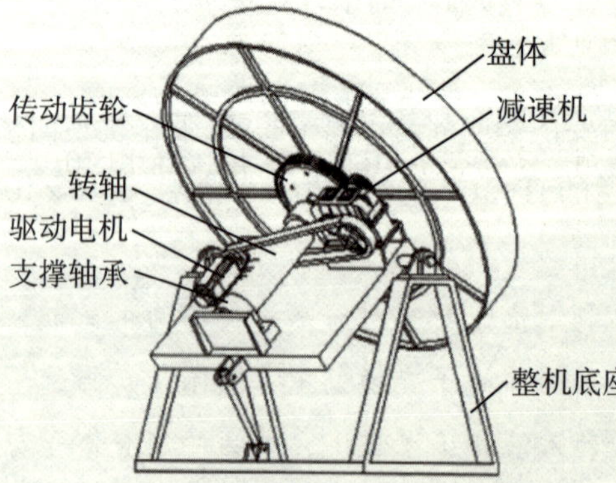

图 10-4 圆盘造球机整机结构图

交流研讨 结合表 10-3，试从原子利用率、成本、耗能、绿色环保等角度选择较适当的焙烧方式。

表 10-3 三种焙烧方式比较

焙烧方式	空白焙烧	钠法焙烧	钙法焙烧
涉及原理	不添加任何试剂直接焙烧，后用稀硫酸加热浸出	加入添加剂食盐进行焙烧，将钒转化为水溶性偏钒酸钠，再用硫酸浸出 $V_2O_3+O_2 = V_2O_5$ $2NaCl+\frac{1}{2}O_2 = Na_2O+Cl_2$ $2NaCl+H_2O(g) = Na_2O+2HCl(g)$ $V_2O_5+Na_2O = 2NaVO_3$	加入添加剂石灰石或其他含钙化合物进行焙烧，将钒转化为酸溶性钒酸钙，再用硫酸浸出 $V_2O_3+O_2 = V_2O_5$ $2V_2O_4+O_2 = 2V_2O_5$ $V_2O_5+V_2O_3+4CaO+O_2 = 2Ca_2V_2O_7$ $V_2O_5+V_2O_3+6CaO+O_2 = 2Ca_3(VO_4)_2$
优缺点	该工艺成本低；钒的总回收率很低，酸浸时不仅增加了酸的使用量，而且会使大量的重金属杂质通过酸浸进入钒母液中，最终将会产生大量的酸性重金属废水	该工艺生产流程比较稳定，可操作性强、投资成本小；钒的浸出率和回收率较低，产生氯气、氯化氢等大量有毒有害气体	该工艺主要消除了 HCl 的污染，同时 CaO 也有一定的固硫作用，可以减少烟气中 SO_2 的产生，提高了钒的浸出率；但对矿石有较强选择性，增加了酸的消耗量，会产生含有少量重金属的酸性废水

从原子利用率的角度考虑，空白焙烧的钒总回收率很低，不适宜。从绿色环保的角度考虑，空白焙烧产生大量酸性重金属废水，钠法焙烧产生大量有毒有害气体，不适宜。从成本角度和耗能角度考虑，各有优缺点。综上，工业生产实际大多采用钙法焙烧。

交流研讨 常规（焙烧后）酸浸过程中，由于动力学原因或产物覆盖矿物的原因，为得到较高的钒浸出率，必须加大酸的用量和浓度，但同时又造成成本高和后续净化处理麻烦。请结合图 10-5、图 10-6 和图 10-7，选择酸浸时的最佳条件。

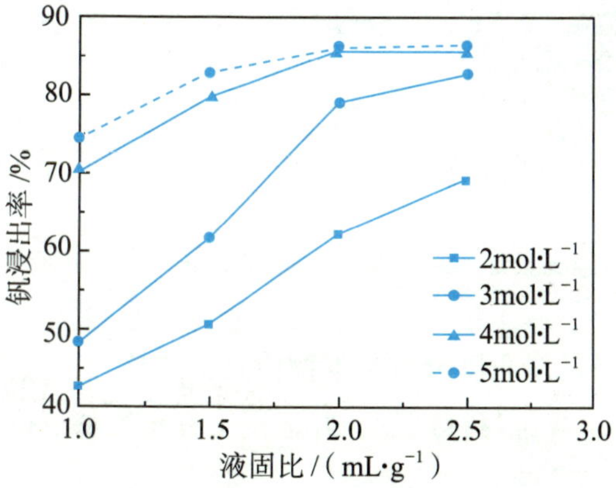

图 10-5 液固比和硫酸浓度对钒浸出率的影响

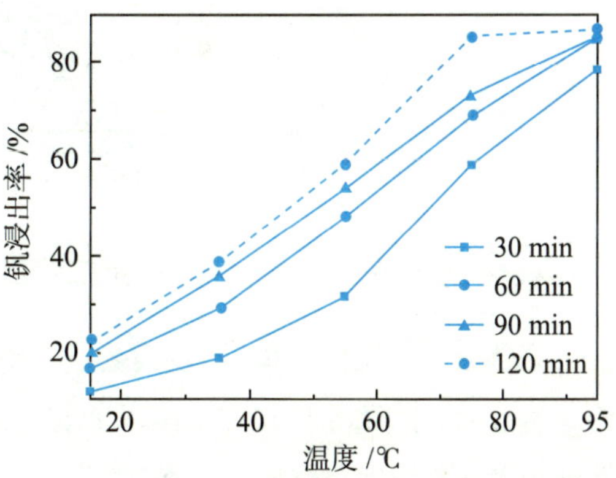

图 10-6 浸出温度和浸出时间对钒浸出率的影响

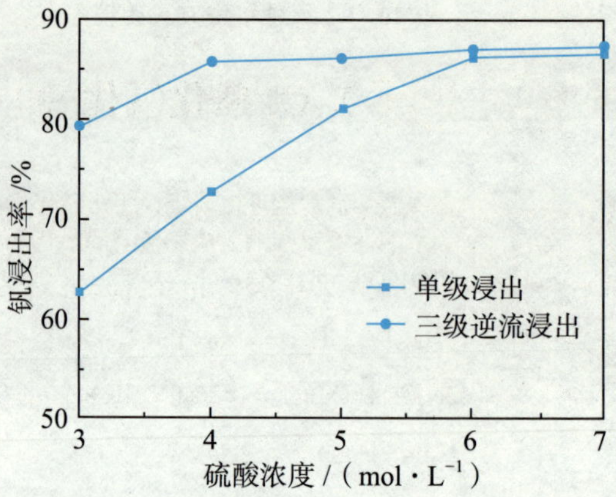

图 10-7　浸出方式对钒浸出率的影响

综上，酸浸时应选择硫酸浓度 4 mol·L^{-1}、液固比 2.0 mL·g^{-1}、浸出温度 75℃、浸出时间 120 min 的条件以及三级逆流浸出方式。

交流研讨 请基于前面的分析，结合“方法导引”中的工程思维模型（图 10-8），设计石煤矿制备 V_2O_5 的工艺流程。（工艺流程图：将主要操作步骤或物质转化用框图和箭头连接起来）

方法导引 工程思维模型如图 10-8 所示。

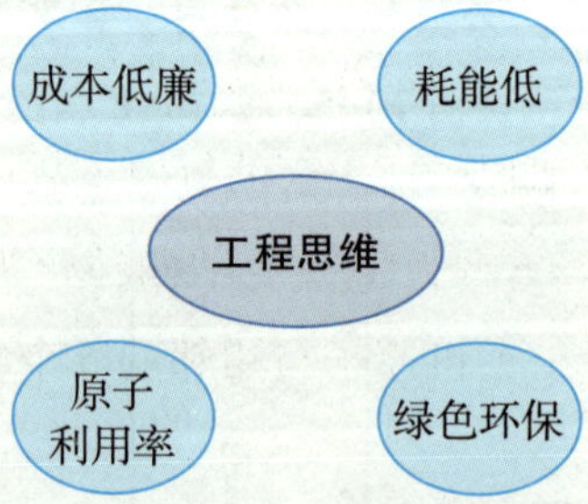

图 10-8　工程思维模型

完整的工艺流程体系，不仅需要从“价-类”二维角度分析基本物质制备的核心反应，还要从分离、除杂等步骤对杂质离子进行去除，提纯目标产物，并运用工程思维从三废处理和循环利用的角度加以完善。

任务二 V_2O_5 催化氧化 SO_2

V_2O_5 的特殊结构决定了它可以作为高效催化剂用于硫酸生产中的关键步骤：SO_2 氧化为 SO_3。那么，V_2O_5 的结构究竟是什么样的？接下来我们一起揭开它的神秘面纱。

活动 1 V_2O_5 的球棍模型搭建与分析

交流研讨 观察图 10-9 所示的 V_2O_5 的微观结构俯视图，判断存在着几种氧原子的类型，平均每个钒原子占有几个氧原子。用球棍尝试动手拼插出 V_2O_5 的局部球棍模型。

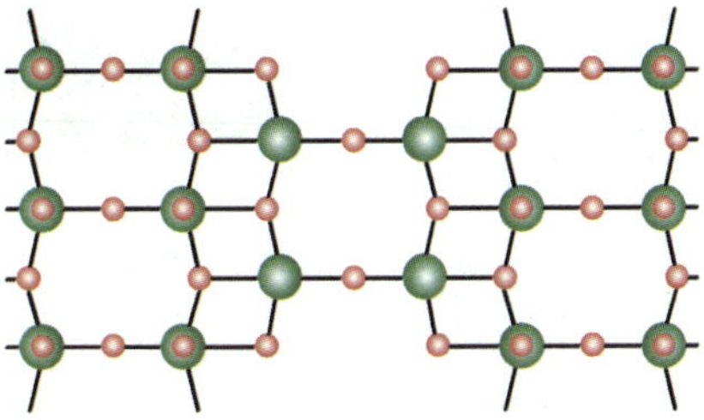

图 10-9 V_2O_5 的局部俯视图

方法导引 根据成键方式、键长、键角可推断出原子的种类。

在 V_2O_5 晶体结构俯视图中，通过识别 V—O 键的数目可判断出存在着 3 种氧原子，分别是俯视图中投影在钒原子正上方的 $O_Ⅰ$，与 2 个钒原子成键的 $O_Ⅱ$，与 3 个钒原子成键的 $O_Ⅲ$。如图 10-9 所示，1 个钒原子所占有的氧原子数目为：$1\times1+\frac{1}{2}\times1+\frac{1}{3}\times3=2.5$。

通过自主搭建 V_2O_5 的球棍模型，将微观结构转化为宏观模型，在动手拼插的过程中对 V_2O_5 有了初步的认识。1 个钒原子与相邻的 5 个氧原子形成四方锥的立体结构（图 10-10）。

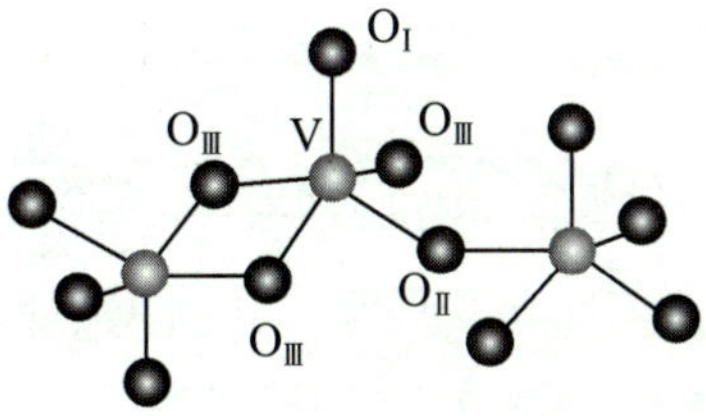

V-$O_Ⅰ$ 键的键长为 0.154 nm；V-$O_Ⅱ$ 键的键长为 0.177 nm；V-$O_Ⅲ$ 键的键长为 0.188 nm。通过键长数据可知 V-$O_Ⅰ$ 键的键长较短，其键能较大，类似钒氧双键。

图 10-10 V_2O_5 的局部球棍模型

交流研讨 V_2O_5 的空间立体结构是像金刚石呈现网状结构还是像石墨呈现层状结构？动手尝试拼接更大的 V_2O_5 的球棍模型。

V_2O_5 的空间立体结构为层状结构（图 10-11），其扫描电子显微镜图像（图 10-12）呈现与石墨相似的层状结构。

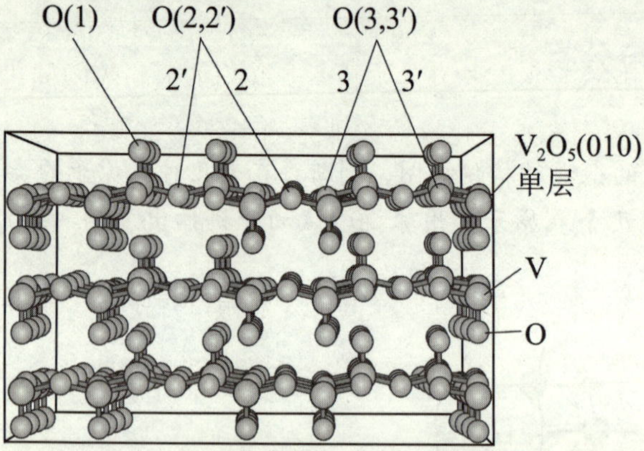

图 10-11 V_2O_5 的球棍模型

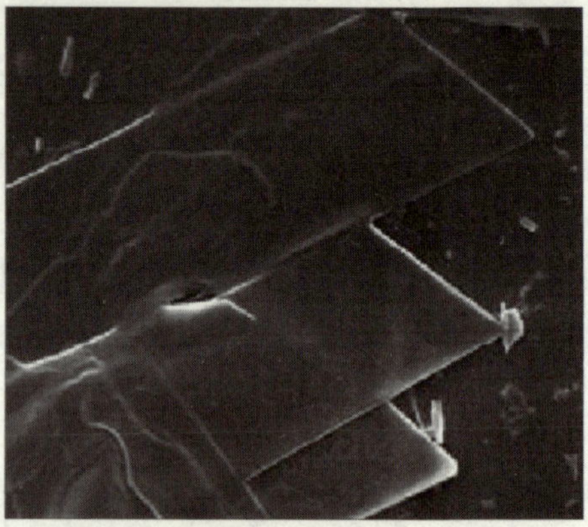

图 10-12 V_2O_5 的扫描电子显微镜图像

交流研讨 为什么 V_2O_5 能形成层状结构？

类比具有相似层状结构的石墨，观察数据（图 10-13），分析层间作用力。

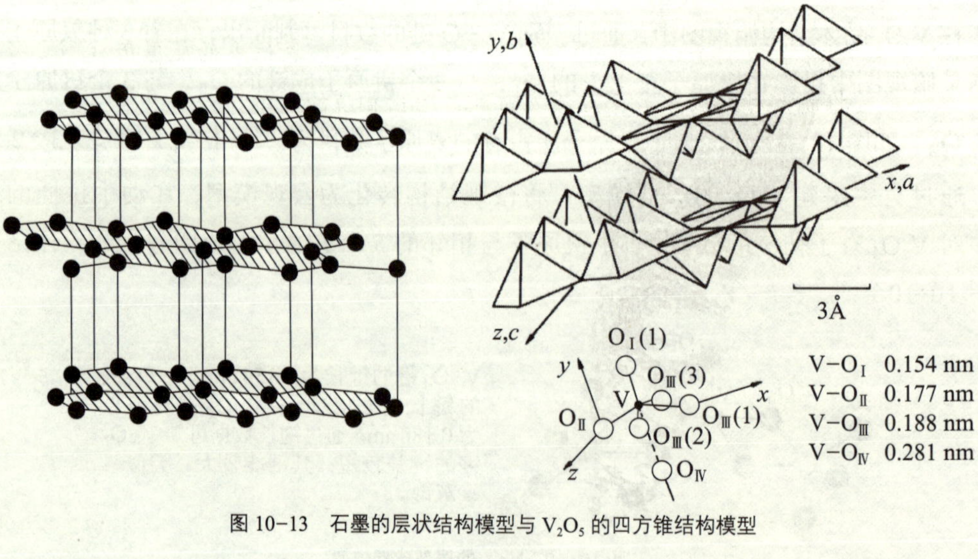

图 10-13 石墨的层状结构模型与 V_2O_5 的四方锥结构模型

由于钒原子与层间相邻四方锥中氧原子的最小距离约为 0.28 nm，明显大于其与层内四方锥中氧原子的距离（约 0.17 nm），可推知层间的作用力不是共价键，而是范德华力。V_2O_5 层间存在的范德华力是其维持层状结构且不会塌陷的原因。

活动 2 V_2O_5 催化氧化 SO_2 动力学分析

SO_2 与 O_2 生成 SO_3 的反应为可逆反应，是自发反应且拥有较大的平衡反应限度（K_p=400），但反应速率很低，想要在工业上实现 SO_3 的批量生产必须加入高效的催化剂提高反应速率。现阶段的硫酸制备工艺中 SO_2 氧化反应的催化剂主要是以 V_2O_5 为活性成分，且技术相对成熟。

思考探究 经研究表明 SO_2 催化氧化机理与 V_2O_5 的氧活性位点有关，科学家用计算机模拟 SO_2 在三种不同氧位点的反应历程，各步骤的能量变化（ΔE）见表 10-4。

表 10-4 SO_2 在 V_2O_5 三种氧位点反应的能量变化

过程	SO_2 吸附（1）	SO_3 脱附（1）	O_2 吸附	SO_2 吸附（2）	SO_3 脱附（2）
$O_Ⅰ$ 位点的 ΔE/eV	−0.194	−0.045	+0.064	−2.183	+0.326
$O_Ⅱ$ 位点的 ΔE/eV	+1.181	+0.363	−0.843	−2.981	+0.248
$O_Ⅲ$ 位点的 ΔE/eV	+0.306	+1.523	−1.793	−2.500	+0.432

请根据表格数据绘制出 SO_2 在 V_2O_5 三种不同氧位点的反应历程图，分析推断哪种氧位点为反应活性位点，给出相应的理由。

SO_2 在 V_2O_5 三种不同氧位点的反应历程如图 10-14 所示。

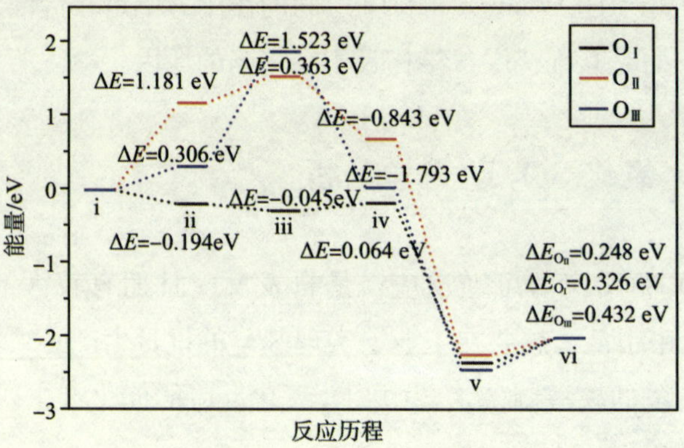

图 10-14　SO_2 在 V_2O_5 三种不同氧位点的反应历程

SO_2 吸附到氧原子位点参与反应时，$O_Ⅰ$、$O_Ⅱ$和 $O_Ⅲ$位点的吸附能分别为 −0.194 eV、1.181 eV 和 0.306 eV，所以 SO_2 更容易吸附在 $O_Ⅰ$ 位点上。在第一个 SO_3 解离过程中，$O_Ⅰ$处的能量变化为 −0.045 eV，$O_Ⅱ$ 和 $O_Ⅲ$处的能量变化分别为 0.363 eV 和 1.523 eV，所以 SO_3 在 $O_Ⅰ$位点上更容易解离。综上，可推知 $O_Ⅰ$为催化反应的活性位点。

思考探究　依据表 10-4、图 10-14 所给信息，动手尝试用搭建的 V_2O_5 球棍模型模拟出 SO_2 与 O_2 发生催化反应的历程。

SO_2 与 O_2 在 V_2O_5 的 $O_Ⅰ$ 位点的模拟反应历程如图 10-15 所示，通过球棍模型的拼接对催化反应的历程有更深刻的认识。

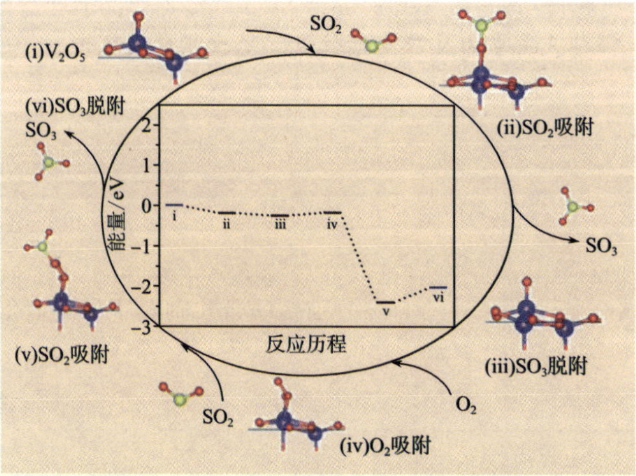

图 10-15　SO_2 在 V_2O_5 的 $O_Ⅰ$ 位点的模拟反应历程

交流研讨 （1）请根据图 10-15 书写 SO_2 与 O_2 反应的各步反应历程。

（2）分析反应过程中的决速步骤，可以控制什么条件提高决速步骤的反应速率？

（3）实验研究表明，特定实验条件下，SO_2 催化氧化的速率方程为：

$$v=k\frac{p^{0.8}(O_2)\cdot p^{0.4}(SO_2)}{p^{0.8}(SO_3)}$$

请分析 SO_2 催化氧化速率与 SO_3 分压成反比的原因。

SO_2 催化氧化的各步反应历程为（* 表示吸附态）：

SO_2 吸附：$SO_2+V_2O_5 \longrightarrow V_2O_5\cdot SO_2^*$

SO_3 脱附：$V_2O_5\cdot SO_2^* \longrightarrow V_2O_4+SO_3$

O_2 吸附：$V_2O_4+O_2 \longrightarrow V_2O_6^*$

SO_2 吸附：$V_2O_6^*+SO_2 \longrightarrow V_2O_5\cdot SO_3^*$

SO_3 脱附：$V_2O_5\cdot SO_3^* \longrightarrow V_2O_5+SO_3$

由图 10-15 反应历程的相对能量可知，最大能垒（活化能）$E_{正}$=0.326 eV，是 SO_3 的二次脱附反应，所以该步反应是总反应的决速步骤。要提高 SO_3 的脱附速率，应及时分离出 SO_3，降低体系内 SO_3 的分压，空出催化剂的活性中心继续反应，加快 SO_2 与 O_2 的反应速率。

拓展视野 催化剂的组成：催化剂一般由主催化剂、助催化剂和载体构成。一般钒催化剂以碱金属盐（通常是 K_2SO_4）作为助催化剂。主催化剂 V_2O_5 的熔点为 690℃，而 K_2SO_4 的熔点只有 588℃，其最低共熔点也高于 500℃。但反应情况下，钾盐与 SO_3 反应，生成熔点只有 300℃的焦硫酸钾（$K_2S_2O_7$），低熔点的 $K_2S_2O_7$ 使得催化剂活性成分在反应状态下呈现熔融态。催化剂中活性成分呈现熔融液相，可使反应活性提高 20 倍；当温度较低时，V_2O_5 以固相的形式析出，催化活性较强的液相活性成分减少，是低温环境中钒催化剂失活的原因。

交流研讨 分析表 10-5 数据，判断哪种型号的催化剂属于低温型催化剂，哪种属于中温型催化剂？

表 10-5　钒催化剂的化学成分表

型号	V_2O_5 含量 /%	Na_2SO_4 含量 /%	K_2SO_4 含量 /%	精制硅藻土含量 /%
S108	6.3～6.7	13.7～14.7	16.8～18.0	58.0～62.0
S101-2H	7.5～8.5	—	18.3～23.0	65.0～75.0

V_2O_5 的熔点高于 K_2SO_4，当组分中 V_2O_5 含量较大时，混合物的熔点提高。因为催化剂呈现熔融态时催化活性高，所以 V_2O_5 含量较大的催化剂为中温型催化剂，反之则为低温型催化剂。故 S108 属于低温型催化剂，S101-2H 属于中温型催化剂。

任务三　全钒液流电池的提出与优化

可再生能源发电具有清洁环保、成本低廉、来源广泛等优势。近年来，电源结构中可再生能源的占比不断提升，但可再生能源的不稳定性给电网的稳定安全运行带来了挑战。为满足不同时空的用电需求，我们需要建立能稳定存储电能的“电力银行”。

活动 1　全钒电池的提出：电池的原理认知与装置初建

思考探究　在钒的“价-类”二维图（图 10-16）中，标出钒酰离子（VO_2^+）、钒氧根离子（VO^{2+}）、V^{3+}、V^{2+} 及常见的钒及其化合物的位置，并思考：可利用哪些反应制成钒电池，这些钒电池能否满足“电力银行”的储能需求？

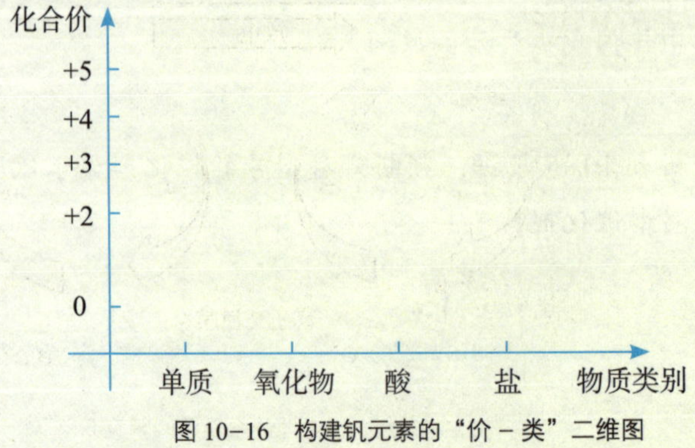

图 10-16　构建钒元素的“价 - 类”二维图

钒酰离子（VO_2^+）中钒元素为 +5 价，具有强氧化性；V^{2+} 具有强还原性；钒氧根离子（VO^{2+}）、V^{3+} 中钒元素分别为 +4、+3 价，具有氧化性、还原性。

全钒电池是绿色环保蓄电池之一，其制造、使用及废弃过程均不排放污染物；全钒电池具有特殊的电池结构，可增大电流密度放电，充电迅速且价格低廉。全钒电池的工作原理可表示为：

$$V^{2+}+VO_2^++2H^+ \underset{\text{充电}}{\overset{\text{放电}}{\rightleftharpoons}} VO^{2+}+V^{3+}+H_2O$$

思考探究 请写出全钒电池充电、放电时两极的电极反应式，并思考：全钒电池的电极是否参与反应，可采用哪种电极？电池反应中的酸可能是盐酸、硫酸、硝酸中的哪一种，为什么？全钒电池两个电极区的电解质溶液能否混合？结合以上思考初步画出全钒电池的基本装置图。

电池的基本构成有电极、离子导体、电子导体等。全钒电池通过电解液中的氧化剂和还原剂在电极表面得到或失去电子，使化学能转化为电能，电极并不直接参与电极反应。VO_2^+ 具有强氧化性，V^{2+} 具有强还原性，若二者直接接触，会形成内电路自放电，损耗电池性能，因此离子交换膜（图 10-17）也是全钒电池的核心部件之一。

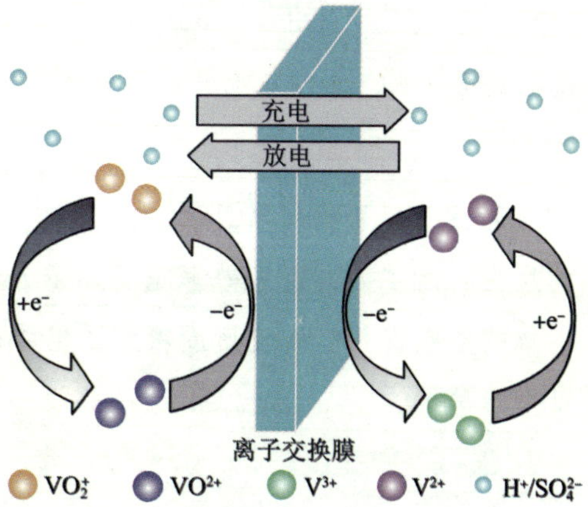

图 10-17 全钒电池的微观结构示意图

活动 2 全钒电池的优化：从工程角度优化电池设计

交流研讨 工业上静止态全钒电池（结构如图 10-18 所示）在电池的两极通入一定量的氮气，这种做法的优点是什么？静止态全钒电池能否满足“电力银行”电量大、电压大、能根据用户需求及时调控电量电压的需求？

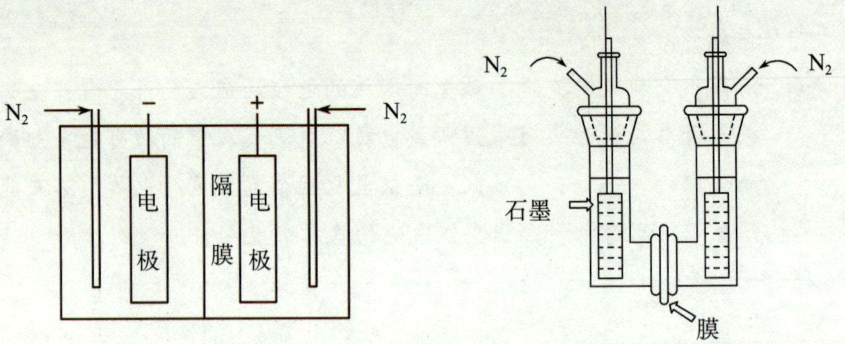

图 10-18 静止态全钒电池结构示意图

静止态全钒电池的电解质溶液不流动，利用氮气排除氧的干扰，但存在易产生浓差极化、电池反应器中的电解质容量有限、电池电容量小等缺陷。

交流研讨 根据“方法导引”，请从工程角度优化全钒电池并画出设计图，使之能满足电量大、电压大、能根据用户需求及时调控电压电量的需求。

方法导引 比表面积是指单位质量物料所具有的总面积。比表面积越大的电极材料可以提供的反应场所越大，电池效率越高。多个单电池以串联方式层叠构成电堆，电堆的电极面积和电流密度决定了电堆的电流，串联的单电池数量决定了电堆的功率。

为提高电池效率与输出电压电量，优化后的全钒电池采用比表面积较大的炭毡作为电极并通过双极板汇集电流（图 10-19）。双极板又称集流板，具有阻隔电解液、汇集电流、支撑电极、将电解液平均分配到电极表面进行反应等作用。通过多个单电池的串联组成电堆，将多个电堆进行串并联再加上功率变换器可制成大容量的全钒液流电池储能系统。

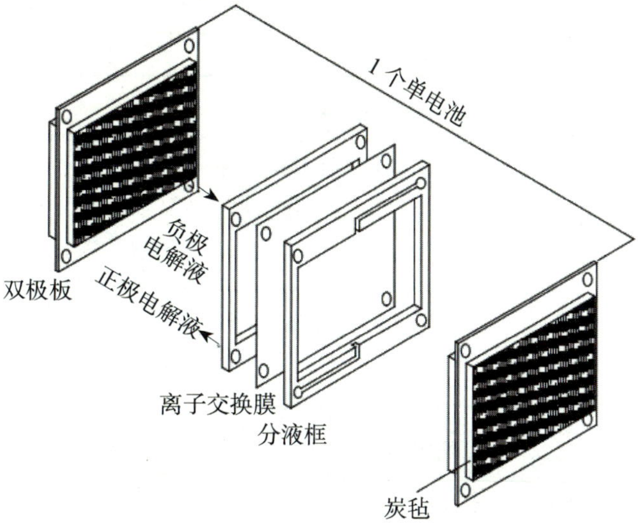

图 10-19　全钒液流电池单电池结构示意图

全钒液流电池（结构如图 10-20 所示）是一种新型的大型电化学储能装置。全钒液流电池中大量电解液被置于储液罐独立于电堆之外，由两个循环泵提供电解液进入电堆反应的动力。循环泵的泵体上还配有流量计、过滤器等传感器，以监测电解液的流速，便于电池管理。在循环泵的驱动下，电解液通过管路流向正、负极并分别发生还原反应和氧化反应，同时 H^+ 在离子交换膜的两侧传递，与外电路的电子传递形成闭合回路，形成电流汇集至双极板。

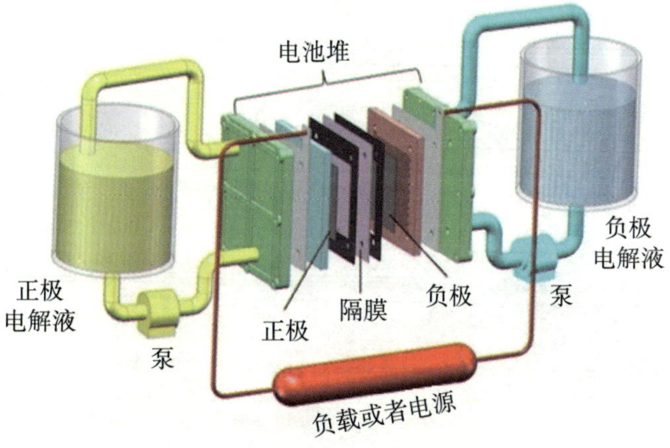

图 10-20　全钒液流电池结构示意图

工业上生产电池时需要根据市场需求，从原料、成本、环境、装置安全性、能量转化与循环使用等多方面对电池进行性能检测与产品优化。

方法引导 电化学认知模型如图 10-21 所示。

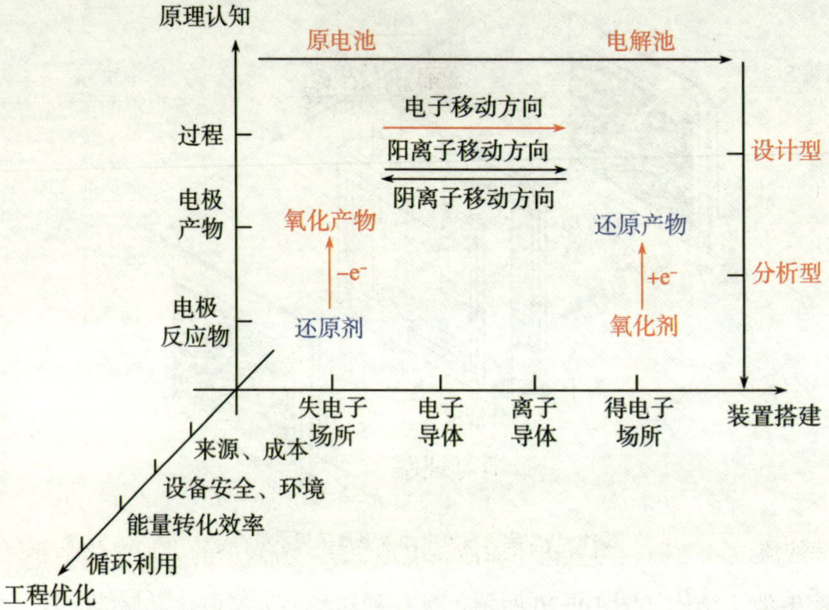

图 10-21 电化学认知模型

面对不同的市场需求，电池的形态也各有不同。在设计电池时，我们常基于一定的市场需求，基于电化学基本原理初步搭建电池装置，并从工程角度优化电池。当市场需求改变时，电池产品又据此进行优化或者新一轮的设计（图 10-22）……

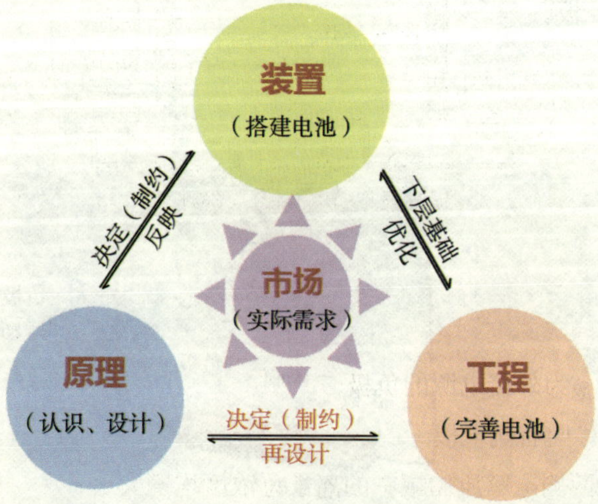

图 10-22 电池产品设计思路图

单元项目梳理

项目任务	项目活动	模型与方法
V_2O_5 的制备	构建 V 元素的“价-类”二维图，完成转化任务	构建 V 元素的“价-类”二维图，完成转化任务
V_2O_5 催化氧化 SO_2	探究 V_2O_5 的微观结构 V_2O_5 催化氧化 SO_2 动力学分析	搭建球棍模型，认识结构 实物模拟催化历程
全钒液流电池的提出与优化	从原理角度认识全钒电池 从装置角度初步设计全钒电池 从工程角度优化全钒液流电池	结合市场需求与原理，小组讨论并不断优化电池设计

单元项目检测

学习理解

1. 电化学液流电池一般称为氧化还原液流电池，是一种新型的大型电化学储能装置。如图是一种锌溴液流电池，电解液为溴化锌的水溶液。下列说法正确的是（　　）

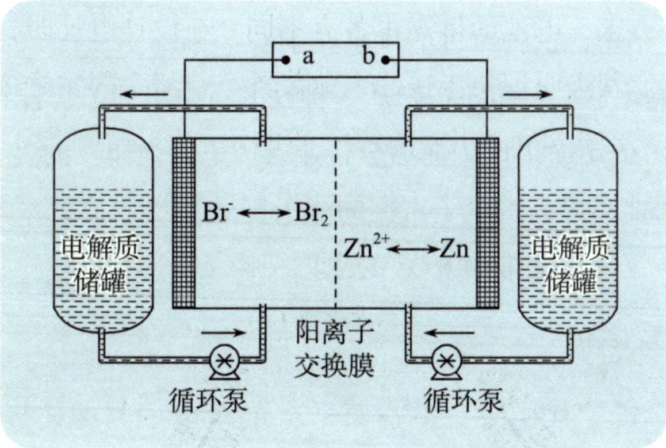

A. 充电时阳极的电极反应式：$Zn-2e^- \xlongequal{\quad} Zn^{2+}$

B. 充电时电极 a 为外接电源的负极

C. 放电时 Br^- 移向右侧电极

D. 放电时左右两侧电解质储罐中的离子总浓度均增大

2. 中国国际工业博览会上展出了一种新型锌碘电池，锌和碘都是环境友好材料，电解液碘化锌（ZnI_2）无毒且不易燃烧，因此这种电池具有无污染、高安全、长寿命等优点，可以应用于日常生活、交通出行等各个领域。

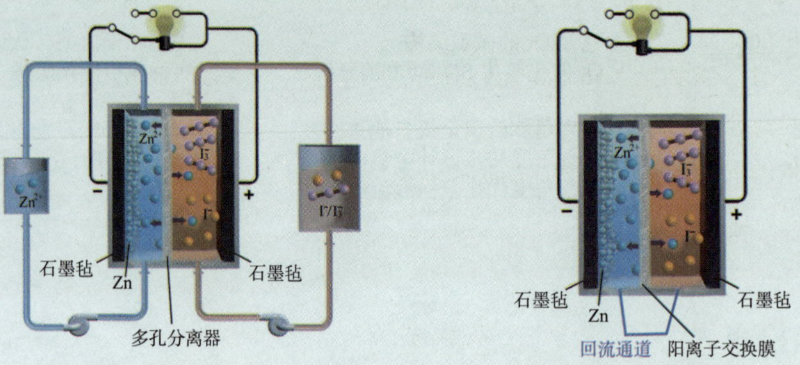

（a）　　　　　　　　（b）

（1）传统型锌碘液流电池［图（a）］放电时负极的电极反应式为____________，充电时阳极的电极反应式为____________________。电池中循环泵的主要作用是____________________。

（2）改进型锌碘电池［图（b）］可用于照明、电动自行车、电动汽车等领域，相较于传统的液流电池结构，这种改进的优点在于____________________。

3. 1830 年，瑞典化学家塞弗斯托姆从一种铁矿石中得到了一种新元素，并将其命名为“钒”。钒（^{23}V）的用途很广，在冶金行业有“第一金属”的美誉。

（1）基态钒原子能量最高的电子占据的能级符号为__________。

（2）依据价电子互斥理论推测 VO_2^+ 的立体结构是____________。

（3）化合物 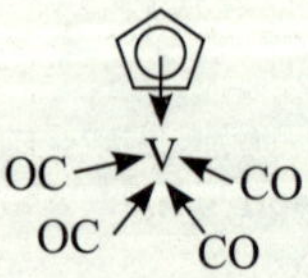 中，中心原子 V 的价电子与配体提供的电子数之和为 18，配体  不带电荷，且其提供的是大 π 键的电子，则配体  中的大 π 键可表示为__________（如苯中大 π 键可表示为 Π_6^6）。

（4）2- 巯基烟酸氧钒配合物（图甲）是有效调节血糖的新型药物的主要成分。

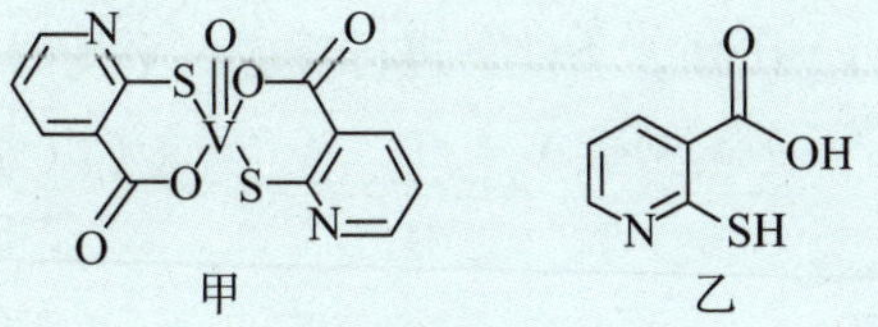

① 2- 巯基烟酸氧钒配合物中 V ══ O 键的键长 ______（填“大于”“等于”或“小于”）V—O 键的键长，该物质中氮原子的杂化方式是 __________。

② 相同条件下，2- 巯基烟酸（图乙）在水中溶解性好于 2- 巯基烟酸氧钒配合物的原因是 ____。

应用实践

4. 硫酸是一种重要的基本化工产品，接触法制硫酸生产中的关键工序是 SO_2 的催化氧化：$SO_2(g) + \frac{1}{2}O_2(g) \xrightarrow{\text{钒催化剂}} SO_3(g)$　$\Delta H = -98\ kJ \cdot mol^{-1}$。回答下列问题：

（1）钒催化剂参与反应的能量变化如图（a）所示。V_2O_5（s）与 SO_2（g）反应生成 $VOSO_4$（s）和 V_2O_4（s）的热化学方程式为 ________________________。

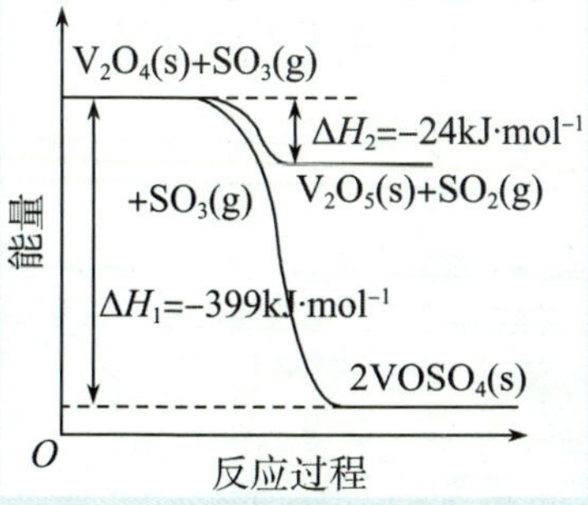

（a）

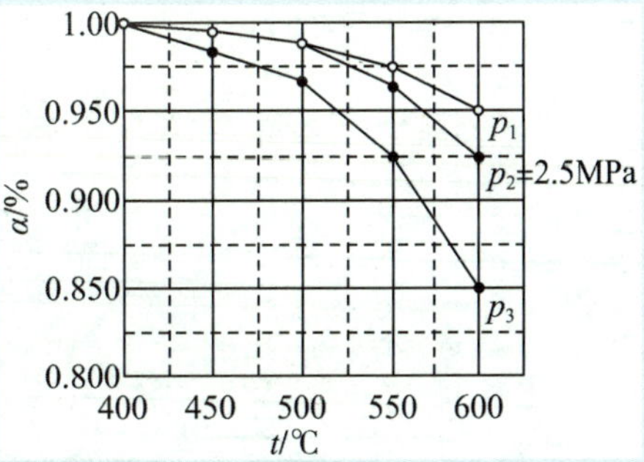

（b）

（2）当 SO_2（g）、O_2（g）和 N_2（g）起始的物质的量分数分别为 7.5%、10.5% 和 82% 时，在 0.5 MPa、2.5 MPa 和 5.0 MPa 压强下，SO_2 平衡转化率 α 随温度的变化如图（b）所示。反应在 5.0 MPa、550 ℃时的 α = ______，判断的依据是

________________。影响 α 的因素有 ________________。

（3）将组成（物质的量分数）为 $2m\%$ SO_2（g）、$m\%$ O_2（g）和 $q\%$ N_2（g）的气体通入反应器，在温度 t、压强 p 条件下进行反应。平衡时，若 SO_2 的转化率为 α，则 SO_3 的压强为 ________，平衡常数 K_p=__________（以分压表示，分压 = 总压 × 物质的量分数）。

（4）研究表明，SO_2 催化氧化的反应速率方程为 $v=k\left(\frac{\alpha}{\alpha'}-1\right)^{0.8}(1-n\alpha')$，式中：$k$ 为反应速率常数，随温度 t 升高而增大；α 为 SO_2 平衡转化率，α' 为 SO_2 某时刻转化率，n 为常数。在 α' =0.90 时，将一系列温度下的 k、α 值带入上述速率方程，得到 v–t 曲线，如图（c）所示。

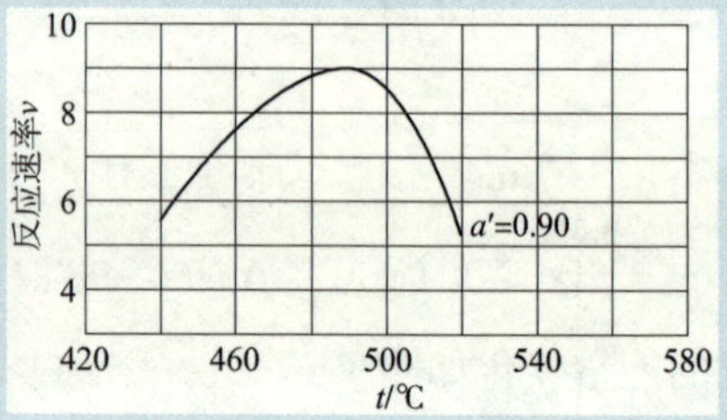

（c）

曲线上最大值所对应温度称为该 α' 下反应的最适宜温度 t_m。$t < t_m$ 时，v 逐渐提高；$t > t_m$ 后，v 逐渐下降。原因是 ________________。

5. 我国是少数几个拥有石煤资源的国家之一，工业上以伴生钒的石煤（主要成分为 V_2O_3，含少量 P_2O_5、SiO_2 等杂质）为原料制备钒的主要流程如下：

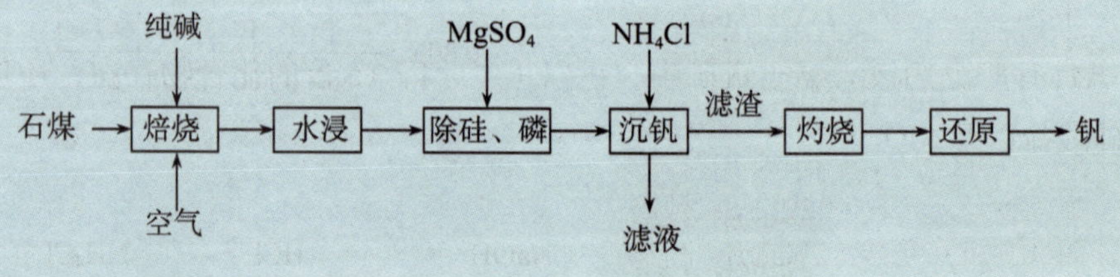

已知：① NH_4VO_3 难溶于水。② $K_{sp}(MgSiO_3) = 2.4 \times 10^{-5}$，$K_{sp}[Mg_3(PO_4)_2] = 2.7 \times 10^{-27}$（$K_{sp}$ 单位略）。

请问答下列问题：

（1）焙烧。通入空气的条件下，向石煤中加纯碱焙烧，将 V_2O_3 转化为 $NaVO_3$ 的化学方程式为________________。为加快焙烧反应的化学反应速率，可采取的措施为________________（任写一条）。

（2）除硅、磷。用 $MgSO_4$ 溶液除硅、磷时，Si、P 会形成 $MgSiO_3$、$Mg_3(PO_4)_2$ 沉淀。若沉淀后溶液中 $c(PO_4^{3-}) = 1.0\times10^{-8}\ mol\cdot L^{-1}$，则 $c(SiO_3^{2-}) =$ ________ $mol\cdot L^{-1}$。随着温度的升高，除磷率会显著下降，其原因一是温度升高，$Mg_3(PO_4)_2$ 溶解度增大；二是________________。

（3）沉钒。该操作产生的滤液中，两种主要的溶质阴离子是________；用实验方法判断此过程中沉钒完全的操作是________________。

（4）灼烧。在灼烧 NH_4VO_3 的过程中，固体残留率随温度变化的曲线如图所示，则 210 ℃ 时剩余固体物质的化学式为________________。

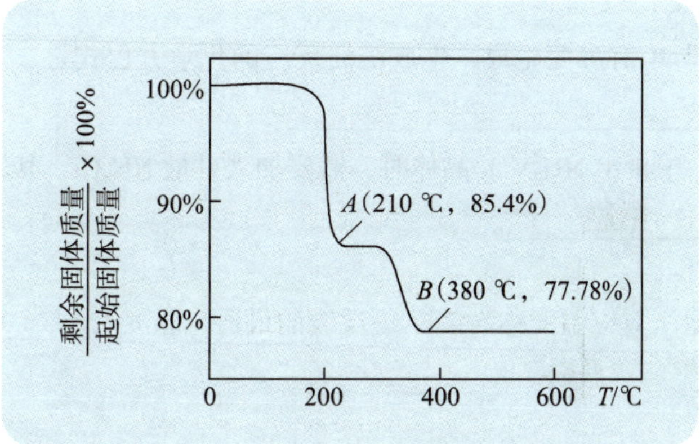

（5）还原。在高温、真空条件下，用焦炭还原 V_2O_5 可以生成钒单质，该反应的化学方程式为________________。

迁移创新

6. 钒具有广泛用途。黏土钒矿中，钒以 +3、+4、+5 价的化合物存在，还包括钾、镁的铝硅酸盐以及 SiO_2、Fe_3O_4。采用以下工艺流程可由黏土钒矿制备 NH_4VO_3。

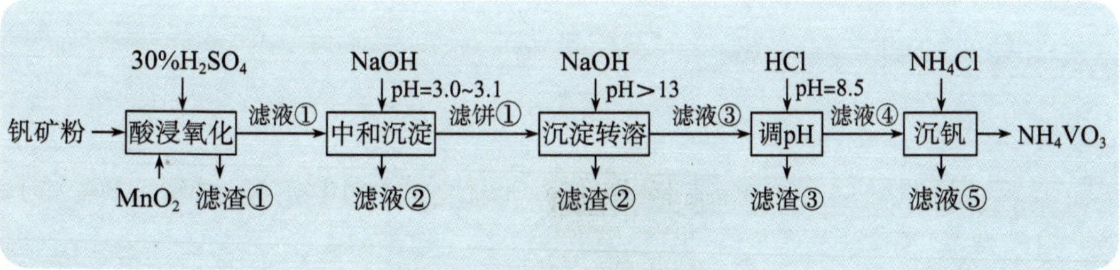

该工艺条件下，溶液中金属离子开始沉淀和完全沉淀的 pH 见下表。

金属离子	Fe^{3+}	Fe^{2+}	Al^{3+}	Mn^{2+}
开始沉淀的 pH	1.9	7.0	3.0	8.1
完全沉淀的 pH	3.2	9.0	4.7	10.1

回答下列问题：

（1）“酸浸氧化”需要加热，其原因是＿＿＿＿＿＿＿＿＿＿＿＿＿＿＿。

（2）“酸浸氧化”中，VO^+ 和 VO^{2+} 被氧化成 VO_2^+，同时还有＿＿＿＿＿离子被氧化。写出 VO^+ 转化为 VO_2^+ 反应的离子方程式：＿＿＿＿＿＿＿＿＿＿＿＿＿＿＿。

（3）“中和沉淀”中，钒水解并沉淀为 $V_2O_5 \cdot xH_2O$，随滤液②可除去金属离子 K^+、Mg^{2+}、Na^+、＿＿＿＿＿＿，以及部分的＿＿＿＿＿＿＿＿＿＿。

（4）“沉淀转溶”中，$V_2O_5 \cdot xH_2O$ 转化为钒酸盐溶解。滤渣②的主要成分是＿＿＿＿＿＿＿。

（5）“调 pH”中有沉淀生成，生成沉淀反应的化学方程式是＿＿＿＿＿＿＿＿＿＿＿＿＿＿＿＿＿＿＿＿＿＿＿＿＿。

（6）“沉钒”中析出 NH_4VO_3 晶体时，需要加入过量 NH_4Cl，其原因是＿＿＿＿＿＿＿＿＿＿＿＿＿＿＿＿＿＿。

项目 11 探讨如何利用废气中的 CO_2 与空气中的 N_2 直接合成尿素

——创造性应用物质转化原理解决“碳中和”与粮食危机

任务一 合成氨工业流程设计
任务二 从工业合成氨到电催化合成氨
任务三 碳氮偶联合成尿素研究

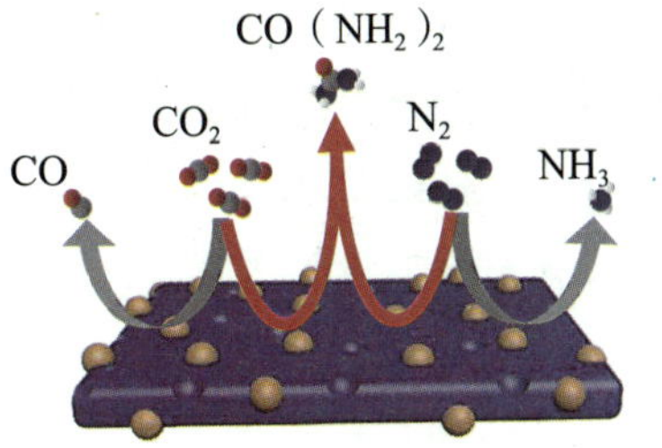

Pd_1Cu_1/TiO_2–400

单元项目设计意图

自 20 世纪以来，随着人口的急剧增长，如何从空气中获取面包一直是科学家关注的热点问题。本项目下设三个核心任务，将与氮肥生产相关的“工业合成氨”“合成尿素”等科学问题转化为化学问题，在问题解决过程中主动调用“物质制备”“热力学”“动力学”“电化学”等理论知识，从反应原理及工程设计视角解构经典、层层递进，体会从理论学习到实际生产以及解释真实问题的一般思路，促进知识向能力和素养的转变。

单元项目学习目标

1. 通过探讨氨的工业合成，综合考虑原料获取、净化除杂、副产品获取以及能量利用的基本方法，构建工业合成氨的一般流程，形成解决工业制备物质的一般思路。

2. 通过对哈伯法合成氨展开评价，从反应能耗、转化效率两角度思考“如何在常温常压下实现氨的电化学合成”，并在过程中综合运用热力学、动力学、电化学原理知识，体会从理想转化到实际转化的一般思路，初步构建实现物质转化的思路模型。

3. 运用转化模型分析解决“以 N_2 和 CO_2 为原料常温常压下合成尿素”这一问题，建立分析社会热点及前沿科技问题的一般思路方法，体会像科学家一样思考，体会如何用化学核心概念将真实复杂的问题转化为化学问题并加以解决的全过程。

单元项目学习引导

“粮食问题”一直是与人民生计和社会发展相关的重大问题之一。自哈伯法合成氨创立发展以来，每年约有 80% 的氨用来生产尿素等氮肥，以此保证粮食的产量。同时氨也是一种十分重要的化工原料，在众多领域都有广泛的应用和不可替代的地位。现如今，随着人口增长造成的能源短缺问题的日趋严重，哈伯法合成氨存在的能耗高、CO_2 排放严重、氨转化率低等问题也成为亟待解决的社会热点问题之一。因此，寻求以廉价、低能耗的方式大规模地生产氨气、制造氮肥来解决粮食短缺问题，对于人类现代化发展有不可估量的贡献。

任务一 合成氨工业流程设计

哈伯法热催化合成氨技术创立已经 100 多年了。合成氨工业的巨大成功，改变了世界粮食生产的历史，为解决人类因人口增长需要粮食的问题作出了重大贡献，同时也奠定了多相催化科学和化学工程科学基础。催化合成氨技术在 20 世纪化学工业的发展中起着核心的作用。经典的传统合成氨工业与新兴产业密切相关，可以说是新兴产业的基础，蕴含着一系列科学技术。了解和熟悉合成氨的工艺流程和设备以及合成氨过程的成熟技术和实践经验，对于了解现代化工、能源、材料、环保领域的一系列共性、关键技术，尤其是对于现代新型煤化工，具有很强的启迪和借鉴作用。

活动 1 原料的获取

交流研讨 空气中主要物质的沸点见表 11-1，分析如何从空气中获取 N_2。

表 11-1 空气中主要物质的沸点

气体	N_2	O_2	Ar	CO_2	Ne	He
沸点 /℃	−196	−183	−185.7	−78.5	−245.9	−268.9

利用空气中各组分沸点不同，可以采用液化空气的方法获取 N_2，气体液化先后顺序为 CO_2、O_2、Ar、N_2、Ne、He，液化后的 N_2 中会存在 Ne、He 等杂质。利用精馏装置将液化后的空气分离，获取 N_2。

蒸馏、分馏和精馏的比较见表 11-2。

表 11-2　蒸馏、分馏和精馏的比较

类型	装置	特点	评价
蒸馏	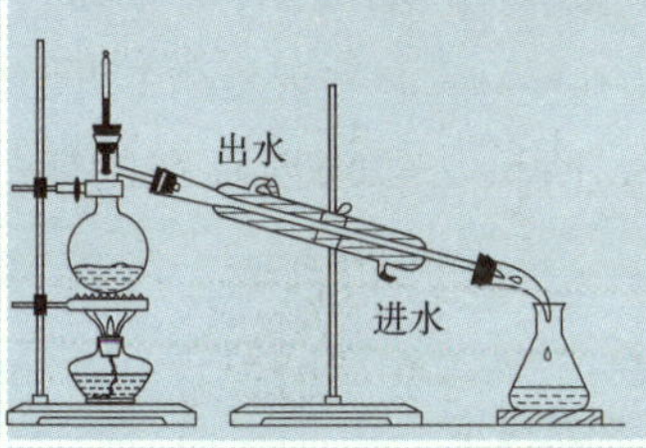	只经历一次汽化和冷凝	适用于小型粗略分离或作为初步加工
分馏	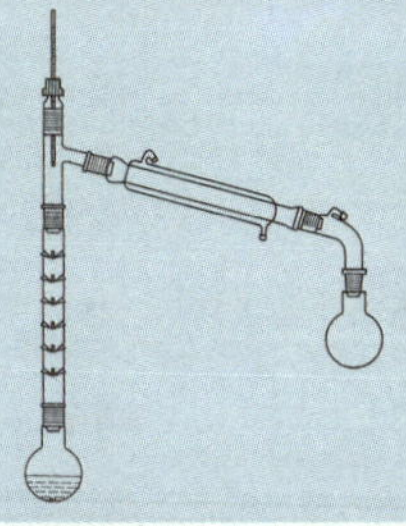	连续进行多次汽化和冷凝	分离出的物质依然是混合物，只不过沸点范围不同，如对石油进行减压分馏后可以得到沸点范围不同的多个馏分
精馏		易挥发组分（轻组分）不断从液相往气相中转移，而难挥发组分却由气相向液相中迁移，使混合物得到不断分离	可以获取高纯度的产品

拓展视野　膜分离技术是基于薄膜对气体组分具有选择性渗透和扩散的特性，以达到气体分离和纯化的目的。气体分离膜通常可分为多孔材质和非多孔材质，它们由无机物（多孔玻璃、陶瓷、金属、电子导电性固体和钯合金等）或有机高分子（微孔聚乙烯、多孔醋酸纤维、均质醋酸纤维、聚硅氧烷橡胶和聚碳酸酯）组成。选择适当的膜，满足空气中其他组分的透过速度大于氮气。压缩空气，在膜两侧压力差的推动下，混合气体中的分子以不同的速度向膜的低压侧扩散，高压侧留下的气体富氮，而透过去的气体富氧等（图 11-1）。

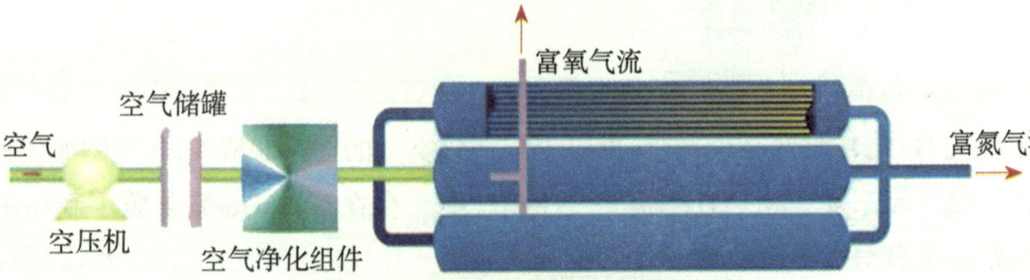

图 11-1　膜分离法装置示意图

交流研讨 实际工业生产中常以煤、石油、天然气为原料制备氢气（表 11–3）。我国煤炭资源相对丰富，通常在加压条件下利用高温水蒸气、氧气和其他气化剂对煤进行气化处理，最终获取氢气。请分析：

（1）煤的气化过程中涉及哪些反应？产物中可能存在什么杂质？如何调控主副反应，提高氢气产率？

（2）氧气在体系中起到什么作用？可以从哪个环节获取？

（3）结合表 11–4 数据分析如何除杂。

表 11–3　我国合成氨原料类别及成本

类别	天然气	石脑油	渣油	煤	焦炭
合成氨能力 / ($kt \cdot a^{-1}$)	5 150	1 770	2 130	17 160	2 190
占总能力 /%	18.1	6.3	7.5	60	7.7
吨氨耗量	980 m^3	0.85 t	0.75 t	1.4 t	1.4 t
单价 / 元	0.8	1 600	950	350	350
原料成本 / 元	784	1 360	712.5	490	490

表 11–4　气体在 –40 ℃甲醇溶剂中的相对溶解度

气体	相对于 H_2 的溶解度	相对于 CO_2 的溶解度
H_2	1.0	—
N_2	2.5	—
CO	5	—
CH_4	12	—
CO_2	430	1.0
COS	1 555	3.6
H_2S	2 540	5.9

煤的气化包括很多化学反应，主要是 C、H_2O、O_2、H_2、CO、CO_2 相互间的反应，除了生成的 H_2 外，还含有 CO、H_2S、CH_4 等杂质。上述体系中，CO 与 H_2O 或 H_2 的反应均为放热反应，主反应 $CO + H_2O = H_2 + CO_2$ 反应前后气体分子数不变，副反应既有熵增反应也有熵减反应，改变温度、压强无法从反应限度和反应速率角度调控主副反

应，可加入催化剂降低主反应活化能，加快主反应速率，达到调控主副反应效果。实际工业生产中使用耐硫催化剂调控转化气中的 CO 和水蒸气反应生成 H_2 和 CO_2。

O_2 与 C 在体系中进行燃烧反应，提供气化过程的热量，O_2 可以从空分装置中获取。

从表 11-4 中可以看出，−40 ℃时 CO_2 和 H_2S 在甲醇中具有很高的溶解度，但是 H_2、CO 等在低温甲醇中溶解度极低，因此可以利用冷甲醇对不同气体的溶解度差异来选择性地脱除 CO_2 和 H_2S，同时 H_2、CO 等原料气损失较小，从而达到粗煤气净化效果。

用甲醇吸收后的气体中仍有少量 CO、CO_2 存在，会引起催化剂中毒，需要进一步净化处理，可以利用空分获取的液氮洗。利用液氮的低温，将 CO 等杂质液化吸收，而 H_2 仍为气态，达到分离目的。

知识链接 工业合成氨中除去 CO 的常用方法

铜氨溶液吸收法：
传统的铜洗法是一种落后的净化工艺，存在着设备多、工艺复杂、操作麻烦而物耗高、易造成环境污染等缺点。

→

甲烷化法：
在高温及催化剂存在的条件下，通过化学反应将气体中的一氧化碳、二氧化碳和氢气转化为惰性气甲烷，消耗了有效气氢气，增加了杂质甲烷含量。

→

液氮洗：
一氧化碳净化程度高，同时可脱除其他杂质，得到纯度高的精制气。

归纳总结 请结合活动 1 绘制工业合成氨原料获取流程图。

工业合成氨原料获取流程图如图 11-2 所示。

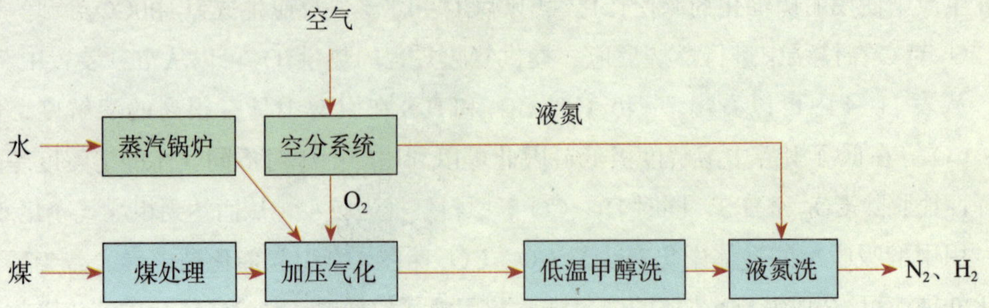

图 11-2　工业合成氨原料获取流程图

活动 2　氨气的合成

交流研讨　合成氨反应为可逆反应：$N_2(g) + 3H_2(g) \rightleftharpoons 2NH_3(g)$。已知 298 K 时：$\Delta H = -92.2\ \mathrm{kJ \cdot mol^{-1}}$，$\Delta S = -198.2\ \mathrm{J \cdot K^{-1} \cdot mol^{-1}}$。

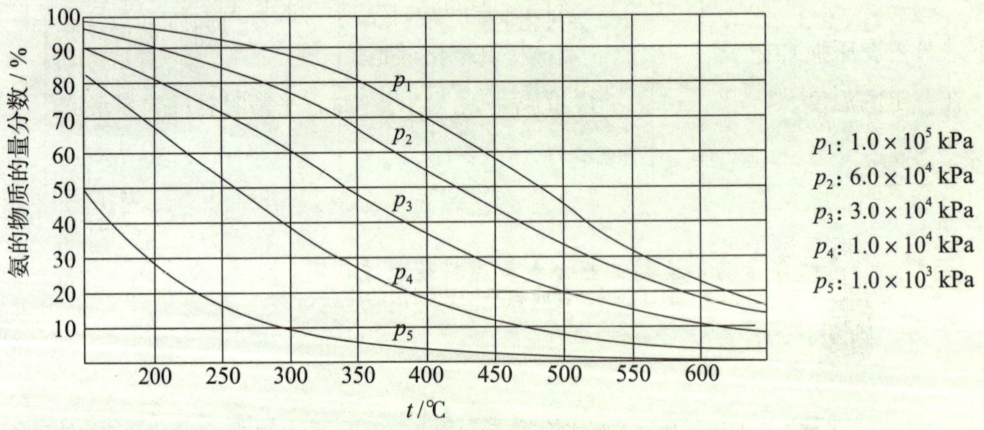

图 11-3　平衡混合物中氨的含量与温度、压强的关系

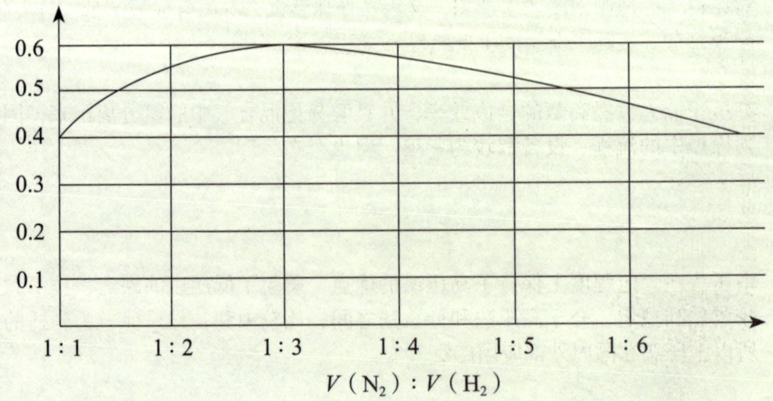

图 11-4　某温度、压强下不同 N_2 和 H_2 的体积比与平衡时氨的含量的关系

（1）请根据正反应的焓变和熵变分析常温条件下合成氨反应能否自发进行。

（2）请结合图 11-3，从热力学和动力学角度分析选择 500 ℃左右合成氨的原因。

（3）请结合图 11-3，分析如何选择合成氨反应的压强。

（4）请根据图 11-4，判断 N_2 和 H_2 的体积比为何值时，平衡时氨的含量最高。

298 K 时，合成氨反应的 $\Delta G < 0$，反应能自发进行。

从反应限度分析，降低温度有利于反应向生成氨的方向进行。但是过低的温度会使反应速率偏低，也可能导致催化剂活性不高。因此，工业生产中对于温度的调控既要考虑对反应限度的影响，还有考虑对催化剂活性的影响。例如，铁触媒催化合成氨时，温度控制在 500 ℃左右时，催化效率较高，此时反应速率也较快，同时反应的限度不低。

该反应为熵减反应，加压有利于平衡正移，从反应速率角度看，加压也有利于提高速率，但实际生产上还需要考虑到设备耐受等问题，并非一味追求高压，在设备允许条件下选择较大压强有利于提高氨气产量，提高经济效益。

在一定的温度、压强下，N_2 和 H_2 的体积比为 1∶3 时，平衡时氨的含量最高。

知识链接　根据反应设备钢材质量及综合指标选择压强，大致可分为低压法、中压法、高压法（表 11-5）。

表 11-5　合成氨不同压强法的比较

合成氨方法	评价
低压法 10 MPa 左右 400~500 ℃	低压法的压强和温度都比较低，故对设备要求低，容易管理，且催化剂的活性较高，这是此法的优点。但此法所用催化剂对毒物很敏感，易中毒，使用寿命短，因此对原料气的精制纯度要求严格。又因操作压强低，氨的合成效率低，分离较困难，流程复杂。实际工业生产上此法已不采用了。
高压法 70~100 MPa 550~650 ℃	高压法能大大提高氨的合成效率，并且容易把混合气中的氨分离出来，因此一系列操作中的流程、设备都较为紧凑。但也存在一定缺陷：对设备耐受能力有较高要求，在这个过程中释放出来的大量热量容易导致催化剂温度升高而失去活性，使催化剂寿命减短。
中压法 20~60 MPa 450~550 ℃	中压法在一定程度上保持了高压法的优点，避免了低压法的缺点，技术和经济也较成熟和稳定，介于高压法和低压法之间，比较中和，是目前较为合适的选择，所以中压法在国内外都应用广泛。

交流研讨 工业上氮气和氢气合成氨气的反应是在铁催化剂表面上进行的，这是一个复杂的过程，一般要经历：① 反应物扩散至催化剂表面；② 在催化剂表面被吸附；③ 发生表面反应；④ 产物从催化剂表面脱附；⑤ 产物扩散离开反应区等步骤（图 11-5）。

（1）研究表明氮气吸附分解为合成氨反应的决速步骤。实际生产中 N_2 与 H_2 的物质的量之比不是 1∶3 而是 1∶2.8，试分析其原因。

（2）实际生产中合成氨厂出口气中氨含量为 13%~14%，试优化流程使氨气产率提高，增大原料利用率。

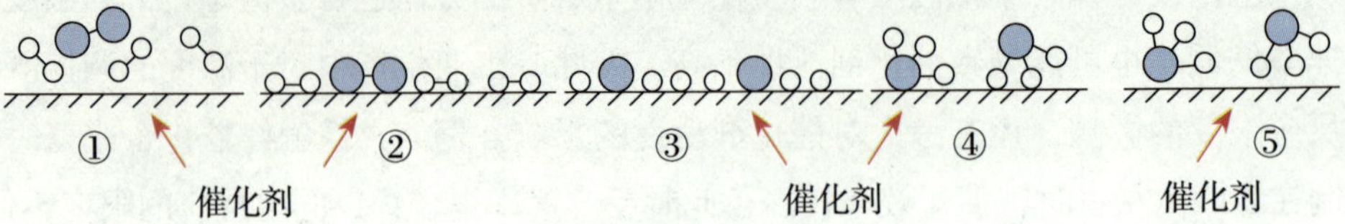

图 11-5　催化合成氨反应历程示意图

催化剂表面上氮气吸附的概率较低，为了保证氮气占有一定份额的催化剂活性中心，达到提高反应速率的目的，可适当提高氮气的分压，当 N_2 与 H_2 的物质的量之比是 1∶2.8 时更有利于加快合成氨反应的进行。

从化学平衡角度分析，及时分离出氨气，降低生成物浓度，有利于反应正向进行，提高氨气的产率。从催化反应历程分析，通过降低氨气压强，适时分离出氨气，有利于提高氨气脱附步骤的速率，同时空出活性中心供氮气吸附，继续合成氨使用。将氨气分离后，气体的主要成分为氮气和氢气，可将气体压缩后重新进入合成塔合成氨气。

归纳总结 请结合活动 2 完善合成氨工业流程图。

合成氨工业流程图如图 11-6 所示。

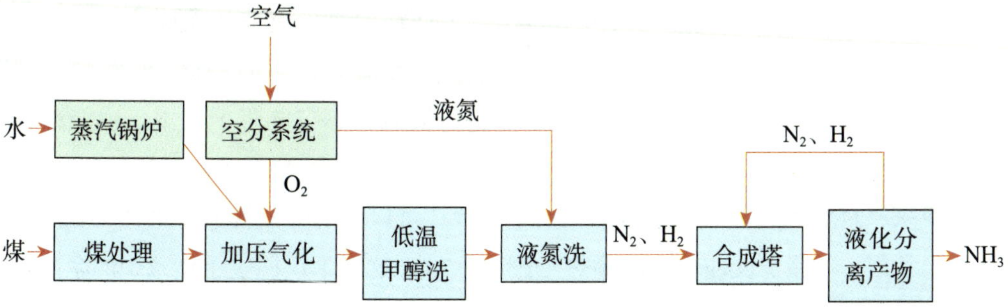

图 11-6 合成氨工业流程图

活动 3 合成氨工艺优化

思考探究 若以上述合成氨模型投入实际生产，会出现原料利用率低、能源消耗大、经济效益低等问题，需要优化合成氨工艺。结合表 11-6 思考以下问题：

（1）以煤为原料制备反应气会耗能大、污染高，从原料选择角度分析如何优化方案。

（2）合成氨工业流程中有哪些步骤需要热量？可以从哪些途径获取热能？废料、废气中是否存在可以利用的热能？如何利用？试从节能环保的角度优化合成氨流程。

表 11-6 合成氨工业能耗和经济性比较

生产原料	天然气	重油	煤
能耗	1.0	1.3	1.7
初始投资成本	1.0	1.4	2.4
产品成本	1.0	1.2	1.7

可改用天然气为制备原料。由表 11-6 可以看出，煤的能耗是天然气的 1.7 倍，重油的能耗是天然气的 1.3 倍。如果以煤为原料，氢元素主要从水中来，原料煤只是作为能量把氢元素从水中“取”出来，其能耗必然高。以天然气为原料时，氢主要来自原料天然气，显然是最合理、最经济的。我国能源分布仍处于“煤多气少”的情况，若能加大对天然气的开采，提升天然气获取、净化技术，对合成氨的生产也将产生巨大影响。

煤气化、液化空气的精馏、合成塔中合成氨等步骤需要热量。热量可以通过燃料燃烧获取，但此方法不仅增加成本投入，也会增大环境污染。反应体系的废料、废气也存在大量热量，高温废气的直接排放不仅会造成大量有效能源的浪费，热量散失到环境中也会对环境造成一定的影响。若对余热进行回收，不仅能降低成本，也能减轻环境污染。

合成氨原料氮气和氢气的温度低于反应温度，可以利用热交换器，将合成氨反应的余热加以利用，可用于反应气体的预热（图 11-7）。这样不仅回收了体系中的余热，而且产生了蒸汽作为动力供工艺使用，降低生产成本并保护环境。

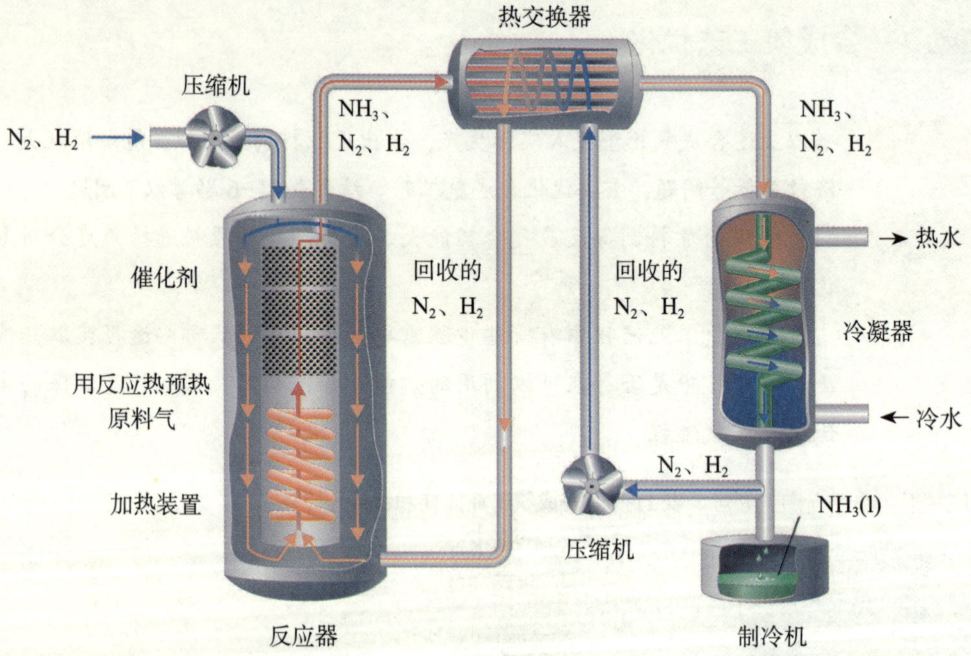

图 11-7　余热利用示意图

合成氨中涉及的热量层级较多，如果温度在 80～90 ℃以下，除了少量的用于生活外，一般是不能利用的。120～130 ℃的热量，可以用来副产低压蒸汽，用于加热和工艺。300 ℃以上的蒸汽可以作为动力和发电。温位较高的能量比温位较低的能量有更大的价值。蒸汽的产生和利用都是根据物尽其用的原则分级进行的。先用低温热源加热水，再用高温热源产生高温、高压过热蒸汽，蒸汽的使用也是先用于压强很高的合成气压缩机，使用以后压强降低，再用于压强较低的压缩机、泵、引风机以及工艺用气等。从合成气压缩机出来的蒸汽取出一部分回一段转化炉、二段转化炉、废热锅炉重新提高其温位，使之成为高温、高压过热蒸汽，这也是充分利用高温位热量的一种有效措施。

交流研讨　合成氨中的热量一般来自燃料在燃气轮机中燃烧产生的乏气（没有被污染的气体）。请结合图 11-8 分析乏气中可能存在的气体，试分析以天然气为原料制备氢气的过程中如何利用乏气。

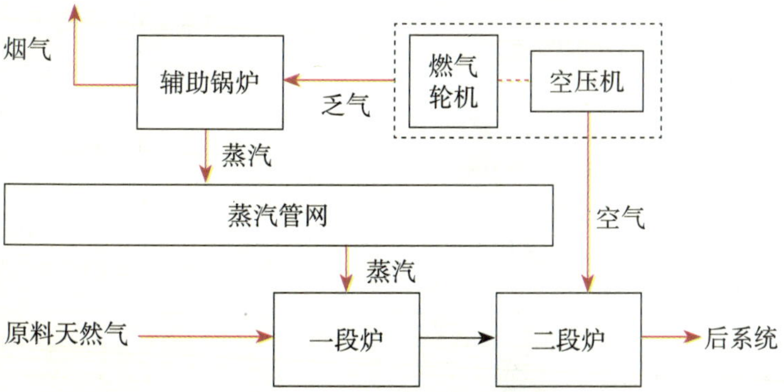

图 11-8　以天然气为原料制备氢气中乏气的产生和利用

乏气中可能存在未反应的氧气、燃气以及燃烧后生成的 CO_2、H_2O，可以将燃气轮机中的乏气作为一段炉的助燃空气，同时提供水和高温、高压条件有利于甲烷完成一段转化产生 CO。如果仅靠工艺余热产生的高压蒸汽尚不能满足动力需要，需要一台外供燃料的辅助锅炉提供能量给以补充，可以将一段炉与辅助锅炉相配置，利用乏气直接产生高压蒸汽或作为辅助锅炉的助燃空气。

拓展视野　大型合成氨装置的工艺过程与蒸汽动力系统（图 11-9）有机地结合在一起，整个工艺系统可以说就是一个能量综合利用系统。在余热回收系统中，它把工艺过程各个阶段可以回收利用的余热，特别是一些低位热能加以统筹安排，依据能级的高低、热量的多少，逐级预热锅炉给水，最后转变成高能级的高温、高压蒸汽。在梯级利用方面，将蒸汽按压强分成 10.23 MPa、3.95 MPa、0.46 MPa 等几个等级。10.23 MPa 的高压蒸汽首先作为背压式汽轮机的动力；抽出部分 3.95 MPa 的中压蒸汽作为转化工艺蒸汽之用，其他 3.95 MPa 的中压蒸汽仍作为动力之用；0.46 MPa 的低压蒸汽做加热、保温用；而透平冷凝液和工艺冷凝液的冷凝热也几乎得到全部回收，冷凝液返回锅炉给水系统，构成热力循环系统。

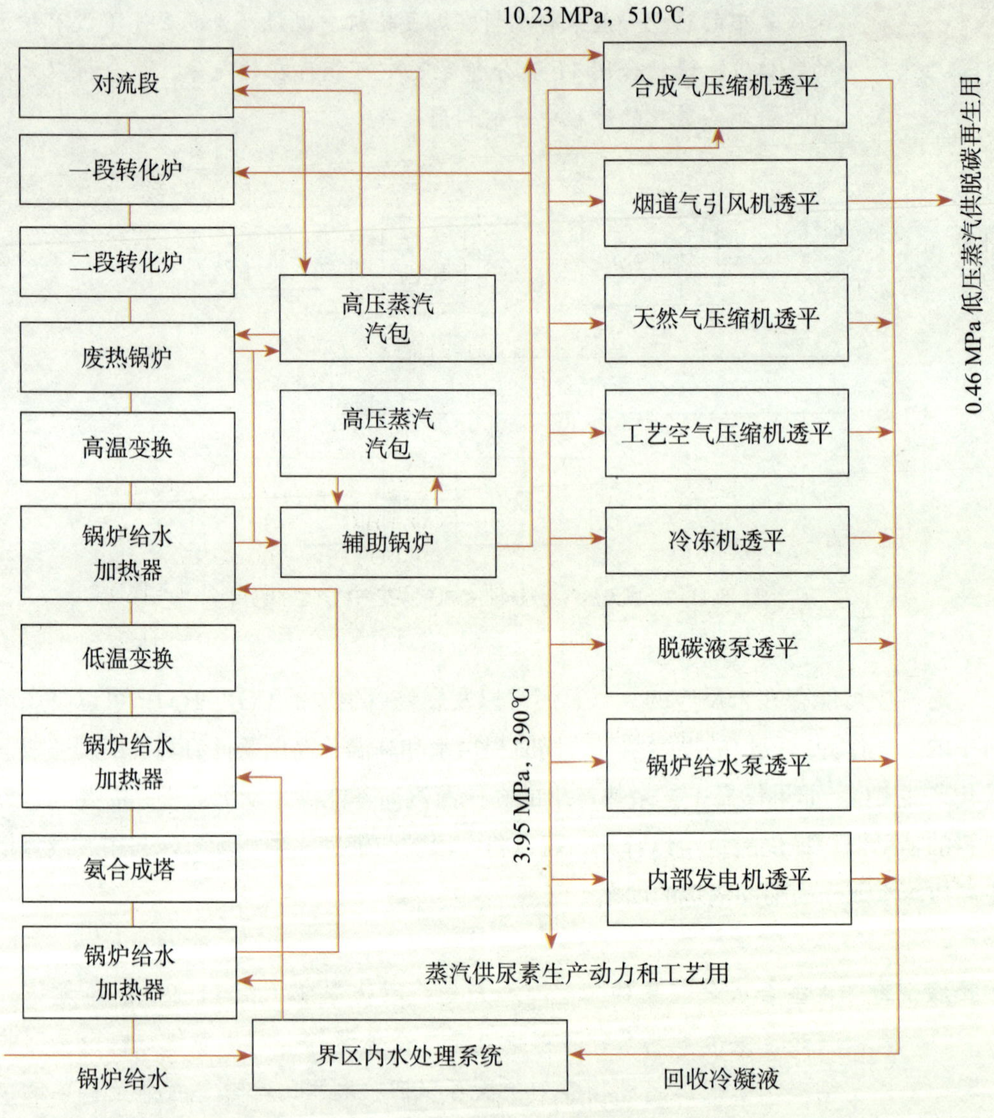

图 11-9 大型合成氨装置余热回收及梯级利用示意图

思考探究 合成氨工业流程中可能产生哪些废料、废气？从提高物料综合应用角度优化方案。

制备氢气过程中可能会产生大量二氧化碳，净化氢气过程中可以获得硫化物，空分装置中可以得到氩气和氧气。氨气是工业生产的重要原料，也是合成化肥的重要物质，若与生产过程中出现的废料、废气（如二氧化碳等）进一步转化，既能减少环境污染，也能生产价值更高的物质提高经济效益，如制备碳铵（NH_4HCO_3）、尿素等；此外，还可以通过回收物料、深度加工等方法增加副产品类型，提高经济效益（表 11-7）。

表 11-7 物料应用优化方案

副产品	优化方案
碳铵、尿素	将反应过程中产生的 CO_2 回收，与氨气反应，联产制备碳铵或尿素。 生产碳铵的反应式为：$NH_3 + CO_2 + H_2O \longrightarrow NH_4HCO_3$ 合成尿素的反应式为：① $2NH_3 + CO_2 \longrightarrow NH_2COONH_4$ ② $NH_2COONH_4 \longrightarrow CO(NH_2)_2 + H_2O$
高纯度 Ar、O_2	利用精馏分别收集 Ar、O_2
硫酸等含硫物质	低温甲醇洗后可回收相应硫化物，对硫化物进行分离加工后，可制备硫酸等物质
甲胺、乙胺、已内酰胺、丙烯腈、三聚氰胺	对氨气进行深度加工

拓展视野 煤、天然气、渣油以及焦炉气等工业尾气都是合成氨工业的原料，合成氨只是其中一小块，只要不加氮气，就可转产或联产。合成氨装置与各种能源转化、新型煤化工、清洁能源、制氢技术联产或转产综合利用示意图如图 11-10 所示。

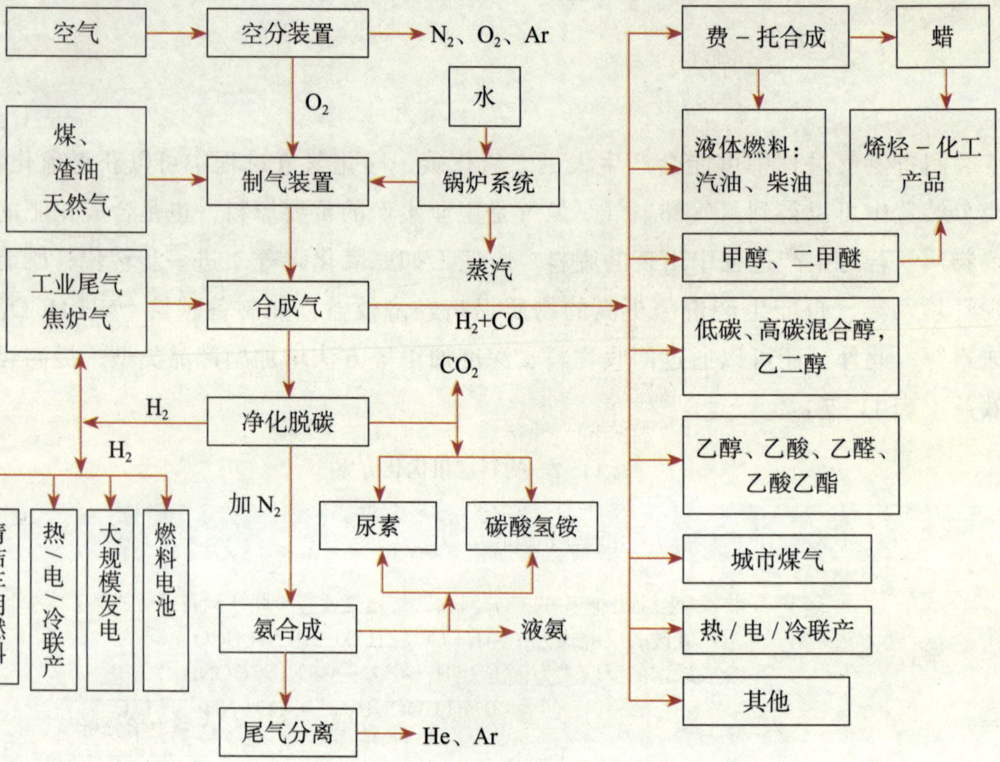

图 11-10 合成氨装置综合利用示意图

归纳总结 请结合活动 3 优化合成氨工业流程图。

合成氨工业优化流程图如图 11-11 所示。

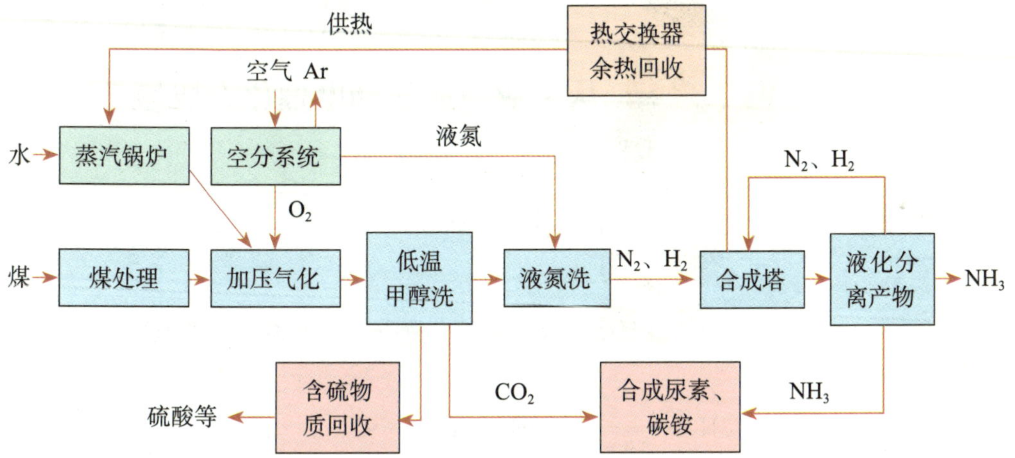

图 11-11　合成氨工业优化流程图

任务梳理　工业生产设计模型如下：

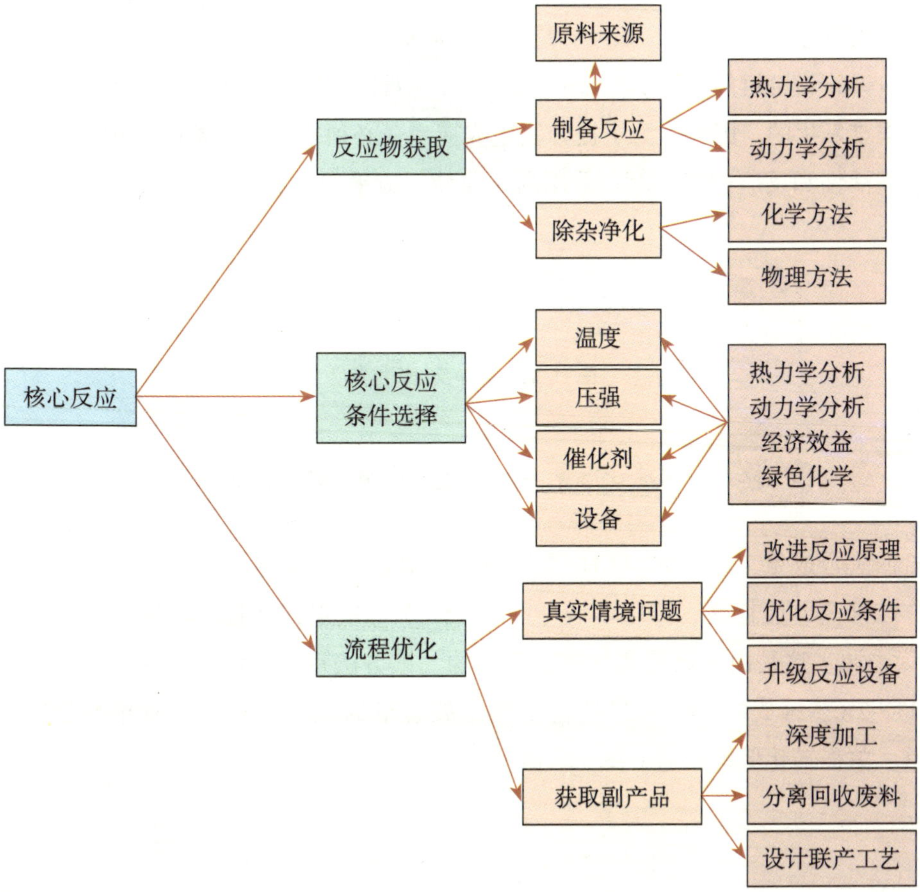

任务二 从工业合成氨到电催化合成氨

活动 1 从工业合成氨到电化学合成氨

知识回顾 回顾所学知识，分析哈伯法合成氨工艺所需反应条件及其原因。

$$已知：N_2 + 3H_2 \xrightleftharpoons[催化剂]{高温、高压} 2NH_3 \quad \Delta H = -92.2\ kJ \cdot mol^{-1}$$
$$\Delta S = -198.2\ J \cdot K^{-1} \cdot mol^{-1}$$

哈伯法合成氨工艺，即在高温、高压反应装置中，在铁触媒作为多组分催化剂的作用下发生 N_2 和 H_2 合成氨的可逆反应。在这个工序中，高温、高压和催化剂这三个条件缺一不可。从热力学角度而言，该反应是低温可自发的放热反应。但由于受到化学平衡的限制，且 N≡N 键的键能高达 945 kJ · mol^{-1}，存在难以极化的问题，所以在动力学中这一反应是很难发生的。因此，为了提升氨生成速率，必须采用高温条件（300~550 ℃）提升催化剂活性和反应速率，而且采用高压驱使反应平衡向右移动。

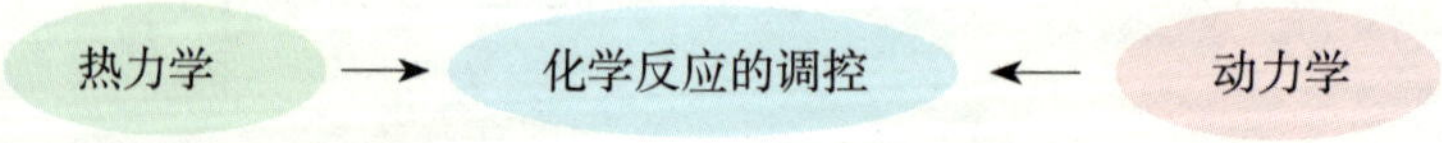

图 11-12 化学反应调控角度

交流研讨 现阶段，哈伯法合成氨工艺存在哪些亟待解决的问题？

哈伯法合成氨工艺以 N_2 和 H_2 为原料，在高温、高压和催化剂的作用下进行，具有工作压强高、能耗高、转化率低（10%~15%）等缺点，并且哈伯法合成氨工艺需要 H_2 作为来源，这是由天然气蒸气重整产生的。该方法每年消耗的能源占全球能源总供应的 1%~2%，排放的 CO_2 总量约占全球排放总量的 1.5%，存在工业能耗高、CO_2 排放严重、单程转化低等问题（图 11-13）。

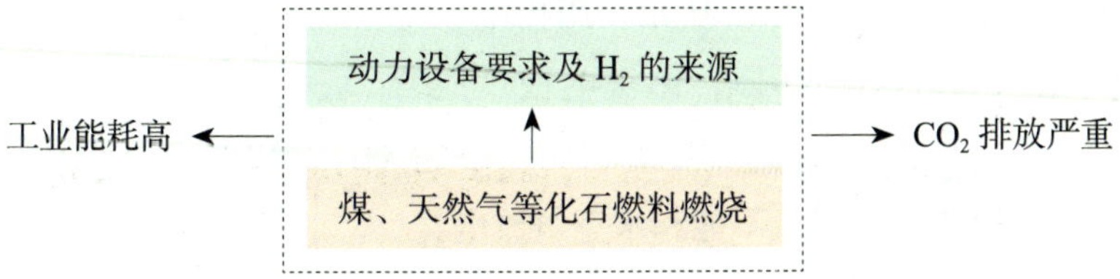

图 11-13　哈伯法合成氨工艺存在的问题

交流研讨　工业合成氨未来的发展方向是什么？

鉴于当今化石燃料短缺和全球气候变化问题日益严峻，节能减排一直是合成氨工业迫在眉睫的重大问题。哈伯法合成氨工艺是以矿石燃料燃烧的热能作为驱动力来保证反应高温、高压的条件，也是导致反应能耗高、CO_2 排放严重的源头。因此，可尝试转变合成方向，将热驱动合成改为电驱动合成。在电能的推动下，不仅可使合成氨反应不受或少受热力学限制，还能起到增大反应速率的作用。电化学合成氨条件温和，能够在常温、常压的条件下实现氨的合成，从而有效解决哈伯法合成氨能耗高、CO_2 排放严重的问题，这也是目前科学研究的主要研究方向之一。

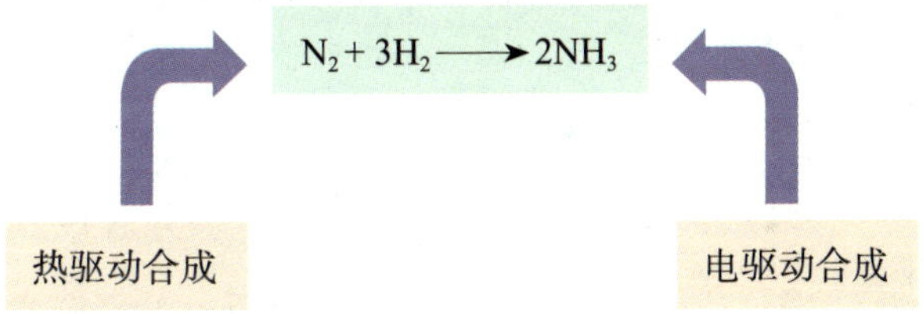

图 11-14　热驱动和电驱动合成氨

交流研讨　以氮气与水为原料，设计电化学装置合成氨，并标明电极材料、电解质溶液，写出电极反应式。

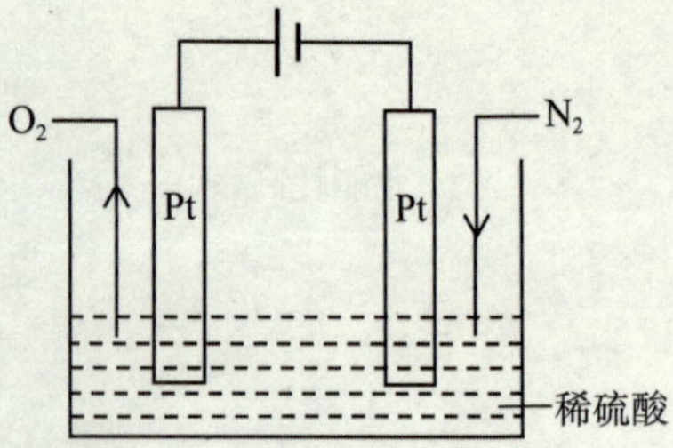

图 11-15　合成氨电化学装置

设计的电化学装置如图 11-15 所示，阴极电极反应式为 $N_2 + 6H^+ + 6e^- \xlongequal{} 2NH_3$，阳极电极反应式为 $3H_2O - 6e^- \xlongequal{} \frac{3}{2}O_2\uparrow + 6H^+$。

电极材料的选择要注意阳极不能和水竞争放电，阴极要提高对氮气的吸附性，同时为了提高氮气放电的选择性和速率，应负载催化剂。电解质溶液的选择很多样，可以是水溶液、熔融电解质等。

活动 2　从电化学合成氨到电催化合成氨

思考探究　（1）结合表 11-8 分析电化学合成氨中，电极反应物可选择哪些物质？这样选择的优缺点是什么？

（2）如何选择电解质溶液？这样选择的优缺点是什么？

表 11-8　氮气与氢气或水反应固氮的平衡常数

序号	化学反应	K（298 K）的数值
①	$N_2(g) + 3H_2(g) \rightleftharpoons 2NH_3(g)$	4.1×10^6
②	$N_2 + 3H_2O \rightleftharpoons 2NH_3 + \frac{3}{2}O_2$	10^{-120}

根据表 11-8 中数据，通过比较氮气分别与氢气、水反应的平衡常数可知，氮气与氢气反应的限度远大于氮气与水反应的限度，因此哈伯法合成氨主要选择的是氮气与氢气催化合成氨固氮。但研究表明，在电化学合成氨中，若在电极表面长时间通入 H_2，易造成电极上吸附材料的脱落，损坏电极。因此，在电化学合成氨中，多用水作为氢源，所发生的反应为 $N_2 + 3H_2O \rightleftharpoons 2NH_3 + \frac{3}{2}O_2$。虽然是一个非自发的反应，但我们可以通过电化学手段实现。这样不仅可以避免 H_2 消耗造成的对天然气等不可再生能源的依赖，还可以解决 H_2 在水中溶解度低的问题，符合绿色化学的发展理念。

对于电解质溶液的选择，为保证能够在常温、常压的条件下合成氨，故最早采用的电解质体系是低温液体电解质，主要包括水溶液电解质、有机溶剂电解质和离子液体电解质三类。每种电解质溶液都有各自的优缺点，而后随着合成氨技术的逐步成熟，传导 H^+ 能力更好的质子导体陶瓷膜电解质、电导率更高的熔盐电解质体系应运而生，具体优缺点及发展过程如图 11-16 所示。

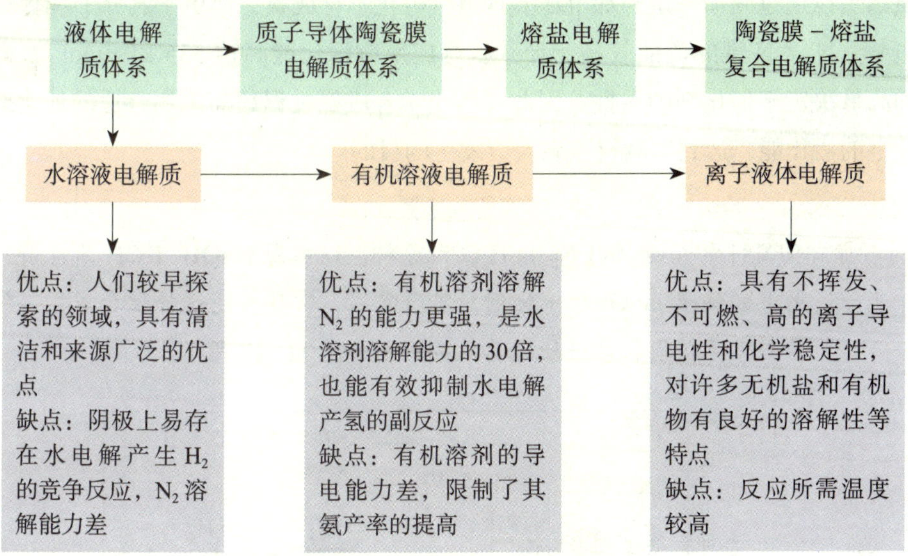

图 11-16 电化学合成氨中电解质溶液的优化过程

交流研讨 大量实验表明，在利用电化学方法合成氨的过程中，无论电解质溶液如何选择，阴极附近都会收集到部分氢气，从而导致合成氨选择性不高、产氨效率低的问题。根据表 11-9 中反应涉及的电极电势（已知：电极电势越正，越易在阴极上发生还原反应），讨论产生此现象的原因以及如何有效解决这一问题。

表 11-9 电极电势参考表

反应	E（电极电势）/V
$2H^+ + 2e^- = H_2\uparrow$	0
$\frac{1}{2}N_2(g) + 3H^+ + 3e^- = NH_3$	−3.09

一般来说，限制温和条件下氨催化还原反应速率的主要因素有以下三点：

① 大部分的催化反应都是在水溶液中进行的，而氮气在水中的溶解度非常低，仅为 $20\ mg \cdot L^{-1}$（20 ℃，101 kPa）。

② 氮气分子结构稳定，N≡N 键的键能高达 $945\ kJ \cdot mol^{-1}$，断裂该键需要极高的能量。

③ 析氢副反应电势更正，更容易发生，因此会限制氮还原反应的选择性。

虽然可以通过施加一定外加电压实现氮气电化学合成氨，但由于氮分子具有较负的电极电势、N≡N 键的键能较高，导致氨合成反应活化能高达 335 kJ · mol^{-1}，而活化能垒的高低决定于催化剂的活性。因此，电化学合成氨过程还需采用合适的催化剂降低氮气放电的活化能，达到抑制析氢副反应发生的目的。

交流研讨 我国科学家研制以 N_2 和 H_2O 为原料，以熔融 NaOH-KOH 为电解质，以悬浮的纳米 Fe_2O_3 为催化剂，实现常温、常压、高选择性合成氨，结合实验与计算机模拟结果研究其反应机制如图 11-17 所示。

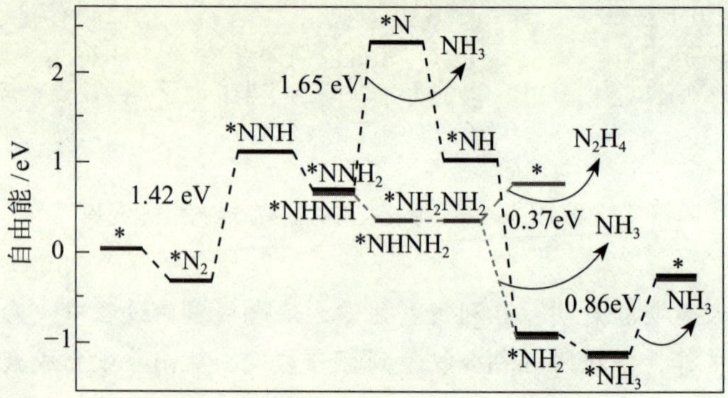

图 11-17　纳米 Fe_2O_3 做催化剂电催化合成氨

请分析讨论以下问题：

（1）用纳米 Fe_2O_3 作为催化剂电催化合成氨的两种加氢方式有什么不同？主要采用的是哪种加氢方式？它与哈伯法用铁触媒做催化剂的反应机制（图 11-18）有何不同？

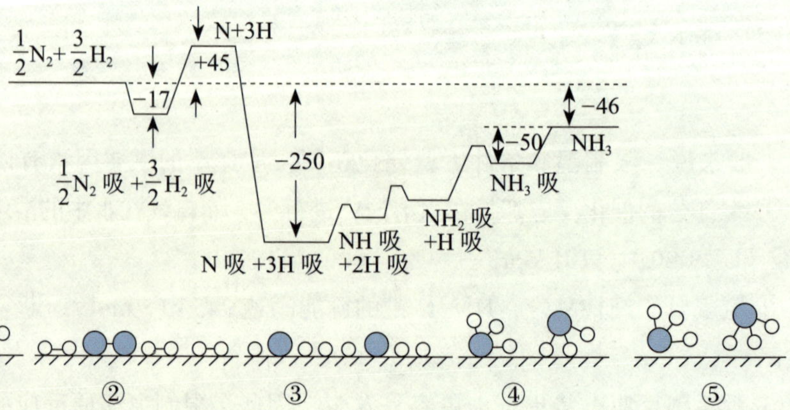

图 11-18　哈伯法合成氨

（2）用纳米 Fe_2O_3 为催化剂电催化合成氨的反应历程中的决速步骤是哪一步？催化加氢中易产生的副产物是什么？

知识链接　电化学合成氨反应机理主要有解离机制和缔合机制。解离机制中，氮分子首先在催化剂表面上进行化学吸附，使氮原子间的化学键减弱；随后 N≡N 键完全断裂，在催化剂表面留下两个被吸附的氮原子，逐一跟氢原子作用进行加氢反应；最后氨分子从催化剂表面脱附。由于解离机制需要预先破坏 N≡N 键导致能量消耗极高，主要发生在哈伯法合成氨的催化过程中。而在缔合机制中，游离的氮分子吸附在催化剂表面后，N≡N 键并不会直接断裂，采取的加氢方式主要通过两种机制进行，即缔合远端机制和缔合交替机制。其中，缔合远端机制中加氢优先发生在离催化剂表面最远的氮原子上，远端氮原子不直接与催化剂相互作用，当第一个氨分子释放后剩余的氮原子继续加氢，生成第二个氨分子并随之释放；缔合交替机制中催化剂表面被吸附的两个氮原子之间可交替进行加氢，使得氮原子间的键全部断裂且第一个氨分子顺利从催化剂表面脱除，随后第二个氨分子也随之释放。由于缔合机制是在 N≡N 键一端或两端加氢后再破坏，可减少能量消耗并提高催化效率。具体过程如图 11-19 所示。

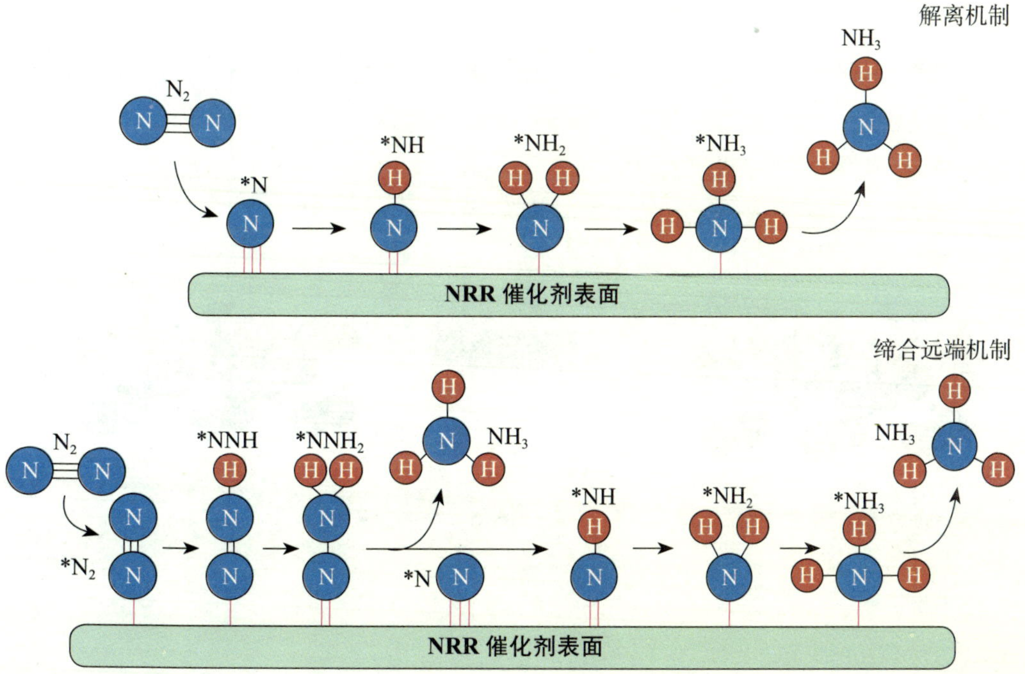

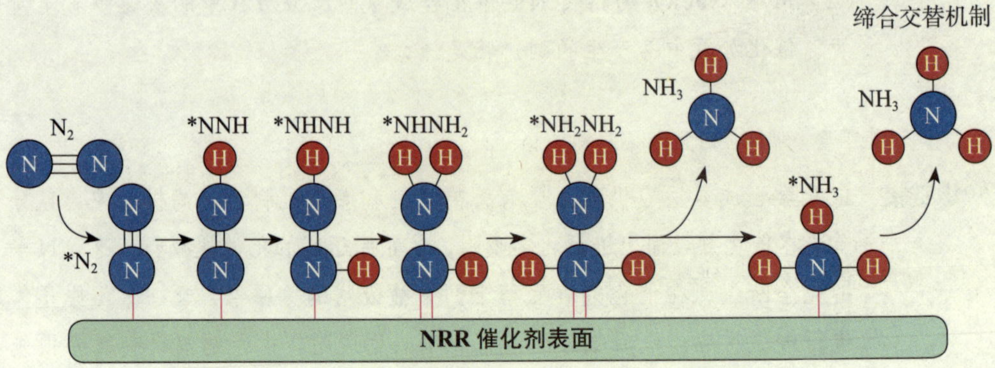

图 11-19 合成氨的反应机制

纳米 Fe_2O_3 做催化剂主要采用的是缔合交替加氢的机制，反应所需两步较高能垒为氮分子的吸附加氢能垒 1.42 eV（$^*N_2 + {}^*H \longrightarrow {}^*NNH$）和氨分子的脱附能垒 0.86 eV（$^*NH_3 \longrightarrow NH_3$）。因此，为提高合成氨的选择性、避免析氢副反应，对催化剂的改进研究：一方面，应着重降低 N_2 的吸附和 NH_3 的脱附所需能垒；另一方面，从 N_2 在阴极上被还原存在副产物（N_2H_4 等）来看，阴极上存在众多竞争反应，因此催化剂还应提高生成 NH_3 的选择性。这些都给制备新型催化剂提供了研究方向。

交流研讨 如何理解气体在催化剂表面被活化？

当氮气分子被吸附到催化剂表面时，催化剂会提供电子给未配位的 π^* 轨道，增长 N≡N 键的键长，削弱键能。例如，N≡N 键的长度为 1.078Å，当吸附到催化剂表面，得到电子后，其键长被拉伸到 1.133Å（图 11-20）。

图 11-20 被催化剂吸附后 N_2 键长变化

电催化合成氨常用到的催化剂如图 11-21 所示。

贵金属催化剂	过渡金属催化剂	碳基非金属催化剂	生物质碳基催化剂
钌(Ru)、金(Au)、铂(Pt)等 优点：耐高温、耐腐蚀 缺点：价格昂贵、资源稀缺	钼(Mo)、铁(Fe)、铬(Cr)、锰(Mn)等 优点：性能优异，价格低廉 缺点：催化过程中可能会释放金属离子而造成环境污染	碳材料中掺杂N、S等杂原子 优点：环保、高性能的无金属催化剂	天然木材纤维为原料制备出掺杂氧原子的中空碳微管 优点：优异的碳还原选择性

图 11-21　电催化合成氨常用到的催化剂种类

交流研讨　（1）在下面空白框中修正自己的电催化合成氨装置。

（2）对比科学家实际设计的电催化合成氨装置（图 11-22），思考有什么不同。

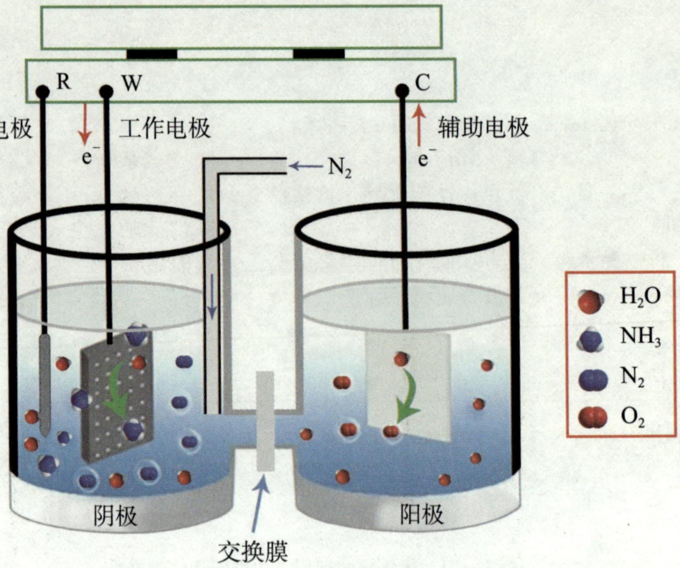

图 11-22　真实的电催化合成氨装置

归纳总结　电化学装置可从装置（电子导体电极材料、离子导体电解质溶液等）、原理和工程 3 个维度进行构建，其认知模型如图 11-23 所示。

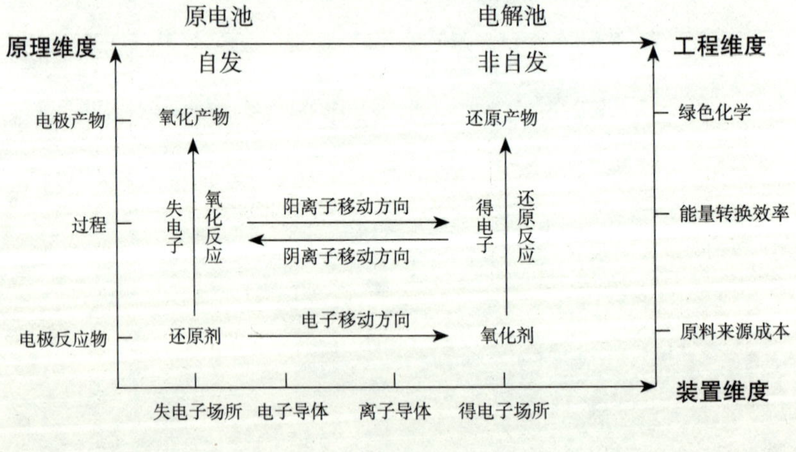

图 11-23　电化学装置认知模型

交流研讨　总结电催化合成氨的优点与发展前景。

电催化合成氨可使热力学非自发反应在电能的推动下发生，也可使受平衡限制的合成氨反应不受或少受热力学平衡的限制，从而实现在温和条件下合成氨，解决了哈伯法合成氨的能耗高、污染严重的问题。但目前电催化合成氨工艺还不够成熟，仍存在析氢副反应严重、合成氨效率低等问题，科学家正在从催化剂的选择性、电解质溶液的选择、装置的设计上，来提高电流的效率、降低副反应、提高氨的产率。

任务梳理 构建分析研究化学反应的一般思路如下：

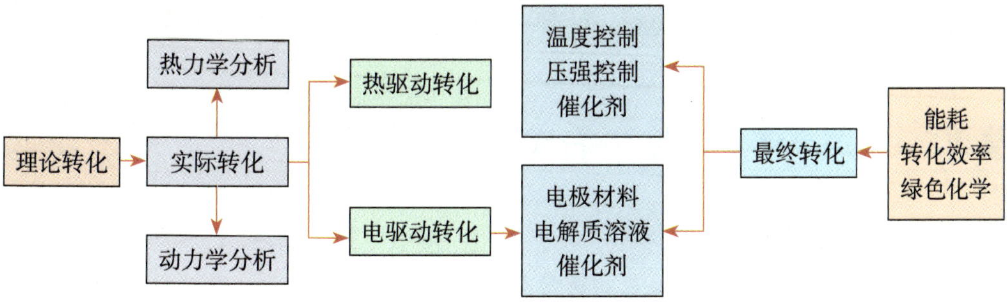

任务三 碳氮偶联合成尿素研究

活动 1 合成尿素生产中亟待解决的问题

交流研讨 每年约有 80% 的氨用来生产铵态氮肥等化学肥料，从而保证粮食产量的稳固增长。尿素作为一种重要的氮肥，发展尿素工业对满足日益增长的人口需求具有重要意义。工业上，尿素生产过程涉及如下反应，请从能量及物质转化的角度分析可能存在的问题。

第 1 步：$2NH_3(l) + CO_2(g) \rightleftharpoons NH_2COONH_4(l)$

$\Delta H = -119.2\ kJ \cdot mol^{-1}$

第 2 步：$NH_2COONH_4(l) \rightleftharpoons CO(NH_2)_2(l) + H_2O(l)$

$\Delta H = +15.5\ kJ \cdot mol^{-1}$

总反应：$2NH_3(l) + CO_2(g) \rightleftharpoons CO(NH_2)_2(l) + H_2O(l)$

$\Delta H = -103.7\ kJ \cdot mol^{-1}$

上述过程主要是用氨和二氧化碳反应制备尿素，从反应过程来看，第 1 步是大量放热反应，而第 2 步氨基甲酸铵是分解吸热反应而且是不可逆反应，反应最终的产率受到平衡转化率的限制，因此上述过程中氨不可能完全转化为尿素，存在转化效率低等问题。同时，利用工业合成氨为原料制备尿素总耗能约占全球工业的 2%，在一定程度上加剧了温室效应。目前以空气中的 N_2 和 CO_2 为原料制备的氮肥尿素已经占到了整体用量的 35%。NH_3 来源于空气中的 N_2，如果在常温、常压下利用 N_2 与 CO_2 直接合成尿素且工业量产，可解决工业能耗高、温室效应等问题，有助于实现"碳中和"；同时也可促进粮食增产，解决粮食危机问题，可谓一举多得。

活动 2　温室气体 CO_2 与 N_2 合成尿素的理论设计

交流研讨　请根据氮及其化合物"价－类"二维图（图 11-24），从元素守恒的角度分析需要增加的反应物有哪些。

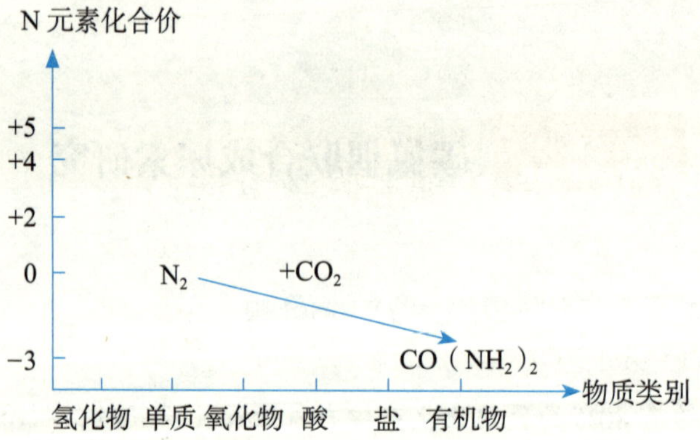

图 11-24　氮及其化合物"价－类"二维图

从元素守恒角度分析，反应物还缺少氢元素，因此最直接的方案是向反应体系中通入 H_2。而考虑到工业上制 H_2 常采用水煤气变换反应，即 $C + H_2O \xlongequal{} CO + H_2$，反应属于吸热反应，耗能较高。因此，为了达到既引入氢元素，又保证能耗低、物质来源广泛以及便于后续 $CO(NH_2)_2$ 分离的目的，可选择加入 H_2O 作为氢元素的来源。而从反应价态变化分析，反应物中唯有 O 元素化合价可由 −2 价升至 0 价，所以 O_2 是该反应的氧化产物。据此，可写出反应方程式为 $2N_2 + 2CO_2 + 4H_2O \xlongequal{} 2CO(NH_2)_2 + 3O_2$。所以，利用"价－类"二维图可以快速预测并分析出某种物质的化学性质，具体思路如图 11-25 所示。

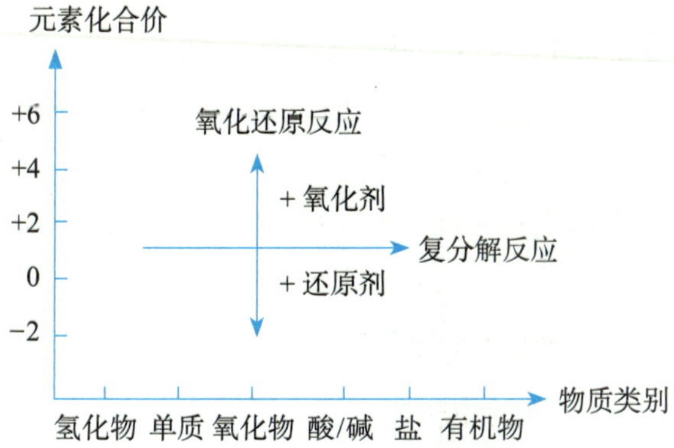

图 11-25 "价 - 类"二维图分析思路

思考探究 请判断反应 $2N_2+2CO_2+4H_2O = 2CO(NH_2)_2+3O_2$ 的自发性。

① 利用盖斯定律，计算该反应的ΔH。

已知：$2H_2(g)+O_2(g) = 2H_2O(l)$ $\Delta H=-286.0\ kJ\cdot mol^{-1}$

$N_2(g)+3H_2(g) = 2NH_3(g)$ $\Delta H=-92.2\ kJ\cdot mol^{-1}$

$2NH_3(g)+CO_2(g) = CO(NH_2)_2(aq)+H_2O(l)$ $\Delta H=-101.5\ kJ\cdot mol^{-1}$

② 根据$\Delta G=\Delta H-T\Delta S$判断反应的自发性。

$2N_2+2CO_2+4H_2O = 2CO(NH_2)_2+3O_2$

$\Delta H=+470.6\ kJ\cdot mol^{-1}>0$ $\Delta S<0$

该反应在任何温度下都不能自发进行，故要实现该反应的发生只能采用电化学的方法。

活动 3 电化学装置设计

该反应虽然在任意温度下都不自发，却有极大的应用前景，我们能否采取某种方式来实现该反应呢？请结合任务二中的电催化合成氨来类比迁移分析。

交流研讨 依据电解池的认识模型，自主设计电解池装置实现尿素的合成，并分析讨论以下问题：

（1）将 N_2 与 CO_2 分别从阴、阳两极通入是否可行？若电解质溶液为中性，则阴、阳电极反应可能是怎样的？

（2）将装置中的电解质溶液设计为 NaOH 或 H_2SO_4 溶液，是否可行？

N_2 与 CO_2 需要直接混合在阴极反应获得尿素，因此不能分开。阴极：$N_2 + CO_2 + 6e^- + 5H_2O = CO(NH_2)_2 + 6OH^-$；阳极：$2H_2O - 4e^- = O_2\uparrow + 4H^+$。

酸性太强容易导致 H^+ 在阴极放电（析氢反应）；碱性太强 CO_2 会直接被电解质溶液吸收，造成原料损耗。综合以上因素，通常选择被 CO_2 饱和后的 0.1 mol · L^{-1} $KHCO_3$ 溶液（pH ≈ 6.8）作为电解质溶液。

交流研讨 添加催化剂可有效降低阴极上析氢副反应的发生，请结合表 11-10 数据说明原因。已知：电极电势越正意味着越容易在电极上发生还原反应。

表 11-10　体系中存在的电极反应及对应的电极电势

电极反应	E（电极电势）/V
$2H^+ + 2e^- = H_2\uparrow$	0
$CO_2 + 2H^+ + 2e^- = CO + H_2O$	−0.11
$CO_2 + 2H^+ + 2e^- = HCOOH$	−0.21
$CO_2 + 4H^+ + 4e^- = HCHO + H_2O$	−0.10

由表 11-10 可知，$2H^+ + 2e^- = H_2\uparrow$ 的电极电势数值最大，因此很容易发生析氢反应生成 H_2。而除了热力学趋势外，气体在电解质溶液中的溶解度、气体的吸附、CO_2 与 N_2 放电的活化能等因素都会影响 CO_2 与 N_2 在电极上发生的反应。因此，需要添加合适的催化剂，这样能够有利于 CO_2 与 N_2 吸附活化，降低 CO_2 与 N_2 放电的活化能，从而提高水放电的活化能，抑制水的放电。

《自然化学》报道了我国科研人员利用 Pd_1Cu_1/TiO_2–400 作为催化剂电催化 N_2 和 CO_2 偶联制备尿素，如图 11–26 所示。

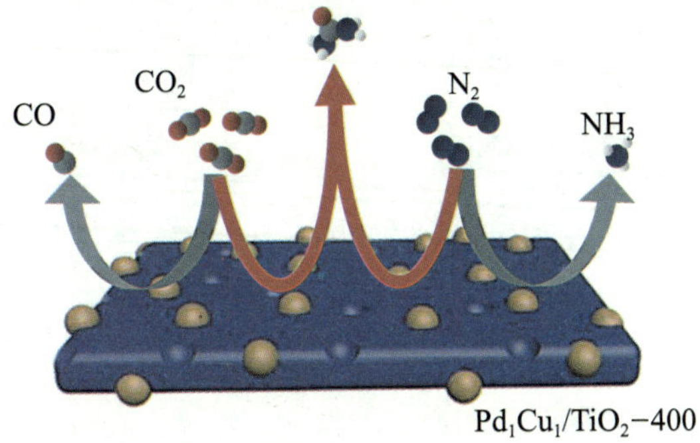

图 11–26　N_2 和 CO_2 偶联制尿素反应示意图

思考探究　（1）结合图 11–27（表面反应–自由能关系）与表 11–11 数据分析可得，H^+ 和 CO_2 放电生成甲醇、甲烷的热力学趋势更大，但为什么最终检测出的放电中间产物是 CO，而不是甲烷等物质？

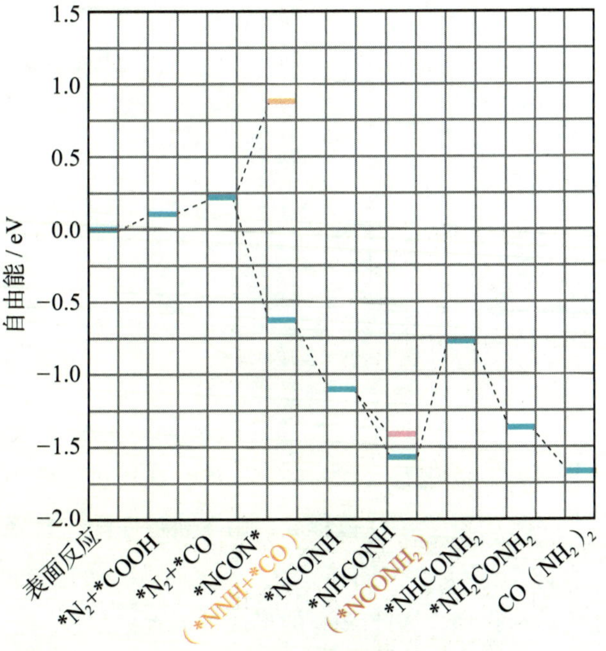

图 11–27　碳氮偶联制尿素反应机理图

表 11-11 电极反应及其电极电势

电极反应	E（电极电势）/V
$2H^+ + 2e^- = H_2\uparrow$	0
$CO_2 + 2H^+ + 2e^- = CO + H_2O$	−0.11
$CO_2 + 2H^+ + 2e^- = HCOOH$	−0.21
$CO_2 + 4H^+ + 4e^- = HCHO + H_2O$	−0.10
$CO_2 + 6H^+ + 6e^- = CH_3OH + H_2O$	0.03
$CO_2 + 8H^+ + 8e^- = CH_4 + 2H_2O$	0.17

（2）结合图 11-28 分析碳氮键之间是如何偶联的？如何理解该催化历程中 NH_3 的形成被抑制？

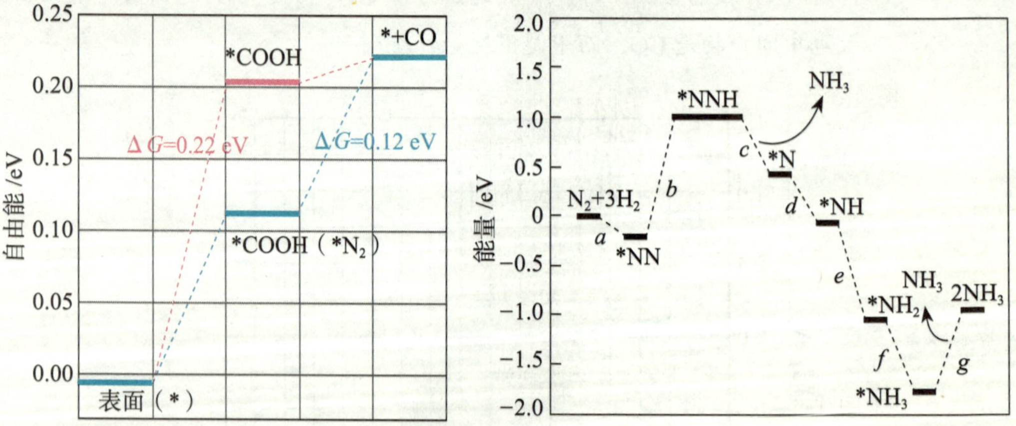

图 11-28 反应机理图

通过图 11-28 分析可知，活化 N_2（*N═N*）的存在通过降低中间体 *COOH 的活化能促进了 *COOH 转为 CO。一旦 CO 被释放，由于轨道匹配，*N═N* 同 CO 之间发生作用，碳氮偶联，形成 *NCON* 中间体，这一过程是放热的。同时根据图 11-28 分析，由于形成 *NNH 的能垒很高，因此 NH_3 的形成被大大抑制。

交流研讨 请在下面空白框中修正自己的电化学装置；并在任务二中所构建的电化学装置认知模型基础上，进一步完善认知模型。

完善后的电化学装置认知模型如图 11-29 所示。

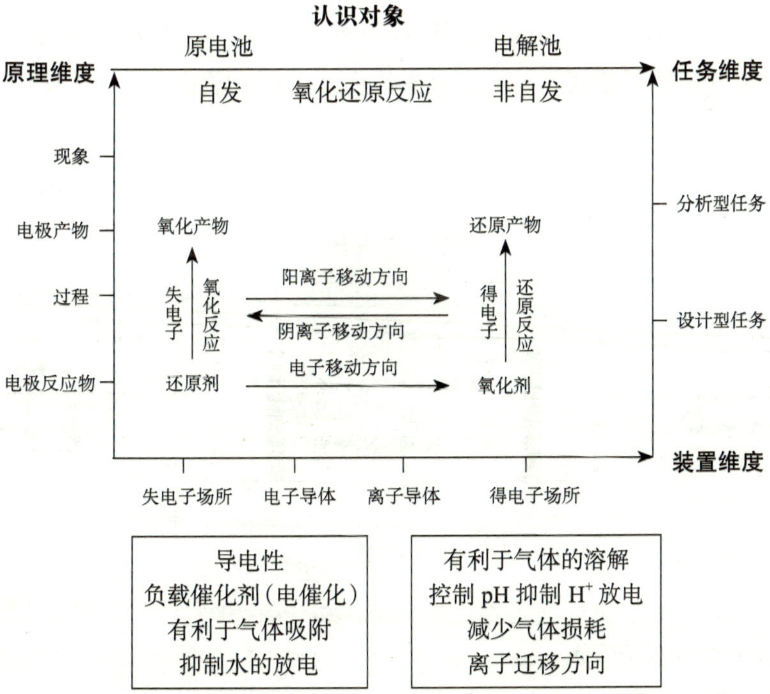

图 11-29 完善后的电化学装置认知模型

单元项目梳理

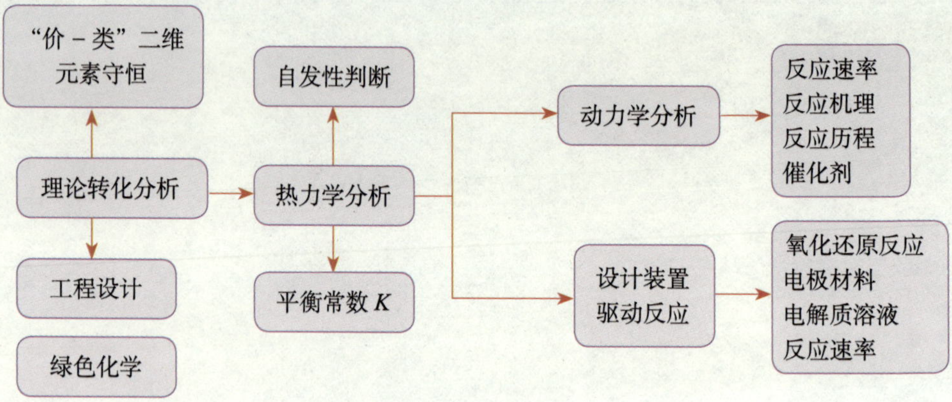

单元项目检测

学习理解

1. 我国科研工作者在电催化固氮领域取得重要进展，利用双功能催化剂实现室温条件下电催化氮气还原制备氨气，氧化制备硝酸盐，装置如图所示。下列说法错误的是（　　）

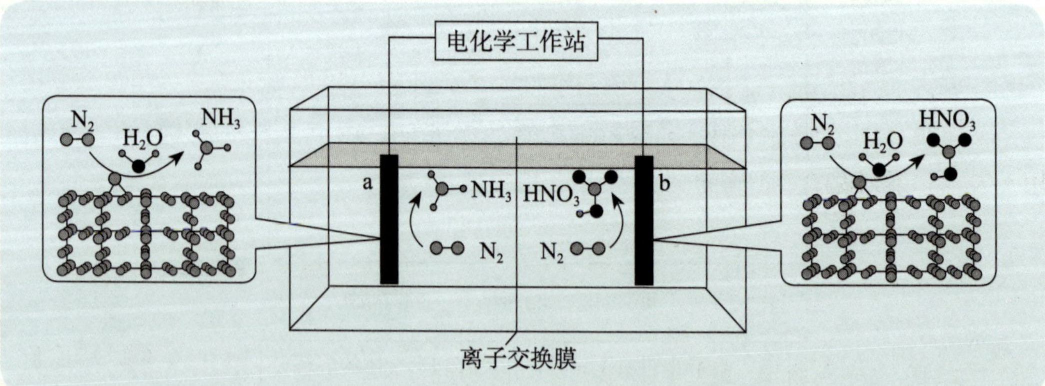

A. 该装置工作时电子流入 a 极

B. 工作相同时间，阴极室和阳极室消耗的 N_2 的质量之比为 3 ∶ 5

C. 阳极室的电极反应为 $N_2 + 6H_2O - 10e^- \xlongequal{} 2NO_3^- + 12H^+$

D. 该装置原理为解决当前严峻的能源和环境问题提供了新的思路

2. 厦门大学与华南理工大学在电催化合成氨研究方面取得重要进展。如图所示，将 Li^+ 嵌入 PEBCD 分子作为电极，该电极材料在电催化氮气还原合成氨的过程中具有极高的选择性，且反应可在常温、常压下进行。下列分析错误的是（　　）

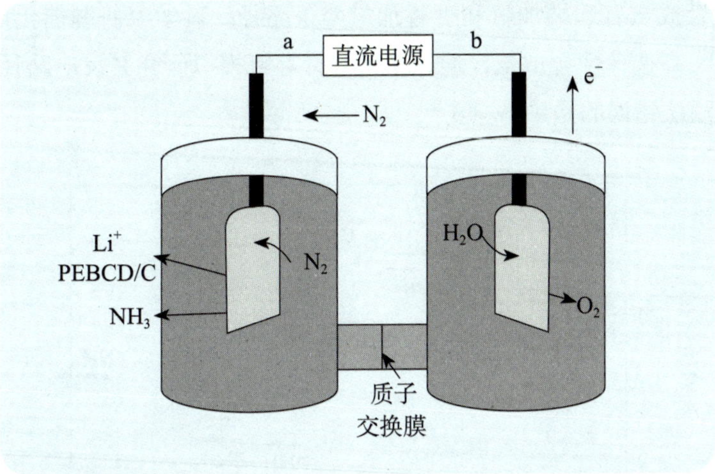

A. a 为直流电源的负极

B. 电解过程中，电解质溶液中阳离子经质子交换膜向左侧烧杯移动

C. 电路中通过 2.4 mol e^- 时，阴极生成 13.6 g 气体，阳极生成 13.44 L 气体

D. 采用该原理合成氨的化学方程式为 $2N_2 + 6H_2O \xlongequal{通电} 4NH_3 + 3O_2$

应用实践

3. 电催化 N_2 还原制 NH_3 的一种反应机理如图所示，其中吸附在催化剂表面的物质用 * 表示。下列说法不正确的是（　　）

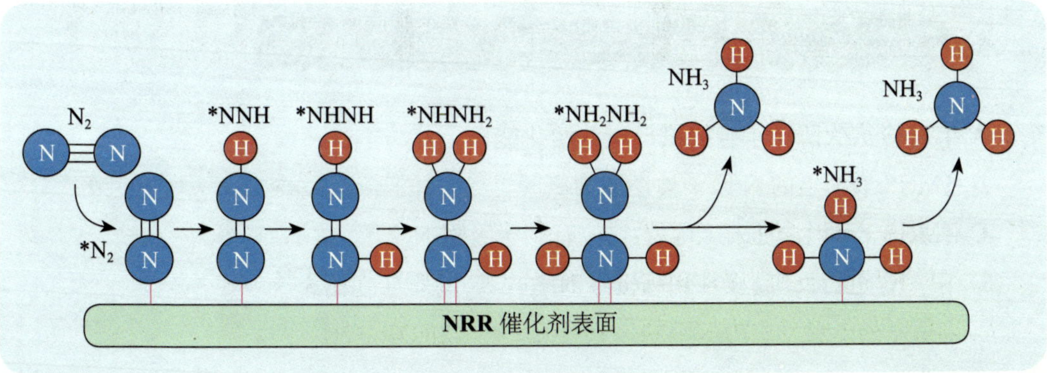

A. N_2 生成 NH_3 是通过多步还原反应实现的

B. 两个氮原子上的加氢过程同时进行

C. 析氢反应（$H^*+H^* \longrightarrow H_2$）会影响 NH_3 的生成

D. NH_3 的及时脱附有利于增加催化剂的活性位

4. 电催化合成氨有远端加氢和交替加氢两条路径。科学家研制催化剂 ZnS−rGO 实现常温、常压、高选择性合成氨，通过实验与计算机模拟研究其反应路径，结果如图所示。下列相关说法错误的是（　　）

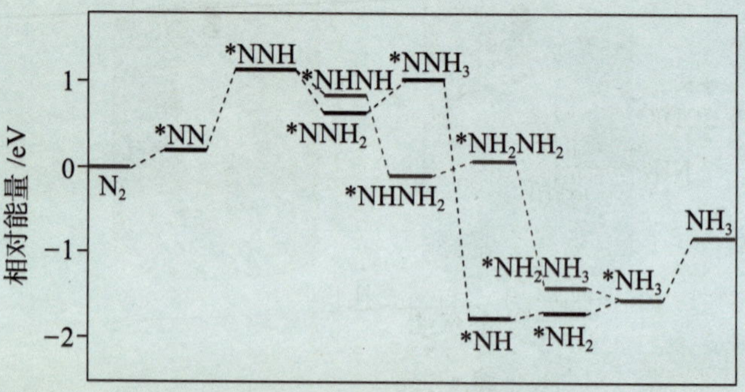

A. 析氢副反应（$2H^++2e^- \xlongequal{} H_2\uparrow$）会影响合成氨效率

B. $*NN \rightarrow *NNH$ 是反应的决速步骤

C. ZnS−rGO 电催化合成氨主要采用远端加氢反应路径

D. $*NH_3 \rightarrow NH_3$ 有利于增加催化剂的活性位

5. 科学家利用过渡金属氮化物（TMNS）在常温下催化实现氨的合成，其反应机理如图所示。下列有关说法错误的是（　　）

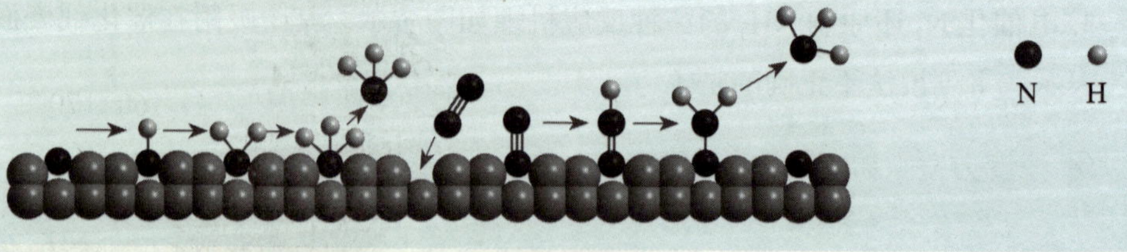

A. TMNS 大大降低了合成氨反应的活化能

B. TMNS 表面上的 N 原子被还原为氨

C. TMNS 表面上氨脱附产生的空位有利于吸附 N_2

D. 用 $^{15}N_2$ 进行反应，产物中只有 $^{15}NH_3$

迁移创新

6. 尿素（NH_2CONH_2）是一种重要的氮肥。工业上常以液氨和 CO_2 为原料合成尿素，合成反应如下：

反应 i：$2NH_3(l) + CO_2(l) \rightleftharpoons NH_2COONH_4(l)$　$\Delta H_1 = -86.9\ kJ \cdot mol^{-1}$

反应 ii：$NH_2COONH_4(l) \rightleftharpoons NH_2CONH_2(l) + H_2O(l)$　$\Delta H_2 = +28.5\ kJ \cdot mol^{-1}$

（1）合成尿素总反应的热化学方程式为________________________。

（2）为防止反应 i 中氨基甲酸铵（NH_2COONH_4）分解成 $NH_3(g)$ 和 $CO_2(g)$，应采取的措施是__________（填字母序号）。

A. 升高温度　　B. 降低温度　　C. 增大压强　　D. 减小压强

（3）测定反应 ii 中氨基甲酸铵［氨碳比 $\frac{n(NH_3)}{n(CO_2)} = 2$］的脱水速率，获得 CO_2 转化率与反应温度、反应时间的关系如图所示。

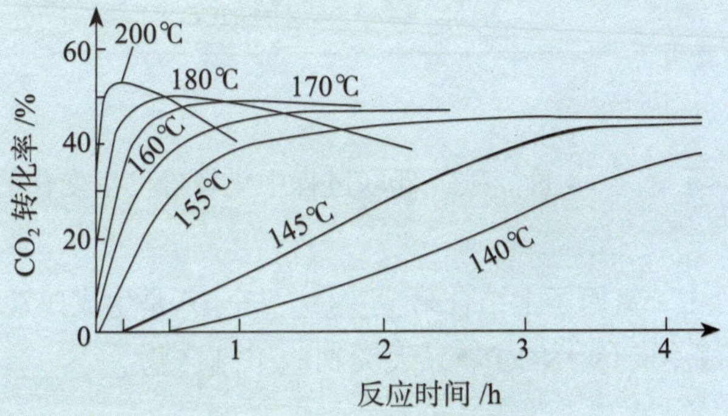

① 当反应温度高于氨基甲酸铵的熔点时，脱水速率明显加快，则氨基甲酸铵的熔点位于__________（填字母序号）。

A. 140~145 ℃　　B. 145~155 ℃　　C. 155~160 ℃　　D. 160~170 ℃

② 尿素会发生如下水解及缩合副反应。

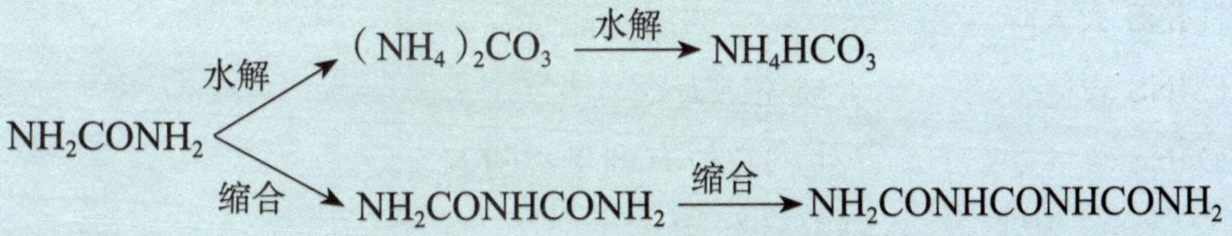

温度升高，副反应加剧。当氨碳比$\frac{n(NH_3)}{n(CO_2)}=4$，反应温度高于 200 ℃时，$CO_2$ 转化率却不会随反应时间的延长而下降，其原因是____________________。

（4）我国科学家利用电催化偶联 N_2 和 CO_2 制备尿素。结合实验与计算机模拟研究了 Pd-Cu 合金表面碳氮偶联的反应历程，结果如图所示，其中吸附在 Pd-Cu 合金表面上的物质用 * 标注。

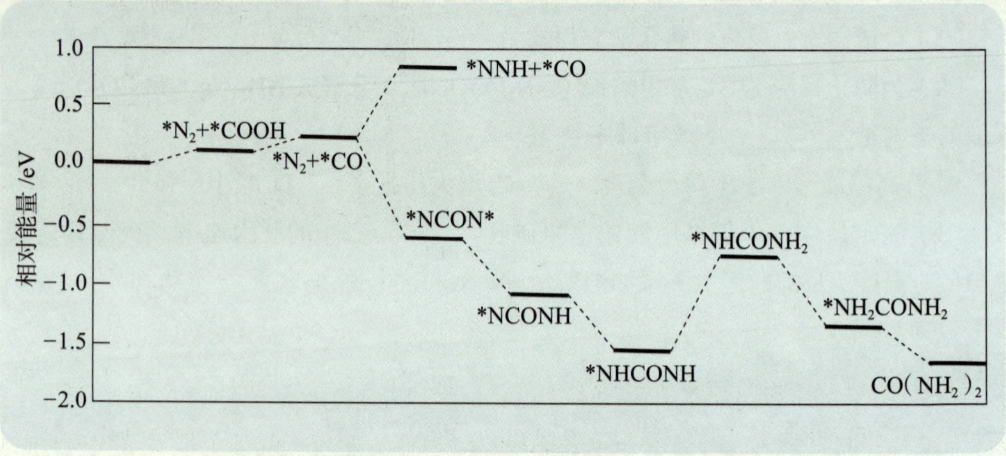

① 已知尿素中碳元素为 +4 价。碳氮偶联过程中化合价发生变化的元素有____________________。

② 碳氮偶联过程中，氮原子上结合第__________个 H^+ 是生成尿素的决速步骤。

③ 碳氮偶联形成中间体 *NCON*，大大抑制了副产物____________（填化学式）的形成。

项目 12 设计“制-储-释-用”氢能源一体化解决方案

——利用科学思维与工程思维协同解决未来能源问题

任务一 氢能源的获取
任务二 氢能源的储运
任务三 氢能源的应用

单元项目设计意图

从“价－类”二维的视角提出氢能的制备方案，结合电化学原理设计装置实现氢能的物质制备和能量转化。并从宏微结合的角度提出储氢的方法，基于物质结构和转化机理解决储氢问题。通过设计与评价“制－储－释－用”一体化氢燃料电池，实现氢能源的获取、储运和应用，发展绿色化学思想，培养“变化观念”“模型认知”“宏观辨识与微观探析”“科学探究与创新意识”等化学学科核心素养。

单元项目学习目标

1. 通过“价－类”二维的视角提出氢能的制备方案，并结合电化学原理设计装置制取“绿氢”，实现化学能与其他形式能量的转化。

2. 通过从宏微结合的角度提出储氢的方法，并基于物质结构和转化机理解决吸附储氢问题，培养在真实情境中解决问题的能力。

3. 通过设计与评价“制－储－释－用”一体化氢燃料电池，实现从物质、能量、原理及装置建模综合利用，体会开发高能清洁燃料的重要意义，发展工程思维及绿色化学思想。

单元项目学习引导

人类对燃料的利用，从固态的柴薪、煤到液态的石油，再进一步发展到气态的天然气、氢气等，气态能源的利用不断改变着我们的生活，提供了无限的可能。

氢能作为一种绿色的低碳能源，具有独特的优势，如图 12-1 所示。首先，氢元素在地球上的储量极其丰富，据估算，地球上的海水有 1.3×10^{18} t，其含氢量为 1.5×10^{17} t。其次，氢能的能量密度高，其燃烧热值远高于烃类和醇类；较高的能量密度还可用于储能，氢能能量密度比锂电池高，能够解决可再生能源的储能问题。此外，氢能还具有可再生、燃烧产物清洁无污染、安全性好等优点，正成为能源革命的关注热点。

图 12-1　氢能的优点

氢经济被认为是 21 世纪世界经济新的转折点。2012 ~ 2018 年，我国氢能产量逐渐增加，如图 12-2 所示。2019 年，“氢能”首次写入我国政府工作报告。当前，全国氢能产业正蓬勃发展，氢经济规模稳步扩大。氢能的利用主要包含氢能源的获取、储运与转化等方面。

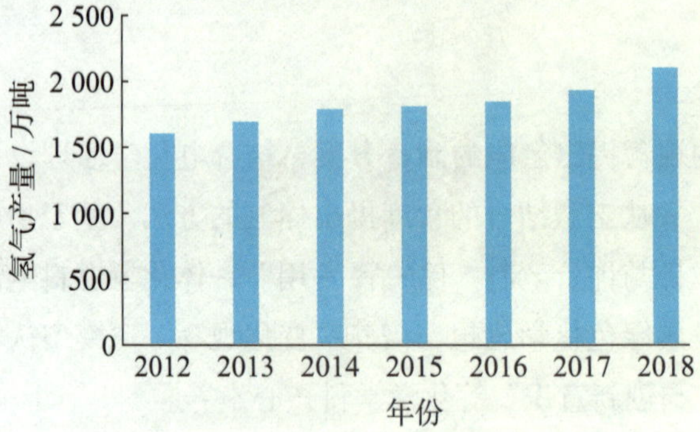

图 12-2　2012 ~ 2018 年我国氢能产量

任务一　氢能源的获取

活动 1　“氢”从何来

交流研讨　获取氢气，需要寻找合适的氢源。请从“价 - 类”二维角度思考哪些方法可以获得氢气，请用化学方程式表示相应的反应原理。

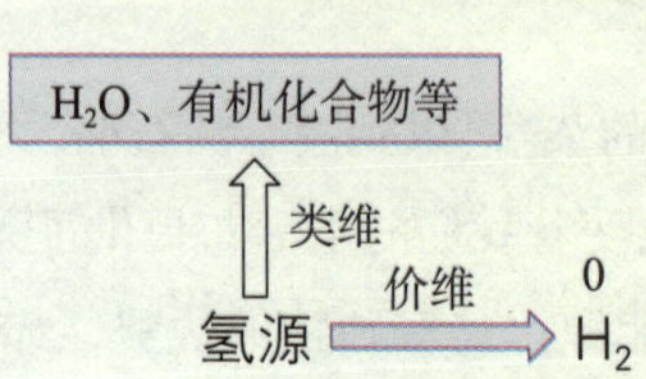

目前主要的制氢方式主要是利用化石能源重整制氢，包括煤气化制氢、天然气制氢等。煤气化制氢，即通过气化技术将煤炭转化为水煤气，再将水煤气变换分离提纯。水煤气制氢相关反应的化学方程式见表 12-1，相应的工业流程如图 12-3 所示。

表 12-1　水煤气制氢的化学方程式

方法	化学方程式
水煤气制氢	$C + H_2O(g) \xlongequal{高温} CO + H_2$ $CO + H_2O(g) \xlongequal{高温} CO_2 + H_2$

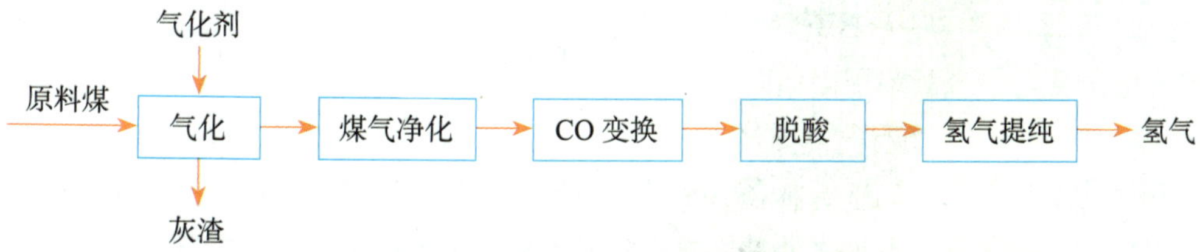

图 12-3　煤气化制氢工业流程

交流研讨　请从工业生产的操作步骤、经济效益、绿色环保等角度评价水煤气制氢有哪些优点，存在哪些不足之处。你能想出哪些改进方法呢？

水煤气制氢的优缺点及改进方法如图 12-4 所示。

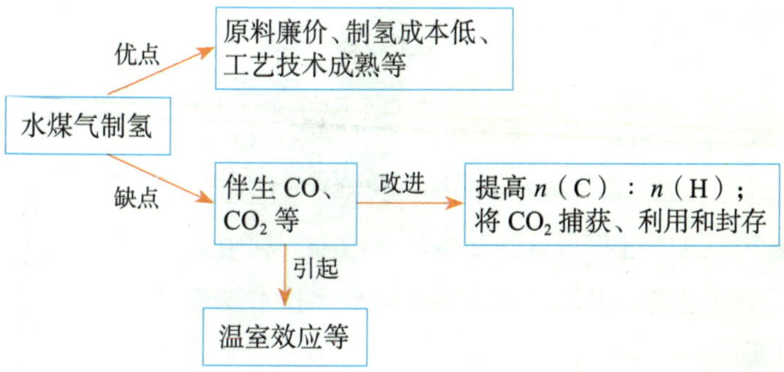

图 12-4　水煤气制氢的优缺点及改进方法

交流研讨　甲烷水蒸气重整是传统的主要制氢方法，从 1926 年工业应用至今已有 90 多年的历史，并不断发展与完善。请写出有关反应的化学方程式。与水煤气制氢相比，评价该制氢方法有哪些优点，还存在哪些不足。

甲烷水蒸气重整（SMR）是目前工业制氢较为成熟的方法，被广泛应用于氢气的工业生产。甲烷水蒸气重整制氢，即在一定的温度和催化剂的作用下，甲烷和水蒸气发生交换反应。甲烷水蒸气重整反应体系中主要存在的物质包括 CH_4、CO、CO_2、H_2 和 H_2O，主要发生反应的化学方程式见表 12-2。

表 12-2　甲烷水蒸气重整制氢的化学方程式

阶段	化学方程式
重整反应	$CH_4 + H_2O(g) \xlongequal{高温} CO + 3H_2$ $CH_4 + 2H_2O(g) \xlongequal{高温} CO + 4H_2$
水气变换反应	$CO + H_2O(g) \xlongequal{高温} CO_2 + H_2$

相比于水煤气制氢，甲烷水蒸气重整制氢的碳排放有所降低，同时具有工艺技术成熟、经济性强等优点；不足之处是甲烷水蒸气重整制氢反应温度高、能耗大，且需要在耐高温的反应器中进行，工业设备投资大，存在催化剂高温失活或积碳失活等问题。

世界能源理事会发布的《氢能——工业催化剂（加速世界经济在 2030 年以前实现低碳目标）》中把这种伴有大量 CO_2 排放的氢气称为“灰氢（grey hydrogen）”，把通过 CO_2 捕集、利用和封存技术处理后避免 CO_2 排放的氢气称为“蓝氢（blue hydrogen）”。

活动 2　获得“绿氢”

“灰氢不可取，蓝氢可以用，废氢应回收，绿氢（green hydrogen）是方向。”“绿氢”是指利用可再生能源作为二次能源制得的氢气，这一过程可认为基本没有污染。利用太阳能、风能容易得到电能，再用已经成熟的电解水技术制氢是可行的工业化路线。

电解水过程中，因蒸馏水的电导率约为 $1.0 \times 10^{-3}\ S \cdot m^{-1}$，导电性弱，因此常通过加入 KOH、$H_2SO_4$ 等提高溶液的导电性。实验室模拟电解水制氢的装置如图 12-5 所示，所用电极均为惰性电极。

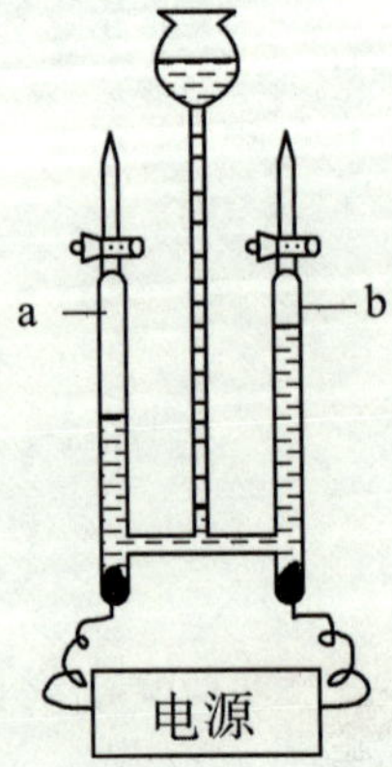

图 12-5　实验室模拟电解水装置

交流研讨　电解水过程中能量形式是如何转化的？请写出用惰性电极电解水过程中加入电解质 KOH 或 H_2SO_4 后，阳极（b）和阴极（a）发生的电极反应。

电解水制氢是用电能作为水分解反应的驱动力将电能转化为储存在氢气和氧气中的化学能的过程。利用氧化还原反应和电解原理，实现了“绿氢”的制备。用惰性电极电解水的过程中，加入电解质 KOH 或 H_2SO_4 后，阳极（b）和阴极（a）发生的电极反应见表 12-3。

表 12-3　电解水的电极反应

加入的电解质	电极反应	总反应	能量转化形式
KOH	阳极：$4OH^- - 4e^- \xlongequal{} O_2\uparrow + 2H_2O$ 阴极：$4H_2O + 4e^- \xlongequal{} 2H_2\uparrow + 4OH^-$	$2H_2O \xlongequal{通电} O_2\uparrow + 2H_2\uparrow$	电能 ↓ 化学能
H_2SO_4	阳极：$2H_2O - 4e^- \xlongequal{} O_2\uparrow + 4H^+$ 阴极：$4H^+ + 4e^- \xlongequal{} 2H_2\uparrow$		

交流研讨　相比于水煤气制氢和甲烷水蒸气重整制氢，评价电解水制氢有哪些优点，存在怎样的不足，如何改进？

电解水制氢的优缺点及改进方法如图 12-6 所示。

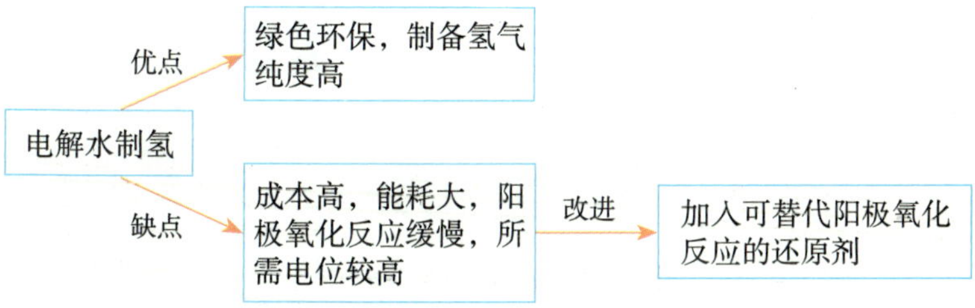

图 12-6　电解水制氢的优缺点及改进方法

利用水的电解来制取氢气的标准电极电位为 1.23 V，实际在电化学反应体系中需要 1.8 ~ 3 V 的电压才能实现水的电解，主要原因是阳极氧化反应过于缓慢，所需电位较高。因此，可以在电解过程中加入可替代阳极氧化反应的还原剂。

交流研讨 常见的还原剂有哪些?

一般含有较低价态元素的物质具有还原性，常作为氧化还原反应的还原剂。常见的还原剂有氨气（NH_3）、水合肼（N_2H_4）、尿素［$CO(NH_2)_2$］等。选择替代阳极氧化反应的还原剂，需要综合考虑原料来源、成本等多方面的因素。

尿素［$CO(NH_2)_2$］可在常见工业废水中提取。电解尿素，既能处理废水，也能获得杂质较少的氢气。

思考探究 如何设计尿素辅助还原制氢电解装置?

电解是在直流电的作用下使反应物发生氧化还原反应，从而将电能转化为化学能的装置。尿素辅助制氢电解装置，阴极发生还原反应制取氢气；阳极需要将尿素作为反应物，发生氧化反应。

方法导引 尿素辅助制氢电解装置的设计思路如图 12-7 所示。

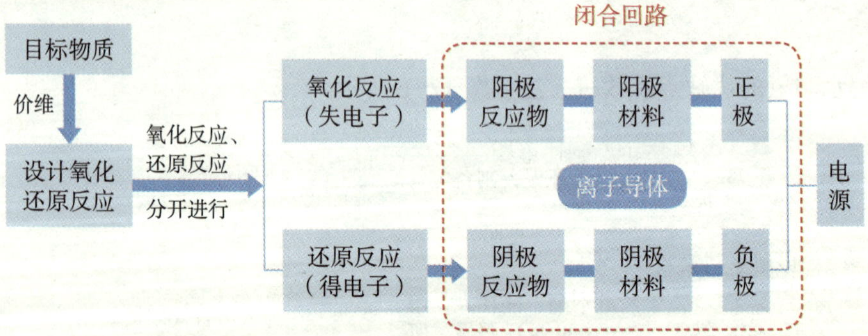

图 12-7　电解装置的设计思路

类比迁移 尿素辅助还原制氢电解装置的阳极和阴极反应物分别为尿素和水，阳极和阴极材料要求不与电解质溶液反应，离子导体可选强电解质溶液，将阳极和阴极电极材料分别接上外加直流电源的正、负极，即可形成电解池，相应的电解装置设计见表 12-4。

表 12-4 尿素辅助还原制氢电解装置的设计

离子导体	电极反应	电极材料要求
中性电解质溶液	阳极：$CO(NH_2)_2 - 6e^- = N_2\uparrow + CO_2\uparrow + 6H^+$ 阴极：$6H_2O + 6e^- = 3H_2\uparrow + 6OH^-$	溶液中产生 H^+，阳极催化剂要采用耐酸贵金属，成本提高
酸性电解质溶液	阳极：$CO(NH_2)_2 - 6e^- = N_2\uparrow + CO_2\uparrow + 6H^+$ 阴极：$6H^+ + 6e^- = 3H_2\uparrow$	
碱性电解质溶液	阳极：$CO(NH_2)_2 - 6e^- + 8OH^- = N_2\uparrow + CO_3^{2-} + 6H_2O$ 阴极：$6H_2O + 6e^- = 3H_2\uparrow + 6OH^-$	阳极可采用非贵金属作为催化剂

综合考虑电极材料所需的性质、成本等因素，选择碱性电解质溶液（如 KOH 溶液）作为尿素辅助还原制氢电解装置的离子导体，可增加相应的隔膜阻止生成的气体通过，使阴极和阳极收集到的气体更纯。电解总反应为 $CO(NH_2)_2 + 2OH^- \xlongequal{\text{通电}} CO_3^{2-} + 3H_2\uparrow + N_2\uparrow$，相应的装置如图 12-8 所示。

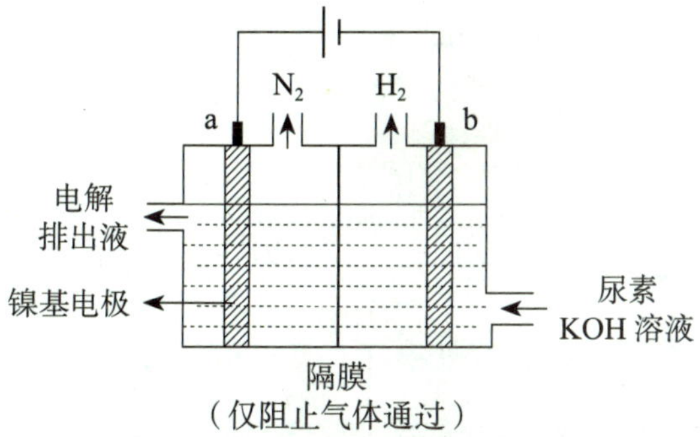

图 12-8 尿素辅助还原制氢电解装置

活动 3 借“光”获“能”

交流研讨 电解法制氢获得的氢气纯度高（一般在 99.8% 以上），实现了无碳排放。但电解过程成本高，耗电量大。请从能量转化的角度思考：如何解决电解过程中耗电量大的问题？

化学能与其他形式的能量可以相互转化。因此，可以利用自然界中的太阳能、风能等，将其转化为电能，再将电能转化为化学能（图 12-9）。

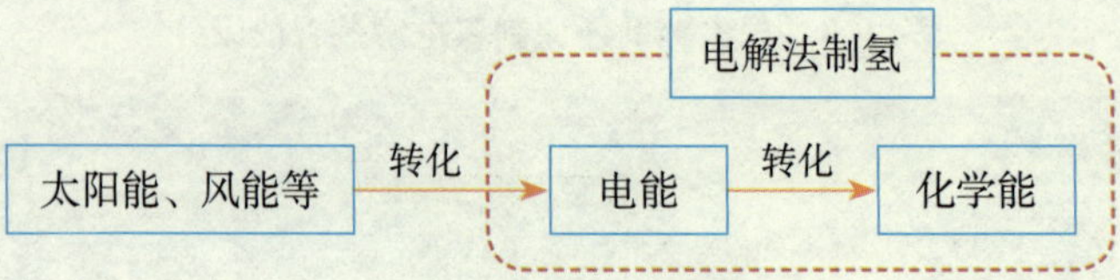

图 12-9　能量转化关系

拓展视野　在太阳光照射下，一些半导体内会产生自由电荷，这些自由电荷定向移动和积累，并产生一定的电动势，可以向外电路提供电流，这种现象被称为光生伏特效应或光伏效应。

在太阳能光催化分解水制氢中，如图 12-10 所示，来自太阳辐射的较高能量光谱（紫外光谱和可见光谱的短波段）中的光子能量被转化为氢气中的化学能。当光子撞击到光催化剂表面时，自由电子－电子空穴对就会产生，在自由电子－电子空穴对的作用下，水分解生成氢气和氧气。光催化分解水制氢的关键是开发高效的光催化剂，提高水制氢的速率和效率。一种好的光催化剂需要具有合适的带隙、适当的氧化/还原反应的导带(conduction band，CB）和价带（valence band，VB），以及自由电子－电子空穴对的快速生成和分离能力。

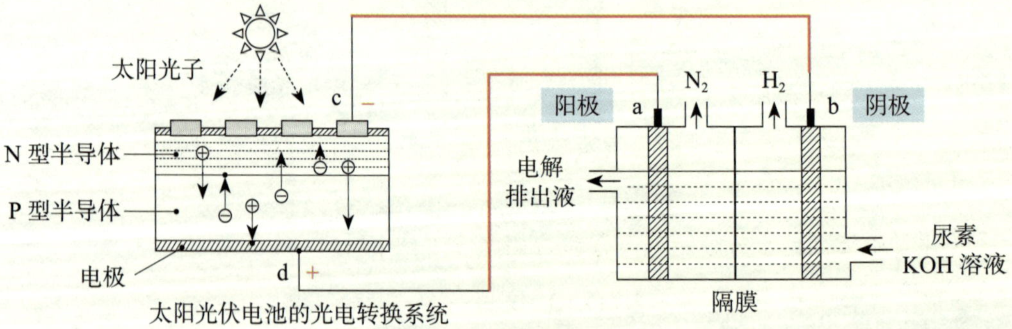

图 12-10　太阳能光解水制氢

除此之外，还可以利用热化学循环水分解制氢。以太阳能为热源，热化学循环分解水制氢中水的一步直接热分解需要 3 000 K 以上温度。为降低水分解的温度，科学家通过加入若干中间物质，在较低的温度（通常在 1 000 K 以下）下与水发生反应，然后中间物质又重新得到还原。这种使水分解为氢气和氧气而不消耗中间物质的方法，就是热化学循环水分解制氢，其原理如图 12-11 所示。

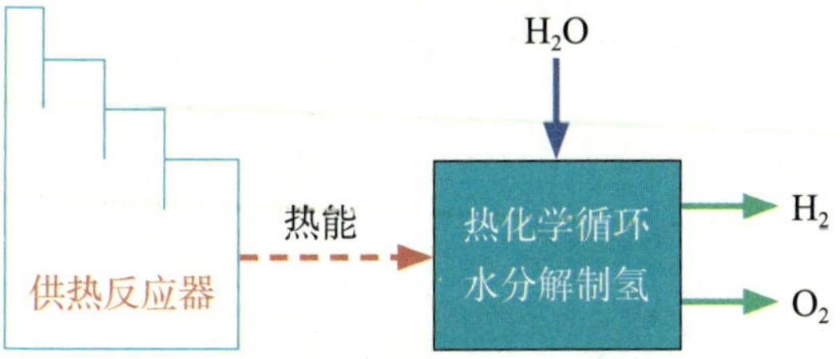

图 12-11　热化学循环水分解制氢技术原理

思考探究　热化学硫碘循环水分解制氢过程及其原理如图 12-12 所示。

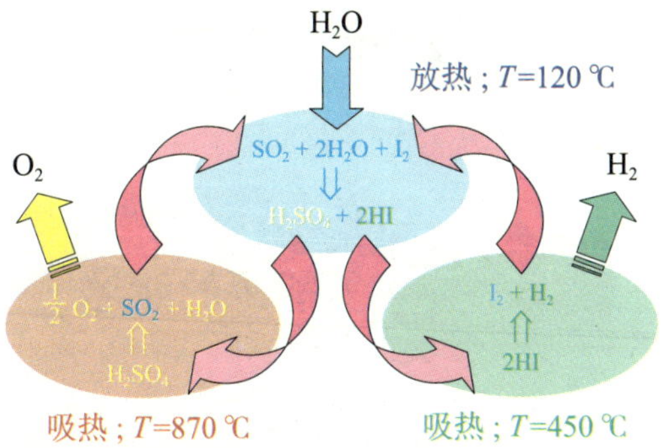

图 12-12　热化学硫碘循环水分解制氢过程及其原理

（1）热化学硫碘循环水分解制氢过程涉及哪些基本反应？这一过程的总反应是什么？

（2）整个过程中需要补充的物质有哪些？可以循环利用的物质有哪些？

热化学硫碘循环水分解制氢过程包含如下三个基本反应：

$$SO_2 + 2H_2O + I_2 \xlongequal{333\sim393\,K} H_2SO_4 + 2HI$$

$$H_2SO_4 \xlongequal{1\,123\,K} SO_2 + H_2O + \frac{1}{2}O_2$$

$$2HI \xlongequal{773\,K} H_2 + I_2$$

热化学硫碘循环水分解制氢过程的总反应为水分解制氢。整个系统只需不断补充水和热量，其他物质循环使用，就可得到高纯度的氢气和氧气。

在氢能经济中，制氢是源头。除了化石能源重整制氢、电解水制氢、太阳能制氢等技术，还有微生物制氢等方法可以获取氢气。同时，氢气的制备技术也处在不断的发展中。

任务梳理

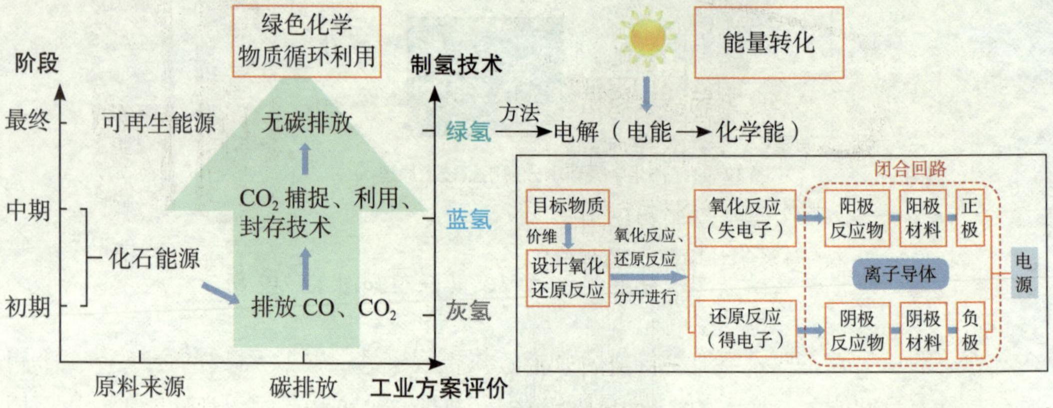

任务二 氢能源的储运

氢能是一种储量丰富、来源广泛、能量密度高的绿色能源。氢气是常温下的密度最小、易燃、易爆、易扩散的气体，因而氢能的储运是氢能利用的瓶颈。氢能的储运技术要求能量密度大（质量和体积储氢密度大）、能耗少、安全性高，以满足氢能利用的分散性和间歇性的要求。传统的储氢方式主要有两种，即通过物理方法的加压气态储氢和加压液态储氢（表 12-5）。

表 12-5　传统储氢技术的对比与改进

储氢技术	优点	缺点	改进应用
加压气态储氢	简便易行，技术成熟，成本较低，充放气速率快且常温下过程可控	消耗较大的压缩功，存在氢气泄漏和容器爆破等不安全因素，能量密度比较低	新型碳纤维全缠绕气瓶具有重容比小、单位质量储氢密度高等优点，目前广泛应用于燃料电池汽车（图 12-13）
加压液态储氢	先压缩，再液化储存，具有较高的体积能量密度，是气态储氢的 845 倍	消耗很大的冷却能量，成本高，易挥发，存在氢气泄漏的安全隐患	可超低温使用的绝热特殊容器杜瓦瓶（图 12-14），目前应用于储存空间有限、高成本的运载场合（如国防军工、航空航天等）

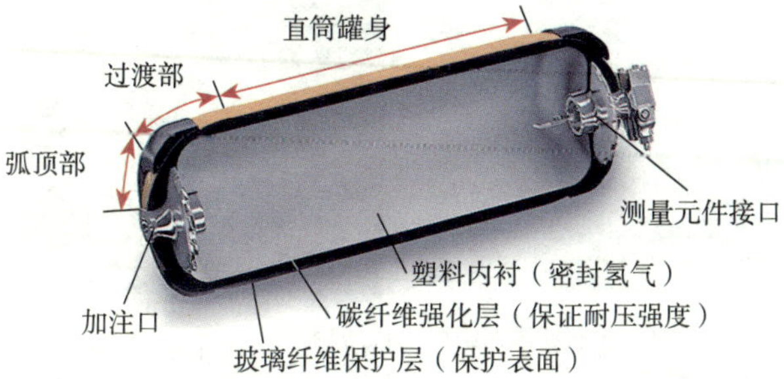

图 12-13 碳纤维复合材料材质的Ⅳ型高压储氢瓶剖视图

图 12-14 杜瓦瓶

理想的储氢技术应该具有高的储氢密度（体积或质量密度）、良好的充放氢气的可逆性（热力学性能）、适宜的温度和压强下充放氢气的速率快（动力学性能），以及原料和能耗成本低、可循环使用、安全性高等特点。例如，对于车用储氢系统，国际能源署提出的目标是质量储氢密度（储氢质量分数）大于 5%，体积储氢密度大于 50 kg · m^{-3}，放氢温度低于 423 K，循环寿命超过 1 000 次。我们将沿着储氢材料的发展、类型和选择及未来研究方向探索氢能源的储运方式。

传统储氢 —(容器要求高、耗能高)→ 物理吸附 —(物理吸附作用力弱)→ 化学反应生成、化学反应吸附

活动 1 寻找物理固体储氢材料——碳基储氢材料

交流研讨

（1）说一说液化氢气需要很大的冷却能量的原因。用什么物理方法可以实现常温下高密度储存氢气？什么结构特点的材料可以实现？这样的材料有哪些？

（2）想一想，要解决传统加压气态储氢的密度低和安全系数差的问题，理想的高性能的储氢材料应该满足什么样的特点？

氢气的相对分子质量小，范德华力小，分子间作用力小，所以氢气的沸点很低（熔点 −253 ℃），因此液化氢气需要很大的冷却能量。降温加压和液化使氢气体积减小进行储存，都需要消耗较多的能量（压缩功、冷却能）。常温下可以利用物理吸附储存氢气，具有多孔结构特点的材料具有吸附性。目前，可以研究和利用的材料主要有高比表面积的活性炭、碳纳米管（碳纤维）、富勒烯（如 C_{60} 等）等多孔材料（图 12-15）。

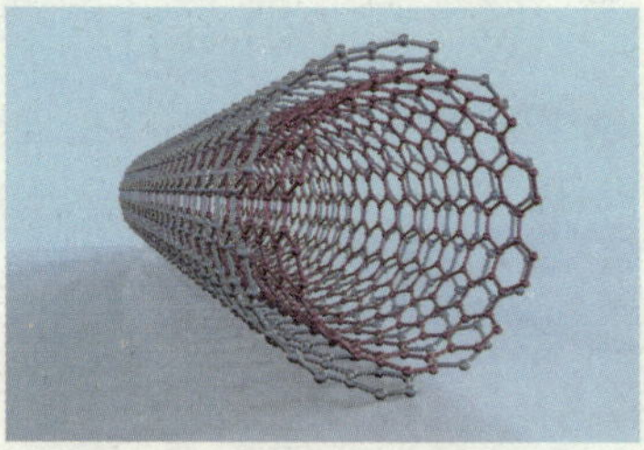
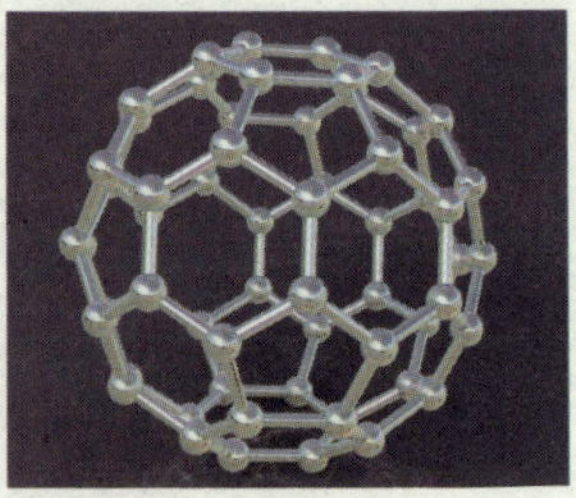

图 12-15　活性炭、碳纳米管（碳纤维）结构、C_{60} 结构

拓展视野　我国科学家将石墨烯和碳纳米管(碳纤维)经低温脱水处理,获得了一种"最轻材料"。该材料具有超强的吸附能力，有望成为理想的储氢材料。研究表明，其储氢质量分数能够达到 5%~10%。

从石墨中剥离得石墨烯需克服范德华力，石墨烯是构建碳纳米管、富勒烯的基本单元(图 12-16)。石墨、石墨烯、碳纳米管与富勒烯互为同素异形体。石墨烯不是有机高分子化合物,而是一种碳单质,属于新型无机非金属材料。

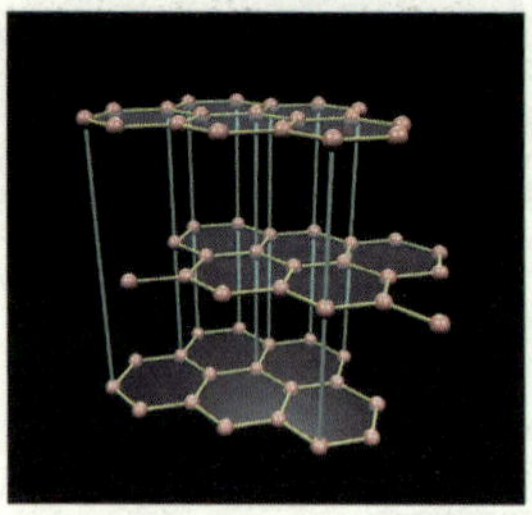

图 12-16　石墨结构、石墨烯结构

交流研讨　（1）分析碳纳米管（碳纤维）的结构，思考碳纳米管如何实现储氢。结合理想储氢材料的特点，分析该方法的缺点是什么。

（2）C_{60} 也可用作储氢材料，分析 C_{60} 的分子结构，科学家发现，为了进一步提高氢分子在碳材料表面的物理吸附能力，可以在 C_{60} 表面上均匀地覆盖金属。铍、镁与 C_{60} 相互作用很弱；钙、锶在 C_{60} 上吸附很强，形成 $M_{32}C_{60}$（M 代表 Ca、Sr）。结合金属原子的价电子结构阐述其中的理由。

碳纤维的每一层是石墨烯，每个 C 原子连有 3 个 σ 键，因此碳原子应为 sp^2 杂化，为平面形结构。由于 C 原子一共有 4 个价电子，因此还剩一个未成对电子在未杂化的 p 轨道里。碳纳米管是由石墨的一层（即石墨烯）或多层网状结构卷曲成的单层或多层管状结构，单位质量具有的总面积（即比表面积）大，具有孔隙结构，在其管壁表面、管内空腔、管间空隙均可以实现吸附储氢。石墨纳米纤维作为储氢材料的优点是在常温下可以吸放氢气，且吸氢量大；缺点是氢气在其表面的物理吸附作用弱，难以满足实际应用的要求。需要进一步修饰碳材料，提高氢分子在碳材料表面的吸附性。

C_{60} 是分子晶体，C_{60} 分子是由 60 个碳原子通过 20 个六元环和 12 个五元环连接而成的足球状空心 32 面体，有 30 个碳碳双键和 60 个碳碳单键，为非极性分子。铍和镁的价电子排布式为 $2s^2$、$3s^2$，L、M 能层没有可利用的 d 轨道；钙、锶的价电子排布式为 $4s^2$、$5s^2$，N、O 能层具有金属原子未占据的 d 轨道，因此钙、锶与 C_{60} 相互作用更强，吸附更强。其次，钙、锶与 C_{60} 间的电荷转移在表面附近产生一个强电场，能够极化氢分子，使得氢分子的吸附能力提高。

迁移应用 （1）金属－有机框架物（MOFs）储氢材料是由金属氧化物团簇通过有机高分子链组装形成的晶态材料。MOFs 储氢材料具有比表面积大、空隙率高、储氢容量大的优点。某种理论结构模型如图 12-17 所示，分析图中虚线框有机高分子链内碳原子的杂化轨道类型有几种。

（2）分析以下四种分子：H_2O、CH_4、HF、$CO(NH_2)_2$，哪些分子可以通过氢键形成笼状结构而成为潜在的储氢材料？

虚线框中的碳原子有形成单键（连接四个碳原子）、双键（连接三个碳原子）和三键（连接两个碳原子）的三种不同形态，所以杂化类型分别为 sp^3 杂化、sp^2 杂化和 sp 杂化。

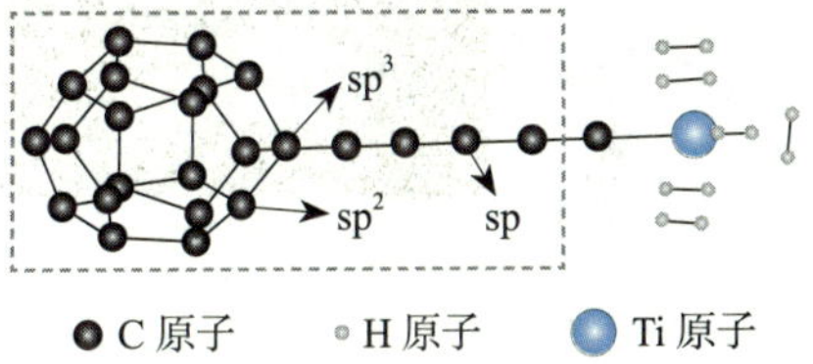

图 12-17 一种 MOFs 储氢材料理论结构模型

水分子中的 O—H 键与相邻水分子中电负性较大的 O 之间可以形成氢键，且形成笼状结构（图 12-18），利用水分子由氢键形成的主体孔穴在很弱的范德华力作用下来储存氢气，吸放氢过程完全互逆，产物只有水和氢气，绿色环保，目前世界各国已开始实验研究；甲烷分子中碳元素的电负性较小，故不能形成氢键，也不能形成笼状结构；氟化氢分子中 F—H 键与相邻氟化氢分子中电负性较大的 F 之间能形成氢键，但是不能形成立体笼状结构，形成的是链状结构；尿素中电负性较大的 O、N 与相邻分子中的 N—H 键之间不仅可以形成氢键，还可以形成笼状结构。

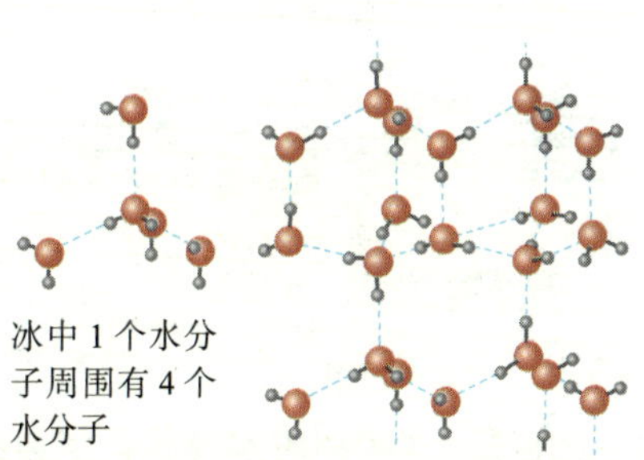

图 12-18 冰分子间的氢键

碳基储氢材料具有高比表面积，常温下就能吸附氢气。但由于碳基储氢材料在室温下，对氢气的物理吸附作用力极弱，使用这类材料储氢，需要提高吸氢温度，克服常温下储氢量小的缺点。因而，寻找使氢以化学键（金属键、共价键、离子键等）与其他元素结合的基于化学反应机制的储氢材料是一种方向。

图 12-19 给出了所采用或者正在研究的化学储氢材料的储氢能力对比情况。无机配位氢化物储氢以及金属、合金储氢是储氢技术研究内容中的前沿方向，是具有竞争力的两类固体储氢材料。

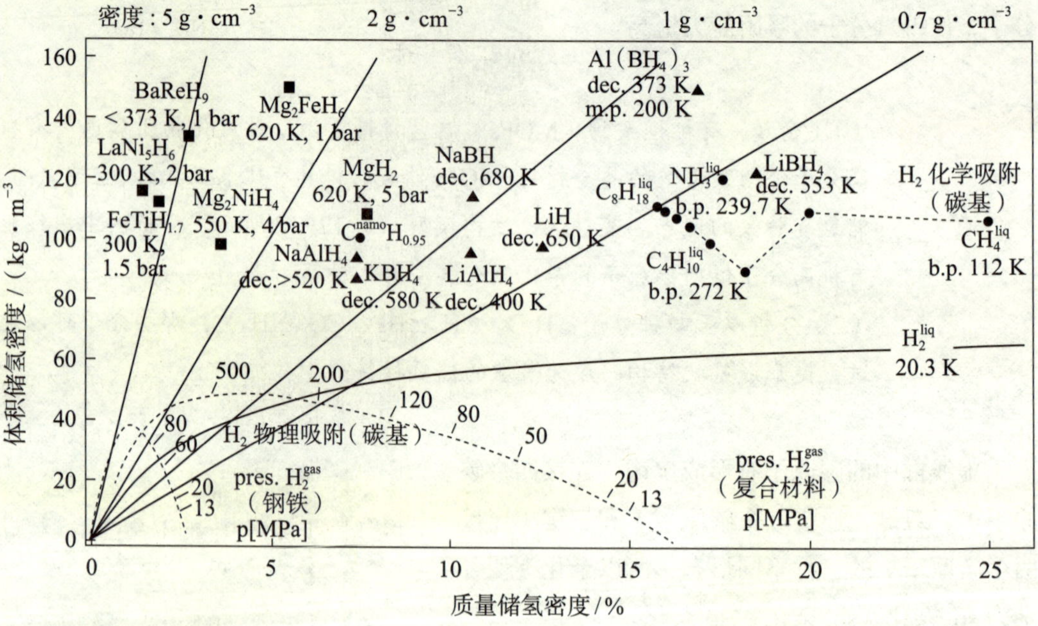

图 12-19　储氢材料储氢能力对比

活动 2　寻找自身含氢量高的储氢材料（富氢载体）——配位氢化物储氢材料

科学家发现，由ⅢA 或ⅤA 族的元素与氢原子以共价键（包括配位键）结合形成$[BH_4]^-$、$[AlH_4]^-$、$[NH_2]^-$等配位阴离子，再与 Li、Na、Mg 等轻金属离子以离子键结合形成配位氢化物，这些物质本身的含氢量很高，可以在一定条件下释放氢气（如表 12-6 所列），是很好的储（含）氢材料，如 $LiBH_4$（含氢质量分数 20%）、$NaAlH_4$（含氢质量分数 7.5%）、$Mg(AlH_4)_2$、$LiNH_2$ 等。表 12-6 中列举了常见配位氢化物的代表物和反应机理。

表 12-6 配位氢化物储氢材料

类型	代表物质	反应机理
铝氢化物	$NaAlH_4$	$Na+Al+2H_2 = NaAlH_4$
硼氢化物	$NaBH_4$	$NaBH_4+2H_2O = 4H_2\uparrow+NaBO_2$
氮氢化物	$LiNH_2$ / LiH	$Li_3N+2H_2 \rightleftharpoons LiNH_2+2LiH$
氨硼烷化合物	NH_3BH_3 $LiNH_2BH_3$ $NaNH_2BH_3$	$nNH_3BH_3 = (NH_2BH_2)_n+nH_2\uparrow$ $(NH_2BH_2)_n = (NHBH)_n+nH_2\uparrow$ $NH_3BH_3+2H_2O = 3H_2\uparrow+NH_4^++BO_2^-$

交流研讨 已知：$NaAlH_4$在210～220℃恒温3 h可释放氢气，并生成Na_3AlH_6和铝（反应1）；Na_3AlH_6进一步加热至300℃左右继续释放氢气，并生成NaH和铝（反应2）。请写出反应1、2的化学方程式。根据$NaAlH_4$中Al的化合价，反应中每转移3 mol电子时，计算产生的H_2在标准状况下的体积。

反应1：$3NaAlH_4 = Na_3AlH_6 + 2Al + 3H_2\uparrow$；反应2：$2Na_3AlH_6 = 6NaH + 2Al + 3H_2\uparrow$。$NaAlH_4$中含有离子键和极性共价键。$[AlH_4]^-$配位阴离子与$Na^+$以离子键结合，Al和H原子以极性共价键和配位键相结合。

$NaAlH_4$中Al的化合价为+3，反应中每转移3 mol电子时，产生的H_2在标准状况下的体积为$1.5\ mol \times 22.4\ L\cdot mol^{-1} = 33.6\ L$。

配位氢化物这类材料不足之处是：这些物质储、释氢的热力学和动力学性能极差，要在较高温度下才能释氢，且路径复杂，可逆性差。近些年，通过添加催化剂、纳米化、复合化等手段取得不错的进展。但释氢温度仍较高，且放氢后不能复原导致可逆性差等问题限制了其应用。

活动 3 综合考虑储氢密度和温度，寻找高容量化学固体储氢材料——储氢合金

知识链接 储氢合金是利用金属或合金与氢形成氢化物而把氢储存起来（图 12-20）。MgH_2、$LaNi_5$是常见的储氢合金材料。通过储氢合金材料的化学吸附，储氢能力得到了明显的提高。

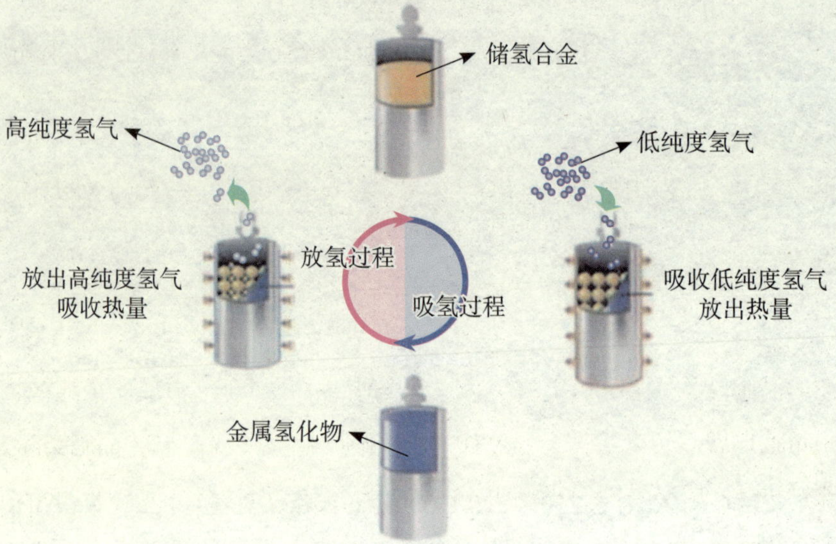

图 12-20　储氢装置工作示意图

交流研讨　Ni 和 La 的合金是目前使用广泛的储氢合金材料，具有大容量、高寿命、耐低温等特点，在我国已实现了产业化。该合金结构、合金的晶胞结构及储氢后的晶胞结构如图 12-21 所示。

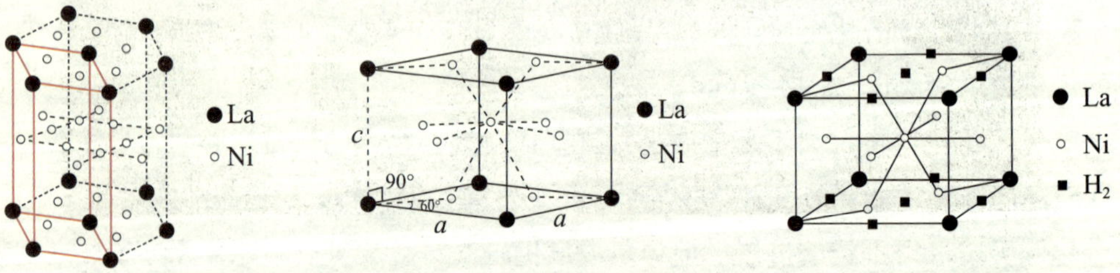

图 12-21　镍镧合金结构、合金的晶胞结构及储氢后的晶胞结构

（1）每个晶胞中含有几个 La 原子和 Ni 原子？写出该晶体的化学式。

（2）已知该晶胞的摩尔质量为 M g · mol^{-1}，密度为 d g · cm^{-3}。设 N_A 为阿伏加德罗常数的值，求出该晶胞的体积（用含 M、d、N_A 的代数式表示）。

（3）该晶体的内部具有空隙，分析晶胞中含有几个四面体空隙和八面体空隙。

（4）镧镍合金吸附 H_2，H_2 解离成氢原子储存在其中空隙中形成化合物。储氢后，氢原子占据晶胞的上下底面的棱和面心（八面体空隙）和晶胞内部的 3 个四面体空隙，形成的晶胞结构比较稳定。写出镧镍合金在一定条件下吸收氢气形成氢化物的化学方程式。已知：$a = 511$ pm，$c = 397$ pm；标准状况下氢气的密度为 8.98×10^{-5} g · cm^{-3}；储氢能力 $= \dfrac{\text{储氢后氢气的密度}}{\text{标准状况下氢气的密度}}$。若忽略吸氢前后晶胞的体积变化，计算该储氢材料的储氢能力。

由合金的晶胞结构图可知，晶胞中心有一个镍原子，其他 8 个镍原子都在晶胞面上，镧原子都在晶胞顶点。所以晶胞实际含有的镍原子数为 $1+\frac{1}{2}\times 8=5$，晶胞实际含有的镧原子数为 $8\times\frac{1}{8}=1$，所以晶体的化学式 $LaNi_5$。

一个晶胞的质量 $m=\dfrac{M}{N_A}$，根据 $m=\rho V$，即 $V=\dfrac{M}{N_A d}$。

晶胞中含有 6 个四面体空隙均位于晶胞内部（图 12-22）。八面体空隙中心有 2 个位于上下晶面的中心（图 12-23），8 个位于 $a=511$ pm 的 8 条棱的棱心，因此一个晶胞中含有八面体空隙数为 $2\times\frac{1}{2}+8\times\frac{1}{4}=3$。

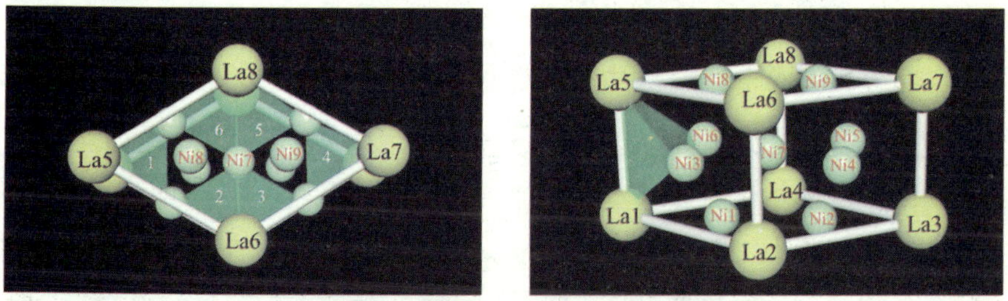

图 12-22　晶胞内部的 6 个四面体空隙

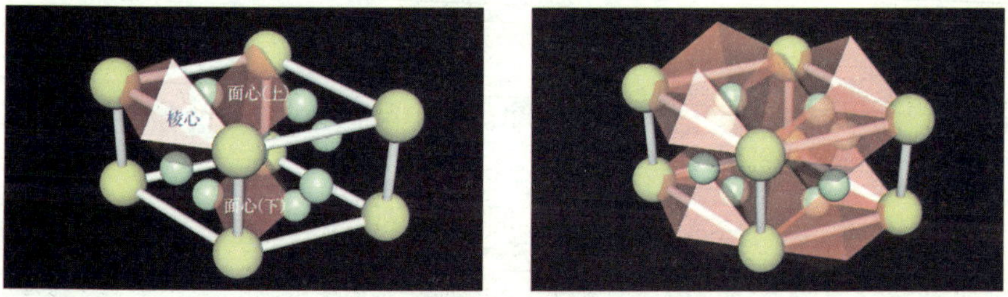

图 12-23　晶胞中位于上下晶面中心和棱心的八面体空隙

1 mol 储氢后的合金中 H 原子有 3 mol + 3 mol = 6 mol。化学方程式为 $LaNi_5 + 3H_2 \rightleftharpoons LaNi_5H_6$。

$LaNi_5$ 合金储氢后的氢气密度 $\rho = \dfrac{m(\text{晶胞中的H})}{V(\text{晶胞})} = \dfrac{1\times 6}{N_A \times (511\times 10^{-10})^2 \times \sin 60° \times 397\times 10^{-10}}$ $g\cdot cm^{-3} = 0.111\ g\cdot cm^{-3}$，由定义式：储氢能力 $= \dfrac{\text{储氢后氢气的密度}}{\text{标准状况下氢气的密度}}$，故储氢能力 $= \dfrac{0.111\ g\cdot cm^{-3}}{8.98\times 10^{-5}\ g\cdot cm^{-3}} \approx 1\,236$。由此可见，Ni 和 La 的合金固体储氢材料的储氢能力提升了 1 000 多倍。

但是 Ni 和 La 合金由于金属质量占比大，导致总体质量储氢密度较低，加上成本较高、易粉化等，限制了其广泛应用。

交流研讨 利用金属与氢气反应形成的金属氢化物，是具有良好发展前景的储氢材料。镁基储氢材料以 MgH_2 为代表，资源丰富，价格低廉，储氢容量高，循环性好，成为最具发展潜力的储氢材料之一。

已知 MgH_2 晶体结构如图 12-24 所示，密度为 $\rho\ g\cdot cm^{-3}$，计算该晶胞的体积［用含 ρ、N_A 的代数式表示（其中 N_A 为阿伏加德罗常数的值）］。请写出金属 Mg 储氢材料的储氢和释氢反应的化学方程式。

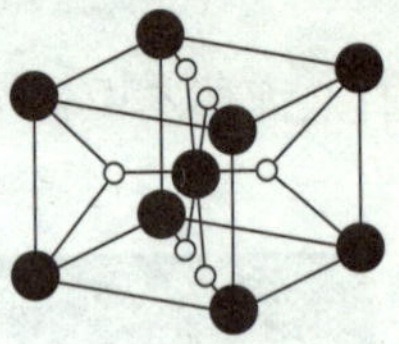

图 12-24　MgH_2 结构

已知 MgH_2 固体密度为 $1.45\ g\cdot cm^{-3}$，用镁吸收标况下 224 L 的 H_2，计算被吸收的 H_2 质量与生成的 MgH_2 体积之比（单位：$kg\cdot m^{-3}$）和 MgH_2 固体的质量储氢密度（%）。

晶胞中 Mg 占据顶点和体心，所以有 $8\times\dfrac{1}{8}+1\times 1=2$ 个；H 原子有 4 个在面上，有 2 个在晶胞内，所以 H 有 $4\times\dfrac{1}{2}+2\times 1=4$ 个。一个晶胞有 2 个 Mg 和 4 个 H，一个晶胞的质量为 $\dfrac{2\times 24+4\times 1}{N_A}\ g=\dfrac{52}{N_A}\ g$，所以晶胞的体积为 $\dfrac{52}{\rho N_A}\ cm^3$。金属镁储氢材料的储氢和释氢反应的化学方程式为 $Mg(s) + H_2(g) \rightleftharpoons MgH_2(s)$。

标况下 224 L 的 H_2 为 10 mol，生成 10 mol MgH_2，结合密度算出 MgH_2 固体体积为 $10\ mol\times 26\ g\cdot mol^{-1} \div 1.45\ g\cdot cm^{-3} = 179.3\ cm^3 = 1.793\times 10^{-4}\ m^3$，被吸收的 H_2 质量

与生成的 MgH_2 体积之比为 $\dfrac{2\times10^{-2}\ \text{kg}}{1.793\times10^{-4}\ \text{m}^3}=111.5\ \text{kg}\cdot\text{m}^{-3}$。$MgH_2$ 固体的质量储氢密度为 $\dfrac{2\ \text{g}}{26\ \text{g}}\times100\%=7.69\%$。达到了国际能源署对于车用储氢系统的目标（质量储氢密度大于 5%，体积储氢密度大于 50 kg · m^{-3}）。但是，该材料的放氢温度较高（562 ~ 673 K），高于前述目标（放氢温度低于 423 K，循环寿命超过 1 000 次）。

追根溯源 了解金属储氢材料的工作原理。

金属储氢材料通常是元素周期表中ⅠA ~ ⅡA 族的碱金属及碱土金属，如 Na、Li、Ca、Mg 等。例如，Mg 金属储氢材料通过调整金属镁和氢气反应的温度和压强，在 300 ~ 400 ℃和较高氢压（2.4 ~ 40 MPa）的环境下，可以氢化和脱氢循环进行，实现 Mg 金属储氢材料的可逆吸放氢过程，储氢质量分数高达 7.6%。

（1）为什么这类金属元素易与氢气化合?

（2）已知氢化反应过程是放热反应，分析如果金属氢化过程放热越多（氢化反应 ΔH 越小），Mg—H 键的键能越“大”还是越“小”，材料越“稳定”还是越“不稳定”，所需放氢温度越“高”还是越“低”？

（3）研究表明，在催化剂参与下，无论是氢的化合还是含氢化合物的分解，都要经历吸附—进入晶格—在催化活性位反应—逸出晶格—脱附的过程（图 12-25），各阶段需要越过一定的能垒。储氢过程曲线（图 12-26）中，纵轴为平衡时氢气的压强（p），横轴表示固相中氢原子与金属原子的个数比（H/M）。分析储氢和释氢过程中化学键的变化，以及含 a、b、c、d 点的曲线变化。

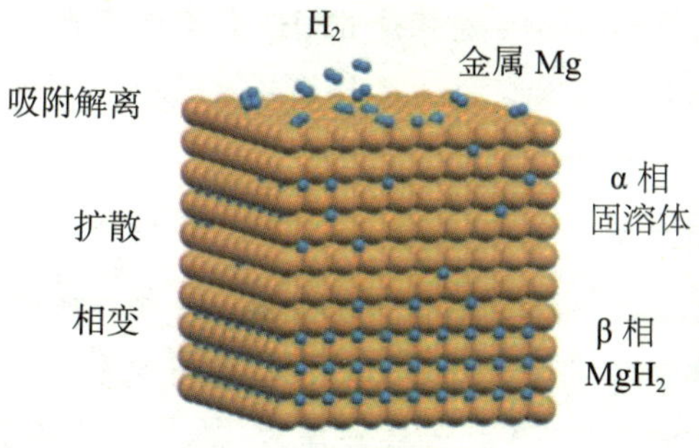

图 12-25 金属（镁）基储氢材料的氢化反应过程

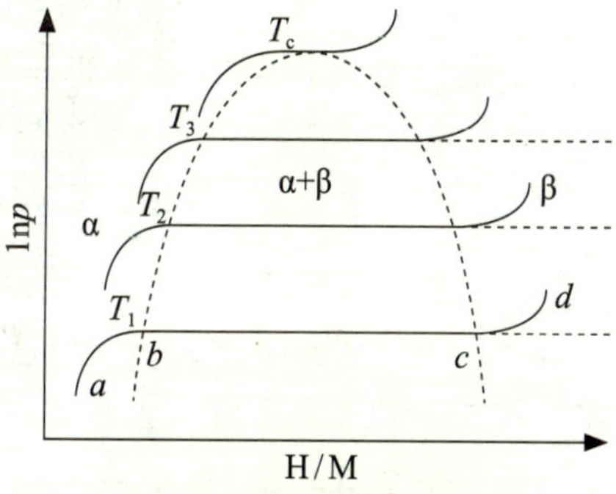

图 12-26 储氢过程曲线图

元素周期表中ⅠA～ⅡA族的碱金属及碱土金属原子最外层只有1或2个电子，具有高度的活泼性，能够与氢气形成共价化合物或络合物存储于材料中，使用时加热或减压即可将氢气释放。

$Mg(s) + xH_2(g) \rightleftharpoons MgH_{2x}(s)$ $\Delta H<0$。氢化过程ΔH负的越多，表示Mg—H键的键能越“大”，材料越“稳定”，放氢温度越“高”。因此，若储氢材料在常温、常压下满足应用要求，ΔH应满足在$-30 \sim -40\ kJ \cdot mol^{-1}$的范围，这一数值可以指导研究材料。

Mg金属储氢材料的储氢动力学过程划分为以下4步进行，逆过程就是释氢。

① 氢分子吸附在金属Mg表面。

② 氢分子克服化学能垒，解离为氢原子，并向金属Mg中扩散。（比较困难）

③ 氢原子向金属镁内部扩散，进入镁晶格间隙位置，形成含氢固溶体（MgH_x）。（扩散系数小）

④ 氢原子持续进入镁晶格间隙位置，形成饱和固溶体，多余的氢原子与固溶体发生反应生成氢化物MgH_2。

储氢过程曲线（图12-26）中，在*ab*段，氢溶解于Mg中形成固溶体MgH_x，随着氢气压强的增大，H/M逐渐增大（机理中的步骤①②③）；*b*点形成饱和含氢固溶体；在*bc*段（平台区，平衡氢压），固溶体MgH_x与氢气进一步发生氢化反应生成氢化物MgH_2；在*c*点，氢化反应结束，进一步增大氢气压强，H/M几乎不变，α相含氢固溶体（MgH_x）完全转化为β相氢化物（MgH_2）。

拓展视野 关于金属镁储氢的评价

由于Mg—H键的热力学稳定性过高，导致MgH_2放氢温度高于400 ℃，对应的脱氢反应焓变为$+75\ kJ \cdot mol^{-1}$，氢难以放出，距离常温、常压下的吸放氢的性能要求差距较大。因为氢分子在金属镁表面的解离和氢原子在MgH_2表层的重组相对困难，氢原子在Mg尤其是MgH_2基体中扩散速率较慢，所以镁基储氢材料活化困难，吸放氢动力学性能较差（吸放氢的速率慢），还需进一步改善吸放氢的动力学性能。

怎样改进呢？——分析速率限制因子（H—H键断裂，H_2分子解离，以及氢原子扩散）：通过表面优化处理（降低解离的活化能）或者金属镁合金化（增加氢原子扩散速率）来改善其储氢性能。目前正在研究和已经使用的储氢合金除了镁系合金（镁镍合金），还有钛系合金、稀土系合金等。

任务梳理

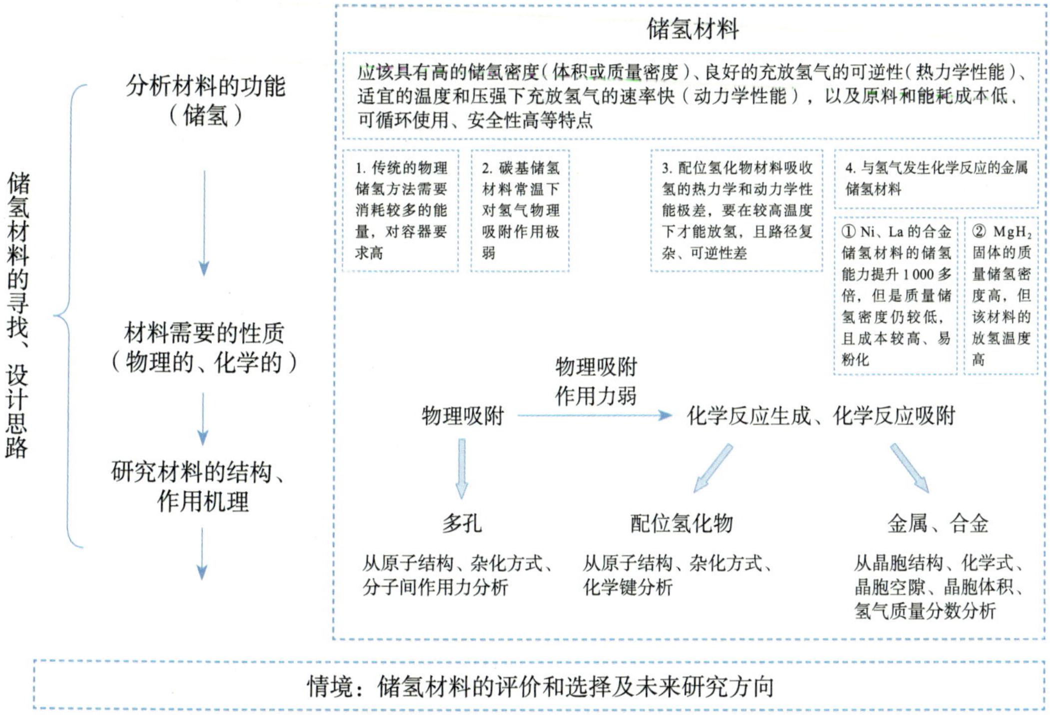

任务三 氢能源的应用

人类的能源发展史是一部生产力发展的历史，从木材、秸秆到煤炭、石油、天然气，能量密度不断提高，能源结构不断转变。随着上游制氢技术的不断突破，中游储氢加氢从材料到技术的逐渐成熟，下游氢能源的应用也将大力布局。从能量转化的角度，氢能源的应用可以转化为热能、化学能、电能等。除了传统的作为化工原料及储能应用外，氢氧燃料电池是目前利用氢能较为理想的方式，能量转化率高（传统的汽油机只有约 30%），且工作时不产生明火，结构简单、运作稳定、噪声低。

活动 1 氢能如何转化为电能

1843 年，科学家格罗夫发表了一个原理图并提出了“格罗夫气体电池”的原始模型（图 12-27），当时被科学家描述为“没有实际用途但却拥有显著的理论价值”。

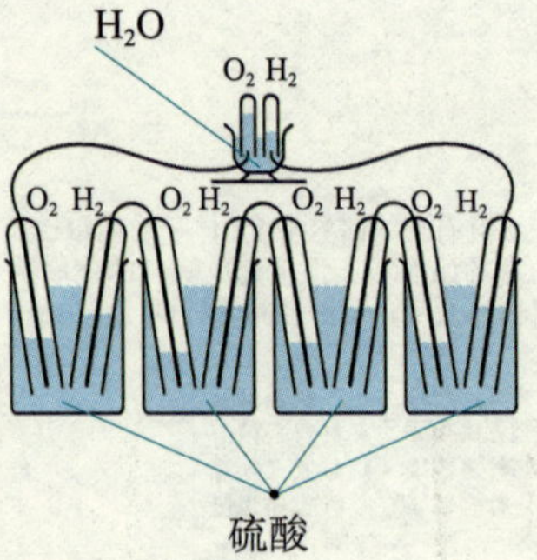

图 12-27 “格罗夫气体电池”的原始模型

交流研讨 1889 年，研究人员以铂黑为电催化剂，以钻孔的铂为电流收集器组装出燃料电池，当工作电流密度为 $3.5\ mA\cdot cm^{-2}$ 时，电池的输出电压为 0.73 V。这个研究已经很接近现代的燃料电池了。

已知：$2H_2(g)+O_2(g)=\!=\!=2H_2O(l)$　$\Delta H=-571.6\ kJ\cdot mol^{-1}$。

请从氧化还原反应的角度分析该装置是如何产生电流的，并画出相应的燃料电池装置图。

依据氧化还原反应原理，$2H_2+O_2=\!=\!=2H_2O$（H_2 向 O_2 转移 $4e^-$）。

还原剂 H_2 在负极上放出电子，电子经外电路传导到正极并与氧化剂 O_2 结合，在酸性介质下生成 H_2O。内电路中，H^+ 在电场作用下，通过电解质迁移到正极上，与氧化剂 O_2 反应，构成回路，产生电流。通过该装置（图 12-28），利用电化学反应实现了氢气的化学能转换成电能。

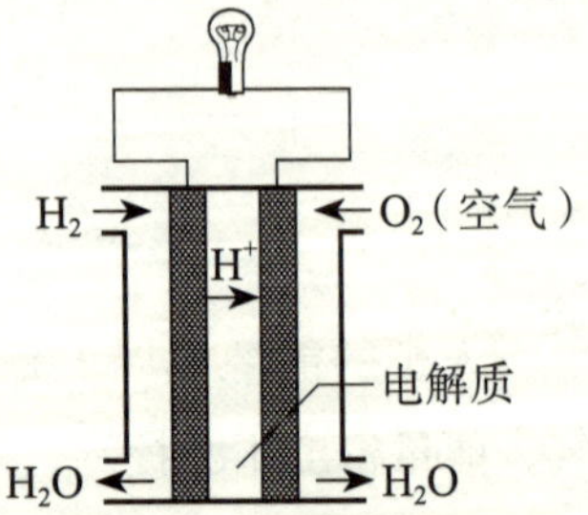

图 12-28 氢氧燃料电池

正极：$O_2+4e^-+4H^+=\!=\!=2H_2O$

负极：$H_2-2e^-=\!=\!=2H^+$

活动 2　氢氧燃料电池的改进

讨论建模 燃料电池由电极、电解液、导体构成。为避免氧化剂 O_2 和还原剂 H_2 混合发生爆炸，应使用离子交换膜将两极隔开（图 12-29）。在催化剂作用下，H_2 分解成电子和质子，电子形成电能，质子通过质子交换膜与氧离子结合生成水。质子交换膜的作用就是只允许质子通过，防止 H_2 和 O_2 直接接触，由此引发危险。请结合原理及装置画出燃料电池的认知模型，并谈一谈氢氧燃料电池改进的方向。

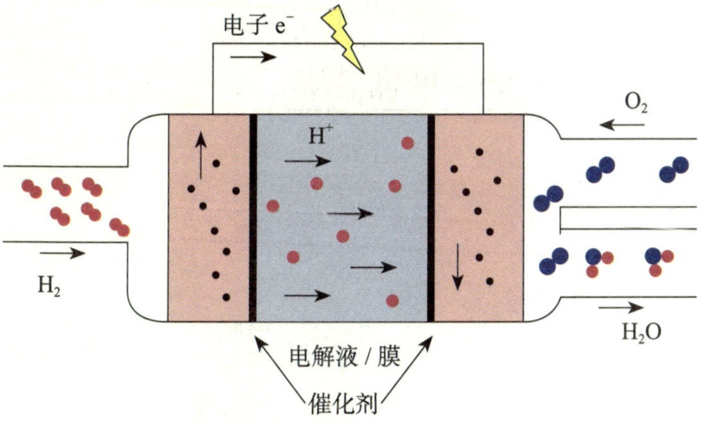

图 12-29　质子交换膜氢氧燃料电池

燃料电池认知模型如图 12-30 所示。

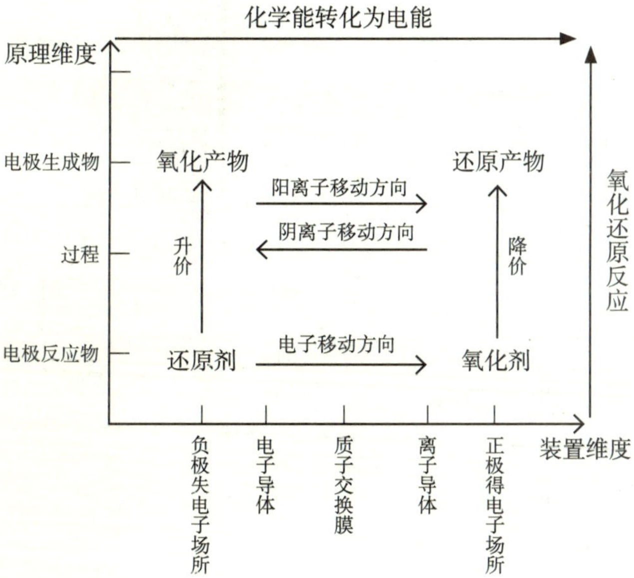

图 12-30　燃料电池认知模型

交流研讨　随着科学的发展，氢氧燃料电池还可在碱性、熔融碳酸盐、固体氧化物的介质中实现能量的转化，并且更加有效提高氢能的转化效率。请用电化学知识写出氢氧燃料电池在以上介质中发生的电极反应。

氢氧燃料电池在不同介质中的电极反应及氢能转化效率见表 12-7。

表 12-7　氢氧燃料电池机理及氢能转化效率

燃料电池	电极反应	氢能转化效率	工作温度
酸性燃料电池（PEMFC）	正极：$O_2 + 4e^- + 4H^+ = 2H_2O$ 负极：$H_2 - 2e^- = 2H^+$	32%～60%	80 ℃
碱性燃料电池（AFC）	正极：$O_2 + 4e^- + 2H_2O = 4OH^-$ 负极：$H_2 - 2e^- + 2OH^- = 2H_2O$	50%	85 ℃
熔融碳酸盐燃料电池（MCFC）	正极：$O_2 + 4e^- + 2CO_2 = 2CO_3^{2-}$ 负极：$H_2 - 2e^- + CO_3^{2-} = CO_2\uparrow + H_2O$	>60%	650 ℃
固体氧化物燃料电池（SOFC）	正极：$O_2 + 4e^- = 2O^{2-}$ 负极：$H_2 - 2e^- + O^{2-} = H_2O$	50%～70%	1 000 ℃

交流研讨　质子交换膜燃料电池是一种功率密度高、启动快的氢能转换装置，目前使用的是 Pt 型催化剂和低温质子交换膜。而在低温条件下，要求氢燃料的氢纯度高，由此造成的燃料成本居高不下，限制了其广泛的应用。

磷酸燃料电池以磷酸为电解质和质子载体，融合的质子交换膜的电导率性能突出，热稳定性优异，工作温度可达到 200 ℃，是目前性能优、市场成熟度高的燃料电池。结合图 12-31 质子传导过程的信息，尝试说明磷酸燃料电池的优势。

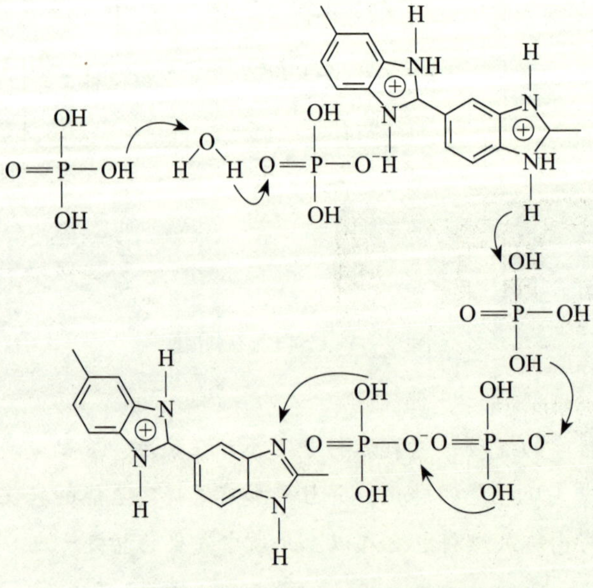

图 12-31　聚合物膜中以磷酸为质子溶剂的质子传导过程

含 N 的聚合物膜中，N 原子电负性大，具有强烈的吸电子能力。磷酸属于高沸点分子，相比水溶液，磷酸可以固定在膜中并且具有良好的流动性，增强了交换膜的酸性，增大了质子浓度，以酸碱相互作用和氢键传递质子，从而提高了电导率。存在的不足：聚合物膜分子链之间作用力被减弱，膜的化学稳定性下降；电池长期工作后磷酸大量流失，电池性能下降。

燃料电池连续工作，需要改进电池装置的组成及材料（图 12-32）。除了保证氢气、氧气的平稳、连续供应外，还需要快速地排出电池中的水，以维持电解液浓度的恒定，以及排除电池反应的废热以维持电池工作温度的恒定。

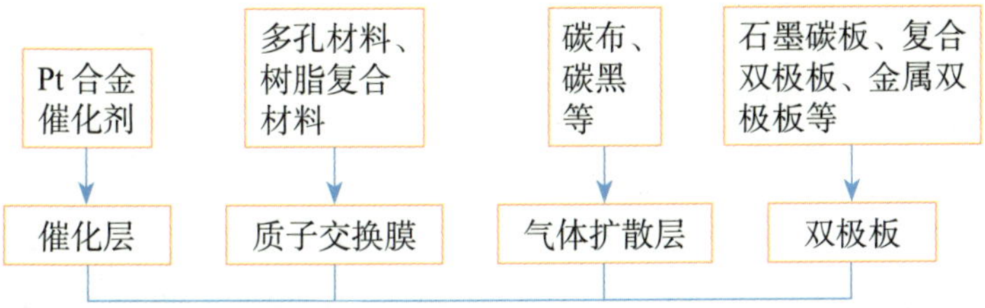

图 12-32　燃料电池装置的改进维度

安全的燃料电池技术可广泛应用于交通领域的氢能车辆和建筑领域的氢能环保住宅等方面。氢能是未来国家能源体系的重要组成部分和产业重点发展方向，预计到 2025 年我国氢燃料电池车保有量约 5 万辆，同时部署建设一批加氢站。

图 12-33 中右图为我国第一艘氢燃料电池游艇“蠡湖”号通过试航，标志着我国氢燃料电池从理论设计到实际交通应用迈出关键一步。

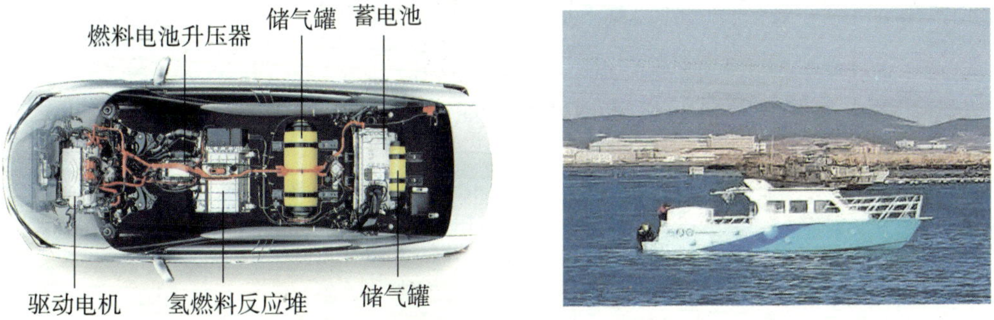

图 12-33　氢燃料电池在汽车、船舶中的应用

活动 3　设计“制－储－释－用”一体化氢燃料电池方案

在化学实验室中我们利用电解水产生的 H_2 和 O_2，制作微型氢氧燃料电池，可观察到电流计指针偏转，有电流产生（图 12–34）。如果能够将制氢、储氢装置小型化，并与质子交换膜燃料电池技术结合，就可以借助电化学反应将 H_2 和 O_2 直接转变成电能，构成基于绿色化学的“制－储－释－用”一体化氢燃料电池。经查阅资料，我国向华博士及其团队率先在国内实现小型可移动甲醇水制氢和燃料电池发电高效集成的一体机（即水氢机）的研发和生产。“甲醇制氢－氢燃料电池”一体化的甲醇氢燃料电池汽车是氢能进一步发展的目标。

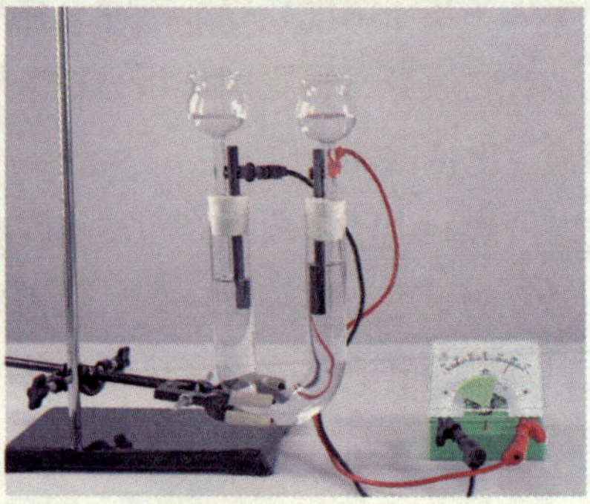

图 12–34　实验室氢氧燃料电池

甲醇（CH_3OH）是自然界中极佳的储氢介质，其优点是储氢量大、储存和运输便捷、可重复使用。研究合适的催化剂利用二氧化碳加氢获得甲醇，再结合甲醇制氢技术，实现储氢和释氢的过程。

交流研讨　设计基于绿色化学的“制－储－释－用”一体化氢燃料电池的体系需要考虑哪些原理及装置？

“制－储－释－用”一体化氢燃料电池体系示意图如图 12–35 所示。

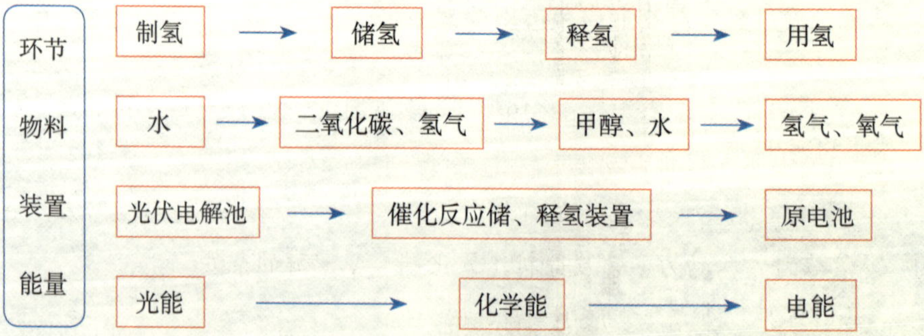

图 12–35　“制－储－释－用”一体化氢燃料电池体系示意图

“制－储－释－用”一体化氢燃料电池工作原理的关键步骤是将光解水获得的氢气先储存到甲醇介质中，而后甲醇水混合液在重整器内被转化为富氢重整气，富氢通过纯化膜形成超纯氢，超纯氢进入低温质子交换膜燃料电池电堆后通过氢氧反应即可发电（图 12–36）。

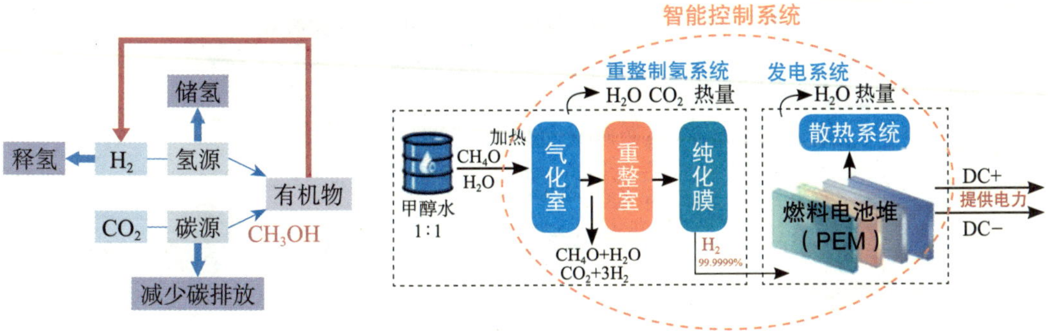

图 12-36　“释氢－用氢”一体化氢燃料电池系统

思考探究　结合图 12-37，运用热化学、动力学、热力学相关知识分析二氧化碳加氢获得甲醇的反应特征，解决相关问题。

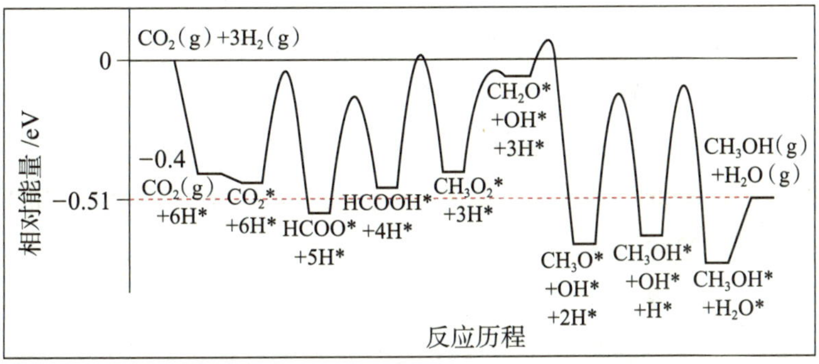

图 12-37　CO_2 和 H_2 在催化剂表面上合成甲醇的反应历程

（1）已知 1 eV = 1.6×10^{-19} J，依据图 12-37 计算该反应的焓变，并写出热化学方程式。

（2）根据该反应特点，分析反应速率与平衡移动的影响因素，并从化学热力学和动力学角度分析二氧化碳合成甲醇的条件。

（3）已知体系中还存在副反应：$CO_2(g)+H_2(g)$ ══ $CO(g)+H_2O(g)$ $\Delta H=+41.17\ \text{kJ}\cdot\text{mol}^{-1}$，$\Delta S=+42.08\ \text{J}\cdot\text{mol}^{-1}\cdot\text{K}^{-1}$。现有在相同条件下进行的四组对比实验数据（表 12-8），请你运用控制变量思想分析不同温度、不同催化剂对 CO_2 转化率、甲醇选择性的影响。

表 12-8　二氧化碳加氢制甲醇的四组对比实验数据

反应序号	T/K	催化剂	CO_2 转化率 / %	甲醇选择性 / %
①	543	Cu/ZnO 纳米棒	12.3	42.3
②	543	Cu/ZnO 纳米片	10.9	72.7
③	553	Cu/ZnO 纳米棒	15.3	39.1
④	553	Cu/ZnO 纳米片	12.0	71.6

二氧化碳加氢获得甲醇反应的热化学方程式为：

$$CO_2(g)+3H_2(g) \xlongequal{\quad} CH_3OH(g)+H_2O(g)$$

$$\Delta H=-0.51\ \text{eV}\times 1.6\times 10^{-22}\ \text{kJ}\cdot\text{eV}^{-1}\times N_A=-49.12\ \text{kJ}\cdot\text{mol}^{-1}$$

该反应是一个放热反应，升高温度有利于加快反应速率，但不利于提高平衡转化率及催化剂的活性，因此选择合适的温度约 500 K。正反应方向气体系数减小，增大压强有利于加快反应速率，也有利于提高平衡转化率，但受到容器材料的影响，选择合适的压强约 3 MPa。

对比①和③可发现：相同催化剂条件下，温度升高，CO_2 转化率升高，而甲醇的选择性却降低，主反应是放热反应，因此升高温度，平衡逆向进行，因此甲醇的产率减小，甲醇的选择性降低。对比①和②可发现：相同温度下，采用 Cu/ZnO 纳米片使 CO_2 转化率降低，而甲醇的选择性却提高，因为在该时间内使用 Cu/ZnO 纳米片催化剂使主反应速率增加，因此测得该时间内得到的甲醇较多，甲醇选择性提高。说明催化剂通过降低反应活化能、提供反应活性位点等提高反应速率，其效果远大于温度对反应速率的影响。工业上提高生产效率首选对催化剂的研究。中科院大连化物所和厦门大学的科研团队合作，历时近 6 年，首次利用富含硫空位的少层二硫化钼（MoS_2）催化剂实现了低温、高效、长寿命催化 CO_2 加氢制甲醇。先让 MoS_2 与 H_2 反应，在其表层生成大量的硫原子空位，进而让稳定的 MoS_2 表面活泼起来（图 12-38）。原位表征与理论计算研究结果显示，MoS_2 面内硫原子空位是催化 CO_2 高选择性加氢制甲醇的活性中心。

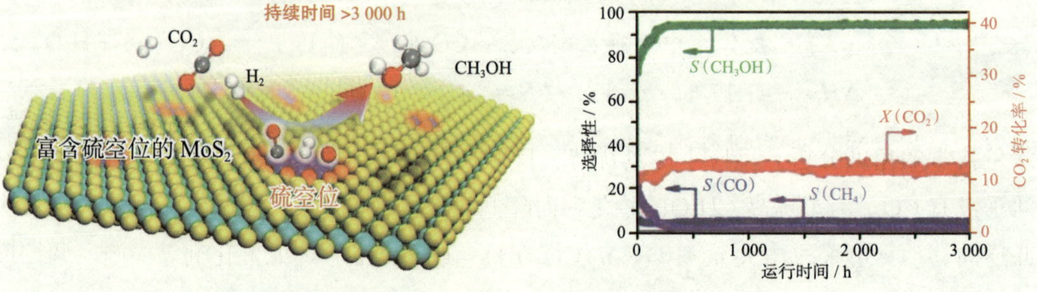

图 12-38　富含硫空位的 MoS_2 催化 CO_2 加氢制甲醇原理及选择性曲线图

迁移应用 甲醇制氢反应条件温和，碳足迹低。近年来，有甲醇参与的温和条件催化制氢策略得到了广泛研究，其中主要包括：① 热催化甲醇重整；② 光催化甲醇重整；③ 甲醇作为牺牲剂的光催化分解水。热催化甲醇水蒸气重整制氢机理，本质是将分子内的全部氢原子释放的过程，这其中主要涉及的化学变化包括 C—H、O—H 键等化学键的解离以及碳原子从低价经多步反应氧化为 CO_2。当前研究主要集中在提高催化剂活性和降低尾气中 CO 含量，以免使燃料电池 Pt 电极中毒。重整过程发生的反应如下：

反应Ⅰ $CH_3OH(g)+H_2O(g) \rightleftharpoons CO_2(g)+3H_2(g)$

$\Delta H_{298}=+48.97\ kJ\cdot mol^{-1}$

反应Ⅱ $CO_2(g)+H_2(g) \rightleftharpoons CO(g)+H_2O(g)$

$\Delta H_{298}=+41.17\ kJ\cdot mol^{-1}$

（1）请分析相同条件下，甲醇水蒸气重整制氢（反应Ⅰ）较甲醇直接分解制氢的更优之处。

（2）在某催化剂作用下，体系中 CH_3OH 转化率、CO 生成率随温度变化的关系如图 12-39 所示，你认为能提高 CH_3OH 转化率而降低 CO 生成率的措施有哪些？

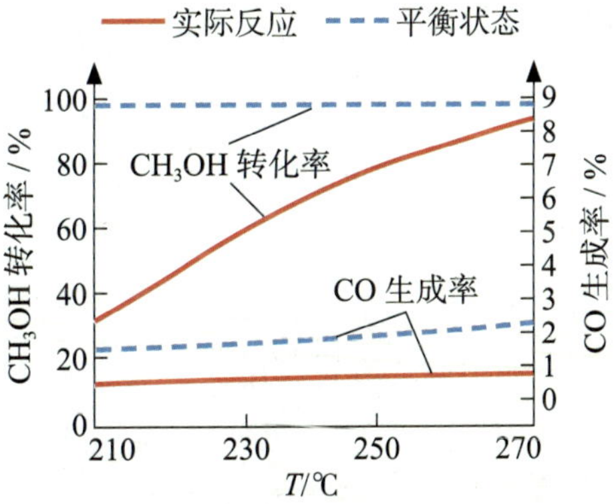

图 12-39 热催化甲醇重整制氢反应信息图

甲醇直接分解制氢的化学方程式为 $CH_3OH(g) \rightleftharpoons CO(g)+2H_2(g)$。从经济效益、绿色化学的角度分析，反应Ⅰ更具优势，反应物甲醇转化率高，产物中氢气含量高，且几乎没有 CO。为了提高 CH_3OH 转化率而降低 CO 生成率，即使反应Ⅰ正向移动，反应Ⅱ逆向移动，可采取增大 $n(H_2O)/n(CH_3OH)$，或选择更合适的催化剂等措施，调控反应的方向及反应的选择性。

交流研讨 热催化甲醇重整制氢已达到工业级性能，为光催化系统的催化剂设计提供了许多可靠的经验。我国科研人员研究发现了甲醇在光催化产氢中的作用和可行性。如图 12-40 所示，在反应过程中，甲醇的空穴氧化产生了一系列的促进作用，包括甲醇自身生成氢气、抑制载流子复合、生成具有给电子能力的烷氧基中间体等。

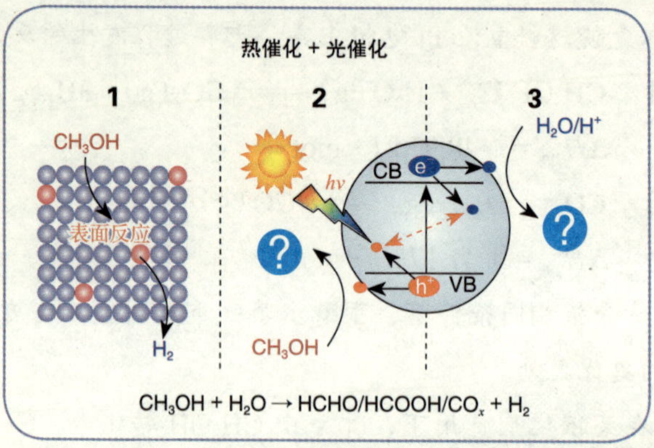

图 12-40 光催化甲醇重整制氢示意图

（1）依据图 12-40，太阳光照下，光催化剂受到光激发产生光生空穴（h^+）和光生电子（e^-），判断其氧化性和还原性。

（2）甲醇的空穴氧化促进自身转化成哪种物质？

（3）写出水在光催化剂表面发生反应的反应式。

光催化剂受到光激发产生的光生空穴（h^+）具有氧化性，光生电子（e^-）具有还原性。甲醇在光催化剂表面的光生空穴氧化作用下，去氢或者得氧，最终转化为 CO_2。水蒸气在光生空穴作用下产生羟基自由基（·OH），反应式为 $h^+ + H_2O \longrightarrow \cdot OH + H^+$；产生的氢离子得到光生电子（$e^-$），反应式为 $2H^+ + 2e^- \longrightarrow H_2\uparrow$。

汇报展示 以甲醇为储氢介质，请你以物质转化、能量转化为线索，设计基于绿色化学的“制－储－释－用”一体化氢燃料电池的简易示意图。

“制－储－释－用”一体化氢燃料电池的简易示意图如图 12-41 所示。

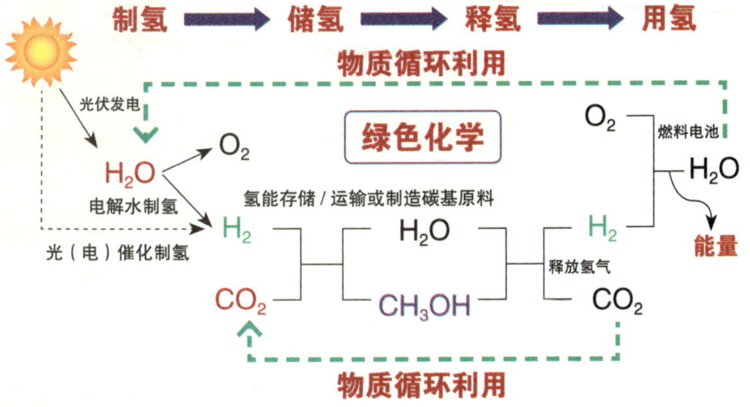

图 12-41　“制－储－释－用”一体化氢燃料电池的简易示意图

甲醇氢燃料电池的发展可以免去高昂的加氢站等基础设施建设成本，与现有的油气体基础设施实现共用，真正地将“加气”变成“加油”，助力氢能源的推广。现阶段，若干醇氢概念车型已经发布，充分证明了该思路的可行性。作为技术开发的基石，低温甲醇催化重整制氢反应催化剂的研发和基础科学问题的解决是进一步提升甲醇－氢动力系统效能的关键。在性能开发层面，进一步提高催化剂活性，达到能够在有限的空间和催化剂质量下产出满足车载燃料电池系统消耗氢气的指标是实现商用的基本要求。

任务梳理

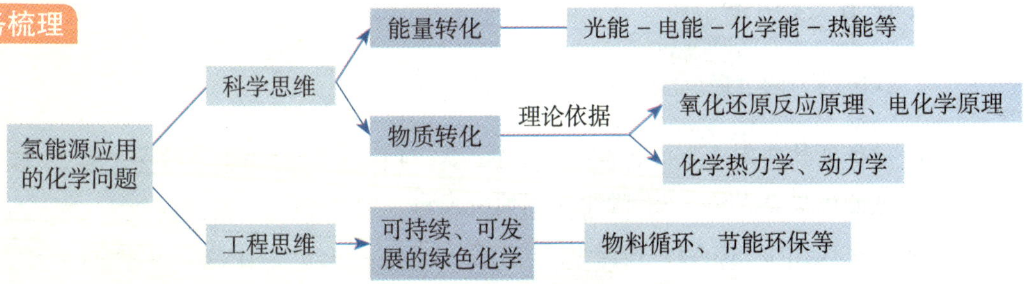

单元项目梳理

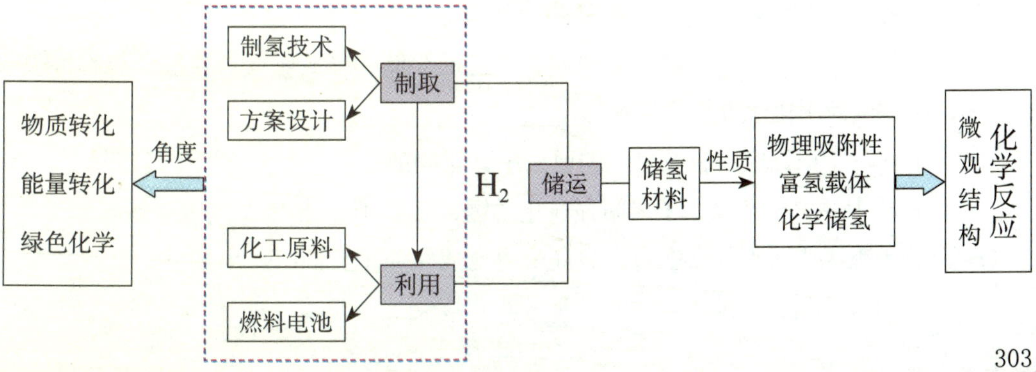

单元项目检测

学习理解

1. 在一定条件下，如图所示装置可实现有机物的电化学储氢，将 10 mol 由苯和环己烷组成的混合气体通入反应器中，下列说法不正确的是（　　）

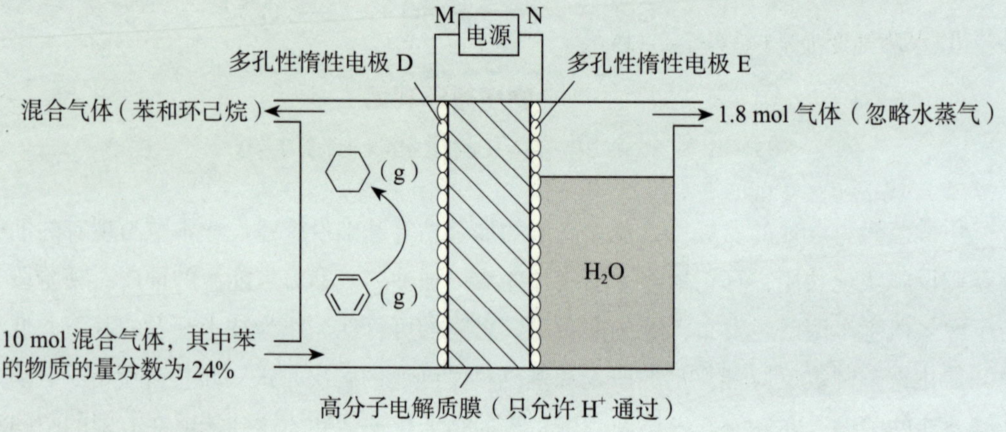

A. N 为电源的正极

B. H^+ 从右向左移动

C. D 电极上的电极反应式为 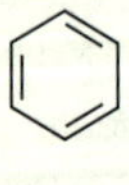 $+ 6H^+ - 6e^-$ ══ 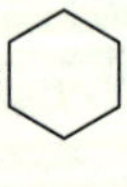

D. 苯的转化率为 50%

2. 氢是新型清洁能源，但难储运。研究发现，合金可用来储存氢气。镧（$^{139}_{57}La$）和镍（$^{59}_{28}Ni$）的一种合金就是储氢材料。该合金的晶胞如图所示，镍原子除一个在中心外，其他都在面上，镧原子在顶点上。储氢时氢原子存在于金属原子之间的空隙中。

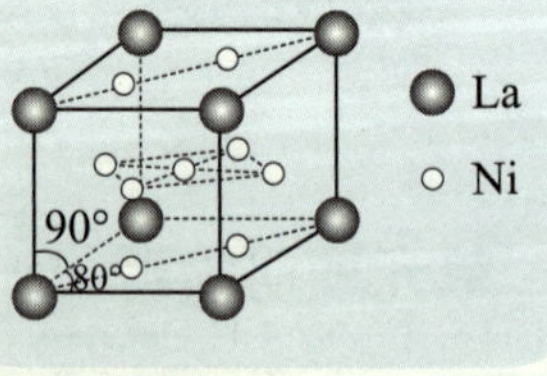

（1）一定条件下，该储氢材料能快速、可逆地存储和释放氢气。若每个晶胞可吸收 3 个 H_2，这一过程用化学方程式表示为__________________________。

（2）下列关于该储氢材料及氢气的说法中，正确的是________（填字母序号）。

A. 该材料中镧原子和镍原子之间存在化学键，是原子晶体

B. 氢分子被吸收时首先要在合金表面解离变成氢原子，同时放出热量

C. 该材料储氢时采用常温高压比采用常温常压更好

D. 氢气很难液化是因为虽然其分子内氢键很强，但其分子间作用力很弱

应用实践

3. 甲醇水蒸气催化重整反应是生产氢能的有效方法之一。

（1）已知甲醇水蒸气重整制氢存在以下副反应：

Ⅰ. 甲醇分解：$CH_3OH(g) \rightleftharpoons CO(g) + 2H_2(g)$ $\Delta H = +90.1\ kJ \cdot mol^{-1}$

Ⅱ. 水蒸气变换：$CO(g) + H_2O(g) \rightleftharpoons CO_2(g) + H_2(g)$ $\Delta H = -41.2\ kJ \cdot mol^{-1}$

催化重整反应：$CH_3OH(g) + H_2O(g) \rightleftharpoons CO_2(g) + 3H_2(g)$

$\Delta H =$ ________ $kJ \cdot mol^{-1}$

（2）甲醇分解与水蒸气变换反应的 K_p 与温度的关系见下表。

温度 / K	398	498	598	698	798	898
甲醇分解的 K_p 数值	0.50	185.8	9 939.5	1.8×10^5	1.6×10^6	9.3×10^6
水蒸气变换的 K_p 数值	1 577	137.5	28.14	9.339	4.180	2.276

① 398 K 时，$CH_3OH(g) + H_2O(g) \rightleftharpoons CO_2(g) + 3H_2(g)$ 的 $K_p =$ ____________。

② 在较高温度下进行该反应，发现平衡时体系中 CO 含量偏高的原因是____。

（3）甲醇水蒸气重整反应的可能机理如图所示，结合下表分析 $CH_3OH \rightarrow CH_3O$ 的主要反应为______（填标号），中间产物 M 主要为______________。

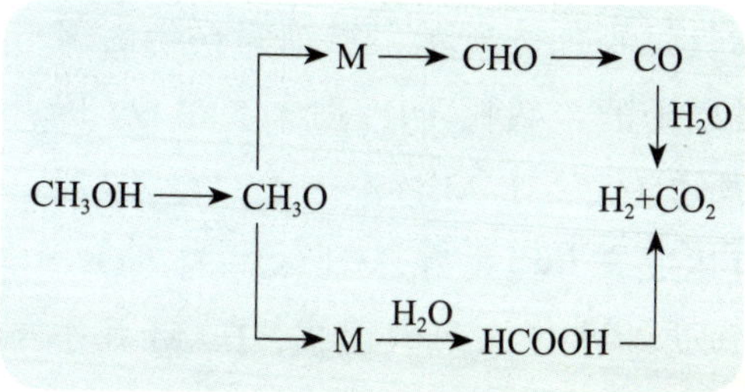

反应	E_a / eV
A. $CH_3OH \longrightarrow CH_3O + H$	1.08
B. $CH_3OH \longrightarrow CH_2OH + H$	1.64
C. $CH_3OH \longrightarrow CH_3 + OH$	1.90
D. $CH_3OH + OH \longrightarrow CH_3O + H_2O$	0.09
E. $CH_3O \longrightarrow CH_2O + H$	1.39
F. $CH_3O \longrightarrow CH_3 + O$	1.98

（4）某研究组对重整反应温度（T）与水醇比（S/M）进行优化，得到图（a）、图（b）。

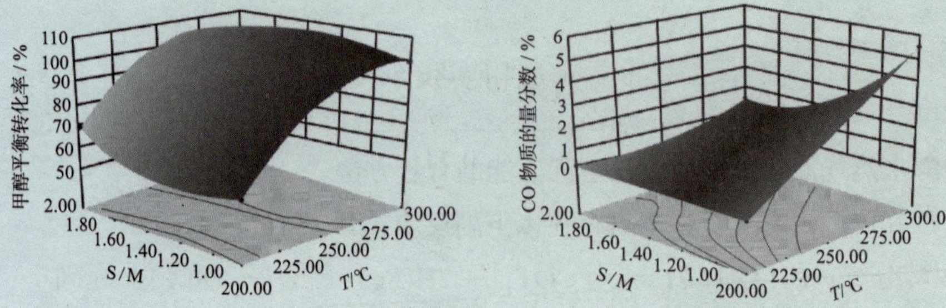

（a）　　　　（b）

① 结合图（a）中曲线分析温度、水醇比与甲醇转化率的关系：____。

② 在下图中用阴影画出最优化的反应条件区域。

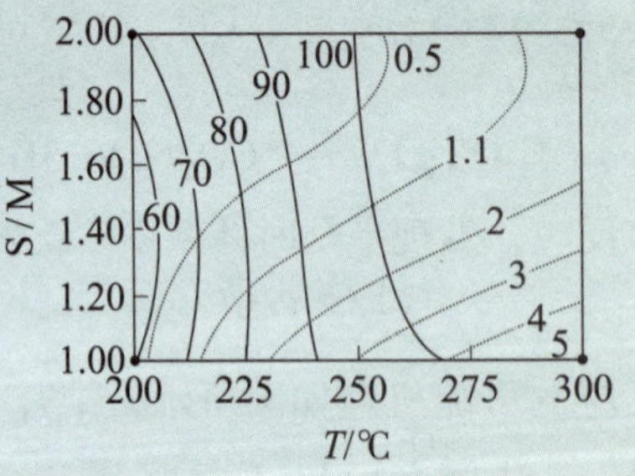

4. 合金储氢材料具有优异的吸放氢性能，在配合氢能的开发中起到重要作用。

（1）一定温度下，某储氢合金（M）的储氢过程如图所示，纵轴为平衡时氢气的压强（p），横轴表示固相中氢原子与金属原子的个数比（H / M）。在 OA 段，氢溶解于 M 中形成固溶体 MH_x，随着氢气压强的增大，H / M 逐渐增大；在 AB 段，MH_x 与氢气发生氢化反应生成氢化物 MH_y，氢化反应方程式为 $zMH_x(s) + H_2(g) \xlongequal{} zMH_y(s) \quad \Delta H_1$（Ⅰ）；在 B 点，氢化反应结束，进一步增大氢气压强，H / M 几乎不变。反应（Ⅰ）中 z = ________（用含 x 和 y 的代数式表示）。温度为 T_1 时，2 g 某合金 4 min 内吸收氢气 240 mL，吸氢速率 v = ________ $mL \cdot g^{-1} \cdot min^{-1}$。反应（Ⅰ）的焓变 ΔH_1_____0（填“>”“<”或“=”）。

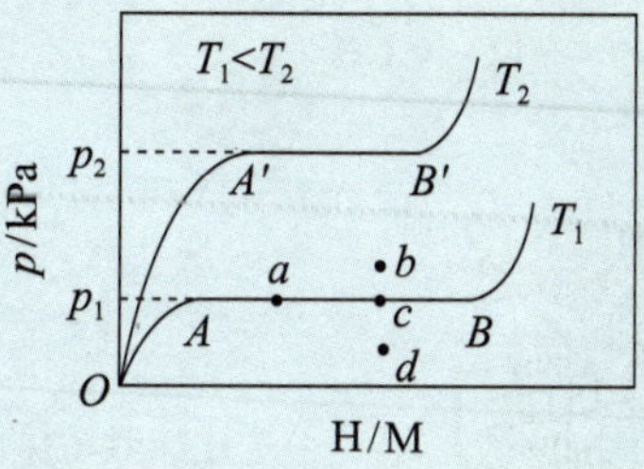

（2）η 表示单位质量储氢合金在氢化反应阶段的最大吸氢量占其总吸氢量的比例，则温度为 T_1、T_2 时，$\eta(T_1)$ ____ $\eta(T_2)$（填“>”“<”或“=”）。当反应（Ⅰ）处于图中 a 点时，保持温度不变，向恒容体系中通入少量氢气，达到平衡后反应（Ⅰ）可能处于图中的______（填“b”“c”或“d”）点。该储氢合金可通过_______或_______的方式释放氢气。

（3）储氢合金 $ThNi_5$ 可催化由 CO、H_2 合成 CH_4 的反应，温度为 T 时，该反应的热化学方程式为________________________。已知温度为 T 时：$CH_4(g)+2H_2O(g) \xlongequal{} CO_2(g)+4H_2(g)$ $\Delta H=+165\ kJ\cdot mol^{-1}$；$CO(g)+H_2O(g) \xlongequal{} CO_2(g)+H_2(g)$ $\Delta H=-41\ kJ\cdot mol^{-1}$。

迁移创新

5. CO_2/ HCOOH 循环在氢能的储存 / 释放、燃料电池等方面具有重要应用。

（1）CO_2 催化加氢。在密闭容器中，向含有催化剂的 $KHCO_3$ 溶液（CO_2 与 KOH 溶液反应制得）中通入 H_2 生成 $HCOO^-$，其离子方程式为________________________；其他条件不变，HCO_3^- 转化为 $HCOO^-$ 的转化率随温度的变化如图所示。反应温度在 40～80℃范围内，HCO_3^- 催化加氢的转化率迅速上升，其主要原因是________________________。

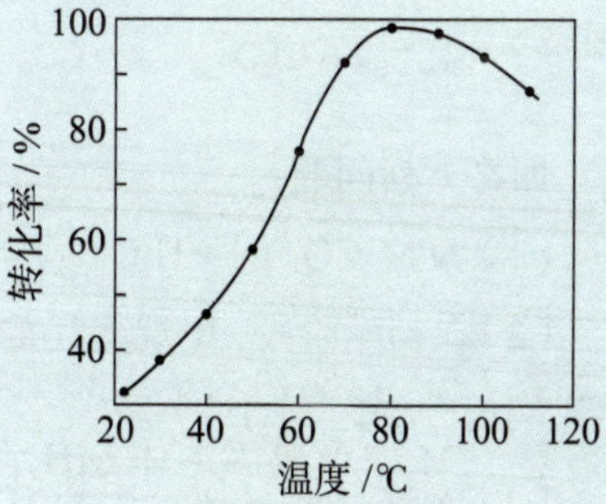

（2）HCOOH 催化释氢。在催化剂作用下，HCOOH 分解生成 CO_2 和 H_2 可能的反应机理如图所示。

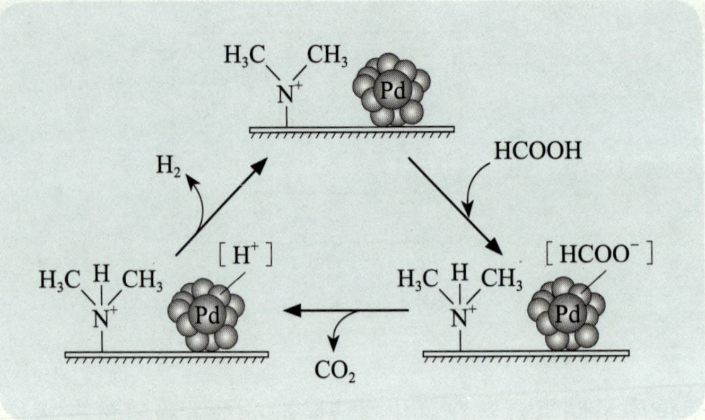

① HCOOD 催化释氢反应除生成 CO_2 外，还生成__________（填化学式）。

② 研究发现：其他条件不变时，以 HCOOK 溶液代替 HCOOH 催化释氢的效果更佳，其具体优点是____________________。

6. 甲烷自热重整是先进的制氢方法，包含甲烷氧化和蒸气重整。向反应系统内同时通入甲烷、氧气和水蒸气，发生的主要化学反应见下表。

制氢方法	化学方程式	焓变 ΔH/（$kJ\cdot mol^{-1}$）	活化能 E_a/（$kJ\cdot mol^{-1}$）
甲烷氧化	$CH_4(g)+2O_2(g)=CO_2(g)+2H_2O(g)$	−802.6	125.6
	$CH_4(g)+O_2(g)=CO_2(g)+2H_2(g)$	−322.0	172.5
蒸气重整	$CH_4(g)+H_2O(g)=CO(g)+3H_2(g)$	+206.2	240.1
	$CH_4(g)+2H_2O(g)=CO_2(g)+4H_2(g)$	+165.0	243.9

回答下列问题：

（1）反应 $CO(g)+H_2O(g)=CO_2(g)+H_2(g)$ 的 $\Delta H=$__________ $kJ\cdot mol^{-1}$。

（2）在初始阶段，甲烷蒸气重整的反应速率__________甲烷氧化的反应速率（填“大于”“小于”或“等于”）。

（3）对于气相反应，用某组分（B）的平衡压强（p_B）代替物质的量浓度（c_B）也可表示平衡常数（记作 K_p），则反应 $CH_4(g)+H_2O(g)\rightleftharpoons CO(g)+3H_2(g)$ 的 $K_p=$__________________；随着温度的升高，该平衡常数__________（填“增大”“减小”或“不变”）。

（4）从能量角度分析，甲烷自热重整方法的先进之处在于__________________。

（5）在某一给定进料比的情况下，温度、压强对 H_2 和 CO 物质的量分数的影响如图所示。

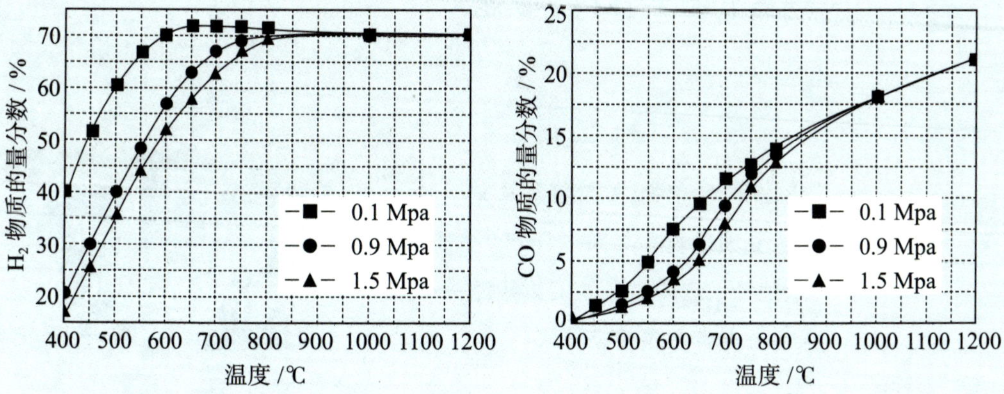

若要达到 H_2 物质的量分数 >65%、CO 的物质的量分数 <10%，以下条件中最合适的是________。

A. 600℃，0.9 MPa　　　B. 700℃，0.9 MPa

C. 800℃，1.5 MPa　　　D. 1 000℃，1.5 MPa

（6）如果进料中氧气量过大，最终导致 H_2 物质的量分数降低，原因是____________________________________。

项目 13 运用化学平衡思想实现“碳达峰、碳中和”

——探讨社会性科学议题

任务一 “碳达峰、碳中和”的价值及意义——聚焦珊瑚礁破坏与保护

任务二 “碳达峰、碳中和”的实施路径——探析三类常见碳捕捉技术

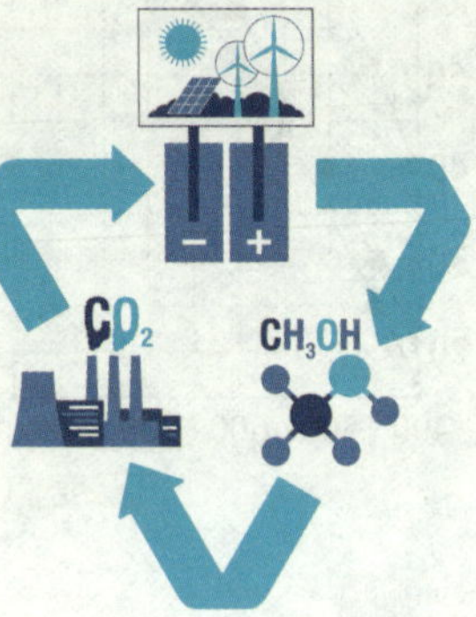

单元项目设计意图

基础化学教育教学，紧跟国家大政方针，落实立德树人的根本任务。基于“运用化学平衡思想实现‘碳达峰、碳中和’”项目，通过“聚焦 CO_2 排放超标与珊瑚礁消失关系探究”“探析三类常见的碳捕捉技术原理”等核心任务，一方面了解并认同国家提出“碳达峰、碳中和”的现实意义，认识化学学科的社会价值；另一方面在任务推进过程中形成“分析水溶液体系的一般思路”、建构“热力学、动力学视角下综合分析化学反应的思路”等，培养“证据推理与模型认知”“变化观念与平衡思想”“科学态度与社会责任”等化学学科核心素养。

单元项目学习目标

本项目学习聚焦《化学反应原理》模块中“水溶液”“热力学”“动力学”等核心概念的理解和应用，具体目标为：

（1）通过开展本项目，认识化学手段在解决环境问题中的重要价值，增强化学学习兴趣和社会责任感。

（2）通过“CO_2 排放超标与珊瑚礁消失关系探究”任务，形成系统化、有序化的“分析水溶液体系的一般思路”；并基于“CO_2 地质封存”活动，从定量水平优化“分析水溶液体系的一般思路”。

（3）通过“化学溶剂吸收”“物质转化”等碳捕捉方法形成并优化热力学和动力学综合视角下的反应条件选择模型，并基于温度变化从速率、平衡等视角认识工业生产中的产率变化问题，形成解决一类“工业生产条件选择”问题的思路。

单元项目学习引导

为应对气候变化，我国提出力争于 2030 年前实现"碳达峰"，2060 年前实现"碳中和"。在我国政府工作报告中做好"碳达峰、碳中和"工作被列为重点任务之一，"十四五"规划也将加快推动绿色低碳发展列入其中。为何"碳达峰、碳中和"能引起大家的关注？

全球大气层中二氧化碳的平均浓度已经从工业革命前的 280 $\mu L \cdot L^{-1}$（体积分数）上升到了 2010 年的 389 $\mu L \cdot L^{-1}$（体积分数），这远超出过去数十万年来的自然变化。越来越多的科学证据显示，以 CO_2 为主的温室气体过量排放导致了全球气候变化。全球气候变化给自然生态系统和人类社会生活带来了不可估量的灾难：极端天气、冰川消融、永久冻土层融化、珊瑚礁死亡、海平面上升、生态系统改变等。因此，积极采取有效措施减缓全球气候变暖和地球环境恶化迫在眉睫。我国应对二氧化碳引起的气候变化的历史进程如图 13-1 所示（仅呈现部分时间节点），充分展现了大国担当的风范！

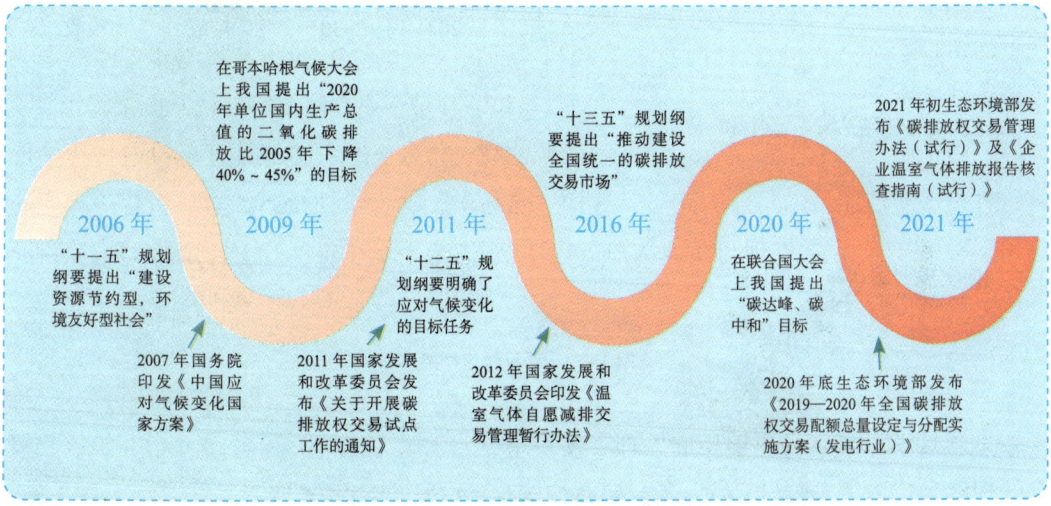

图 13-1　我国应对气候变化的历史进程

"碳达峰、碳中和"是一场广泛而深刻的经济社会系统性变革，需要全社会共同努力。技术驱动"碳达峰、碳中和"是每一个科研工作者必须思考的问题，化学的学科特点决定了其在这场重要的社会变革中责无旁贷！

任务一 “碳达峰、碳中和”的价值及意义——聚焦珊瑚礁破坏与保护

工业革命后，特别是近几十年，全球大气层中二氧化碳平均浓度急剧升高，这远超出过去数十万年来的自然变化。越来越多的科学证据显示，以 CO_2 为主的温室气体过量排放导致了全球气候变化。“碳达峰、碳中和”就是在这样的社会背景下提出的。

交流研讨 关于“碳达峰、碳中和”，你想了解的内容有哪些？

“碳达峰、碳中和”学习框架如图 13-2 所示。

什么是“碳达峰、碳中和”？ →

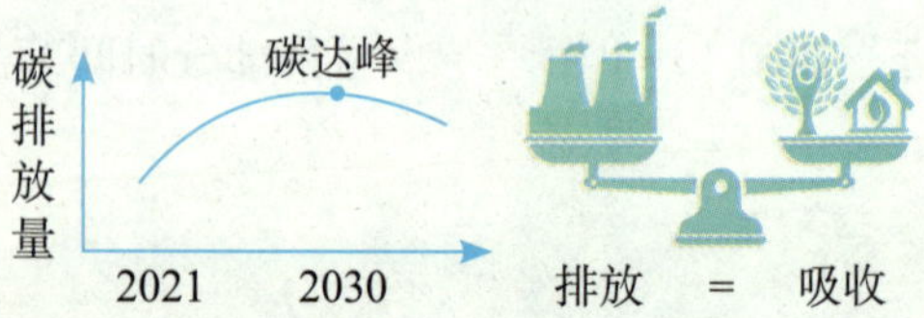

⇩

为什么提出“碳达峰、碳中和”？ → CO_2 排放量超标
全球变暖
全球气候变化（珊瑚礁消失）

⇩

如何实现“碳达峰、碳中和”？ → 碳减排（植树造林） 碳封存（地质封存）
碳捕集（溶剂吸收） 碳利用（物质转化）

图 13-2 项目学习框架

资料在线 “碳达峰、碳中和”的含义

CO_2 排放及 CO_2 排放趋势图如图 13-3、图 13-4 所示。

图 13-3 CO_2 排放

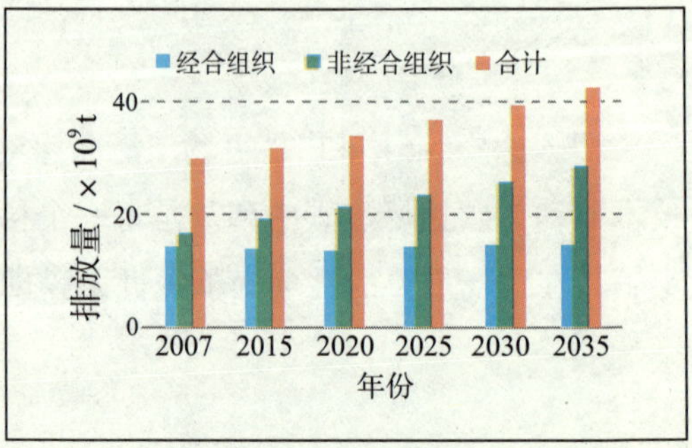

图 13-4 CO_2 排放趋势图

“碳达峰”是指温室气体（二氧化碳）排放量在一段时间内达到历史最高值，之后进入平台期并可能在一定范围内波动，然后进入持续缓慢或快速下降阶段，是温室气体排放量由增转降的拐点。

“碳中和”则是指在一定时间内，企业、团体或个人直接或间接产生的二氧化碳排放量，通过植树造林、节能减排等形式抵消，实现二氧化碳“零排放”。在我国，“碳中和”不是二氧化碳绝对零排放，而是指净零排放，即排放到大气中的二氧化碳量与从大气中移除的二氧化碳量相互平衡。其目的是维持大气层中的二氧化碳气体浓度大致平衡稳定，不会导致地球表面温度的大幅变化，以避免引起较大的气候变化。气候变化对自然生态系统造成的破坏如图 13-5 所示。

极端天气

冰川消融

永久冻土层融化

珊瑚礁死亡

图 13-5　全球气候变化与自然生态系统破坏

珊瑚礁作为非常珍贵的海洋资源，可以给人类生活和经济带来多种利益，比如提供食物、维持生计、支撑旅游业、保护海岸，甚至有助于抵御疾病等。但目前世界上 75% 的珊瑚礁正遭受来自全球如气候变化因素以及区域范围内的各种威胁（图 13-6）。CO_2 的过量排放为什么会将珊瑚礁逼入绝境？如何改善珊瑚礁的生存状态？这都是本项目接下来要探讨的问题。

图 13-6　珊瑚礁生存状态对比

活动 1　珊瑚礁的形成

珊瑚礁的形成原理如图 13-7 所示。

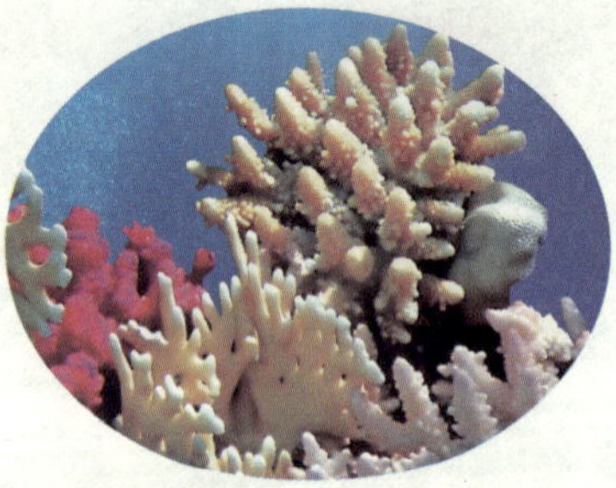

海洋中的珊瑚虫通过一系列钙化作用形成石灰石外壳，这些石灰石经过压实、石化，形成岛屿和礁石，也就是所谓的珊瑚礁。根据珊瑚礁在海洋中所处的位置和礁体的形态分为岸礁、堡礁、环礁、台礁和点礁等。

图 13-7　珊瑚礁的形成原理

交流研讨　海洋中的碳循环路径如图 13-8 所示，试写出钙化作用可能涉及的离子方程式。

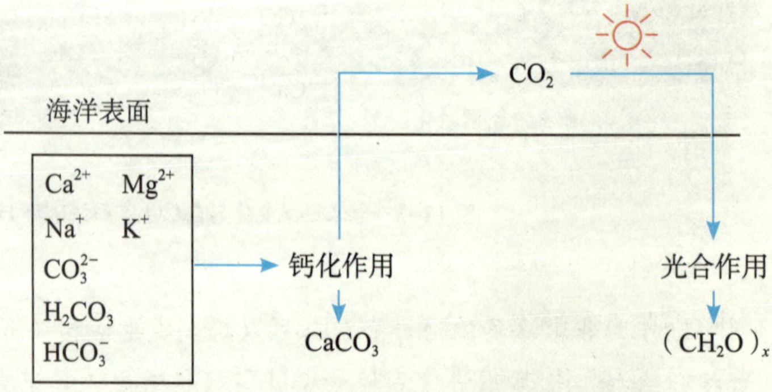

图 13-8　海洋中的碳循环

钙化作用可能涉及的离子方程式如下：

$$Ca^{2+} + CO_3^{2-} = CaCO_3\downarrow$$
$$Ca^{2+} + 2HCO_3^- = CaCO_3\downarrow + CO_2\uparrow + H_2O$$

思考探究　正常海水的 pH 为 8.0~8.3，且海水中含碳元素的微粒分布情况如图 13-9 所示。试写出海水中存在的平衡关系，并从平衡移动的角度解释钙化作用的原理（钙化过程产生 CO_2 的原因）。

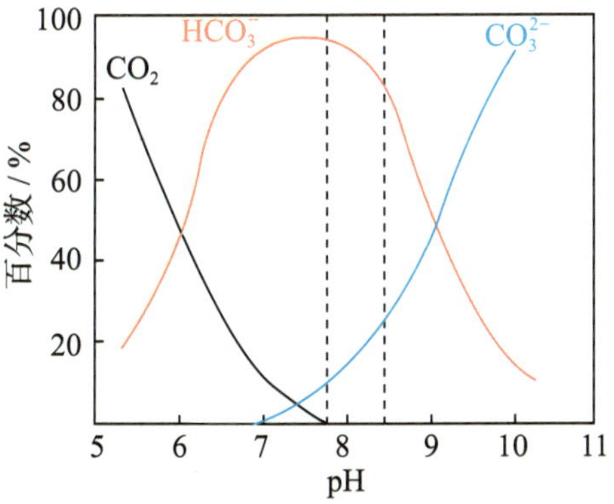

图 13-9　海水中含碳元素的微粒分布图

海水中可能存在的平衡关系见表 13-1。

表 13-1　海水中存在的主要平衡关系

各类平衡关系	$CO_2 + H_2O \rightleftharpoons H_2CO_3$ $H_2CO_3 \rightleftharpoons HCO_3^- + H^+$ $HCO_3^- \rightleftharpoons CO_3^{2-} + H^+$ $HCO_3^- + H_2O \rightleftharpoons H_2CO_3 + OH^-$ $H_2O \rightleftharpoons H^+ + OH^-$ $Ca^{2+} + CO_3^{2-} \rightleftharpoons CaCO_3(s)$
	$H^+ + HCO_3^- \rightleftharpoons CO_2\uparrow + H_2O$
	$Ca^{2+} + 2HCO_3^- = CaCO_3\downarrow + CO_2\uparrow + H_2O$（宏观）

根据海水中含碳元素的微粒分布图可知，当 pH 为 8.0~8.3 时，海水中含量最多的微粒为 HCO_3^-，因此钙化作用应主要与 HCO_3^- 相关。从反应结果来看，要形成碳酸钙，必须关联 $Ca^{2+} + CO_3^{2-} \rightleftharpoons CaCO_3(s)$，会造成溶液中 CO_3^{2-} 浓度减小，进而

使得 $HCO_3^- \rightleftharpoons CO_3^{2-} + H^+$ 平衡向右移动，造成溶液中 H^+ 浓度增大，从而发生 $H^+ + HCO_3^- \rightleftharpoons CO_2\uparrow + H_2O$ 过程，生成 CO_2（也可理解成 $H_2CO_3 \rightleftharpoons HCO_3^- + H^+$ 平衡逆向移动）。总的来看，微观上的平衡移动引发宏观上的反应（$Ca^{2+} + 2HCO_3^- \rightleftharpoons CaCO_3\downarrow + CO_2\uparrow + H_2O$），宏观上表现为珊瑚礁的形成。

方法导引 从水溶液体系中平衡移动的角度分析珊瑚礁的形成，有助于我们形成对复杂水溶液体系的系统、有序分析思路（图 13-10）。要注意在分析溶液中存在的微粒时，既要关注溶质又要关注溶剂；而在分析微粒间相互作用时，除了要关注作用的类型（电离平衡、水解平衡、沉淀溶解平衡等），还要关注作用的主次；最后推理路径之间是相互印证的，如既可以根据微粒种类或数量的变化推理可能出现的宏观现象，也可以根据宏观现象推理可能存在的微观相互作用及作用结果。

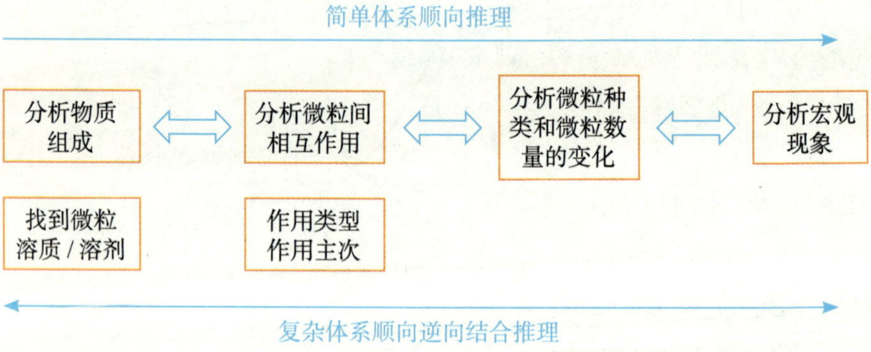

图 13-10　分析复杂水溶液体系的一般思路

拓展延伸 对于① $Ca^{2+} + 2HCO_3^- = CaCO_3\downarrow + CO_2\uparrow + H_2O$ 这一反应的发生除了从定性角度解释其发生的原因，也可以从定量角度计算该反应的平衡常数 K。

通过数学方法构建方程式之间的耦合关系：

② $H_2CO_3 \rightleftharpoons HCO_3^- + H^+$　　$K_{a1} = 10^{-6.51}\ mol \cdot L^{-1}$

③ $HCO_3^- \rightleftharpoons CO_3^{2-} + H^+$　　$K_{a2} = 10^{-10.33}\ mol \cdot L^{-1}$

④ $CaCO_3(s) \rightleftharpoons Ca^{2+} + CO_3^{2-}$　　$K_{sp} = 2.5 \times 10^{-9}\ mol^2 \cdot L^{-2}$

则① = ③ − ② − ④

故 $K = K_{a2} / (K_{sp} \cdot K_{a1}) = 4 \times 10^{4.18}\ mol^{-2} \cdot L^2$，即该反应的平衡常数很大，因此该反应在理论上可以发生，并且限度很大。这说明，水体系中存在多重平衡，其中的大趋势反应（④的逆向反应）可以拉动小趋势反应（②③），放大小趋势反应的价值。

这种化学反应之间耦合的思想对于提高物质转化程度具有重要意义。

体系Ⅰ　$A+B = C+D$　　$K_1<<1$ 小趋势反应

体系Ⅱ　$D+E = F+G$　　$K_2>>1$ 大趋势反应

体系Ⅲ　$A+B+E = C+F+G$　　$K_3=K_1 \cdot K_2>>K_1$

我们可以回忆“大趋势反应拉动小趋势反应”的例子，体会耦合思想的价值。

活动 2　珊瑚礁的破坏

迁移应用　利用水溶液体系分析思路预测 CO_2 排放量增多，海水中的 Ca^{2+}、HCO_3^- 浓度可能会如何变化？并解释珊瑚礁被破坏的原因。

当有过量 CO_2 进入海水体系，海水中存在的各类平衡关系见表 13-2。由于 CO_2 含量增加，根据平衡移动会造成海水中 CO_3^{2-} 和 H^+ 的含量增加。由珊瑚礁的形成原理可知，CO_3^{2-} 和 H^+ 的含量增加会对 $Ca^{2+}+CO_3^{2-} \rightleftharpoons CaCO_3(s)$ 这一平衡产生两个不同的作用结果：CO_3^{2-} 的增加有利于平衡正向移动，有利于珊瑚礁的形成；但 H^+ 的增多，又会造成珊瑚礁的溶解。因此，适量地增加 CO_2 是有利于钙化作用的，但 H^+ 增加得过多，会打破平衡，使珊瑚礁溶解。所以，CO_2 排放量不断增多的过程中，Ca^{2+} 浓度可能会先降低后升高，而 HCO_3^- 的浓度会不断增加。因此当 CO_2 含量持续增加时，微观上的平衡移动会引发宏观上的反应（$CaCO_3+CO_2+H_2O \rightleftharpoons Ca^{2+}+2HCO_3^-$），表现为珊瑚礁的溶解。

表 13-2　CO_2 含量增加时海水中主要存在的平衡关系

各类平衡关系	$CO_2+H_2O \rightleftharpoons H_2CO_3$（向右移动） $H_2CO_3 \rightleftharpoons HCO_3^-+H^+$（向右移动） $HCO_3^- \rightleftharpoons CO_3^{2-}+H^+$（向右移动） $HCO_3^-+H_2O \rightleftharpoons H_2CO_3+OH^-$ $H_2O \rightleftharpoons H^++OH^-$ $Ca^{2+}+CO_3^{2-} \rightleftharpoons CaCO_3(s)$ $CaCO_3(s) \rightleftharpoons Ca^{2+}+CO_3^{2-}$ + H^+ ⇅ HCO_3^-
	$H^++HCO_3^- \rightleftharpoons CO_2\uparrow+H_2O$
	$CaCO_3+CO_2+H_2O = Ca^{2+}+2HCO_3^-$（宏观）

思考探究 除了从微粒间相互作用视角可以解释 CO_2 排放量增多对珊瑚礁的影响，从宏观热力学角度看反应 $CaCO_3+CO_2+H_2O \rightleftharpoons Ca^{2+}+2HCO_3^-$，也可以理解 CO_2 排放量增多会使得碳酸钙溶解（平衡正向移动）。那为什么全球温度升高，也会加剧珊瑚礁的消失呢？

从热力学角度看 $CaCO_3+CO_2+H_2O \rightleftharpoons Ca^{2+}+2HCO_3^-$ 是一个熵减的反应，要想自发进行，其焓变一定小于0，故温度升高后，理应有利于碳酸钙的形成。但温度升高将导致珊瑚为躲避海水升温向高纬度地区移动，温度越低 CO_2 含量越高，又将导致平衡正向移动，因此，珊瑚在更温暖更酸的海水中将无路可逃。据相关模型预测海水的 pH 本世纪末降到 7.8，届时珊瑚有可能消失。可见珊瑚礁的形成与破坏原理可能会涉及更复杂的海洋知识、气候知识等，本项目中只是呈现了从化学平衡移动视角分析珊瑚礁形成与破坏的过程，以帮助同学们形成分析真实问题的化学视角、建构分析复杂水溶液体系的一般思路。

活动 3　珊瑚礁的保护

交流研讨 谈谈应如何保护珊瑚礁。

保护珊瑚礁的关键是减少 CO_2 的含量，其中节能减排、减少化石能源的消耗、植树造林、开发新能源都能减少 CO_2 在大气中的含量。其实针对 CO_2 的减排措施，无非分两类：一是从源头上，停止或减少 CO_2 的排放，具体包括扩大利用无碳、低碳或碳中性的新能源，节约能源及提高效能；二是从终端入手，对排放出来的 CO_2 进行捕捉和封存。但是从现实情况考虑，我国作为发展中国家，工业化发展对化石能源的消耗巨大，短时间内很难改变能源结构，而植树造林对于当前大气中 CO_2 含量的改变也很难达到立竿见影的效果，因此 CO_2 捕捉迫在眉睫！

任务二　“碳达峰、碳中和”的实施路径——探析三类常见碳捕捉技术

活动 1　认识碳捕捉技术

资料在线 二氧化碳捕捉与封存技术（简称 CCS 技术）是将化石燃料中的碳以二氧

化碳的形式从工业或相关能源的排放源中分离出来，输送到封存地点，并使之长期与大气隔绝的技术。该技术主要包括：二氧化碳的分离和捕捉，二氧化碳的地质封存或海洋封存等，也涉及二氧化碳的转化。我国已把 CCS 技术作为前沿技术列入国家中长期科技发展规划，并在相关技术领域取得突破。常见的三类碳捕捉技术如图 13-11 所示。

图 13-11 常见的三类碳捕捉技术

活动 2 矿物碳化封存法原理探析

交流研讨 CO_2 矿物封存主要是模仿自然界中钙 / 镁硅酸盐矿物的风化过程，即利用通常存在于天然硅酸盐矿石中的钙 / 镁离子与 CO_2 作用生成碳酸盐，实现 CO_2 固定的过程。例如，研究人员将 CO_2 和大量水注入地下深层的玄武岩（主要成分为硅酸钙和硅酸镁），使其转化为碳酸盐，实现了 CO_2 的固化封存。实验室模拟 CO_2 与硅酸钙向碳酸钙的转化，向硅酸钙悬浊液中通入 CO_2，应如何控制实验条件促进此过程的发生？

[$K_{sp}(CaCO_3)=5\times10^{-9}\,mol^2\cdot L^{-2}$ $K_{sp}(CaSiO_3)=1.14\times10^{-8}\,mol^2\cdot L^{-2}$]

硅酸钙向碳酸钙转化的实质是沉淀转化的过程，硅酸盐与碳酸盐之间的转化方程式如下：

$$CaSiO_3(s)+CO_3^{2-} \rightleftharpoons CaCO_3(s)+SiO_3^{2-}$$

由于碳酸钙的沉淀溶解平衡常数更小，这一转化在理论上具有可能性。因此在这一转化过程中为提高硅酸钙的转化率，要尽可能提高 CO_3^{2-} 的浓度，即增大 CO_2 的压强，使得 H_2CO_3 和 HCO_3^- 的电离平衡向右移动。

思考探究 从定量角度通过计算说明 $CaSiO_3(s)+CO_3^{2-} \rightleftharpoons CaCO_3(s)+SiO_3^{2-}$ 的平衡常数 K，并计算在 pH=6 的体系中使上述转化发生，通入 CO_2 的分压至少为多少（假设溶于水的 CO_2 全部转化为 H_2CO_3）？已知气体中的 CO_2 溶于水形成 H_2CO_3 的浓度遵循亨利定律，即在一定温度下，化学物质在气相中的分压与其在液相中的浓度呈线性相关，即 $c=p\cdot K_H$，其中 K_H 为亨利常数，p 为平衡时气体的分压；H_2CO_3 的 K_{a1}、K_{a2} 数据见表 13-3。

表 13-3 25℃时的相关数据表

K_H	K_{a1}	K_{a2}	K_w
$10^{-1.47}$ mol·(L·atm)$^{-1}$	$10^{-6.51}$ mol·L^{-1}	$10^{-10.33}$ mol·L^{-1}	10^{-14} mol^2·L^{-2}

$$K=\frac{c(SiO_3^{2-})}{c(CO_3^{2-})}=\frac{K_{sp}(CaSiO_3)}{K_{sp}(CaCO_3)}=2.28$$

在硅酸钙悬浊液中，存在：

$$CaSiO_3(s) \rightleftharpoons Ca^{2+}+SiO_3^{2-}$$

$$c(Ca^{2+})=\sqrt{K_{sp}(CaSiO_3)}=1.07\times10^{-4}\,mol\cdot L^{-1}$$

$$CaCO_3(s) \rightleftharpoons Ca^{2+}+CO_3^{2-}$$

$$c(CO_3^{2-})=\frac{K_{sp}(CaCO_3)}{c(Ca^{2+})}$$

生成碳酸钙沉淀所需的最低 $c(CO_3^{2-})=4.67\times10^{-5}\,mol\cdot L^{-1}$。

$$H_2CO_3 \rightleftharpoons HCO_3^-+H^+$$

$$K_{a1}=\frac{c(HCO_3^-)\cdot c(H^+)}{c(H_2CO_3)}$$

$$HCO_3^- \rightleftharpoons CO_3^{2-}+H^+$$

$$K_{a2}=\frac{c(CO_3^{2-})\cdot c(H^+)}{c(HCO_3^-)}$$

CO_2 通入后，由平衡常数之间的关系可得 $c(CO_3^{2-})=\dfrac{K_{a1}\cdot K_{a2}\cdot K_H\cdot p_{CO_2}}{c^2(H^+)}$。

代入数据可得 p_{CO_2}=95.3 atm。

模型优化 通过上述计算可以发现，在定性分析水溶液体系的基础上，还可以结合平衡常数 K_a、K_{sp}、K_h 等做定量计算，从定量角度分析体系中微粒数量的变化（图 13-12）。

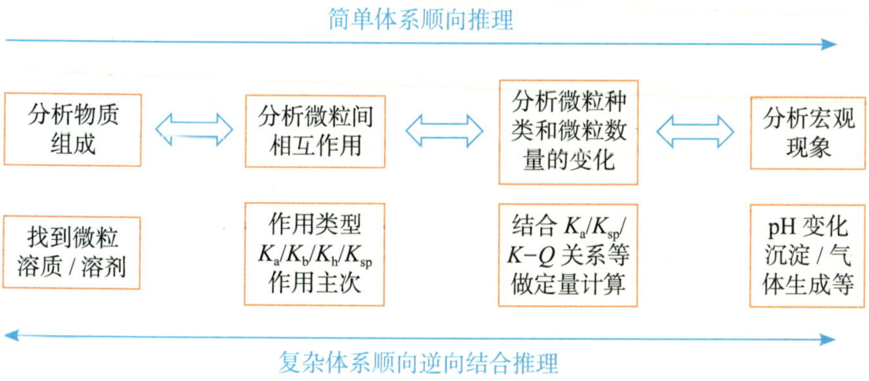

图 13-12　复杂水溶液体系分析思路优化模型

值得注意的是，目前大气中 CO_2 的浓度大约是 0.000 35 atm，在这样的压力下，只有很少的 CO_2 能从气相转移到液相；而理论上要实现上述转化所需的 CO_2 分压很高，因此 CO_2 的收集成本会很高，设备的生产、制造是很大一笔投入。另外，这种转化还需要消耗大量的水，即使可以利用海水，也只能在海湾地区进行。因此，成本问题和收集 CO_2 的技术问题，目前来看仍然面临着比较大的困难。

活动 3　化学溶剂吸收法原理探析

化学溶剂吸收法，指的是采用液相溶液，通过化学反应选择性地自气相中脱除易溶于吸收液成分的方法。化学吸收法脱除 CO_2 实质是利用碱性吸收剂溶液与烟气中的 CO_2 接触并发生化学反应，形成不稳定的盐类，而盐类在一定的条件下会逆向分解释放出 CO_2 而再生，从而将 CO_2 从烟气中分离脱除。铵类吸收剂在化学吸收法中应用非常广泛，如碳酸铵溶液就是一种常用的化学吸收剂。

交流研讨　目前，NH_3 和 $(NH_4)_2CO_3(aq)$ 是常用工业捕碳剂，与 CO_2 可发生如下反应：

反应Ⅰ　$2NH_3(l)+H_2O(l)+CO_2(g) \rightleftharpoons (NH_4)_2CO_3(aq)\ \Delta H_1$

反应Ⅱ　$NH_3(l)+H_2O(l)+CO_2(g) \rightleftharpoons NH_4HCO_3(aq)\ \Delta H_2$

反应Ⅲ　$(NH_4)_2CO_3(aq)+H_2O(l)+CO_2(g) \rightleftharpoons 2NH_4HCO_3(aq)\ \Delta H_3$

（1）ΔH_3 与 ΔH_1、ΔH_2 之间的关系如何？不同温度下，碳酸铵与 CO_2 在密闭容器中发生反应，CO_2 浓度与温度的关系如图 13-13 所示，判断反应Ⅲ的热效应及自发进行的条件如何？

（2）若利用反应Ⅲ捕捉 CO_2，应如何提高 CO_2 的平衡转化率？

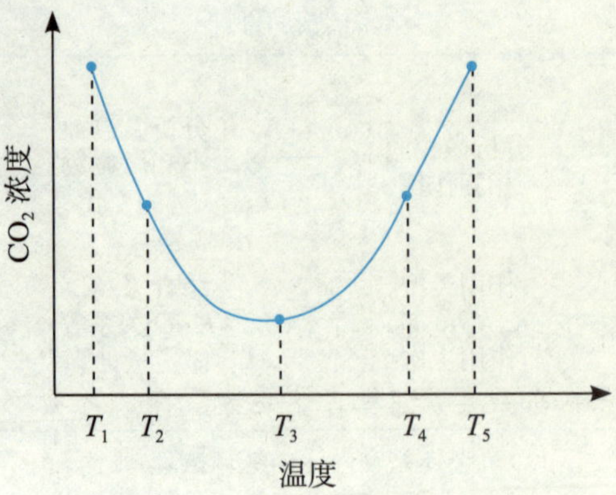

图 13-13　CO_2 浓度与温度（T）的关系

由盖斯定律可知，$\Delta H_3 = 2\Delta H_2 - \Delta H_1$。从反应的自发性考虑，由于反应Ⅲ的 $\Delta S<0$，反应要想自发进行，其 $\Delta H<0$；由反应自发条件 $\Delta G = \Delta H - T\Delta S<0$ 可知，反应在低温条件下更易自发。此外判断反应Ⅲ的热效应也可由图 13-13 判断，由不同温度下 CO_2 浓度与温度（T）的关系可知，反应在 T_3℃下达到平衡时，继续升高温度 CO_2 浓度升高，说明平衡逆向移动，故 $\Delta H<0$。

由反应Ⅲ的特征可知，由于反应是一个放热且气体系数减小的反应，要提高 CO_2 的平衡转化率，可以采取降低温度、增大体系压强（增大 CO_2 浓度）或提高碳酸铵浓度、及时更换吸收剂（分离碳酸氢铵）的方法等。

模型建构　从热力学角度分析化学反应的自发性与限度的思维模型如图 13-14 所示。

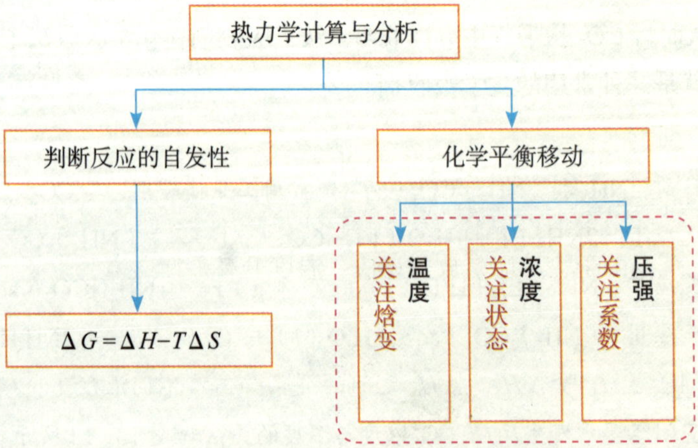

图 13-14　化学反应的热力学分析模型

模型优化　降低温度可以提高 CO_2 的平衡转化率，在实际吸收过程中是不是温度越低越好呢？

实际工业生产中由于要考虑生产成本的问题，所以在实际操作中，除了要关注平衡转化率，还要关注反应时间问题，即关注单位时间内的转化率。在实际生产过程中反应可能达到了平衡状态，也可能未达到平衡状态（其实很多时候在工业生产中都没有达到平衡状态）。因此反应速率的提高就显得尤为关键，反应速率提高，单位时间内的产量自然就提高。例如，在 CO_2 的吸收过程中，降低温度可以增加 CO_2 的平衡转化率，但是降低温度也会使反应速率减小，延长吸收时间，因此要综合两方面选择合适的温度。据此可形成如图 13-15 所示的热力学、动力学综合视角下的条件选择模型。

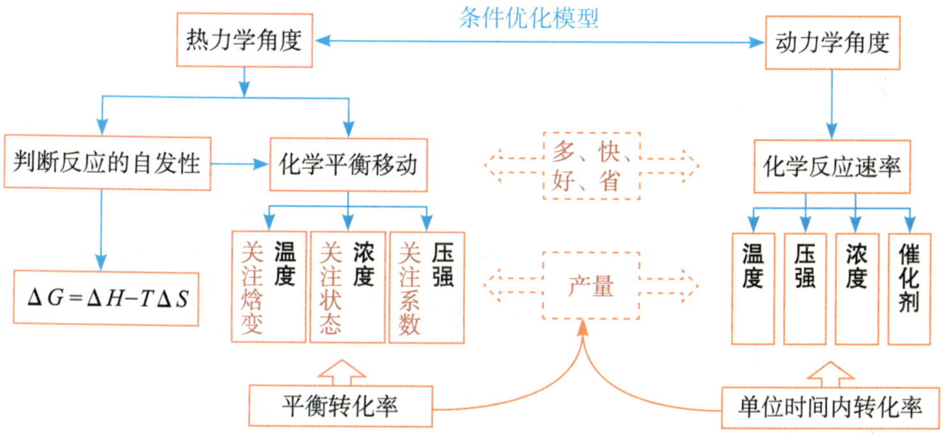

图 13-15　综合视角下的工业生产条件选择模型

交流研讨　图 13-13 中，CO_2 的浓度随着温度的升高，为什么出现先降低后升高的趋势？

T_1~T_3 区间是反应Ⅲ逐渐建立化学平衡的过程，即化学反应未达到平衡，升高温度，化学反应速率加快，所以 CO_2 被捕获的量随温度的升高而提高；T_3 温度下，反应达到平衡，此时继续升高温度，由于正反应是放热反应，温度升高平衡向逆反应方向移动，所以不利于 CO_2 的捕获，T_4~T_5 区间内呈现上升的趋势。因此，对于一个实际的工业生产过程，要建立平衡前、平衡态、平衡后等不同的分析区间。

方法导引　从平衡前、平衡态、平衡后等不同区间分析实际工业生产的可能过程（图 13-16）。

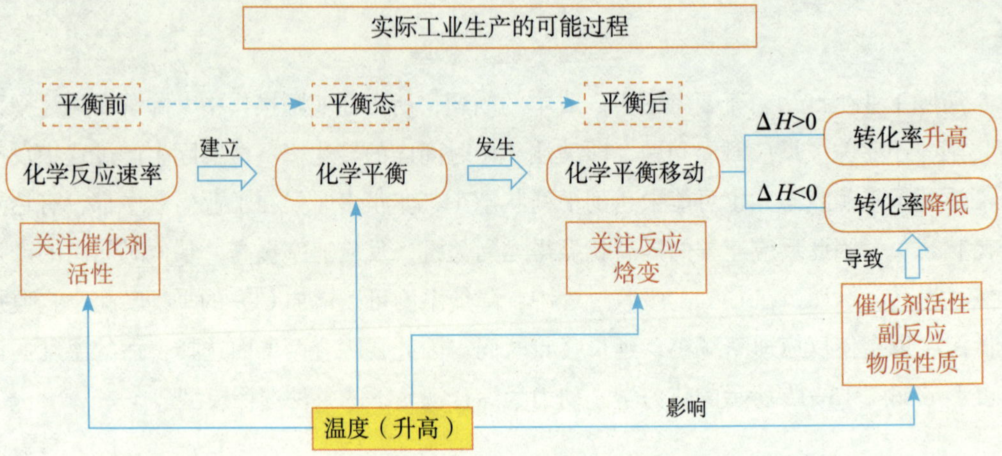

图 13-16　温度对实际工业生产中转化率（产率）的影响分析思路

交流研讨　氨水做吸收剂可能存在的问题有哪些?

（1）从 CO_2 的有效利用角度出发，利用氨水脱碳的产物 NH_4HCO_3 生产化肥，但要注意 NH_4HCO_3 作为化肥进入土壤后化学稳定性问题。如果 NH_4HCO_3 发生分解，导致 CO_2 逸出到大气中，那这种方法就不具有可行性，将被否决。

（2）氨水吸收和再生时易挥发的问题。

（3）氨水吸收剂的安全性问题，如运行中氨气的防泄漏、防爆等问题。

活动 4　化学转化法原理探析

随着化石能源的急剧消耗，地球面临能源耗尽、CO_2 排放量超标等问题，这些问题带来的地球限度危机（温室效应、海平面上升等）已成为人类生存的隐忧。利用化学反应，将排放的 CO_2 转化为人类所需的物质为解决这一问题提供了路径（图 13-17）。

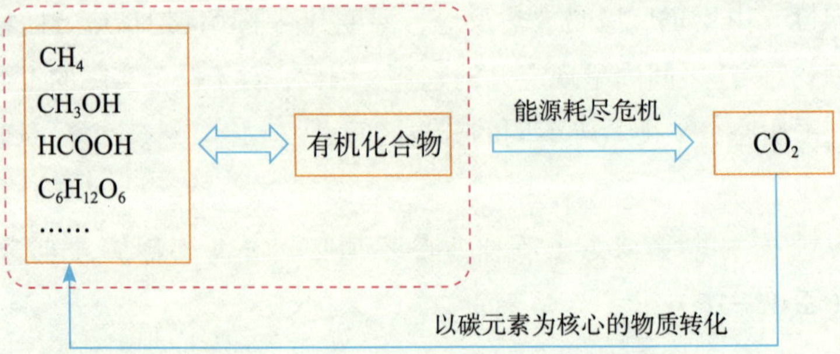

图 13-17　以碳元素为核心的物质转化路径

模型应用　利用二氧化碳为碳源合成甲醇，既可为减少二氧化碳的排放提供一种好的解决方法，又可为甲醇的合成提供一条绿色合成的新途径。判断该反应的自发性如何，并综合条件优化模型选择适宜的反应条件提高甲醇的转化率。

$CO_2(g)+3H_2(g) \rightleftharpoons CH_3OH(g)+H_2O(g)$　$\Delta H=-49.5\ kJ\cdot mol^{-1}$

根据综合视角下工业生产条件选择模型，工业生产甲醇条件的选择结果如图 13-18 所示。可以发现，温度越低，甲醇的平衡转化率越高，但温度越低，单位时间内甲醇的产率越低。如何解决平衡转化率与速率之间的矛盾呢？该反应在一定温度下的反应限度如何呢？如果该反应的限度很大，就可采取相对较高的温度；如果该反应的限度很小，可能提高速率才是解决矛盾的主要方向。

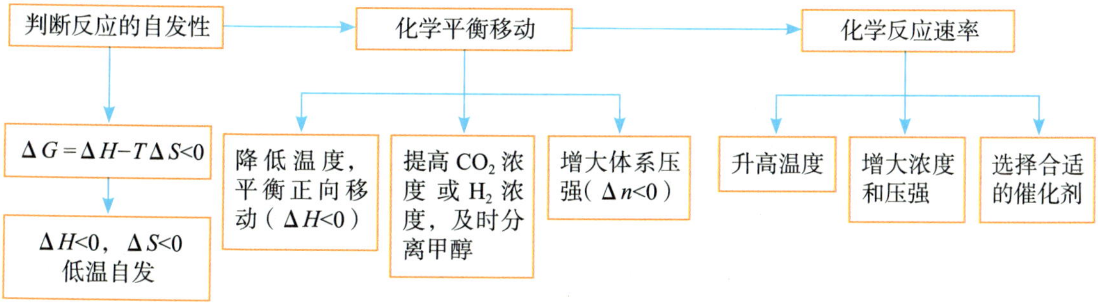

图 13-18　综合视角下的条件选择结果

交流研讨　已知：该反应的反应速率 $v=v_{正}-v_{逆}=k_{正}x_{CO_2}\cdot x^3_{H_2}-k_{逆}x_{CH_3OH}\cdot x_{H_2O}$，其中 $k_{正}$ 和 $k_{逆}$ 分别为正、逆反应速率常数，x 为物质的量分数。在一恒压密闭容器中，通入 0.2 mol CO_2 和 0.6 mol H_2 发生反应，100 ℃时测得某时刻 CO_2 的转化率为 40%，$\frac{v_{正}}{v_{逆}}=2.85$，求该温度下 $\frac{k_{正}}{k_{逆}}$ 的值。

$$\frac{v_{正}}{v_{逆}}=\frac{k_{正}x_{CO_2}\cdot x^3_{H_2}}{k_{逆}x_{CH_3OH}\cdot x_{H_2O}}=2.85 \qquad \frac{k_{正}}{k_{逆}}=\frac{2.85x_{CH_3OH}\cdot x_{H_2O}}{x_{CO_2}\cdot x^3_{H_2}}$$

	$CO_2(g)$	$+3H_2(g)$	$\rightleftharpoons CH_3OH(g)$	$+H_2O(g)$
起 /mol	0.2	0.6	0	0
变 /mol	0.08	0.24	0.08	0.08
某时刻 /mol	0.12	0.36	0.08	0.08

$$x_{CO_2}=\frac{3}{16} \qquad x_{H_2}=\frac{9}{16} \qquad x_{H_2O}=x_{CH_3OH}=\frac{2}{16}$$

带入数据得 $\frac{k_{正}}{k_{逆}}=1.33$。又因为该反应是一个前后气体系数减小的反应，所以 $\frac{k_{正}}{k_{逆}}$ 的值在一定程度上反映了该反应的 K_p 很小。

方法导引 平衡常数 K 和速率常数 k 之间的关系

对于任意一可逆反应 $aA(g)+bB(g) \rightleftharpoons cC(g)+dD(g)$，若其正、逆反应的速率方程可以写成 $v_{正}=k_{正}c^a(A)\cdot c^b(B)$，$v_{逆}=k_{逆}c^c(C)\cdot c^d(D)$，则可以建立该反应的平衡常数 K 和速率常数 k 之间的关系。

当反应达到化学平衡时，$v_{正}=v_{逆}$，平衡常数 $K=\dfrac{c^c(C)\cdot c^d(D)}{c^a(A)\cdot c^b(B)}$，即 $K=\dfrac{k_{正}}{k_{逆}}$。

压强平衡常数 K_p 和 k 之间同样存在这样的关系，只需把各物质浓度替换成各物质分压即可。

温度降低有利于平衡正向移动，甲醇平衡转化率提高，但温度低，反应速率慢，成本提高；另外废气中的 CO_2 浓度又相对固定，富集 CO_2 又将增加成本，增大体系压强也将对装置提出更高要求；通过计算知反应进行的限度又不理想。在这种情况下，寻找催化效率高、选择性高的催化剂，以缩短反应达到平衡的时间，在尽可能短的时间内获得尽量多的产物，就成了主要的研究方向。一般来说，只要一个反应的平衡转化率不低到没有生产价值的情况下，速率因素总是矛盾的主要方面。

思考探究 以 CO_2、H_2 为原料合成 CH_3OH 常温下反应速率很慢，科学家以磷化硼纳米颗粒作为催化剂大大加快合成 CH_3OH 的速率，该反应的历程如图 13-19 所示。

（1）简要分析气体在磷化硼表面的催化机理（* 表示物质吸附在催化剂表面）。

（2）评价磷化硼纳米颗粒催化剂的优势有哪些。

（3）欲使合成甲醇的反应速率进一步加快，应主要降低哪一步的能量变化？

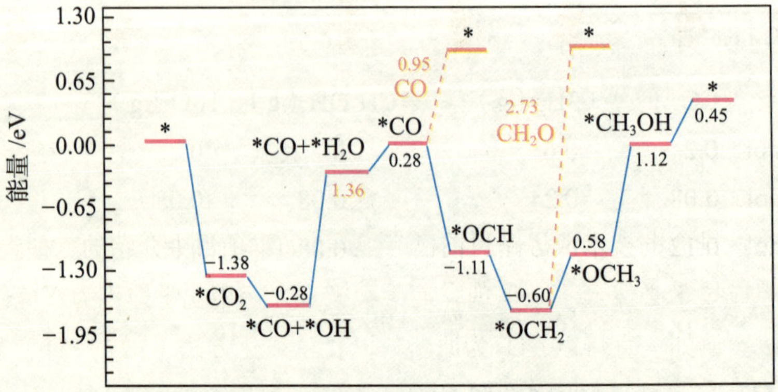

图 13-19 CO_2、H_2 合成 CH_3OH 在催化剂表面的反应机理

气体在固体催化剂表面的反应（非均相催化）一般要经历以下历程：

扩散 → 吸附 → 表面反应 → 脱附 → 扩散

由反应机理图可知，生成 CO 和 HCHO 的活化能明显高于生成 CH_3OH 的活化能，因此该催化剂可减少副反应（CO、HCHO）的发生，对 CH_3OH 具有高选择性；此外该催化剂可加快合成 CH_3OH 的速率，故其大大降低反应的活化能；最后纳米颗粒有利于反应物的吸附。

图中 $*CO + *OH \longrightarrow *CO + *H_2O$ 是合成甲醇反应的决速步骤，其反应的活化能在所有步骤中最高，因此欲使反应速率进一步加快，应进一步研究能降低决速步骤活化能的催化剂。

实际生产中绝大部分反应不可能达到平衡，因为达到平衡需要时间较长，所以实际转化率比平衡转化率低。在平衡与速率二者之间，从提高产量的角度我们希望其速率快一些，以此来弥补转化率的不足。

活动 5　研究展望

CO_2 过量排放所引起的气候变化是全球性的、多层次的，因而人类的应对措施也绝不可能是单一的，必然是百花齐放，任何单一技术或方式都不可能解决全部问题，新技术、新思路也将不断涌现（图 13-20）。

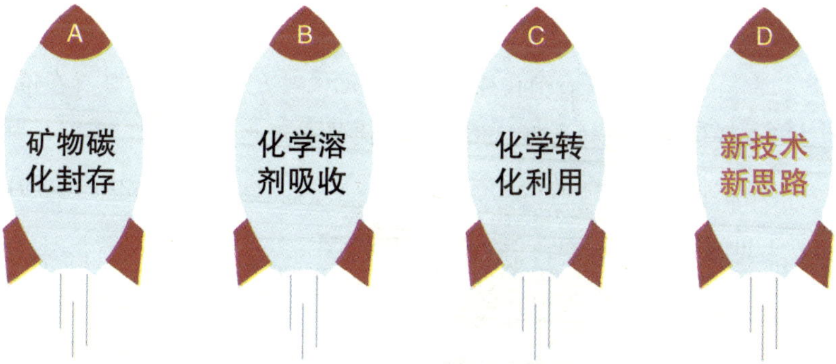

图 13-20　多样化的碳捕捉技术

应对 CO_2 过量排放的技术或思路目前已有很多，如本项目中介绍的三种碳捕捉方法，但将来新的设想或技术必然会不断呈现，期待大家未来运用化学知识为环境保护提供更多的思路或方法。例如，直接以 CO_2 为原料的电化学转化方法（图 13-21）愈来愈受到科学家的重视（该方法可参考由江合佩老师编著的《走向真实情境的项目化学习》一书中项目 9“人工光合固碳研究”相关内容）。

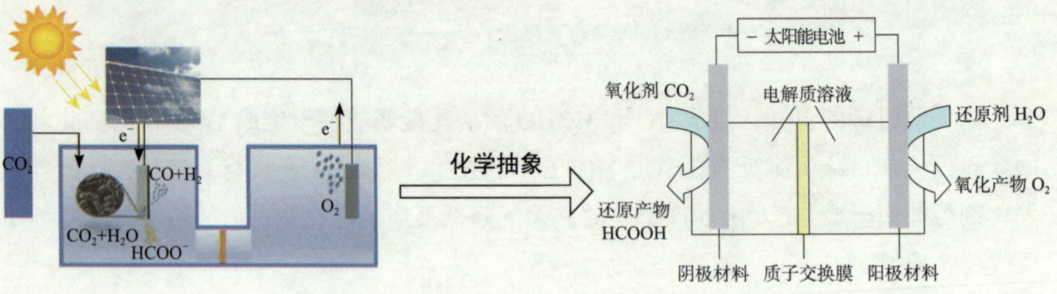

图 13-21 直接以 CO_2 为原料的电化学转化方法

单元项目梳理

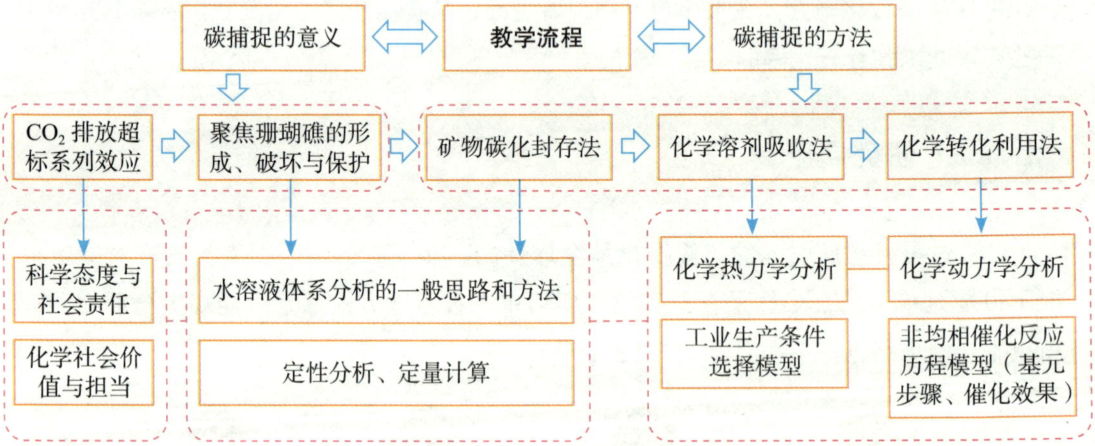

单元项目检测

学习理解

1. 二氧化碳的过量排放可对海洋生物的生存环境造成很大的影响，其原理如图所示。下列叙述错误的是（　　）

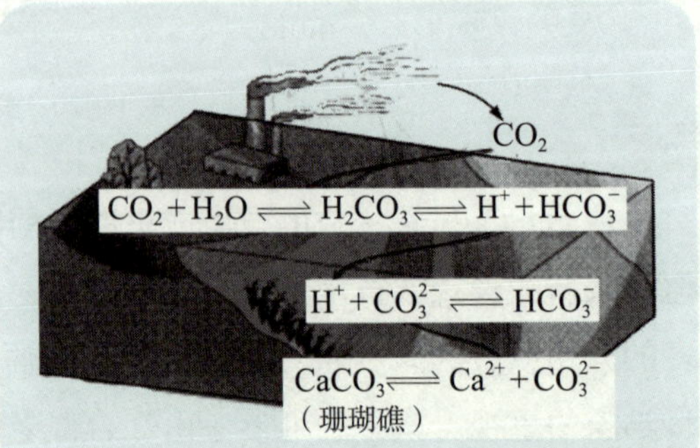

A. 海水酸化能引起 HCO_3^- 浓度增大、CO_3^{2-} 浓度减小

B. 海水酸化能促进 $CaCO_3$ 溶解，导致珊瑚礁减少

C. CO_2 能引起海水酸化，其原理为 $HCO_3^- \rightleftharpoons H^+ + CO_3^{2-}$

D. 使用太阳能、氢能等新能源可改善珊瑚的生存环境

2. 大气中 CO_2 含量的增多除了导致地球表面温度升高外，还会影响海洋生态环境。某研究小组在实验室测得不同温度下（T_1、T_2）海水中 CO_3^{2-} 浓度与模拟空气中 CO_2 浓度的关系曲线。已知海水中存在以下平衡：$CO_2(aq) + CO_3^{2-}(aq) + H_2O(aq) \rightleftharpoons 2HCO_3^-(aq)$。下列说法不正确的是（　　）

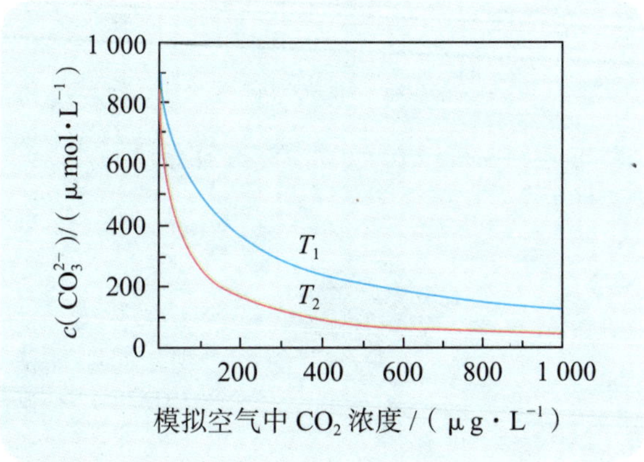

A. $T_1 > T_2$

B. 海水温度一定时，大气中 CO_2 浓度增加，海水中溶解的 CO_2 随之增大，CO_3^{2-} 浓度降低

C. 当大气中 CO_2 浓度确定时，海水温度越高，CO_3^{2-} 浓度越低

D. 大气中 CO_2 含量增加时，海水中的珊瑚礁将逐渐溶解

3. CH_4 与 CO_2 重整生成 H_2 和 CO 的过程中主要发生下列反应：

$CH_4(g) + CO_2(g) = 2H_2(g) + 2CO(g)$

$\Delta H = +247.1\ kJ \cdot mol^{-1}$

$H_2(g) + CO_2(g) = H_2O(g) + CO(g)$

$\Delta H = +41.2\ kJ \cdot mol^{-1}$

在恒压、反应物起始物质的量比 $n(CH_4) : n(CO_2) = 1:1$ 条件下，CH_4 和 CO_2 的平衡转化率随温度变化的曲线如图所示。下列有关说法正确的是（　　）

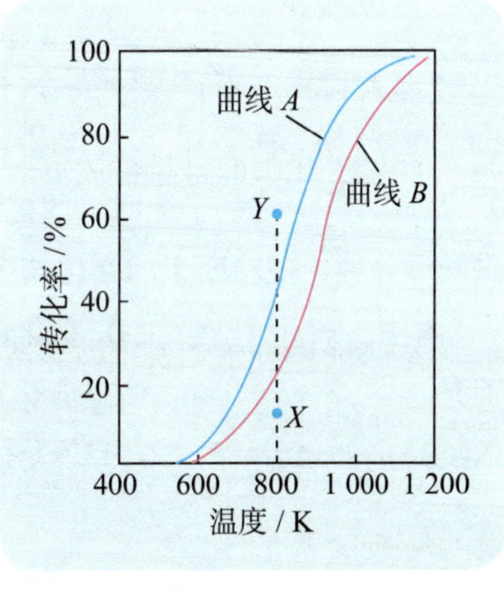

A. 升高温度、增大压强均有利于提高 CH_4 的平衡转化率

B. 曲线 B 表示 CH_4 的平衡转化率随温度的变化

C. 相同条件下，改用高效催化剂能使曲线 A 和曲线 B 相重叠

D. 恒压、800 K、$n(CH_4):n(CO_2)=1:1$ 条件下，反应至 CH_4 转化率达到 X 点的值，改变除温度外的特定条件继续反应，CH_4 转化率能达到 Y 点的值

4. 我国科研人员研究了在 Cu−ZnO−ZrO_2 催化剂上 CO_2 加氢制甲醇过程中水的作用机理，其主反应历程如图所示（$H_2 \longrightarrow$ *H+*H）。下列说法错误的是（　　）

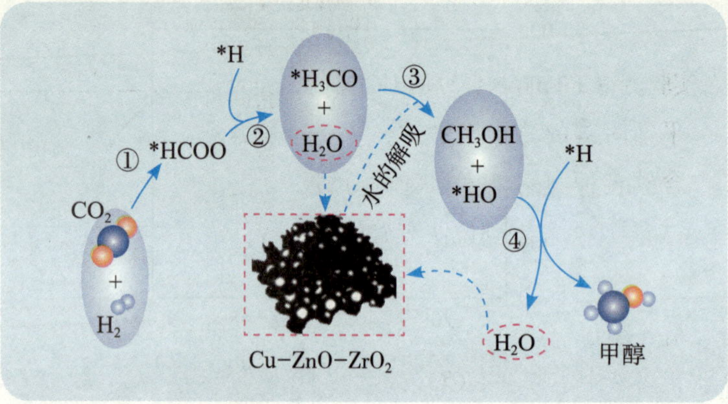

A. CO_2 加氢制甲醇的过程中原子利用率小于 100%

B. 带 * 标记的物质是该反应历程中的中间产物

C. Cu−ZnO−ZrO_2 可提高甲醇的产率

D. 第④步的反应式为 *HO + *H $\longrightarrow$ H_2O

5. CO_2 催化加氢合成乙烯是综合利用 CO_2 的热点研究领域。回答下列问题：

（1）CO_2 催化加氢生成乙烯和水的反应中，产物的物质的量之比 $n(C_2H_4):n(H_2O)$ =__________。当反应达到平衡时，若增大压强，则 $n(C_2H_4)$ ________（填“变大”“变小”或“不变”）。

（2）理论计算表明，原料初始组成 $n(CO_2):n(H_2)=1:3$，在体系压强为 0.1 MPa、反应达到平衡时，四种组分的物质的量分数 x 随温度 T 的变化如图所示。

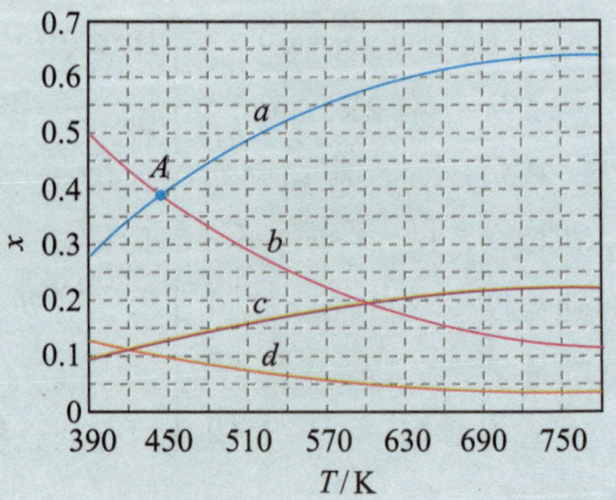

图中，表示 C_2H_4、CO_2 变化的曲线分别是________、________。CO_2 催化加氢合成 C_2H_4 反应的 ΔH______0（填“大于”或“小于”）。

（3）根据图中点 A（440 K，0.39），计算该温度时反应的平衡常数 K_p=__________（MPa）$^{-3}$（列出计算式，以分压表示，分压 = 总压 × 物质的量分数）。

（4）CO_2 催化加氢合成乙烯的反应往往伴随副反应，生成 C_3H_6、C_3H_8、C_4H_8 等低碳烃。一定温度和压强条件下，为了提高反应速率和乙烯选择性，应当____________________________。

应用实践

6. 常温下，实验测得 1.0 mol·L^{-1} NH_4HCO_3 溶液的 pH=8.0。平衡时碳的分布系数（各含碳微粒的浓度占含碳各种微粒浓度之和的分数）与 pH 的关系如图所示。下列说法正确的是（　　）

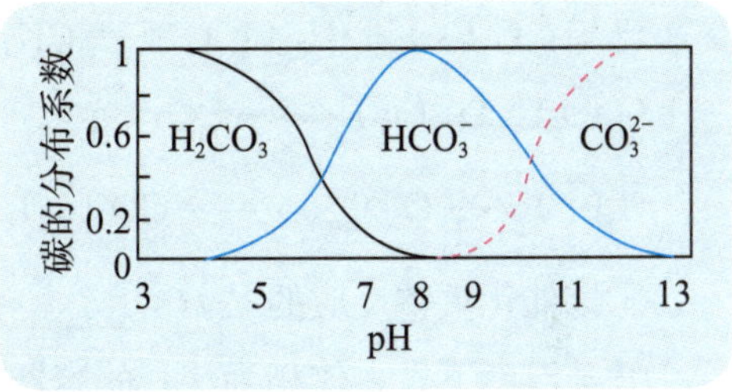

A. 常温下，K_b（$NH_3 \cdot H_2O$）>K_{a1}（H_2CO_3）>K_{a2}（H_2CO_3）

B. pH=13 时，溶液中不存在 HCO_3^- 的水解平衡

C. pH 为 8 ~ 11 时，随着 pH 的增大，$\dfrac{c(CO_3^{2-}) \cdot c(H^+)}{c(HCO_3^-)}$ 增大

D. pH=3 时，有 $c(NH_4^+)+c(NH_3 \cdot H_2O)=c(HCO_3^-)+c(H_2CO_3)+c(CO_3^{2-})$

7. 科学工作者结合实验与计算机模拟结果，研究了在 Pt / SiO_2 催化剂表面上 CO_2 与 H_2 的反应历程，前三步历程如图所示，其中吸附在 Pt / SiO_2 催化剂表面上的物质用“·”标注，Ts 表示过渡态。

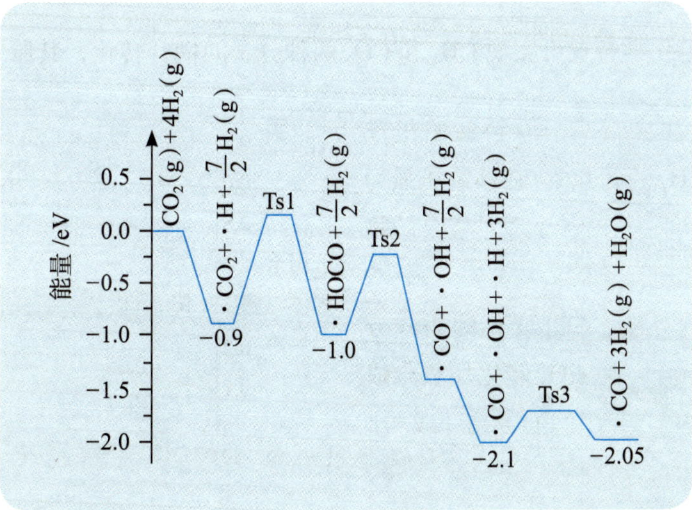

下列有关叙述正确的是（ ）

A. 前三步总反应的 $\Delta H<0$

B. ·HOCO 转化为·CO 和·OH 为吸热过程

C. 催化剂通过参与化学反应，能降低反应的活化能，提高反应物的转化率

D. 历程中活化能（能垒）最小的反应方程式为 $\cdot CO+\cdot OH+\cdot H+3H_2(g)=\!=\!=\cdot CO+3H_2(g)+H_2O(g)$

8. CO_2 资源化再生利用在解决环境和能源问题两个领域都极具重要意义。

（1）CO_2-CH_4 催化重整可得到合成气：$CH_4(g)+CO_2(g)\rightleftharpoons 2CO(g)+2H_2(g)$。

已知：$C(s)+2H_2(g)\rightleftharpoons CH_4(g)\quad \Delta H=-75\ kJ\cdot mol^{-1}$

$C(s)+O_2(g)\rightleftharpoons CO_2(g)\quad \Delta H=-394\ kJ\cdot mol^{-1}$

$C(s)+\frac{1}{2}O_2(g)\rightleftharpoons CO(g)\quad \Delta H=-111\ kJ\cdot mol^{-1}$

①该催化重整反应的 $\Delta H=$______ $kJ\cdot mol^{-1}$。

②某温度下，在体积为 2 L 的容器中加入 2 mol CH_4、1 mol CO_2 以及催化剂进行重整反应，达到平衡时 CO_2 的转化率是 50%，其平衡常数为________。

③反应中催化剂活性会因积碳反应而降低，同时存在的消碳反应则使积碳量减少。

积碳反应：$CH_4(g)\rightleftharpoons C(s)+2H_2(g)$；

消碳反应：$CO_2(g)+C(s)\rightleftharpoons 2CO(g)$。

在一定温度下，测得某催化剂上沉积碳的生成速率方程为 $v=k\cdot p(CH_4)\cdot p^{-0.5}(CO_2)$（$k$ 为速率常数）。在 $p(CH_4)$ 一定时，不同 $p(CO_2)$ 下积碳量随时间的变化趋势如图所示，则 $p_a(CO_2)$、$p_b(CO_2)$、$p_c(CO_2)$ 从大到小的顺序为________________________。

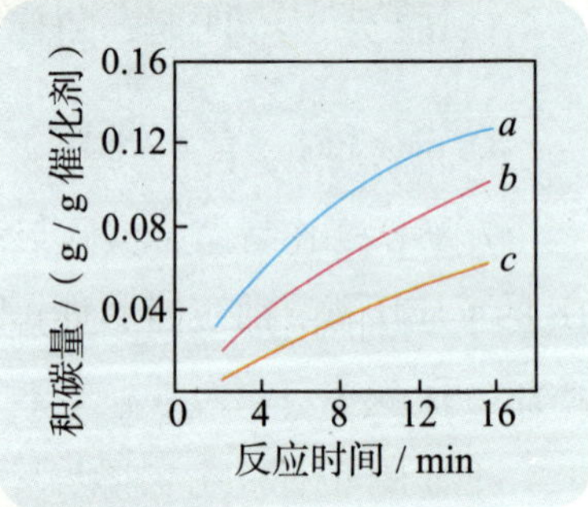

（2）利用电化学装置可实现 CH_4 和 CO_2 两种分子的耦合转化，其原理如图所示。

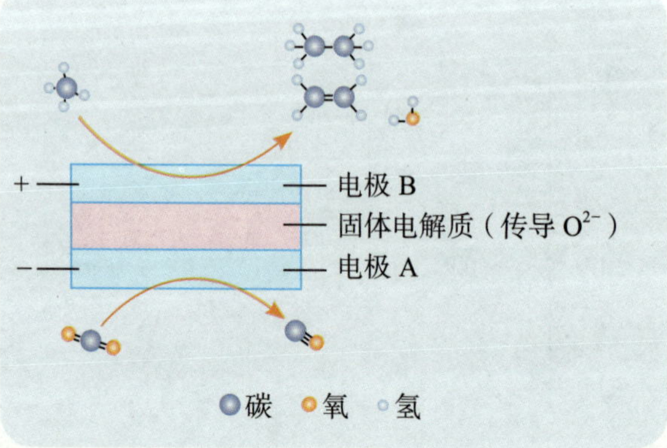

① 阴极上的电极反应式为 ________________________________。

② 若生成的乙烯和乙烷的体积比为 2 ∶ 1，则消耗的 CH_4 和 CO_2 的体积比为 _____。

（3）CO_2 与甲醇直接合成 DMC（$CH_3OCOOCH_3$）近年来备受关注。一种在有氧空位的催化剂上合成 DMC 的反应机理如图所示。

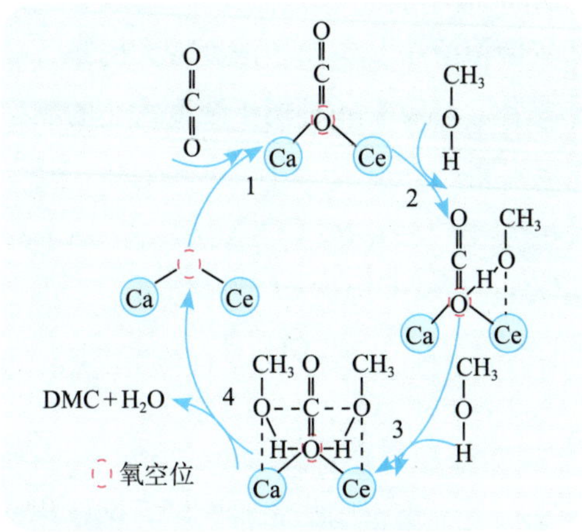

① 合成过程包括吸附和脱附，其中属于脱附的是 _____（填数字）。

② 合成 DMC 的反应方程式为 ____
________________________________。

9. 随着科学技术的发展和环保要求的不断提高，CO_2 的捕集利用技术成为研究的重点。

完成下列填空：

（1）目前国际空间站处理 CO_2 的一个重要方法是将 CO_2 还原，所涉及的反应方程式为 $CO_2(g)+4H_2(g) \rightleftharpoons CH_4(g)+2H_2O(g)$。

已知 H_2 的体积分数随温度的升高而增加。

若温度从 300 ℃升至 400 ℃，重新达到平衡，判断下列表格中各物理量的变化。（填“增大”“减小”或“不变”）

$v_正$	$v_逆$	平衡常数 K	转化率 α

（2）相同温度时，上述反应在不同起始浓度下分别达到平衡，各物质的平衡浓度见下表。

平衡	$c_平(CO_2)/(mol\cdot L^{-1})$	$c_平(H_2)/(mol\cdot L^{-1})$	$c_平(CH_4)/(mol\cdot L^{-1})$	$c_平(H_2O)/(mol\cdot L^{-1})$
平衡Ⅰ	a	b	c	d
平衡Ⅱ	m	n	x	y

a、b、c、d与m、n、x、y之间的关系式为 ________。

（3）碳酸（H_2CO_3）：$K_{a1}=4.3\times10^{-7}\ mol\cdot L^{-1}$，$K_{a2}=5.6\times10^{-11}\ mol\cdot L^{-1}$。

草酸（$H_2C_2O_4$）：$K_{a1}=5.9\times10^{-2}\ mol\cdot L^{-1}$，$K_{a2}=6.4\times10^{-5}\ mol\cdot L^{-1}$。

$0.1\ mol\cdot L^{-1}$ Na_2CO_3 溶液的 pH______（填“大于”“小于”或“等于”）$0.1\ mol\cdot L^{-1}$ $Na_2C_2O_4$ 溶液的 pH。

等浓度的草酸溶液和碳酸溶液中，氢离子浓度较大的是 ________。若将等浓度的草酸溶液和碳酸溶液等体积混合，溶液中各种离子浓度大小的顺序正确的是 ________（填序号）。

a. $c(H^+)>c(HC_2O_4^-)>c(HCO_3^-)>c(CO_3^{2-})$

b. $c(HCO_3^-)>c(HC_2O_4^-)>c(C_2O_4^{2-})>c(CO_3^{2-})$

c. $c(H^+)>c(HC_2O_4^-)>c(C_2O_4^{2-})>c(CO_3^{2-})$

d. $c(H_2CO_3)>c(HCO_3^-)>c(HC_2O_4^-)>c(CO_3^{2-})$

（4）人体血液中的碳酸和碳酸氢盐存在平衡：$H^++HCO_3^- \rightleftharpoons H_2CO_3$。当有少量酸性或碱性物质进入血液中时，血液的 pH 变化不大，用平衡移动原理解释上述现象：

____

____。

迁移创新

10. 温室气体 CO_2 转化为重要的工业原料甲酸是目前科学研究的热点。请回答下列问题：

（1）已知：① $CO(g)+H_2O(g) \rightleftharpoons HCOOH(g)$　$\Delta H_1=-72.6\ kJ\cdot mol^{-1}$

② $2CO(g)+O_2(g) \rightleftharpoons 2CO_2(g)$　$\Delta H_2=-566.0\ kJ\cdot mol^{-1}$

则反应③：$2CO_2(g)+2H_2O(g) \rightleftharpoons 2HCOOH(g)+O_2(g)$ 的 $\Delta H=$________ $kJ\cdot mol^{-1}$。

（2）刚性绝热密闭容器中，等物质的量 $CO_2(g)$ 和 $H_2O(g)$ 发生反应③，下列可判断反应达到平衡的是 ______（填字母序号）。

A. 容器内压强不变　　B. 容器中气体平均摩尔质量不变

C. $2v_{正}(CO_2)=v_{逆}(O_2)$　　D. 容器内温度不变

（3）我国科学家用 S-In 催化剂电催化还原 CO_2 制甲酸的机理如图（a）所示，其中吸附在催化剂表面的原子用 * 标注。

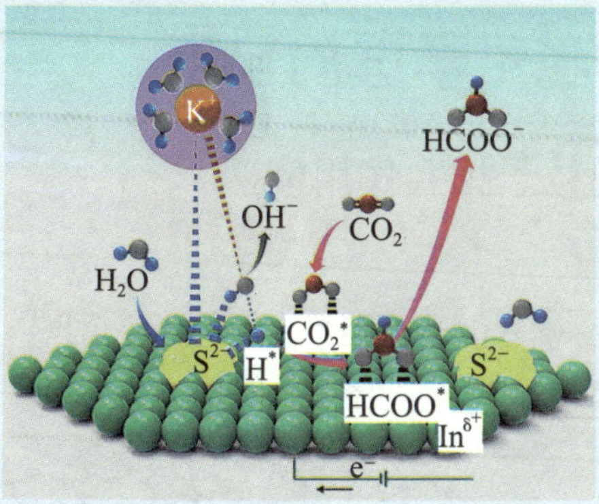

（a）

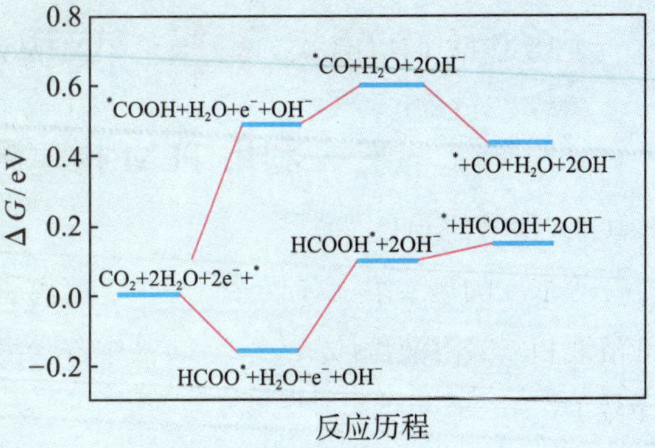

（b）

① 图（a）中，催化剂 S^{2-} 活性位点在催化过程中的作用是＿＿＿＿＿＿＿＿＿＿＿＿。

② 图（b）为催化还原 CO_2 的反应历程图。其中，生成甲酸的决速步骤的电极反应式为＿＿＿＿＿＿＿＿＿＿＿＿＿＿。从反应活化能或吸附位点角度分析该催化剂对生成甲酸具有高选择性的原因：＿＿＿＿＿＿＿＿＿＿＿＿＿＿＿＿＿＿＿＿＿＿＿＿＿。

（4）我国科学家设计了 CO_2 与氯碱电解槽耦合电解池装置，如图所示。

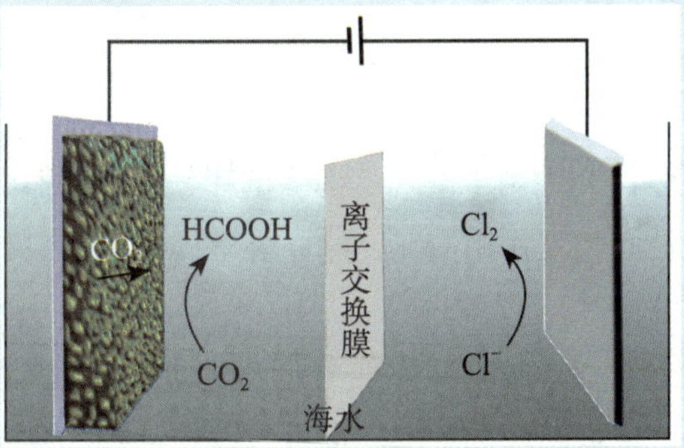

① 该电解池发生反应的化学方程式为＿＿＿＿＿＿＿＿＿＿＿＿＿＿。

② 标况下每生成 2.24 L Cl_2，电路中转移的电子数目为＿＿＿＿＿＿。

③传统的 CO_2 电催化还原过程中，阳极反应为氧析出反应。相较于传统的电催化过程，该装置的优点为＿＿＿＿＿＿＿＿＿＿＿＿＿＿＿＿＿＿＿＿＿＿。

项目14　探寻微观化学键的秘密

——利用 TEM 构建微观粒子相互作用模型

任务一　辨识微粒间作用力

任务二　共价键模型的再认识

任务三　探秘化学键的转变

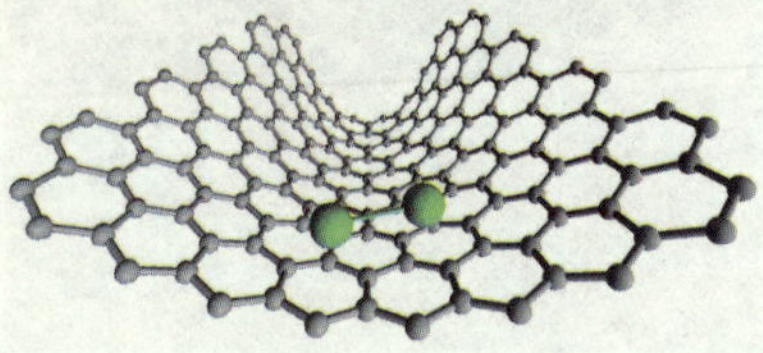

单元项目设计意图

以当代化学科研过程中经典的微观探析模式为切入点，介绍常见的微观结构鉴定工具，结合科学家首次拍摄到的化学键振动、结合、断裂过程实时图像，创设以最新科研成果为背景的探究情境，引导学生重现科研分析过程，培养“宏观辨识与微观探析”“科学探究与创新意识”等化学学科核心素养。

单元项目学习目标

1. 通过现阶段化学研究中用于微观结构确定和分析的仪器介绍，尝试结合图像证据和数据证据，了解微粒间相互作用情况，建立科学探究的一般程序，构建化学学科经典的课题研究过程思维模型。

2. 基于现有的共价键模型知识储备，按照已建立的科学探究思维模型，大胆猜想，寻找证据，推断解释；依据图像和数据证据进行合理推理，进一步认识共价键模型的特点；同时体会科研课题拆分为子课题的重要过程，提升在真实情境中解决问题的能力。

3. 根据电镜成像时间顺序，对 Re_2 分子在电镜下一系列的异常行为进行深入分析，进而了解化学键转变的可能性。培养敢于提出问题的意识与能力，在挑战现有知识的前提下，拓展分析问题和解决问题的角度与思路，激发探索未知世界的热情。

单元项目学习引导

冬天的雪花结构美丽，惹人喜爱。通过学习，我们早已知道雪花其实是水结冰后晶体呈现出来的形状。科学家通过 X 射线衍射等技术手段，逐步破解了水分子晶体的奥秘（图 14-1），让我们能从原子和分子水平上了解微观世界中水分子的空间排列、相互作用，同时从微观角度解释了宏观水三相变化过程中的性质。

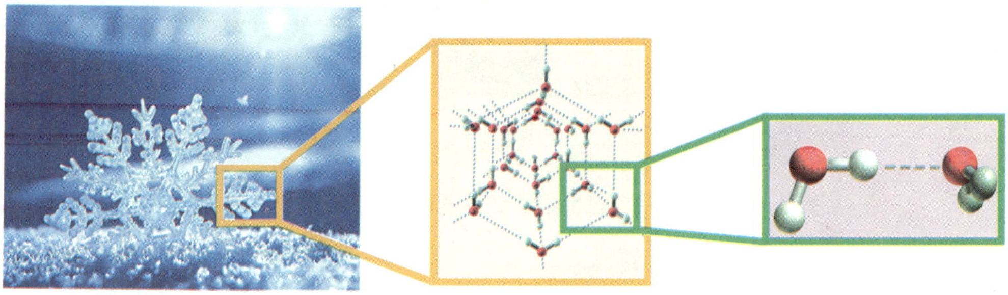

图 14-1 水分子晶体结构

然而，大千世界，物质数不胜数，并非所有材料都能够形成晶体用于结构分析，且静态的晶体结构无法阐述原子间相互作用过程。当代化学家一直致力于完善化学键形成过程理论，通过不断改进用于探究微观结构的仪器，构造适合研究化学键形成的体系。终于，化学家于 2020 年第一次拍摄到化学键的振动、结合、断裂的实时图像，进一步完善了人们对化学键的认识。

任务一 辨识微粒间作用力

活动 1 认识观测微观结构的仪器——透射电子显微镜（TEM）

透射电子显微镜，简称透射电镜，是利用一定能量的电子束为光源的一种显微镜，具备可观察物质表面结构、解析原子的位置与距离、实现时空连续性采样成像等特点（图 14-2）。

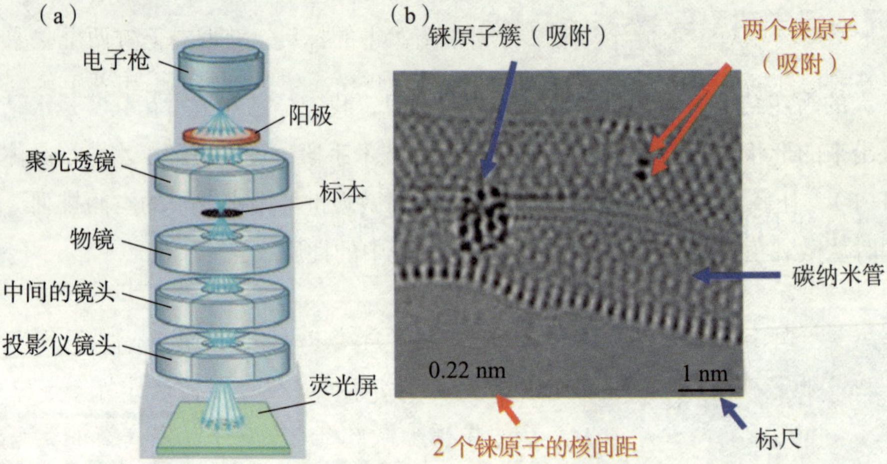

图 14-2　透射电镜工作原理图与成像情况

➔信息链接　透射电镜利用高亮度、高相干性的电子束作为“光源”，电子束到达样品区与其发生多种相互作用并且将其产生的丰富物理与化学信号传递到成像与信号收集系统中，作为后续分析的数据。

透射电镜的应用模式主要可以分为衍射、成像、能谱三类。其中，成像是透射电镜中最核心的应用模式。常见的明场成像形成原理可以简单地理解为将“光源”穿透样品后直射下来的电子束作为成像信号。如图 14-2 所示，通过图像观察样品的结构可获得直观的感受，也便于实现时空连续性采样成像分析。在明场成像的模式下，原子序数较高的重元素比轻元素更容易看到（识别为一个黑点）。

2020 年，在国际科研刊物 *Science Advances* 上，科学家发表了铼（Re）原子间相互作用成像的科研成果，引起极大关注。

交流研讨　铼（Re）原子间相互作用成像如图 14-2（b）所示，清晰展现微观材料表面结构特征。颜色较浅的黑点为碳原子，该电镜图中含有横向平行的网状结构的物质为两根碳纳米管。颜色较深的黑点为碳纳米管表面上吸附的铼原子，左侧为一维单层铼原子簇，右上方为两个铼原子。试分析从电镜图中可获得的有助于阐述铼原子间相互作用的微观信息。

从电镜图中可以获得该复合物表面微观情况有：第一，利用图像信息，获得铼原子与碳纳米管间的相对位置情况。第二，利用图像中的标尺，获取右上方两个铼原子间的核间距等数据证据。第三，通过连续一段时间拍摄该物质的电镜图，可获得该复合物中包括铼原子在内的微粒间相互作用情况。

活动 2 辨析电镜图中铼原子间的相互作用力

交流研讨 图 14–3 中，左上角为时间，左下角为 Re 原子间距离，右下角为成像标尺。请结合透射电镜成像及实时成像的变化过程，试分析两个铼原子是独立的两个原子还是具有强相互作用的两个原子？有什么证据能辅助你的推断？

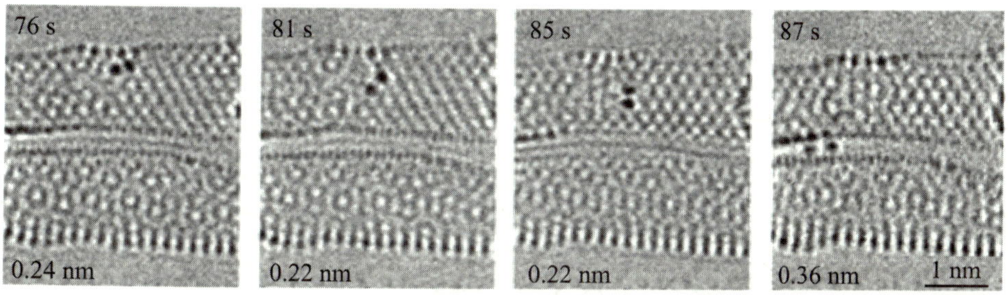

图 14–3 实验时间内（76 ~ 87 s）透射电镜下铼原子成像情况

两个铼原子是独立的两个原子还是具有强相互作用的两个原子，本质上归因于两个铼原子微粒间作用力是什么。独立的两个原子之间是弱相互作用力，即范德华力；具有强相互作用的两个原子之间是化学键。

如何证明猜想？有哪些实验证据可以辅助证明推论呢？单独的一张透射电镜图像是无法证明两个小黑点是 Re_2 分子（即两个铼原子间存在强相互作用），但通过连续的实时成像可知，两个小黑点作为一个整体随时间的变化在碳纳米管表面上移动，没有明显的大距离的分离。因而，两个 Re 原子间存在强相互作用，即化学键。

方法导引 科研过程中，往往要先根据研究课题进行大胆猜想，再通过实验验证猜想，从实验中获取能够证明猜想或者否定猜想的实验证据，并结合现有的理论进行合理推理，最后进一步完善认知模型。科学研究过程的思维模型如图 14–4 所示。

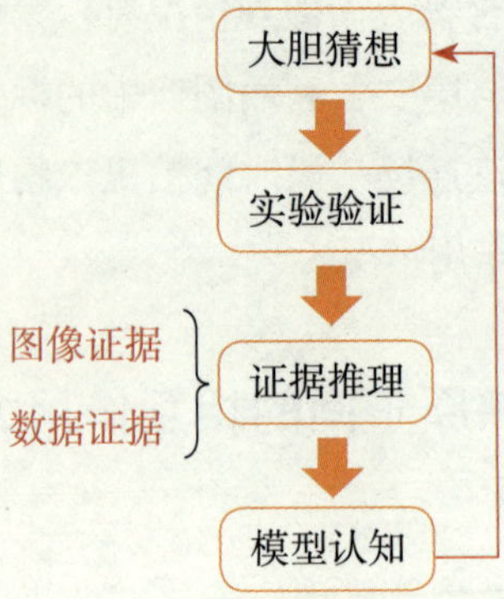

图 14-4　科学研究过程的思维模型

思考探究　查阅资料可知，铼（Re），原子序数为 75，属于过渡金属元素，电负性为 1.9，原子半径为 0.188 nm。

两个铼原子间的强相互作用是哪种化学键？请利用科学研究思维模型进行大胆猜想，并根据证据进行合理推理。

化学键主要分为离子键、金属键和共价键，根据提供的信息进行适当的推理，可得如表 14-1 所示推断。

表 14-1　猜想及推断

猜想		证据	推断
化学键	离子键	无得失电子情况	×
	金属键	不符合金属键定义	×
	共价键	① 电负性 1.9，接近 2.0 ② 核间距 < 半径之和	① 倾向共用电子 ② 原子轨道重叠

通过分析，可推测该图像中两个铼原子间存在共价键。

任务梳理

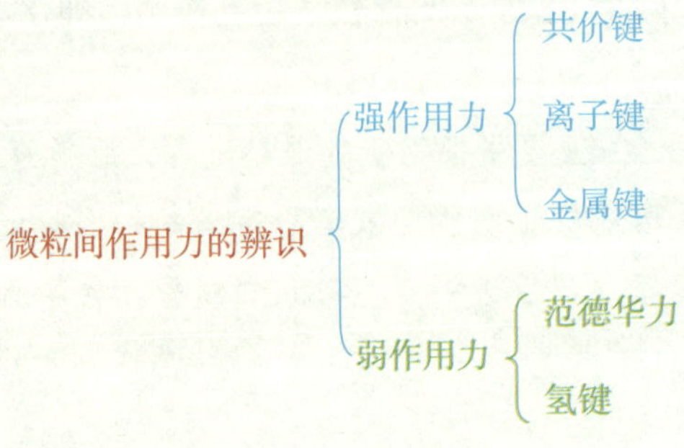

任务二 共价键模型的再认识

活动 1 Re–Re 共价键成键情况分析

交流研讨 查阅资料，通过对典型的含铼化合物的成键分析，可得 Re–Re 共价键键长与成键数的关系如表 14–2 所示。

表 14–2 Re–Re 共价键的键长与成键数

化学键	Re—Re	Re═Re	Re≡Re
键长 /nm	0.304	0.250	0.224

结合图 14–5 分析，81 s 时碳纳米管上吸附的 Re_2 分子中：

① 铼原子间的成键数是多少？

② 该共价键的类型是什么？

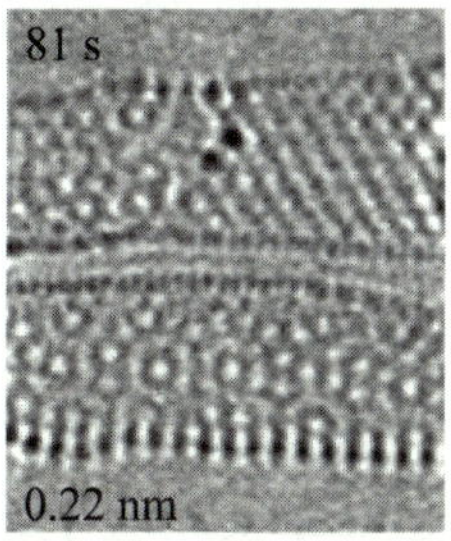

图 14–5 实验时间内（81 s）透射电镜下铼原子成像情况

透射电镜中呈现出 Re–Re 共价键平均键长约为 0.22 nm，因此对照表 14–2 可知，吸附在该碳纳米管上的铼原子间主要成四重键。

根据高中化学中，两原子间形成共价键，原子轨道仅能形成一个“头碰头”重叠，其余为“肩并肩”重叠。因此，该 Re_2 分子内含有 1 个 σ 键、3 个 π 键。四重键的原子轨道重叠程度大，键能大。

信息链接 科学家通过修正测量的投影键长来计算 Re_2 分子中两个 Re 原子间的实际键长（原理如图 14–6 所示）。

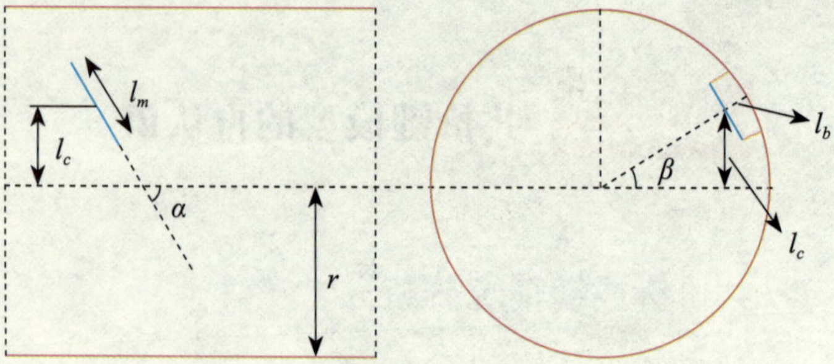

图 14-6　Re_2 分子中两个 Re 原子间实际键长计算方法的原理图

理论介绍　分子轨道理论认为，有 d 轨道参与成键，形成的四重键包含 1 个 σ 键、2 个 π 键、1 个 δ 键（图 14-7）。

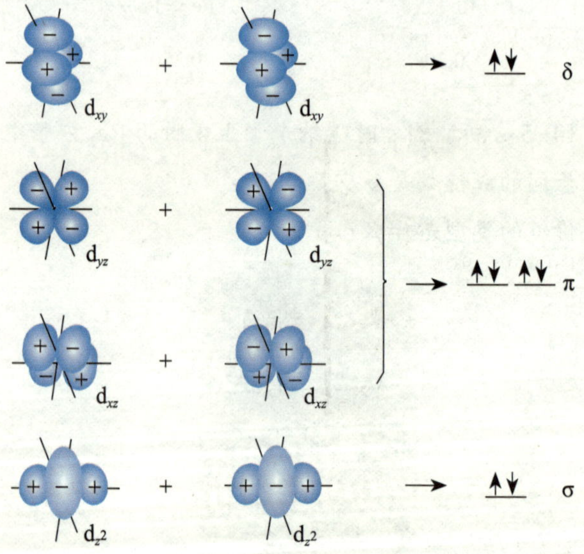

图 14-7　Re 原子间 d 轨道相互叠加形成四重键的示意图

活动 2　Re–Re 共价键演变情况分析

交流研讨　Re_2 分子进入由两碳纳米管形成的“范德华空隙”后，成键图像出现异常现象。观察电镜图像（图 14-8），找出异常现象，推测 Re 原子间作用力变化情况，试通过证据线索与推理得出推断。

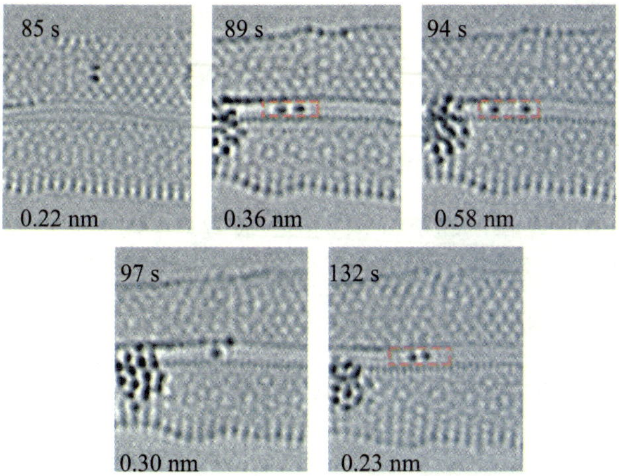

图 14-8　在范德华空隙中的 Re_2 分子电镜图像

从图像证据和数据证据（核间距）两方面分析以上电镜图，可得如表 14-3 所示推理过程。

表 14-3　证据线索及推断

证据线索	推断
89 s，原子变椭圆，核间距略大于单键键长 94 s，原子变圆，核间距大于铼原子半径的 2 倍	共价键逐渐断裂
97 s，核间距约为单键键长 132 s，核间距约为四重键键长	共价键逐渐从单键转化为四重键

交流研讨　89 s 时，铼原子核间距略大于单键键长，原子成像出现椭圆形。试分析该时间 Re_2 分子所处的状态与行为。

Re_2 分子进入范德华空隙后，首先在 89 s 时，原子核间距变大，略大于单键键长，略小于 2 倍原子半径，说明此时 Re_2 分子共价键即将断裂，具有较高能量，呈激发态。图像呈现出不同寻常的对称狭长特征。参考照相机拍摄运动员运动图像时，由于运动员快速运动，在曝光时间内记录多次运动痕迹，因而表现出模糊情况。因此，可推测在 89 s 时，由于 Re 原子沿着 Re 原子成键的方向进行快速的伸缩振动，在透射电镜 0.5 s 的曝光时间内，Re 原子振动图像被记录，呈现狭长的模糊图像特征。

交流研讨　在振荡一段时间后，即 94 s 时，Re 原子核间距增大为 0.58 nm，Re 原子不再狭长，变为接近于圆形，试分析原因。

Re_2 分子的键长逐渐接近单键键长后，分子可能存在一种激发态，表现为大幅度的振动，键长超过这个临界点，键断裂，两个金属原子分离，形成相对独立的原子，不再大幅度振动，因而形状接近于圆形。

交流研讨 结合上述分析过程，试绘制 Re–Re 共价键断裂与形成过程的变化模型。

变化模型如图 14-9 所示。

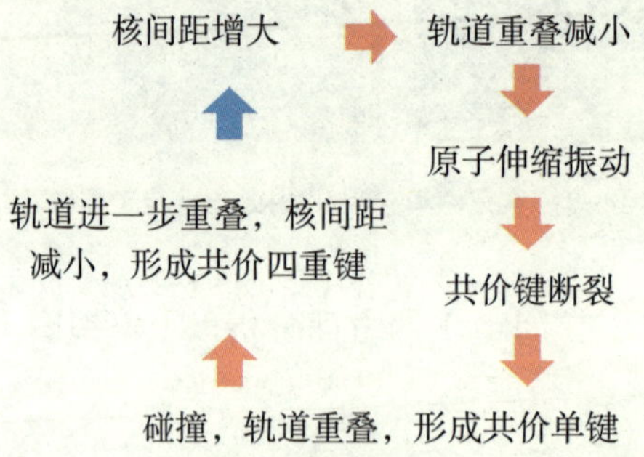

图 14-9 Re–Re 共价键断裂与形成过程的变化模型

活动 3 Re–Re 共价键演变原因分析

交流研讨 由任务二的活动 1 可知，Re≡Re 四重键键能大，为何键能大的 Re≡Re 四重键会自行出现断裂？试结合图 14-10 信息，大胆猜想，并收集证据进行合理推断。

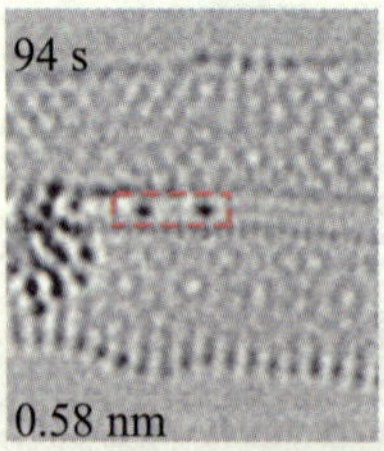

图 14-10 在 94 s 时范德华空隙中的 Re_2 分子电镜图像

通过化学键成键与断裂的过程可知，Re_2 分子中 Re≡Re 键断裂可能的原因为受到外力作用或吸收外界能量。

若断键原因是外力作用，则与 Re_2 分子直接接触的碳纳米管或者距离较近的铼原子簇可能是主要原因，具体分析见表 14-4。

表 14-4 受到外力作用猜想分析

溯源	猜想	证据	推断
受到外力作用	两碳纳米管对 Re_2 分子作用力	利用计算化学手段，计算两碳纳米管的理论距离与此时电镜测得的范德华空隙一致，均为 0.32 nm	碳纳米管与 Re_2 分子间无强作用力，碳纳米管间的范德华力无法使 Re_2 分子断裂
	铼原子簇对 Re_2 分子吸引力	85~132 s，铼原子簇均存在，但 $Re\equiv Re$ 出现了断裂与形成	如果是一直存在的铼原子簇的吸引力造成断键，则铼原子间共价键断裂后无法再次形成

通过对上述猜想分析，$Re\equiv Re$ 键断裂不可能是受到外力作用。

若断键原因是 Re_2 分子吸收外界能量，则需理清楚能量来源。该体系中最直接的能量来源为透射电镜装置中用于成像的具有一定能量的电子束，具体分析见表 14-5。

表 14-5 吸收外界能量猜想分析

溯源	猜想	证据	推断
吸收外界能量	Re_2 分子直接吸收电子束能量	Re_2 分子小，无法快速吸收能量	并非 Re_2 分子直接从电子束获取能量造成化学键断裂
	碳纳米管将电子束能量传导至 Re_2 分子	碳纳米管具有导电性	碳纳米管的导电性将透射电镜电子束的能量传导给 Re_2 分子，造成共价键断裂

拓展探究 为什么碳纳米管（图 14-11）具有导电性？碳材料的相关物质键长数据见表 14-6，通过比较三者差异，试分析：

（1）碳纳米管的碳原子杂化类型是什么？随着碳纳米管管径的增大，碳原子杂化类型的变化趋势是什么？

（2）碳纳米管具有导电性的原因是什么？

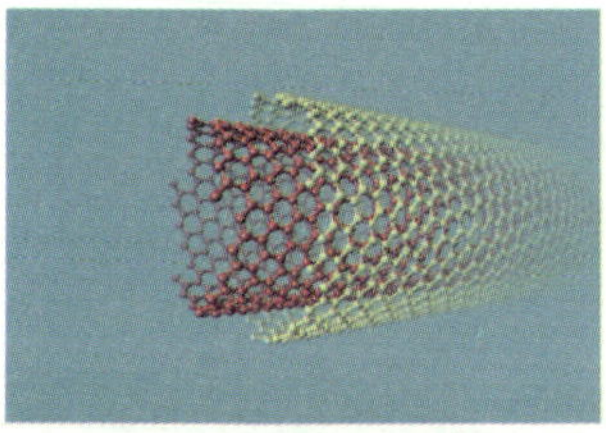

图 14-11 碳纳米管

表 14-6 碳材料的相关物质键长

物质	金刚石	碳纳米管	石墨
键长 /nm	0.154	0.144	0.142

金刚石具有极高的硬度，性质稳定，熔、沸点高，碳原子为 sp^3 杂化类型。石墨呈层状结构，碳原子为 sp^2 杂化类型，碳原子未杂化的 2p 轨道上有一个可自由移动的电子，能形成广阔的离域大 π 键，因而具有良好的导电性。

碳纳米管的碳碳键键长介于金刚石（sp^3 杂化）和石墨（sp^2 杂化）之间，且更接近于石墨的碳碳键键长。因此，碳纳米管中碳原子杂化类型以 sp^2 杂化为主，含有一定比例的 sp^3 杂化（六角形网格结构存在一定程度的弯曲，形成 sp^3 杂化），是同时具有 sp^2 和 sp^3 杂化的混合状态。随着碳纳米管管径的增大，六角形网格结构的弯曲程度减小，碳原子杂化类型中 sp^3 杂化比例减小，sp^2 杂化比例增大。

类比于金刚石和单层石墨烯，碳纳米管具有良好的力学性能，硬度可与金刚石相当，却与石墨烯类似具有一定的柔韧性。由于碳纳米管的结构与石墨的片层结构相似，具有离域大 π 键，所以具有很好的电学性能。随着碳纳米管管径的增大，碳原子 sp^2 杂化比例增大，碳纳米管导电性能增加。

信息链接 碳纳米管具备类似石墨烯的结构，具有良好的稳定性，方便研究材料附着、分散与稳定；导电性良好，便于透射电镜的电子束的能量传导、目标物激发演化；结构规整，且碳为轻元素，避免干扰目标元素的观测。

任务梳理

共价键的断裂与形成

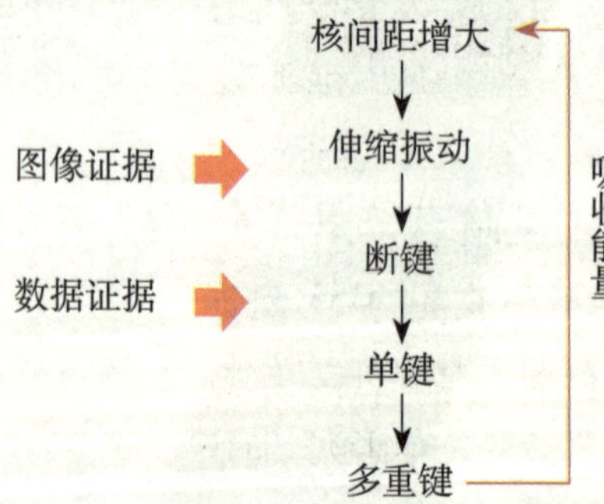

任务三 探秘化学键的转变

活动 1 Re–Re 五重键的存在可能性分析

交流研讨 如图 14-12 所示，铼原子在电镜上的黑点间距离变小（无法测出而显示 N/A），铼原子轨道是否进一步重叠？$Re\equiv Re$ 是否转化为五重键？

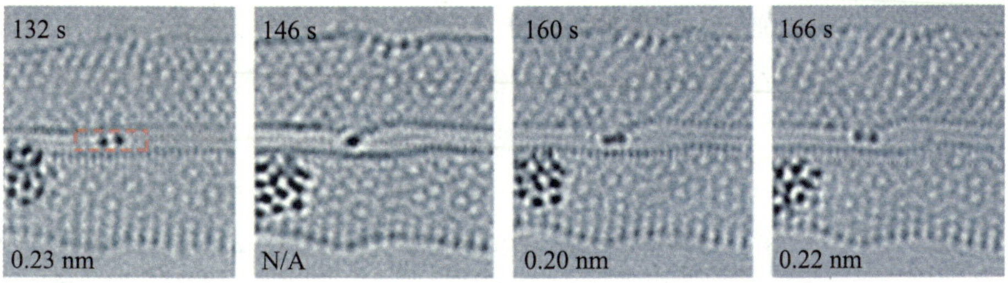

图 14-12　在 132 ~ 166 s 时范德华空隙中的 Re_2 分子电镜图像

从原子轨道重叠角度看，如果铼原子核间距进一步减小，极有可能是铼原子轨道进一步重叠，转化为五重键。但从共价键模型可知，受限于原子核间以及电子间的排斥，铼原子轨道无法无限制地重叠，Re≡Re 没有转化为五重键。

活动探究　铼原子在电镜上的黑点间距离变小（无法测出而显示 N/A）的原因是什么？尝试从电镜视角进行如下模拟实验：

（1）推测 Re_2 分子可能的运动形态　（2）绘制运动形态的俯 / 侧视图

推测 Re_2 分子可能的运动形态及其俯 / 侧视图见表 14-7。

表 14-7　Re_2 分子可能的运动形态及其俯 / 侧视图

实验	俯视图	侧视图
形态 1	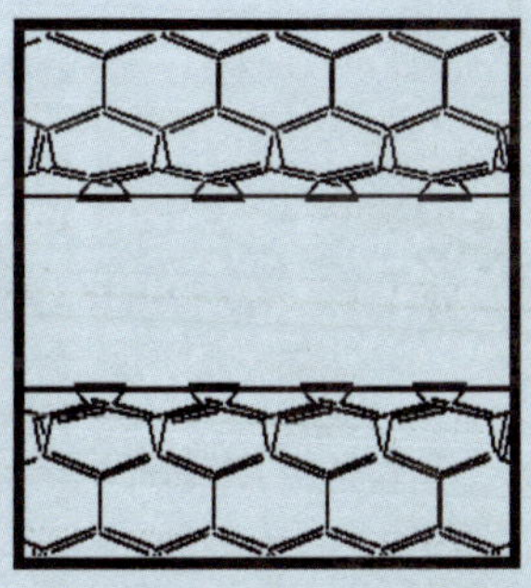	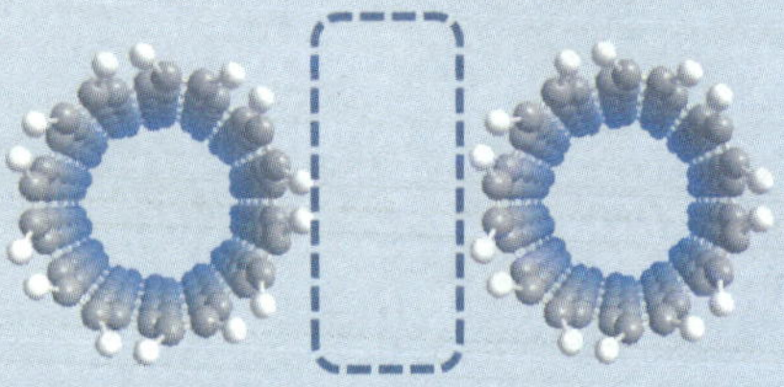
形态 2	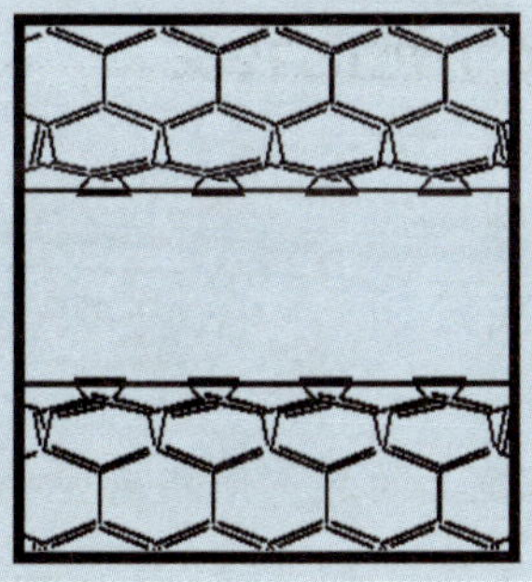	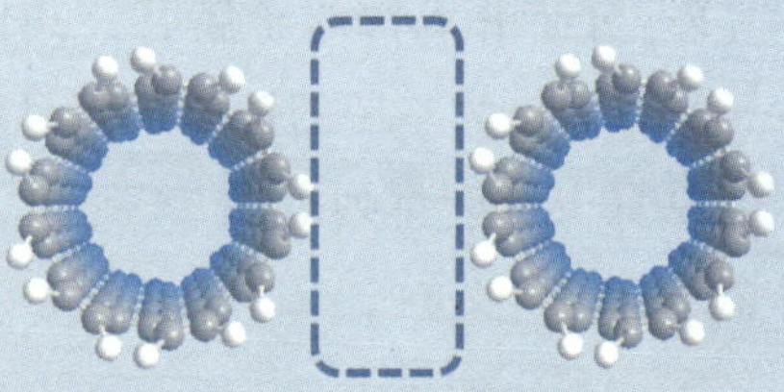

黑点间距离变小可能是由成像观测局限性造成的。由于透射电镜是单方向成像，因此 Re_2 分子可能在范德华空隙中存在翻转情况，如图 14-13 所示。若 Re_2 分子垂直“站立”在范德华空隙中，与成像方向一致，则黑点重合，无法测出距离而显示 N/A；若 Re_2 分子“平躺”在范德华空隙中，垂直于成像方向，则可测得较为真实的核间距；而介于“站立”和“平躺”之间的状态，则成像黑点间距离会发生变化，即从“平躺”到“站立”过程，黑点间距离逐渐变小。该结论已经通过科学家后续实验获得的电子密度数据得到证实，在此不再叙述。

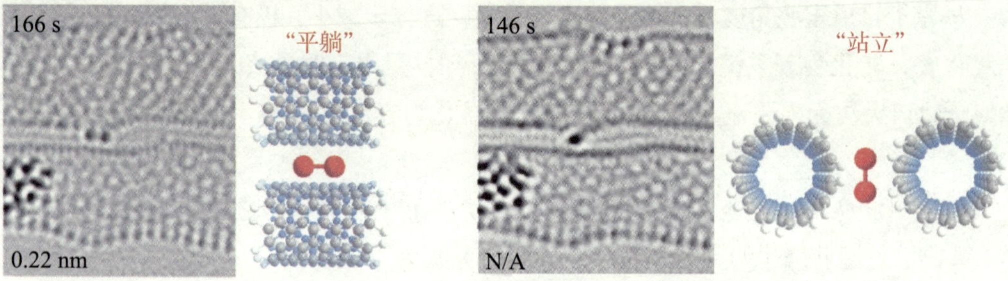

图 14-13 模拟 Re_2 分子与碳纳米管相互作用的运动形态

活动 2 化学键间转化的可能性分析

交流研讨 Re_2 分子最终并入铼原子簇，结合图 14-14 分析，铼原子间作用力发生了什么变化？

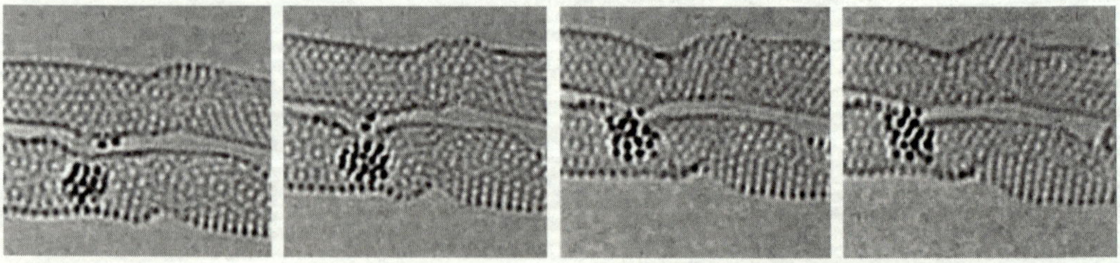

图 14-14 Re_2 分子最终并入铼原子簇过程的电镜图像

Re_2 分子并入铼原子簇时，共价键转化为金属键，证据为单层的铼原子簇呈现单层晶体铼的密置层紧密排列（图 14-15），同时也符合金属键的定义。

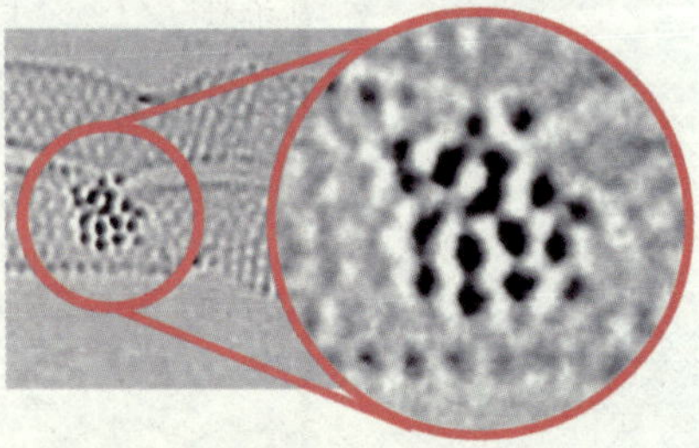

图 14-15 单层铼原子簇排列情况的电镜图像

交流研讨 金属铼单质的晶胞如图 14-16 所示，晶胞参数为 $a=b=276.1$ pm，$c=445.6$ pm，$\alpha=\beta=90°$，$\gamma=120°$。试回答如下问题：

（1）晶胞中铼原子的配位数是多少？

（2）列式表示铼单质的密度：________$\text{g}\cdot\text{cm}^{-3}$（不必计算出结果）。

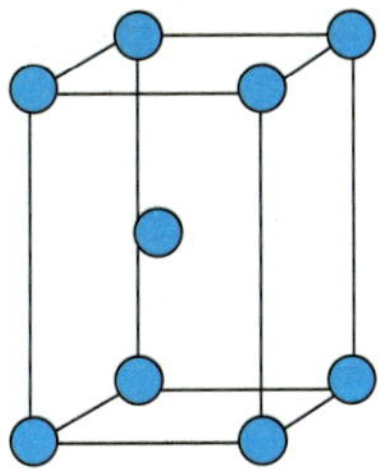

图 14-16 金属铼的晶胞结构图

晶胞中铼原子为六方最密堆积，Re 原子的配位数为 12。利用均摊法，该晶胞含两个铼原子，因此铼单质的密度计算如下：

$$\text{密度}=\frac{2M_{\text{Re}}}{N_A\times V}=\frac{2\times 186}{6.02\times 10^{23}\times 276.1^2\times \sin 60°\times 445.6\times 10^{-30}}\ \text{g}\cdot\text{cm}^{-3}$$

$$=\frac{4\times 186}{6.02\times 276.1^2\times\sqrt{3}\times 445.6\times 10^{-7}}\ \text{g}\cdot\text{cm}^{-3}$$

单元项目梳理

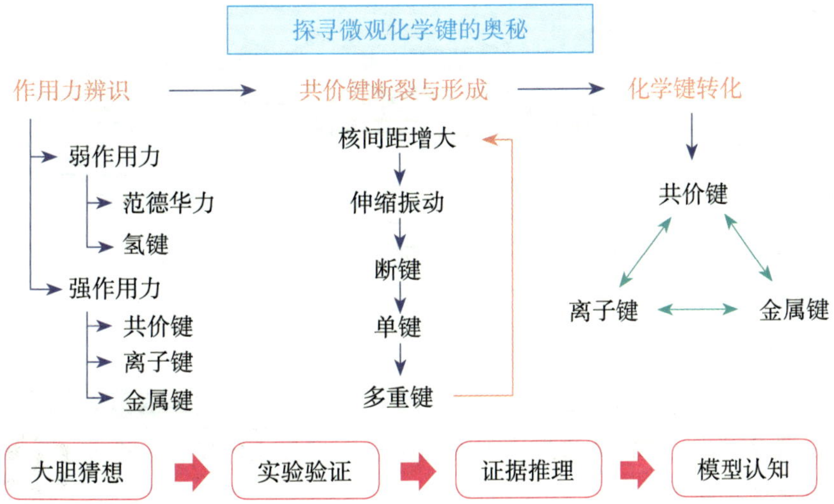

单元项目检测

学习理解

1. 据有关媒体报道：我国发现了超级金属“铼”，铼是制造航空发动机核心部件单晶叶片的关键金属。铼在元素周期表中的信息如图所示，下列有关说法错误的是（　　）

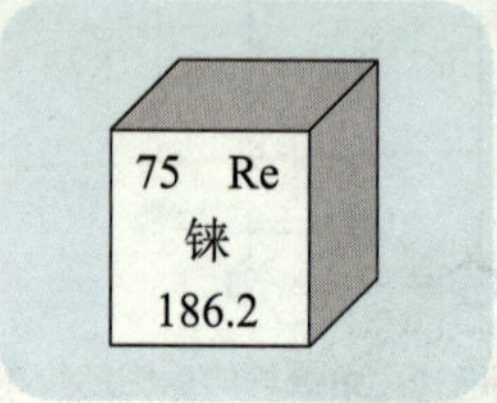

A. 元素名称为铼　　B. 元素符号为 Re

C. 相对原子质量为 186.2 g　　D. 原子序数为 75

2. 科学家首次拍摄到化学键的振动、结合、断裂的实时图像。如图所示，两个铼原子沿着碳纳米管移动，原子振动过程中从圆形变为椭圆形，当原子核间距超过原子半径之和时，化学键断裂。不久后，两个原子又重新结合在一起。

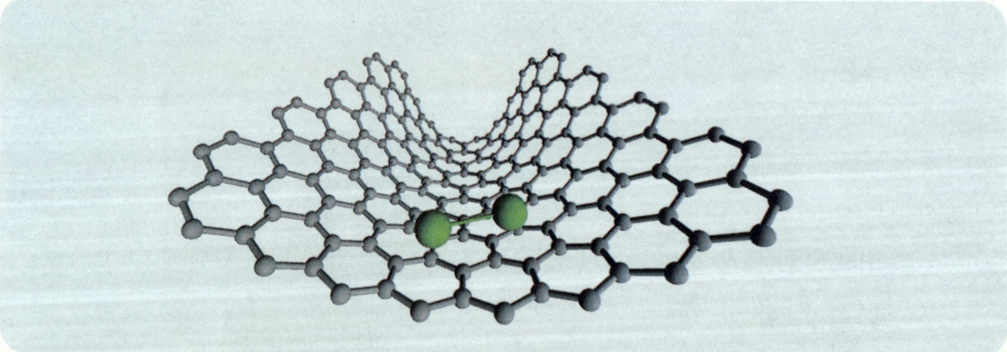

（1）铼（Re）位于第 6 周期 ⅦB 族，其基态原子价电子轨道表示式为______________，属于_______区元素。

（2）两个铼原子之间的化学键为_______（填字母序号）。

a. 离子键　　b. 共价键　　c. 金属键　　d. 范德华力

（3）碳纳米管主要是由六边形排列的碳原子构成数层到数十层的同轴圆管，相关物质的键长数据见下表。

物质	金刚石	碳纳米管	石墨
键长 /nm	0.154	0.144	0.142

① 碳纳米管具有良好导电性的原因为________________________________。

② 随着碳纳米管管径的增大，碳原子______（填杂化类型）杂化比例增大。

（4）金属铼单质的晶胞如图所示，晶胞俯视图为________（填字母序号）。

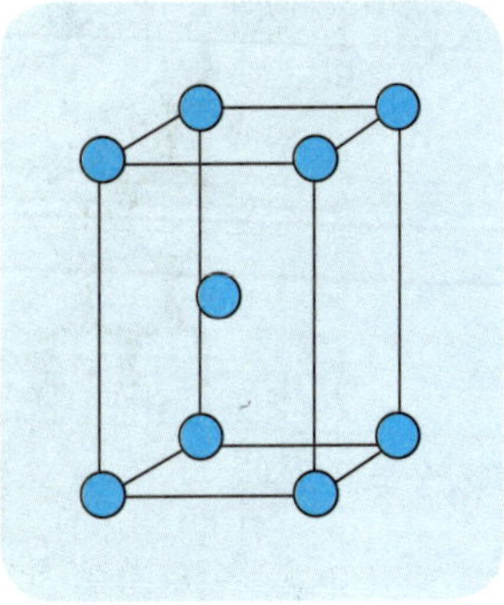

a.
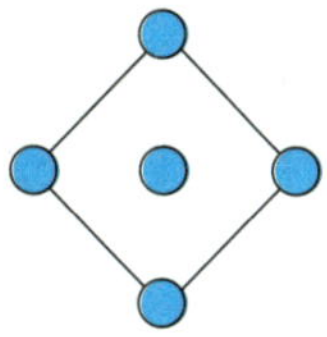

b.
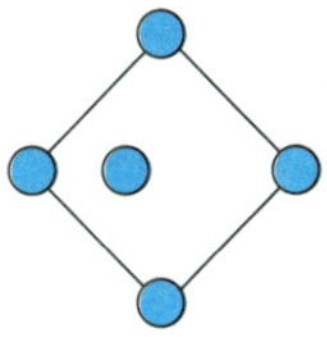

c.
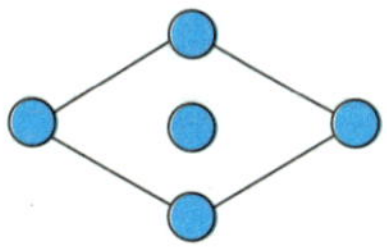

d.
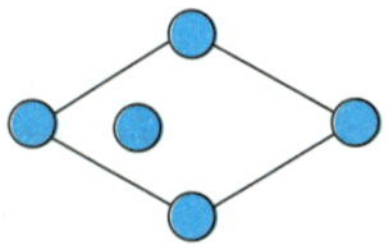

应用实践

3. 铼（第 6 周期ⅦB 族）可形成多种稳定物质。

（1）金属铼的晶胞结构如图（a）所示，其堆积方式为______，配位数是______，微粒间的相互作用力为__________________。

（2）Re 和 CO 可形成 $Re_2(CO)_{10}$ 过渡金属络合物，其球棍模型如图（b）所示。

① Re 与 CO 之间的作用力为________________。

② Re 原子______（填“是”或“不是”）sp^3 杂化，原因为______________________________。

③ 若该化合物中每个 Re 原子的价电子层均为 18 电子结构，Re−Re 原子间形成________（填“一”“二”或“四”）重键。

（3）铼和氯元素可形成 $[Re_2Cl_8]^{2-}$ 离子，其离子结构如图（c）所示。其中，Re 原子有一 p 轨道未参与成键，Re−Re 原子间形成________（填“一”“二”或“四”）重键。$[Re_2Cl_8]^{2-}$ 离子中，Cl^- 采用重叠方式排列而并非交错形式来减小位阻的原因是____。

（a）（b）（c）

4. 人体血红蛋白中含有 Fe^{2+}– 卟啉环配合物，结合 O_2 后，其基本结构如图所示（烃基略去）。

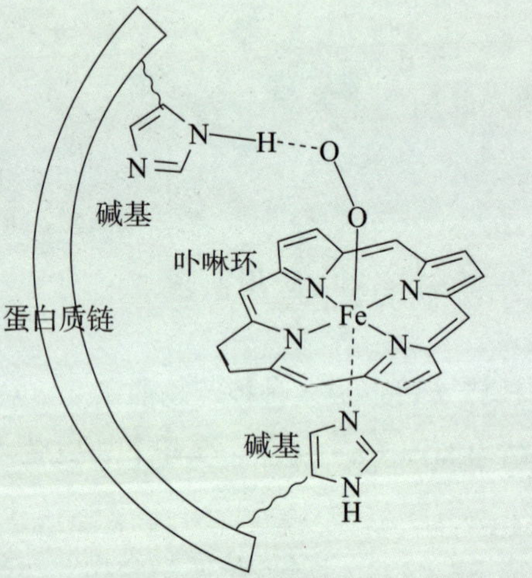

回答下列问题：

（1）Fe、N、C、H 四种元素中电负性最大的是_______（填写元素符号）；血红蛋白结合 O_2 前后的中心 Fe 均为正二价，其基态时 3d 轨道中的电子数为_______。

（2）卟啉环中所有原子共平面，其中 N 的杂化方式为__________，C—N σ 键有_______个。

（3）图中 Fe^{2+} 的配位数为_____________；其中一个碱基通过_________作用与 O_2 分子结合，另一碱基的 N 原子提供_______与 Fe^{2+} 配位。

（4）已知气态 O_2 的氧氧间距比图中更短。判断血红蛋白结合 O_2 后 O_2 的活性更_______（填“高”或“低”），说明理由：__________________________________。

（5）从 298 K 升温到 1 200 K 时，体心立方型的 δ -Fe 变化为面心立方最密堆积，配位数______（填“变大”“不变”或“变小”）。假定升温时 Fe 原子半径不变，体积变为低温时的______%（已知 $\sqrt{6}=2.45$，结果保留两位有效数字）。

迁移创新

5. 科学家合成了由羧酸基团功能化的石墨烯表面共价连接钴（Ⅱ）四吡啶配合物（M），在不同酸碱性条件下光催化 CO_2 的还原过程如图所示。

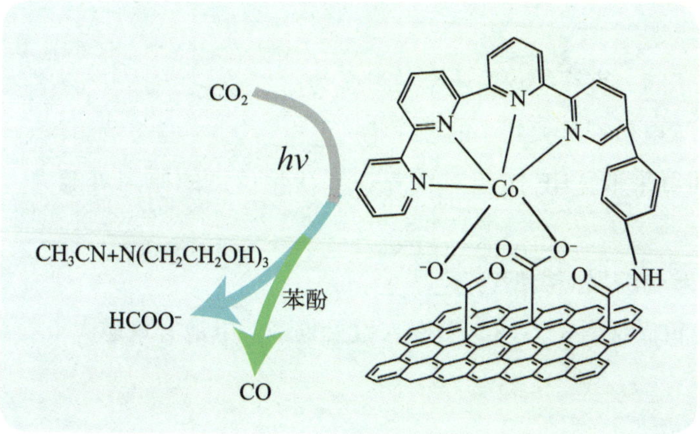

回答下列问题：

（1）基态 Co 的价电子轨道表示式为________。

（2）N 元素的第一电离能（I_1）为 1 402 kJ · mol^{-1}，O 元素的第一电离能为 1 314 kJ · mol^{-1}，I_1（N）> I_1（O），原因是________________________。

（3）下列物质中，碳原子采取 sp^2 杂化的是______。

A. CO_2　　B. 苯酚　　C. CH_3CN　　D. N（CH_2CH_2OH）$_3$

（4）钴（Ⅱ）四吡啶配合物（M）中配位原子有______，配位数为______。

（5）干冰晶胞如图所示，其晶胞参数为 a nm，CO_2 的配位数为______，晶体密度为______ g · cm^{-3}。

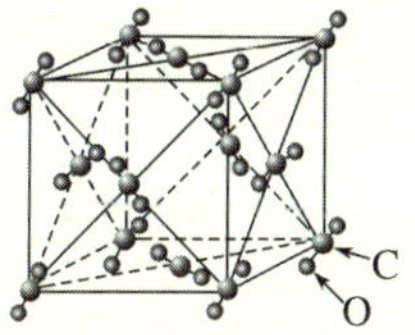

6. 科学家合成非石墨烯型碳单质——联苯烯的过程如下：

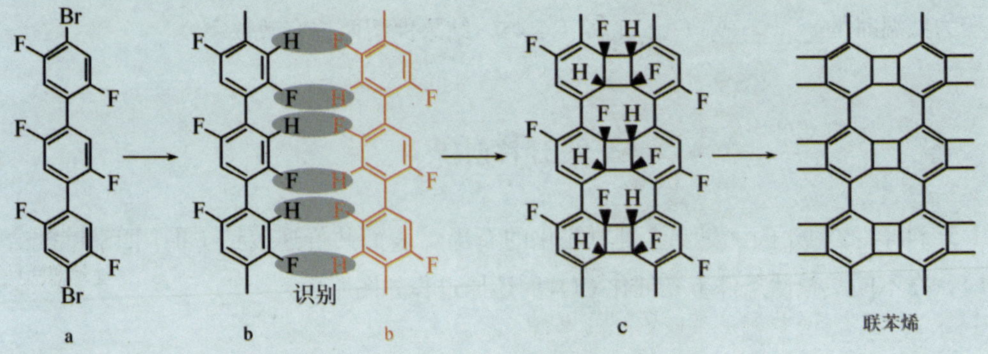

（1）物质 a 中处于同一直线的碳原子个数最多为______。

（2）物质 b 中元素电负性从大到小的顺序为______。

（3）物质 b 之间可采取“HF 拉链”相互识别活化位点的原因可能为____。

（4）物质 c →联苯烯的反应类型为______。

（5）锂离子电池负极材料中，锂离子嵌入数目越多，电池容量越大。石墨烯和联苯烯嵌锂的对比图如下：

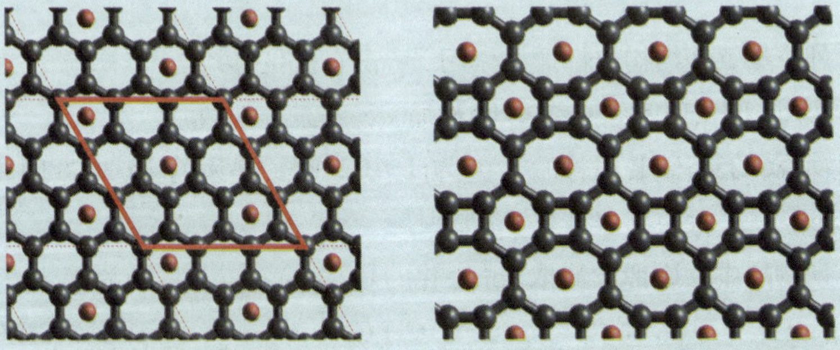

（a）石墨烯嵌锂（LiC_x）　（b）联苯烯嵌锂（LiC_3）

① 图（a）中 x= ______。

② 对比石墨烯嵌锂，联苯烯嵌锂的能力______（填“更大”“更小”或“不变”）。

项目 15　设计药物磷酸氯喹的合成方案

——利用有机合成思想实现药物研发

任务一　认识磷酸氯喹的结构

任务二　寻找制备磷酸氯喹的原料

任务三　设计合成磷酸氯喹的路线

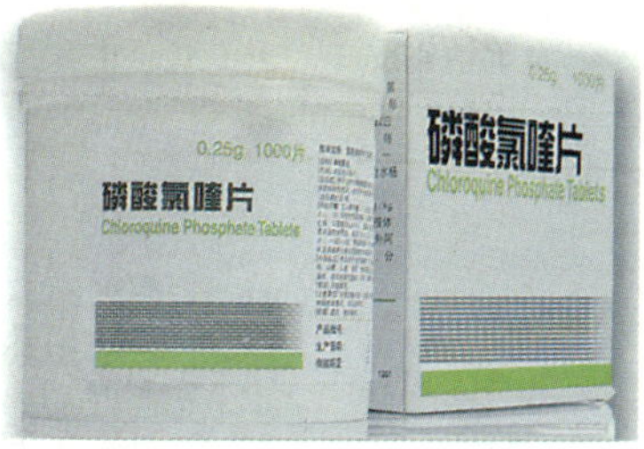

单元项目设计意图

以药物磷酸氯喹为例，从磷酸氯喹的合成与发展认识有机合成的基本流程、基本要素、碳骨架的构建以及官能团的引入和转化，建立有机合成的一般思路和方法，并能应用于真实情境下的陌生有机化合物的合成分析，感悟化学科学的强大力量。

单元项目学习目标

1. 通过对磷酸氯喹结构与性质的学习，认识有机化合物结构与性质学习的科学模型：有机化合物结构→官能团种类→官能团性质→有机化合物性质。

2. 通过对磷酸氯喹制备原料的寻找，了解有机合成路线的一般思想是逆合成分析法，掌握有机合成的模型方法。

3. 通过对磷酸氯喹合成路线的设计，进一步巩固有机合成中的逆合成分析思想，建构有机合成的基本思维模型。

单元项目学习引导

医学家在临床研究中发现，药物磷酸氯喹对抑制新冠病毒感染具有一定作用。

1820 年，法国科学家成功从金鸡纳树皮中提炼出活性物质——奎宁。20 世纪 40 年代中期，药学家研发出与奎宁具有相似结构的活性物质——氯喹。后续经过长时间的临床试验发现，氯喹的水溶性较弱，单独服用往往起不到良好的药效。目前市面上商品化的氯喹药物——磷酸氯喹，是利用磷酸与氯喹形成有机盐，增大其在水中的溶解度，从而提高了氯喹的药效（图 15-1）。

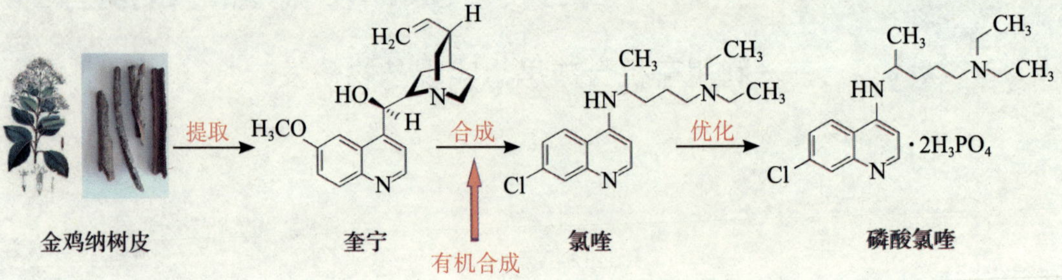

图 15-1　药物磷酸氯喹的发展过程

任务一　认识磷酸氯喹的结构

活动 1　认识有机化合物结构与性质的思路和方法

方法导引　绝大部分的有机化合物具备复杂的结构，对有机化合物结构认识的基本思维模型就是从官能团结构入手，剖析复杂有机化合物结构中的基础官能团结构，进而利用官能团的通性来认识复杂有机化合物的性质特征。认识有机化合物结构与性质的思路和方法详见图 15-2。

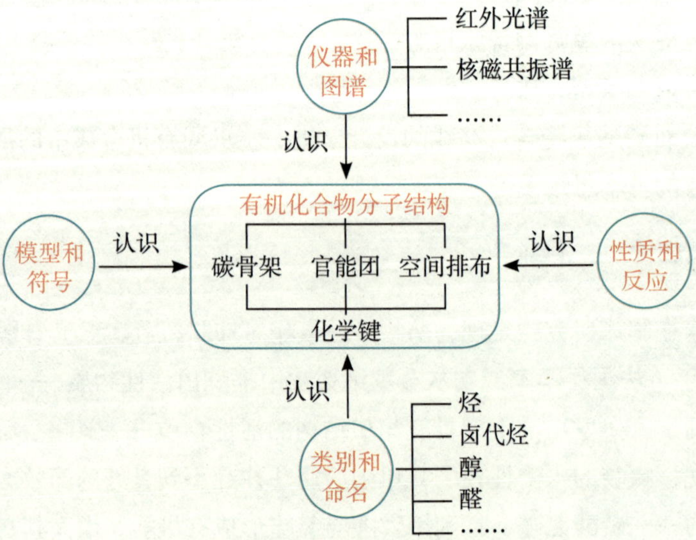

图 15-2　认识有机化合物结构与性质的思路和方法

信息链接　测定有机分子结构的方法分为化学方法与物理方法。化学方法是利用有机化合物官能团的特征反应，以确定该化合物所含官能团，还可利用化学反应进行衍生化，通过确定衍生物的结构进一步推断原分子的结构。化学方法比较麻烦、耗时，消耗样品也较多。而现代物理方法所需样品量少、速度快、准确，甚至可以确定有机分子的三维空间结构，相比化学方法而言，现代物理方法在测定有机分子结构中显示出较大的优越性。常用的测定分子结构的方法有红外光谱（IR）、核磁共振（NMR）、紫外和可见光谱（UV）、质谱（MS），其原理是通过样品对特殊电磁波等作用产生相应的信号（图谱），提供分子结构的信息，用于表征有机化合物的分子结构（表 15–1）。

表 15–1　仪器（波谱）分析法的主要功能

仪器（波谱）分析法	主要功能
红外光谱	获得分子中含有何种化学键或官能团的信息
核磁共振（碳谱、氢谱）	获取基团及基团连接关系信息
紫外和可见光谱	判断有机化合物分子结构中共轭程度的大小
质谱	获得有机化合物的相对分子质量
X 射线衍射分析	对物质进行内部原子在空间分布状况的结构分析

利用现代物理技术对药物磷酸氯喹分子进行结构测定，进而确定磷酸氯喹分子的结构如图 15–3 所示。

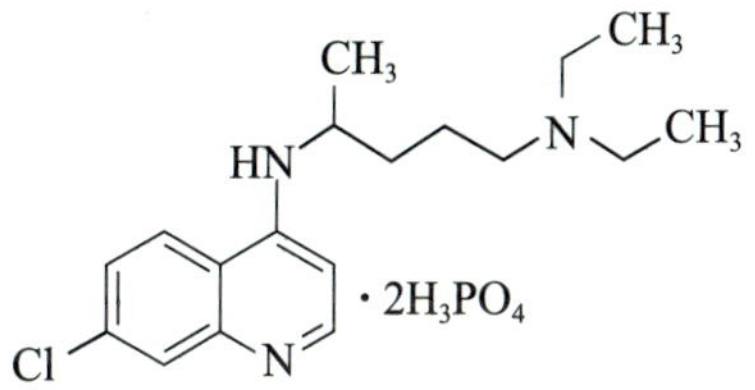

图 15–3　磷酸氯喹

交流研讨　常见的基础有机化合物有哪几类？不同类别的有机化合物具有哪些基础官能团？常见的基础官能团具有哪些化学性质？请列表（表 15–2）归纳总结。

表 15–2　有机化合物的类别及官能团归纳总结

类别	官能团	主要化学性质

活动 2 从结构认识磷酸氯喹的性质

知识链接 有机化合物中常见官能团的结构及性质见表 15-3。

表 15-3 常见官能团的结构及性质

类别	通式	官能团	主要化学性质
卤代烃	一卤代烃：R—X 多元饱和卤代烃：$C_nH_{2n+2-m}X_m$	卤素原子（碳卤键）	1. 与 NaOH 水溶液共热发生取代反应生成醇 2. 与 NaOH 醇溶液共热发生消去反应生成烯
醇	一元醇：R—OH 饱和多元醇：$C_nH_{2n+2}O_m$	醇羟基	1. 与活泼金属反应产生 H_2 2. 与卤化氢或浓氢卤酸反应生成卤代烃 3. 脱水反应：乙醇 4. 催化氧化为醛或酮 5. 生成酯
醚	R—O—R′	醚键	性质稳定，一般不与酸、碱、氧化剂反应
酚	R—OH	酚羟基	1. 弱酸性 2. 与浓溴水发生取代反应生成沉淀 3. 遇 $FeCl_3$ 呈紫色 4. 易被氧化
醛	R—CHO	醛基	1. 与 H_2、HCN 等加成为醇 2. 被氧化剂（O_2、多伦试剂、斐林试剂、酸性高锰酸钾等）氧化为羧酸
酮	R—CO—R′	羰基	1. 与 H_2、HCN 等加成为醇 2. 不能被氧化剂氧化为羧酸
羧酸	R—COOH	羧基	1. 具有酸的通性 2. 酯化反应时一般断羧基中的碳氧单键，不能被 H_2 加成 3. 能与含—NH_2 的物质反应缩去水生成酰胺（肽键）
酯	R—COO—R′	酯基	1. 发生水解反应生成羧酸和醇 2. 也可发生醇解反应生成新酯和新醇
硝酸酯	$RONO_2$	硝酸酯基	易爆炸
硝基化合物	R—NO_2	硝基	一般不易被氧化剂氧化，但多硝基化合物易爆炸
氨基酸	RCH（NH_2）COOH	氨基、羧基	两性化合物，能形成肽键

归纳总结 结合表 15-3 中的内容，从结构角度来梳理磷酸氯喹具有哪些化学性质，请列表归纳磷酸氯喹可能发生的化学反应。

磷酸氯喹可能发生的化学反应见表 15-4。

表 15-4 磷酸氯喹可能发生的化学反应

结构	反应试剂	反应类型	说明
苯环	浓硝酸(浓硫酸) 液溴(Fe)	取代反应	—
苯环	H_2	加成反应	1 mol 磷酸氯喹最多可与 5 mol H_2 发生加成反应
碳碳双键			
碳氮双键			
卤素原子	NaOH 水溶液	取代反应	1 mol 磷酸氯喹最多可与 8 mol NaOH 发生反应，其中 1 mol NaOH 与卤素原子发生取代反应，1 mol NaOH 与取代反应后的酚羟基发生酸碱中和反应，6 mol NaOH 与磷酸分子发生酸碱中和反应
磷酸分子		酸碱中和反应	
……			

任务梳理

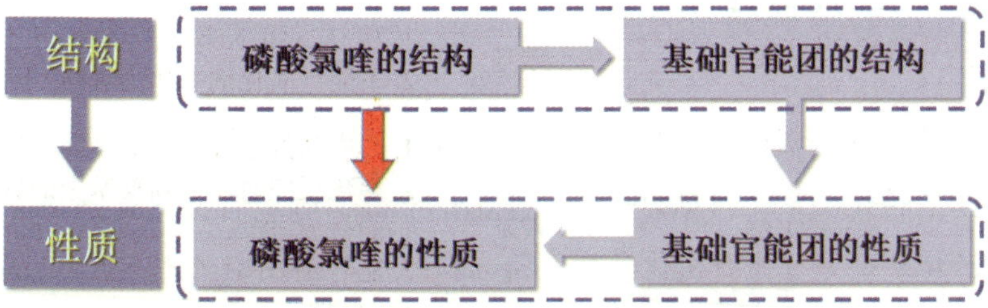

任务二 寻找制备磷酸氯喹的原料

有机合成是有机化学中最令人关注的领域之一。经过多年来的科学实践，有机合成已经建立起一整套科学方法和工作程序：对于自然界中已经存在的有机化合物，可以先测定其结构，再设计一定的合成路线；也可以修改结构、改良性能，使其更好地适应现代人类生产、生活的需要。而当人们需要某种具有特殊性质或功能的有机化合物时，则要先明确这种有机化合物应该具备什么样的结构，再进行合成工作。

在进行合成工作时，首先要设计合成路线，其核心在于构建目标化合物分子的碳骨架，引入所必需的官能团；然后根据可行的合成路线和步骤合成样品，并对其进行分离纯化；最后对纯化的样品进行结构测定，试验其性质或功能。如果制得了所需要的有机化合物，就可进行大量合成；否则，需要审查原来的合成路线并予以改进或重新设计。有机合成流程详见图 15-4。

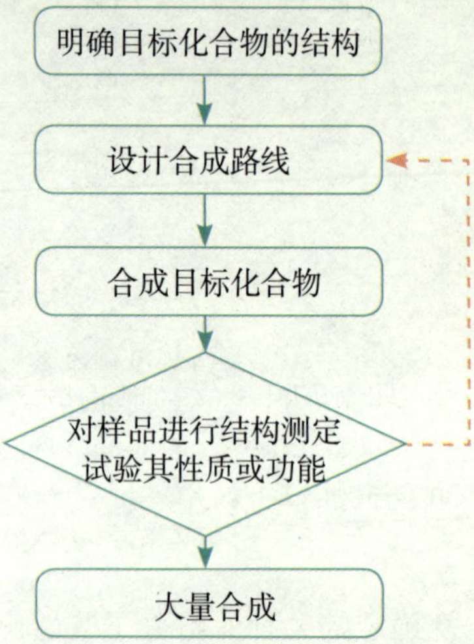

图 15-4　有机合成流程

活动 1　梳理官能团转化模型

有机合成的实质是实现碳骨架的构建和官能团的转化，有机化合物制备的重点是找准关键官能团的转化关系，再结合生产、生活的实际，确定有机化合物制备的原料。常见官能团的转化模型是寻找有机化合物制备原料的根本出发点。

交流研讨　常见基础有机化合物（烯烃、卤代烃、醇、醛、羧酸、酯等）存在哪些转化关系？其中涉及哪类官能团之间的转化过程？各类官能团的转化路径中都涉及哪些有机反应类型？请尝试画出这些基础有机化合物的官能团转化关系图。

烯烃 → 卤代烃 → 醇 → 醛 → 羧酸 → 酯

基础有机化合物的官能团转化关系如图 15-5 所示。

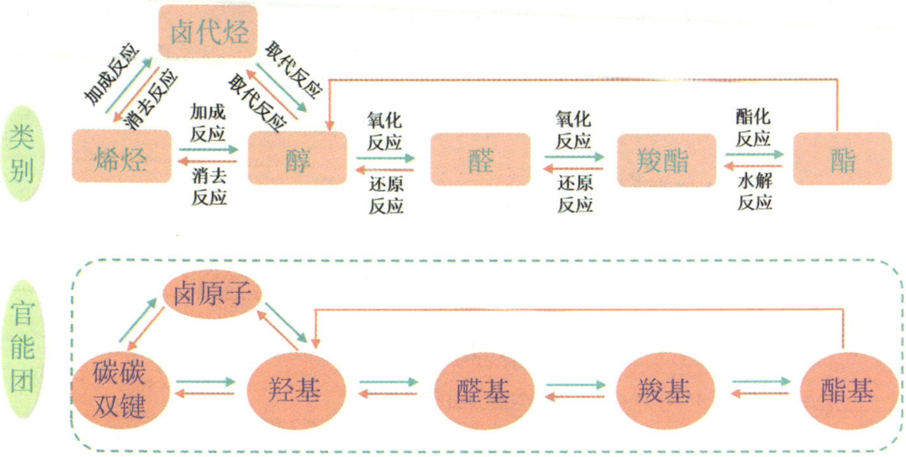

图 15-5 基础有机化合物的官能团转化关系

活动 2 用逆合成分析法寻找制备磷酸氯喹的原料

在有机合成设计中，可以从确定的某种原料分子开始，逐步经过碳骨架的构建和官能团的引入或转化来完成，此为正合成设计法。另一种有机合成设计方法是逆合成设计法，即从目标化合物分子开始采用逆合成分析法来完成有机合成设计。所谓逆合成分析法就是从产物逆推原料、设计合理的合成路线。在逆推过程中，需要逆向寻找能顺利合成目标化合物的中间化合物，直至选出合适的起始原料。只要每步逆推是合理的，就可以得出科学的合成路线。当得到几条不同的合成路线时，就需要通过优选来确定最佳合成路线。

对于陌生复杂的有机化合物的合成，在未确定原料的前提下，一般先利用逆合成设计思路来对有机化合物的复杂结构进行解构，找出合适的中间体结构，再进一步对中间体的结构进行解构，如此循环逆推，直至找到合适的原料。逆合成分析法设计有机合成路线的一般程序详见图 15-6。

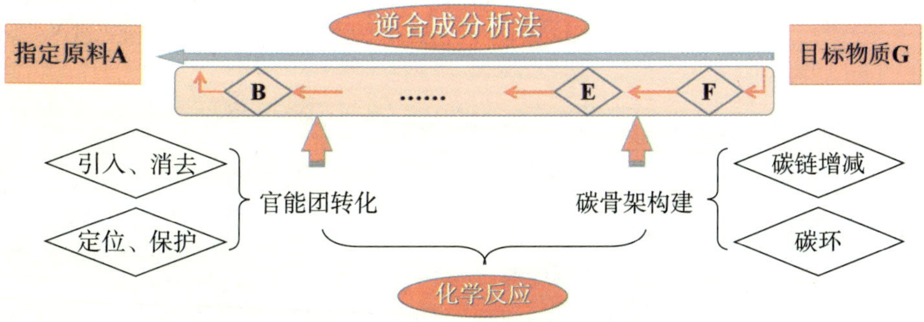

图 15-6 逆合成分析法设计有机合成路线的一般程序

信息 i：$R—OH \xrightarrow[\triangle]{POCl_3} R—Cl$

信息 ii：

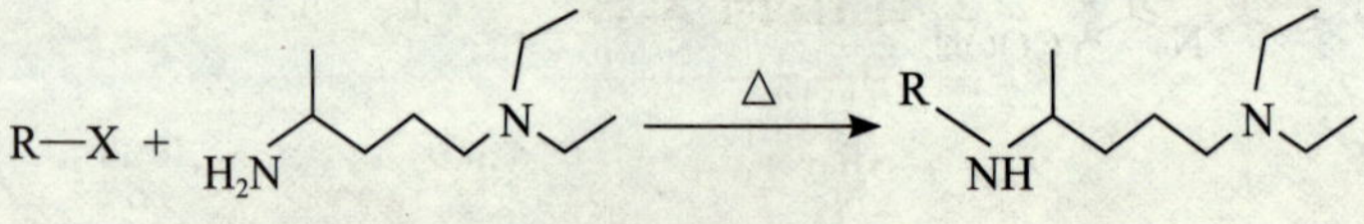

N-（4- 氨基戊基）- 二乙胺

交流研讨 氯喹的结构如图 15-7 所示，请结合上述反应信息，利用逆合成设计思路寻找合成氯喹的中间体 W，并尝试画出中间体 W 的结构。

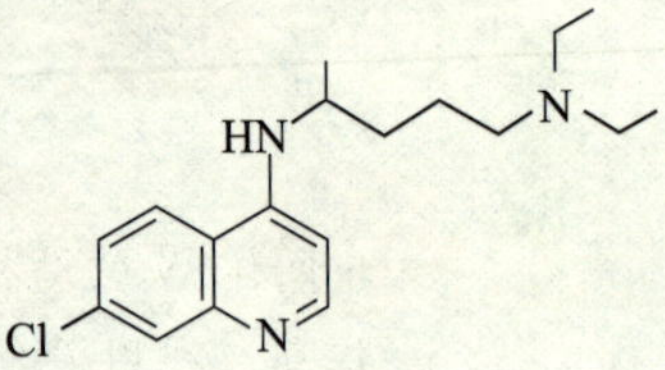

图 15-7 氯喹

寻找中间体 W 的逆合成设计思路如下：

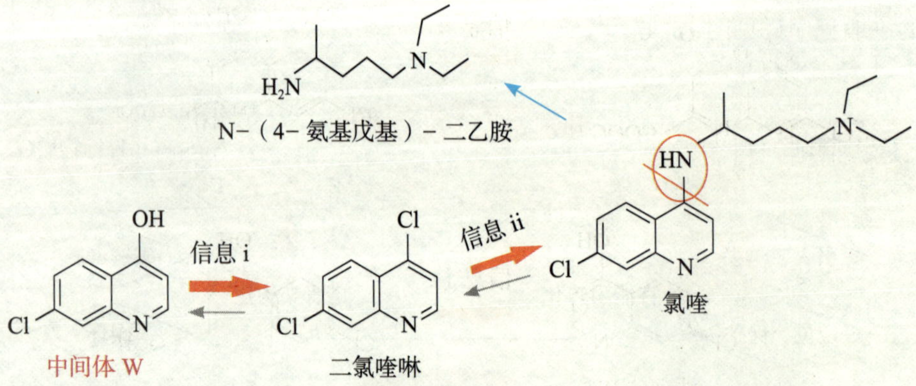

信息 i：

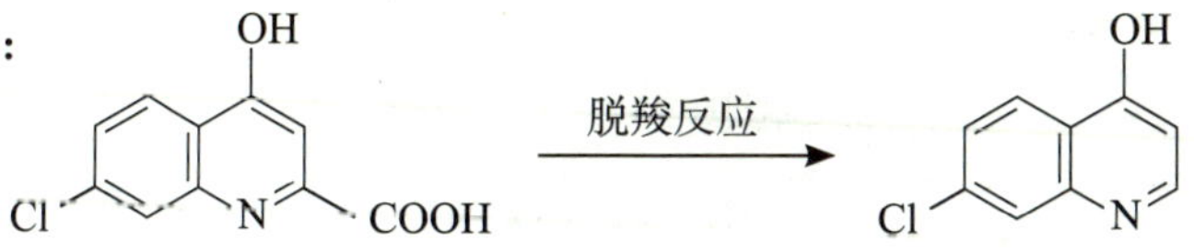

信息 ii：

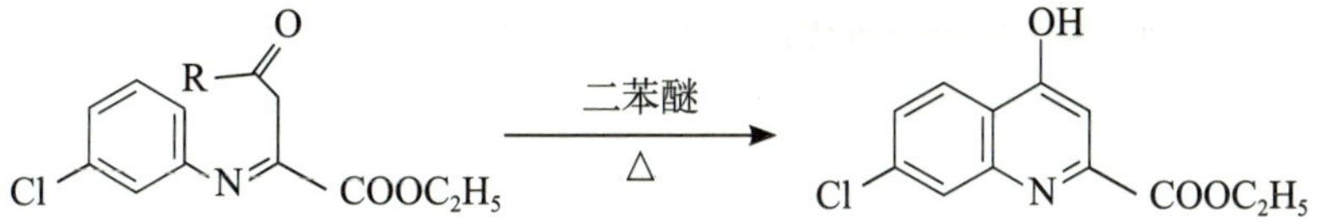

交流研讨 中间体 W 的结构如图 15-8 所示，请结合上述反应信息，利用逆合成设计思路寻找合成中间体 W 的下一个中间体 H，并尝试画出中间体 H 的结构。

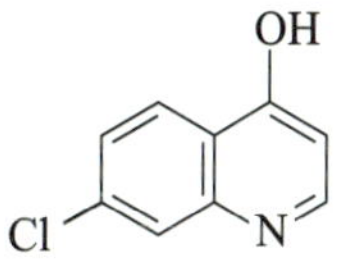

图 15-8　中间体 W

寻找中间体 H 的逆合成设计思路如下：

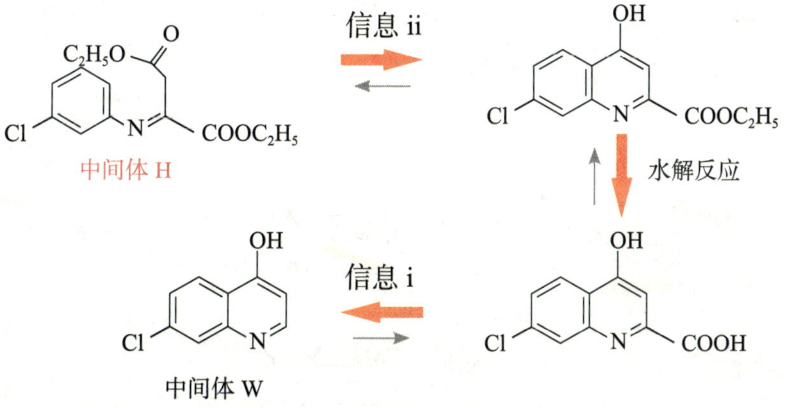

信息：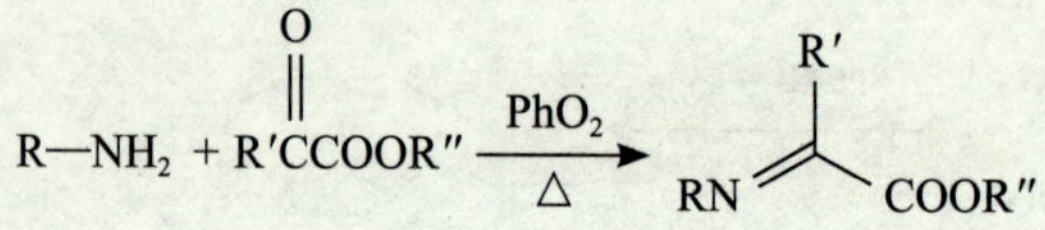

交流研讨 中间体 H 的结构如图 15-9 所示，请结合上述反应信息，利用逆合成设计思路寻找合成氯喹的基础有机化合物，并说明理由。

> 信息提示：
>
> 乙酸 —失去 1 个—OH→ 乙酰基
>
> 草酸 —失去 1 个—OH→ 草酰基

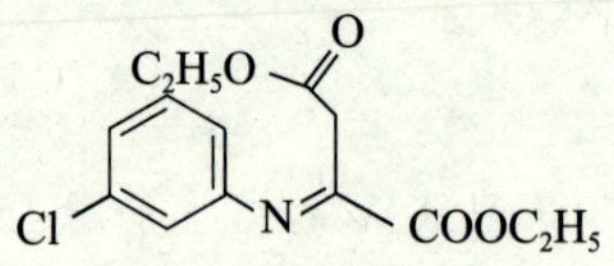

图 15-9　中间体 H

寻找合成氯喹的基础有机化合物的逆合成设计思路如下：

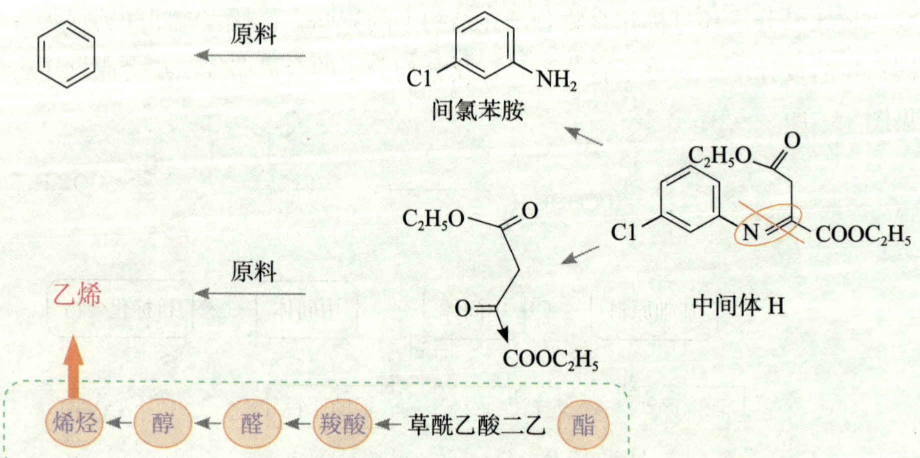

任务梳理

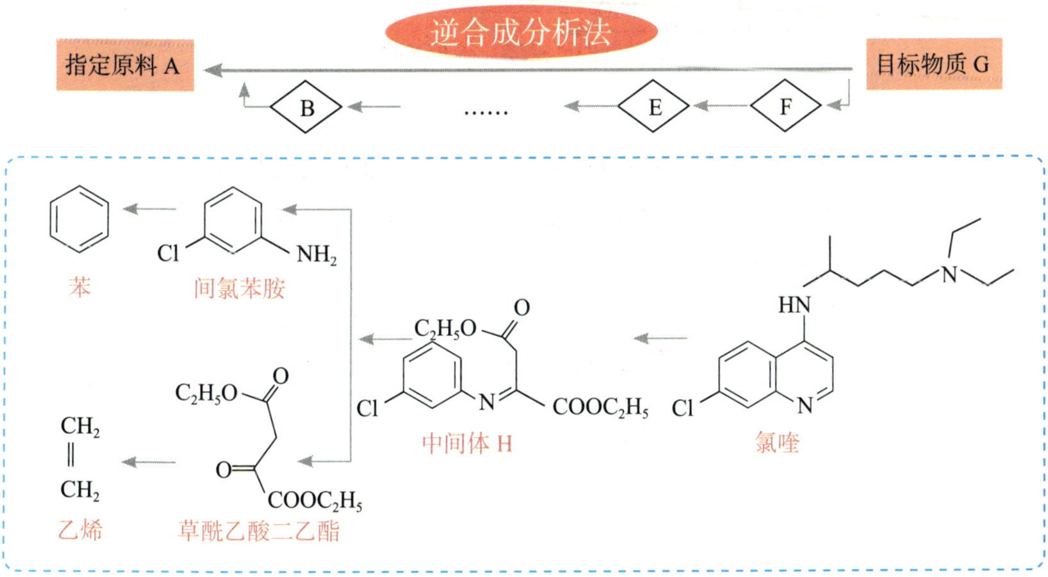

任务三　设计合成磷酸氯喹的路线

在任务二的活动中，采用逆合成分析法对磷酸氯喹的结构进行逆推解构进而确定，采用基础有机化合物（苯和乙烯）作为制备磷酸氯喹的原料。现以苯和乙烯为原料来设计合成磷酸氯喹的路线。

设计有机合成路线，可以从已确定的某种原料分子开始，逐步经过碳骨架的构建和官能团的引入或转化来完成，此为正合成设计法。在这样的有机合成路线设计中，首先要比较原料分子和目标化合物分子在结构上的异同，包括官能团和碳骨架两个方面的异同；然后设计由原料分子转化为目标化合物分子的合成路线。正合成设计法基本流程详见图 15-10。

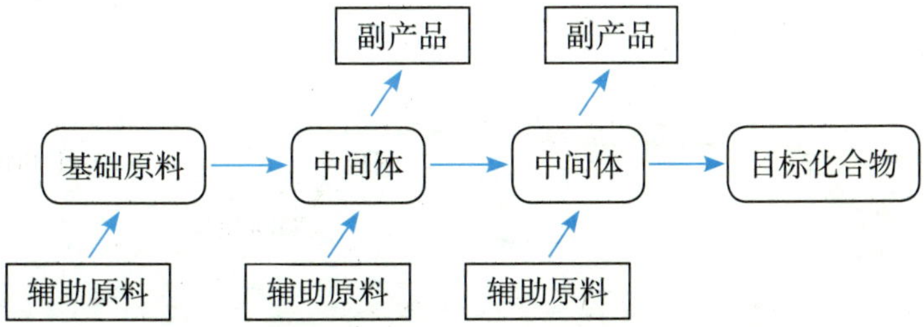

图 15-10　正合成设计法基本流程

活动 1 设计以苯为原料合成中间体间氯苯胺的路线

信息ⅰ：苯环“邻对位”定位基团：—CH_3、—X、—NH_2 等。

信息ⅱ：苯环“间位”定位基团：—NO_2、—CHO、—COOH 等。

信息ⅲ：

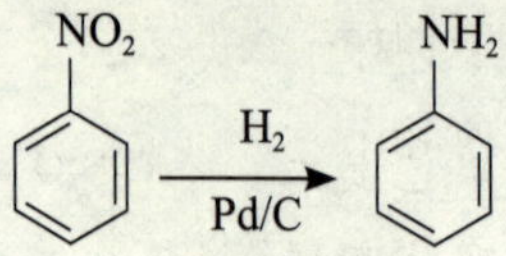

交流研讨 请以苯为原料，设计合成间氯苯胺（结构见图 15-11）的路线，合成路线用流程图表示（其他试剂任用）。

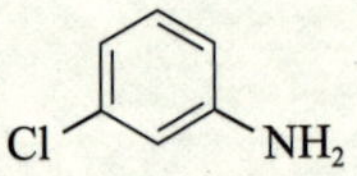

图 15-11 间氯苯胺

合成间氯苯胺的路线如下：

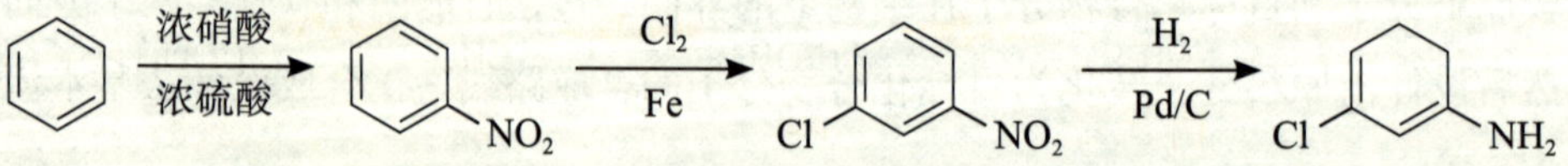

活动 2 设计以乙烯（乙醇）为原料合成草酰乙酸二乙酯的路线

信息：$2CH_3COOC_2H_5 \xrightarrow[2)\ H^+]{1)\ NaOC_2H_5} CH_3\overset{\overset{O}{\|}}{C}CH_2COOC_2H_5 + C_2H_5OH$

交流研讨 请以乙烯（乙醇）为原料，设计合成草酰乙酸二乙酯（结构见图 15-12）的路线，合成路线用流程图表示（其他试剂任用）。

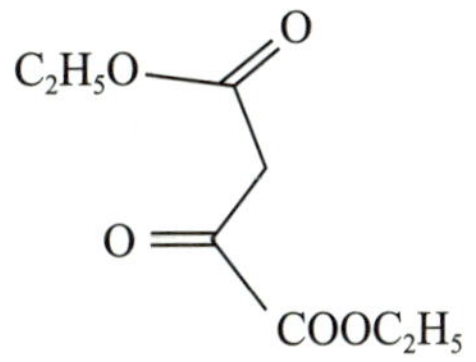

图 15-12 草酰乙酸二乙酯

合成草酰乙酸二乙酯的路线如下：

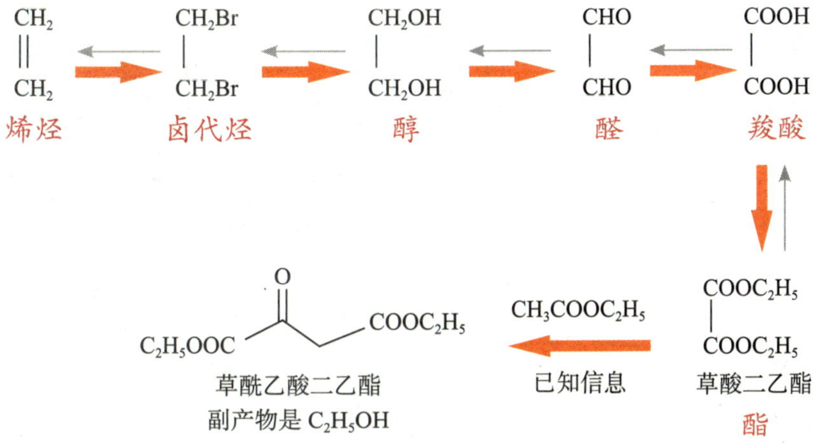

活动 3　设计由中间体 H 合成磷酸氯喹的路线

交流研讨　综合任务二中相关信息反应，请以中间体 H 为原料，设计合成氯喹（结构见图 15-7）的路线，合成路线用流程图表示（其他试剂任用）。

合成氯喹的路线如下：

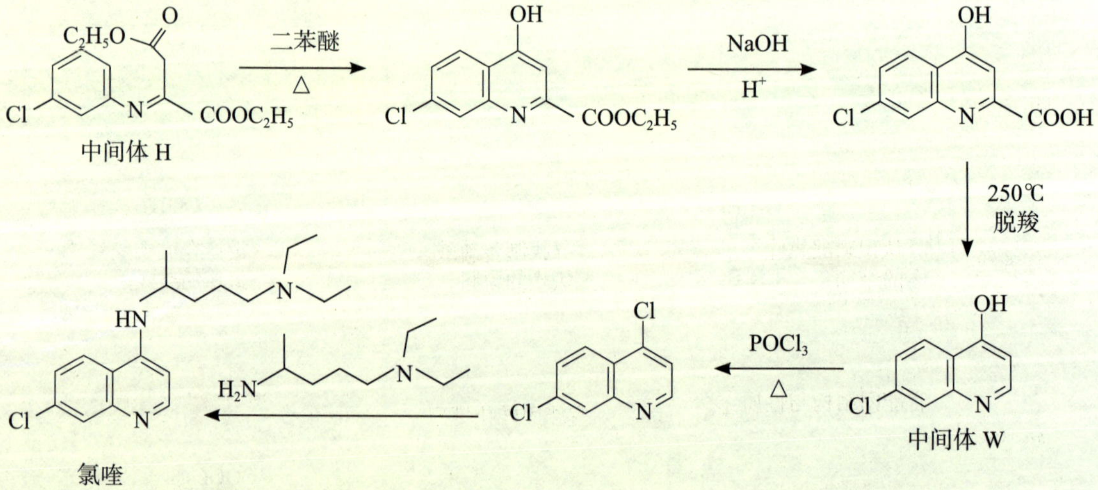

任务梳理

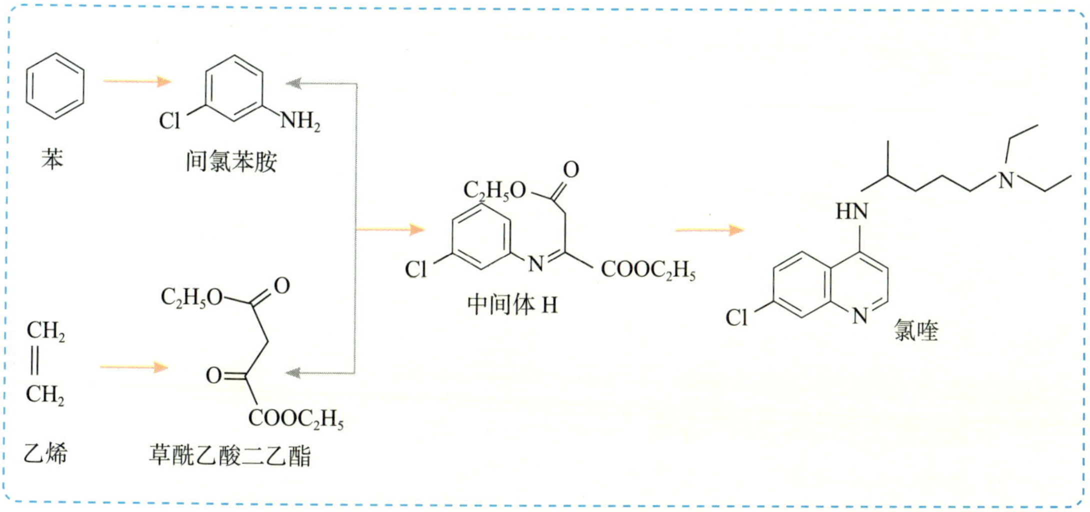

单元项目梳理

模型线	认识科学模型	→	掌握模型方法	→	探索模型建构
任务线	认识磷酸氯喹的结构	→	寻找制备磷酸氯喹的原料	→	设计合成磷酸氯喹的路线
知识线	官能团结构与性质 认识有机化合物结构与性质的方法	→	官能团转化模型 逆合成分析法	→	逆合成方法应用 有机合成的基本思维模型

单元项目检测

学习理解

1. 氯喹是一种用于治疗疟疾的药物，制药厂通常将其转化为磷酸氯喹，其结构及转化如图所示。下列说法错误的是（　　）

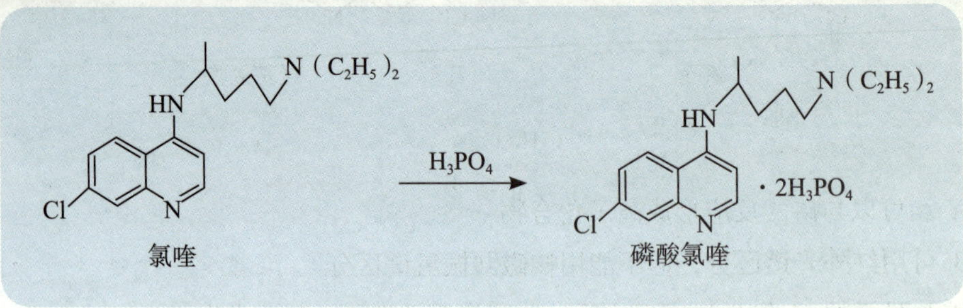

A. 氯喹转化为磷酸氯喹可增加其溶解性

B. 氯喹分子中苯环上的二溴代物多于一溴代物

C. 氯喹能够发生还原、加成及取代反应

D. 氯喹可使酸性 $KMnO_4$ 溶液褪色

2. 4,7- 二氯喹啉是合成药物磷酸氯喹的中间体，其结构简式如图所示。下列有关该物质的说法不正确的是（　　）

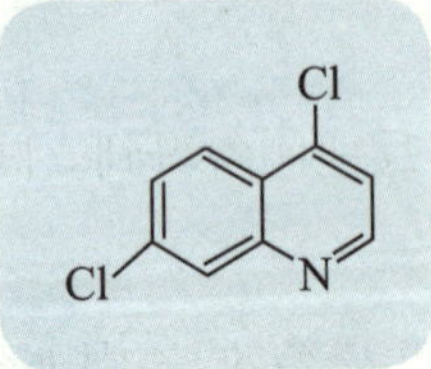

A. 该物质不属于烃

B. 分子式为 $C_9H_6NCl_2$

C. 分子中所有原子可能在同一平面上

D. 可发生取代反应

3. 磷酸氯喹（结构简式如图所示）不仅具有抗疟作用，还具有广谱的抗病毒作用。下列有关说法正确的是（　　）

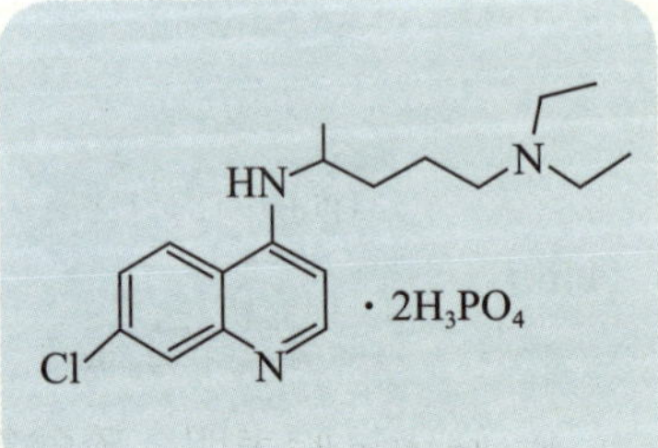

A. 磷酸氯喹的分子式是 $C_{18}H_{27}N_3ClO\cdot 2H_3PO_4$

B. 磷酸氯喹是一种混合物

C. 1mol 磷酸氯喹最多能与 5mol H_2 加成

D. 1mol 磷酸氯喹与足量的 NaOH 溶液反应，最多可消耗 7 mol NaOH

4. 氯喹和羟基氯喹的结构分别如图所示。下列对这两种化合物性质的描述错误的是（　　）

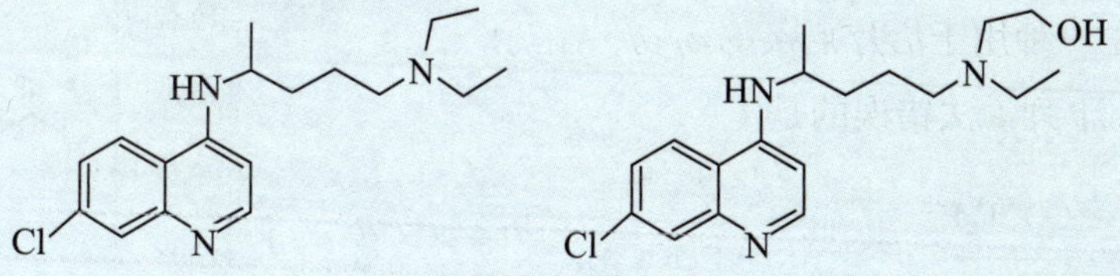

氯喹　　　　羟基氯喹

A. 均可以与磷酸反应形成离子化合物

B. 可用红外光谱区分，但不能用核磁共振氢谱区分

C. 与足量的 H_2 发生加成反应后，分子的手性碳原子数均发生了改变

D. 羟基氯喹比氯喹的水溶性更好，在人体胃肠道内吸收更快

5. 磷酸氯喹是一种抗疟疾药，对抑制新冠病毒也有良好表现。磷酸氯喹通常以间氯苯胺作为起始原料经过多步合成制备得到。而间氯苯胺由

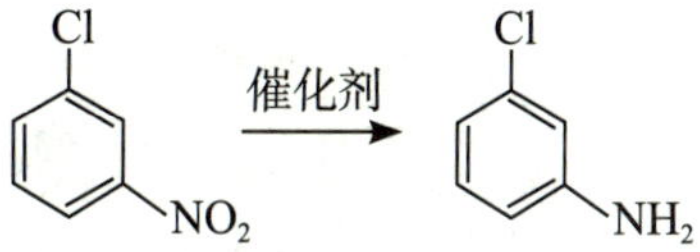

反应制备得到。间氯硝基苯的熔点为 44 ~ 46 ℃，沸点为 235 ~ 236 ℃。下列说法正确的是（　　）

A. 间氯硝基苯与硝基苯互为同系物

B. 间氯硝基苯常温下呈液态，不溶于水，易溶于苯和甲苯

C. 由间氯硝基苯制备间氯苯胺，该过程发生了还原反应

D. 理论上，在间氯硝基苯制备间氯苯胺过程中，每转移 1 mol e^-，需消耗锌粉 65 g

应用实践

6. 临床试验表明，磷酸氯喹（

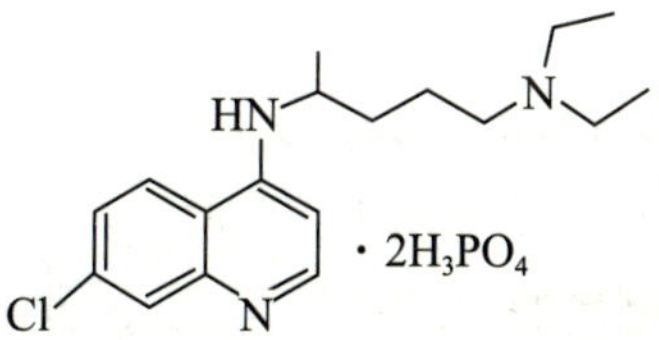

）对抑制新冠病毒感染具有一定疗效。氯喹（J）是制备磷酸氯喹的重要中间产物，其合成路线如图所示。

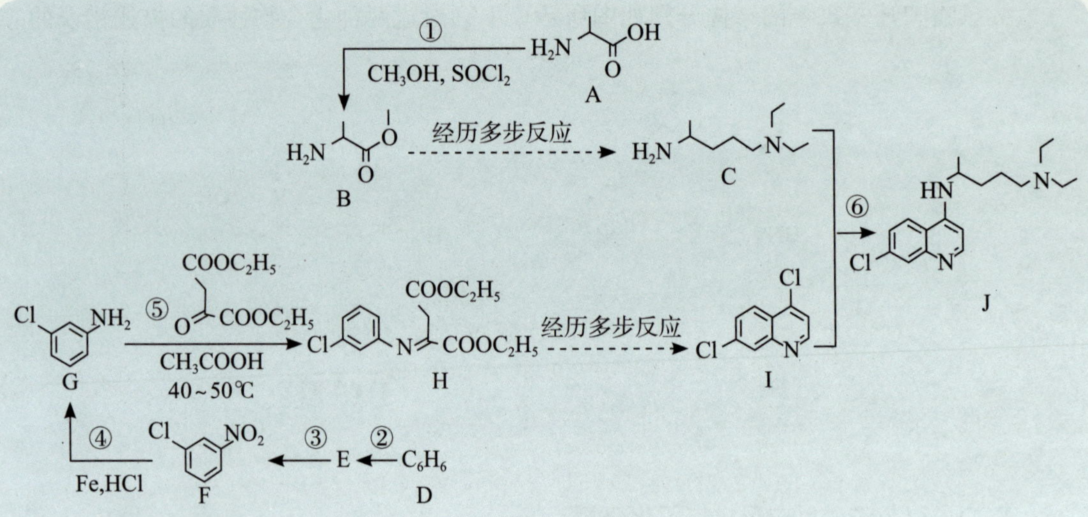

完成下列问题：

（1）A 的化学名称为 ________________________。

（2）反应④的反应类型为 ____________。

（3）H 中含氧官能团的名称为 ____________。

（4）写出一定条件下反应⑥的化学方程式：________________________。

（5）L 是 B 的同分异构体，与 A 互为同系物的结构有 ______ 种，其中核磁共振氢谱有三组峰，且峰面积比为 6∶2∶1 的结构简式为 ________________________。

（6）根据已有知识并结合题中相关信息，设计由苯和丙酮为原料制备 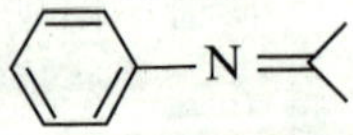 的合成路线（合成路线流程图示例参考本题题干）。

迁移创新

7. 磷酸氯喹可由氯喹（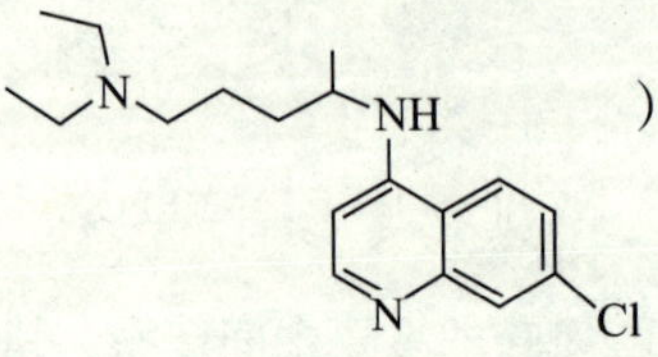）和磷酸在一定条件下反应制得。

氯喹的合成路线如图所示。

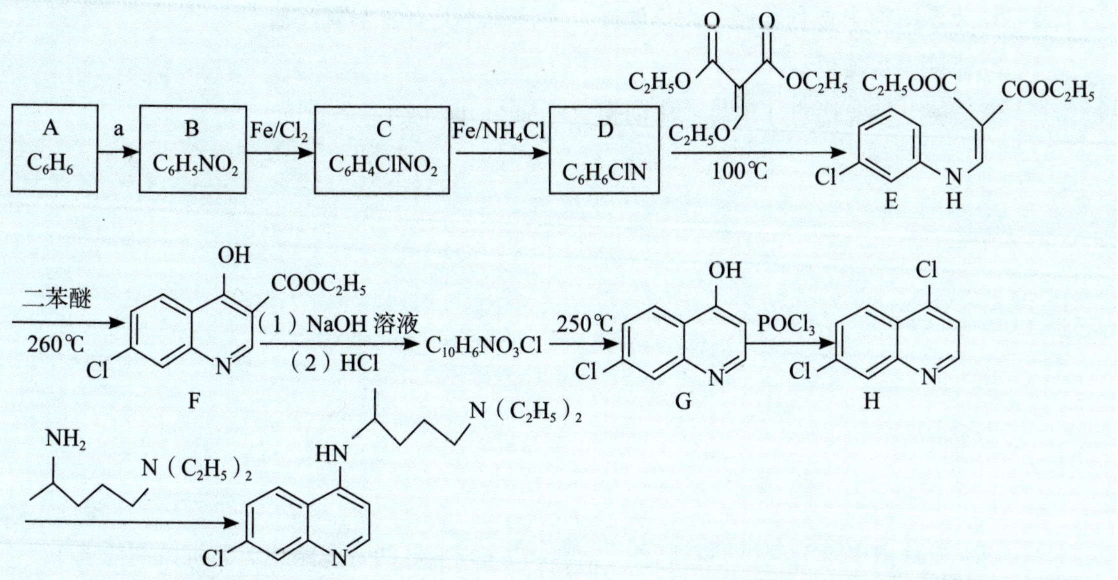

已知：$R—NO_2 \xrightarrow{Fe/NH_4Cl} R—NH_2$

完成下列问题：

（1）有机化合物 C 的名称为 ________，B 中官能团的名称为 ________，D 中含氮官能团的电子式为 ________。

（2）反应 A→B 中需要加入的试剂 a 为 ________。

（3）写出 B 生成 C 发生反应的化学方程式。

（4）写出 $C_{10}H_6NO_3Cl$ 的结构简式。

（5）A→B 的反应类型为 ________，C→D 的反应类型为 ________。

（6）M 是 H 的一种同分异构体，写出满足下列条件的 M 的结构简式（不考虑立体异构，只需写出 2 种）。

① 分子结构中含有苯环（无其他环），且苯环上有 3 个取代基；

② 能使溴水褪色；

③ 核磁共振氢谱有 4 组峰，峰面积之比为 2∶1∶1∶1。

（7）设计由甲苯为起始原料制备 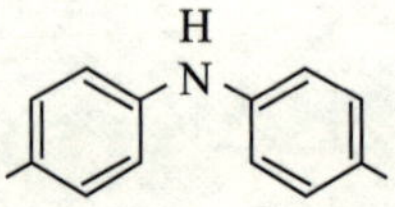 的合成路线（无机试剂任选）。

项目16 碳偶联技术让化学家像艺术家一样雕刻和拼接“有机基团”

——感悟科学家思考和解决问题的思维路径

任务一　碳偶联技术发展中的关键反应

任务二　钯催化交叉偶联反应在合成上的应用

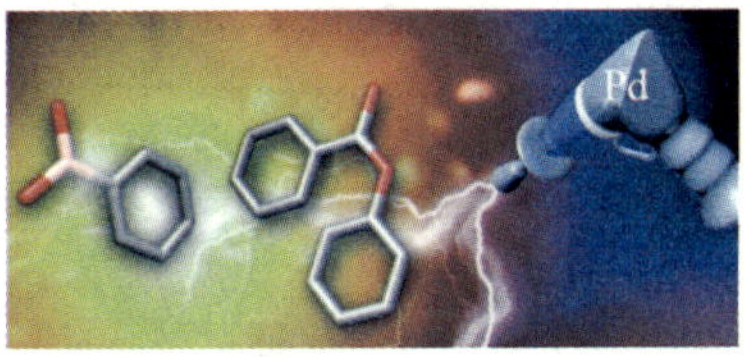

单元项目设计意图

瑞典皇家科学院将2010年诺贝尔化学奖授予3位科学家理查德·赫克（Richard F. Heck）、根岸英一（Ei-ichi Negishi）和铃木章（Akira Suzuki），以表彰他们在“有机合成中钯催化交叉偶联反应”方面所作出的杰出贡献。他们的研究成果极大地促进了有机合成化学的发展，广泛应用于合成具有特殊光电功能的高性能有机电子材料、具有复杂结构的天然产物和生物活性化合物以及一些精细化学品，对学术界和工业界产生了重要影响。本项目将带领大家去了解碳偶联技术的发展历程，重点认识钯催化交叉偶联反应，体会该反应在有机合成中的重要应用，学会从顺合成和逆合成角度去实现目标产物的合成。

单元项目学习目标

1. 通过碳偶联技术发展历程的认识，掌握典型有机反应的特征、类型、机理和应用，了解认识有机反应的一般思路和方法。

2. 通过钯催化交叉偶联反应在合成上的应用的学习，体会顺合成和逆合成在有机合成上的重要应用，培养在真实情境中解决问题的能力。

3. 基于本项目的开展，培养利用典型反应进行有机合成的一般思路。

单元项目学习引导

众所周知，碳是构成生命有机体的基础，是维持生命的重要元素，也是无数自然现象产生的原因。有机化学利用碳为功能分子提供稳定的架构，从而合成出各种各样所需要的分子，满足人类对各种功能的要求。药物、塑料和许多其他的工业化学品都含有大的碳基分子，为了制造这些复杂的有机材料，化学家需要通过化学反应将碳原子连接在一起。但是，碳原子在有机分子中与相邻原子之间的化学键往往是非常稳定的，不易与其他分子发生化学反应。100 多年前人们已经想到办法，法国科学家格林尼亚（Grignard）发明了一种试剂，利用镁原子强行塞给碳原子两个电子，使碳原子变得活跃。这是一项非常重要的成果，使格林尼亚获得了 1912 年诺贝尔化学奖。

随着时代的发展，人们对碳基的研究愈加深入。在研究的前期，要么无法活化碳基，化合物难以参加反应；要么使碳原子过于活跃，虽然能有效地制造出很多简单的有机分子，但要是合成复杂分子却有大量的副产物生成。正如大家所知，在有机合成操作中提纯是一项烦琐的工作。赫克、根岸英一和铃木章等人通过实验发现，当碳原子和钯原子连接在一起，会形成一种“温和”的碳钯键，在这里钯既活跃了碳基，又使其不至于过于活泼，然后又可以把其他碳原子吸引过来，这样使得两个碳原子距离拉近，容易成键而偶联起来，在这个过程中钯原子起到了媒介的作用。所以“钯催化交叉偶联反应”是一款精致的工具，让化学家得以像艺术家一样来雕刻和拼接类似积木的模块（小的基团），构筑令人惊叹的艺术品（有机复杂分子），与此同时还避免了过多不必要副产物的生成。

任务一　碳偶联技术发展中的关键反应

碳－碳相连的碳基是生命化学的基础，生命体内所有的组织和器官是由或多或少的碳基骨架构成的，这对化学家来说是如此重要。碳基非常稳定，化学家的任务则是削弱这种连接，让碳原子更容易与其他碳原子发生反应。

活动 1　Grignard 反应及其机理

1912 年，格林尼亚发现，将两个碳原子放在镁原子上，碳基键会被削弱，碳原子因此更容易与其他碳原子发生反应，化学家可用此反应来合成简单的有机分子。

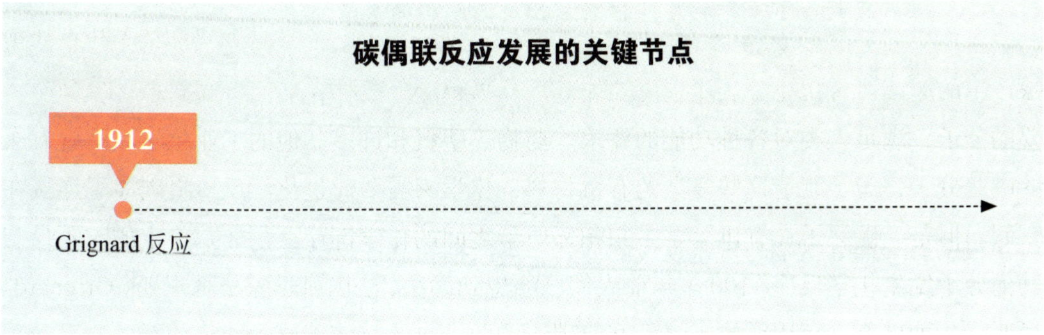

【Grignard 反应】

卤代物在无水乙醚或四氢呋喃中与金属镁作用生成烷基卤化镁 RMgX，这种有机镁化合物被称作 Grignard 试剂（格氏试剂）。Grignard 试剂作为亲核试剂可以与卤代烃、醛、酮、羧酸等化合物发生反应，这类反应被称作 Grignard 反应。例如，在与羰基反应时，其反应式可表示为：

$$RX + Mg \xrightarrow{\text{无水乙醚}} RMgX$$

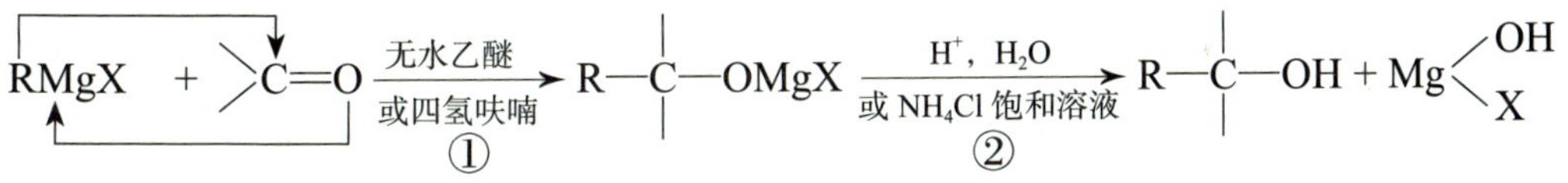

交流研讨　在上面反应通式中，步骤①②的反应类型分别为什么反应？

方法导引　有机化学中常见的反应类型有取代反应、加成反应、消去反应、氧化反应和还原反应。

通过观察反应通式可知，步骤①为加成反应，步骤②为取代反应。

交流研讨 当时 40 岁的格林尼亚在其博士论文中利用苯甲醛和 Grignard 试剂进行反应制备了一种物质，推断该物质的结构简式。

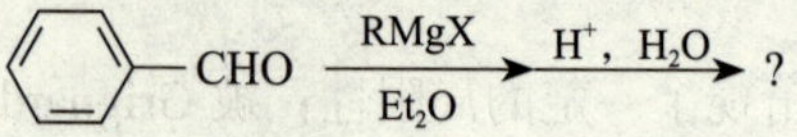

根据 Grignard 试剂与羰基反应的通式，可以推知其产物结构为 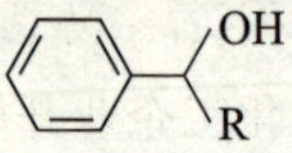。

交流研讨 Grignard 试剂虽然是最简单的有机金属试剂，但 Grignard 反应的机理比较复杂，Grignard 反应机理迄今不明，其中一种可能的机理如下：

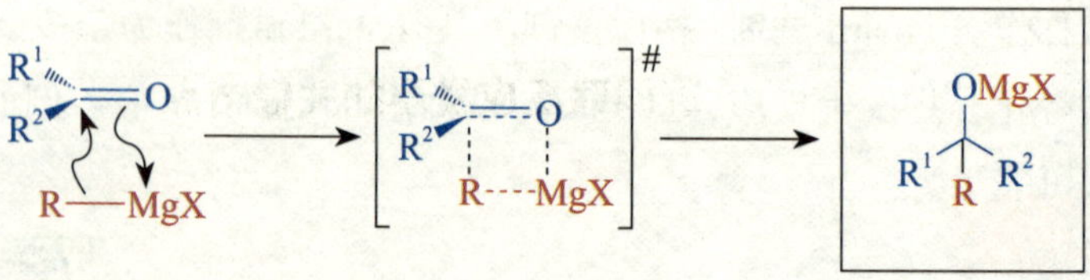

（1）RMgX 中的 R 电性和 RX 中的是否一致？其在合成上有怎样的意义？

（2）结合反应机理思考，Grignard 反应为什么要在无水、无活泼氢的条件下进行？

由于镁原子直接和碳链相连，极化作用的结果是使邻近镁原子的那个碳原子呈负电性，使得此 C—Mg 键极具反应活性。Grignard 试剂实现了碳原子由碳正向碳负的转化，使其可以与显正电性的碳原子发生偶联。在 Grignard 试剂制备和反应的过程中，无水是非常重要的反应条件，否则会使生成的 Grignard 试剂与水中的活泼氢反应而失活，所以要在无水、无活泼氢的条件下进行。

活动 2 Heck 反应及其机理

Grignard 反应使得碳原子之间的偶联得以顺利进行，然而当用 Grignard 反应来制造大且复杂的分子时，出现了一定的局限性：被 Grignard 试剂激活的碳原子的活性无法预测和控制，最终产生了过多的副产品。

50 多年后，赫克开始着手研究这个问题，这源于工业界的激发。20 世纪 50 年代，德国一家化工企业开始用钯原子作为媒介，将乙烯输送到乙醛上，生产用于油漆和醋酸等的化工原料。当世界各地的化学工业界对该过程的成功产生浓厚兴趣时，Heck 正在美国的一个化学公司工作，他开始尝试用钯作为催化剂的实验，在削弱碳基键的同时让它们更精确地发生反应。

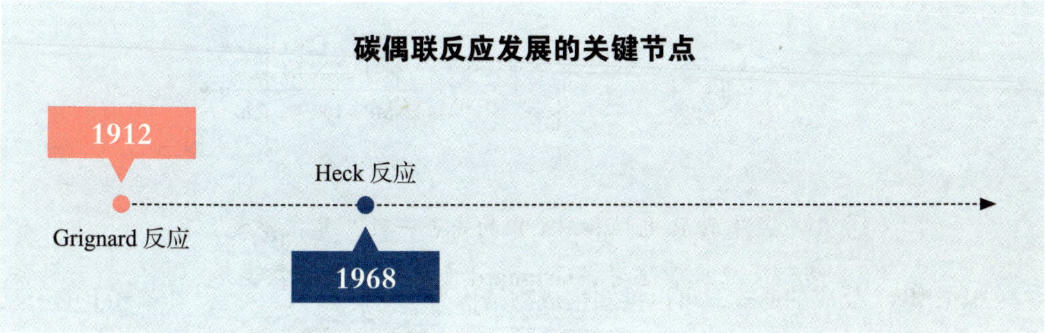

【Heck 反应】

Heck 反应通常是指在钯催化下，卤代烃与烯烃进行的偶联反应，其中卤代烃多为芳基卤代烃。其反应式可表示为：

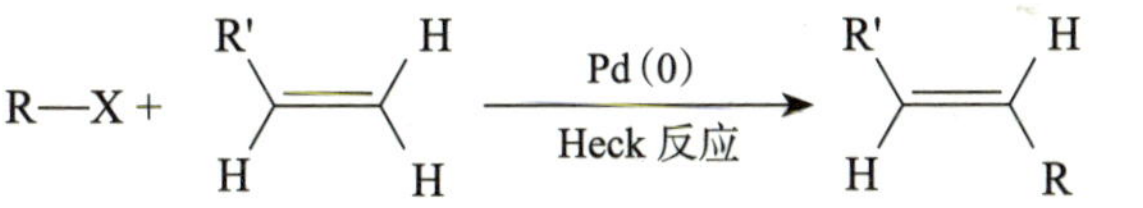

R、R' 为芳基或烯烃基或烷基

交流研讨 Heck 反应的反应类型为什么反应?

通过观察反应通式可知，其反应类型为取代反应。

交流研讨 其生成物 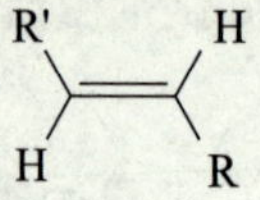

（R、R' 不同）是顺式还是反式产物?

根据其结构特点可知，生成物为反式产物。

交流研讨 第一篇有关 Heck 反应的报道是赫克本人在 1972 年发表的，写出该反应的生成物，其苯环上的一氯代物有几种（不考虑立体异构）?

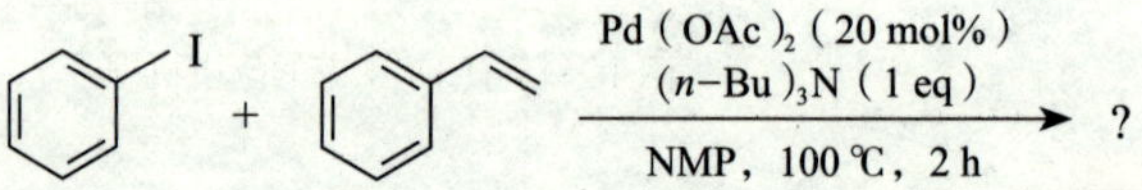

根据 Heck 反应的通式，可以推知生成物结构为 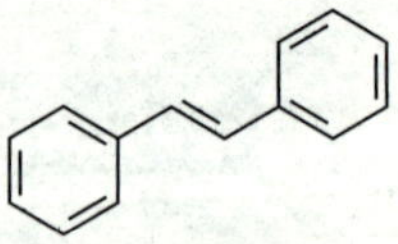，其苯环上的一氯代物有 3 种。

交流研讨 已知 Heck 反应的反应机理如图 16-1 所示，通常认为反应共分四步。

a. 氧化加成：RX（R 为烯基或芳基）与 Pd（0）L_2 的加成，形成 Pd（Ⅱ）配合物中间体；

b. 配位插入：烯键插入 Pd—R 键的过程；

c. β -H 的消除；

d. 催化剂的再生：加碱催化重新得到 Pd（0）L_2。

（1）写出反应的总反应式。

（2）图 16-1 中步骤④的反应类型为什么反应?

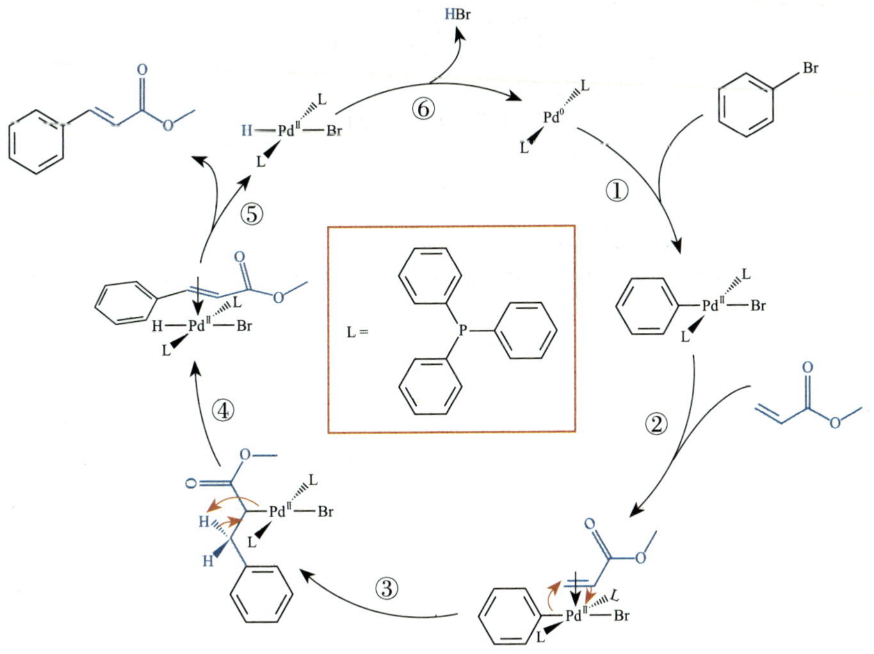

图 16-1 Heck 反应的反应机理

通过反应机理中的各步转化，可以推知反应的总反应式为：

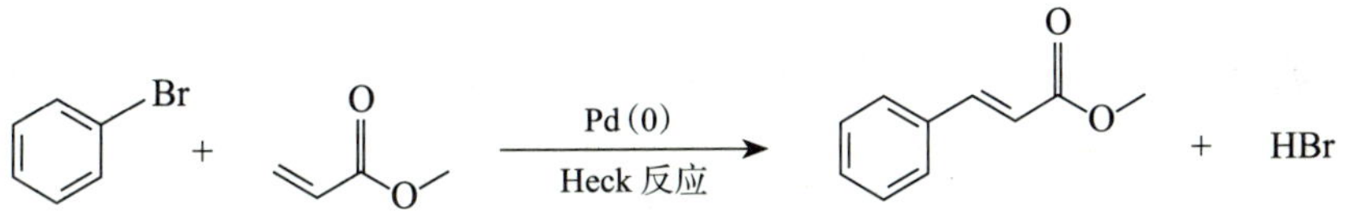

步骤④为消去反应。

活动 3 Negishi 反应及其机理

在 Heck 反应中不用高温和高压，仅借助钯催化，碳原子间就可以相互接近至可以发生反应的距离，形成碳碳单键，实现碳链的增长。1977 年，铃木章在用锌化合物替代 Grignard 试剂后，发现锌原子不仅能将碳原子带到钯原子上，而且还使碳原子更不活泼，当碳原子在钯上相遇时，它们就能更精确地发生反应。

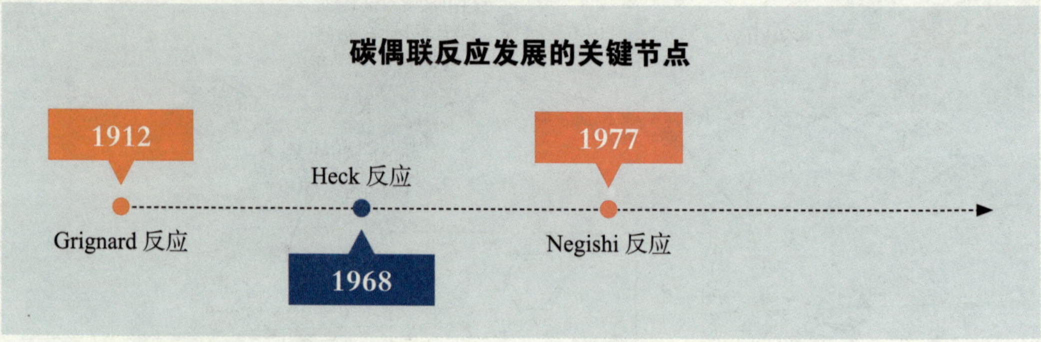

【Negishi 反应】

Negishi 反应是钯催化下的不饱和有机锌试剂与芳基或乙烯基卤代物等进行偶联的反应。其反应式可表示为：

$$R—X + R'—ZnX \xrightarrow[\text{Negishi 反应}]{Pd(0)} R'—R$$

交流研讨 Negishi 反应的反应类型为什么反应？

通过观察反应通式可知，其反应类型为取代反应。

交流研讨 研究人员在单模反应器中进行了 Negishi 反应，写出下面反应的生成物，该有机化合物中的含氧官能团是什么？

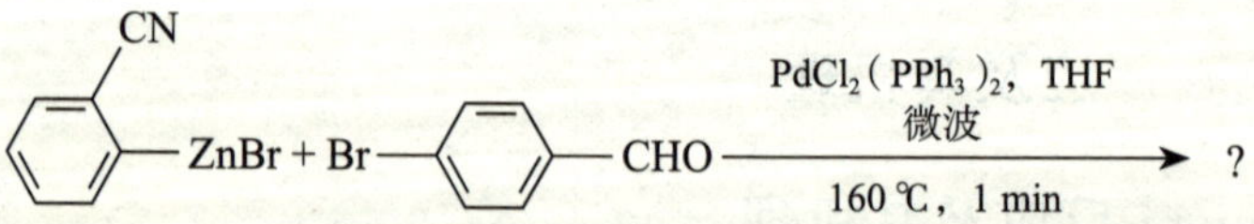

根据 Negishi 反应的通式，可以推知生成物结构为 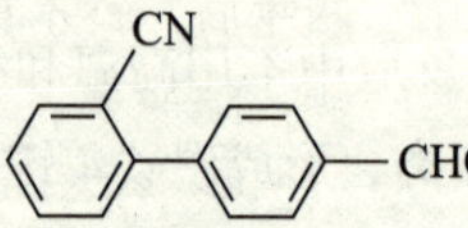 ，它的含氧官能团为醛基。

交流研讨　已知 Negishi 反应的反应机理如图 16–2 所示。

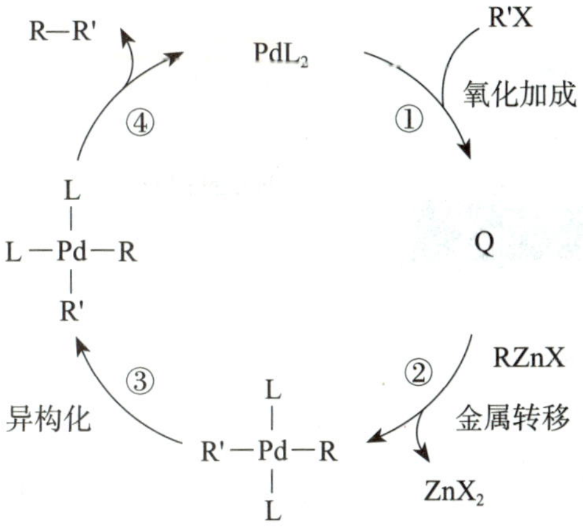

R = 芳基、烯基、伯烷基；R' = 芳基、烯基
L = PPh_3 等

图 16–2　Negishi 反应的反应机理

（1）写出中间体 Q 的结构式。

（2）步骤②④的反应类型为什么反应？

结合反应机理可知，Q 的结构式为 $R'-\underset{L}{\overset{L}{Pd}}-X$。步骤②为取代反应，步骤④为消去反应。

活动 4　Suzuki 反应及其机理

Heck 反应和 Negishi 反应面临的突出问题就是成本相对较高、产生的废料较多，限制了其广泛应用。两年后，铃木章发现，硼原子比锌有更好的效果，能在更低温度下用更少溶剂生产化合物，降低了成本并减少了废料。Suzuki 反应把研究范围扩大到更多有机分子，使反应更温和、适用性更广，大大促进了这类反应在学术领域及工业领域中的应用。

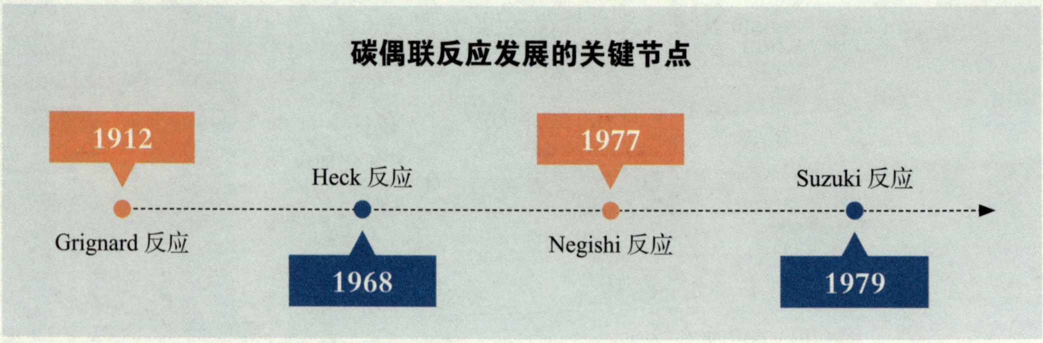

【Suzuki 反应】

Suzuki 反应是钯催化下不饱和有机硼试剂与芳基或乙烯基卤代物等进行偶联的反应。其反应式可表示为:

$$R—X + R'—B(OH)_2 \xrightarrow[\text{Suzuki 反应}]{Pd(0)} R'—R$$

交流研讨 Suzuki 反应的反应类型是什么反应?

通过观察反应通式可知，其反应类型是取代反应。

交流研讨 写出下面反应的生成物。

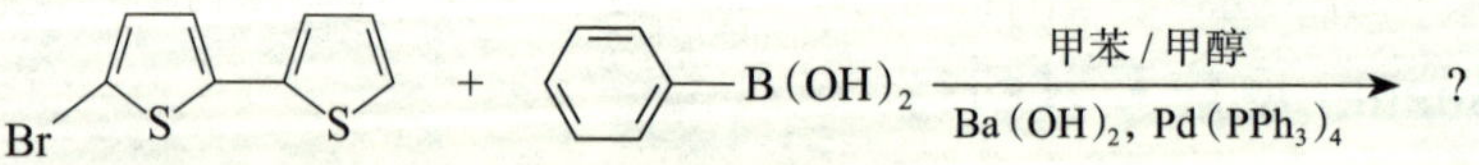

根据 Suzuki 反应的通式，可以推知生成物结构为 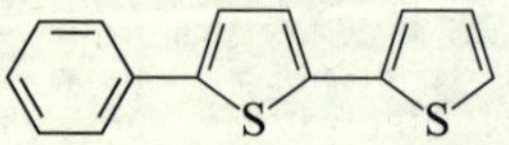 。

交流研讨　已知 Suzuki 反应的反应机理如图 16-3 所示。

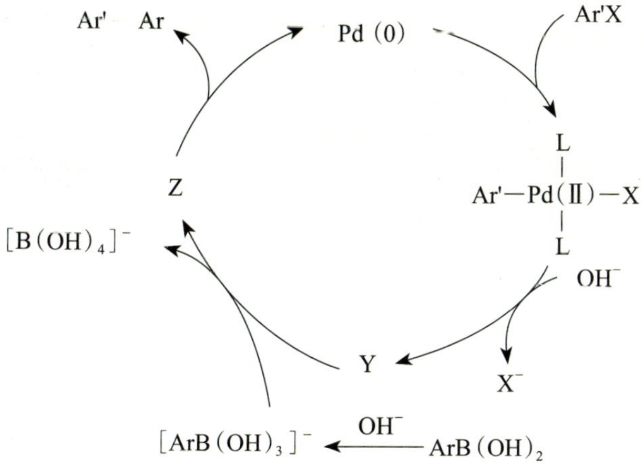

图 16-3　Suzuki 反应的反应机理

（1）写出中间体 Y、Z 的结构式。

（2）写出总反应式。

结合反应机理可知，Y 的结构式为 $Ar'-\overset{\displaystyle L}{\underset{\displaystyle L}{\overset{|}{\underset{|}{Pd(\text{II})}}}}-OH$，Z 的结构式为 $Ar'-\overset{\displaystyle L}{\underset{\displaystyle L}{\overset{|}{\underset{|}{Pd(\text{II})}}}}-Ar$。

总反应式为：

$$Ar'X + ArB(OH)_2 + 2OH^- \xrightarrow[\text{Suzuki 反应}]{Pd\ (0)} Ar'Ar + [B(OH)_4]^- + X^-$$

钯是一种神奇的物质，可以联结两种碳原子，让它们在温和的条件下靠近并发生反应。然而，直到 1990 年人们才开始真正意识到这是多么伟大的发现，之后的发展就非常快了。如今，Heck 反应、Negishi 反应和 Suzuki 反应已经成为化学家的重要工具，在合成化学工作中得到了普遍应用。

任务梳理

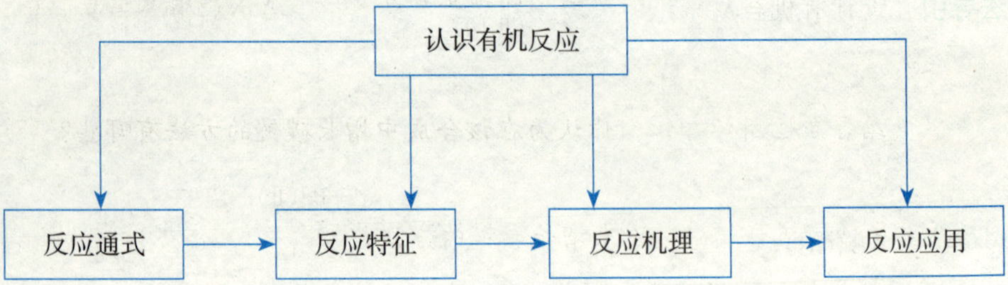

任务二 钯催化交叉偶联反应在合成上的应用

Heck 反应、Negishi 反应和 Suzuki 反应极大地推动了有机合成的发展，很多以前无法打通的路线也随着这三个反应的发现而变得豁然开朗，温和的反应条件和对很多活性官能团良好的兼容性是其广泛应用的原因。这三个反应已经广泛应用于大规模生产一些具有特殊功能的高性能有机电子材料、具有复杂结构的天然产物和生物活性化合物以及一些精细化学品。

活动 1 基于钯催化交叉偶联反应顺合成有机化合物

肉桂酸乙酯在常温下为无色油状液体；天然存在于番石榴、草莓、葡萄酒、朗姆酒、香荚兰、霸王树等中；具有甜橙和葡萄的香味和底蕴，香气持久，常用作增香剂和香味补偿剂。肉桂酸乙酯又称 β-苯基丙烯酸乙酯、3-苯基丙烯酸乙酯，其结构简式为 $C_6H_5CH{=}CHCOOC_2H_5$。实验室中基于 Heck 反应，利用苯和乙炔为基础有机原料可以合成肉桂酸乙酯。

交流研讨 分析肉桂酸乙酯的结构，其含有的官能团有哪些？

肉桂酸乙酯含有碳碳双键和酯基两种官能团。

交流研讨 结合产物，对比所给有机原料，结构上有什么差异？

对比可知，碳链发生了增长，引入了酯基官能团，碳碳三键转变为碳碳双键。

方法导引 设计有机合成路线的关键，即碳骨架的构建、官能团的引入和转化。

交流研讨 结合自己所学知识，你认为在该合成中增长碳链的方法有哪些？

知识链接 中学有机合成中常用来增长碳链的方法：

① 炔烃、烯烃、醛、酮与 HCN 的加成反应；

② 醛酮的羟醛缩合（其中至少一种含有 α-H）；

③ 卤代烃与 NaCN、CH_3CH_2ONa、$CH_3C\equiv CNa$ 等的取代反应；

④ 聚合反应；

⑤ 酯化反应。

经过对比分析可以发现，要实现该合成中碳链的增长，可以利用 Heck 反应、卤代烃与 NaCN 的取代反应和酯化反应。

交流研讨 基于目标产物和原料的对比分析，你认为在该合成中如何实现官能团的转化？

知识链接 中学有机合成中常用来引入（或转化）官能团的方法见表 16-1。

表 16-1 引入（或转化）官能团的常用方法

引入的官能团	引入（或转化）官能团的常用方法
—OH	烯烃与水的加成反应、卤代烃的水解反应、醛（酮）的催化加氢反应、酯类的水解反应、多糖发酵、羟醛缩合、醛（酮）与 Grignard 试剂反应后在酸性条件下的水解反应等
—X	烷烃与卤素单质的取代反应、烯烃 α-H（或苯环上的烷基）与卤素单质的取代反应、烯烃（炔烃）与卤素单质或 HX 的加成反应、醇类与 HX 的取代反应等
碳碳双键	醇类或卤代烃的消去反应、炔烃的加成反应等
—CHO	RCH_2OH（伯醇）的氧化反应、烯烃的臭氧氧化反应等
—COOH	醛类的氧化反应、酯类的水解反应、醛（酮）与 HCN 加成后在酸性条件下水解生成 α- 羟基酸等
酯基	酯化反应

经过对比分析可以发现，要实现双键的转化可以通过炔烃的加成反应，要引入酯基需要通过酯化反应，而酯化反应中的羧基和羟基需要由炔烃转换而来。

交流研讨 根据上述分析可知，需要合成出目标产物中的关键片段 $CH_2{=}CHCOOH$ 和 CH_3CH_2OH，以乙炔为原料从顺合成的角度设计合成路线。

方法导引 顺合成特点：从已知基础原料入手，找出合成所需要的直接或间接的一系列中间产物，逐步推向目标产物（图 16-4）。

图 16-4 顺合成分析法示意图

$CH_2{=}CHCOOH$ 的合成：

$$HC{\equiv}CH \xrightarrow{HCl} H_2C{=}CHCl \xrightarrow{NaCN} H_2C{=}CHCN \xrightarrow{H_3O^+} H_2C{=}CHCOOH$$

CH_3CH_2OH 的合成：

$$HC{\equiv}CH \xrightarrow{H_2O} CH_3CHO \xrightarrow{H_2} CH_3CH_2OH$$

交流研讨 基于 $CH_2{=}CHCOOH$ 和 CH_3CH_2OH 的合成，运用顺合成的思路去制取目标产物。

方法导引 基于合成中的关键结构片段，需要选择适当的反应去实现片段之间的连接，进而形成合成中的关键中间体，最后实现目标产物的合成。

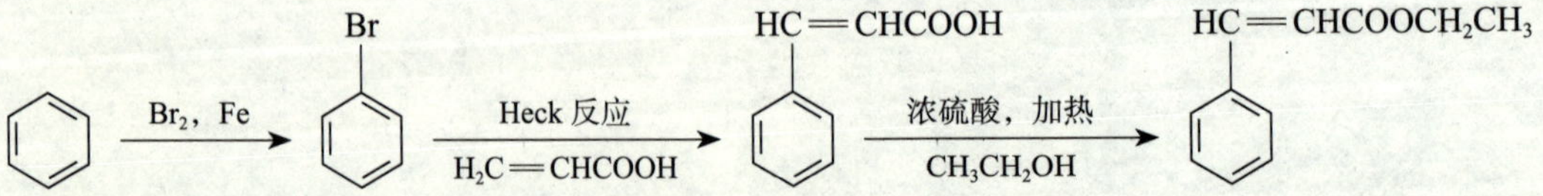

方法小结 有机顺合成的一般思路如图 16-5 所示。

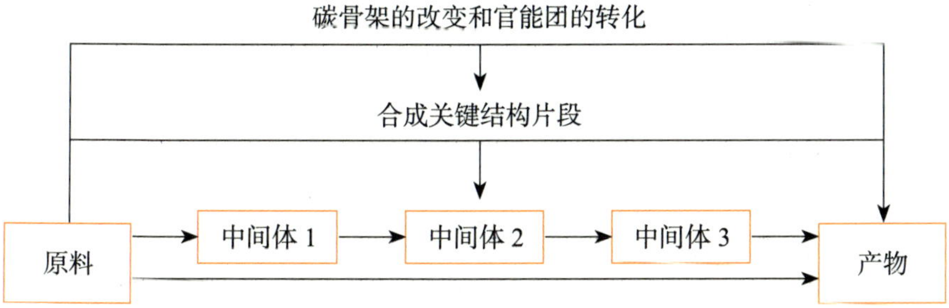

图 16-5 有机顺合成的一般思路

基于肉桂酸乙酯的合成，我们不难体会在合成中，首先要注意对比目标产物和原料在碳骨架和官能团上的区别，思考如何实现碳骨架的改变和官能团的转化；再基于原料出发思考整个合成过程中需要得到的若干关键结构片段，在结构片段基础上选择适当的反应去连接相关片段，进而得到合成过程中的相应中间体，最终实现目标产物的合成。

活动 2 基于钯催化交叉偶联反应逆合成有机化合物

反式 1,2- 二苯乙烯类化合物是蓼科蓼属植物何首乌的主要成分之一，有独特的药效，如抗癌、抗菌、抗氧化、降低血脂等多种重要的生物学功能，近些年引起了国内外学者的高度重视。实验室中基于 Heck 反应，利用苯和溴乙烷为基础有机原料可以合成反式 1,2- 二苯乙烯（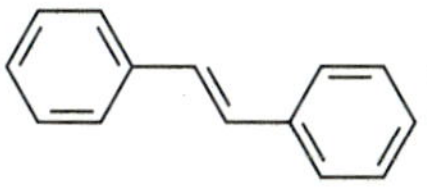）。

交流研讨 分析反式 1,2-二苯乙烯的结构，其含有的官能团有哪些？

1,2- 二苯乙烯含有碳碳双键。

交流研讨 结合产物，对比所给有机原料，结构上有什么差异？

对比可知，碳链发生了增长，引入了碳碳双键。

交流研讨 基于目标产物和原料的对比分析，结合 Heck 反应，你认为在该合成中所需要合成的关键中间体有哪些？

经过对比分析，基于 Heck 反应可将目标产物分解为两个关键中间体：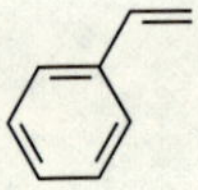、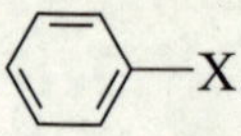。

交流研讨 已知  + RX $\xrightarrow{FeBr_3}$ 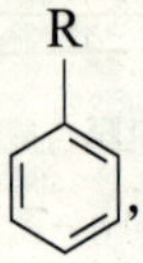，从逆合成的角度思考该如何实现苯到 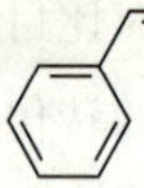 的合成。

方法导引 逆合成特点：从目标产物出发，由后向前推，先找出产物的前一步原料（中间体），并同样找出中间体的前一步原料，如此继续直至到达简单的初始原料为止（图 16-6）。

图 16-6 逆合成分析法示意图

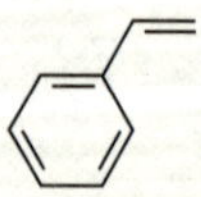 可由 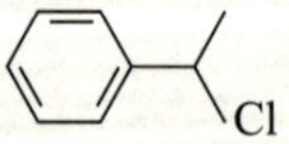 在碱性条件下消去得到，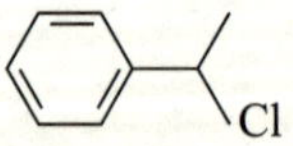 可由乙苯在光照条件下发生侧链的取代反应得到，乙苯可由苯与溴乙烷发生苯环的烷基化反应得到，据此可确定合成思路。

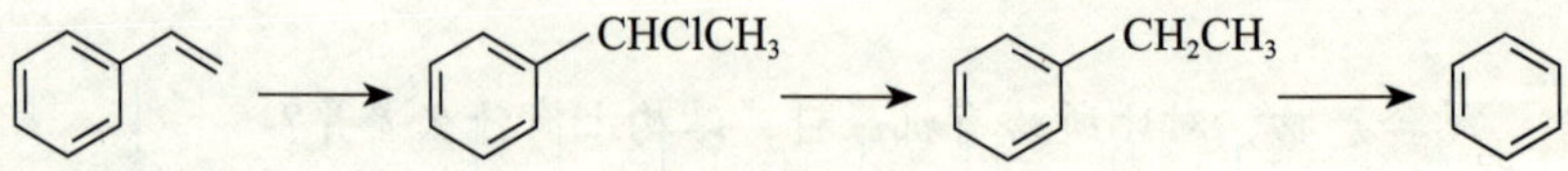

交流研讨　基于上述逆合成思路的分析，梳理出产物的合成路线。

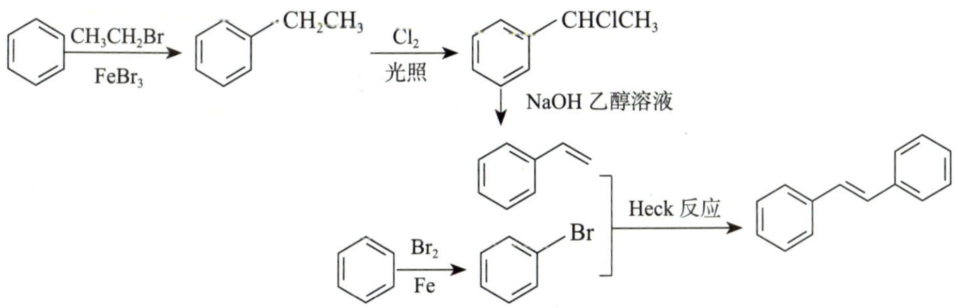

方法小结　有机逆合成的一般思路如图 16-7 所示。

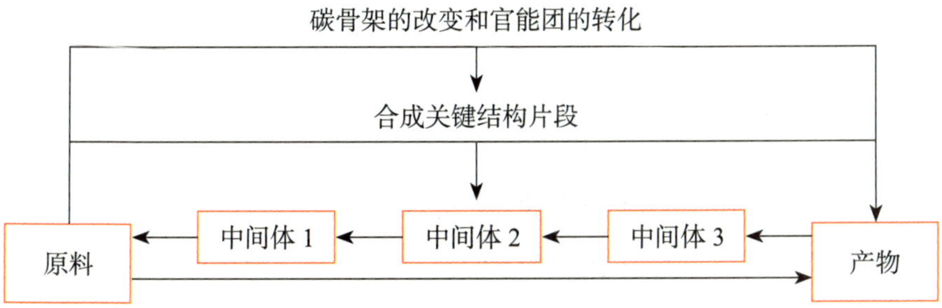

图 16-7　有机逆合成的一般思路

基于反式 1,2- 二苯乙烯的合成，我们感受到在合成中，同样首先要注意对比目标产物和原料在碳骨架和官能团上的区别，思考如何实现碳骨架的改变和官能团的转化；再在逆合成中基于产品出发思考如何将产品进行拆解，进而得到若干关键结构片段，在结构片段基础上逆合成相关核心中间体；最后回到原料，理顺合成思路后，再从原料梳理相关路线，最终实现目标产物的合成。

任务梳理

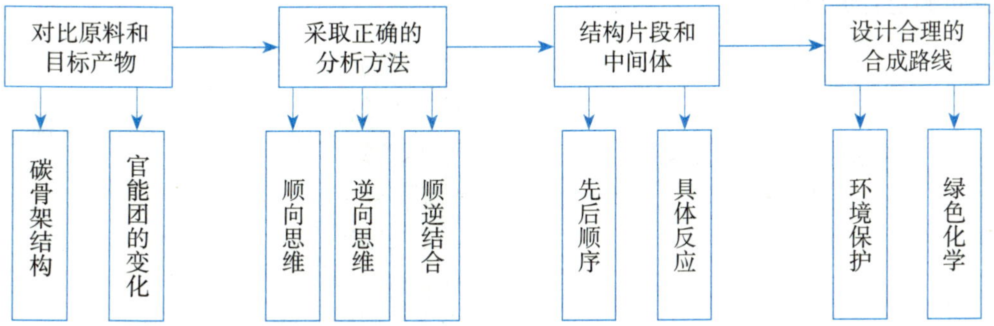

单元项目梳理

典型有机反应应用于有机合成的一般思路

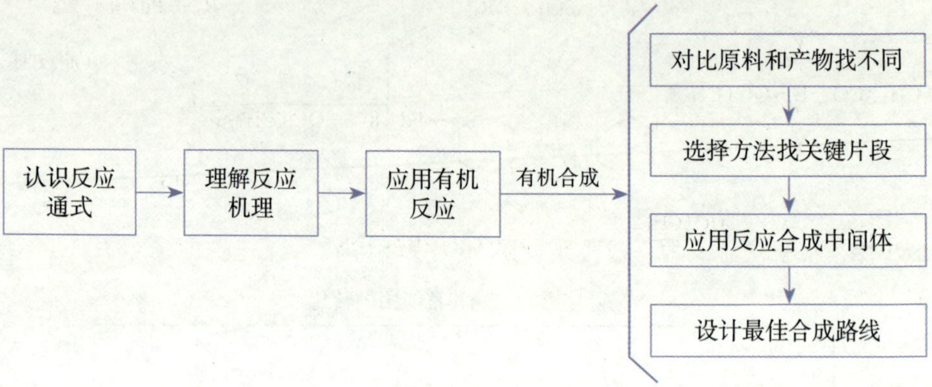

单元项目检测

学习理解

1. 下面的反应属于 Heck 反应，有关判断正确的是（　　）

$$C_6H_5Br + CH_2{=}CHCOOC_2H_5 \xrightarrow{PdCl_2} C_6H_5CH{=}CHCOOC_2H_5 + X$$

溴苯　　丙烯酸乙酯　　肉桂酸乙酯

A. 溴苯可由苯与溴水在铁催化作用下反应生成

B. 丙烯酸乙酯和肉桂酸乙酯是同系物

C. 产物 X 是 HBr

D. 该反应的类型是消去反应

2. 近年，在钯（Pd）催化下进行的偶联反应成为研究热点，其中一种反应机理如图所示（R_1、R_2 表示烃基，X 表示卤素原子，Y 表示羟基）。下列说法错误的是（　　）

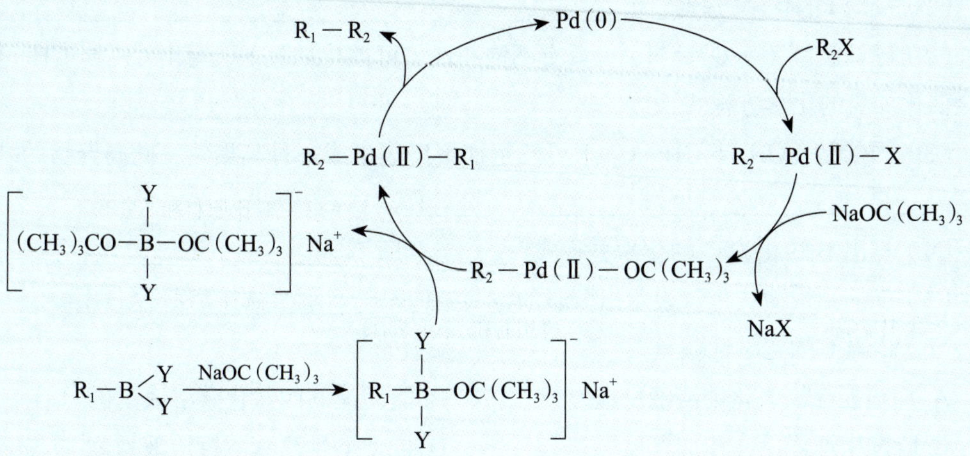

A. 转化过程中涉及氧化还原反应

B. 转化过程中未发生非极性键的断裂和形成

C. $R_2-Pd(Ⅱ)-OC(CH_3)_3$ 是中间体之一

D. 转化过程中存在反应：

$R_2-Pd(Ⅱ)-X+NaOC(CH_3)_3 \longrightarrow NaX+R_2-Pd(Ⅱ)-OC(CH_3)_3$

应用实践

3. 化学家赫克、根岸英一、铃木章利用钯（Pd）做催化剂，将有机化合物进行“裁剪”“缝合”，创造出具有特殊功能的新物质而荣获诺贝尔化学奖。Heck 反应的通式可表示为（R—X 中的 R 通常是不饱和烃基或苯环；R'CH ═ CH 通常是丙烯酸酯或丙烯腈等）：

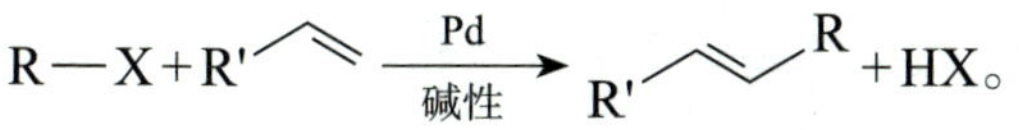

现有 A、B、C、D 等有机化合物，其有如下转化关系：

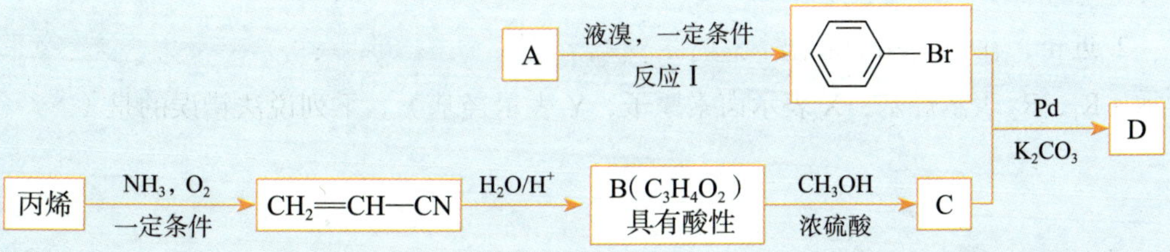

请回答下列问题：

（1）反应Ⅰ的化学方程式为______________________________。

（2）已知腈基（—C≡N）也具有不饱和性（可催化加氢），写出 $CH_2{=\!=}CH—CN$ 完全催化加氢的化学方程式：______________________________。

（3）丙烯腈（$CH_2{=\!=}CH—CN$）可发生加聚反应生成一种高聚物，此高聚物的结构简式为______________________________。

（4）写出 B 转化为 C 的化学方程式：______________________________。

（5）D 的结构简式为（表示出分子的空间结构）____________________。

（6）D 具有的化学性质是__________。

A. 加热能与氢氧化钠溶液反应　　B. 能使溴的四氯化碳溶液褪色

C. 能发生缩聚反应和加聚反应　　D. 能使酸性高锰酸钾溶液褪色

（7）已知：醛基直接与苯环连接的醛如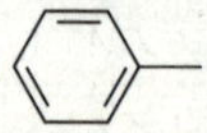—CHO 不能被新制的氢氧化铜氧化。写出同时符合下列条件的 D 的同分异构体的结构简式：____________________。

① 波谱分析显示分子中没有甲基；

②为 1,3,5- 三取代苯；

③ 具有酸性，既能与 Fe^{3+} 作用显色，又能使溴水褪色，易被新制的氢氧化铜氧化。

迁移创新

4. 交叉偶联脱氢反应（简称 CDC 反应）是近年来研究的热点反应之一，该反应实现了无官能团参与下的碳氢键（C—H）直接脱氢偶联形成碳碳单键（C—C）。以下是利用 CDC 反应合成多官能团有机化合物 F 的路线：

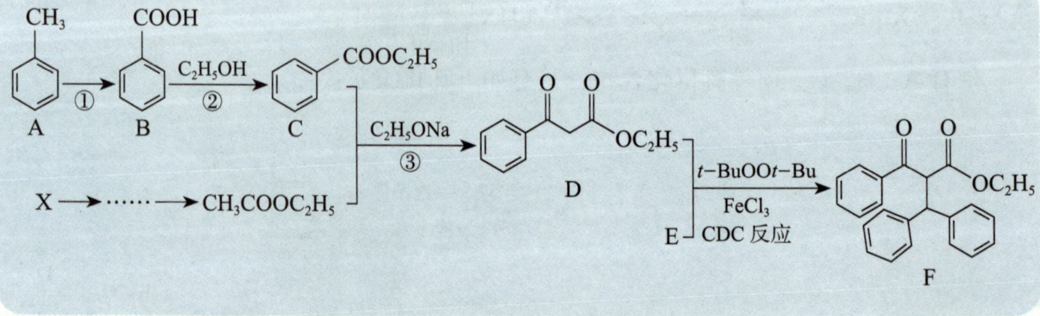

已知：

CDC 反应：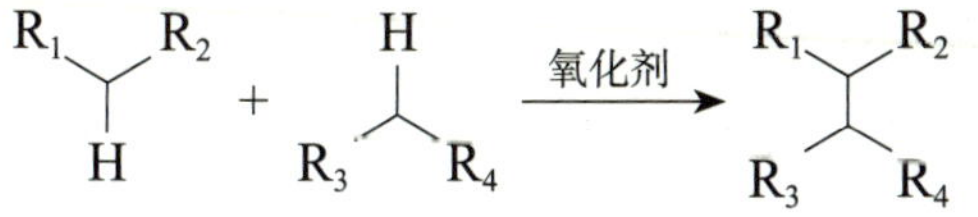（R_1、R_2、R_3、R_4 为烃基）

t-BuOO*t*-Bu 的结构简式为 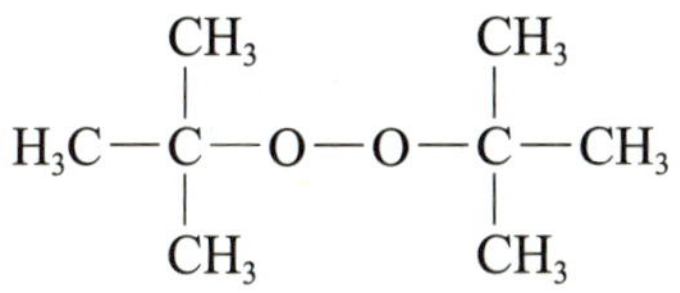

请回答下列问题：

（1）A → B 的反应类型是＿＿＿＿＿＿＿＿。

（2）按官能团分类，B 的类别是＿＿＿＿＿＿＿＿；B → C 除乙醇外还需要的化学试剂是＿＿＿＿＿＿＿＿。

（3）C → D 发生取代反应，化学方程式是＿＿＿＿＿＿＿＿＿＿＿＿＿。

（4）D 中所含两种含氧官能团的名称为＿＿＿＿＿＿＿＿＿＿＿＿＿。

（5）E 的结构简式是＿＿＿＿＿＿＿＿＿＿＿＿＿＿＿＿＿＿＿＿＿＿。

（6）C 的同分异构体中，与 C 具有相同的官能团且能发生银镜反应的有机化合物共有＿＿＿＿＿种。

（7）在 CDC 反应中，*t*-BuOO*t*-Bu 作为氧化剂参与反应，其唯一产物的核磁共振氢谱有两组峰，峰面积比为 9∶1，该产物的结构简式为＿＿＿＿＿＿＿＿。

（8）X 是一种常见的化工原料，它的产量是衡量一个国家石油化工发展水平的标志。请写出由 X 合成乙酸乙酯的合成路线（无机试剂任用）。

参考答案

项目1　绿色消毒剂过氧化氢的制备及含量测定

——运用变化观念与平衡思想实现物质转化

【学习理解】

1. D

2.（1）H—O—O—H

（2）① $CH_3CH(OH)CH_3 + O_2 \longrightarrow H_2O_2 + CH_3COCH_3$

② +6　$Cr_2O_7^{2-} + 4H_2O_2 + 2H^+ = 2CrO_5 + 5H_2O$

（3）1 632

（4）$PbS + 4H_2O_2 = PbSO_4 + 4H_2O$

（5）$3 \times 10^{-6}\ mol \cdot L^{-1}$　$Ca(OH)_2 + H_2O_2 = 2H_2O + CaO_2$

【应用实践】

3.（1）① $H_2 + O_2 \xlongequal{催化剂} H_2O_2$　② $2H_2O - 2e^- = H_2O_2 + 2H^+$

（2）取甲同学实验后褪色的溶液少许置于试管中，用滴管再加入NaOH溶液，如溶液又变红色，则甲同学观点正确；如溶液不变红色，则乙同学观点正确。

4.（1）$2NaH_2PO_4 + Na_2O_2 = 2Na_2HPO_4 + H_2O_2$

（2）① $2SO_4^{2-} - 2e^- = S_2O_8^{2-}$

② $(NH_4)_2S_2O_8 + 2H_2O \xlongequal{\triangle} (NH_4)_2SO_4 + H_2SO_4 + H_2O_2$

（3）① $O_2 + 2e^- + H_2O = HO_2^- + OH^-$

② 过氧化氢不稳定，受热容易分解

【迁移创新】

5.（1）氢气和氧气　乙基蒽醌　乙基蒽醌不溶于水，易溶于有机溶剂

（2）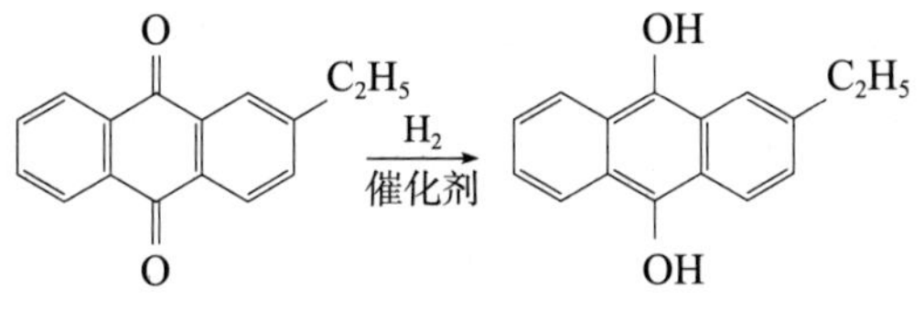

乙基氢蒽醌

（3）水　过氧化氢易溶于水被水萃取，乙基蒽醌不溶于水

（4）过氧化氢分解放出氧气，与氢气混合，易发生爆炸

（5）$5H_2O_2+6H^++2MnO_4^- = 2Mn^{2+}+5O_2\uparrow+8H_2O$　8.90

项目2　利用硫代硫酸钠浸取废旧手机中的金
——体验科学探究的一般程序与方法

【学习理解】

1. $Na_2S_2O_3 + NaCN = Na_2SO_3 + NaSCN$

【应用实践】

2.（1）使硫粉易于分散到溶液中　（2）冷凝管　冷凝回流

（3）Na_2SO_4　取少量产品溶于过量稀盐酸，过滤，向滤液中加 $BaCl_2$ 溶液，若有白色沉淀，则产品中含有 Na_2SO_4

（4）$S_2O_3^{2-} + 2H^+ = S\downarrow + SO_2\uparrow + H_2O$

（5）10　（6）3　（7）硫粉为固体，不影响平衡的移动

（8）由无色变蓝色，且半分钟内不变色　（9）18.10　$\dfrac{3.620\times10^{-3}M}{W}\times100\%$

（10）$S_2O_3^{2-} + 4Cl_2 + 5H_2O = 2SO_4^{2-} + 8Cl^- + 10H^+$

3.（1）防止倒吸　pH 过高，Na_2CO_3、Na_2S 反应不充分；pH 过低，导致 $Na_2S_2O_3$ 转化为 S 和 SO_2

（2）BC

（3）①F　B　E　C　G　②防止碘挥发损失　③$Na_2S_2O_3$ 和失去部分结晶水的 $Na_2S_2O_3\cdot5H_2O$

【迁移创新】

4.（1）①$Na_2SO_3 + H_2SO_4 = Na_2SO_4 + SO_2\uparrow + H_2O$

②过量的 SO_2 使溶液酸性增强，$S_2O_3^{2-} + 2H^+ = S\downarrow + SO_2\uparrow + H_2O$

③SO_2（H_2S）、CO_2

（2）将溶液蒸发浓缩、趁热过滤、降温结晶、过滤

（3）①$4Au + 8S_2O_3^{2-} + O_2 + 2H_2O = 4[Au(S_2O_3)_2]^{3-} + 4OH^-$

②碱性较强时生成的 CuO 沉淀覆盖在金矿石表面，降低（浸出）反应速率；pH>10.5 时，部分 $[Cu(NH_3)_4]^{2+}$ 转化成 CuO，使 $[Cu(NH_3)_4]^{2+}$ 浓度降低，降低（浸出）反应速率；碱性较强时氧气更易将 $S_2O_3^{2-}$ 氧化，使 $S_2O_3^{2-}$ 浓度降低，降低（浸出）反应速率（其他答案合理均可）

项目 3　探秘火箭燃料的配方产品册

——体会“价－类”二维及工程思想的实用价值

【学习理解】

1. B　2. B

【应用实践】

3.（1）$3Cl_2+6OH^- \xlongequal{\triangle} ClO_3^-+5Cl^-+3H_2O$　缓慢通入氯气

（2）NaClO 碱性溶液　减少水合肼的挥发

（3）①测量溶液的 pH，pH 约为 4 时停止通 SO_2

②边搅拌边向 $NaHSO_3$ 溶液中滴加 NaOH 溶液，测量溶液的 pH，pH 约为 10 时停止滴加 NaOH 溶液，加热浓缩溶液至有大量晶体析出，在高于 34 ℃的条件下趁热过滤

4.（1）$\mathrm{H}:\underset{\cdot\cdot}{\overset{\mathrm{H}}{\overset{\cdot\cdot}{\mathrm{N}}}}:\underset{\cdot\cdot}{\overset{\mathrm{H}}{\overset{\cdot\cdot}{\mathrm{N}}}}:\mathrm{H}$　-2

（2）$2NH_3+NaClO \xlongequal{} N_2H_4+NaCl+H_2O$

（3）$2\Delta H_3-2\Delta H_2-\Delta H_1$　反应放热量大，产生大量气体

（4）8.7×10^{-7}　$N_2H_6(HSO_4)_2$

（5）固体逐渐变黑，并有气泡产生　1　N_2H_4 的用量少，不产生其他杂质（反应产物为 N_2 和 H_2O），而 Na_2SO_3 产生 Na_2SO_4

【迁移创新】

5.（1）N_2O_4

（2）吸热

（3）a、d　不变　0.1

（4）$NH_4^++H_2O \rightleftharpoons NH_3\cdot H_2O+H^+$　逆向　$\dfrac{a}{200b}$

项目 4　自制消毒液

——利用 STEM 理念创造性解决生活实践问题

【学习理解】

1. A　2. B

3.（1）圆底烧瓶　饱和食盐水

（2）水浴加热　Cl_2+2OH^- ══ $ClO^-+Cl^-+H_2O$　避免生成 $NaClO_3$

（3）吸收尾气（Cl_2）　AC　（4）过滤　少量（冷）水洗涤　（5）紫　小于

【应用实践】

4.（1）① $ClO^-+Cl^-+2H^+$ ══ $Cl_2\uparrow+H_2O$　② Cl_2+2OH^- ══ $Cl^-+ClO^-+H_2O$

（2）$2NH_4^++3ClO^-$ ══ $N_2+3Cl^-+3H_2O+2H^+$　（3）203　（4）2.63

5.（1）$2Cl_2+2Ca(OH)_2$ ══ $CaCl_2+Ca(ClO)_2+2H_2O$

MnO_2+4HCl（浓）$\stackrel{\triangle}{=\!=}$ $MnCl_2+Cl_2\uparrow+2H_2O$　（2）饱和食盐水　B　A　C　D

（3）B　E　A　（4）阳　红色　无色　（5）避免阳极产生的氯气与阴极反应产物接触

【迁移创新】

6.（1）盐　（2）NaClO 中 Cl 为 +1 价，可能降低为 0、−1 价，因此 NaClO 具有氧化性

（3）出现红色　（4）84 消毒液具有氧化性

（5）Cl_2　能　因为 NaClO 中 +1 价 Cl 化合价降低，生成了 Cl_2（0 价）

（6）① 84 消毒液具有漂白性　② NaClO 在 CO_2 和 H_2O 的作用下转化为 HClO，HClO 的漂白性更强

（7）Cl^- 或 NaCl　$2NaClO+H_2SO_4$ ══ $Na_2SO_4+2HClO$　$2HClO \xlongequal{光照} 2HCl+O_2\uparrow$

7.（1）CuO　（2）$2CuCl_2(s)+O_2(g)$ ══ $2CuO(s)+2Cl_2(g)$　$\Delta H=+144\ kJ\cdot mol^{-1}$

（3）>　升高温度 HCl 的转化率降低，则平衡逆向移动，平衡常数减小　（4）<

项目 5　设计消除雾霾实现资源再生的方案

——运用变化观念与平衡思想解决社会性科学议题

【学习理解】

1. D

2.（1）ABC

（2）① $Ca(HCO_3)_2$ 或碳酸氢钙　② $Ca(HSO_3)_2+O_2$ ══ $CaSO_4+H_2SO_4$

（3）$CaS(s)+2O_2(g)$ ══ $CaSO_4(s)$　$\Delta H=-962.4\ kJ\cdot mol^{-1}$

3.（1）$2NH_3+H_2O+SO_2$ ══ $2NH_4^++SO_3^{2-}$ 或 $2NH_3\cdot H_2O+SO_2$ ══ $2NH_4^++SO_3^{2-}+H_2O$

HSO_3^-

（2）$ZnSO_3$　$ZnSO_3+SO_2+H_2O$ ══ $Zn^{2+}+2HSO_3^-$ 或 $ZnO+2SO_2+H_2O$ ══ $Zn^{2+}+2HSO_3^-$

（3）随着 pH 降低，HSO_3^- 的浓度增大　减小

【应用实践】

4.（1）亚氯酸钠

（2）① $3ClO_2^- + 4NO + 4OH^- \xlongequal{} 4NO_3^- + 3Cl^- + 2H_2O$　提高　②减小　③大于

NO 溶解度较低或脱硝反应活化能较高

（3）① 减小　② $\dfrac{c(Cl^-)\cdot c^2(SO_4^{2-})}{c(ClO_2^-)\cdot c^2(SO_3^{2-})}$

（4）① 形成 $CaSO_4$ 沉淀，反应平衡向产物方向移动，SO_2 转化率提高

② $\Delta H_1 + \Delta H_2 - \Delta H_3$

5.（1）降低反应活化能（或做催化剂）

（2）30 ℃、pH = 2.0　蛋白质变性（或硫杆菌失去活性）

（3）H_2SO_4

（4）$2OH^- + SO_2 \xlongequal{} SO_3^{2-} + H_2O$　SO_3^{2-} 与 Ca^{2+} 生成 $CaSO_3$ 沉淀，平衡向正向移动，有 NaOH 生成

（5）6.0×10^{-3}　0.62

【迁移创新】

6.（1）$3SO_2(g) + 2H_2O(g) \xlongequal{} 2H_2SO_4(l) + S(s)$　$\Delta H = -254\ kJ \cdot mol^{-1}$

（2）>　当温度相同时，增大压强，平衡正向移动，导致硫酸在平衡体系中物质的量分数增大

（3）SO_2　$4H^+$　SO_4^{2-}

（4）① 0.4　②在酸性条件下，SO_2 与 I^- 反应速率更快，且 SO_2 与稀硫酸不发生反应

③ 由反应 i、ii 知，SO_2 先与 I^- 反应生成 I_2，I_2 再与 SO_2 进一步反应，D 中 KI 溶液溶解了 I_2，导致 D 中 ii 的反应比 A 快

项目 6　设计废水净化的系统化解决方案

——利用物质转化思想实现绿水青山

【学习理解】

1. A　2. A　3. C　4. C

【应用实践】

5. D　6. B

7.（1）将溶剂水煮沸后冷却

（2）②

（3）使溶液混合均匀，快速完成反应

（4）1、2、4、1、1、3

（5）重复步骤 e 的操作 2 ~ 3 次

（6）溶液蓝色褪去且半分钟内不变化　9.0　是

（7）$2H^+ + S_2O_3^{2-} \xlongequal{} S\downarrow + SO_2\uparrow + H_2O$　$SO_2 + I_2 + 2H_2O \xlongequal{} 4H^+ + SO_4^{2-} + 2I^-$　$4H^+ + 4I^- + O_2 \xlongequal{} 2I_2 + 2H_2O$

【迁移创新】

8. D

9.（1）NiR_2 在溶液中存在以下平衡：$NiR_2(aq) \rightleftharpoons Ni^{2+}(aq) + 2R^-(aq)$。$Fe^{2+}$ 和 H_2O_2 通过反应 i 和反应 ii 将 R^- 转化成难以与 Ni^{2+} 络合的 ·R，使 $c(R^-)$ 减小，平衡正向移动，实现“脱络”

（2）0.45　低于此数值，反应 i 生成的 ·OH 过少，不足以使 R^- 充分转化成 ·R；高于此数值，H_2O_2 多，但反应 i 生成的 ·OH 能与 H_2O_2 发生反应 iii，使 H_2O_2 转化成 O_2 和 H_2O，同样不能使 R^- 充分转化成 ·R

10.

实验编号	实验目的	初始 pH	废水样品的体积 /mL	$CuSO_4$ 溶液的体积 /mL	双氧水溶液的体积 /mL	蒸馏水的体积 /mL
③	双氧水的浓度对破氰反应速率的影响	7	60	10	20	

（2）0.017 5

（3）初始 pH 增大，催化剂 Cu^{2+} 会形成 $Cu(OH)_2$ 沉淀，影响了 Cu^{2+} 的催化作用

（或初始 pH 增大，$[Fe(CN)_6]^{3-}$ 较中性和酸性条件下更稳定，难以被氧化）

$CN^- + H_2O_2 + H_2O \xlongequal{} NH_3 + HCO_3^-$

（4）

实验步骤（不要求写出具体操作过程）	预期实验现象和结论
分别取等体积、等浓度的含氰废水于甲、乙两支试管中，再分别加入等体积、等浓度的双氧水溶液，只向甲试管中加入少量的无水硫酸铜粉末，用离子色谱仪测定相同反应时间内两支试管中的 CN^- 浓度	相同时间内，若甲试管中的 CN^- 浓度小于乙试管中的 CN^- 浓度，则 Cu^{2+} 对双氧水氧化法破氰反应起催化作用；若两试管中的 CN^- 浓度相同，则 Cu^{2+} 对双氧水氧化法破氰反应不起催化作用

项目7　从工业废水的铬（Ⅵ）到重铬酸钾

——运用化学反应规律解决工业实际问题

【学习理解】

1. B

2.（1）B

（2）曲线Ⅰ的pH较小，此时Cr（Ⅳ）被还原生成的Cr^{3+}难以生成$Cr(OH)_3$沉淀，仍以Cr^{3+}存在于溶液中，导致去除率较低；曲线Ⅳ的pH较大，铬元素主要以CrO_4^{2-}存在，其氧化能力弱于$Cr_2O_7^{2-}$，Cr（Ⅳ）难以被还原继而生成沉淀，导致去除率较低

【应用实践】

3.（1）温度升高，沉淀速率加快

（2）① $c(H_2SO_4)$增大，则$c(SO_4^{2-})$增大，与Ba^{2+}生成沉淀，促进$BaCrO_4 \rightleftharpoons Ba^{2+} + CrO_4^{2-}$平衡右移，$c(CrO_4^{2-})$增大；同时，$c(H^+)$也增大，共同促进$Cr_2O_7^{2-} + H_2O \rightleftharpoons 2CrO_4^{2-} + 2H^+$平衡左移，有利于生成更多的$H_2Cr_2O_7$

② $BaSO_4$与$BaCrO_4$溶解度接近，$c(H_2SO_4)$越大，越有利于生成$BaSO_4$，包裹在$BaCrO_4$外面，使其难以接触H_2SO_4，阻碍重铬酸的生成

【迁移创新】

4.（1）$4CrO_4^{2-} + 3HCHO + 4H_2O = 4Cr(OH)_3\downarrow + 2OH^- + 3CO_3^{2-}$

（2）AC

（3）碳化率40%、恒温240 ℃

（4）Na_2CO_3（或$NaHCO_3$或Na_2CO_3、$NaHCO_3$）

工艺清洁、原料价格低廉、设备要求低、副产物碳酸盐可用于铬酸钠碳化母液的制备以及无废气废渣排放、废水可回收利用、流程短等

（5）$Na_2Cr_2O_7 \cdot H_2O + (NH_4)_2SO_4 \xlongequal{\triangle} Cr_2O_3\downarrow + Na_2SO_4 + 5H_2O + N_2\uparrow$

项目8　电池的前世今生

——探究化学电源的工作原理及实际应用

【学习理解】

1. C　2. B　3. C　4. D

【应用实践】

5.（1）K_1 $2H_2O + 2e^- \xlongequal{\quad} H_2\uparrow + 2OH^-$

（3）制 H_2 时，电极 3 发生反应：$Ni(OH)_2 + OH^- - e^- \xlongequal{\quad} NiOOH + H_2O$。制 O_2 时，上述电极反应逆向进行，使电极 3 得以循环使用

【迁移创新】

6.（1）负 （2）Li > Al > Na

（3）① 氧化剂 ② $2Cu^{2+} + 2CO_3^{2-} + H_2O \xlongequal{\quad} Cu_2(OH)_2CO_3\downarrow + CO_2\uparrow$

③ $Cu_2(OH)_2CO_3 \xlongequal{\triangle} 2CuO + CO_2 + H_2O$

（4）$CuO + 2e^- + 2Li^+ \xlongequal{\quad} Cu + Li_2O$

项目 9 探寻锂电池的商用之路

——运用科学思维实现锂电池商用化的设计、制备及优化

【学习理解】

1. D 2. D

3.（1）4 ∶ 5

（2）Na 与 Li 同族，Na 的电子层数多，原子半径大，容易失电子，所以 I_1 更小

Li、Be、B 同周期，核电荷数依次增加。Be 为 $1s^22s^2$ 全充满结构，更稳定，所以 I_1 最大。与 Li 相比，B 的核电荷数大，原子半径小，较难失电子，所以 B 的 I_1 大于 Li

（3）正四面体 4 sp^3

（4）4 3/16 13 ∶ 3

【应用实践】

4. B

5.（1）+5 $Mg(OH)_2$、$CaCO_3$

（2）漏斗、玻璃棒 分液

（3）提高溶液中 Li^+ 的浓度，有利于生成 $LiFePO_4$

（4）$H_2PO_4^- + Li^+ + Fe^{2+} \xlongequal{\quad} LiFePO_4\downarrow + 2H^+$

（5）$FePO_4 + e^- + Li^+ \xlongequal{\quad} LiFePO_4$

（6）70%

6.（1）$2LiFePO_4 + 7H_2O\uparrow + 2CO\uparrow$

（2）23.7

（3）减少 Li_2CO_3 的损失

（4）$Mg(OH)_2$、$CaCO_3$

（5）$2FePO_4 + Li_2CO_3 + 2C \xlongequal{高温} 2LiFePO_4 + 3CO\uparrow$

（6）① $2Cl^- - e^- \xlongequal{} Cl_2\uparrow$

② $2LiOH + NH_4HCO_3 \xlongequal{加热} Li_2CO_3\downarrow + 2H_2O + NH_3\uparrow$

【迁移创新】

7.（1）+2　Li^+ 从负极脱出，经电解质向正极移动并进入正极材料中

（2）$2Al + 2OH^- + 6H_2O \xlongequal{} 2[Al(OH)_4]^- + 3H_2\uparrow$

（3）将 Fe^{2+} 氧化为 Fe^{3+}　$FePO_4$

（4）MnO_2 做催化剂，降低了 Li_2CO_3 分解反应的活化能　1 ∶ 1

8. D

项目 10　全钒液流电池的设计与优化

——化学反应中能量及物质的转化和利用

【学习理解】

1. D

2.（1）$Zn-2e^- \xlongequal{} Zn^{2+}$　$3I^- - 2e^- \xlongequal{} I_3^-$　提供电解质溶液进入电堆反应的动力

（2）舍去了液流架构，体积相应减小

3.（1）3d

（2）直线形

（3）Π_5^5

（4）① 小于　sp^2

② 2- 巯基烟酸的羧基可与水分子之间形成氢键，使其在水中的溶解度增大

【应用实践】

4.（1）$2V_2O_5(s) + 2SO_2(g) \rightleftharpoons 2VOSO_4(s) + V_2O_4(s)$　$\Delta H = -351\ kJ \cdot mol^{-1}$

（2）97.5%　随压强增大，平衡右移，从转化率可判断 $p_1 > p_2 > p_3$，故 5 MPa、550 ℃时的转化率为 97.5%　温度、压强、二氧化硫与氧气的投料比

（3）$\dfrac{2m\alpha p}{3m - m\alpha + q}$　$\dfrac{(3m - m\alpha + q)^{0.5}\alpha}{(mp)^{0.5}(1-\alpha)^{1.5}}$

（4）升高温度，k 增大使 v 逐渐提高，但 α 降低使 v 逐渐下降。当 $t < t_m$，k 增大对 v 的提高

大于 α 引起的降低；当 $t>t_m$，k 增大对 v 的提高小于 α 引起的降低

5.（1）$Na_2CO_3+O_2+V_2O_3 \xlongequal{\triangle} 2NaVO_3+CO_2$　将石煤粉碎、升高反应温度、增大氧气的浓度

（2）0.08　温度升高，促进 Mg^{2+} 水解生成 $Mg(OH)_2$

（3）SO_4^{2-}、Cl^-　取少量滤液于试管中，加入 NH_4Cl 溶液，若无沉淀生成，则沉钒完全，反之则没有

（4）HVO_3

（5）$5C+2V_2O_5 \xlongequal{高温、真空} 4V+5CO_2\uparrow$

【迁移创新】

6.（1）加快酸浸和氧化反应速率（促进氧化完全）

（2）Fe^{2+}　$VO^++MnO_2+2H^+ \xlongequal{} VO_2^++Mn^{2+}+H_2O$

（3）Mn^{2+}　Fe^{3+}、Al^{3+}

（4）$Fe(OH)_3$

（5）$NaAlO_2+HCl+H_2O \xlongequal{} NaCl+Al(OH)_3\downarrow$ 或 $Na[Al(OH)_4]+HCl \xlongequal{} NaCl+Al(OH)_3\downarrow+H_2O$

（6）利用同离子效应，促进 NH_4VO_3 尽可能析出完全

项目 11　探讨如何利用废气中的 CO_2 与空气中的 N_2 直接合成尿素

——创造性应用物质转化原理解决“碳中和”与粮食危机

【学习理解】

1. B　2. C

【应用实践】

3. B　4. C　5. D

【迁移创新】

6.（1）$2NH_3(l)+CO_2(l) \xlongequal{} NH_2CONH_2(l)+H_2O(l)$　$\Delta H=-58.4\ kJ\cdot mol^{-1}$

（2）BC

（3）①B　②过量的氨抑制了副反应的发生

（4）①C、N　②3　③NH_3（写 N_2H_4 或 CO 也可）

项目 12　设计“制－储－释－用”氢能源一体化解决方案

——利用科学思维与工程思维协同解决未来能源问题

【学习理解】

1. C

2.（1）$LaNi_5 + 3H_2 \rightleftharpoons LaNi_5H_6$

（2）C

【应用实践】

3.（1）+48.9　（2）① 788.5　1

② 温度升高，反应Ⅰ正向移动，反应Ⅱ逆向移动，都会使 CO 浓度升高

（3）A　CH_2O

（4）① 反应温度越高，水醇比越大，甲醇转化率越大

②

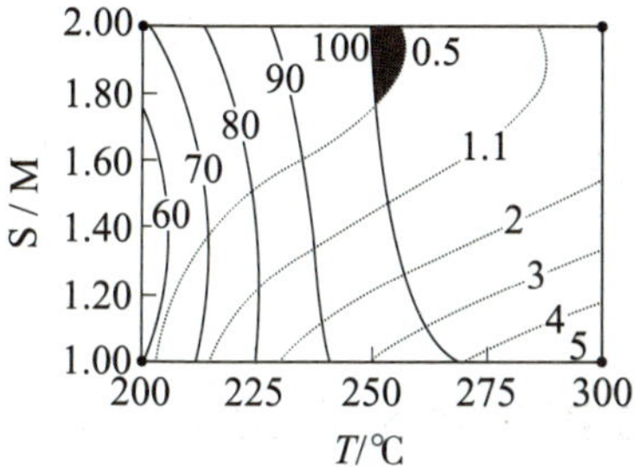

4.（1）2/（$y-x$）　30　<　（2）>　c　加热　减压

（3）$CO(g) + 3H_2(g) = CH_4(g) + H_2O(g)$　$\Delta H = -206\ kJ \cdot mol^{-1}$

【迁移创新】

5.（1）$HCO_3^- + H_2 \xrightarrow{催化剂} HCOO^- + H_2O$

温度升高反应速率增大，温度升高催化剂的活性增强

（2）① HD　② 提高释放氢气的速率，提高释放出氢气的纯度

6.（1）−41.2　（2）小于　（3）$\dfrac{p^3(H_2) \cdot p(CO)}{p(CH_4) \cdot p(H_2O)}$　增大

（4）系统内强放热的甲烷氧化反应为强吸热的蒸气重整反应提供了所需的能量（其他合理答案均可）

（5）B

（6）甲烷氧化程度过高，氢气和氧气反应（其他合理答案均可）

项目13　运用化学平衡思想实现“碳达峰、碳中和”
——探讨社会性科学议题

【学习理解】

1. C　2. C　3. BD　4. C

5.（1）1 ∶ 4　变大

（2）d　c　小于

（3）$\frac{9}{4}\times\frac{1}{0.039^3}$ 或 $\frac{0.39^4\times\frac{0.39}{4}}{0.39^6\times(\frac{0.39}{3})^2}\times\frac{1}{0.1^3}$ 等

（4）选择合适催化剂等

【应用实践】

6. A　7. AD

8.（1）① +247　② $\frac{1}{3}\,\text{mol}^2\cdot\text{L}^{-2}$　③ $p_c(CO_2)>p_b(CO_2)>p_a(CO_2)$

（2）① $CO_2+2e^- = CO+O^{2-}$　② 6 ∶ 5

（3）① 4　② $2CH_3OH+CO_2\xrightarrow{\text{催化剂}}CH_3O-\overset{\overset{\large O}{\|}}{C}-OCH_3+H_2O$

9.（1）

$v_{正}$	$v_{逆}$	平衡常数 K	转化率 α
增大	增大	减小	减小

（2）$\frac{cd^2}{ab^4}=\frac{xy^2}{mn^4}$

（3）大于　草酸　ac

（4）当少量酸性物质进入血液中，平衡向右移动，使 H^+ 浓度变化较小，血液中的 pH 基本不变；当少量碱性物质进入血液中，平衡向左移动，使 H^+ 浓度变化较小，血液的 pH 基本不变

【迁移创新】

10.（1）+420.8

（2）ABD

（3）① 活化水分子　② $HCOO^*+H_2O+e^-\longrightarrow HCOOH^*+OH^-$　CO_2 生成 CO 的活化能远高于生成 HCOOH 的活化能，或吸附位点为 C 的活化能远高于吸附位点为 O 的活化能

（4）① $CO_2+2NaCl+H_2O\xlongequal{\text{通电}}HCOONa+Cl_2\uparrow+NaOH$　② $0.2N_A$　③ 联合氯碱工业

项目 14　探寻微观化学键的秘密

——利用 TEM 构建微观粒子相互作用模型

【学习理解】

1. C

2. （1）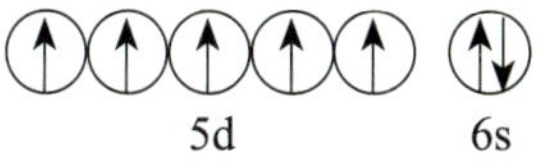 d

（2）b

（3）① 碳原子未杂化的 2p 轨道上还有一个可自由移动的电子，能形成离域大 π 键　② sp^2

（4）d

【应用实践】

3. （1）六方最密堆积　12　金属键

（2）① 配位键　② 不是　$Re_2(CO)_{10}$ 中每个 Re 原子形成的杂化轨道数大于 4，所以并非 sp^3 杂化　③ 一

（3）四　四重键不可旋转

4. （1）N　6

（2）sp^2　8

（3）6　氢键　孤电子对

（4）高　一般共价键的键长越短，共价键越稳定

（5）变大　92%

【迁移创新】

5. （1）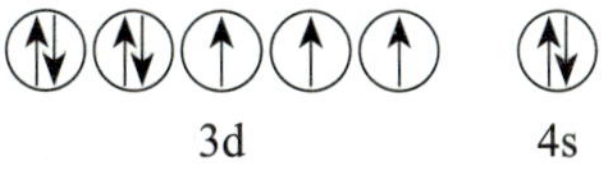

（2）N、O 价电子排布式分别为 $2s^22p^3$、$2s^22p^4$，N 的 2p 轨道处于半充满较稳定状态，I_1（N）更大

（3）B

（4）N、O　6

（5）12　$\dfrac{4\times44}{N_A\times a^3\times10^{-21}}$

6. （1）6

（2）F>C>H

（3）C—F 共用电子对偏向 F，F 显负电性，C—H 共用电子对偏向 C，H 显正电性，F 与

H 二者靠静电作用识别

（4）消去反应

（5）①6 ②更大

项目 15 设计药物磷酸氯喹的合成方案

——利用有机合成思想实现药物研发

【学习理解】

1. B 2. B 3. C 4. B 5. C

【应用实践】

6.（1）2- 氨基丙酸或 α－氨基丙酸 （2）还原反应 （3）酯基

（4）

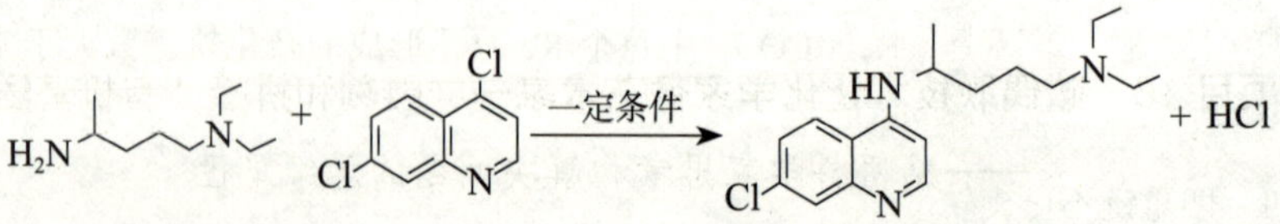

（5）5 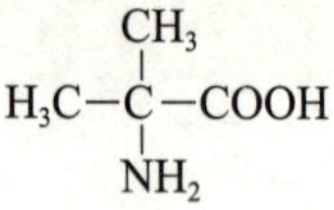

（6）

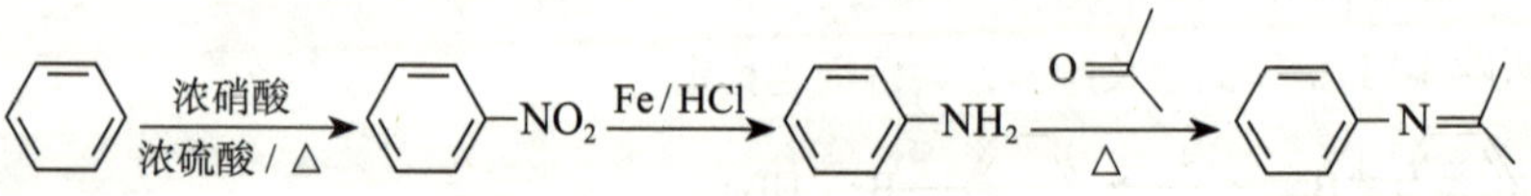

【迁移创新】

7.（1）间氯硝基苯或 3- 氯硝基苯 硝基 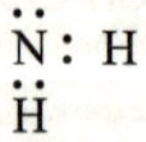

（2）浓硫酸、浓硝酸

（3）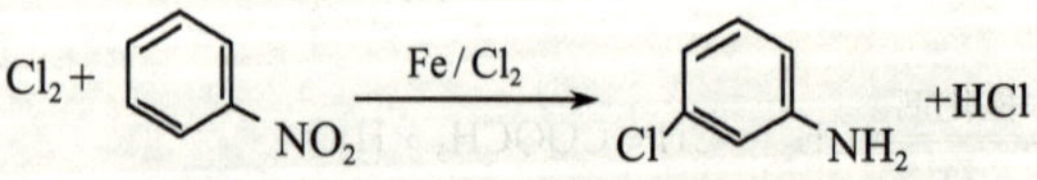

（4）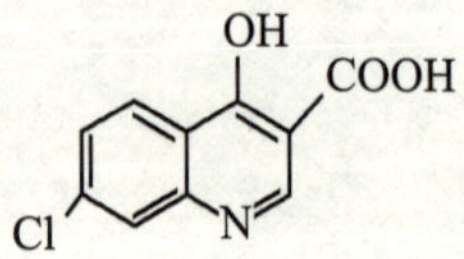

（5）取代反应 还原反应

（6）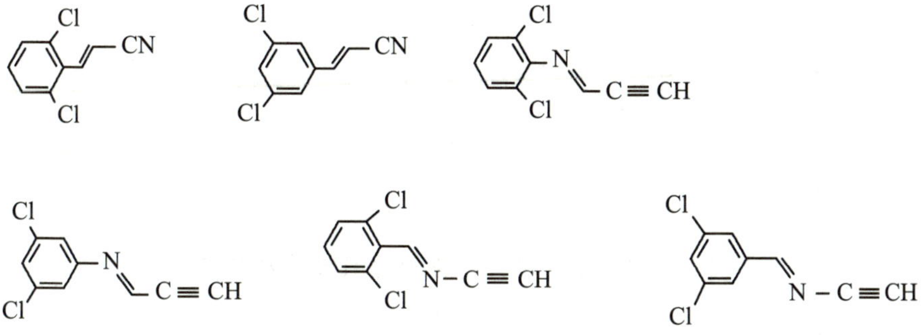

（7）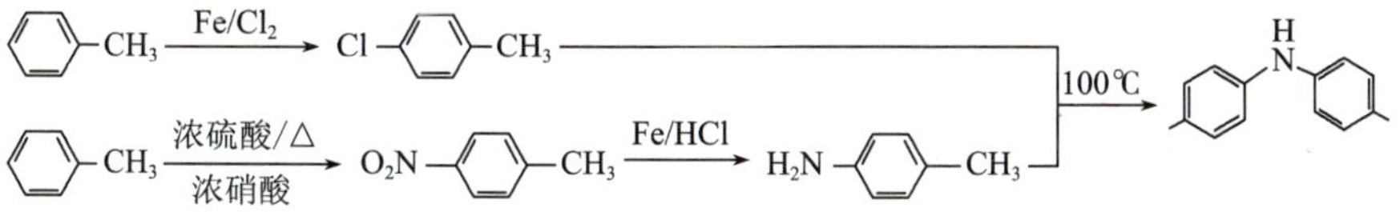

项目 16　碳偶联技术让化学家像艺术家一样雕刻和拼接“有机基团”

——感悟科学家思考和解决问题的思维路径

【学习理解】

1. C　2. B

【应用实践】

3.（1）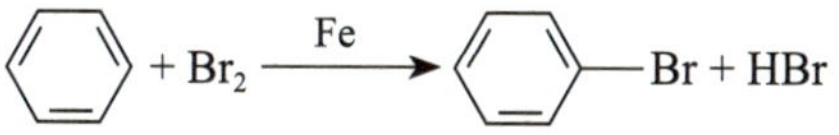

（2）$CH_2{=}CH{-}CN + 3H_2 \xrightarrow[\triangle]{\text{催化剂}} CH_3CH_2CH_2NH_2$

（3）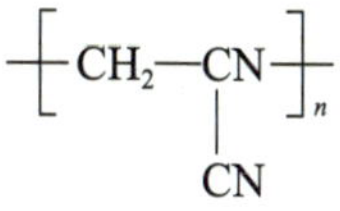

（4）$CH_2{=}CH{-}COOH + CH_3OH \underset{\triangle}{\overset{\text{催化剂}}{\rightleftharpoons}} CH_2{=}CH{-}COOCH_3 + H_2O$

（5）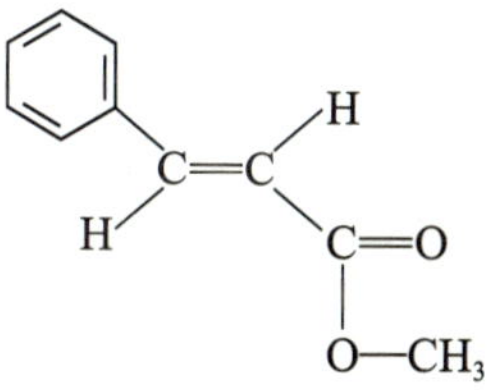

（6）ABD

（7）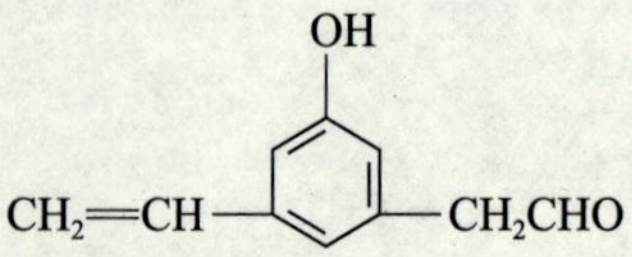

【迁移创新】

4.（1）氧化反应

（2）羧酸　浓硫酸

（3）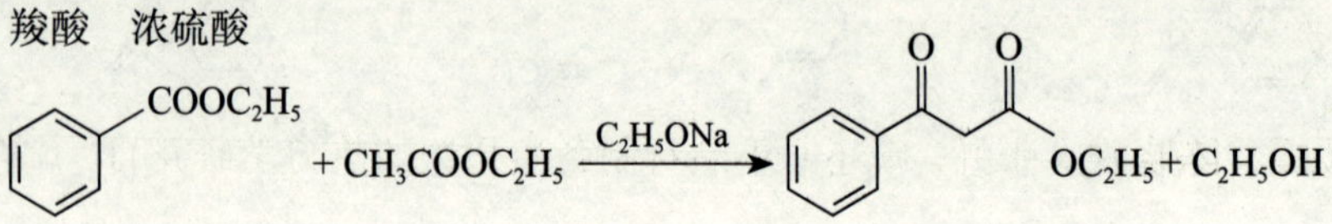

（4）羰基、酯基

（5）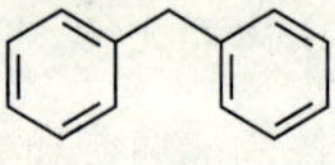

（6）14

（7）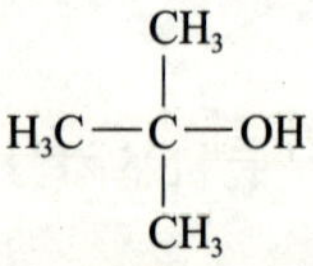

（8）$CH_2{=}CH_2 \xrightarrow{H_2O/\text{催化剂}} CH_3CH_2OH \xrightarrow[\triangle]{O_2/Cu} CH_3CHO \xrightarrow[\triangle]{O_2/\text{催化剂}} CH_3COOH \xrightarrow[\triangle]{\text{浓硫酸}} CH_3COOC_2H_5$（$CH_3CH_2OH$ 与 CH_3COOH 一起参与最后一步反应）

参考文献

[1] 张媛媛，陈晓香，张虹 . 碳还原重晶石制备硫化钡的热力学研究 [J]. 广东化工，2015，42（01）：46-51.

[2] 王超 . 离子交换膜电解制取过硫酸铵的研究 [D]. 北京：北京化工大学，2019.

[3] 王松林，程义，张晓昕，等 . 蒽醌法生产过氧化氢加氢催化剂的研究进展 [J]. 化工进展，2017，36（11）：4 057−4 062.

[4] 李新立 . 氢氧直接合成过氧化氢的机理及动力学研究 [D]. 郑州：郑州大学，2020.

[5] 朱鹏 . Ag_9 团簇上由 H_2 和 O_2 直接合成 H_2O_2 的密度泛函理论研究 [J]. 南京工业大学学报（自然科学版），2019，41（04）：514−519.

[6] 陈立乐，王景伟，白建峰，等 . 硫代硫酸盐法浸出废旧 IC 芯片中金的试验研究 [J]. 化工进展，2015，34（03）：884.

[7] 徐秀丽，李晶莹 . 硫代硫酸盐法浸取废旧手机中的金 [J]. 青岛科技大学学报（自然科学版），2011，32（02）：172.

[8] 刘新锦，朱亚先，高飞 . 无机元素化学 [M]. 北京：科学出版社，2005：146.

[9] 李芳，郑典慧，陈红，等 . 硫代硫酸钠制备方法的优化 [J]. 实验技术与管理，2005（10）：57.

[10] 张坤，刘杰，孙文中 . 硫代硫酸钠实验制备的改进 [J]. 宿州学院学报，2010，25（08）：122.

[11] 张澜萃，王彦君，李晓辉，等 . 硫代硫酸钠实验装置的改进 [J]. 实验室研究与探索，2007（12）：59.

[12] 陈英，赖红珍 . 实验室硫代硫酸钠的制备条件的研究及改进 [J]. 绵阳师范学院

学报，2015，34（02）：121.

[13] 解从霞，张振英，王小燕．硫代硫酸钠制备实验的改进 [J]. 大学化学，2007（06）：46.

[14] 王玉，詹伟泉，贾菲菲，等．硫代硫酸盐浸金工艺研究进展 [J]. 湿法冶金，2020，39（06）：451.

[15] 白成庆．硫代硫酸盐溶金机理研究 [D]. 昆明：昆明理工大学，2008.

[16] 崔小明．水合肼的生产、应用及市场前景 [J]. 中国氯碱，2007（11）：13−19.

[17] 邢书才，杨永，岳亚萍．分光光度法测定水合肼分析方法的优化性研究 [J]. 应用化工，2019，48（10）：2 521−2 524.

[18] 李本林，田志高，宋春玲，等．尿素法制备水合肼的研究 [J]. 应用化工，2006（06）：422−424.

[19] 张凤英，刘子忠．化学史融入中学化学课程“四线式”教学模式的构建 [J]. 化学教育（中英文），2019，40（17）：50−57.

[20] 邹灵，刘晓玲，盛寿日．基于化学史的教学设计——重走氯气发现之路 [J]. 中学化学教学参考，2018（10）：39−40.

[21] 陈永忠．次氯酸钠溶液漂白性实质探究 [J]. 中小学试验与装备，2013，23（03）：8−9.

[22] 陈经涛．氯气的制备原理及机理研究 [J]. 陕西教育学院学报，2000，16（04）：65−66.

[23] 张昕，叶燕珠．STEM 视域下中学化学项目式学习的思考与实践——以“84 消毒液的科学使用与制备”为例 [J]. 福建教育，2020（37）：60−61.

[24] 富岱奇，赵基钢，程丽华，等．氯化氢催化氧化制氯气达到化学平衡前后的反应行为 [J]. 化工进展，2020，39（09）：3 708−3 715.

[25] 刘凯强，李天文，王全龙，等．基于 $Mn/\gamma-Al_2O_3$ 催化剂的氯化氢制氯气反应热力学分析研究 [J]. 无机盐工业，2017，49（05）：82−85.

[26] 刘凯强，李天文，孙慧梅，等．副产氯化氢催化氧化制氯气催化剂研究 [J]. 氯

碱工业，2016，52（04）：29-32.

[27] 赵学军，柳军，杨振军 . 副产氯化氢制氯气发展现状 [J]. 中国氯碱，2015（09）：1-7.

[28] 倪啸，陈斌武 . 氯化氢催化氧化制氯气的 Deacon 工艺 [J]. 聚氯乙烯，2014，42（05）：9-12.

[29] 万永周 . 氯化氢催化氧化制氯气工艺研究 [D]. 南京：南京工业大学，2004.

[30] 陆冠锦，林英华，李红 . 中国雾霾形成及分布的地理因素探究和对策建议 [J]. 中学地理教学参考，2017（08）：70-72.

[31] 卫玮，王黎娟，靳泽辉，等 . 基于 OMI 数据汾渭平原大气 SO_2 时空分布特征分析 [J]. 生态环境学报，2018，27（12）：2 276-2 283.

[32] 冯新宇 . 利用单颗粒气溶胶质谱仪（SPAMS）研究太原市冬季一次雾霾天气的污染特征及成因 [J]. 环境化学，2019，38（01）：177-185.

[33] 尚欢，刘修凡，陈娜，等 . SO_2 在矿质颗粒物表面非均相反应研究进展 [J]. 华中农业大学学报，2020，39（05）：9-16.

[34] Ling Liu，Jie Zhong，Hanna Vehkamäki，et al. Unexpected quenching effect on new particle formation from the atmospheric reaction of methanol with SO_3 [J]. PNAS，2019（09）：1-6.

[35] 吕国春 . 大气中含硫化合物的转化和性质的理论研究 [D]. 山东大学，2019.

[36] 杜家芝，曹顺安 . 湿法烟气脱硫技术的现状与进展 [J]. 应用化工，2019，48（06）：1 495-1 500.

[37] 杨忠凯，王敬臣，武宁，等 . 燃煤烟气脱硫技术综述 [J]. 河南化工，2019，36（03）：3-6.

[38] 谢建治，张书廷，赵新华，等 . 钠碱法烟气脱硫膜电解再生研究 [J]. 燃料化学学报，2006，34（01）：91-95.

[39] 胡大为，秦永宁，马智，等 . 过渡金属硫化物催化剂上 SO_2 的还原 [J]. 催化学报，2002，9（05）：425-429.

[40] 王学海 . 负载型 $\gamma-Al_2O_3$ 催化剂上 CO 还原 SO_2 的研究 [D]. 北京：中国科学院研究生院，2006.

[41] 葛亭亭 . 铁基催化剂催化煤气还原冶金烟气 SO_2 制备硫磺研究 [D]. 北京：中国矿业大学，2019.

[42] 王斌远，陈忠林，樊磊涛，等 . pH 值对 Fe(Ⅱ) 还原法处理含铬废水的影响及动力学研究 [J]. 黑龙江大学自然科学学报，2014（3）：356-358.

[43] 孙玉凤，赵春英，赵平 . 还原法处理含铬电镀废水的工艺研究 [J]. 电镀与精饰，2012，34（05）：43-46.

[44] 张国栋，贾金平 . pH 值对含铬废水处理效果的影响研究 [J]. 工业用水与废水，2006（37）：44-46.

[45] 宋兆爽，王春 . 基于翻转课堂教学模式下的化学教学实践研究——以高中化学“原电池”为例 [J]. 化学教育，2017，38（1）：14-18.

[46] 王春 . 运用手持技术探究铜锌原电池电流强度的影响因素 [J]. 中学化学教学参考，2013（06）：49-50.

[47] 覃远根，满瑞林，尹晓莹，等 . 废旧锂离子电池正极材料与铝箔电解剥离浸出研究 [J]. 现代化工，2013，33（08）：49-52.

[48] 李明娟，白建娥 . 在真实问题解决中建立电化学思维模型——以“探秘锂离子电池”复习课为例 [J]. 中学化学教学参考，2021（03）：4-6.

[49] 洪清娟 . 基于化学学科本质理解的视角融通教与育——以“合成氨生产的工艺条件选择”为例 [J]. 化学教与学，2021（03）：43-46.

[50] 李长新 . 合成氨生产合成工段工艺研究 [J]. 科技资讯，2014，12（24）：92.

[51] 刘化章 . 合成氨工业节能减排的分析 [J]. 化工进展，2011，30（06）：1 147-1 157.

[52] 马洪卓 . 合成氨二级余热回收换热器改造设计及强化传热研究 [D]. 上海：华东理工大学，2015.

[53] 刘化章 . 合成氨工业：过去、现在和未来——合成氨工业创立 100 周年回顾、启迪和挑战 [J]. 化工进展，2013，32（09）：1 995-2 005.

[54] 陈凤壮 . 合成氨装置燃机乏气废热回收路线的选择与探讨 [J]. 肥料与健康，2020，47（05）：46–49.

[55] 郑成才，李向南 . 二氧化碳气提工艺生产尿素的节能降耗刍议 [J]. 中国化工贸易，2019，11（9）：167.

[56] 刘化章 . 传统合成氨工业转型升级的几点思考 [J]. 化工进展，2015，34（10）：3 509–3 520.

[57] 刘淑芝，韩伟，刘先军，等 . 电化学合成氨研究进展 [J]. 化工学报，2017，68（07）：2 621–2 630.

[58] 景俊萌，庞杰，房晓敏，等 . 电化学合成氨研究进展 [J]. 化学研究，2019，30（05）：522–531.

[59] 王鲁丰，钱鑫，邓丽芳，等 . 氮气电化学合成氨催化剂研究进展 [J]. 化工学报，2019，70（08）：2 854–2 863.

[60] 沈丹丹，高顶云，潘相敏 . 氢能源利用安全性综述 [J]. 上海节能，2020（11）：1237.

[61] 王伟杰，彭勃，李顺，等 . 氢能与碳捕集、利用与封存产业协同发展研究 [J]. 热力发电，2021，50（01）：20.

[62] 于蓬，王健，郑金凤，等 . 氢能利用与发展综述 [J]. 汽车实用技术，2019（24）：7.

[63] 厉勇，张英，王元华 . 甲烷水蒸气重整技术研究现状及进展 [J]. 炼油技术与工程，2019，49（07）：1.

[64] 瞿国华 . 我国氢能产业发展和氢资源探讨 [J]. 当代石油石化，2020，28（04）：5–6.

[65] 毛宗强 . 我国发展氢能的战略建议——从“浅绿”到“深绿”（上）[J]. 太阳能，2009（01）：6–8.

[66] 傅广实 . 硫碘循环制氢中 HI 分解催化剂及全流程系统设计研究 [D]. 杭州：浙江大学，2018.

[67] 张岐伟 . 尿素还原强化改性镍基阳极催化剂电解制氢 [D]. 哈尔滨：哈尔滨工业大学，2019.

[68] 徐少杰 . 硫碘循环制氢中碘化氢的分离及电化学碘化氢分解特性试验研究 [D]. 杭州：浙江大学，2018.

[69] 李慧，杨正金，徐铜文 . 高温质子交换膜研究进展 [J]. 化工学报，2021（01）：132-142.

[70] 范舒睿，武艺超，李小年，等 . 甲醇 $-H_2$ 能源体系的催化研究：进展与挑战 [J]. 化学通报，2021（01）：21-30.

[71]Jingting Hu，Liang Yu，Jiao Deng，et al. Sulfur vacancy-rich MoS_2 as a catalyst for the hydrogenation of CO_2 to methanol[J]. *Nature Catalysis*，2021（04）：242.

[72]Cao K，Skowron S T，Biskupek J，et al. Imaging an unsupported metal-metal bond in dirhenium molecules at the atomic scale[J]. *Science Advances*，2020，6（03）：eaay5849.

[73] 许国光 . 用原位透射电镜研究金属氧化物中的电化学离子嵌入过程 [D]. 北京：中国科学技术大学，2020.

[74] 刘效治 . 能源催化领域第六主族元素化合物的透射电子显微学研究 [D]. 北京：中国科学院大学（中国科学院物理研究所），2020.

[75] 李中文 . 超快透射电子显微镜研发及纳米材料的结构动力学研究 [D]. 北京：中国科学院大学（中国科学院物理研究所），2018.

[76] 周公度，段连运 . 结构化学基础（第四版）[M]. 北京：北京大学出版社，2008.

后　记

核心素养的一端支撑的是“全面发展的人”，另一端联结的是未来随时可能产生的“真实世界”，因此学习应基于现实世界展开，更多地强调建立联系、思考问题、解决现实场景和应用型难题。在课程内容选取和设计中，既要有学习探索与生活实践情境，更要有适应未来社会发展的学术探索情境，这样才能培育适应未来社会发展的具有创新意识、创新思维和创新实践的人。设置满足学生多元发展需求的高中化学课程，选择体现真实性和时代性的化学课程，发展学生的化学学科核心素养，“发展中的化学科学”系列课程在时代的召唤当中“千呼万唤始出来”。

本套书的编写工作，认真贯彻《普通高中化学课程标准（2017 年版 2020 年修订）》《义务教育化学课程标准（2022 年版）》的要求，全面体现 21 世纪 5C 核心素养和化学学科核心素养，落实“立德树人”的根本任务，综合反映学生发展、社会发展和学科发展对课程开发在时代性、选择性方面的要求，遵循教育发展的规律，利用基于真实情境的项目式学习活动，培养学生的创新精神和实践能力，进一步提高学生的化学学科核心素养，鼓励学生关注并投身于化学事业。

本套书由厦门市教科院高中化学教研员江合佩老师及北京教育学院王春教授共同担任主编。参加本套书编写的人员有清华大学附属中学、北京十一学校、北京一零一中、首都师范大学附属中学、福建省厦门第一中学、福建省厦门双十中学、江苏省盐城市明达初级中学、兰州市教科所等著名中学和教研机构的特级教师和中青年骨干教师。高水平的编写队伍、审读专家和教学实践团队，保证了本套书的科学性、先进性和教学适宜性。

本套书主编为江合佩、王春；参加初中版编写的核心作者有：李海洋、朱海凤、肖毛毛、庞艳丽、王蕾、张旭忠、郑潇洁、胡若欣、肖品、贾春丽、杨碧珣、王瑶、盛麟添、赵扬、商建波、何文杰、傅雷晓萌、董阳、王薇、张涛、陆平、赵亚楠、钟一楠；

参加高中版编写的核心作者有：张红娟、侯静、彭玉群、韩晓、王延、李香艳、钱微达、刘茜茜、沈晓翠、孙海涛、刘炯明、庄唯誉、郑敏、林艺玲、孙美琪、武衍杰、陈寒与、阮雪丹、王朝晖、刘妍、裴范翔、杜燮萌、翟青玉、马明会、刘昕、沈晓翠、康凌一、郭菁华、刘淑君、曾华淑、李欣欣、叶海洋、宫春艳、杨琳琳、黄宇晗、韩冬、苏文塨、李艳、宋兆爽、李明娟。佘晓敏、杨伏勇、吴正帅、赵扬、庞艳丽参与了该套书的研讨和审读工作。

山东科学技术出版社对本套书的出版极为重视，在编写、出版等方面给予了大力支持。在编写、修改和审校过程中得到很多教育专家、教研员和优秀一线教师的指导和帮助，在此向他们表示诚挚的谢意！

由于时间的关系，书中还存在不足及需要完善之处，衷心希望广大化学专家、师生及教学研究人员提出宝贵意见，以便使其不断完善。

编者

2023 年 3 月